U0947603

中国交通运输年鉴

（2018）

The Transport Yearbook of China 2018

中华人民共和国交通运输部　编

Ministry of Transport of the People's Republic of China

图书在版编目（CIP）数据

中国交通运输年鉴 . 2018 / 中华人民共和国交通运输部编 . — 北京 : 人民交通出版社股份有限公司 , 2018.11
ISBN 978-7-114-15145-3

Ⅰ . ①中…　Ⅱ . ①中…　Ⅲ . ①交通运输业—中国—2018—年鉴　Ⅳ . ① F512.3-54

中国版本图书馆 CIP 数据核字 (2018) 第 253997 号

书　　名：中国交通运输年鉴（2018）
著 作 者：中华人民共和国交通运输部
责任编辑：韩亚楠　陈　鹏
责任校对：尹　静
责任印制：张　凯
出版发行：人民交通出版社股份有限公司
地　　址：（100011）北京市朝阳区安定门外外馆斜街 3 号
网　　址：http://www.ccpress.com.cn
销售电话：（010）59757973
总 经 销：人民交通出版社股份有限公司发行部
经　　销：各地新华书店
印　　刷：北京凯德印刷有限责任公司
开　　本：880 × 1230　1/16
印　　张：32.75
字　　数：755 千
版　　次：2018 年 11 月　第 1 版
印　　次：2018 年 11 月　第 1 次
书　　号：ISBN　978-7-114-15145-3
定　　价：269.00 元
（有印刷、装订质量问题的图书，由本公司负责调换）

前　　言

交通运输是国民经济中基础性、先导性、战略性产业，是重要的服务性行业。党的十八大以来，在以习近平同志为核心的党中央坚强领导下，在习近平新时代中国特色社会主义思想的科学指引下，我国交通运输事业取得了举世瞩目的重大成就，规模总量位居世界前列，运输服务水平大幅提升，安全应急保障能力显著增强，综合交通运输体系不断完善，成为名副其实的交通大国，为经济社会持续健康发展、决胜全面建成小康社会、开启全面建设社会主义现代化国家新征程奠定了坚实基础。

党的十九大作出了建设交通强国的重大决策部署，这是以习近平同志为核心的党中央对交通运输事业发展阶段特点和规律的深刻把握，是全国人民对交通运输工作的殷切期望，也是新时代全体交通人为之奋斗的新使命。为深入学习贯彻习近平新时代中国特色社会主义思想和党的十九大精神，牢固树立"四个意识"、坚定"四个自信"、做到"两个维护"，科学体现交通运输发展的时代脉搏，全面展现交通运输发展的新理念、新战略、新成就，全景式记录交通强国建设的伟大历程，交通运输部决定组织编纂《中国交通运输年鉴》。

《中国交通运输年鉴》由交通运输部主编，国家铁路局、中国民用航空局、国家邮政局等部门联合参编，全面反映交通运输事业在实现"两个一百年"奋斗目标、实现中华民族伟大复兴中国梦进程中完成的重点工作、发生的重大事件、作出的重要贡献，是实施建设交通强国战略的重大文化工程，也是交通运输行业体现中国特色社会主义道路自信、理论自信、制度自信、文化自信的重要载体。主要内容由交通运输部部内相关司局和部管国家局相关部门提供，具有权威性、系统性和实用性的特点，具有存史资政、科学研究、历史收藏的价值，是社会各界了解中国交通运输发展状况的权威出版物。

本书编纂工作委员会

2018 年 10 月 31 日

FOREWORD

Transport, a key service-oriented industry, plays a fundamental, forerunning and strategic role in the national economy. Since the 18th CPC National Congress, under the strong leadership of the CPC Central Committee with General Secretary Xi Jinping as its core, and under the guidance of the Xi Jinping Thought on Socialism with Chinese Characteristics for a New Era, China's transport industry has made remarkable achievements, which has drawn worldwide attention. It ranks among the top in the world in size, with its transport service substantially improved, capability to provide emergency support to ensure safety significantly enhanced, comprehensive transport system continuously perfected, making China a transport power, hence solid foundation for China to achieve sustained sound socio-economic development, to secure a decisive victory in building a moderately prosperous society in all respects, and to embark on a new journey toward the second centenary goal of fully building a modern socialist country.

The major decisions and plans made at the 19th CPC National Congress to build China into a strong transport country reflect the profound understanding of the features and underlying trend of the transport industry by the Party Central Committee with Comrade Xi Jinping, Chinese people's eagerness for the sound development of the industry and the new goals for this industry to strive for. In order to earnestly study and implement Xi Jinping Thought on Socialism with Chinese Characteristics for a New Era and the guiding principles of the 19th CPC National Congress, to foster firmly "consciousnesses of the ideology, the whole, the core and the line", to have full confidence in the path, theory, system and culture of socialism with Chinese characteristics, and safeguard Xi Jinping's position as the core of the CPC Central Committee and the whole Party, as well as the authority and centralized, unified leadership of the CPC Central Committee, the Ministry of Transport has decided to compile the Transport Yearbook of China, which is designed to present the latest development in the transport industry, to fully exhibit the new conceptions, strategies and achievements in the transport industry, and to panoramically record the great journey of building China into a powerful transport country.

The Transport Yearbook of China is compiled by the Ministry of Transport, in conjunction with the National Railway Administration, the Civil Aviation Administration of China, and the State Post Bureau of the People's Republic of China. It is a full record of the key tasks, major events, and essential contributions of the transport industry in the great journey of achieving the Two Centenary Goals and national rejuvenation. It is also a major cultural project during the implementation of the strategy of building China into a powerful transport country, and a crucial carrier for the transport industry to showcase its full confidence in the path, theory, system and culture of socialism with Chinese characteristics. The major contents of this Yearbook are provided by relevant departments within the Ministry of Transport and relevant departments within national administrations under the Ministry. As an authoritative, systematic and referential publication, the Yearbook is valuable as historical documentation, a reference for policy making, a source for scientific research, and a piece of historic collection. It is also an official publication for people from all walks of life to learn about China's development in the transport industry.

Editorial Board
October 31, 2018

编 辑 说 明

一、按照《中国交通运输年鉴》的定位，全书本着“全面呈现，重点突出”的原则，聚焦“交通强国”建设目标，突出年度行业核心、重点、热点话题，充分反映交通运输的发展状况和成就，凸显服务国家战略、保障国计民生的先行作用。

二、在坚持权威、全面、系统、准确的原则下，全书由“重要指引、重大政策、发展成就、重大工程、重大事件、专题特辑、附录”等 7 篇组成，共计 25 章，6 个专题，5 个重要附录。内容涉及党中央和国务院的决策、领导人的指示、铁路、公路、水路、民航和邮政各领域及综合交通融合发展，以及科技创新、安全监管与应急处置、国际合作、加强党的全面领导和党的建设、精神文明建设、法制政府建设等方面情况。同时，还注重对综合交通、智慧交通、绿色交通、平安交通发展脉络的梳理。其中，对服务国家重大战略、“四好农村路”、交通扶贫、城市交通、民生实事、节假日和快递高峰运输等 6 个热点予以专题呈现。此外，本书还刊载了交通运输领域的重大政策列表、人事机构情况、各领域统计公报、权威媒体报道以及大事记。

三、本书内容均为交通运输部部内各司局和国家铁路局、中国民用航空局、国家邮政局相关部门以及部分部属单位提供，部分内容来自相关业务部门公开发布的发展报告等官方权威信息。编纂工作由交通运输部办公厅统筹，交通运输部档案馆、中国公路学会和《中国公路》杂志社组成编辑工作组，负责具体实施。

四、本书重点收入了交通运输行业 2017 年的核心信息，所涉信息除特殊注明外，时间均为 2017 年。为体现行业发展的纵深、数据信息的完整性和方便读者对比使用，收入的部分资料时限、数据时限有所放宽。

五、本书所列全国性统计数据，由相关业务主管部门提供并审定，除个别内容外绝大多数未含香港、澳门特别行政区和台湾省。由于统计口径不同，书中相关数字略有不同，同口径数字均以“统计公报”为准。

六、为适应现代阅读习惯，方便读者使用，并克服纸质版容量有限的问题，文中加载了部分重要文件的二维码，供读者扫码阅读。

七、人事机构方面的资料由人事部门提供。领导任职、单位及职务以 2017 年任职为准。

八、本书的名词术语、缩略语、简称及英文缩写未加注释的，参见行业相关名词解释及英文缩写释文。

九、本书有关的政策内容，是对部分现行法律、法规和政策原文的部分刊登、综述和解读，可以作为了解中国交通运输发展政策的线索，并附有二维码，可供读者扫描参考，必要时读者应查阅使用相关正式文件。

十、为方便阅读，本书“附录”部分的各统计公报中的图、表序号均按各公报原文排序。

本书编辑工作组

2018 年 10 月 31 日

EDITORS' NOTES

1. As per its orientation and following the principle of "presenting the full picture while highlighting key events in the industry", the Transport Yearbook of China focuses on the achievements of building China into a strong transport country. With its emphasis on the annual core work, important and hotspot issues in the industry, the Yearbook fully reflects the progress and achievements in the industry, and highlights the role of the industry as the vanguard in serving national strategies and enhancing the national welfare and people's livelihood.

2. The Yearbook, authoritative, comprehensive, systematical and accurate, comprises a total of 25 chapters, 6 topics and 5 important appendixes, in 7 sections: Important Guidelines, Major Policies, Development Achievements, Important Projects, Major Events, Special Reports and Appendixes. Included in the Yearbook are the decisions by the Party Central Committee and the State Council; leadership instructions; the progress in the respective development of railways, highways, waterways, civil aviation and postal services and in the integrated development of these industries; and information on technological innovation, safety supervision, emergency response, international cooperation, and efforts in the overall strengthening of Party leadership and Party building, cultural and ethical advancement and governance by law. The Yearbook also highlights the organizing of the development course of a comprehensive, smart, green and safe transport system. Especially presented are six hotspot issues: serving major national strategies, doing a good job in the construction, management, maintenance and operation of the rural roads, poverty alleviation by means of transport, urban transit, practical work to improve people's livelihood, and transport during holidays and festival periods and peak hours of express mail delivery. Also included in the book are a list of major policies in the transport sector, organizational structure, statistical bulletins in various fields, authoritative media reports and major events.

3. The contents of the Yearbook are all provided by relevant departments within the Ministry of Transport, and relevant departments within the National Railway Administration, the Civil Aviation Administration of China and the State Post Bureau, as well as by some public institutions affiliated to the Ministry. Some of the contents come from the development reports and other official information publicly released by relevant departments. The compilation is organized by the General Office of the Ministry of Transport, and carried out by the Working Group of the Editorial Board consisting of staff members of the Archives Center of the Ministry of Transport, China Highway and Transportation Society and China Highway.

4. This information included in the Yearbook is mainly the core information of the transport industry in 2017, and therefore all the information is that of the year 2017 unless otherwise stated. In order to demonstrate the depth of industrial development and the integrity of data information, and to facilitate the comparison and use of data by readers, the time limit for part of the data and information is not so stiff.

5. The state-level statistical data listed in this Yearbook are provided and checked by relevant authorities. Most of these statistics do not include those of the Hong Kong and Macao Special Administrative Regions and Taiwan Province. There might be slight discrepancies in some of the figures included in this Yearbook due to different statistical criteria. To unify the figures, those in the Statistical Bulletin shall prevail.

6. To accommodate the reading habits of modern readers, facilitate their use, and address the limited space of paper documents, some important documents in the Yearbook come with Quick Response codes for readers to scan.

7. The materials in the Organogram are provided by personnel departments. With respect to the appointments of the officials, as well as the titles and working units of the authors, the 2017 information shall prevail.

8. Where the terms, acronyms, abbreviations and English abbreviations in this Yearbook are not annotated, please refer to the relevant definition of the terms and the explanation of English abbreviations in the industry.

9. The policy-related contents included in this Yearbook are excerpts, summaries and interpretations of some existing laws, regulations and policies, and may serves as a clue for the understanding of China's policy on its transport development. Quick Response codes are included within the Yearbook for the convenience of readers as well, who however shall refer to the original documents when necessary.

10. For readers' convenience, the figures and charts of statistical bulletins in the Appendix are numbered according to the order of the original texts of these bulletins.

Working Group of the Editorial Board

October 31, 2018

组织机构名单

编审委员会主任委员

杨传堂　十三届全国政协副主席、交通运输部党组书记

李小鹏　交通运输部部长、党组副书记

编审委员会副主任委员

冯正霖　交通运输部党组副书记、副部长

　　　　中国民用航空局党组书记、局长（正部长级）

马军胜　交通运输部党组成员

　　　　国家邮政局党组书记、局长

刘小明　交通运输部党组成员、副部长兼直属机关党委书记

杨宇栋　交通运输部党组成员、副部长

　　　　国家铁路局党组书记、局长

编纂工作委员会主任委员

刘小明（兼）

编纂工作委员会副主任委员

徐成光　交通运输部办公厅主任

朱雪源　国家铁路局综合司司长

刘鲁颂　中国民用航空局综合司司长

沈鸿雁　国家邮政局办公室主任

刘文杰　中国公路学会副理事长兼秘书长

编纂工作委员会委员

周　伟　交通运输部总工程师、政策研究室主任

黄小平　交通运输部办公厅副主任

魏　东　交通运输部法制司司长

张大为　交通运输部综合规划司副司长

许春风　交通运输部财务审计司司长

李良生　交通运输部人事教育司司长

吴德金　交通运输部公路局局长

李天碧　交通运输部水运局局长

徐亚华　交通运输部运输服务司司长

彭思义　交通运输部安全与质量监督管理司司长

庞　松　交通运输部科技司司长

张晓杰　交通运输部国际合作司（港澳台办公室）副司长（副主任）

吴建平　交通运输部公安局局长

柯林春　交通运输部直属机关党委常务副书记（正局级）

张晓冰　交通运输部离退休干部局党委书记、局长

李国平　中国海上搜救中心副主任、部应急办主任（正局级）

许如清　交通运输部海事局局长、党组书记

梁成谷　国家铁路局综合司副司长

高　俊　中国民用航空局综合司副司长

管爱光　国家邮政局办公室副主任

王振亮　交通运输部救助打捞局局长、党委副书记

杨如学　交通运输部档案馆馆长

编纂工作联络员

任　谊　交通运输部办公厅综合处处长
马国栋　交通运输部政策研究室新闻宣传处处长
高建刚　交通运输部法制司综合处处长
高　轶　交通运输部综合规划司办公室主任
程　侃　交通运输部财务审计司综合处处长
严　红　交通运输部人事教育司综合处处长
郭　胜　交通运输部公路局办公室主任
高鹏飞　交通运输部水运局办公室主任
李华强　交通运输部运输服务司综合处处长
李洪斌　交通运输部安全与质量监督管理司综合处处长
甘家祥　交通运输部科技司综合处处长
边向国　交通运输部国际合作司综合一处处长
刘升华　交通运输部公安局办公室主任
邹治宇　交通运输部直属机关党委办公室主任、直属机关团委书记
张冬梅　交通运输部离退休干部局综合处处长
殷　杰　中国海上搜救中心综合处处长
宋永强　交通运输部海事局宣传处处长
尹　倩　国家铁路局机关服务中心综合处副处长
刘　洁　中国民用航空局综合司研究室副调研员
吴晓明　国家邮政局办公室调研室主任
赵晓亮　交通运输部救助打捞局办公室副主任

编辑工作组

组　长　杨如学　刘文杰
副组长　佟　峰　刘传雷
编　辑　孙文剑　徐德谦　孙虎成　王堪林　苗挺节
　　　　王　硕　刘睿健　吴　翰　张　波　潘永辉
美　编　李仪灵　王德本　李文华　谢小芳
英　文　中国民用航空局国际合作服务中心

参 编 单 位

国家铁路局

中国民用航空局

国家邮政局

交通运输部长江航务管理局

交通运输部珠江航务管理局

中国船级社

交通运输部办公厅

交通运输部政策研究室

交通运输部法制司

交通运输部综合规划司

交通运输部财务审计司

交通运输部人事教育司

交通运输部公路局

交通运输部水运局

交通运输部运输服务司

交通运输部安全与质量监督管理司

交通运输部科技司

交通运输部国际合作司（港澳台办公室）

交通运输部公安局

交通运输部直属机关党委

中国海上搜救中心

交通运输部海事局

交通运输部救助打捞局

交通运输部档案馆

目　录

第一篇　重要指引

第二篇　重大政策

第三篇　发展成就

第四篇　重大工程

第五篇　重大事件

第六篇　专题特辑

第七篇　附录

第一篇
重要指引

Section One
Important Guidelines

第一章　重大决策

习近平总书记在中国共产党第十九次全国代表大会上的报告中提出“交通强国”建设目标

深化供给侧结构性改革。建设现代化经济体系，必须把发展经济的着力点放在实体经济上，把提高供给体系质量作为主攻方向，显著增强我国经济质量优势。加快建设制造强国，加快发展先进制造业，推动互联网、大数据、人工智能和实体经济深度融合，在中高端消费、创新引领、绿色低碳、共享经济、现代供应链、人力资本服务等领域培育新增长点、形成新动能。支持传统产业优化升级，加快发展现代服务业，瞄准国际标准提高水平。促进我国产业迈向全球价值链中高端，培育若干世界级先进制造业集群。加强水利、铁路、公路、水运、航空、管道、电网、信息、物流等基础设施网络建设。坚持去产能、去库存、去杠杆、降成本、补短板，优化存量资源配置，扩大优质增量供给，实现供需动态平衡。激发和保护企业家精神，鼓励更多社会主体投身创新创业。建设知识型、技能型、创新型劳动者大军，弘扬劳模精神和工匠精神，营造劳动光荣的社会风尚和精益求精的敬业风气。

加快建设创新型国家。创新是引领发展的第一动力，是建设现代化经济体系的战略支撑。要瞄准世界科技前沿，强化基础研究，实现前瞻性基础研究、引领性原创成果重大突破。加强应用基础研究，拓展实施国家重大科技项目，突出关键共性技术、前沿引领技术、现代工程技术、颠覆性技术创新，为建设科技强国、质量强国、航天强国、网络强国、交通强国、数字中国、智慧社会提供有力支撑。加强国家创新体系建设，强化战略科技力量。深化科技体制改革，建立以企业为主体、市场为导向、产学研深度融合的技术创新体系，加强对中小企业创新的支持，促进科技成果转化。倡导创新文化，强化知识产权创造、保护、运用。培养造就一大批具有国际水平的战略科技人才、科技领军人才、青年科技人才和高水平创新团队。

第二章　重要论述

一、习近平总书记关于交通运输工作的重要论述

（一）加强交通运输等重点领域安全生产治理

要突出抓好政治安全、经济安全、国土安全、社会安全、网络安全等各方面安全工作。要完善立体化社会治安防控体系，提高社会治理整体水平，注意从源头上排查化解矛盾纠纷。要加强交通运输、消防、危险化学品等重点领域安全生产治理，遏制重特大事故的发生。要筑牢网络安全防线，提高网络安全保障水平，强化关键信息基础设施防护，加大核心技术研发力度和市场化引导，加强网络安全预警监测，确保大数据安全，实现全天候全方位感知和有效防护。要积极塑造外部安全环境，加强安全领域合作，引导国际社会共同维护国际安全。要加大对维护国家安全所需的物质、技术、装备、人才、法律、机制等保障方面的能力建设，更好适应国家安全工作需要。（《人民日报》2017 年 2 月 18 日 01 版）

——2017 年 2 月 17 日在国家安全工作座谈会上的讲话

（二）加强交通扶贫等扶贫行动

要坚持精准扶贫、精准脱贫。要打牢精准扶贫基础，通过建档立卡，摸清贫困人口底数，做实做细，实现动态调整。要提高扶贫措施有效性，核心是因地制宜、因人因户因村施策，突出产业扶贫，提高组织化程度，培育带动贫困人口脱贫的经济实体。要组织好易地扶贫搬迁，坚持群众自愿原则，合理控制建设规模和成本，发展后续产业，确保搬得出、稳得住、逐步能致富。要加大扶贫劳务协作，提高培训针对性和劳务输出组织化程度，促进转移就业，鼓励就地就近就业。要落实教育扶贫和健康扶贫政策，突出解决贫困家庭大病、慢性病和学生上学等问题。要加大政策落实力度，加大财政、土地等政策支持力度，加强交通扶贫、水利扶贫、金融扶贫、教育扶贫、健康扶贫等扶贫行动，扶贫小额信贷、扶贫再贷款等政策要突出精准。（《人民日报海外版》2017 年 2 月 23 日 01 版）

——2017 年 2 月 21 日在中共中央政治局第三十九次集体学习时的讲话

（三）打造好向海经济，要想富先建港口

写好海上丝绸之路新篇章，港口建设和港口经济很重要，一定要把北部湾港口建设好、管理好、运营好，以一流的设施、一流的技术、一流的管理、一流的服务，为广西发展、为“一带一路”建设、为扩大开放合作多作贡献。（《人民日报海外版》2017 年 4 月 22 日 01 版）

——2017 年 4 月 19 日在广西考察工作时的讲话

（四）道路通，百业兴

这是设施联通不断加强的 4 年。"道路通，百业兴。"我们和相关国家一道共同加速推进雅万高铁、中老铁路、亚吉铁路、匈塞铁路等项目，建设瓜达尔港、比雷埃夫斯港等港口，规划实施一大批互联互通项目。目前，以中巴、中蒙俄、新亚欧大陆桥等经济走廊为引领，以陆海空通道和信息高速路为骨架，以铁路、港口、管网等重大工程为依托，一个复合型的基础设施网络正在形成。（《人民日报》2017 年 5 月 15 日 03 版）

——2017 年 5 月 14 日在"一带一路"国际合作高峰论坛开幕式上的演讲

（五）要着力推动陆上、海上、天上、网上四位一体的联通

设施联通是合作发展的基础。我们要着力推动陆上、海上、天上、网上四位一体的联通，聚焦关键通道、关键城市、关键项目，联结陆上公路、铁路道路网络和海上港口网络。（《人民日报》2017 年 5 月 15 日 03 版）

——2017 年 5 月 14 日在"一带一路"国际合作高峰论坛开幕式上的演讲

（六）推进"一带一路"陆上大通道和海上港口建设

路是走出来的，事业是干出来的。美好的蓝图变成现实，需要扎扎实实的行动。在基础设施联通方面，要推进铁路、公路等陆上大通道建设，加快海上港口建设，完善油气管道、电力输送、通信网络。（《人民日报》2017 年 5 月 16 日 03 版）

——2017 年 5 月 15 日在"一带一路"国际合作高峰论坛圆桌峰会上的开幕辞

（七）打造"一带一路"基础设施联通网络

"一带一路"建设国际合作要继续把互联互通作为重点，以重大项目和重点工程为引领，推进公路、铁路、港口、航空、油气管道、电力、通信网络等领域合作，打造基础设施联通网络。（《人民日报》2017 年 5 月 16 日 03 版）

——2017 年 5 月 15 日在"一带一路"国际合作高峰论坛圆桌峰会上的闭幕辞

（八）交通建设项目要尽量向进村入户倾斜

深度贫困地区的区域发展是精准扶贫的基础，也是精准扶贫的重要组成部分，必须围绕减贫来进行。要重点发展贫困人口能够受益的产业，交通建设项目要尽量向进村入户倾斜，水利工程项目要向贫困村和小型农业生产倾斜，生态保护项目要提高贫困人口参与度和受益水平。（《人民日报》2017 年 6 月 25 日 01 版）

——2017 年 6 月 23 日在深度贫困地区脱贫攻坚座谈会上的讲话

（九）要确保港珠澳大桥顺利通车、安全运行

建设港珠澳大桥是中央支持香港、澳门和珠三角区域更好发展的一项重大举措，是"一国两制"下粤港

澳密切合作的重大成果。希望大家积极推进后续工作，确保大桥顺利通车、安全运行。（《人民日报》2017年7月2日02版）

——2017年7月1日考察香港重要基础设施建设项目时的讲话

（十）支持香港巩固国际航空交通枢纽地位

中央支持香港机场建设第三跑道，就是为了支持香港巩固国际航空交通枢纽地位，保持和提升整体竞争力。希望大家把好事办好，确保工程建设安全高效，项目建成后发挥最大效益。（《人民日报》2017年7月2日02版）

——2017年7月1日考察香港重要基础设施建设项目时的讲话

（十一）高铁、公路、桥梁、港口、机场等基础设施建设快速推进

供给侧结构性改革深入推进，经济结构不断优化，数字经济等新兴产业蓬勃发展，高铁、公路、桥梁、港口、机场等基础设施建设快速推进。（《人民日报海外版》2017年10月18日01版）

——2017年10月18日在中国共产党第十九次全国代表大会上的报告

（十二）推进交通等领域大数据普及应用

要运用大数据促进保障和改善民生。大数据在保障和改善民生方面大有作为。要坚持以人民为中心的发展思想，推进"互联网＋教育"、"互联网＋医疗"、"互联网＋文化"等，让百姓少跑腿、数据多跑路，不断提升公共服务均等化、普惠化、便捷化水平。要坚持问题导向，抓住民生领域的突出矛盾和问题，强化民生服务，弥补民生短板，推进教育、就业、社保、医药卫生、住房、交通等领域大数据普及应用，深度开发各类便民应用。要加强精准扶贫、生态环境领域的大数据运用，为打赢脱贫攻坚战助力，为加快改善生态环境助力。（《人民日报》2017年12月10日01版）

——2017年12月8日在中共中央政治局第二次集体学习时的讲话

（十三）"四好农村路"建设取得了实实在在的成效

近年来，"四好农村路"建设取得了实实在在的成效，为农村特别是贫困地区带去了人气、财气，也为党在基层凝聚了民心。

交通运输部等有关部门和各地区要认真贯彻落实党的十九大精神，从实施乡村振兴战略、打赢脱贫攻坚战的高度，进一步深化对建设农村公路重要意义的认识，聚焦突出问题，完善政策机制，既要把农村公路建好，更要管好、护好、运营好，为广大农民致富奔小康、为加快推进农业农村现代化提供更好保障。（《人民日报》2018年2月8日01、03版）

——2017年12月19日对"四好农村路"作出重要指示

二、李克强总理关于交通运输工作的重要论述

（一）2017 年脱贫攻坚四项重点任务

一要加大对集中连片特困地区、革命老区、民族地区、边疆地区基础设施和基本公共服务的倾斜扶持，落实易地扶贫搬迁和交通、教育、健康扶贫等任务，支持重点贫困户危房改造，防止因病致贫返贫。二要增加转移支付等财政投入，把统筹整合使用财政涉农资金试点推至全部贫困县，精准聚焦有效使用资金。三要更有效实施产业扶贫，开展贫困村提升工程，发展特色产业，发挥国家重点工程、农业产业化项目带动作用，支持龙头企业、各方面人才和返乡人员在贫困地区创业，壮大扶贫力量。四要完善督查核查机制，加强建档立卡、项目资金等管理，对弄虚作假、贪占挪用等严肃问责。加大部门、国企、对口地区和社会力量帮扶力度，落实定点扶贫责任，调动贫困群众努力脱贫的内生动力。（《人民日报》2017 年 2 月 24 日 01 版）

——2017 年 2 月 22 日在主持召开国务院常务会议时的讲话

（二）要深化铁路、民航混合所有制改革

深化混合所有制改革，在电力、石油、天然气、铁路、民航、电信、军工等领域迈出实质性步伐。（《人民日报》2017 年 3 月 17 日 02 版）

——2017 年 3 月 5 日在十二届全国人大五次会议上的政府工作报告

（三）要积极扩大有效投资

积极扩大有效投资。引导资金更多投向补短板、调结构、促创新、惠民生的领域。今年要完成铁路建设投资 8000 亿元、公路水运投资 1.8 万亿元，再开工 15 项重大水利工程，继续加强轨道交通、民用和通用航空、电信基础设施等重大项目建设。（《人民日报》2017 年 3 月 17 日 02 版）

——2017 年 3 月 5 日在十二届全国人大五次会议上的政府工作报告

（四）要有效治理交通拥堵等“城市病”

支持中小城市和特色小城镇发展，推动一批具备条件的县和特大镇有序设市，发挥城市群辐射带动作用。推进海绵城市建设，有效治理交通拥堵等“城市病”，使城市既有“面子”、更有“里子”。（《人民日报》2017 年 3 月 17 日 02 版）

——2017 年 3 月 5 日在十二届全国人大五次会议上的政府工作报告

（五）鼓励使用清洁能源汽车

基本淘汰黄标车，加快淘汰老旧机动车，对高排放机动车进行专项整治，鼓励使用清洁能源汽车。提高燃油品质，在重点区域加快推广使用国六标准燃油。（《人民日报》2017 年 3 月 17 日 03 版）

——2017 年 3 月 5 日在十二届全国人大五次会议上的政府工作报告

（六）改善边境地区基础设施条件

深入推进兴边富民行动，因地制宜、有针对性地补短板，关系全面建成小康社会和国家安全、民族团结大局。一要改善边境地区基础设施条件，加强教育、医疗、养老、就业、文化等基本公共服务，到2020年实现边境村庄通路、通电、通信息、通安全饮用水及有合格卫生室和村医、有安全住房等目标。实施精准支持边民就地就近脱贫的措施。二要发展农牧业、文化旅游、民族手工艺等特色优势产业和商贸物流等产业园区，实施沿边重点城镇、少数民族特色村镇建设工程。加强边境生态安全保障，探索率先建立自然资源资产收益扶持和多元化生态保护补偿机制。三要加大政策扶持和对口支援力度，各部门的惠民政策、项目和工程要向边境地区倾斜，合理提高对边民的基本医保补助标准，促进就业创业。四要深化沿边开放合作，推动相关边境地区融入"一带一路"建设，推进人员往来和通关便利化，完善相关监管，促进边民互市贸易发展。（《人民日报》2017 年 5 月 11 日 01 版）

——2017 年 5 月 10 日在主持国务院常务会议时的讲话

（七）推动物流降本增效是供给侧结构性改革的重要举措

推动物流降本增效，是推进供给侧结构性改革的重要举措，有利于促进大众创业、万众创新，扩大就业和发展现代服务业。一是年内实现跨省大件运输许可全国联网，一地办证、全线通行。推动货运车辆和营运证的年检年审异地办理。开展快递工商登记"一照多址"改革，简化分支机构备案手续。年内实现全国通关一体化，将货物通关时间压缩三分之一。二是进一步减税清费。年底前实现统一开具高速公路通行费增值税电子发票。选择部分高速公路开展分时段差异化收费试点。三是规范公路货运执法，推动依托公路超限检测站，将由交通部门负责监督消除违法行为、公安交警单独实施处罚记分的治超联合执法模式常态化制度化，避免重复罚款。四是加强国家级物流枢纽和重要节点集疏运设施建设，大力发展多式联运和公路甩挂运输。五是支持发展第三方物流，推进物流车辆、设施器具等标准化、信息化、智能化，积极发展"互联网 +"车货匹配等新业态。（中国政府网 2017 年 7 月 5 日）

——2017 年 7 月 5 日在主持国务院常务会议时的讲话

（八）愿同各方共同推进交通规划、技术标准体系对接

中方愿同各方共同推进交通规划、技术标准体系对接，协调国际通关、换装、多式联运的衔接，提高区域物流运输效率。积极推动地区交通、能源、信息和通信网络建设，尽快恢复现代信息和电信技术专业工作组工作。（中国政府网 2017 年 12 月 2 日）

——2017 年 12 月 1 日在上海合作组织成员国政府首脑（总理）理事会第十六次会议上的讲话

（九）基础设施互联互通滞后，仍是制约本地区经济合作的瓶颈

道路通，百业兴。基础设施互联互通滞后，仍然是制约本地区经济合作的瓶颈。我们应认真落实好《上合组织成员国政府间国际道路运输便利化协定》，确保 2020 年前开通规定线路。同时积极吸收有关国家

加入《协定》，加快制定《上合组织公路协调发展规划》。前不久，中吉乌国际道路运输成功试运行，标志着地区互联互通取得重大突破。（中国政府网 2017 年 12 月 2 日）

——2017 年 12 月 1 日在上海合作组织成员国政府首脑（总理）理事会第十六次会议上的讲话

（十）“四好农村路”要为实施乡村振兴战略、推动农民脱贫致富和加快农业农村现代化提供有力支撑

认真总结地方经验，进一步完善政策和工作机制，注重发挥地方、基层和农民的积极性，有效提升农村公路建设、管护和运营水平，为实施乡村振兴战略、推动农民脱贫致富和加快农业农村现代化提供有力支撑。（《人民日报》2017 年 12 月 26 日 01 版）

——2017 年 12 月 20 日对“四好农村路”建设作出批示

第三章　视察考察

一、习近平总书记考察北京新机场建设

中共中央总书记、国家主席、中央军委主席习近平近日在北京考察时强调，北京城市规划建设和北京冬奥会筹办工作是当前和今后一个时期北京市的两项重要任务，要认真贯彻党中央决策部署，坚持首善标准，解放思想、开阔思路，求真务实、攻坚克难，统筹生产、生活、生态，立足提高治理能力抓好城市规划建设，着眼精彩非凡卓越筹办好北京冬奥会，努力开创首都发展更加美好的明天。

23日下午，习近平考察了北京新机场建设。北京新机场位于北京市南部，规划远期年客流吞吐量1亿人次、飞机起降量88万架次，已于2014年开工建设，2019年将建成并投入运营。

习近平首先考察了新机场安置房建设情况。在工程项目部，他察看整体征地搬迁规划，了解安置房小区规划、建设进度、建筑标准。在安置房内，他察看户型和配套设施，详细询问工程质量和回迁群众入住流程。得知安置房普遍采用绿色环保新材料，习近平很高兴。他强调，新机场建设涉及10多个村的群众搬迁安置，这是一项重要民生工程，要在标准和质量上把好关。要贯彻公开、公正、公平的原则，保障被安置群众利益，使搬迁安置的每个环节都让群众放心。

之后，习近平来到新机场主航站楼建设工地考察。在工程指挥部，他观看视频短片，察看新机场模型，结合展板了解新机场功能定位和建设规划，听取机场综合交通体系和京津冀交通一体化情况汇报，并来到航站楼工地平台察看建设现场。承建单位负责人介绍，主航站楼在屋盖钢结构网架拼装等方面采用很多新技术，显著提高了精准度，施工做到了零差错、零事故。习近平表示肯定，鼓励他们再接再厉。他强调，新机场是首都的重大标志性工程，是国家发展一个新的动力源，必须全力打造精品工程、样板工程、平安工程、廉洁工程。每个项目、每个工程都要实行最严格的施工管理，确保高标准、高质量。要努力集成世界上最先进的管理技术和经验。

看到总书记来了，现场工程建设人员纷纷过来向总书记问好。习近平同他们亲切握手，感谢他们的辛勤劳动。习近平指出，社会主义是干出来的。新机场建设的每一个参与者都在参与历史、见证历史，大家要树立责任意识、奉献意识，在建设中增长才干、展示风貌。（选自《人民日报》2017年2月25日01版）

二、习近平总书记考察广西铁山港

中共中央总书记、国家主席、中央军委主席习近平近日在广西考察时强调，全面建成小康社会任务艰巨，要统筹推进“五位一体”总体布局和协调推进“四个全面”战略布局，坚持稳中求进工作总基调，全面做好稳增长、促改革、调结构、惠民生、防风险各项工作，稳扎稳打，善作善成，扎实推动经济社会持续健康发展，以优异成绩迎接党的十九大胜利召开。

4月的八桂大地，春风和煦，万紫千红。4月19日至21日，习近平在广西壮族自治区党委书记彭清华、自治区政府主席陈武陪同下，来到北海、南宁等地，深入港口、企业、重点项目、创新示范基地和文化单位，考察调研经济社会发展情况，实地了解基层干部群众对党的十九大的建议和期待。

习近平19日上午从北京乘专机到达北海市，下午首先来到合浦县汉代文化博物馆考察。习近平详细了解汉代合浦港口情况，步入青铜之光、土火之韵、碧海丝路等展厅，察看合浦汉墓出土的我国古代青铜器、陶器和域外陶器、琥珀、琉璃等文物，了解汉代北部湾地区对外通商交往史。他指出，中华民族历史悠久，中华文明源远流长，中华文化博大精深，一个博物馆就是一所大学校。博物馆建设要注重特色。向海之路是一个国家发展的重要途径，这里围绕古代海上丝绸之路陈列的文物都是历史、是文化。要让文物说话，让历史说话，让文化说话。要加强文物保护和利用，加强历史研究和传承，使中华优秀传统文化不断发扬光大。要增强文化自信，在传承中华优秀传统文化基础上发展社会主义先进文化，加快建设社会主义文化强国。

离开博物馆，习近平乘车来到铁山港公用码头，察看码头运营，听取北部湾港口规划建设和北部湾经济区发展建设情况介绍，详细了解通过港口、经济区同东盟开展经贸合作及人文交流的做法和成效。得知铁山港短短几年货物年吞吐量由100多万吨增加到2000多万吨，习近平很高兴，称这里区位条件好、前景广阔。他强调，写好海上丝绸之路新篇章，港口建设和港口经济很重要，一定要把北部湾港口建设好、管理好、运营好，以一流的设施、一流的技术、一流的管理、一流的服务，为广西发展、为“一带一路”建设、为扩大开放合作多作贡献。

正在现场作业的码头工人看到总书记来了，激动地围拢过来向总书记问好。习近平同他们亲切握手，勉励他们爱岗敬业、争创一流，树立和展示当代工人阶级良好形象。习近平指出，“一带一路”建设是人心所向，我们要在这个框架下推动大开放大开发，进而推动实现“两个一百年”奋斗目标、实现中华民族伟大复兴。大家要携手同心，共圆中国梦。总书记热情洋溢的话语，使在场每个人都深受感染。（选自《人民日报》2017年4月22日01版）

第四章　权威声音

杨传堂在2018年全国交通运输工作会议上的讲话

（2017年12月25日）

这次会议的主要任务是：全面贯彻党的十九大和中央经济工作会议精神，以习近平新时代中国特色社会主义思想为指导，总结党的十八大以来交通运输发展成就，分析当前交通运输发展的形势，部署2018年重点工作，明确今后3年决胜全面建成小康社会的重点任务，提出未来30年战略谋划，开启新时代交通强国建设的新征程，为决胜全面建成小康社会、夺取新时代中国特色社会主义伟大胜利、实现中华民族伟大复兴的中国梦当好先行。

这次交通运输工作会议，是党的十九大后交通运输系统召开的第一个全国性会议。我们要把学习宣传贯彻党的十九大精神作为当前和今后一个时期的首要政治任务，按照“十个深刻领会”和“六个聚焦”的要求，认真学习党的十九大提出的新论断、新理念、新任务、新举措，把学习贯彻党的十九大精神与贯彻落实习近平总书记关于交通运输发展的一系列重要论述、特别是关于“四好农村路”的重要指示精神结合起来，与党中央对2018年经济工作的部署结合起来，与推动全面从严治党向纵深发展结合起来，以更坚定的决心、更明确的目标、更扎实的举措，奋力推动交通运输高质量发展，奋力打赢防范化解重大风险、精准脱贫、污染治理三大攻坚战，奋力开启交通强国建设新征程。下面，我讲几点意见：

一、认真学习贯彻习近平新时代中国特色社会主义经济思想

党的十八大以来，以习近平同志为核心的党中央高瞻远瞩、统揽全局，在坚持和发展中国特色社会主义的伟大实践中，创立了习近平新时代中国特色社会主义思想，为我们在新的时代条件下坚持和发展中国特色社会主义提供了科学的理论指引。面对纷繁复杂的国内外经济形势，以习近平同志为核心的党中央不断统一思想、深化认识，提出了一系列关系我国经济发展全局的重大判断，科学回答了经济形势应该怎么看、经济工作应该怎么干的重大问题，在实践—认识—再实践—再认识的过程中，形成了以新发展理念为主要内容的习近平新时代中国特色社会主义经济思想。中央经济工作会议用“七个坚持”概括了这一思想的深刻内涵，这是习近平新时代中国特色社会主义思想在经济领域的体现，是新时代做好经济工作的行动指南。

交通运输是国民经济重要的基础产业，是习近平新时代中国特色社会主义经济思想形成和实践的重要领域。我们要深刻领会这一思想的丰富内涵和精神实质，认真学习习近平总书记关于交通运输发展的重要指示精神，全面掌握其中贯穿的马克思主义立场观点方法，切实把科学理论转化为指导交通运输改革发展实践的强大力量。

一是坚持加强党对经济工作的集中统一领导。经济工作是党治国理政的中心工作，党中央对经济工作负总责、实施全面领导，保证我国经济沿着正确方向发展。五年来，我国经济发展取得历史性成就、发生历史性变革，根本在于以习近平同志为核心的党中央加强了对经济工作的集中统一领导。进入新时代，完成伟大的历史使命更需要有坚强的领导核心。我们就是要坚决维护好习近平同志这个党中央的核心和全党的核心，把思想和行动统一到中央关于形势的判断分析上来、统一到中央的决策部署上来，把智慧和力量凝聚到为人民谋幸福、为民族谋复兴的初心和使命上来，不断加强和改进交通运输工作，为全面建设社会主义现代化国家提供坚实支撑和保障。加强了党对经济工作的领导，就有了主心骨，就有了方向。在错综复杂的国际国内环境中，党中央审时度势，一系列具有中国特色、中国风格、中国气派的思想智慧使我国经济乘风破浪，不断前进，这是中国人民之福，也是世界人民之福。

二是坚持以人民为中心的发展思想。人民对美好生活的向往就是我们的奋斗目标，发挥人民主体作用是推动发展的强大动力，必须坚持从解决人民群众普遍关心的突出问题入手，推进全面建成小康社会。习近平总书记指出，“交通基础设施具有很强的先导作用，在一些贫困地区，改一条溜索、修一段公路就能给群众打开一扇脱贫致富的大门”“进一步把农村公路建好、管好、护好、运营好”“在沿海地区要想富也要先建港”“始终把安全放在首要位置”。这些重要论述，蕴含着深厚的为民情怀，要求我们坚持“人民交通为人民”的根本宗旨，把人民满意与否作为检验交通运输发展的唯一标准，不断增强人民的获得感、幸福感、安全感。

三是坚持适应把握引领经济发展新常态。我国经济正处在增长速度换挡期、结构调整阵痛期、前期刺激政策消化期“三期叠加”的阶段，经济发展进入新常态，必须立足大局、看清大势，推动速度换挡、结构优化和动力转换。习近平总书记指出，“十三五”是交通运输基础设施发展、服务水平提高和转型发展的黄金时期，深刻阐释了新常态下交通运输发展的阶段性特征。我们要抓住用好黄金时期，认识新常态、适应新常态、引领新常态，积极践行新发展理念，不断探索新常态下交通运输转型发展新路径，推动交通运输实现

更高质量、更有效率、更加公平、更可持续的发展。

四是坚持使市场在资源配置中起决定性作用，更好发挥政府作用。改革是经济发展的强大动力，必须啃硬骨头、涉险滩，坚决扫除体制机制障碍。交通运输业是我国最早开放的行业之一，改革开放近40年来，交通运输取得的举世瞩目的成就，离不开市场作用的有效发挥。习近平总书记指出，综合交通运输进入了新的发展阶段，在体制机制上、方式方法上、工作措施上要勇于创新、敢于创新、善于创新。我们要坚持市场化导向，破除区域壁垒和行业垄断，加快建立健全统一开放、公平竞争的现代市场体系。同时，要加快转变政府职能，深化放管服改革，把工作重点放到创造良好发展环境、提供优质公共服务、维护社会公平正义上来，建设依法行政、尊法守法的政府部门和公务员队伍，更好发挥政府作用。

五是坚持适应我国经济发展主要矛盾变化，完善宏观调控。现阶段我国社会主要矛盾，已经转化为人民日益增长的美好生活需要和不平衡不充分的发展之间的矛盾，必须相机抉择、开准药方，及时调整宏观调控思路，把推进供给侧结构性改革作为经济工作的主线。习近平总书记指出，推进供给侧结构性改革，促进物流业降本增效，交通运输大有可为，在组织创新、管理创新等方面都要有所作为，特别是要把简政放权、提高效率放到重要的位置上。我们要按照中央宏观调控的总体要求和政策导向，不断深化交通运输供给侧结构性改革，着力降成本、补短板、强服务、优环境、增动能，推动交通运输在“有”的基础上向“好”迈进，在“大”的基础上向“强”迈进。

六是坚持问题导向，部署经济发展新战略。中央针对关系全局、事关长远的重大问题，提出了一系列重大发展战略，对我国经济社会发展变革产生深远影响。习近平总书记多次就交通运输服务重大战略作出指示批示。他指出，“一带一路”建设，要“推动陆上、海上、天上、网上四位一体的联通，聚焦关键通道、关键城市、关键项目，联结陆上公路、铁路道路网络和海上港口网络”；京津冀协同发展，要推动交通一体化率先突破；长江经济带发展，要推进综合立体交通走廊建设，发挥长江黄金水道作用。他还指出，“从实施乡村振兴战略、打赢脱贫攻坚战的高度，进一步深化对建设农村公路重要意义的认识，聚焦突出问题，完善政策机制”。我们要在要素配置上优先满足，在资源条件上优先保障，在公共服务上优先安排，加快形成国内国际通道联通、区域城乡覆盖广泛、枢纽节点功能完善、运输服务一体高效的现代综合交通运输体系，为国家重大战略实施提供先行引领和支撑保障。

七是坚持正确工作的策略和方法。促进经济持续健康发展，离不开正确的工作策略和方法，离不开及时解决过河的“桥”或“船”。党的十八大以来，以习近平同志为核心的党中央始终坚持稳中求进工作总基调，强调要保持战略定力，坚持底线思维，积小胜为大胜。我们要把稳中求进作为交通运输发展的重要原则和方法论，在稳的前提下有所进取，在把握好度的前提下奋发有为。要立足先行官的定位，坚持适度超前发展，在战略上更加主动，战术上更加精准，努力为经济社会发展当好先行。要增强忧患意识，避免急功近利，充分估计困难和问题，做好应对防范各类风险的准备，推动交通运输健康可持续发展。

总之，以习近平同志为核心的党中央准确把握我国社会生产力和生产关系的特点，深刻认识新时代我国社会主要矛盾的历史性变化，切实践行以人民为中心的发展思想，树立马克思主义政治经济学的根本立场，紧紧围绕“人的全面发展，社会全面进步”的价值目标，提炼总结发展经验，揭示新特点新规律，创造性地提出了符合中国国情和时代特点的经济学理论。这就是习近平新时代中国特色社会主义经济思想，也开拓了当代中国马克思主义政治经济学的新境界。这一创新思想，是5年来推动我国经济发展实践的理论结晶，是党和国家十分宝贵的精神财富，是指引我国经济发展的思想武器和行动指南，也是指导推进交通运输高质量发展的根本遵循。我们必须长期坚持、不断丰富发展，奋力开创交通运输发展新局面。

二、牢牢把握推动高质量发展这个根本要求

党的十九大指出："我国经济已由高速增长阶段转向高质量发展阶段。"这是保持经济持续健康发展的必然要求，是适应我国社会主要矛盾变化和全面建成小康社会、全面建设社会主义现代化国家的必然要求，是遵循经济规律发展的必然要求。新时代我国经济发展阶段的历史性变化，必将对交通运输产生重大而深远的影响。

第一，交通运输已由高速增长阶段转向高质量发展阶段。

从发展基础看，经过多年努力，交通运输发展取得了重大成就，许多指标走在了世界前列。基础设施规模世界领先，综合交通网总里程突破500万公里，高速铁路和高速公路里程、港口万吨级泊位、城市轨道交通运营里程等世界第一。运输服务保障能力大幅提升，铁路货运量及旅客周转量、公路客货运输量及周转量、港口货物吞吐量及集装箱吞吐量、快递业务量均居世界第一，民航旅客及货邮周转量居世界第二。科技创新水平持续提升，"复兴号"动车组、C919大型客机等自主研制的高性能交通装备逐步应用。我国已经成为名副其实的交通大国，具备了由量的积累转向质的提升的物质基础。

从主要矛盾变化看，我国社会主要矛盾已经转化为人民日益增长的美好生活需要和不平衡、不充分的发展之间的矛盾。这是关系全局的历史性变化，在交通运输领域有充分的体现。当前，人们不仅仅满足于通路通车、通航通邮等"硬需求"，更加重视获得感、幸福感、安全感等"软需求"。与之相比较，交通运输发展不平衡、不充分问题更加凸显。发展不平衡，主要是区域间、城乡间、运输方式间、新旧业态间以及软硬实力间的不平衡，制约了并制约着行业整体水平提升；发展不充分，主要是基础设施网络覆盖、运输服务供给、安全绿色发展、智能化应用、市场主体活力的不充分，阻碍了并阻碍着行业高效、高质、包容、可持续发展。发展主要矛盾的变化要求交通运输，由"规模速度型"转向"质量效率型"，优化存量资源配置，扩大优质增量供给，实现供需动态平衡。

从发展条件看，我国经济发展条件发生深刻变化，以低成本要素、大规模投入和生态环境破坏为代价形成的高速增长模式难以为继。交通运输发展面临的土地、资源、环境等刚性约束进一步增大，劳动力成本明显上升，融资难问题日益凸显。同时，全球科技和产业进步方兴未艾，新技术、新产业、新模式层出不穷，改革创新的动力正在释放，开放型经济活力不断迸发，为交通运输提档升级提供了有利条件。我们必须发掘新的增长潜力，推动交通运输向形态更高级、结构更合理、效益更优化的阶段演进。

第二，推动高质量发展是未来一个时期交通运输工作的根本要求。

交通运输高质量发展，就是体现新发展理念的发展，就是能够提供更加安全、便捷、高效、绿色、经济的运输服务的发展，就是能够较好满足人民日益增长的多层次、多样化交通运输需求的发展。在供给方面，要形成完备的基础设施、技术装备和运输服务体系，不断提升科技创新能力、安全绿色水平、开放发展程度。在需求方面，要把握出行模式和流通方式的深刻变革，把握人民在环境、安全等方面日益增长的需要，形成以需求引

领供给变化、以供给催生新需求的良性循环。在投入产出方面，要优化劳动力、资本、土地、技术、管理等要素配置，特别是把大数据作为关键要素，积极推动交通运输效率提升和组织变革，提高全要素生产率。在宏观经济循环方面，要提高交通运输供给质量和效率，推进物流业降本增效，为社会再生产循环通畅奠定基础，为经济高质量发展创造条件。更明确地说，交通运输高质量发展，就是实现从"有没有"转向"好不好"。

推动高质量发展，是我们当前和今后一个时期确定发展思路、制定经济政策、实施宏观调控的根本要求。必须牢牢把握高质量发展要求，坚持质量第一、效益优先；牢牢把握工作主线，坚定推进交通运输供给侧结构性改革；牢牢把握制度保障，构建市场机制有效、微观主体有活力、宏观调控有度的交通运输治理体系。我们要加快形成推动交通运输高质量发展的指标体系、政策体系、法规体系、标准体系、统计体系、考核评价体系，创建和完善制度环境，推动交通运输在高质量发展上不断取得新进展。

第三，推动交通运输高质量发展必须坚持正确的工作策略和方法。

推动交通运输高质量发展，必须要跨越两个关口。中央指出，在我国这样经济和人口规模巨大的国家，高速增长阶段转向高质量发展阶段并不容易，不可能一夜之间实现。一是要跨越非常规的、现阶段特有的关口，特别是要打好防范化解重大风险、精准脱贫、污染防治三大攻坚战，为全面建成小康社会提供前提条件。二是要跨越常规性的、长期性的关口，大力转变发展方式、优化经济结构、转换增长动力，特别是要净化市场环境，提升人力资本素质，增强国家治理能力，为提前15年基本实现社会主义现代化、完成21世纪中叶的发展目标奠定基础。我们要切实增强跨越关口的紧迫感和责任感，正视推动交通运输高质量发展面临的困难和挑战，统筹做好顶层设计，在坚决打好三大攻坚战的同时，抓紧进行战略性调整，推动交通运输质量变革、效率变革、动力变革，为建设交通强国开辟新路径。

推动交通运输高质量发展，必须要把握好三个关键点。一是明好"理"，就是要深入学习领会习近平新时代中国特色社会主义经济思想，特别要把习近平总书记关于交通运输的系列重要指示批示精神学深悟透，作为推动交通运输高质量发展的科学理论指引。二是抓好"纲"，就是要以质量为"纲"，把高质量发展这个根本要求，贯穿落实到交通运输发展各方面和全过程，提纲挈领、纲举目张、一以贯之，切实在发展中体现新发展理念。三是把好"度"，就是要把握好工作节奏和力度，既不能着力太浅、停步不前，也不能用劲过猛、跨越阶段，做到适度超前、蹄疾步稳。

推动交通运输高质量发展，必须要统筹处理好四个关系。一是"稳"和"进"的关系。既把握"稳"的大局，又坚持"进"的方向，该稳的要稳住，该进的要进取，在稳的基础上进一步提升交通运输发展的质量和效益。二是机遇与挑战的关系。既调动和运用好各方面积极因素，又把各种风险挑战考虑清楚，从最坏处打算，向最好处努力。三是当前和长远的关系。既登高望远，又脚踏实地，切实统筹好近、中、远期目标。要坚持功成不必在我，尽力而为，量力而行，一件事情接着一件事情办，一年接着一年干，持续推动交通运输实现更高质量发展。四是量变和质变的关系。既重视量的增长，更要重视质的提升，在质的大幅提升中实现量的有效增长，完成由"高速度增长"向"高质量发展"的跨越。

三、新时代建设交通强国的历史使命

习近平总书记强调，推动高质量发展，就要建设现代化经济体系，这是我国现阶段发展的战略目标。党的十九大报告在建设现代化经济体系的战略部署中提出"交通强国"建设，这是以习近平同志为核心的党中央，站在党和国家事业发展全局高度作出的战略部署，是新时代赋予交通运输行业的历史使命，具有重大的现实意义和深远的历史意义。

第一，这是实现国家富强、民族振兴的必由之路。纵观古今中外大国崛起、民族复兴之路，不少是以交通运输的发达和强盛为基础，以强大的综合国力为标志。从 7 至 9 世纪开拓陆上和海上丝绸之路的"大唐盛世"，到 17 世纪成为"海上马车夫"的荷兰，再到 19 至 20 世纪初成为"日不落帝国"的英国，交通运输在大国崛起中发挥了重要作用。随着经济全球化深入发展，世界范围内资源要素加速流动，主要发达国家都把建设高效利用资源、便捷连接世界的交通体系提升到国家发展战略层面，以在新一轮全球产业结构调整中抢占制高点、赢得发展先机。当前，我国已经开启全面建设社会主义现代化国家的新征程，必须建设交通强国，构建更具国际竞争力的交通运输体系，更好发挥交通运输的先行官作用。

第二，这是建设现代化经济体系、推动经济高质量发展的内在要求。交通运输是实体经济的重要组成部分，是连接生产和消费的重要环节，也是数字经济、共享经济等新业态、新模式推广应用的重要领域。推动经济高质量发展，必须建设交通强国，发展现代服务业，加快资源整合和流程优化，降低全产业链成本，为建设现代化经济体系提供基础和保障。

第三，这是遵循发展规律、拓展发展空间的战略抉择。经过几代交通人的接续奋斗，我国交通运输经历了建国初期的百废待兴、改革开放后的跨越追赶和近年来的持续快速发展，在接近实现第一个百年目标的今天，已经站在了新的历史起点上。庞大的基础设施规模、完备的技术装备体系、多样化的运输服务需求与智能时代的创业创新相结合，为交通运输发展提供了无限广阔的空间。把握发展机遇、释放发展潜力，必须建设交通强国，加快提质增效和转型升级，推动交通运输行稳致远、再上新台阶。

第四，这是当好先行、服务人民的使命担当。交通运输关系国计民生、服务亿万群众，既是经济领域，也是重要的民生领域。改革开放初期，面对交通运输"瓶颈制约"，老百姓喊出了"要想富、先修路"的朴素口号，在全社会形成了"经济发展、交通先行"的广泛共识，交通条件的改善成为增强人民获得感的重要方面。进入新时代，必须加快建设交通强国，着力解决人民最关心、最直接、最现实的问题，不断满足人民对美好生活的向往，为经济社会可持续发展提供更加有力的保障。

建设交通强国，是一场涉及思想认识、观念行为、体制机制的广泛而深刻的变革。我们要深刻把握交通强国的内涵和要义，按照世界领先、人民满意、有效支撑我国社会主义现代化建设的要求，建设具有世界眼光、中国特色的交通强国，走出一条以习近平新时代中国特色社会主义思想为指引的交通强国之路。

一要推进质量变革，走转型升级的发展道路。要针对交通运输发展的薄弱环节，以深化供给侧结构性改革为主线，深化要素市场化配置改革，重点在"破""立""降"上下功夫，着力破除无效供给、培育新动能、降低实体经济成本。要把安全绿色、公平正义作为交通运输发展的生命线，制定执行更加严格的质量、环保、能耗、安全等法规、标准和政策，严格治理各类违法违规行为，防止"劣币驱逐良币"，营造公平竞争、诚信经营的市场环境，推动质量品牌建设，切实提升交通运输的核心竞争力和可持续发展能力。

二要推进效率变革，走深度融合的发展道路。当前我国交通运输"大而不强"的问题，有发展阶段的原因，也有发展模式、管理模式的原因。要实现更高水平的发展，必须进一步深化体制机制改革，推动形成资源要素自由流动、管理服务高效协同的综合交通运输体系，提高整体效率和效益。要统筹各种运输方式发展，促进各种运输方式更大范围、更深层次的融合；统筹区域、城乡协调发展，提高交通运输发展的均衡性；统筹国际国内发展，进一步融入全球运输系统。要推动交通运输与制造业、物流业、旅游业、电子商务等关联产业深度融合，促进交通运输军民融合深度发展，努力构建全要素、多领域、高效益的融合发展格局，实现互利共赢。

三要推进动力变革，走创新驱动的发展道路。创新是引领发展的第一动力。建设交通强国，必须向创新要动力。要创新驱动增动能，主动适应新形势新变化，加快推进以科技创新为核心的全面创新，广泛开展大众创业、万众创新，促进新动能发展壮大、传统动能焕发生机。要深化改革增动力，推进交通运输治理体系和治理能力现代化，破除一切不合时宜的思想观念和体制机制弊端，构建系统完备、科学规范、运行有效的制度体系，让发展的活力竞相迸发。要扩大开放拓空间，以世界眼光和战略思维，着眼全球布局，统筹多方资源，加强交通基础设施的互联互通，推动形成陆海内外联动、东西双向互济的开放格局，提高我国在全球交通运输治理中的影响力和话语权，在全面开放中拓展交通运输发展新境界。

从新中国成立之初到 21 世纪中叶，我们要用一百年走完发达国家几百年走过的现代化路程，不但速度、规模超乎寻常，变革的广度、深度和难度也前所未有。一代人有一代人的长征，交通强国就是我们交通人的新长征。既然是长征，就不可避免要“爬雪山”“过草地”，不可避免要进行许多具有新的历史特点的伟大斗争。我们要加强战略谋划和前瞻部署，扎扎实实打基础，久久为功谋发展，按照“两步走”的战略安排，一步一个脚印迈向交通强国。

四、坚决打好防范化解重大风险、精准脱贫、污染防治三大攻坚战

党的十九大指出，在全面建成小康社会决胜期，要突出抓重点、补短板、强弱项，特别是要坚决打好防范化解重大风险、精准脱贫和污染防治的攻坚战。打好三大攻坚战，事关我国发展的可持续性和人民群众切身感受，是决定全面建成小康社会是否得到人民认可、能否经得起历史检验的关键所在，也是跨越我国经济发展现阶段的特有关口、推动高质量发展的前提条件。我们要切实增强使命感和紧迫感，综合施策、精准发力，坚决打好三大攻坚战，为如期全面建成小康社会提供坚实支撑。

一是提高风险防控能力，打好防范化解重大风险攻坚战。防范化解重大风险是三大攻坚战的首要战役，特别是防范化解金融风险，事关国家安全、发展全局、人民群众财产安全，是一场输不起的战役。当前，交通运输领域风险总体可控，但隐患不少，必须高度重视，履职尽责，抓好重点领域风险防范化解工作。

要有效防控交通运输领域债务风险，科学做好“十三五”规划中期调整，充分考虑筹资能力，建立发展规划与资金保障动态平衡机制，把握好建设规模与节奏，切实提高资金使用效益。各地交通运输部门要会同财政等相关部门，摸清交通运输债务底数，尤其是隐性债务的情况，强化统计监测，探索建立行业债务安全防线和风险应急处置机制，坚决守住不发生系统性风险的底线。要化挑战为机遇，认真落实中央关于深化财税体制和投融资体制改革的要求，着力推动交通运输投融资体制改革，积极争取加大财政投入力度，广泛吸引社会资本，在努力实现交通固定资产投

资平稳运行的基础上，建立多元化、可持续的资金保障渠道。要坚守交通运输安全底线和红线，进一步完善行业安全体系，特别要不断提升交通运输防范非传统安全风险的能力，加强重点部位、重要场所反恐防控，坚决维护网络安全。

二是以深度贫困地区为重点，打好精准脱贫攻坚战。当前，交通扶贫脱贫已进入攻坚拔寨的关键冲刺期。特别是深度贫困地区基础设施发展滞后、生态环境脆弱、自然灾害频发，交通扶贫脱贫要求高、任务重、难度大，是脱贫攻坚的坚中之坚。我们要聚焦再聚焦、精准再精准，在坚持既有好的做法的基础上，采取更加集中的支持、更加有力的举措、更加精细精准的工作，进一步完善政策设计，加大攻坚力度，确保完成交通扶贫脱贫攻坚任务。

要深刻领会并实践习近平总书记关于“四好农村路”的重要指示要求，重点部署、重点支持、重点督促，有效提升农村公路建设、养护、管理和运营水平。要解决好突出制约问题，切实强化贫困地区通村畅乡公路建设和骨干通道建设，确保到2019年底提前一年实现具备条件的乡镇、建制村通硬化路，到2020年实现贫困地区国家高速公路主线基本贯通，具备条件的县城通二级及以上公路。要积极创新交通扶贫方式，激发贫困人口内生动力，继续支持贫困地区资源路、旅游路、产业路建设，推进“交通＋特色产业”“交通＋生态旅游”“交通＋电商快递”等扶贫新模式。要汇聚各方资源，进一步完善定点扶贫、对口支援和联系六盘山片区工作机制，深入开展专项帮扶行动。要严格监督考核，开展交通扶贫领域腐败和作风问题专项治理，强化扶贫资金绩效管理，确保交通扶贫脱贫攻坚成果经得起历史、实践和人民的检验。

三是推进生态文明建设，打好污染防治攻坚战。保护生态环境，关系广大人民的根本利益，关系中华民族的长远利益，是功在当代、利在千秋的事业。交通运输是能源消耗和大气污染排放的重点领域之一，习近平总书记多次就交通节能、绿色出行、调整运输结构等提出明确要求。我们必须强化责任担当和使命意识，下更大决心，付出更大努力，在打好污染防治攻坚战中走在前列，在打赢蓝天保卫战、解决突出环境问题中认真履职、作出新贡献。

要深入贯彻“绿水青山就是金山银山”的理念，以绿色交通重大工程和制度体系建设为载体，实化抓手、细化举措，全方位、全地域、全过程推进交通生态文明建设，推动形成绿色发展方式和生活方式。要加快调整优化交通运输结构，推广高效运输组织方式，减少公路货运量，增加铁路货运量。要防治并举，提升交通运输绿色发展水平，大力开展绿色出行行动，推广高效清洁运输装备，强化船舶、港口和营运车辆污染防治。要建立多方联动的绿色交通治理体系，形成全社会广泛参与的工作机制，建设政府企业、公众共治的绿色交通行动体系。

全面建成小康社会，是我国社会主义现代化建设的重要里程碑，是振奋人心的第一个百年目标，也是一份沉甸甸的任务清单。我们要坚决打好三大攻坚战，不折不扣完成好各项目标任务，切实履行好交通运输对党和国家、对人民、对社会的庄严承诺。

五、坚定不移推进党的建设新的伟大工程

习近平总书记指出，党政军民学，东西南北中，党是领导一切的。坚持和加强党的全面领导，是夺取新时代中国特色社会主义伟大胜利的根本保证，必须毫不动摇坚持党的全面领导，毫不动摇把党建设得更加坚强有力。党的十九大提出了新时代党的建设总要求，明确了“一条主线”“三个基本要求”“六大建设”和“一个目标”，是当前和今后一个时期全面从严治党的根本遵循。我们要不

忘初心、牢记使命，全面加强党的建设，为推动新时代交通运输高质量发展提供坚强政治保证。

一是把党的政治建设摆在首位。党的政治建设是统领、是核心，是党的根本性建设。政治建设抓好了，党的建设就铸了魂、扎了根。要坚持党中央权威和集中统一领导，牢固树立"四个意识"，坚定"四个自信"，坚决维护习近平总书记在党内的核心地位、领袖地位，坚决同以习近平同志为核心的党中央保持高度一致，坚决贯彻落实党中央大政方针和决策部署，确保中央政令畅通。要严守党的政治纪律和政治规矩，突出政治标准，加强政治历练，积累政治经验，提高政治能力，以实际行动保证党统一意志、统一行动、步调一致向前进。要严肃党内政治生活，严格执行新形势下党内政治生活若干准则，切实增强党内政治生活的政治性、时代性、原则性和战斗性。要发展积极健康的党内政治文化，大力弘扬共产党人价值观，坚决抵制和反对各种腐朽、庸俗文化的侵蚀，自觉抵制商品交换原则对党内生活的侵蚀。

二是用习近平新时代中国特色社会主义思想武装头脑。思想建设是党的建设的灵魂，是党的基础性建设。无论是革命、建设还是改革，都要靠指导思想的科学性和革命理想的坚定性。要坚定理想信念，牢记党的宗旨，解决好世界观、人生观、价值观这个"总开关"问题，自觉做共产主义远大理想和中国特色社会主义共同理想的坚定信仰者和忠实实践者。要扎实抓好主题教育，深入开展"不忘初心、牢记使命"主题教育，持续推进"两学一做"学习教育常态化制度化，推动交通运输系统广大党员干部深入理解和把握习近平新时代中国特色社会主义思想的科学体系、精神实质和实践要求，认真学习领会习近平新时代中国特色社会主义经济思想，真正做到学以致用、用以促学、学用相长。

三是建设高素质专业化干部队伍。党的干部是党和国家事业的中坚力量。我们要高度重视加强各级领导班子建设和干部队伍建设，为事业发展会聚人才力量。要坚持党管干部原则和正确选人用人导向，把"好干部"标准落到实处，培养选拔忠诚干净有担当的干部，选优配强各级领导班子。要坚持在实践中历练干部，培养选拔在基层扎实锻炼、在吃劲岗位经受磨炼、实绩突出的干部，把交通运输事业发展需要的好干部精心培养起来、合理使用起来。要坚持严管和厚爱结合、激励和约束并重，完善干部考核评价机制，建立激励机制和容错纠错机制，为敢于担当、踏实做事、不谋私利的干部撑腰鼓劲。

四是加强基层组织建设。党的基层组织是确保党的路线方针政策和决策部署贯彻落实的基础。我们要坚持不懈抓基层、抓基础，推动全面从严治党向纵深发展。要强化基层组织职能定位，以提升组织力为重点，突出政治功能，发挥战斗堡垒作用。要激发基层组织活力，坚持好"三会一课"制度。要扩大党内基层民主，推进党务公开，发挥党员的主体责任。要提高党员发展的质量，坚持标准、严格程序、严肃纪律。要加强党内激励关怀帮扶，激励广大党员和党组织奋发进取、创先争优。要加强党员教育管理，强化党员意识、增强党的观念、提高党性修养。

五是持之以恒正风肃纪。作风建设永远在路上。要按照习近平总书记关于纠正"四风"、加强作风建设的重要指示精神，持续整治"四风"突出问题，特别是形式主义、官僚主义的新表现，巩固拓展落实中央八项规定精神成果，继续从一件一件小事抓起，一个节点一个节点坚守，务求取得实效。要密切联系群众，弯下腰、沉下心，深入基层调查研究，千方百计为群众排忧解难，真正使交通运输工作更接地气、更惠民生、更有实效。要加强纪律教育，强化纪律执行，让党员干部知敬畏、存戒惧、守底线，防范和遏制不正之风。

六是把反腐败斗争进行到底。腐败是我们党面临的最大威胁。党的十九大指出，“反腐败斗争形势依然严峻复杂，巩固压倒性态势、夺取压倒性胜利的决心必须坚如磐石”。要按照十九届中央纪委常委会第一次会议要求，不松劲、不停步、再出发，一刻不停歇地推进党风廉政建设和反腐败斗争。要深入落实全面从严治党主体责任和监督责任，构建“不能腐、不敢腐、不想腐”的有效机制。要有效运用监督执纪“四种形态”，对倾向性、苗头性问题及时谈话批评，对违纪问题发现一起、查处一起，严厉惩处不收敛、不收手等顶风违纪行为。要加强权力监督制约，建立健全权力运行、权力制约、权力监督的制度体系，把权力关进制度的笼子，继续强化审计监督作用。要注重发挥巡视利剑作用，压实主体责任，深化政治巡视，把巡视全覆盖的硬任务、硬指标落到实处，推动形成巡视巡察、上下联动的监督网。要适应健全党和国家监督体系的要求，增强党自我净化能力，强化党的自我监督和群众监督。

七是全面增强执政本领。党的十九大指出，“我们党既要政治过硬，也要本领高强”。交通运输行业党员干部，不仅要有担当的宽肩膀，还得有成事的真本领，既要当好政治家，又要当好专门家。要切实增强学习本领，下大力气完善知识结构，既钻研宏观，又熟悉微观，不断夯实交通运输发展的政策储备。要切实增强政治领导本领，坚持战略思维、创新思维、辩证思维、法治思维、底线思维，科学制定行业发展战略。要切实增强改革创新本领，增强改革勇气和创新意识，敢于涉险滩、闯难关、啃硬骨头，打好交通运输改革攻坚战。要切实增强科学发展本领，贯彻新发展理念，不断开创交通运输发展新局面。要切实增强依法执政本领，带头尊法、学法、守法、用法。要切实增强群众工作本领，加强对群众组织的领导，发挥其联系群众的桥梁纽带作用。要切实增强狠抓落实本领，敢打硬仗，能打胜仗，优质高效干好各项工作。要切实增强驾驭风险本领，保持清醒头脑，完善风险防控机制，积极稳妥地推动交通运输改革发展稳定各项工作。

最后，我强调一下精神状态问题。

习近平总书记指出，良好的精神状态，是做好一切工作的重要前提。我们要继续弘扬和践行“两路”精神，艰苦奋斗、勇于创新、不畏艰险、默默奉献，以永不懈怠的精神状态和一往无前的奋斗姿态，为决胜全面建成小康社会、全面建设社会主义现代化国家当好先行。要保持昂扬向上的斗志，提振精气神，传递正能量，激发一往无前的激情，鼓足争创一流的干劲。要砥砺敢于担当的勇气，增强机遇意识、责任意识、进取意识，敢想敢干、敢为人先、敢于碰硬。要提高改革创新的自觉，深入解放思想，破除原有思维定式、知识视野和工作方法限制，不断破解发展难题、闯出发展新路。要拿出久久为功的韧劲，发扬钉钉子精神，出实招、办实事、讲实效，不图虚名、不务虚功，善始善终、善作善成。

延伸阅读——杨传堂做客央广十九大特别节目“聚焦从交通大国迈向交通强国”。

李小鹏在 2018 年全国交通运输工作会议上的讲话

（2017 年 12 月 25 日）

这次会议的主要任务是：全面贯彻党的十九大和中央经济工作会议精神，以习近平新时代中国特色社会主义思想为指导，总结党的十八大以来交通运输发展成就，分析当前交通运输发展的形势，部署 2018 年重点工作，明确今后 3 年决胜全面建成小康社会的重点任务，提出未来 30 年战略谋划，开启新时代交通强国建设的新征程，为决胜全面建成小康社会、夺取新时代中国特色社会主义伟大胜利、实现中华民族伟大复兴的中国梦当好先行。

党的十九大，是在全面建成小康社会决胜阶段、中国特色社会主义进入新时代的关键时期召开的一次十分重要的会议。大会不忘初心，牢记使命，高举旗帜，奋勇前进。习近平总书记所作的报告，凝聚了全党全国各族人民的智慧，是我们党团结带领全国各族人民，在新时代坚持和发展中国特色社会主义的政治宣言和行动纲领，是马克思主义的纲领性文献。学习宣传贯彻党的十九大精神，是交通运输行业当前和今后一个时期的首要政治任务，必须全面准确、学深悟透，做到“十个深刻领会”；必须突出重点、抓住关键，做到“六个聚焦”。

中央经济工作会议是党的十九大后党中央召开的第一个全国性会议。会议认真总结了党的十八大以来我国经济发展的历程，明确了以新发展理念为主要内容的习近平新时代中国特色社会主义经济思想，全面部署了2018年经济工作，对于我们统一思想、深化认识，打好决胜全面建成小康社会三大攻坚战，推动我国经济高质量发展，具有十分重大的意义。

学习宣传贯彻党的十九大和中央经济工作会议精神，要紧密结合交通运输工作实际，学懂、弄通、做实。要牢固树立“四个意识”，坚定“四个自信”，时时刻刻都要坚决维护习近平总书记在党中央、全党核心领袖地位，时时刻刻都要坚决维护党中央权威和集中统一领导，始终在政治立场、政治方向、政治原则、政治道路上同以习近平同志为核心的党中央保持高度一致。要坚持以习近平新时代中国特色社会主义思想武装头脑、指导实践、推动工作。要加强党对经济工作的领导，坚持稳中求进工作总基调，坚定不移地贯彻落实新发展理念，不断开创交通运输事业发展改革新局面。要紧扣我国社会主要矛盾变化，按照高质量发展的要求，坚持以人民为中心的发展思想，着力解决发展过程中不平衡、不充分的问题，不断满足人民日益增长的出行需要，努力建设人民满意交通。要坚持以深化交通运输行业供给侧结构性改革为主线，进一步降低物流成本，大力提升交通运输发展质量和效益。要把握新机遇，推动三大变革，打好三大攻坚战，凝心聚力建设交通强国。

传堂同志传达了12月19日习近平总书记对“四好农村路”作出的重要指示。习近平总书记的重要指示，充分肯定了近年来“四好农村路”建设所取得的成效，对做好下一步的工作指明了方向，提出了更高的要求，饱含着对三农工作的高度重视，对脱贫攻坚，决胜全面小康的高度重视，对建、管、护、运营好“四好农村路”，为农民致富奔小康、农业农村现代化提供保障的高度重视，是对交通运输战线“四好农村路”工作的充分肯定、极大鼓舞，更是殷切希望、巨大鞭策。我们一定要认真学习、深刻领会、坚决贯彻、扎实落实习近平总书记重要指示，为广大农民致富奔小康、为加快推进农业农村现代化提供更好保障。

传堂同志提出了五点要求，我都同意，要落实落实再落实。一是求真务实抓落实。要在《交通运输决胜全面建成小康社会开启全面服务社会主义现代化国家新征程三年行动计划（2018-2020年）》的制定中、实施中抓好落实，在《支持深度贫困地区交通脱贫攻坚实施方案》中抓好落实，在“十三五”规划中期调整和调整之后的实施当中抓好落实。二是问题导向抓落实。要针对“四好农村路”发展过程中存在的问题，采取有效措施，优化政策，落实责任，建立健全体制机制。要把“四好农村路”这件实事办实，好事办好。三是振奋精神抓落实。要防止不作为，也要防止乱作为，要坚决抵制、彻底肃清在“四好农村路”发展过程中存在的违纪、违法、违规、腐败的各种问题，认真把“四好农村路”建设好。总之，我们要贯彻落实党的十九大精神，贯彻中央经济工作会议精神，贯彻习近平总书记对“四好农村路”的重要指示以及对交通运输工作的一系列重要指示、批示精神，努力服务决胜全面建成小康社会，开启交通强国建设的新征程。

下面，我讲三个方面的内容：

一、过去五年的成就

党的十八大以来的五年，是交通运输发展极不平凡的五年。五年来，全行业在以习近平同志为核心的党中央坚强领导下，按照“五位一体”总体布局和“四个全面”战略布局，坚持稳中求进工作总基调，坚持贯彻落实新发展理念，坚持以供给侧结构性改革为主线，团结拼搏、攻坚克难、深化改革、开拓创新，实现了行业改革发展重大突破，全面开创了交通运输发展新局面。

五年来，我们牢牢把握优化布局、加速成网这个关键，综合交通建设稳步推进，实现了交通基础设施跨越式发展。综合交通基础设施网络不断完善。“五纵五横”综合运输大通道基本贯通。铁路营业里程五年增长2.7万公里，高铁覆盖65%以上的百万人口城市。公路总里程五年增长约53.4万公里，高速公路覆盖97%的20万人口城市及地级行政中心，二级及以上公路通达96.7%的县。内河航道条件持续改善，通江达海、干支衔接的航道网络进一步完善。民航运输机场达229个，服务覆盖全国88.5%的地市、76.5%的县。邮政乡乡设所、村村通邮总体实现。快递公共投递服务站近2.9万个，快递乡镇网点覆盖率达到87.3%。高铁、高速公路、城市轨道交通运营里程和港口深水泊位数量均居世界第一。现代综合交通运输体系初步形成。各种运输方式一体化衔接日趋顺畅。综合客、货运枢纽规划建设明显加快，支持建设了106个综合客运枢纽和186个综合货运枢纽（物流园区）。积极推进港口集疏运铁路公路系统建设，努力打通进出港“最后一公里”。

五年来，我们始终牢记服务经济社会发展这一职责，运输保障能力显著增强。客运服务水平持续提升。铁路、民航客运量年均增长率达到10%左右。高铁动车组累计发送旅客突破70亿人次。公交优先理念深入落实，公交都市创建有序开展，公共交通年客运量超过900亿人次，34个城市开通运营城市轨道交通。定制公交、商务快巴、旅游专线、社区巴士等特色公交服务加快发展。全国29个省、90%以上二级道路客运站初步实现省域联网售票。旅客联程运输加快发展，春运、黄金周等时段旅客集中出行组织有序。货运服务效率大幅提高。铁路货物发送量持续高位运行，港口货物和集装箱吞吐量连续十多年保持世界第一。航空货邮运量比2012年增加23%。邮政业市场规模超过全球份额五分之一，年服务用户超过1000亿人次，年支撑国内网购交易额突破5万亿元。快递业务量年均增长50%以上，稳居世界第一。多式联运、甩挂运输、冷链物流、江海直达运输等加快发展。行业安全生产形势持续稳定。交通运输事故起数和死亡失踪人数实现双下降。应急救援组织体系进一步完善，妥善应对了一系列突发事件。成功组织了中国—东盟国家海上联合搜救实船演习等应急演练，行业应急救援水平显著提升。

五年来，我们紧紧围绕国家发展大局，在服务国家战略中充分展现了行业责任担当。“一带一路”互联互通实现重大突破。成功主办“一带一路”国际合作高峰论坛：加快设施联通平行主题会议。沿线陆上联通取得突破性进展。蒙内铁路建成通车。中巴经济走廊“两大”公路和中俄两座跨境桥梁开工建设。10个陆路边境口岸实现高速公路连接，43个口岸通二级公路。海上支点港口建设运营成效显著，瓜达尔港、科伦坡港口城等项目有序推进，吉布提多哈雷新港完成建设并开港运营。获得斯里兰卡汉班托塔港特许经营权，控股投资希腊比雷埃夫斯港取得良好业绩。中欧陆海快线运量快速增长。空中大通道日益畅通，与沿线43个国家实现空中直航。国际运输便利化水平大幅提升。中欧班列累计开行近7000列。国际道路客货运输线路达到356条。海运服务覆盖沿线所有国家。交通基础设施“走出去”步伐不断加快。高速公路、城市轨道交通及港口建设走向世界，高铁成为“走出去”的新亮点。中美《适航实施程序》正式签署，实现了中美航空产品全面对等互认，我国航空大国地位进一步凸显。连任国际海事组织A类理事国、国际民航组织一类理事国、万国邮联经营理事国，国际影响力、话语权进一步提升。京津冀交通一体化实现率先突破。京张高铁、延崇高速等北京冬奥会交通保障重点项目加速推进，京唐城际铁路、京秦高速、北京新机场等一批重大项目启动实施。京津冀省域道路客运联网售票系统基本建成，70 个客运站完成联网。区域客运班线公交化改造加速推进。交通“一卡通”互联互通加速推行。交通行政执法、联合治超、海事统一监管等机制初步形成。津冀港口协同发展加快推进。京津冀民航协同发展迈出坚实步伐。雄安新区综合交通运输体系规划建设有序推进。长江经济带综合立体交通走廊加快形成。沪昆高铁全线通车，区域铁路营业里程达到近 3.7 万公里。沪蓉、沪渝、沪昆 3 条主骨架高速公路全线贯通。长江南京以下 12.5 米深水航道基本建成，区域高等级航道达标里程达 8600 公里。全球最大的单体全自动化集装箱码头——上海洋山港四期开港运行。武汉天河机场三期、成都新机场等项目顺利实施，区域民用机场数已达 83 座，沿江机场布局进一步完善。交通扶贫脱贫攻坚取得重大成果。深入开展“四好农村路”建设，五年新改建农村公路 127.5 万公里。“溜索改桥”“百项交通扶贫骨干通道工程”“百万公里农村公路”等有序实施。全国约 99.2% 的乡镇和 98.3% 的建制村通上了沥青路、水泥路。统筹推进交通定点扶贫、对口支援、片区扶贫，交通扶贫精准化水平不断提高。城乡交通运输基本公共服务均等化加快推进，乡镇和建制村通客车率分别达到 99.1% 和 96.5% 以上，城乡运输一体化水平接近 80%，县乡村三级物流体系不断健全。一些边远、贫困地区的通勤航空、基本航空服务试点工作稳步实施。有条件地区的无人机物流配送工作试点已经启动。农村交通与产业融合发展加速推进，特色种植养殖业、电商、乡村旅游等产业与交通运输的关联融合日趋紧密，贫困地区脱贫致富道路越走越宽。交通运输促进区域协调发展的基础不断夯实。东部地区综合交通网骨架已经形成。中部地区干线网络基本建成。西部地区综合交通运输网覆盖面不断扩大，联通东中部的运输通道基本形成。东北地区综合交通运输网络主骨架初步形成。交通运输军民融合发展进入新阶段。军民融合、军地合作体制机制不断健全，深度融合有序推进。综合交通基础设施服务国防能力显著提升。国防交通基础设施更加完善，战略投送支援能力不断增强。成功组织军地联合应急演练。交通战备正规化水平持续提升。南海 5 座大型灯塔建成启用。

五年来，我们坚持把提升行业治理能力作为重大任务，行业治理体系逐步完善。综合交通运输管理体制机制基本形成。国家层面“一部三局”架构基本建立，省级层面已有 17 个省（区、市）基本建立了综合交通管理体制或运行协调机制。铁路管理体制改革持续推进，政府监管体系初步建立。区域港口一体化成效初显。直属海事系统核编转制顺利完成。港航公安体制、民航局属国企改革和机场公安体制、空管系统体制机制等改革加快推进。邮政体制改革有序开展。法治政府部门建设持续深化。完成了交通运输法治政府部门建设顶层设计，交通运输领导干部运用法治思维、法治方式实施行业治理的能力不断增强。综合交通立法统筹推进，《航道法》《国内水路运输管理条例》和《铁路安全管理条例》制定出台，188 件部门规章颁布实施，综合交通运输法律体系初步形成。网约车经营服务管理部门规章顺利出台。投融资、预算管理、综合执法等重点领域改革扎实推进。行业放管服改革成效明显。简政放权力度不断加大，市场准入门槛逐步放宽。行政审批事项大幅精简，部本级取消下放幅度达 61.5%。加强事中事后监管，全面推广“双随机一公开”抽查，全面清理交通领域罚款、检查和收费。跨省大件运输并联许可系统全国联网。高速公路服务区服务质量显著提升。汽车维修、驾驶员培训服务能力显著增强。自贸试验区航运政策创新得到复制推广。行业社会共治格局日趋完善。行业信用体系建设有序推进，统一开放、竞争有序、充满活力的交通运输市场基本形成。部管社团改革持续深入。认真办理人大建议、政协提案。积极引导企事业单位、社会组织、人民群众参与行业治理监督。依法接待处理群众信访诉求。

五年来，我们紧紧抓住创新发展这个突破口，实现行业科技水平整体提升。交通运输设施装备技术水平显著提升。“复兴号”列车成功运营，高性能铁路装备技术达到世界先进水平。高寒、高海拔高速公路建设等技术难题陆续攻克，以港珠澳大桥为代表的桥岛隧集群工程建设举世瞩目。自动化码头、桥梁智能制造、复杂巨型河口深水航道整治、大型机场和高原机场工程建设、饱和潜水等技术进入世界先进行列。大型客机 C919 成功首飞，大型水陆两栖飞机 AG600 成功陆上首飞，支线客机 ARJ21 成功载客运营，北斗系统应用取得重大突破。数据分单派单、自动化分拣、无人仓配等技术在邮政业加快应用。智慧交通蓬勃发展。信息化规划、“互联网+”便捷交通、高效物流、智慧交通行动计划等加快推进。大数据、物联网和人工智能技术推广应用，有效推动了行业生产组织变革。辅助自动驾驶技术在营运车辆中逐步推广，无车承运、网约车、分时租赁、互联网租赁自行车等新业态蓬勃发展。综合交通运输信息系统顶层设计进一步完善，系统建设进一步加快，交通运输政务信息系统整合共享基本完成。高速公路电子不停车收费系统（ETC）全国联网，用户突破 5900 万。绿色交通建设持续推进。绿色标准体系逐步健全。运输通道、枢纽、装备等资源集约利用效果明显。实施绿色交通示范工程创建，绿色公路、港口、航道等示范效应良好。开展“车、船、路、港”千家企业低碳交通运输专项行动。推进大气、水污染防治，设立船舶排放控制区，推广靠港船舶使用岸电和液化天然气（LNG）等清洁能源应用，推进长江危化品运输安全保障体系建设，实施“碧海行动”计划，加强重大海上溢油应急处置，开展生态型公路、港口和航道建设，组织实施公路港口生态修复，生态环境保护和恢复力度不断加大。

五年来，我们始终坚持加强党的建设，行业凝聚力不断加强。交通运输党建科学化水平持续提升。各级党组织建设不断加强，党员管理更加严格规范，党建工作基础不断夯实。群众路线教育实践活动、“三严三实”专题教育和“两学一做”学习教育等扎实推进。党内监督和执纪问责全面加强，积极配合中央巡视并深入整改，实现对部属单位巡视“全覆盖”。开展警示教育 12 次。中央纪委驻交通运输部纪检组共查处交通运输部系统党员干部违纪案件 49 件，给予 61 人党政纪处分，移送司法机关 12 人。“人才强交”战略扎实推进。人才管理制度化、规范化、科学化水平不断提升。高层次科技人才、高技能实用人才和高素质管理人才培养与管理不断加强，一大批国家级拔尖人才（集体）、创新领军人才、青年科技英才集中涌现。行业教育培训有序推进，基层和贫困地区专业人才支持力度不断加大。行业软实力不断增强。“十百千”文化建设工程和“感动交通”“寻找最美”等活动有效传播了行业正能量。“军民融合先遣兵”王淑芳、“最美司机”吴斌、“水上交通运输安全忠诚护卫”陈维等人物典型脱颖而出。组织创作了一批交通文化精品力作。开展了弘扬“两路”精神“小康路 · 交通情”“四好农村路”等系列重大主题宣传，妥善应对突发事件舆情。切实做好统战、群团、机关服务和职工生活保障等工作，积极做好离退休干部工作，有效凝聚了发展合力。

2017 年是供给侧结构性改革的深化之年，也是推进交通运输改革发展的重要一年。一年来，我们精心组织党的十九大精神学习宣传贯彻，以党的十九大精神为指引，谋划推动交通运输工作，圆满完成了各项年度目标任务。行业供给侧结构性改革实现多点突破。政府还贷二级公路收费基本取消，实施公路绿色通道、差异化收费等多项举措，实现降低物流成本880多亿元。西北地区全面融入全国高铁网，国家高速公路待贯通路段和内河高等级航道建设进一步加快，“沪兰空中大通道”贯通，基础设施短板进一步补齐。铁路客货运量大幅增长。181个城市交通“一卡通”实现互联互通。邮政包裹寄递到户加快推进。多式联运、旅客联程运输加快发展。交通运输促投资、促消费、稳增长效果明显。公路、水路预计完成投资2.27万亿元，新改建农村公路28.5万公里，政府工作报告明确的目标任务圆满完成。铁路营业里程达到12.5万公里，其中高铁近2.4万公里。公路通车总里程达到477万公里，其中高速公路达到13.6万公里。内河航道里程达到12.7万公里。1至11月全社会客货运量分别达到170.9亿人和429.8亿吨。全年邮政业务量、业务收入分别达到9765亿件、6616亿元。快递业务量、业务收入分别达到400亿件、4950亿元。交通脱贫攻坚先行引领作用日益凸显。贫困地区建成旅游路、资源路和产业路1.3万公里。新增通硬化路建制村1.1万个、通客车建制村8473个。实施普通公路安全生命防护工程13万公里，改造危桥3300座。农村交通运输服务水平持续提升。交通运输更贴近民生11件实事全部完成，“交通运输+”生态旅游、特色产业、电商快递等迅速发展，人民群众获得感显著增强。行业安全生产形势总体平稳。1至11月，各领域事故起数和死亡失踪人数分别下降9.4%、5.8%。圆满完成重大会议、重大活动和重要时段交通运输安全保障、应急值守与网络安全保障工作，妥善应对四川茂县山体滑坡等突发事件。1至11月组织协调海上搜救行动1877次，成功搜救遇险船舶1338艘，成功救起遇险人员13236人。

过去的五年，既是交通运输实现自身跨越式发展的五年，也是发展先行作用不断彰显的五年。回顾五年来的工作，我们深深体会到：做好交通运输工作，必须坚持加强党的领导，贯彻党的路线方针政策和决策部署；必须坚持以习近平新时代中国特色社会主义思想为指导；必须坚持以人民为中心的发展思想；必须坚持稳中求进工作总基调；必须坚持适应把握引领经济发展新常态，贯彻落实新发展理念，深化供给侧结构性改革，推动高质量发展；必须坚持改革创新开放；必须坚持狠抓安全生产；必须坚持弘扬以“两路”精神为代表的交通精神；必须坚持凝聚共识、合力攻坚；必须坚持加强党的建设和队伍建设。

五年来的成就来之不易，这些成就的取得，靠的是以习近平同志为核心的党中央坚强领导，靠的是各省（区、市）和各部门大力支持，靠的是社会各界共同努力，靠的是几代交通人的接力奋斗。在此，我代表交通运输部，向长期关心支持交通运输事业发展的各级领导、各有关部门、社会各界、离退休老同志和长期奋战在交通运输战线上的广大干部职工表示衷心的感谢和崇高的敬意！

在看到成绩的同时，必须清醒地看到，我们的工作还存在不少问题，面临许多挑战：交通基础设施还存在短板，综合交通枢纽建设滞后，网络布局需要进一步优化；农村公路体制机制需进一步完善，深度贫困地区交通基础设施短板问题更加突出，建设还需加强；运输结构不合理、物流成本偏高，供给侧结构性改革还需进一步深化；交通运输一体化、多样化、个性化服务水平不高，运输服务供给质量还有较大提升空间；现代综合交通运输体制机制尚不健全、不完善；资金、土地、环境等要素制约问题突出，投融资等关键领域改革还需继续深化；法律法规建设滞后于行业发展，行业监管跟不上新技术、新模式、新业态步伐；交通运输与互联网、大数据、人工智能深度融合不够，信息开放共享问题依然突出；安全生产形势不容乐观，重特大事故时有发生，平安交通建设任重道远，等等。对这些问题我们必须要高度重视，采取措施着力加以解决。此外，从主观上看，我们能力还不足，风险意识还不够，作风还不够顽强。我们必须坚持问题导向和目标导向相结合，着力在深化体制机制改革、持续转变作风、提高履职能力上下功夫、见成效。

二、奋力开启建设交通强国的新征程

新中国成立以来特别是改革开放以来，经过几代人艰苦奋斗、接续努力，我国交通运输面貌发生历史性变化，我们已经建成了交通大国。党的十九大提出了建设交通强国的宏伟目标，这是以习近平同志为核心的党中央对交通运输工作的充分肯定和殷切期望，也是新时代全体交通人为之奋斗的新使命。我们深感责任重大、任重道远。我们必须以党的十九大精神为指引，奋力开启建设交通强国的新征程！

（一）准确把握建设交通强国的总体要求

交通运输是国民经济中战略性、引领性、基础性产业和服务性行业。建设交通强国，必须深入贯彻落实党的十九大精神，以习近平新时代中国特色社会主义思想为指导，把握基本内涵、明确总体思路、确立战略目标。

第一，关于基本内涵。

交通强国是社会主义现代化强国的重要组成部分，是先行领域和战略支撑。我们要建设的交通强国，应具有世界眼光、中国特色。一是要自身强，综合实力世界领先。实现交通运输规模数量大、质量效率高、科技创新强、行业治理优、国际影响广，拥有更加安全便捷、经济高效、绿色智慧、开放融合的现代化综合交通运输体系，拥有一批具有全球竞争力的世界一流交通运输企业，各种运输方式的比较优势和组合效率得到充分发挥。二是要强国家，有效支撑民富国强。交通运输战略性、引领性、基础性、服务性功能得到充分发挥，全面适应并引领经济社会发展，满足人民日益增长的美好生活需要，支撑全体人民实现共同富裕，支撑我国重大战略实施和社会主义现代化建设目标实现。总之，我们要建成世界领先、人民满意、有效支撑我国社会主义现代化建设的交通强国。

第二，关于总体思路。

当前，建设交通强国的总体思路是：深入贯彻落实党的十九大精神，以习近平新时代中国特色社会主义思想为指导，坚持稳中求进工作总基调，坚持新发展理念，紧扣我国社会主要矛盾变化，按照高质量发展的要求，围绕统筹推进“五位一体”总体布局和协调推进“四个全面”战略布局，以供给侧结构性改革为主线，以改革、创新、开放为动力，着力推动交通运输发展质量变革、效率变革、动力变革，着力服务人民、服务大局、服务基层，着力建设人民满意交通，着力打造现代化交通，全面建成安全便捷、经济高效、绿色智慧、开放融合的现代化综合交通运输体系，全面建成世界领先、人民满意、有效支撑我国社会主义现代化建设的交通强国，为建设社会主义现代化强国、实现中华民族伟大复兴的中国梦当好先行。

新时代建设交通强国的核心，是要贯彻习近平新时代中国特色社会主义思想，实现高质量发展。中国特色社会主义进入了新时代，我国经济发展也进入了新时代，基本特征就是，我国经济已由高速增长阶段转向高质量发展阶段。推动高质量发展，是保持经济持续健康发展的必然要求，是适应我国社会主要矛盾变化和全面建成小康社会、全面建设社会主义现代化国家的必然要求，是遵循经济发展规律的必然要求，也是交通可持续发展、建设交通强国的必然要求。推动高质量发展是当前和今后一个时期确定发展思路、制定经济政策、实施宏观调控的根本要求。建设交通强国，必须牢牢把握这个根本要求，紧扣我国社会主要矛盾变化，坚持新发展理念，以供给侧结构性改革为主线，以改革、创新、开放为动力，实现从高速增长到高质量发展。

建设交通强国，要紧紧抓住高质量发展这个关键，在“四个着力”上狠下功夫：一是着力推动交通运输发展质量变革、效率变革、动力变革。数量大能造就交通大国，在数量大的基础上实现质量强才能成就交通强国，必须推动质量变革，实现交通运输从高速增长向高质量发展的跨越升级。市场竞争归根结底是投入产出效率的竞争，建设交通强国，必须推动效率变革，着力提升全要素生产率，提高运输链综合效率。建设交通强国，必须实现动力变革，着力深化改革添活力、创新驱动增动能、扩大开放拓空间，不断增强交通运输创新力和竞争力。二是着力服务人民、服务大局、服务基层。需求源自人民，只有服务人民，交通运输才有生命力，才有动力源；交通运输是大局中的一部分，只有为社会主义现代化建设这个大局服好务，才能找准位置、抓住机遇，建成强国；交通运输根在基层，只有服务基层，为基层解难事、办实事，才能强基固本、行稳致远。三是着力建设人民满意交通。随着消费需求结构日益升级，人民群众希望得到更加安全可靠、便捷畅通、经济高效、节能环保的交通运输服务。必须把建设人民满意交通作为交通强国建设的根本任务，不断增强人民群众的获得感、幸福感、安全感。四是着力建设现代化交通。交通强国是现代化经济体系的重要支撑，必须把现代化作为交通强国建设的基本目标。着力推进交通运输智慧化、绿色化、品质化、融合化、全球化发展，打造开放融合、共治共享、绿色智慧、文明守信的现代化交通体系。

第三，关于战略目标。

从现在到2020年，是全面建成小康社会的决胜期。我们既要为决胜全面小康做好服务、当好先行，又要为建设交通强国绘好蓝图、打好基础、开启新征程。综合各方面因素，从2020年到21世纪中叶，我们考虑分“两步走”来建设交通强国。

第一步，从2020年到2035年，奋斗15年，基本建成交通强国，进入世界交通强国行列。到那时，基本实现交通运输现代化，交通基础设施、运输服务、技术装备、行业治理、国际影响力达到世界一流水平，有效支撑党的十九大报告提出的“国家基本实现社会主义现代化”的目标。

第二步，从2035年到21世纪中叶，再奋斗15年，全面建成交通强国，进入世界交通强国前列。到那时，全面实现交通运输现代化，交通基础设施、运输服务、技术装备、行业治理、国际影响力达到世界领先水平，有效支撑党的十九大报告提出的“把我国建成富强民主文明和谐美丽的社会主义现代化强国”的目标。

（二）着力构建交通强国的框架体系

推动高质量发展，就要建设现代化经济体系，这是新时代我国发展的战略目标。建设交通强国，必须紧紧围绕建设现代化经济体系的要求，着力构建与交通强国相适应的框架体系。

第一，构建综合交通基础设施网络体系。基础设施网络体系是交通强国建设的重要基础。要统筹推进铁路、公路、水运、航空、邮政、物流等基础设施网络建设，全面建成布局完善、互联互通、绿色智能、耐久可靠的综合交通基础设施网络体系。当前和今后一个时期，要着力支撑区域协调发展战略、乡村振兴战略等国家重大战略实施，优化完善以综合运输大通道为骨架，以综合枢纽为关节，以高品质的快速交通网和高效率的普通干线网、广覆盖的基础服务网为主体的更高质量互联互通的交通基础设施。要把握自动驾驶等新需要，推动交通基础设施数字化、网联化、智能化发展，加快建设和形成装备与设施协同的数字化交通基础设施。要适应养护高峰期需要，加强交通基础设施养护管理，提高基础设施的安全性、耐久性和通行能力。

第二，构建交通运输装备体系。交通运输装备体系是交通强国建设的关键环节。要牢牢抓住装备这个决定交通运输生产力水平的关键要素，加快构建自主研制、先进精良、绿色智能、标准协同的交通运输装备体系。当前和今后一个时期，要积极推动加强装备研发，瞄准世界科技前沿，提升关键装备技术自主研发水平，促进装备与工程、研发与应用协同创新，力争在超级高铁、自动驾驶、无人船舶、大飞机等战略前沿技术领域占领制高点。要积极推动加强装备制造，推动运输装备智能化、清洁化、高端化、标准化、轻量化发展，推动工程设备自动化、智能化发展。要积极推动加强装备应用，逐步推进自动驾驶、新能源、北斗导航等新技术、新装备规模化应用，大力推广应用集装化运输装备，统筹推进各种运输方式装备标准协同应用，有序推进运输装备升级换代。

第三，构建交通运输服务体系。提供优质服务是交通强国建设的题中应有之义。要加快发展现代运输服务业，全面建成安全便捷、优质高效、绿色智能、一体畅联的运输服务体系。当前和今后一个时期，要着力推进现代物流业发展，推动物流运输智能化、精细化、集约化、协同化、绿色化、全球化发展，打造一站式物流生态圈和一体化物流运输链，真正实现货畅其流。要着力推进绿色出行，推动出行服务绿色化、智能化、共享化、品质化、差异化、定制化发展，推广“出行即服务”的理念和模式，真正实现人便其行。要着力推进联程联运，形成新一代智能化旅客联程运输和货物多式联运系统，推动时间和空间两个“零距离”，实现全程一站式、客运一票制、货运一单制。要着力推进跨界融合，推动交通运输服务与制造业、农业、旅游业、商贸业、信息业等关联产业深度融合，促进新业态、新模式健康发展，培育发展新动能。

第四，构建交通运输创新发展体系。创新是交通强国建设的第一动力。交通强国是创新型国家的一部分，必须把创新摆在发展全局的核心位置，加快建立以科技创新为引领、以智慧交通为主攻方向、以人才为支撑的创新发展体系。当前和今后一个时期，要加快建设创新型行业，实施科技创新引领战略，突出关键共性技术、前沿引领技术、现代工程技术、颠覆性技术创新，构建以企业为主体、市场为导向、政产学研用深度融合的科技创新体系。要推动互联网、大数据、人工智能同交通运输深度融合，加快车联网、船联网建设，构建以数据为关键要素的数字化、网络化、智能化的智慧交通体系。要着力加强人才支撑体系建设，造就一大批具有国际水平的战略科技人才、科技领军人才、青年科技人才、高素质技能人才和高水平创新团队。提前研究自动驾驶等新技术的就业替代效应，培养一支知识型、技能型、创新型的劳动者大军，培育合格的交通强国建设者。

第五，构建交通运输现代治理体系。现代治理体系是交通强国建设的制度基础。要深化改革、厉行法治，加快推进行业治理体系和治理能力现代化，积极构建政府、市场、社会等多方共建共治共享的现代治理体系。当前和今后一个时期，要着力构建政府部门治理体系，加快形成与交通强国相适应、有利于推动高质量发展的法律法规、发展战略、规划计划、产业政策、标准规范、绩效评价、统计指标等体系。要推动形成各种运输方式深度融合的综合交通运输管理体制，构建发展要素双向流动、设施装备共建共享的交通军民融合发展体系，完善智能高效的运营管理体系。要着力构建交通市场体系，进一步开放铁路、民航以及工程建设、养护等市场，逐步放开竞争性业务和竞争性环节价格，积极稳妥推进公路货运、内河水运等市场主体集约化、联盟化、平台化发展，大力推进信用、科技等新型监管模式，营造统一有序、公平竞争的市场环境。还要鼓励和引导社会组织依法自律、社会公众有序参与交通运输行业治理，形成人人参与、人人尽责的良好局面。

第六，构建交通运输开放合作体系。开放合作为交通强国建设开拓新空间。要扩大开放、深化合作，打造互联互通、互利共赢的开放合作体系。当前和今后一个时期，要以“一带一路”建设为重点，建成遍及城乡、通达全国、连通世界的全球运输供应链，打造若干个与贸易强国、制造强国相适应的世界级交通枢纽和物流中心，有效支撑我国在全球配置资源。要积极参与全球交通治理体系建设，提供更多高水平的中国方案，推动中国标准国际化，不断增强我国在国际运输规则制定、全球交通治理中的话语权和影响力。要促进交通运输全产业链、全方位、组团式“走出去”，打造一批具有全球竞争力的世界一流交通运输企业。

第七，构建交通运输安全发展体系。安全是交通强国建设的基本前提。要树立安全发展理念，弘扬生命至上、安全第一的思想，着力构建有效维护行业安全运行、有效支撑国家总体安全的交通运输安全发展体系。当前和今后一个时期，要坚持安全第一、预防为主、综合治理的方针，完善安全生产责任制，压紧落实企业安全生产主体责任和政府安全生产监管责任，坚决遏制重特大事故。要加强应急救援体系建设，强化深海、远海搜救能力建设，统筹规划建设全国联动、水陆空协同、军民融合的应急救援体系。要有效支撑国家安全，落实国家总体安全观，建立交通有效支撑国家安全的工作体系，坚决维护国家安全利益。

第八，构建交通运输支撑保障体系。支撑保障体系是交通强国建设的基本条件。要围绕核心任务，构建强有力、可持续、高效能的支撑保障体系。要加强干部队伍建设，坚持党管干部原则，严格执行党章规定的干部条件和好干部标准，把政治过硬作为“高素质”的第一位要求，注重培养选拔具有专业能力、专业精神的干部，着力建设高素质专业化干部队伍。要加强政策研究，深化投融资体制改革，加快形成政府主导、分级负责、渠道多元、稳定可靠、风险可控的资金保障体系。积极推动财政、金融、产业、区域等政策支持交通可持续发展，加快形成促进资源集约节约利用的政策导向。要加强组织保障，推动构建国家统筹、我部主导、部委联合、部局协同、部省联动、试点示范的组织实施机制。建立规范高效的日常运转机制。完善激励与约束并举的督查督办机制。要加强行业软实力支撑，坚持以习近平新时代中国特色社会主义思想指导交通强国实践。加快构建以新型智库为支撑、以大数据和人工智能为辅助的决策支持体系。促进各种运输方式文化融合，弘扬新时代交通精神。加强行业信用体系建设，构建文明礼让、扶弱向善、和谐有序的人文交通体系。加强行业新闻宣传和舆论引导能力建设，为交通强国建设营造良好舆论氛围。

特别需要强调的是，建设交通强国，必须毫不动摇坚持和加强党的领导，毫不动摇坚持和加强党的建设，以加强党的长期执政能力建设，加强先进性和纯洁性建设为主线，以党的政治建设为统领，以坚定理想信念宗旨为根基，以调动全系统党员干部积极性、主动性、创造性为着力点，全面推进党的政治建设、思想建设、组织建设、作风建设、纪律建设，把制度建设贯穿其中，深入推进反腐败斗争，不断提高党的建设质量，为建设交通强国提供根本政治保证。

建设交通强国，要跨越30多年。这30多年，交通运输发展要经历从“有没有”向“好不好”的转变，要经历由交通大国到强国的转变。刚才讲了对交通强国的基本内涵、总体思路，战略目标及框架体系的一些思考，内容很丰富，不要说我们现在研究的不是很充分，就是我们研究充分了、拿出了交通强国纲要，也需要不断与时俱进，不断地完善。希望大家认真研究，积极提出建议，共同谋划交通强国。

建设交通强国，是我们在新时代开启的新长征，前进道路上会遇到许多艰难险阻，必须做好打持久战和攻坚战的准备，逢山开路、遇水架桥，披荆斩棘、一往无前，冲锋陷阵、攻坚克难，脚踏实地、久久为功，决不辜负党和人民的信任与重托。

（三）聚力攻坚，决胜全面建成小康社会

千里之行，始于足下。建设交通强国，必须全面兑现我们对党和人民的庄严承诺，小康路上绝不让任何一个地方因交通而掉队。未来三年，我们要突出抓重点、补短板、强弱项，着力服务好防范化解重大风险、精准脱贫、污染防治三大攻坚战，统筹规划、聚力攻坚，确保全面完成"十三五"规划确定的目标任务，为如期全面建成小康社会提供有力支撑。在协调推进各项工作的同时，要聚焦以下五个方面的重点：一是交通精准扶贫脱贫。进一步加大对贫困地区高速公路、普通国道建设的倾斜支持，到2020年实现贫困地区国家高速公路主线基本贯通，具备条件的县城通二级及以上公路。加快推进通村畅乡的"幸福小康路"建设，确保到2019年底实现具备条件的乡镇、建制村通硬化路。继续推进"交通运输+"特色产业扶贫，继续支持贫困地区约1.2万公里资源路、旅游路、产业路改造建设。二是综合交通基础设施联网提升。完善"十纵十横"综合运输大通道布局，实施重点通道连通工程和延伸工程。统筹推进国际性、全国性、区域性综合交通枢纽发展，打造150个左右开放式、立体化综合客运枢纽和150个左右辐射带动能力显著、物流功能完善的货运枢纽（物流园区）。加快铁路建设，完善公路网络，优化水运建设，加强机场建设，2020年实现综合交通网总里程达到540万公里左右目标。三是运输服务升级。深入推进多式联运和甩挂运输等先进运输组织方式发展。推进跨运输方式的、形式多样的旅客联程运输服务，完善枢纽站场联运服务功能。深入落实公交优先发展战略。创新农村客运运营组织模式，实现具备条件的乡镇和建制村通客车比例达到100%。继续推进运输装备标准化、现代化。推进智能化运输服务升级。推进北斗高精度定位、物联网、大数据、人工智能、自动驾驶、车路协同等技术应用。四是推进绿色发展。推进交通运输结构性节能减排，引导中长距离煤炭、矿石等大宗散货由公路运输转向铁路、水路运输。推进节能减排新技术、新工艺，大力推进靠港船舶使用岸电。推广应用新能源和清洁能源车船，加快淘汰老旧高能耗车船。加强交通基础设施生态系统保护和修复，推进资源集约、节约利用。五是强化安全发展。加强交通运输安全生产管理，落实安全生产主体责任和监管责任，加快交通运输安全体系建设。推进应急体系建设，进一步完善应急预案体系、管理机制、法律法规、工作机制，完善交通运输运行监测与应急指挥系统。

三、2018年工作安排

2018年是全面贯彻落实党的十九大精神的开局之年，是改革开放40周年，是决胜全面建成小康社会、实施"十三五"规划承上启下的关键一年，也是交通强国建设的起步之年，做好各项工作至关重要。工作总体思路是：全面贯彻党的十九大和中央经济工作会议精神，以习近平新时代中国特色社会主义思想为指导，坚持稳中求进工作总基调，坚持新发展理念，紧扣我国社会主要矛盾变化，按照"五位一体"总体布局、"四个全面"战略布局和高质量发展的要求，坚持以交通运输供给侧结构性改革为主线，统筹推进稳增长、促改革、调结构、惠民生、防风险各项工作，大力推进交通运输改革开放和创新融合发展，推动交通运输

行业质量变革、效率变革、动力变革，打好防范化解重大风险、精准脱贫、污染防治的攻坚战，不断满足人民日益增长的美好生活需要，为决胜全面建成小康社会当好先行，奋力开启建设交通强国新征程。

初步考虑，2018年主要预期目标为：交通运输固定资产投资规模预计与上年目标基本持平。全年新增高速公路通车里程5000公里，新改建国省干线公路1.6万公里，新改建农村公路20万公里，新增通硬化路建制村5000个，新增通客车建制村5000个。新增内河高等级航道达标里程600公里。主要港口集装箱铁水联运量增长15%以上。供给侧结构性改革深入推进，物流成本进一步降低，投资和市场环境进一步优化。

在布置2018年任务之前，先强调一下：2018年，我们要坚决贯彻中央经济工作会议部署的三大攻坚任务。第一，要打好防范化解重大风险攻坚战。防范化解重大风险攻坚战，是党的十九大确定的全面建成小康社会三大攻坚战的首要战役，重点是防范化解金融风险。防范化解金融风险事关国家安全，事关发展全局，事关人民群众根本利益，是一场输不起的战役。我们要坚决贯彻落实党中央决策部署，切实履职尽责，落实好防范化解金融风险的各项任务。各级交通运输主管部门要按照党中央的部署，按照地方党委政府的安排，做好各项工作。我们还要进一步深化投融资改革，拓展融资渠道，加快建立"政府主导、分级负责、多元筹资、规范高效"的投融资体制机制，为行业持续健康稳定发展营造良好的投融资环境。第二，要打好精准脱贫攻坚战。全面建成小康社会，是党向人民作出的庄严承诺。打赢脱贫攻坚战是硬仗中的硬仗。我们必须要贯彻落实好习近平总书记关于"四好农村路"的重要指示精神，坚决落实好党中央国务院的一系列工作部署，坚决完成好2018年政府工作报告确定的农村公路发展目标，为实现贫困地区和全国同步全面建成小康社会提供有力的支撑。还要落实好交通运输部《支持深度贫困地区交通扶贫脱贫攻坚实施方案》，优先推进深度贫困地区国家高速公路、普通国省道等对外通道建设，加快完成贫困地区乡镇和建制村通硬化路建设任务，进一步提高深度贫困地区农村交通运输服务水平，保障贫困地区人民群众出行更安全、更便捷。要进一步加大定点扶贫、对口联系等工作力度，推动深度贫困地区加快实现脱贫目标。总之，全面小康路上，决不让任何一个地方因交通而掉队！第三，要打好污染防治攻坚战。交通运输是能耗大户，也是污染的排放大户，我们必须要采取更加有力的管理措施和更加有效的技术手段节能减排，深入推进绿色交通发展。要落实好党的十九大关于开展绿色出行行动的部署和中央经济工作会议关于调整运输结构的部署，减少公路货运，增加铁路货运。要加快补齐交通基础设施短板，充分发挥各种运输方式的比较优势，深化运输结构调整。要大力发展多式联运，提高运输效率。要确保实现"大气十条"第一阶段圆满收官，认真落实好打赢蓝天保卫战有关工作部署。要落实好2018年政府工作报告涉及到交通运输领域污染防治的各项任务。要落实好《交通运输部关于全面深入推进绿色交通发展的意见》。

三大攻坚任务在工作部署中都有安排，在这里再次强调，就是为了引起大家高度重视，按照中央经济工作会议精神，切实抓好落实。2018年，围绕推动高质量发展，要做好以下12项重点工作。

（一）持续深化交通运输供给侧结构性改革

一是进一步降成本。加快推进物流大通道和综合货运枢纽（物流园区）建设。推动中长距离大宗货物运输向铁路、水路转移。推动多式联运示范工程建设，扩大集装箱铁水联运示范，推进江海直达运输。持续推进无车承运人试点，支持平台型物流企业和企业联盟发展。严格落实货车年检年审合并工作、营业性货车二级维护强制检测取消工作，推进道路普通货运车辆省域内异地检验检测。稳步扩大高速公路分时段差异化收费试点。完善收费公路通行费增值税电子发票开具工作。严格执行鲜活农产品运输绿色通道政策。进一步精简中央定价港口收费项目，规范市场自主定价的港口经营服务性收费。二是大力补短板。加快中西部铁路和城际铁路建设，推进郑万高铁、银西高铁、杭温铁路等建设。推进国家高速公路主通道建设及拥挤路段扩容改造，实施深中通道、武穴长江大桥、汶马高速、绵九高速等工程。加快普通国道待贯通路段建设和低等级路段升级改造，推动国省道城镇过境段、城市出入口改造。新改建农村公路20万公里，新增通硬化路建制村5000个。加强进出港航道、防波堤等建设。加快内河高等级航道建设，提升长江、珠江黄金水道通过能力，提高支线航道等级。完成广州白云等大型机场改扩建。推进邮政、快递服务设施建设，加强智能快件箱建设，实施快递末端"进社区、进院校、进商厦"工程。三是着力强服务。推进空铁、公铁、空巴等联程运输，发展一站式票务服务。开展综合运输服务示范城市创建。启动"十三五"第二批公交都市创建。着力促进运游融合发展，提升旅游运输服务水平。进一步规范道路客运接驳运输。鼓励定制客运等新模式发展。实现二级以上客运站联网售票率超过95%。加快县乡村三级物流网络和"多站合一"物流节点建设。开展城市绿色货运配送示范工程。提升冷链物流服务品质。推进12328电话系统联网运行服务质量考评。四是加快优环境。巩固交通运输领域各类罚款、检查及涉企收费清理规范成果。深化"放管服"改革，继续精简行政审批事项，推进中央指定地方实施行政许可事项取消工作。完善事中事后监管细则。全面推行"双随机一公开"监管，完善监管标准，创新监管方式。推进行政许可标准化建设，全面推行行政许可网上办理。五是努力增动能。推进实施工厂建造、装配施工、集约组织的新型工业化基础设施建设模式。推动传统交通运输企业优化升级，培育一批具有创新能力的排头兵企业。积极推进航运中心建设，大力发展现代航运服务业。推进自由贸易试验区政策推广复制。配合推进自由贸易港建设。推进港口资源整合、结构优化和服务功能拓展。提高邮轮港口服务水平，建立邮轮船票制度。积极发展通用航空。推广"高铁+快递"联合运营模式。加速推进邮政、快递企业与现代制造业、现代农业、跨境网购协同。

（二）坚决打好交通扶贫脱贫攻坚战

一是大力推进交通精准扶贫脱贫。以"三区三州"等深度贫困地区为重点，进一步加大革命老区、民族地区、边疆地区、贫困地区交通扶贫脱贫攻坚力度，加强对外骨干通道建设和内部通道连接，加快剩余乡镇、建制村通硬化路，加强通客车农村公路不达标路段建设改造，提高基本公共服务水平。二是增强贫困地区内生发展能力。继续支持实施一批具有资源路、旅游路、产业开发路性质的公路改造建设，积极推进"交通运输+"生态旅游、特色产业等扶贫新模式。三是进一步完善交通扶贫机制。加强部省联动，加大财政资金投入，引导地方提高政府债券额度用于公路建设，鼓励市县政府积极整合财政涉农资金支持农村公路建设。做好定点扶贫、对口支援和联系六盘山片区等专项扶贫工作。深化干部人才扶贫工作，推进交通扶贫统计监测制度化、常态化。

（三）主动服务国家重大战略实施

一是加快京津冀交通一体化先行发展。完善"四纵四横一环"综合交通骨架网络布局，加快推进京雄高铁、石衡沧港城际铁路、首都地区环线高速公路、北京新机场等重大项目。深入推进京津冀城乡客运一体化和津冀港口协同发展。高起点、高标准、高质量谋划雄安新区交通运输发展蓝图，优先保障对外骨干通道重点项目建设。加快北京冬奥会重大交通保障工程建设。二是加快构建长江经济带高质量综合立体交通走廊。统筹推进干线航道治理和支线航道建设，力争长江南京以下12.5米深水航道提前半年交工试运行，推进长江中游武汉至安庆段6米水深航道整治工程和引江济淮工程航运部分建设。完成涵盖长江干线的港口深水岸线资源监测系统建设。配合推进三峡枢纽水运新通道和葛洲坝航运扩能改造工程前期工作。充分利用长江口深水航道边坡自然水深，改善交会条件，提升大型国际邮轮和集装箱班轮通行效率。统筹推进沿江高铁规划建设，加快重点港口疏港铁路建设。推进高速公路待贯通路段建设和普通国道升级改造。完善民航机场布局与功能。三是加快推进"一带一路"交通互联互通。推动"一带一路"建设与东盟、上合组织和欧亚经济联盟在交通运输领域的对接。持续推进"六廊一路"重大项目，推进境内高速公路待建路段以及口岸公路和界河桥梁建设。推进海上互联互通和支点建设。四是大力服务乡村振兴战略。深入开展"四好农村路"督导考评，全面推行农村公路建设"七公开""三同时"制度。组织开展第二批"四好农村路"全国示范县和第二批城乡交通一体化示范县创建工作。开展农村公路品质工程创建，完善农村公路建设质量管理制度。加强农村公路技术指导体系建设。创新农村客运发展模式，健全完善农村客运网络体系，新增通客车建制村5000个。深入实施"快递下乡"和农村电商邮政寄递工程，推进建制村直接通邮。五是深入贯彻落实军民融合战略。推进重点方向国防交通基础设施建设，加强战略投送支援能力建设，持续开展国防交通专业保障力量训练、演练。推进交通运输军民融合法规建设、科技协同创新和军民通用标准建设。六是落实区域协调发展战略。强化举措，支持西部大开发、东北等老工业基地振兴、中部地区崛起、东部地区率先发展，支持建立更加有效的区域协调发展新机制。推进粤港澳大湾区综合交通运输体系建设。

（四）加快推进现代综合交通运输体系建设

一是进一步完善行业发展战略规划。进一步完善交通强国战略框架体系。推动出台《交通强国建设纲要》。开展《交通运输中长期发展规划（2021-2035年）》和系列专项规划研究。完成"十三五"规划中期评估和调整。做好2018年中央资金安排计划和2019-2021年项目库。推进各种运输方式专项规划优化调整，继续推进《全国沿海港口布局规划》《全国内河航道及港口布局规划》修订，启动《国家水上交通安全监管和救助系统布局规划》修编。二是加快完善基础设施布局和功能。加快实施重点通道连通工程和延伸工程。推进城市群综合交通网建设。新建一批集铁路、公路、民航与城市客运等多种运输方式于一体的综合客运枢纽，提升一体化服务功能。持续开展品质工程创建工作。三是强化基础设施管养服务。研究制定加强公路养护科学决策、加强公路隧道养护的意见。建设国家公路网综合养护平台，持续开展国家公路网技术状况监测。深入推进高速公路服务区文明服务创建，鼓励向交通、生态、旅游、消费等复合功能型服务区升级。推进建设改造普通国省干线公路服务设施1000个。推进"司机之家"建设。加强"两横一纵两网十八线"高等级航道和界河航道养护管理。四是全面提高运输服务水平。继续开展春运"情满旅途"活动。完善网约车、小微客车租赁、互联网租赁自行车配套政策，推动出租汽车行业改革举措落地。制定城市轨道交通运营统计分析、服务质量评价等政策。推行驾培服务新模式。实施汽车维修技术信息公开制度，加快推进汽车维修电子健康档案系统建设。

（五）大力推进关键领域改革攻坚

一是深入推进管理体制机制改革。按照党中

央、国务院决策部署，进一步深化交通运输大部门制改革，推动建立“高效统一、分级负责、权责一致、运行有序”的综合交通运输管理体制。积极做好部行政管理体制改革有关工作。积极稳妥推进事业单位分类改革、综合执法改革、港航公安管理体制改革、培训疗养机构改革、行业协会脱钩改革。巩固深化拓展海事、长航、救捞、船级社等改革成果，复制推广科研院所改革试点经验。深化交通运输统计改革。推进职业资格制度改革。二是深化投融资改革。推进交通运输领域财政事权和支出责任划分改革工作，研究建立财政事权与支出责任履行相适应的资金保障机制。拓展融资渠道，推动建立稳定的专项资金政策，研究设立公路发展基金、公路产业投资基金。继续推广运用政府和社会资本合作（PPP）模式。深化与金融机构的战略合作。落实打好防范化解重大风险攻坚战的要求，加强债务风险防范。加大存量债务置换力度。探索盘活交通基础设施存量资产有效途径。建立发展规划与资金保障动态平衡机制。全面推进预算绩效管理。三是加快完善市场体系。深化道路客运市场化改革。促进道路货运行业健康稳定发展。加快信用体系建设，发挥全国交通运输信用平台和“信用交通”网站的归集、共享、公开和应用作用，进一步建立守信激励和失信联合惩戒机制。开展“信用交通省”创建工作。

（六）加快推进交通运输法治政府部门建设

一是加快完善法规标准体系。推动出台《海上交通安全法》《城市公共交通管理条例》《铁路交通事故应急救援和调查处理条例》《快递暂行条例》，推动《收费公路管理条例》《道路运输条例》《民用航空法》等修订工作取得突破性进展，做好《海商法》修订及《综合交通运输促进法》立法前期工作。制（修）订一批行业管理急需的部门规章。制定交通运输标准化管理办法和产品质量行业监督抽查管理办法，加快一批重点领域标准制修订。二是推进法治政府部门建设。强化对交通运输法治政府部门建设的考评督导。开展“七五”普法规划中期检查评估，加强重大决策和规范性文件合法性审查，建立复议诉讼分析研判及通报指导制度。完善法律顾问和公职律师队伍建设。三是严格规范执法。开展公路执法服务大走访。深入推进公路治超，督促各地落实交通运输、公安部门联合执法常态化制度化。深化车辆运输车治理。开展公路水运建设市场检查。推进海事执法规范化建设。推进国际集装箱班轮、无船承运市场运价备案检查等专项治理。加强工程质量监督管理。

（七）加快建设创新型交通运输行业

一是加强创新体系建设。组织开展面向交通强国建设的科技创新战略研究。实施重点科技项目清单管理，建立交通运输重大科技创新成果库，推进协同创新。开展行业重点实验室和研发中心评估，发展壮大重点科研平台。促进行业重大科研基础设施和大型仪器设备开放共享。开展扩大高校和科研院所自主权试点。支持行业科普基地建设。二是大力推进前沿引领性技术等科技创新。组织做好综合交通运输与智能交通、先进轨道交通等重点科研专项的实施工作。组织开展自动驾驶、无人船舶、太阳能路面等前沿技术研究与跟踪，研究制定促进自动驾驶发展的政策文件。推动辅助自动驾驶技术在营运车辆领域的应用示范。大力推进北斗系统、建筑信息模型（BIM）等技术应用。进一步加大高分影像遥感技术应用。以重大工程建设为依托，促进共性关键技术、现代工程技术等研发攻关与成果转化。三是大力推进智慧交通发展。推进交通运输领域大数据应用。实施智慧交通让出行更便捷行动计划。推进国家综合交通运输信息平台建设，完成信息资源共享开放和网络安全监测两大支撑功能的主体工程建设，加快推动调度与应急指挥系统主体工程启动建设。深入开展国家交通控制网、智慧公路、智慧港口、智慧物流、交通旅游大数据等智慧交通试点示范。制定"互联网+"路网管理实施方案，完善路网运行监测体系。新增高速公路电子不停车收费系统（ETC）专用车道2000条、用户1500万。加快推进36个城市的公共交通智能化应用示范工程。推广使用长江电子航道图，加快推进三峡库区等重点水域联网售票。继续推进船员"口袋工程"，完善系统功能。深度推进政务信息系统整合共享，开展跨区域、跨部门、跨行业信息资源共享应用。四是落实网络安全工作责任制。完善网络安全管理制度体系，推动完善部信息化基础设施条件，推进部级灾备中心建设，提升网络安全态势感知和监测预警能力，组织开展实战攻防对抗演练。推进部机关内外网升级改造工程。全力做好重大活动行业网络安保工作。

（八）加快推进绿色交通发展

坚决落实打好污染防治攻坚战的各项工作。一是大力促进绿色出行。深入实施公交优先战略，提升公交地铁等绿色低碳出行方式比重。推进交通"一卡通"便捷支付，实现220个城市交通"一卡通"互联互通。改善自行车、步行出行条件。启动绿色交通宣教行动，开展绿色出行宣传月活动。倡导推广生态驾驶、节能操作、绿色驾培。二是推进资源集约、节约、循环利用。促进通道岸线资源统筹集约利用，促进区域航道、锚地和引航等资源共享共用。研究制定行业重点节能低碳技术2018年目录。在桥梁、隧道、服务区等推广节能灯具、智能通风控制等技术装备。在港口和机场服务、城市公交、出租汽车、物流配送、汽车租赁、邮政快递等领域优先使用新能源汽车，加快液化天然气（LNG）船推广应用。促进不合规车辆、老旧运输船舶更新淘汰。推进快递包装绿色化、减量化、可循环。三是推进交通运输污染防治。进一步加强长三角、珠三角、环渤海（京津冀）水域排放控制区监督管理，逐步扩大示范区范围。大力推广靠港船舶使用岸电。继续推进实施"碧海行动"计划。加强港口船舶污染物接收设施建设和与城市公共转运处置设施的有效衔接。加强对汽车维修废油、废水和废气的治理。四是推进基础设施生态保护。继续开展绿色铁路、绿色公路、美丽航道、绿色港口、绿色机场、绿色交通省等创建活动。实施交通廊道绿化行动。结合国省道改扩建项目推进取弃土场生态恢复、动物通道建设和湿地连通修复。加快推进实施长江干线航道和西江干线航道生态恢复措施。

（九）努力提升交通运输国际影响力

一是促进高水平开放发展。推动与美、俄等重点国家交通运输领域高水平务实合作。加强与联合国亚太经社会、欧经委关于"欧亚运输连接"项目合作。积极推动企业参与有关区域交通基建和运输装备技术标准制定工作。支持企业参与境外交通基建和经营管理项目取得实质性进展，促进国际产能合作和行业装备、技术、标准等"走出去"。二是加快推进国际运输便利化。加快推动商签落实双边、多边国际道路运输合作文件，推进已签署的双边协定和上合组织国际道路运输便利化协定、大湄公河次区域便利运输协定等实施。拓展与非相邻国家之间的国际道路运输合作。三是积极参与交通运输全球治理。加大多边事务参与力度，深度参与国际规则制定，深入参与海运温室气体减排等全球性重大问题谈判。深化南海海上安全和搜救等领域合作。加大交通运输国际人才培养力度。

（十）坚持不懈抓好安全生产

一是强化安全生产基础建设。强化企业安全生产主体责任。加快安全生产监管监察信息系统建设。完善安全信息共享、应急管理、事故报告等工作机制。健全完善营运车辆安全管理体系、危险货物道路运输管理制度等。研究制定"科技兴安”指导意见。深入实施从业人员安全素质提升工程。继续开展典型事故案例进航运公司、进船员培训机构活动和水上安全知识进校园活动。二是抓好重点领域安全监管。强化“两客一危”车辆、“四类重点船舶”、“六区一线”水域、城市轨道交通、港口危化品作业、工程建设等领域的安全监管。加大对重点工程、高风险工程的监督检查，开展顽症痼疾专项整治。提升船舶检验质量。推进实施寄递渠道安全监管“绿盾”工程，督促物流寄递业严格落实“三个100%”制度。提高行业消防安全管理水平。三是加大风险管控和隐患治理力度。完善风险管理和隐患治理双重预防体系。继续推动公路水运工程建设质量安全隐患大排查、大整治专项活动和电气火灾综合治理专项行动。持续推进高铁安全防护工程。实施乡道及以上公路安全生命防护工程18万公里、危桥改造2500座。深入推进平安船舶、平安港口、平安航道、平安工地建设。四是提升应急处置和运输安保能力。推动出台加强水上搜救打捞工作的意见和国家重大海上溢油应急处置预案，举办国家重大海上溢油应急处置部际联动演习。强化春运、暑运、黄金周等重点时段安全监管和应急值守，做好极端天气的预防、预警、防范和应急保障工作。做好重点时段运输服务安保工作和行业反恐怖防范。

（十一）大力提升行业软实力

一是加强人才队伍建设。坚持党管人才，进一步完善人才工作机制，加大高层次创新人才、高技能实用人才培养力度。推动大连海事大学“双一流”建设取得实质性进展。举办交通运输职业技能大赛。加强交通运输新型智库建设。落实部党组联系专家制度，吸引各类人才投身交通强国建设。二是加强精神文明建设。落实意识形态工作责任制，加强阵地建设和管理。积极培育和践行社会主义核心价值观，弘扬“两路”精神，提炼和弘扬新时代交通精神，不断深化群众性精神文明创建活动，培育新时代交通文化，推出交通主题的文艺精品。继续开展感动交通年度人物和系列最美人物推选宣传活动。三是加强新闻舆论工作。打造利用好全媒体平台，提高行业新闻舆论传播力、引导力、影响力、公信力。创新形式和渠道，做好改革开放40周年交通发展、扶贫脱贫攻坚成效等重大主题宣传工作。讲好交通故事，为建设交通强国营造良好的舆论环境。

（十二）坚定不移全面从严治党

大力推进交通运输系统党的政治建设、思想建设、组织建设、作风建设、纪律建设，把制度建设贯穿其中，深入推进反腐败斗争，不断提高党的建设质量。坚持用习近平新时代中国特色社会主义思想武装头脑，深入开展“不忘初心、牢记使命”主题教育，持续推进“两学一做”学习教育常态化、制度化。促进基层组织提升组织力，增强政治功能，加强制度建设，推进党务公开。持之以恒正风肃纪，巩固拓展落实中央八项规定精神和实施细则，继续整治“四风”问题。严肃查处扶贫等领域的不正之风和腐败问题。深化政治巡视，深入推进监督体系建设和党风廉政建设，推进基层纪检组织建设，强化监督执纪问责。加强内部审计监督，增强监督合力。

要加强机关建设和干部队伍建设。深化干部人事制度改革，严格执行好干部标准，进一步调整优化机关、部属单位领导班子和干部队伍结构。创新干部教育培训和实践锻炼的方法形式，提升干部的素质能力。要充分发挥工青妇等群团组织作用，关心青年干部成长，认真做好离退休干部工作，加强统战工作，改进信访、后勤服务保障等工作。

对安全再强调几点。在这个报告中，安全生产讲到多处。总结工作的时候，讲到安全生产；在交通强国建设中，两次提到安全生产，一次讲到安全体系的建设，一次是在三年全面小康工作中讲到；在布置工作任务的时候，再次强调安全生产。这是因为安全生产非常重要。安全生产是我们做好一切工作的基础。事故少，特别是重特大事故少，我们就有条件集中精力做好工作，服务决胜全面建成小康社会，建设交通强国；事故多发，特别是重特大事故频发，造成重大人员和财产损失，那我们就要在一段时期内集中精力抢险救援。大家都知道这个道理。总的来看，2017年安全生产形势总体是平稳的，事故发生的起数和因为事故而死亡失踪的人数都有所下降，但是风险隐患仍然不少，特别是重特大事故有所上升，“8·10”事故造成了36人死亡，损失惨重，教训特别深刻。因此，我们全系统上上下下都要保持清醒头脑，任何时候都不能过高估计我们对安全生产重要性的认识；任何时候都不要过高估计我们的安全生产形势；任何时候都不要过高估计我们抓安全生产的能力和水平。要充分认识到安全生产是责任，是比泰山还要重的责任；是民生，是最基本的民生；是红线，是任何人、任何时候、任何地方都不能触碰的高压红线。要进一步提高认识、高度重视，加强领导、完善制度，加大力度、加强投入，防范风险、消除隐患，整改问题、加强监督，严处事故、严肃追责，举一反三、吸取教训。我们要做到自己曾经犯过的错误不再重犯，别人犯过的错误自己不犯，进一步减少安全事故，特别是遏制重特大事故。在这对安全生产特别强调，希望大家高度重视，落实责任，坚决遏制重特大事故。

这几年，互联网、大数据、云计算等新技术发展很快，这些新技术和传统交通运输产业相结合，催生出很多新业态。比如网约车、分时租赁、互联网租赁自行车。这些新业态的发展方便了人民群众，也促进了生产，带动了发展，带来了好处，受到了欢迎。但是这些新业态在发展过程中，与任何新事物都一样，都面临着这样那样的问题，对我们更好地实施监管，更好地实施治理，提出了新的更高的要求。互联网租赁自行车，很好地解决了人民群众出行“最后一公里”的问题，得到群众欢迎，发展速度很快。但也产生了这样那样的问题。比如说资金安全的问题，投放过度的问题，乱停乱放的问题。我们要高度重视，审慎包容，问题导向，采取措施，支持鼓励和规范发展。希望各级交通运输主管部门在党委政府领导下，履行好职责，发挥好作用，推动新技术和传统产业结合产生的这些新业态更好地发展、健康地发展。

延伸阅读——行走长安街：探访交通运输部对话部长李小鹏。

冯正霖在2018年全国民航工作会议上的讲话

（2017年12月27日）

推动民航高质量发展 开启新时代民航强国建设新征程

这次会议的主要任务是：以习近平新时代中国特色社会主义思想为指导，认真学习贯彻党的十九大精神，贯彻落实中央经济工作会议精神，总结民航2017年工作和五年来的发展，谋划新时代民航强国建设战略安排，部署2018年重点任务。

一、关于2017年民航工作和五年来的发展

对于中国民航来说，2017年是意义非凡的一年，年初习近平总书记就亲临北京新机场视察，对北京新机场建设理念、目标任务提出明确要求，并强调“新机场是国家发展一个新的动力源”，将民航战略地位提到新的高度，极大地振奋了全体民航人的精神，进一步增强了做好新时代民航工作的责任感和使命感。一年来，我们认真贯彻落实党中央、国务院领导同志重要指示批示精神，围绕迎接保障党的十九大召开、学习贯彻党的十九大精神这条主线，贯彻落实“一二三三四”民航总体工作思路，扎实工作，毫不懈怠，圆满完成各

项工作任务，没有发生运输飞行事故和空防事故，责任原因事故征候同比下降 21.6%；运输飞行首次突破千万小时，预计全年将完成运输总周转量 1083 亿吨公里、旅客运输量 5.49 亿人次、货邮运输量 712 万吨，同比分别增长 12.5%、12.6%、6.6%。

回顾一年来的工作，民航发展各个重点领域都有新作为、新气象。

（一）隐患治理功到效成

始终坚守飞行安全底线，从严从实从细管控航空安全，把“安全隐患零容忍”的理念贯彻到安全管理的全过程、贯穿到安全运行的全链条，安全态势总体平稳。全面实施安全绩效管理，推行安全管理失信“黑名单”制度，完善安全监管工具箱，进一步提升监管效能。建立健全安全风险防控长效机制，50 家航空公司建成运行风险管控系统，民航飞行品质监控系统实现对全行业运输机队的总体覆盖；持续开展民航企业安全保障财务考核和大型机场运行安全保障能力评价，在国际民航组织持续航空安保审计中获得高度评价。在坚持持续安全监察的同时，集中开展 3 次行业安全大督查和无人机专项整治，紧盯隐患不放，隐患整改率达到 93%，对安全保障能力不足、安全问题突出的 6 家航空公司实施运行限制。以班组建设为抓手，抓基层、打基础、苦练基本功，开展机务维修、管制情报、机场安检、飞机加油等岗位技能大赛，召开“第二届全国民航班组建设表彰暨经验交流大会”，全行业 200 个先进班组受到表彰，标兵模范树起标杆，工匠精神得到弘扬，有力促进专业技术人员资质能力和作风建设。

（二）结构调整发力精准

以枢纽建设为龙头，打造基于功能定位的机场网和航线网，促进行业结构调整。成功举办“第九届中国民航发展论坛”，积极推进京津冀、长三角、珠三角世界级机场群建设，编制和实施乌鲁木齐、昆明、成都、哈尔滨以及郑州货运等国际航空枢纽战略规划；北京首都、上海浦东、广州白云等机场国际枢纽功能增强，国际航班量同比分别提高 4.7%、5.5% 和 16.9%；随着各机场功能定位的逐步清晰，三大枢纽周边机场承接分流航班效果明显，京津冀机场群中天津机场旅客吞吐量突破 2000 万人次，石家庄机场突破 900 万人次。区域枢纽机场发展迅猛，全国千万级机场达到 32 个。调控东部繁忙地区航班量，适当放宽西北、东北、内蒙古和新疆地区增量，落实中小机场和支线航空补贴 26 亿元，支线机场旅客吞吐量增速快于全国平均增速 11.4 个百分点。航空货运增长强劲，货邮周转量同比增长 9.6%，特别是国际航线货邮周转量和运输量同比分别增长 13.3%、14.3%。1–11 月份全行业实现利润 692.8 亿元，同比增长 16.4%。

（三）延误整治猛药去疴

更加注重航班正常管理的系统性、协同性，积极构建以运行控制、机场保障、流量管理和考核机制为核心的航班正常管理体系。针对 2017 年 7 月份航班正常率一度跌至 50.72% 的严峻局面，从 8 月份起中国民航局果断出手，严格把控运行总量，2017/2018 冬春航季航班计划总量增速同比减少 2.9 个百分点；科学把握运行标准，在修订事故征候标准、优化运行流程、掌握标准航段时间和过站时间、缩小运行间隔、规范流量控制程序等方面采取一系列措施；持续改进保障能力，适度超前规划机场资源配备，推广空域精细化管理改革试点经验，完成京津冀、陕甘青、黔桂等地区空域结构优化，沪兰大通道正式贯通，完成 2 个机场机坪运行管理移交，严格要求北京首都等机场提高保障能力和服务品质；强化技术手段支撑，建成统一运行的监控和流量管理平台，大力推进 CDM 系统与 A-CDM 系统建设对接，民航气象大数据共享与服务云平台上线运行。在持续大流量、高密度运行以及极端天气和其他空域用户活动影响加大的情况下，到目前为止，今年航班平均正常率回升到71%，特别是11月份，航班正常率达到84.59%，创2009年5月后102个月来的新高。

(四) 基本建设提质增速

全面推进“十三五”规划实施，全年共完成固定资产投资825亿元，同比增长5.5%，其中民航发展基金安排投资补助222亿元。建成重庆机场T3航站楼和第三条跑道，全年新开工、续建机场项目260个，新增跑道14条、停机位556个、航站楼面积123.2万平方米，新建成投产机场11个，机场总数达到229个。空管“三个中心”工程正式开工，民航通信网、东西部地区ADS-B工程全面启动，60多个空管工程通过行业验收；新辟航线78条，新增航路里程10360公里，新增管制扇区27个；全国216个机场飞行计划实现集中处理，44个管制塔台实现数字化放行和数字通播。新增航油储备能力5.3万立方米，新增供油管线552公里。组建航材共享平台。召开加快民航基础设施建设工作会议，提出以现代工程管理理念提升民航基础设施品质，积极推进“平安机场、绿色机场、智慧机场、人文机场”建设。按照“引领世界机场建设、打造全球空港标杆”要求，组织推进北京新机场建设和运营流程优化工作，新机场施工保持安全“零”事故，航站楼实现封顶封围，获国家绿色建筑最高标准“三星级”和节能建筑“3A级”双认证。

(五) 真情服务便民贴心

开展“服务质量规范”专项行动，建立航空公司运营、机场服务质量评价指标体系，完成30家机场服务质量评价工作，推出服务评价、旅客投诉等APP平台。率先在全国184个机场开通“军人依法优先”通道，222个机场完成母婴室设置，保障活体器官运输900余次。简化乘机临时身份证明办理程序，解决台胞证、港澳回乡证等证件的自动识别问题。积极推进电子通关、自助值机、人脸识别等新技术应用，郑州、长沙等机场实现全流程无纸化电子通关。全行业涌现一批特色服务品牌，山东航空获得“全国质量奖”、上海虹桥机场获IATA“金色机场”称号。加强外航监管，对服务质量出现违规问题的12家外航暂停受理加班包机、新增航线航班申请，对21家外航给予通报批评。急人民之所急，在九寨沟地震灾害救援、多米尼克飓风中方受困人员疏散、巴厘岛火山喷发中方滞留旅客回国等行动中搭建“空中交通通道”。

(六) 国际合作多点突破

与国际民航组织签订合作意向书，共推“一带一路”沿线国家民航合作，我国与“一带一路”沿线国家新增航线203条，旅客运输量、货邮运输量同比分别增长23.9%、38.4%。积极发挥我国对中亚、非洲以及同东盟的民航合作平台作用，配合做好“南南合作援助基金”民航项目，完成2015年至2017年对非100个奖学金名额承诺。航权开放取得新进展：与立陶宛、马其顿建立民航联系；与俄罗斯、法国、英国、西班牙、葡萄牙、新西兰等国大幅扩大航权安排；与巴拿马签署航空运输协定，是中巴建交后两国签署的首批双边协定之一。适航审定合作取得突破性进展，中美《适航实施程序》正式签署，双方航空产品实现全面对等互认；举办首届中欧航空安全峰会，《中欧民用航空安全协议》及其适航审定附件完成草签；进一步深化同新西兰、捷克、汤加、印尼等国适航审定合作。建立中美航空货运安保长期互认合作机制。中英机场交流合作项目深入推进。

(七) 通用航空稳步前行

推动“放管服”改革，放管结合、以放为主，从法规标准、政策体系、市场准入、机场建设、机场管理、行业监管等方面着手，将通用航空与运输航空、经营性通航业务与自用性通航业务、通航载客类飞行与非载客类飞行进行分类管理。取消通用航空工商登记前置审批、航空器引进备案审批，开展通航经营许可和运行许可联合审定试点，全面放开通用机场投资限制，施行市场调节的通航收费政策。简化通航飞行计划审批程序，建立通航应急救助飞行计划申请绿色通道，全面放开管制责任范围外通航活动“放行权”。规范通航市场监管，严格通航载客类监管，建立通航诚信评价体系，严惩失信行为。开展通航过度监管督查，发现182个问题逐一进行整改。先后启动通航管理改革、管理服务平台和无人机研发试飞基地建设、低空空域监视与服务、“通用航空＋旅游”、无人机物流配送等试点项目。建立通航市场供求信息平台，积极提升通航服务能力。通航发展热中有升，新增通航机场5个、新增通航企业56家，通用航空器达2272架，完成通用航空生产飞行73.5万小时。

（八）深化改革聚焦合力

坚持统筹兼顾，协同推进，确立“1+10+N”的深化民航改革工作总体框架，瞄准安全监管、枢纽建设、运行监控、空域资源、服务品质、适航审定、应急处置、通航发展、行业治理、科教创新等焦点，集中发力，不断破解行业发展中的矛盾和问题，分解到2017年的158项改革举措已完成148项，完成率达93.7%。一些重要领域和关键环节改革实现突破，审议颁布规章16部，发布行业标准45部；推动国家空域管理体制改革取得积极成果；京津冀民航协同发展列入国家京津冀协同发展领导小组重点工作任务；在7个地区管理局的16个监管局、27家企业开展行业监管模式调整改革试用，形成一批可借鉴、可复制、可推广的经验，有效提高了精准监管和系统监管的能力，是行业监管理念和实践的一次重大变革；规范外国航空运输企业常驻代表机构审批管理；调整民用机场收费标准；清理规范涉企经营服务性收费；全面开放民航设计市场；改进民用运输飞机引进管理办法；签署10个部际信用联合惩戒合作备忘录；修订完善民航局、地区管理局及其监管局三级职责分工，进一步明确了民航各级行政机构职责；全国集中统一管理的适航审定中心正式成立；民航局运行监控中心正式独立运行；完成13个省（区、市）机场公安机构移交；行政许可标准化建设在国务院审改办评估中进入前十名；施行月度例行新闻发布会制度；局属建设类企业改革重组取得实质性突破；民航博物馆改革迈出关键步伐。在军民航深度融合发展、航权和时刻资源分配、国内投资民航业、国内航空旅客运输价格、民航发展基金支出、行业涉税政策、中央与地方事权和支出责任划分、民航空管系统管理机制创新、政务信息系统资源整合、行业协会脱钩等领域，各项改革形成整体推进之势。

（九）科教进步步伐加快

按照“三出四型五基地”发展目标，扎实推进民航科教建设。加强与国家相关部委、地方政府、科技单位和高等院校的战略合作，形成开放包容的科教工作新格局，完成首批14个民航重点实验室（工程技术研究中心）认定工作，聘任11位院士担任委员会主任。科教平台转型升级，组建民航发展规划研究院，设立全国首家民航科技创新示范区，航空安全实验基地正式开工，民航院校特色学科专业结构调整优化，民航大学获硕士推免资格、申博工作进展顺利。筹建民航数据中心，成立民航数据中心专家库。召开航行新技术应用与发展工作委员会、军民合用机场军民融合发展暨机场新技术应用推广会，积极推进航行新技术和机场新技术应用，我国ADS-B空管运行进入全面实施阶段。科技创新转化成果丰硕，自主研发的高速行李自动分拣系统成功中标北京新机场项目，建成新一代旅客服务系统，国产电子客票系统成功投产，C919大型客机开始全面试验试飞，AG600大型水陆两栖飞机完成首飞，国产民机搭载北斗导航系统试飞成功，使用国产生物航油实现跨洋载客飞行，ADS-B地面站设备实现全面国产化，民航客机全球追踪监控系统全面覆盖我国国际和地区航班。中国民航局局属院校办学能力持续提升，在线教育培训进一步普及，招生规模再创新高。民航党校班、中字头管理培训班和发展政策研修班等培训品牌项目在业内影响力进一步扩大。

（十）从严治党抓铁有痕

把学习贯彻党的十九大精神作为首要政治任务，组织广大党员原原本本学习十九大文件，牢牢把握“十个深刻领会”“六个聚焦”，着力在学懂弄通做实上下功夫。坚持全面履行管党治党责任，召开民航系统全面从严治党工作会议，制定出台深入推进全面从严治党实施意见，把全面从严治党各项任务落到实处。加强民航局党校建设，充分发挥党校的职能作用。深入推进“两学一做”学习教育常态化制度化，坚定党员干部理想信念，强化“四个自信”和“四个意识”。严肃党内政治生活，认真抓好“三会一课”、民主生活会、组织生活会、民主评议党员等制度落实，规范党费收缴管理。加强基层党建工作，完善党员日常教育管理，引导全体党员践行“四讲四有”，争做“四个合格”党员。持续推进正风肃纪，认真落实“两个责任”，组织开展“以案释纪明纪，严守纪律规矩”警示教育，修订民航局党组贯彻落实中央八项规定精神实施办法，取消公务优惠机票，开展违规公款购买消费高档白酒集中排查整治和周转住房管理违规违纪专项治理，建立节假日廉政提醒机制，推动作风建设抓常抓细抓实。强化党内监督，对10个单位开展巡视，实现民航系统巡视全覆盖。保持反腐高压态势不放松，加强党务纪检工作力量，严肃查处违反“六大纪律”的行为，全年局机关及直属单位给予党纪、政纪处分66人次。严格规范选人用人标准和程序，全年调整配备局党组管理干部171名，其中提拔使用77名。加强民航公务员队伍建设，民航行政机关公务员平时考核实现全覆盖，加大干部交流轮岗力度，对局机关全体处级以下人员开展政务素质能力培训。加强干部监督管理，严格领导干部经济责任审计，认真开展党员领导干部个人有关事项报告专项整治，对申报不实不规范的41人作出组织处理，对70人进行批评教育；开展规范公务员辞职后从业行为专项整治。开展定点扶贫、医疗帮扶工作，完成国家机关工委组织的中央国家机关定点扶贫工作成果展。弘扬践行当代民航精神，举办纪念周恩来总理对民航工作重要批示60周年座谈会，开展“最美民航人”宣传展示活动，推动当代民航精神进班组、进校园、进头脑。开展五一劳动奖状、奖章评选，开展五一巾帼标兵（岗）、“青春”系列主题等活动。用心用情做好老干部工作，开办老年大学讲坛，注重发挥老干部独特优势。

2017年民航工作取得的成绩，是全行业认真贯彻习近平总书记对民航工作的重要指示精神，始终把握正确的发展方向，开拓进取取得的；是我们按照党中央、国务院的部署要求，在中央和国家有关部委以及军委联参、空军等的大力支持帮助下取得的；是全体民航干部职工大力弘扬当代民航精神，不图虚名、不求虚功，埋头苦干取得的。这些成绩的取得，也离不开多年来民航改革发展打下的良好基础。在此，我代表民航局，向长期关心支持民航事业发展的各级领导、各有关部门、社会各界、离退休老同志和长期奋战在民航战线上的广大干部职工表示衷心的感谢和崇高的敬意！

同志们，党的十八大以来，我国经济社会发展取得了历史性成就，发生了历史性变革，民航业也在这一进程中不断取得发展成绩。五年来，我们始终坚持持续安全发展，健全安全法规体系，健全队伍管理体系，健全安全责任体系，健全安全管控举措，民航安全水平大幅提升，运输航空百万小时重大事故和亿客公里死亡人数保持双“零”记录，截至目前，全行业累计实现连续安全飞行88个月，5670万小时。五年来，我们始终坚持服务国家战略，围绕京津冀协同发展、长江经济带、一带一路建设目标，统筹谋划行业发展布局，完善机场定位、枢纽功能，积极推动民航业与区域经济融合发展，民航运输总周转量、旅客运输量和货邮运输量年均增长 12.2%、11.4% 和 5.5%，通用航空业务量年均增长 9.3%，旅客周转量在综合交通运输体系中的比重达到 28.6%，比 2012 年上升 13.5 个百分点。五年来，我们始终坚持新发展理念，大力优化行业结构，大力加强基础设施建设，大力推进扩容增效，大力实施科教创新，大力改善服务质量，行业发展质量效益显著提升。五年来，我们始终坚持扩大对外开放，国际市场空间不断拓展，国际影响力日益提升，与我国签署航空运输协定的国家和地区由 114 个增至 122 个；国际航线由 381 条增至 784 条，国际定期航班通航国家由 52 个增至 61 个，通航城市由 121 个增至 167 个；国际航空运输总周转量、旅客运输量和货邮运输量年均分别增长 14.8%、18.8% 和 7.1%。五年来，我们始终坚持转变政府职能，大力推进法治型、服务型、效能型政府建设，大力推进“放改服”改革，减少行政审批事项，强化事中事后监管举措，行业治理能力明显提高。五年来，我们始终坚持全面从严治党，行业政治生态更加清朗，行业精神文明建设卓有成效，当代民航精神深入人心，行业凝聚力进一步增强。五年来，我们始终坚持主动服务党和国家大事要事，圆满完成一系列重大航空运输保障任务，充分证明我们民航是一支党和国家信得过、靠得住的队伍，是完全能够担当起国家发展战略产业神圣使命的。

成绩来之不易，我们倍加珍惜。当前，行业发展仍然面临许多深层次矛盾和问题：如践行发展为了人民理念的自觉性还需要进一步提高；行业安全发展基础还不够稳固；行业快速发展与保障能力不足之间的矛盾还未得到根本扭转；行业发展区域性、领域性不平衡不充分问题仍然比较突出；行业管理的体制机制尚未完全理顺；从严治党还存在薄弱环节，“四风”问题的新表现在民航领域也有反映。面对这些问题，我们必须狠下功夫，抓细抓实，持续推进解决。

二、科学把握新时代民航强国建设战略进程

党的十九大谋划了我国社会主义现代化建设的新征程，明确提出要建设交通强国。民航业作为国家重要战略产业，是交通强国的重要组成部分和有力支撑，在交通强国各领域中最具国际比较性，在国际互联互通中最能发挥先导作用。我们要站在中国特色社会主义进入新时代这个新起点上，准确把握民航强国建设的新形势、新使命，以新气象、新作为，开启新征程，开拓新境界。

（一）正确把握新时代民航强国的发展方向

不忘初心，方得始终。新中国民航创立伊始，就确立了“人民航空为人民”的行业宗旨，把保证安全、改善服务、争取正常、满足人民群众需求作为民航发展的根本遵循。六十余年来，中国民航始终致力于服务国家战略、促进经济繁荣，为国家经济社会发展作出了突出贡献；始终致力于增强服务能力、扩大服务范围，建成了覆盖世界最多人口的机场航线网络，使航空服务更多更广地惠及人民群众；始终致力于铸造忠于党、忠于祖国、忠于人民的政治品格，时刻听从召唤，挺身而出，勇担大任，出色完成历次抢险救灾、海外撤侨等重大和紧急航空运输保障任务。长期的奋斗历程，孕育形成了“忠诚担当的政治品格、严谨科学的专业精神、团结协作的工作作风、敬业奉献的职业操守”这一当代民航精神。

党的十九大指出，我国社会的主要矛盾已经转变为人民日益增长的美好生活需要和不平衡不充分的发展之间的矛盾。随着人民生活从更加殷实、到更为宽裕再到基本实现共同富裕，人民群众对民航业服务种类、服务范围、服务能力和服

务水平的要求也越来越高。但是，当前民航业满足人民群众多样化航空需求的能力仍然不足，在供给结构上仍然存在发展不平衡的问题，在供给质量上仍然存在发展不充分的问题。民航强国建设的本质是高质量发展，民航局党组提出民航强国必须具备八个基本特征，就是要求民航业各种要素齐头并进、协调发展，从安全水平到运行效率、从保障资源到管理能力、从生产规模到质量效益、从市场需求到内生动力、从服务产品到规则标准，系统地解决发展不平衡不充分的问题，推动民航高质量发展，全面提升满足人民需求的能力和水平。新时代民航强国建设就是要牢牢把握发展为了人民理念，大力弘扬当代民航精神，担负起时代赋予的历史使命，始终把服务国家经济社会发展战略、满足人民对美好生活的需要作为新时代民航强国建设的发展方向，咬定青山，久久为功。

（二）准确把握新时代民航强国建设的阶段性特征

民航强国建设是一个既近又远、既难又可实现的奋斗过程。推进新时代民航强国建设，必须深刻理解新时代中国特色社会主义的经济社会发展趋势，科学分析当前民航发展的形势，准确把握新时代民航强国的阶段性特征。

对照民航强国八个基本特征进行分析，我国民航强国建设正处在攻坚克难、结构调整、提质增效的关键阶段。

——民航强国发展制约瓶颈攻坚期。我国民航发展取得巨大成就，但行业发展不平衡不充分的问题依然存在，制约行业发展的“四个短板”问题突出。进入中国特色社会主义新时代，我国民航迎来千载难逢的发展机遇，解决发展制约瓶颈的内外条件越来越成熟。新发展理念越来越重视协调发展，国家经济工作越来越强调提质增效，为民航突破发展瓶颈创造了重要的基本条件。我们对民航发展规律和特点的认识越来越深入，把控发展速度、规模、结构和质量相互之间关系的能力越来越强，前期采取的宏观调控政策和措施初见成效，有望为民航突破发展瓶颈争取到难得的时间窗口。我们在空域资源、地面保障资源、专业人才资源等领域制定了一系列改革措施，随着改革进程的推进，改革成效势必逐渐显现，改革效应势必不断叠加，改革红利势必充分释放，为民航突破发展瓶颈赢得决胜的契机。我们一定要抓住这一历史机遇，凝聚共识，坚定信心，增强定力，以时不我待、舍我其谁的勇气和担当，发奋努力，攻坚克难，为推进新时代民航强国建设开辟新航路。

——民航强国八个基本特征汇集期。民航强国是几代中国民航人的梦想，我国民航发展壮大的历程，就是民航强国基本特征不断孕育、不断积累、不断增强的过程。从单项指标看，八个基本特征中的部分特征表现强劲，可以与当今世界民航强国一比高低，但系统地看，八个基本特征整体集成度不高，彼此之间支撑作用不强、包容性不够，没有形成应有的合力，导致一些领域供需失调，有效供给不足和部分产能过剩的现象并存，这是当前民航业发展不平衡不充分的集中体现。在中国特色社会主义建设新时代，解决民航发展不平衡不充分的问题将成为我们工作的主攻方向，民航强国八个基本特征将进入一个不断汇集的阶段。一方面，随着民航发展瓶颈的突破，行业发展中许多深层次矛盾大为缓解，八个基本特征之间将形成相互包容、相互促进、共济共成的局面；另一方面，随着民航发展战略越来越清晰，我们更加注重规划引领、协同推进，更加注重统筹兼顾、综合施策，更加注重系统集成、质量优先，八个基本特征将不断汇聚融合，实现整体跨越，展现出强大的综合实力。

——民航强国建设新领域开拓期。在相当长的一段时期内，我国民航是世界民航先进国家的学习者、模仿者和追随者。在推进新时代民航强国建设的进程中，我们仍然要继续学习和借鉴世界先进经验，但绝不能自甘人后、亦步亦趋。建设社会主义现代化强国的伟大实践，必然使我国经济社会各个方面发生深刻变化，也必然使我国民航发展的形态和内涵发生深刻变化，为新时代民航强国建设积蓄新动能、培育新优势。随着国家各项重大战略的全面展开，我国产业结构和消费结构不断转型升级，将极大提升民航业的战略地位。依托这一优势，顺势而为，我们就能在服务国家战略中不断拓展民航国际化、大众化市场空间，加快做优做强民航业的步伐。当今世界正处在新一轮科技革命和产业变革的进程中，经济发展模式和人们生活方式将发生重大变化，在这方面我们同世界民航先进国家又处在同一起点上，并且具有后发优势。依托这一优势，乘势而上，我们就能实现“弯道超车”，加快推进与互联网、大数据和云计算、人工智能技术的深度融合，催生民航运行模式、服务模式、管理模式等方面的深刻变革，由模仿者变为开创者，从追随者转为引领者。随着我国综合国力不断强盛，“中国创造”“中国智造”不断涌现，国产飞机、国产卫星定位系统和国产服务保障设施设备广泛应用，我国民航将形成完整的产业链，产生强大的内生动力。依托这一优势，因势利导，我们就能获得更大的制定国际民航规则标准的主导权和话语权，具有更强的引领国际民航业发展的创新能力。

民航强国发展制约瓶颈攻坚期，是由当前行业发展的突出矛盾所决定的；民航强国八个基本特征汇集期，是由行业发展的成长规律所决定的；民航强国建设新领域开拓期，是由行业发展的时代要求所决定的。三期既相互叠加，又依次递进，贯穿于新时代民航强国建设的全过程，反映了民航发展的内在规律。我们要准确把握这一阶段性特征，谋定发展路径，突出工作重点，掌控节奏力度，行稳致远，善作善成。

（三）科学把握新时代民航强国的战略进程

战略安排是统领战略目标、战略任务、战略步骤、战略方法的顶层设计。党的十九大提出了从全面建成小康社会到基本实现现代化，再到全面建成社会主义现代化强国的宏伟目标。我们要与时俱进，进一步谋划民航强国战略进程，按照“一二三三四”民航总体工作思路，聚焦每个发展阶段的主要矛盾和突出问题，找准攻坚方向和关键环节，明确任务和措施。

——到 2020 年，围绕服务全面建成小康社会，民航强国建设要瞄准解决行业快速发展需求和基础保障能力不足的突出矛盾，着力“补短板、强弱项”，重点补齐空域、基础设施、专业技术人员等核心资源短板，大幅提升有效供给能力，加快从航空运输大国向航空运输强国的跨越。届时，空域资源瓶颈得到缓解，空管运行能力稳步提高，全国机场年起降达到 1300 万架次；运输机场数量达到 260 个，覆盖 100 公里范围内所有地级行政区；人均航空出行次数达到 0.5 次，旅客周转量在综合交通中的比重达到 30% 以上；支线机场日均航班 2 班以上，有条件的老少边穷地区人民能够享受基本航空服务计划提供的航空运输服务；航班运行品质明显改善，航班正常率 80% 以上；安全水平持续提升，始终处于世界领先水平；专业技术人才培养模式得到创新；通用航空发展的体制机制性障碍得到破除；民航业节能减排、应对气候变化取得初步成效，民航机队基本实现“无纸化驾驶舱”运行。行业治理形成有利于提升安全保障能力、巩固民航发展安全基础的安全管理系统，形成符合运输航空和通用航空发展运行规律的政策体系，形成有利于激发市场活力、规范市场行为的法规体系，形成有利于提高政府行政效率、增强行业监管能力的体制机制。

——到 2035 年，围绕服务我国基本实现社会主义现代化，民航强国建设要瞄准解决人民群众多样化航空需求和民航发展不平衡不充分的主要矛盾，着力“均衡发展、协调发展”，重点发展国际航空、支线航空、低成本航空、货运航空，大力促进通用航空发展，全方位地满足人民日益增长的美好生活需要中的航空服务需求，实现从单一的航空运输强国向多领域民航强国的跨越。届时，航空人均出行次数超过1次，运输规模全球第一；形成一批具有引领国际航空市场的航空公司和航空枢纽；基础设施体系相对完善，运输机场数量400个左右，地面100公里覆盖所有县级行政区；机场群与城市群深度融合发展，建成京津冀、长三角、粤港澳大湾区等一批具有较强辐射力的世界级机场群；民航与综合交通深度融合，在国家交通关键节点，形成一批以机场为核心的综合交通枢纽；航空物流服务成为现代供应链的重要环节；通用航空服务深入人们生产生活需求；民航运行质量和效率进一步提升，旅客体验更加美好；自主创新取得突破，国产飞机等民航核心装备得到广泛应用；管制、情报等地面关键自动化系统全面实现国产化统一型号，打破一些高精尖领域的国外技术垄断和技术封锁。

——至21世纪中叶，围绕服务我国建成社会主义现代化强国，民航强国建设要瞄准全方位提升国际竞争力目标，着力增强国际民航规则标准话语权和技术创新引领力，重点推进航空业全产业链发展，实现从多领域民航强国向全方位民航强国的跨越。届时，机场网、航线网、信息网和服务网深度融合的现代民航运行体系全面发展，形成安全高效、通畅便捷、绿色和谐的现代化航空服务体系；产业辐射带动作用更加突出，包括民机制造的民航全产业链对GDP贡献率大幅度提升；我国民航的服务产品、技术标准和发展理念走向全球，在新技术、新领域、新模式等方面实现对世界民航发展的战略引领；全方位参与新型国际民航治理体系建设，在国际民航事务中出现更多的中国声音。现代民航业成为社会主义现代化强国重要标志之一，将为我国成为综合国力和国际影响力领先国家提供全球化航空服务支撑。

三、2018年民航工作总体要求和主要任务

2018年是全面贯彻落实党的十九大精神的开局之年，是改革开放40周年，也是决胜全面建成小康社会、实施十三五规划承上启下的关键一年。做好2018年民航工作，事关中盘大势，意义重大。

2018年民航工作的总体要求是：以习近平新时代中国特色社会主义思想为指导，深入学习贯彻党的十九大精神和中央经济工作会议精神，坚持稳中求进总基调，坚持新发展理念，坚持供给侧结构性改革这条主线，全面落实“一二三三四”民航总体工作思路，始终坚守飞行安全、廉政安全、真情服务底线，聚焦人民群众的需求和关切，聚焦行业发展迫切需要解决的关键问题，推动民航高质量发展，开启新时代民航强国建设新征程。

稳中求进是民航工作必须长期坚持的总基调。“稳”就是要坚守好“三条底线”；“进”就是要推动民航高质量发展。要把新时期民航总体工作思路始终贯穿在处理好“安全与发展、安全与效益、安全与正常、安全与服务”四个关系的全过程，作为推动民航高质量发展的举力之纲，实现纲举目张。

2018年，民航安全工作主要目标是：杜绝重特大运输航空责任事故，杜绝劫机、炸机等机上恐怖事件，防止空防安全严重责任事故，防止重大航空地面事故和特大航空维修事故。

2018年，全行业发展主要预期指标是：运输总周转量1208亿吨公里、旅客运输量6.12亿人次、货邮运输量756万吨，同比分别增长11.6%、11.4%和6.2%；全年航班平均正常率不低于75%。

2018年，要聚焦行业发展迫切需要解决的关键问题，改革创新，重点突破，务见实效。

（一）着眼夯实基础，全力提升安全工作水平

当前，行业发展各种矛盾叠加，安全管理约束条件增多，对安全工作的系统性、精准性和可靠性提出了更高要求。要不断提高安全工作领导水平，增强贯彻落实习近平总书记对民航安全工作系列重要指示批示的自觉性和责任感，在安全工作组织领导中始终坚守飞行安全底线，把“安全隐患零容忍”落实到安全政策、规章标准和日常工作之中；增强预判安全运行态势的能力，及早采取针对性措施，牢牢把握安全主动权；增强有效配置资源的能力，实现人、机、环、管等各要素协调匹配；增强综合施策的能力，充分利用法律、行政、经济、文化等各种手段，形成全方位、全员齐抓共管的安全运行强大合力，确保安全形势始终平稳可控。要不断提高安全风险防控水平，加快推进安全绩效管理，科学设定安全绩效指标，持续进行监测评估；加快推进安全领域大数据应用，实现航空安全信息实时搜集、深度分析、共享共用，提升风险识别的精准度，提高风险防控的针对性和及时性，做到重点监管、精准监管、差异性监管；加快推进民航应急管理和信息处置平台建设，提升应急综合保障能力。要不断提高“三基”建设水平，实现“抓基层、打基础、苦练基本功”常态化、机制化，扎实推动安全教育到班组、手册执行到班组、风险防控到班组、技能培训到班组，持续加强一线班组建设；扎实推动班组实施问题管理，树立“发现问题就是成绩，解决问题就是提升”的导向，将安全隐患消除在萌芽状态；扎实推动工作重心向基层倾斜、保障资源向基层倾斜、人员配备向基层倾斜，从制度机制上保证强基固本；扎实推动专业技术队伍比知识、比技能、比作风，着力提升飞行、机务、空管、签派等关键岗位人员的资质能力。

（二）着眼补齐短板，全力提升资源保障能力

补短板、强弱项，既是攻坚战，也是持久战。持续提高空域资源保障能力，继续积极推进国家空域管理体制改革以及中南、华东、华北地区空域精细化管理改革；科学实施空域规划，重点持续优化京津冀、珠三角等地区空域结构，加快推动成都—拉萨、北京—广州等大通道建设；推动利用国际航路运行国内航班，为拓展空域资源另辟新径；建立空管运行效率考核激励机制，进一步激发空管系统挖潜增效的内生动力。持续提高地面资源保障能力，抓住十三五规划中期调整的契机，按照适度超前的原则，进一步加快基础设施建设；建立“平安机场、绿色机场、智慧机场、人文机场”标杆体系，对标全球一流机场，着力打造和运营集内在品质和外在品位于一体的现代化民用机场；积极推进军民航机场深度融合，切实提升军民合用机场保障能力，采取政治动员、市场运作和建设运行一体化方式，积极推动援藏机场建设项目落地；各运输航空公司要加大投入，切实提高基地和外站运行保障能力。2018年全行业计划新开工重点项目33个，续建项目7个，预计固定资产投资860亿元。确保北京新机场主体工程建设实现竣工。持续提高技术保障能力，大力推广PBN、ADS-B、HUD、GLS等航行新技术，以及外来物（FOD）探测、跑道状态灯、高级场面活动引导与控制系统（A-SMGCS）等机场新技术；积极推进民航数据中心建设，做好顶层设计，促进空管、航空公司、机场等运行主体间的数据交互与融合。高度重视人员培训、制度修订、设备维护、系统集成，确保各项新技术可用、真用、用好。持续提高人力资源保障能力，加强民航各专业专家库建设，研究制定民航专家、领域带头人和青年英才人才队伍选拔和管理办法，进一步加强民航各领域专家和急需紧缺人才培养；加大

飞行、机务、空管等民航特有专业人才的培养投入，特别是围绕北京新机场建设运行，继续做好急需专业人才引进工作。

（三）着眼提质增效，全力提升航班正常水平

航班正常率是运行质量和效率的集中体现。要以航班正常为抓手，在运行总量、运行标准、运行管理上精准发力，推动行业提质增效。运行总量和保障能力要匹配，鼓励航空公司通过租赁、购买、转让等方式，及时调整机队规模和结构，增强运力管理的弹性；综合评估机场、空管部门的保障能力，对繁忙机场的容量实施动态调控，避免超能力、超负荷运行；对航空公司备份运力的要求必须落到实处。运行标准和安全裕度要均衡，在确保安全的前提下，梳理运行标准中过严过紧的规定，为航空公司、机场、空管优化流程、提升效率提供空间。管理目标和管理手段要协调，围绕提质增效这个核心目标，继续完善以运行控制为核心的航空公司运行管理体系、以现场运行为核心的机场保障管理体系、以流量管理为核心的空管运行管理体系、以考核督查为核心的政府监督管理体系。完成全国航班运行协同决策系统工程建设，实现外航航班纳入全国统一飞行计划处理系统，加快机坪运行管理移交工作，尽快完成3000万级以上机场A-CDM建设。

（四）着眼服务品质，全力提升人民群众满意度

发展为了人民是我们一切工作的出发点和落脚点。要聚焦人民群众的需求和关切，认真实践真情服务，着力提升民航服务品质，努力提升人民群众在民航发展中的获得感、幸福感、安全感。改进旅客出行信息告知服务，运用短信、微信、手机APP、机场航显和广播等多种方式，在旅客购票、值机、安检、候机、登机等出行全流程，实时推送航班动态、登机信息和航班延误预警服务信息，让旅客行程更主动。推行“无纸化”便捷出行，在千万级机场推广使用“航信通”，实现旅客仅凭有效身份证和手机等移动设备即可完成所有登机手续；改进安检手段，完善安检设施，提高安检效率，让旅客乘机更顺畅。推动机场餐饮同城同质同价，发挥机场服务质量评估作用，创新机场特许经营管理模式，杜绝候机楼餐饮服务乱收费，让旅客消费更明白。提升行李运输服务水平，开展行李运输装卸专项整治，推广使用RFID行李全程跟踪系统，减少行李运输差错和破损，缩短行李提取时间，提高国内行李运输赔偿限额，让旅客托运更放心。规范机票销售、退改签服务，加强客票使用条件和服务内容的告知，严肃查处机票搭售、误导购票旅客、设置消费陷阱等行为，进一步优化客票退改签流程，简化退改签手续，让旅客退改更踏实。推出航线特色餐饮服务，鼓励航空公司根据航线旅客构成、航点地域特色，推出一批具有地方风味、“家乡味道”的机上餐食，让旅客吃得更可口。试行高空移动终端接入局域网或互联网服务，鼓励航空公司在确保安全的条件下，打造服务品牌，在具备客舱无线局域网的飞机上，实现旅客利用自备移动终端接入客舱娱乐信息系统；在具备客舱空地通信能力的飞机上，实现空中接入互联网，让旅客空中有WIFI。建立高效便捷的旅客投诉集中受理平台，提高旅客投诉处理效率，加强投诉处理闭环管理，旅客投诉响应率100%，让旅客权益有保障。

（五）着眼服务大局，全力提升枢纽机场集散功能

航空枢纽建设水平是衡量民航生产集约化程度的重要指标。要进一步完善枢纽机场布局，引导形成市场定位清晰、功能分工合理的机场发展格局，促进枢纽、干线和支线机场有机衔接，客货运输全面协调发展。重点围绕服务国家战略，推进京津冀、长三角、珠三角世界级机场群建设；

推进乌鲁木齐、昆明国际航空枢纽战略规划落地；加快哈尔滨、郑州、成都等机场枢纽规划编制工作。要进一步优化枢纽机场资源配置，出台《国际航权资源配置和使用管理办法》和《航班时刻管理办法》，优化枢纽机场航权、时刻资源配置；明确北京"一市两场"资源分配政策，为北京双枢纽运行早做安排；继续推进大型国际枢纽航班分流，努力提升国际航线和国际旅客比例。要进一步提升枢纽机场集散能力，推动以机场为核心的综合交通枢纽建设，扩大枢纽机场辐射范围；争取更加宽松的国际机场过境免签、免检政策，推动优化"一关两检"工作流程，不断改善通关环境。

（六）着眼改善民生，全力推动支线航空发展

发展支线航空是调整行业结构、拓展服务范围的重要内容，也是民航业服务民生、打好精准脱贫攻坚战的具体举措。要加快改善支线航空发展环境，抓紧修订出台支线航空补贴和中小机场补贴管理办法，鼓励航空公司加大支线运力投放、加密支线航班频次；区域性枢纽机场航线安排、时刻分配要适当向支线倾斜，为构建干支衔接的航线网络、增强支线机场造血功能创造条件；研究调整支线机场设备、人员配置标准，为支线机场减负。要加快提升支线机场保障能力，以省为单位推动机场一体化管理，充分发挥省会、干线机场的带动作用，在支线机场专业人员培训、设施设备维护、空管运行、航油保障等方面给予支持；发挥地方政府对支线机场建设与运营的主导作用，加大支线机场投入力度。要加快推进基本航空服务计划，在青海开展基本航空服务试点；开展基本航空服务课题研究，为在全国实施基本航空服务计划做好政策储备。

（七）着眼激发活力，全力推动通用航空发展

坚持分类管理，为通航企业松绑减负，是通用航空真正"热起来""飞起来"的前提。建立独立的通航规章标准体系，抓紧出台《关于通用航空分类管理的指导意见》，加快修订 CCAR91 部、135 部等规章及相关规范性文件，下决心彻底把通用航空相关规定从现有规章体系中剥离出来，区分经营与自用、载客与非载客等不同通航飞行种类，建立更加符合通用航空发展规律和特点的规章标准体系。创立包容的通航行业监管模式，创新通航监管方式，放管结合，以放为主，宽严相济；推进通航诚信管理体系建设，提高通航企业自我管理、自我约束的能力；对 2017 年通航监管专项督查中发现的 182 个问题要全部整改到位，明晰基层监察员权责边界，避免过度监管；推进通航监管专业化，研究在监管局成立通航处，组建通航专业监察员队伍。创造便利的通航运营环境，继续推动低空空域开放，简化飞行计划审批报备程序，明确飞行服务站（FSS）、固定基地运营商（FBO）建设运营的市场化方向，改善航空油料供给环境，推广通用机场无塔台以及远程塔台技术应用，为通航企业运营提供更多便利。

（八）着眼培育优势，全力构建对外开放新格局

随着我国对外政治、经济、文化交往的不断深入，民航对国家对外开放战略的支撑作用日益凸显。航权政策要更加开放，继续加强与欧美国家的航权谈判，进一步扩大航权安排；密切与新兴航空运输市场国家的联系，高起点地开放航空市场；完善我国对非洲、中亚及东盟的民航合作平台和机制，推动"一带一路"航空运输自由化和便利化，构建枢纽导向、结构优化的航权开放新格局，为我国国际航空枢纽建设拓展空间。适航合作要更加深入，进一步加大适航攻关力度，持续推进 C919 国产大飞机、WZ16 发动机、煤制航油等重点项目的审定进度，在不断提高适航审定能力的基础上，全面深化中美、中欧、中俄、中加的适航合作；以持续适航能

力建设为龙头，全面加强与国产民机运营国的航空合作，为国产民机出口和境外运行提供有力支持。参与国际民航治理要更加主动，切实加强对国际民航公约及其相关标准的研究，做好国际化人才的培养和推荐，积极参与国际民航规则制订，在航空安全、航空安保、国际航行、经济管理、航空减排等方面贡献中国智慧、提供中国方案；积极参与国际民航组织在航空安全、航行技术、人才培养等方面倡导的行动，推动技术输出、管理输出和标准输出；认真办好亚太民航部长级会议，做好国际民航组织秘书长连任竞选，进一步提升我国在亚太及国际民航界的影响力。

（九）着眼凝心聚力，全力推动从严治党向纵深发展

推动新时代民航事业更好发展，加强党的领导和党的建设是根本保证。必须始终把党的政治建设摆在首位，深入学习贯彻习近平新时代中国特色社会主义思想和党的十九大精神，全面落实新时代党的建设总要求，教育引导各级党组织和广大党员干部旗帜鲜明讲政治，牢固树立“四个意识”，确保党中央决策部署在民航行业得到全面贯彻落实。扎实开展“不忘初心、牢记使命”主题教育，坚持知行合一、学做结合，确保收到强化理论武装、推动民航工作的实效。坚持党管干部原则，突出政治标准，注重专业能力，把好廉洁关口，选优配强领导班子，建设高素质专业化干部队伍。以提升组织力为重点，突出政治功能，全面加强基层党组织建设，充分发挥广大党员的先锋模范作用。深入贯彻落实习近平总书记近期关于加强作风建设重要指示精神，驰而不息反“四风”、转作风，推动党风政风行风的持续好转。全面加强纪律建设，深入抓好反腐败工作，加大执纪审查力度，扎紧制度笼子，进一步营造民航行业风清气正的良好政治生态。加强社会主义核心价值观宣传教育，大力弘扬和践行当代民航精神，选树先进典型，讲好民航故事，让当代民航精神成为全体民航人共同的价值追求和行为准则，切实增强行业的创造力、凝聚力、战斗力。加强党对群团工作的领导，认真做好工会、共青团工作，大力弘扬劳模精神、工匠精神，广泛开展技能大赛、岗位练兵、技能培训等活动，加强班组建设，推动民航职工技能素质普遍提升。发挥特色优势，加强新疆定点扶贫工作力度，继续做好赣州南康对口支援工作。各级党政组织要倾情关心一线民航干部职工，努力创造条件改善工作环境和生活质量，使民航强国建设成为每一个民航人建功立业的大平台，成为每一个民航人释放家国情怀的广阔空间，特别是要引导民航广大青年坚定信念、志存高远、脚踏实地，在民航强国建设的伟大征程中贡献力量、创造人生辉煌。要持续认真做好离退休干部工作，充分发挥老同志在民航事业发展中的积极作用。加强和改进新闻宣传，做好突发事件舆情应对，为民航发展营造良好舆论环境。

同志们，开创新时代民航工作新局面，要有目标和任务，要有思路和办法，还要有定力和韧劲。做好 2018 年工作，必须在事关行业发展基础、动力和环境等方面下苦功、打硬仗，在坚持不懈中谋求新作为，在持续努力中打造新气象。

要持之以恒加强科教创新工作。按照“出成果、出人才、出效益”要求，深入推进民航科教创新工作。开展“四型”科研院所和“五大”科技创新基地评审工作，积极推进民航科技创新示范区、重点实验室、工程技术中心建设，整合形成规模大、影响力强的重大项目，加快培养高层次的科研领军人才；开展民航产业技术创新战略联盟构建和发展工作，加快推进产学研用深度融合；举办首届民航科教创新成果展，组织民航科教创新高端对话会；实施大数据战略，加快推进“智慧民航”建设。支持民航院校开展特色“双一流”建设，

推动民航院校内涵式发展；深化与有关部委、地方政府共建民航院校工作，加快制定民航特色专业标准，引导和规范社会力量举办民航教育；大力推广在线学习教育，不断完善行业培训体系。积极发挥行业协会的作用，进一步提升行业治理能力；更好地发挥科普基金会的作用，推动民航博物馆改革发展。

要全方位推进深化改革工作。强化目标导向，按照中国民航局党组确定的“1+10+N”改革总体框架，对照民航工作新目标，动态修订改革任务清单，明确2018年的主要任务及举措，统筹协调、整体推进，不断增强改革的系统性、协同性。强化问题导向，聚焦行业发展的深层次矛盾，具备条件的要立行立改，空域管理、通航分类管理、局属建设类企业改革、民航医疗集团改革等条件成熟的改革项目要总体稳步推进、局部大胆突破；暂时不具备条件的要按照先易后难、循序渐进的原则，不断扫清阻力和问题，为改革蓄势积力。强化效果导向，持续加大改革督查力度，务求各项改革措施落地见效。

要不断增强行业发展调控能力。研究制定《新时代民航强国建设行动纲要》，认真做好“十三五”规划中期调整工作。继续推进《民航法》修订，做好《民用航空安保条例》《民用航空飞行标准管理条例》《民用机场管理条例》等法规规章制修工作，尤其要注重无人机等新业态、新领域的立法工作。理顺民航三级管理关系，整合政务信息系统，深化行政审批标准化建设，从2018年1月1日起在全行业推广监管模式调整改革五项措施。进一步完善民航财经调控措施，合理划分民航中央与地方财政事权和支出责任，切实做好财经政策评估和绩效考评工作，更好地发挥资金使用效益。推进民航特色智库建设，提升政策研究和制订水平。

延伸阅读：中国民航着力建设三个世界级机场群。

杨宇栋在2018年国家铁路局工作会议上的讲话

（2017年12月27日）

贯彻习近平新时代中国特色社会主义思想
谱写交通强国铁路篇　推动铁路高质量发展

党的十八大以来，在以习近平同志为核心的党中央坚强领导下，全国铁路坚持以习近平新时代中国特色社会主义思想为指导，牢固树立“四个意识”，坚定“四个自信”，深入贯彻落实党中央决策部署，加快建设现代化铁路，积极构建综合交通运输体系，取得了历史性成就，发生了历史性变革。

一、过去5年工作回顾

铁路改革方面。2013年，我国铁路管理体制实现政企分开改革，铁路改革实现历史性突破。行业政府监管体系初步建立，行政职能转变和简政放权成效明显，进一步激发了市场活力。原铁道部运输企业推进公司制改革，建立现代企业制度。铁路投融资体制改革有序推进，发起设立铁路发展基金，鼓励和扩大社会资本投资建设铁路。地方铁路和合资铁路健康蓬勃发展，产生一批以地方政府和社会资本为主体的多元化铁路公司。装备制造企业和工程建设企业经过多年努力，以铁路业务为依托，实现了路内路外两个领域、国内国际两个市场统筹发展的大格局。

铁路建设方面。五年来，我国铁路新线投产里程近3万公里，其中高铁投产超过1.6万公里，铁路建设投资规模达4万亿元，无论是投产规模还是投资规模，均达到历史最高位。截至目前，全国铁路运营总里程达到12.7万公里，其中高速铁路营业里程2.5万公里，占世界高铁近三分之二，“四纵四横”骨干高铁网形成。我国已拥有世界上规模最大的快速铁路运输网络，在支撑国家重大战略实施、增强我国综合实力和国际影响力等方面发挥了积极作用。

铁路运输方面。2017年铁路旅客发送量超过30亿人，货物发送量超过35亿吨，运输总量、运输密度等主要运输指标位居世界第一。我国铁路运营规模、服务能力、运输效率达到世界先进水平。

与2012年相比，全国铁路旅客发送量增长61%，年均增长12%以上，其中高铁运量增长2.3倍。大运力、高密度、安全正点的铁路网，为广大人民群众出行提供了方便快捷的运输服务，铁路购票乘车难问题得到较大程度缓解，广大人民群众在共享铁路发展成果中有了更多的获得感。适应供给侧结构性改革要求，铁路货运结构逐步优化，货运能力不断释放，重点物资运输保障有力，应对自然灾害和突发事件的应急保障以及国防交通保障能力显著增强，零散货物、集装箱、商品小汽车、冷链物流、高铁快运大幅度增长。中欧班列逐年以几何级速度增长，通达境外12个国家34个城市，成为具有国际竞争力、信誉良好的世界物流品牌。行业监管工作扎实推进，企业安全生产主体责任不断强化，铁路安全环境不断净化，安全形势持续稳定，杜绝了重大及以上事故，较大和一般事故大幅下降。

铁路科技创新方面。在国家相关政府部门指导下，经过铁路企业、科研院所、高等院校的共同努力，铁路科技创新在这五年中突飞猛进。高速铁路领域，经过多年科研论证、建设研制和运营管理实践，在工程建造、动车组、列车控制、牵引供电、运营管理、安全保障等领域取得一系列自主创新成果，掌握了长距离、高密度、不同速度等级共线跨线运行的高铁建设运营成套技术，构建了具有全面自主知识产权和世界先进水平的高铁技术体系。中国标准动车组研制成功，通过了设计许可和生产许可，并在京沪高铁按时速350公里达速运营。掌握了高原、沙漠、戈壁、冲积平原、岩溶地质、南北地震带、高寒、热带等复杂多样地质条件和气候环境下的铁路工程建设成套技术。重载技术领域，掌握了既有线开行27吨轴重货物列车技术，构建了30吨轴重重载铁路建设运营成套技术体系，以大秦铁路、神华铁路为代表的重载铁路技术达到世界先进水平。铁路信息化、管理科学、基础研究等领域都取得了新的突破。

铁路规划方面。加快构建布局合理、覆盖广泛、高效便捷、安全经济的现代铁路网络，推进综合交通运输体系建设，编制《"十三五"现代综合交通运输体系发展规划》《中长期铁路网规划》《铁路"十三五"发展规划》。根据规划，2020年铁路网规模将达到15万公里，2025年将达到17.5万公里，展望到2030年，基本实现内外互联互通、区际多路畅通、省会高铁连通、地市快速通达、县域基本覆盖。在规划实施过程中，强化与其他交通方式的优化衔接，打造一体化综合交通枢纽，完善公共信息服务平台，实现客运换乘"零距离"、物流衔接"无缝化"、运输服务"一体化"，全面提升综合交通服务水平和运输效率。

铁路"走出去"方面。高铁成为我国对外交流合作新名片。铁路成为"一带一路"建设的重要领域。党和国家领导人亲自多次对外推介我国高铁。铁路建设、装备、运输等企业发挥优势，积极开拓国际市场，成效显著，势头良好。蒙内铁路、亚吉铁路等中国标准、中国建造、中国装备、中国运营的境外项目建成通车。雅万高铁、马来西亚东部沿海铁路、中老铁路、匈塞铁路等一批海外项目开工建设。铁路机车车辆等装备规模化整装出口海外。国际铁路领域中国的大国形象逐渐确立，话语权越来越重。

国家铁路局组建以来，坚决贯彻习近平新时代中国特色社会主义思想，服务人民群众、服务国家战略、服务铁路企业发展，积极构建行业监督管理体系，深化政府职能转变，铁路安全质量市场监管和各项行政履职工作取得显著成效。

强化安全质量监管执法，全力维护铁路运输安全稳定。始终把强化运输安全监管作为首要任务，加强对运输高峰期、恶劣气象条件、运输关键时期和关键环节、重要设备安全的监督检查。坚持"不发通知、不打招呼、不听汇报、不用陪同和接待，直奔基层、直插现场”，开展集中安全监督检查67项、4916组次，下达《检查问题通知书》1796份，认真督促整改，有力促进了企业安全生产主体责任落实。突出重点，盯住关键，集中打击铁路安全保护区范围内的违法行为，全面完成了高铁安全保护区划定和历史遗留的110座上跨高铁立交桥移交。深入开展“打非治违”专项行动，依法查处制止铁路安全生产违法行为。加强突发事件应急处置，建立应急响应队伍和技术专家库，完成应急指挥中心建设。组织各铁路安全监管办公室调查全部铁路交通事故，重点组织调查较大事故和涉及旅客列车、有旅客伤亡、社会影响较大的事故，坚持以事实为依据、以法律为准绳，严格事故定性定责。与公安机关、检察机关等部门构建联动协调机制，事故应急和调查处理能力不断加强。

强化工程质量安全监管，服务铁路优质高效建设。贯彻《中共中央国务院关于深化投融资体制改革的意见》要求，按照“权力与责任同步下放”“谁审批谁监管、谁主管谁监管”原则，构建了“国家铁路局履行行业监管职责、铁路总公司落实铁路建设管理职责、参建单位履行主体责任、地方政府履行地方铁路监管责任”的铁路工程质量安全工作机制，共办理106个国家审批项目工程质量监督手续并实施项目工程质量监督。加强工程质量安全监管，组织开展京张高铁等50多个项目专家评审，出台了加强隧道施工安全、在建工程地质灾害防范等措施规定，加强监督检查，对检查中发现的突出问题，督促整改落实。加大对铁路建设工程建筑材料、建筑构配件和设备质量的管控力度，坚持“先检后用”原则，防止因使用不合格建筑材料、建筑构配件和设备，给铁路建设工程留下安全隐患。开展铁路工程质量安全监督检查802次，检查项目609个次、工点2630个次，委托开展工程质量检测325批次，针对发现的质量安全问题发出整改通知单，并督促整改落实。会同国家有关部门，对铁路项目开工建设、前期工作进展情况、落实施工方案专项行动情况，进行专项稽查督查。制定发布《铁路建设项目国家验收实施办法》，组织开展京津城际铁路等项目国家验收，保证了铁路建设有序推进，工程质量安全状况总体稳定。

注重源头质量卡控，加强设备质量安全监管。对事关铁路运输安全、重大技术创新以及新申请进入铁路行业的许可申请，加强审查把关，切实从源头卡控铁路专用设备质量安全。强化事中事后监管，重点检查企业持续保持许可条件，对已不满足许可条件或有问题不认真整改的企业，采取有效措施。围绕动车组和铁路通信信号、供电、道岔设备在运用中暴露出的源头质量问题，开展专项整治行动。针对运输高峰期和恶劣气象条件下铁路设备运行特点，强化安全检查，确保设备质量安全可靠。对设备惯性故障和铁路交通事故中暴露出的产品质量和运用维护问题，一追到底，查明症结，督促改进，消除安全隐患。组织铁路运输基础设备产品质量认证检测和许可设备产品质量监督抽查检测，对质量抽查不合格的产品，提出处置意见并进行通报，督促责任企业整改落实。

坚持“人民铁路为人民”，加强运输服务质量监管。组织全局行政执法人员进站上车，在全国范围内开展铁路客运服务质量问卷调查。2017年累计完成问卷调查超过13万份，按月度、季度形成调查报告。督促铁路运输企业及时解决旅客货主投诉问题，不断提高服务质量。与国家有关部委联合发布《禁止携带物品目录》《危险化学品目录》《关于加强物流安全管理工作的若干意见》。主动服务地方铁路，指导浙江等省筹建轨道交通运营管理集团有限公司，对企业的组织架构、岗位设置、职能职责提出建议方案。开展铁路物流成本和“营改增”情况专题调研，清理规范货运相关收费，促进了物流降本增效。

坚持改革创新，深入推进政府职能转变。突出“放管服”改革，服务铁路改革发展大局。全面清理削减原铁道部行政审批事项，非行政许可审批事项全部取消，25项行政许可事项仅保留6项。对保留的行政许可，进一步精简优化审批产品目录，铁路运输基础设备审批事项产品目录由148项减至40项。铁路机车车辆驾驶人员许可准驾类型，由21类精简合并为9类，考试科目从6项精简为4项，取消了驾驶证年审制度。铁路运输企业准入许可，从前置审批改为后置审批，实行“先照后证”，不设置对申请企业的注册资本等限制，不设置企业年检。清理规范行政审批中介服务事项，8件中介服务事项中的7件已取消，并及时向社会公告。清理涉及许可的行政事业性收费项目，规范铁路机车车辆驾驶资格考试收费。对保留的行政许可，精简优化申报材料清单内容11项。严格执行审批时限承诺制，所有审批事项均按法定时限做到“零超时”，平均办结时限比法定时限减少26%。对于因新线投产开通、装备更新采购、国家政策调整及其他正当理由急需办理的行政许可申请，建立“绿色通道”。加强行政许可窗口建设，积极推进网上行政许可服务平台和数据库建设，将服务从实体窗口向网上窗口延伸，提高行政效能。累计办结68家运输企业许可申请，办理铁路无线电台设置和频率指配企业114家，为106534名驾驶人员办理了资格许可。

加强监管法规和标准体系建设，为铁路行业发展提供法治保障。初步形成了与《铁路安全管理条例》配套的规章制度体系，制定公布监管规章10件。积极推进《铁路法》和《铁路交通事故应急救援和调查处理条例》修订工作。组织对原铁道部规章及规范性文件进行全面清理。已经清理原铁道部规范性文件540件，其中510件下放权力交企业管理。厘清行业标准与企业标准管理界面，建立完善铁路工程建设标准体系，编制发布了《高速铁路设计规范》等400项重要标准，铁路技术标准体系基本建立。

加强铁路规划研究和科技创新，推动铁路行业持续健康发展。积极参与“一带一路”建设、京津冀协同发展、长江经济带发展和新型城镇化建设等战略规划研究，提出与铁路规划衔接配套、综合平衡的行业意见。发挥科技创新的行业推动作用，组织召开铁路科技创新工作会议，与铁路企业、高校、科研院所共谋铁路科技发展大计。创新规范科研课题管理思路，建立成果库，参与“先进轨道交通”重点专项的实施推进。组织推荐国家科技奖、创新人才推进计划、中国专利奖、全国创新争先奖和优秀科普作品。组织开展高铁经济学研究，完善铁路高等教育学科体系。

服务国家“一带一路”建设，政府间铁路交流合作不断深化。作为中央派出的代表团、特使团成员，出访肯尼亚、哈萨克斯坦、马来西亚，推进铁路领域合作，指导重点铁路项目建设、运营。服务铁路“走出去”，与蒙古、巴基斯坦等国签订合作协议，为铁路企业承建雅万高铁等项目提供技术标准支持。充分发挥铁路行业专业优势，加强蒙内铁路运营安全服务保障。积极参与孟中印缅经济走廊、中蒙俄经济走廊、中巴经济走廊规划、中尼铁路研究，组织开展互联互通铁路通道规划研究设计，提出了重点项目的建议。参与编制国际产能合作“十三五”规划，研究提出铁路重点合作领域和发展思路。当选《国际铁路直通联运公约》国际会议副主席，积极编制修订国际货协、国际客协等法规性文件。推动简化欧亚大陆国际铁路运输过境手续，促进中欧铁路班列开行便利化。担任大湄公河区域铁路联盟轮值主席国，主导推动联盟健康发展。组织召开国际标准化组织铁路应用技术委员会第四届全体大会、国际电工委员会轨道交通电气设备与系统技术委员会第56届全体大会，组织提交多项标准提案。提出的"在世界范围内统一铁路无线电专用频率"提案，被列入世界无线电通信大会议题。完成《高速铁路设计规范》等144项重要标准的英文版翻译。这些工作对推进铁路互联互通和中国标准国际化具有重要意义。

推进阳光政府建设，政务公开工作不断取得新突破。贯彻落实党中央、国务院有关政务公开工作的决策部署，虚心倾听社会舆论的呼声，认真分析社会关注和监管履职中的热点问题，及时主动回应，公开政府信息，自觉接受社会监督。加强信息公开专项制度建设，出台了政府信息公开办法等规范性文件。突出行政履职重点，及时通过政府网站发布铁路行政执法、事故调查信息。2017年公开公布了123起行政处罚信息，推动履职监管工作不断深化。同时，统筹抓好人大政协建议提案办理、信访处理、值班值守、督查督办、财务预算、机要保密、档案管理、后勤保障等基础工作，各项工作规范化、科学化水平不断提高。

坚决贯彻党中央关于全面从严治党的决策部署，党的建设不断加强。深入学习贯彻习近平新时代中国特色社会主义思想，牢固树立"四个意识"，在不断深化政治建设、思想建设、组织建设、作风建设、纪律建设和制度建设过程中，2017年又推出了新的举措。一是制度建设方面。根据党的十八届六中全会和党的十九大精神，两次全面修订党组工作规则等党内制度，坚决维护以习近平同志为核心的党中央权威和集中统一领导，坚持以习近平新时代中国特色社会主义思想为指导，突出政治建设统领作用。并对照党章修订了其他条款，与党中央最新要求保持高度一致。二是狠抓中央八项规定精神落实。根据党中央最新精神，两次修订落实中央八项规定精神实施办法。在坚持中深化，在深化中坚持，以更高标准、更严要求坚决贯彻执行中央八项规定精神，特别是对党组成员专门制定10项硬性要求，起到了率先垂范作用。三是政治巡视方面。首次建立巡视制度，制定巡视工作办法，对局属各单位开展全覆盖巡视，对发现的问题，迅速整改落实，严肃执纪问责，并举一反三，从源头上制定措施办法，使全局巡视工作有了一个良好的开端。四是政治学习方面，初步形成了固定学习日、学习体会阅批、政治学习小园地等具有国家铁路局特色的学习品牌。实施固定学习日制度，两级党组（分党组、党委）中心组、所有党支部在每月首个星期一安排集中学习，统一时间、统一内容、统一要求，做到全员覆盖，确保学习效果。实施学习体会阅批制度，各级党组织书记对党员干部的学习体会逐人审阅，签署意见，突出层层把关，保证交流质量，全年共审阅2532人次，确保学习内容入心入脑。建立政治学习小园地，在所有办公室设置政治学习小园地，做到党中央、习近平总书记的要求时刻在身边、时刻能看到，把理论学习融入日常、形成特色。五是作风建设方面。开展"服务群众、服务基层"主题实践专项工作，深入铁路客运站，直接面向广大旅客，承担旅客乘降、验证验票、咨询引导、扶老携幼等客运服务工作。恢复添乘检查制度，组织机关干部深入运输生产一线，了解情况，解决问题，服务企业。每月组织开展制度化的市场调查，动员全局力量，走出机关，走向一线，深入铁路车站、列车，直接倾听人民群众的意见建议，树立政府部门服务为民的形象。六是坚持问题导向，刀刃向内。开展清理铁路公用免票，全系统免票全部作废，并不再办理，主动接受社会监督。严格规范执法证使用，按照"资格合规、工作必要、管理从严"的原则，制定执法证使用管理办法，进一步规范铁路行政执法证发放、使用、管理纪律和要求，维护政府部门良好形象。彻底清查"小金库"，严肃查处违纪违规行为，强化执纪问责。全面清理不合规的津补贴和各种奖励。

二、贯彻习近平新时代中国特色社会主义思想，谱写好交通强国建设铁路篇

习近平总书记在党的十九大上庄严宣告，经过长期努力，中国特色社会主义进入了新时代。这个新时代，是承前启后、继往开来、在新的历史条件下继续夺取中国特色社会主义伟大胜利的时代，是决胜全面建成小康社会、进而全面建设社会主义现代化强国的时代。

第一，中国特色社会主义新时代对铁路工作提出了新要求。

一是决胜全面建成小康社会，要求铁路增强服务保障能力。铁路发展要紧紧围绕全面建成小康社会的各项任务目标，增加有效供给，提升服务水平，保障和改善民生，补齐铁路网络和运输服务短板，有效支撑精准扶贫、精准脱贫，把支持革命老区、民族地区、边疆地区、贫困地区放在更加重要位置，加强铁路对外运输通道建设，提升铁路服务水平和覆盖程度，进一步完善覆盖广泛的运输网络，缩小地区发展差距，推动更大范围更高水平更深层次的区域协同合作，实现基本公共服务均等化，铁路基础设施通达程度比较均衡，为人民群众改善生产生活条件，提供可靠的铁路运输支撑、产业带动和服务保障作用。

二是我国社会主要矛盾变化，要求铁路满足人民日益增长的美好生活需要。铁路发展要紧扣广大人民群众的出行需求和物流发展需要，以安全、快速、便捷为导向，提供个性化、绿色化、人性化的出行服务供给；以经济、高效、便利为导向，提供标准化、集装化、智能化的优质物流产品。面对新时代新要求，铁路发展不仅要解决自身发展不平衡不充分问题，实现铁路建设运营高质量发展，更要在经济社会发展大局中担当作为，服务国家战略，让人民群众在铁路高质量发展中有更多的获得感、幸福感、安全感。

三是加强生态文明建设，要求铁路绿色低碳发展。党的十九大报告指出，坚持人与自然和谐共生，建设生态文明是中华民族永续发展的千年大计。铁路发展必须树立和践行绿水青山就是金山银山的理念，坚持节约资源和保护环境的基本国策，从规划建设、科技创新、运营管理等各方面各环节，都要体现崇尚自然、绿色发展的导向，更加注重发挥铁路占地省、运量大、能耗少、排放低等比较优势，调整运输结构，增加铁路运量，降低用能、物流成本，节约、集约利用资源，推动形成绿色高效交通运输发展方式，为建设美丽中国作出更大贡献。

四是全面深化改革，要求铁路强化改革创新。党的十九大要求，建设现代化经济体系，必须把发展经济的着力点放在实体经济上，把提高供给体系质量作为主攻方向，显著增强我国经济质量优势。贯彻落实党中央关于全面深化改革的重大决策部署，要求铁路贯彻新发展理念，主动适应新需求，以新装备新技术为牵引，推进铁路供给侧结构性改革；深化铁路企业和客货运输改革，加快市场化运行机制建设；优化投资环境，拓展多渠道多层次多元化的投融资模式，发挥投资对优化供给结构的关键性作用；加强政府监管和服务，推进铁路领域治理能力现代化，推动我国铁路高质量发展。

五是全面开放新格局，要求铁路提升国际竞争能力。为推动构建人类命运共同体，我国正在构建以“一带一路”国际合作为重点的全面开放新格局。铁路作为“一带一路”国际合作的重要领域和优先方向，要拓展全球视野，统筹国际国内两个市场，强化与周边国家互联互通，加快铁路“走出去”，打造中国铁路技术、装备、标准、运输等

品牌，提升国际影响力和竞争力，推动经济全球化朝着更加开放、包容、普惠、平衡、共赢的方向发展，做全球发展的贡献者。

党的十九大作出了建设交通强国的重大决策部署，这是新时代党中央赋予交通运输行业的新使命。作为综合交通运输体系的主要组成部分，建设交通强国铁路篇是建设交通强国的重要内容。这是党中央交给铁路系统到21世纪中叶的任务目标。

第二，关于交通强国铁路篇的初步谋划。

结合《交通强国建设纲要（框架）》，立足中国特色社会主义进入新时代的大背景，站在历史和时代的高度，从世界铁路发展的历史纵深、当今世界各国铁路发展状况的横向比较、未来铁路发展的趋势方向、我国特有的社会制度优势等维度初步谋划，交通强国铁路篇的基本内涵是实现我国铁路现代化，综合实力和全要素世界领先，为中国特色社会主义现代化强国建设提供有效充分的铁路保障。主要特征体现在十个方面：

一是路网发达。结构布局完善、区域覆盖广泛、点线协调配套、多种方式衔接、运用便捷高效，形成内外互联互通、区际多路畅通、省会高铁联通、地市快速通达、县域基本覆盖的发达铁路网，实现通达程度均衡，铁路公共服务均等化，路网规模、质量居世界前列，先导性、基础性、战略性、服务性作用凸显，运输能力满足经济社会发展和人民出行需求，与中国特色社会主义现代化强国相适应。

二是装备先进。机车车辆装备先进适用、列车运行控制系统领先可靠、监控检测保障能力显著提升，新型、智能、现代化机辆装备、高速动车组广泛应用，磁浮、空天车地信息一体化安全与控制技术等实现突破，检测、监测、诊断和维修技术装备体系完善，技术装备绿色、智能、高端比例居世界前列。

三是安全可靠。安全理念深入人心、安全基础牢固、安全设备可靠、安全责任到位、治理体系健全、应急响应及时，技防、物防、人防的安全保障体系完备，企业主体责任、政府监管、社会监督的安全管理体系健全，事故防范、防灾减灾和应急救援能力大幅提升，安全形势持续稳定。

四是标准领先。工程建设、装备制造、运营管理等技术标准体系健全完善，核心技术标准体系自主领先，成套建造标准体系、产业制造标准体系、运维服务标准体系、技术标准体系先进适用，科学性、先进性、系统性引领世界，新兴领域占有国际标准制定主导权，国际标准化交流对接常态化。中国铁路标准多语种外文版多层面、多方式宣传和推介。

五是服务优质。供给充足、产品丰富，人悦其行、物优其流，客运满足人性化、个性化、高端化需求，出行便捷性、温馨感、舒适度大幅提高，货运满足经济性、时效性、便利化需要，带动全社会物流成本显著降低，人民的获得感、幸福感、安全感普遍满足。

六是效益良好。铁路运输产品供给质量和供给效率高，资源节约、环境友好比较优势充分体现，经济和社会效益良好。铁路运量增长、成本降低、市场竞争力强，资源配置科学合理，产品结构多元优化，经营机制灵活高效，资产溢出效应良好，负债合理、风险可控，财务实力、市场活力、创效能力强，实现健康持续高效发展，形成铁路品牌集群，跻身具有全球竞争力的世界一流企业。

七是管理科学。铁路监督管理和企业经营管理科学高效，铁路领域治理能力成为国家治理体系和治理能力现代化的有效组成。管理体制科学合理、管理机制灵活协调、管理理念先进超前、管理手段丰富多样、治理能力现代高效、制度体系国际接轨，法律法规体系和监管执法体系健全，法人治理结构和法人权责明晰，铁路实现向高质量发展转变，为世界铁路提供中国智慧和中国方案。

八是高度融合。铁路与其他交通运输方式同

规划、同实施，标准兼容，合理比价，有序竞争，形成战略协同和战略合力。服务现代化经济体系建设，与区域协调发展战略等国家战略深入对接，基础设施空间格局得到优化，运输市场统一开放。服务全面开放新格局，与周边国家基础设施互联互通，支撑“一带一路”建设。构建军民融合深度发展格局，一体化国家战略体系构建完成，铁路基础设施服务国防能力显著增强。

九是人才充沛。铁路人才队伍数量充足、素质优良、专业配套、梯次科学、结构合理、储备充裕、凝聚力强，培训体系完备，人才集聚效应明显，高级管理人才、专业技术人才和高技能人才队伍能力胜任，领军人物、大国工匠、技术大师大量涌现，高层次创新型人才储备充足，国内、国际人才库和新型智库专业门类齐全，崇尚劳动、尊重人才行业氛围浓厚，全面满足铁路现代化建设运营管理需要。

十是人民至上。人民立场，是我们党的根本政治立场，是我们党区别于其他政党的显著标志。在习近平新时代中国特色社会主义思想中，“人民”二字分量最重。我们建设铁路强国，与其他国家发展铁路最本质的区别和要求，是按照习近平总书记坚持以人民为中心的发展思想，一切为了人民、一切依靠人民，为人民谋幸福、为民族谋复兴。将“人民铁路为人民”作为一切工作的出发点和落脚点，作为检验中国特色社会主义交通强国铁路篇的首要政治标准，建成人民满意的现代化铁路。

为了让美好的蓝图变成生动的现实，我们必须始终坚持以习近平新时代中国特色社会主义思想为指导，服务建设中国特色社会主义现代化强国，紧紧围绕党中央关于新时代中国特色社会主义的战略安排，准确把握我国铁路发展所处的历史方位和主要矛盾，把握机遇、埋头苦干、坚忍不拔、锲而不舍，奋力谱写建设交通强国铁路篇历史新征程的壮丽篇章。

第三，关于服务决胜全面建成小康社会行动计划（2018-2020）。

习近平总书记在党的十九大报告中指出：“从现在到 2020 年，是全面建成小康社会决胜期。”这三年，是全面建成小康社会收官之战的三年。时间紧、任务重，要求我们紧扣社会主要矛盾变化，综合施策、精准发力，突出抓重点、补短板、强弱项，坚决夺取全面建成小康社会的最后胜利。当前，国内外形势正在发生深刻复杂变化，我国发展仍处于重要战略机遇期，经济由高速增长阶段转向高质量发展阶段，铁路处于支撑全面建成小康社会的攻坚期、优化网络布局的关键期、提质增效升级的转型期。我们必须全面完成铁路“十三五”发展规划的目标任务，为决胜全面建成小康社会提供可靠运力支撑。这是党和国家事业发展的迫切需要，是党中央和广大人民群众的殷切期望，更是实现我国铁路现代化的重要阶段。

为深入贯彻党的十九大精神，国家铁路局党组坚持以习近平新时代中国特色社会主义思想为指导，立足铁路行业定位，结合履职监管职责，决定实施《国家铁路局服务决胜全面建成小康社会行动计划（2018-2020）》。在行业监管方面，实施铁路安全监督管理、铁路设备质量安全监督管理、工程建设质量安全监督管理、铁路运输服务质量监督等行动计划。在深化改革方面，实施深化铁路供给侧结构性改革、深化铁路领域市场经济体制改革、深化机构和行政体制改革、深化铁路政策研究、提升铁路行业统计水平等行动计划。在法治建设方面，实施健全完善铁路法律法规体系、完善铁路标准体系、加强铁路依法行政、践行社会主义民主政治等行动计划。在规划研究方面，实施推动构建综合交通运输体系、服务可持续发展战略、服务区域协调发展战略、服务精准脱贫攻坚战、服务乡村振兴战略、服务军民融合发展战略、服务港澳台融入国家发展大局等行动计划。在科技创新方面，实施服务创新驱动发展战略、服务人才强国战略、服务科教兴国战略等行动计划。在国际交流合作方面，实施服务“一带一路”建设、推动铁路“走出去”、扩大多边双边铁路合作等行动计划。在铁路文化方面，实施推动意识形态建设、繁荣发展铁路文艺等行动计划。在全面从严治党方面，实施加强党的政治建设、思想建设、组织建设、作风建设、纪律建设、制度建设，持之以恒推进反腐败斗争、建设高素质专业化干部队伍、增强执政本领等行动计划。

2017 年，根据党中央决策部署和铁路改革发展要求，国家铁路局在全局范围内开展了“安全质量服务年”活动，抓关键、补短板、建机制、强基础，狠抓铁路运输安全监管、外部环境安全监管、专用设备安全监管、工程建设安全监管，着力提高运输服务质量、设备产品质量、工程建设质量，立足服务人民群众、服务国家战略、服务经济社会发展、服务企业发展，成效初步显现，履职逐步深化。2018 年，将继续坚持工作连续性，总结工作经验，结合实施“三年行动计划”，继续深化“安全质量服务年”活动，持续强化安全、质量、服务监管，实现铁路行业高质量发展。

三、2018 年重点工作安排

2018 年是贯彻党的十九大精神的开局之年，是改革开放 40 周年，是决胜全面建成小康社会、实施“十三五”规划承上启下的关键一年。国家铁路局工作思路是：深入贯彻落实党的十九大和中央经济工作会议精神，坚持以习近平新时代中国特色社会主义思想为指导，不忘初心，牢记使命，紧紧围绕“五位一体”总体布局和“四个全面”战略布局，贯彻新发展理念，实施“三年行动计划”，开展“安全质量服务深化年”，突出铁路安全质量服务监督管理，健全完善法律法规体系，加强规划政策研究，深化政府间合作交流，深入推进行业科技创新，实现铁路行业更高质量发展，满足人民日益增长的美好生活需要，为决胜全面建成小康社会作出更大贡献。

全年履职重点工作主要有十五个方面：

1. 加强铁路运输安全基础建设。铁路安全监督管理，首要工作是督促企业落实安全生产主体责任，督促企业各级管理者遵循安全生产规律，增强系统思维，全面深化安全生产全流程全要素管理，控制安全风险，不断夯实安全工作基础。一是落实各级管理者的岗位责任制和逐级负责制；二是完善安全风险预测分析制度；三是健全运输安全的专业管理体系；四是适应大规模新线开通，完善运输生产力布局，优化区域管理体系；五是根据铁路技术发展和生产组织调整需要，规范规章技术管理体系；六是推进装备升级换代，完善设备管理体系；七是适应新技术新标准新要求，落实常态化适应性培训机制；八是推行科学的安全决策制度，包括技术方案的决策、生产力布局的决策、生产一线人力保障的决策、科学合理的投入决策；九是落实安全检查制度；十是改进安全评估考核激励制度。此外，还要组织和督促铁路运输企业抓好各专业部门、各单位的结合部管理，应急预案的制定和准备，安全隐患专项整治。研究探索建立铁路企业安全评价考核机制，不断提升铁路运输安全管理水平。

2. 加强铁路运输安全监管。一是始终将运输安全作为履职监管的首要任务。加强运输高峰期、国家重大活动时期和恶劣气象条件下的安全监督检查，突出旅客和高铁安全，特别对按时速 350 公里运营的动车组列车，要加大检查力度和频次，确保绝对安全。以车票实名制和旅客安全检查为关键，狠抓客运公共安全监管。突出危险货物运输、营业线施工安全等运输安全关键环节，开展专项监督检查。着力解决企业安全生产主体责任不落实、安全隐患较多、政府监管体系机制不健全等问题。二是推进监督检查规范化标准化。围绕安全监管重点，科学制定实施年度监督检查计划，建立完善检查信息通报、约谈企业负责人、重大问题挂牌督办等工作机制，积极运用“四不两直”方式，提升监督检查的实效性。三是深入推进实施高铁安全防护工程。发布实施《高速铁路安全防护管理办法》《高速铁路基础设备运用状态检测管理办法》，加快制定《高速铁路安全防护标准》，按线别研究制定高铁安全防护建设方案，推动提升高铁安全防护水平。协调有关部门及地方政府进一步强化高铁沿线环境整治，推动建立长效化机制。四是深化行政执法工作。以高铁和客车安全为重点，深化“打非治违”，加大行政处罚力度，紧紧围绕中央明确要求、政府职责所在、企业自身难以解决的问题，积极协调地方政府、铁路运输企业开展联合执法，消除安全隐患。五是注重防范铁路交通事故。宣贯实施《铁路交通事故应急救援和调查处理条例》修正案，按照事故调查职责分工，落实事故调查程序，加大力度检查评估典型行车事故责任单位整改措施落实情况。六是进一步健全铁路安全监管体系。充分发挥铁路安监办贴近运输生产一线的优势，积极稳妥推进委托铁路安监办有关监管执法事项实施，做到分工明确、责任落实到位，确保铁路安全持续稳定，坚决防范重特大事故。七是加强地方铁路、铁路专用线和专用铁路发展的监管和服务。依据《铁路安全管理条例》，将地方铁路、专用线和专用铁路安全纳入政府监管范围。在地方铁路安全检查中，对问题突出的单位，要开展整改情况“回头看”；对铁路专用线、专用铁路安全管理情况要进行抽查，对问题突出或整改不力的，要向其主管部门或企业通报，督促提升安全管理水平。建立地方铁路企业名录和信息库，并动态完善信息，为做好监管工作提供支持。明确设备维修质量和作业标准、设备及人员资质许可、铁路交通事故管理等安全监管重点事项，确保企业安全生产作业组织有章可循。

3. 加强铁路在建工程监管。一是持续推进铁路建设工程“三不问题质量行为”专项整治行动。对隧道拱顶掉块等直接影响行车安全的突出问题和重大隐患，加大查处力度。加强工程材料构件、设备产品进场质量验收的监督检查，推广施工新技术、新工艺、新工法，促进铁路建设工程质量不断提升。二是坚持问题导向，深刻吸取沪昆高铁贵阳段隧道质量问题、奥凯问题电缆事件等教训，举一反三，组织开展铁路工程质量安全隐患排查治理，对重大隐患整改不到位的企业依法采取停工整改等强制措施，督促企业健全落实安全生产责任制，强化质量安全管理。三是组织开展整治“三违”回头看专项活动。加强铁路工程违法分包监管，严肃查处违法分包行为，支持企业在制定禁止分包负面清单的基础上，结合实际探索建立允许分包的正面清单，从源头上保证铁路工程质量。四是加强新开通铁路建设项目验收和安全评估的监督检查。突出验收程序合法性、质量安全问题隐患整改、线路安全保护区设立等重点，督促企业强化验收管理，消除工程质量安全隐患，确保铁路运营安全。五是开展惩戒失信行为专项整治，严厉打击造成重大质量安全事故、恶劣社会影响的严重违法失信行为，依法查处违法违规行为。依托信息公开机制和信息化手段，探索建立以信用为核心的建设市场监管新机制，维护公平竞争、规范有序的铁路建设市场秩序。六是落实行业监管责任。加强对地方铁路工程建设的监督管理，加大对地方铁路工程项目的指导帮助力度，推动地方铁路工程监管责任落实。此外，既有线改造工程质量也要加强监管。

4. 深化开展运输服务质量监督。一是持续开展运输服务质量调查。倾听了解人民群众的意见建议，针对人民群众关心的服务产品、服务内容、服务项目等方面的新老问题，督促铁路企业不断改进服务质量，防止乱涨价，满足人民群众在铁路出行方面的美好生活需求。二是完善服务质量投诉举报处理机制。发挥社会舆论监督作用，探索建立投诉情况公开制度，跟踪处理重点投诉，对社会关注、旅客关心的焦点问题，积极组织相关单位研究改进服务，维护广大人民群众权益。三是提升旅客旅行餐饮服务体验。督促铁路运输企业落实国家食品经营有关规定，建立健全卫生管理制度，做到经营行为规范，商品明码标价、质价相符、提供发票，完善并推广网上订餐服务。四是提升客运售票服务质量。督促铁路运输企业严格落实旅客运输服务质量标准，及时公布车票发售信息，根据客流量开设售票窗口。从制度上规范代购网站有偿抢票行为，与立法部门、司法部门共同研究相关法规制度，协调公安机关、工商、价格、网站管理及消费者权益保护等部门，共同研究采取有效措施，综合运用法治和行政手段，规范售票市场行为。五是持续推进"厕所革命"。督促铁路运输企业采取有针对性的举措，不断加强厕所软硬件建设，做到站车厕所合理配置、设备良好、正常使用、备品齐全、干净整洁，切实解决好旅客用厕问题。六是夯实监管制度基础。研究制定铁路运输服务质量监督管理办法，完善禁止携带物品目录，推进铁路旅客运输规程、铁路货物运输规程、运输服务质量标准修订工作，规范铁路运输市场秩序监督管理。七是依法实施铁路运输企业准入许可。鼓励铁路运输经营方式多元化发展，推进铁路运输信用体系建设，进一步探索建立运输市场化清算机制，配合制定公益性运输补贴政策措施，支持铁路多式联运发展，促进铁路物流企业降本增效。

5. 加强铁路设备质量安全监管。一是严格铁路专用设备行政许可审查。对安全风险高、重大技术创新以及新申请进入铁路行业的行政许可申请，严格审查、加强把关，切实从源头保障铁路专用设备产品质量安全。结合铁路技术发展和运输安全需要，研究科学合理的铁路专用设备行政许可退出机制，对存在重大安全隐患以及不再符合许可条件的企业，依法实行许可退出。主动跟踪铁路新产品研发试验进度，关注许可申请时间节点，依法合规为企业做好行政许可服务。二是开展许可监督检查。对随机摇号确定的年度铁路专用设备许可企业下发检查计划，完善检查手册，开展监督检查，公布检查结果并督促问题整改。三是加强专用产品事中事后监管。不断完善铁路专用产品数据库，开展产品质量抽查和铁路专用设备产品源头质量安全隐患专项整治行动，督促铁路专用设备生产企业落实安全生产主体责任。四是贯彻落实党中央、国务院关于开展质量提升行动的指导意见，研究修订《铁路专用设备缺陷产品召回管理办法》，在加强政府监管、落实机车车辆生产厂家主体责任的同时，坚持采购企业监造制度。五是加强铁路机车车辆特别是动车组、客车和客运机车等装备的配件监管。督促铁路机车车辆主机厂、运营维修企业建立严格的配件管理制度，确保采购配件质量合格，符合国家标准。六是维护铁路空中电波秩序。加强和改进铁路无线电管理，建立健全管理机构，明确岗位职责和人员。组织开展铁路机车无线电台站许可和频率使用委托许可，研究制定铁路机车制式电台执照核发工作方案并组织实施。

6. 推进铁路供给侧结构性改革。一是贯彻落实中央经济工作会议精神，调整运输结构，充分发挥铁路运量大和绿色环保优势，增加铁路货运量，鼓励引导煤炭、矿石等大宗货物使用铁路运输，提高港口大宗货物和集装箱海铁联运比例，扩大铁路在大宗货物运输中的市场份额。二是引导不同运输方式合理分工、优势互补，促进运输方式结构优化，加快构建以绿色铁路为骨干的复合型物流大通道和节能型综合交通运输体系。通过政策引导，提升综合运输服务效率，降低用能、物流成本。三是支持新研制的时速350公里纵向卧铺动车组、时速160公里动力集中长编动车组、经适应性改造的动车组餐车、公铁联运驮背运输车等定型产品，在确保安全的前提下尽快上线运营。对新型城际动车组、可变编组动车组、时速160公里至200公里系列快捷货车、冷藏货物铁路运输装备、快捷棚车等新型产品，主动了解需求，关注研发进度，做好相关服务。四是推进实施《铁路"十三五"发展规划》。深入开展雄安新区等区域铁路网、京沪第二通道等重大项目规划研究，指导地方政府更好推进前期工作，抓好技术储备。发挥专业优势，及时高效出具铁路项目行业意见，为国家审批和核准铁路项目建设提供技术支持。组织开展《铁路"十三五"发展规划》中期评估，结合新形势新要求以及规划实施进展，研究提出规划调整和政策支持建议。推进铁路投融资体制改革，重点抓好民间资本投资铁路项目特别是国家示范项目的行业指导工作，鼓励地方和民间资本投资铁路建设。加强对杭温铁路、杭绍台铁路等前期批复项目调研，着力推动城际铁路、市郊（域）铁路有序发展。

7. 加强法治和标准化建设。一是落实铁路标准化"十三五"发展规划。推进重要标准制（修）订，强化对铁路产品的高质量要求。提高铁路技术标准编制水平，进一步研究优化国家标准、行业标准、企业标准的管理界面，构建科学合理、相互促进的铁路技术标准体系。组织推进中国铁路主持制定的国际标准项目编制，积极组织提出国际标准新的工作项目提案，继续扩大中国铁路在国际标准化组织中的话语权和影响力。抓好新发布铁路工程建设标准英文版翻译工作。对已经落地的海外项目，要抓紧中国铁路标准的所在国小语种翻译工作。二是完善铁路法规制度建设。抓紧完善《铁路法》初稿，争取早日出台。抓好《铁路交通事故应急救援和调查处理条例》配套规章和《铁路交通重大事故隐患判定标准》等制（修）订工作。制（修）订一批改革急需的部门规章和规范性文件，特别是要加强针对地方铁路以及合资铁路等新兴领域的监管立法，进一步完善铁路监管法规和政策依据，进一步提升依法行政水平。完成对原铁道部规范性文件清理工作，一方面在确保安全的前提下坚决向企业放权、激发市场活力，另一方面纠正和解决铁路运输企业擅自停止执行仍然有效的政府部门规章和规范性文件。三是开展"平安高铁"普法专题行动。落实"谁执法、谁普法"要求，组织开展普法宣传专题行动，广泛宣传铁路安全法律法规，增强沿线重点地段单位企业和人民群众爱路护路意识，营造良好铁路安全法治氛围。

8. 深化"放管服"改革。一是贯彻中央经济工作会议精神，积极参与推进铁路领域国企混合所有制改革，防范化解重大风险，推动国有资本做强做大做优，确保铁路基础设施建设稳步推进。二是建好、管好、用好动车组标准化模拟驾驶考试示范基地，加强动车组驾驶适应性测试能力建设，优化驾驶资格许可审查程序，积极帮助企业缓解火车司机紧缺状况。三是加强火车司机驾驶执业情况监督检查，对无证或持无效证件驾驶违法行为进行专项整治。建立火车司机资格准入退出机制。关注职业健康，开展执业安全研究，重点研究动车组司机执业年龄、值乘方式和作业条件。四是各地区铁路监管局要健全完善与辖区内铁路运输企业、设备造修企业、工程施工企业建立定期联系制度，做到全覆盖、无遗漏，加强指导督导，主动做好服务。五是深入推进"双随机一公开"，强化事中事后监管。落实随机抽查要求，完善监管抽查事项清单、监督检查对象名录库和监督检查人员名录库，及时向社会公告监督检查信息，主动接受社会监督。六是深入推进"互联网＋政务服务”。发挥网上政务服务平台作用，全面公开政务服务事项，加快政务服务资源互认共享，最大程度利企便民。

9. 推动铁路行业科技创新。一是发挥政府部门在铁路科技创新工作中的协调推动作用。搭建行业科技创新工作平台，发挥科技创新引领行业发展的战略支撑作用，推动建设实体经济、科技创新、现代金融、人力资源协同发展的铁路产业体系，不断增强铁路行业创新力和竞争力。二是协调推进重大科技项目实施。跟踪国家重点研发计划，以“先进轨道交通重点专项”等申报实施为切入点，突出关键共性技术、现代工程技术、突破性技术创新，组织引导企业和科研院所深入推进重大铁路科技创新项目，瞄准世界科技前沿，强化基础研究，实现前瞻性基础研究、引领性原创成果重大突破。三是积极争取科技主管部门支持，科学编制年度课题研究计划，组织好铁路科技项目、铁路专利、铁路技术标准、铁路科技论文等四类重大科技创新成果入库工作，扩大成果覆盖面，严格遴选质量标准，提高铁路科技创新成果的影响力。四是深入推进科普工作。立足铁路作为科技密集型产业的行业特点，推进“高铁知识进中小学校园”活动，弘扬科学精神，普及科学知识。

10. 深入开展政府间铁路国际合作交流。一是加强重点项目合作。推动巴基斯坦1号铁路干线项目开工建设并提供技术指导服务，积极协调推进二期工程设计，同步研究中巴经济走廊卡拉奇环城铁路、奎达城铁、白沙瓦环线等项目前期工作。推进中蒙俄通道、中吉乌、中印、中尼、巴拿马等铁路项目合作。二是服务“一带一路”国际合作。在政府间铁路合作机制中为铁路企业“走出去”搭建平台，推动建设开放型世界经济。开展“一带一路”沿线国家铁路工程建设法律法规和政策调研，为中国铁路“走出去”提供政策指导和服务。赴肯尼亚蒙内铁路和马来西亚东部沿海铁路定期开展安全巡查，探索“走出去”项目工程监管国际交流机制。积极参与国际铁路联运规则制修订工作，支持中欧班列开行，大力推广应用国际货约／国际货协运单，简化联运手续，提高运输效率，降低物流成本，提升服务水平，促进国际铁路联运发展。三是积极参与铁路合作组织工作。发挥我国作为世界铁路大国的影响力，积极推动铁路合作组织升格为政府间组织，全力争取铁路合作组织委员会领导席位，掌握在国际铁路联运中的话语权和主动权。支持铁路企业、高校加入铁路合作组织非政府成员，增加企业院所在国际铁路组织中话语权和权重。四是加强多边双边铁路合作。深化与国际铁路联盟、大湄公河区域铁路联盟、国际铁路运输政府间组织等国际组织及中俄、中哈等双边铁路交流合作。开展铁路频率统一议题工作，推动国际电信联盟、亚太电信组织、国际铁路联盟等国际组织开展有关课题研究。

11. 推进铁路行业统计体系建设。一是履行铁路行业监督管理职能，监测铁路市场运行状况，开展统计咨询服务，定期发布铁路行业统计主要数据和统计分析报告，为宏观决策提供依据和数据分析支撑。二是宣贯落实《铁路行业统计管理规定》《铁路统计报告制度》等规章制度，深入统计调查单位广泛开展调研，分专题组织有针对性的研究，启动铁路专业统计规则编制工作，形成与报表制度配套的统计规则。三是推进铁路统计信息化建设，强化统计基础管理工作，提高统计工作的规范化水平，优化统计信息化系统数据处理功能，研究探索统计数据深度开发。四是抓好第四次全国经济普查相关工作。按照国家整体部署，提前谋划并研究提出第四次经济普查铁路运输业普查工作方案，以此为契机，进一步完善铁路基本单位名录。

12. 推动建设新时代铁路人才队伍。一是着力加强制度设计。贯彻党中央、国务院关于加强产业工人队伍建设的部署要求，研究提出具体落实意见，推动造就一支有理想守信念、懂技术会创新、敢担当讲奉献的铁路产业工人队伍。二是强化人才队伍建设。督促企业大力开展职业技能培训，建设知识型、技能型、创新性铁路劳动者大军，弘扬劳模精神、工匠精神，推动营造劳动光荣的社会风尚和精益求精的敬业风气。紧紧围绕高速铁路工程设计施工、动车组研发制造、高铁运营等，引导行业培养造就高铁英才和创新团队。三是引导铁路高校学科建设，指导教学计划、教材编制，推动完善铁路职业教育和培训体系，深化产教融合、校企合作，推动院校教育与企业用人需求紧密衔接。四是推动运输企业建立年龄结构合理、知识结构合理、技术业务素质适应的队伍。既减员增效、消化不合理冗员，又根据路网规模和工作量，科学合理调配增加人员；既为铁路长远发展留有余地，又解决局部一线人员不足、威胁安全生产的问题。高度关注职业健康工作，保障职工身心健康，增加铁路职工的从业幸福感。

13. 深入推进脱贫攻坚工作。一是坚持目标导向。党中央明确了“到 2020 年我国现行标准下农村贫困人口实现脱贫、贫困县全部摘帽，解决区域性整体贫困”的扶贫目标，铁路部门要发挥自身优势，主动担当作为，细化工作方案，明确工作节点和阶段性任务，坚决按照部门职责，落实扶贫开发责任，实现部门专项规划与脱贫攻坚规划有效衔接，充分利用行业资源做好扶贫开发工作，坚决完成党中央交给的扶贫任务。二是建立脱贫攻坚长效机制。完善定期考察调研机制，实地考察定点扶贫工作的进展和成效。落实与贫困地区干部双向挂职锻炼长效机制，坚持培养锻炼干部与扶贫开发工作相结合，发挥挂职干部桥梁纽带作用，确保各项扶贫举措落地生根。落实定期分析总结制度，对照“六个精准”，分析解决存在的问题，总结推广好经验好做法。建立与地方政府联系协调机制，主动征询 14 个集中连片特困地区的地方政府在铁路建设扶贫、运输扶贫、旅游扶贫、就业扶贫等方面的意见建议。加强与定点扶贫地区党委和政府的联系和工作对接，共同推动精准扶贫具体措施落实到位。与定点扶贫地区、对口支援地区合办铁路高等职业技术学院，最大限度为促进当地青年人才就业提供支持。三是形成铁路系统脱贫攻坚合力。建立铁路行业脱贫攻坚会商机制，共享行业扶贫资源，充分调动铁路行业各单位人才和资源优势，协调解决铁路扶贫攻坚工作中遇到的问题和困难，互相配合，互相支持，形成合力，共同服务国家脱贫攻坚大局。

14. 推进文明铁路建设。坚定文化自信，积极培育和践行社会主义核心价值观，强化教育引导，强化实践养成，开展文明铁路行动，培育良好行业道德文明风尚。一是推动文明创建工作不断深入发展。大力宣传铁路精神文明建设先进单位事迹，推广先进典型经验，进一步增强铁路行业文明创建的示范效应，促进文明单位创建常态化制度化。二是加强铁路站车社会公益宣传。通过站车广播、视频、电子显示屏等载体，深入开展文明公益宣传活动。加强铁路文明礼仪、文明服务课题研究，加强对旅客的文明行为引导。三是加强铁路文化建设。推动加强铁路文艺骨干队伍建设，鼓励企业搭建群众性文艺平台，积极开展寓教于乐、以文育人的文化活动，推出一批反映铁路发展、具有社会影响力的文艺精品。大力发展群众性文化事业，活跃职工群众精神文化生活，为铁路改革发展营造和谐良好的人文环境。四是加强铁路文化市场管理。深入开展“扫黄打非”专项行动，净化站车文化市场，为旅客出行营造良好环境。

15. 全面加强党的建设。一是深入学习贯彻习近平新时代中国特色社会主义思想和党的十九大精神，加强思想建设。按照党中央部署要求，认真开展“不忘初心、牢记使命”主题教育，推进“两学一做”学习教育常态化制度化，教育引导党员干部深刻把握习近平新时代中国特色社会主义思想的丰富内涵和实践要求。二是旗帜鲜明讲政治，把政治建设摆在首位，牢固树立“四个意识”，坚决维护以习近平同志为核心的党中央权威和集中统一领导，在政治立场、政治方向、政治原则、政治道路上同以习近平同志为核心的党中央保持高度一致。三是加强基层组织建设，以提升组织力为重点，突出政治功能，把基层党组织建设成为宣传党的主张、贯彻党的决定、领导基层治理、团结动员群众、推动改革发展的坚强战斗堡垒。四是贯彻落实习近平总书记关于进一步纠正“四风”、加强作风建设的重要批示精神，始终坚持以永远在路上的坚韧，锲而不舍狠抓作风建设。五是以抓铁有痕、踏石留印的力度，加强纪律建设，开展政治巡视，严肃执纪问责，不断增强全局各级党组织的创造力、凝聚力、战斗力和领导力、号召力，不断巩固风清气正的政治生态。

马军胜在2018年全国邮政管理工作会议上的讲话

（2018年1月8日）

高举习近平新时代中国特色社会主义思想伟大旗帜
为建设现代化邮政强国而努力奋斗

这次会议的主要任务是：全面贯彻落实习近平新时代中国特色社会主义思想和党的十九大精神，认真学习贯彻中央经济工作会议精神，总结2017年和党的十八大以来主要工作，部署未来3年攻坚任务及2018年重点任务，拼搏创新、砥砺奋进，决胜建成与小康社会相适应的现代邮政业，为建设现代化邮政强国奠定坚实基础。下面，讲三个方面意见。

一、2017年主要工作和五年来总体回顾

2017年是党的十八大以来我国邮政业发展的收官之年，也是实施“十三五”规划的重要之年。全行业认真学习贯彻习近平新时代中国特色社会主义思想和党的十九大精神，深入贯彻新发展理念，坚持稳中求进工作总基调，以提高发展质量和效益为中心，以深化供给侧结构性改革为主线，按照“打通上下游、拓展产业链、画大同心圆、构建生态圈”工作思路，更加注重创新驱动、优化结构，更加注重补齐短板、联动融合，更加注重服

务民生、绿色安全，行业发展态势高位运行持续向好。全年预计完成邮政业业务总量9765亿元，同比增长32%；业务收入6645亿元（不含邮政储蓄银行直接营业收入），同比增长23.5%。其中，快递业务量完成401亿件，同比增长28%；业务收入完成4950亿元，同比增长24.5%。邮政普遍服务和快递服务满意度保持平稳，消费者申诉处理满意率达到98.2%。邮政业在经济社会发展中的作用不断增强，为国家“稳增长、促改革、调结构、惠民生、防风险”政策实施作出了积极贡献。

（一）行业发展环境持续优化

一是服务国家重大战略。完善工作机制，大力推进京津冀、长江经济带邮政业协同发展，印发推进邮政业服务“一带一路”建设指导意见。研究提出雄安新区邮政业发展建设总体思路，启动新区邮政业规划编制并纳入新区专项规划。落实军民融合发展战略，开展邮政业国防交通战备工作。二是深化“放管服”改革。全面完成国家局和省（区、市）局两级“三个清单”编制工作。进一步优化审批和网上办理流程，精简快递业务经营许可批准手续，建立承诺告知制度，快递业务经营省内许可平均时限缩短为13.4个工作日。完善邮政普通包裹资费体系结构改革方案。将规模较大的30家独立经营企业纳入经营邮政通信业务审批范围。三是突出规划引领作用。全面贯彻落实邮政业“十三五”规划，发布和统筹推进区域快递服务规划实施，建立规划实施监测评估机制。四是强化法规标准建设。《快递暂行条例》进入审议阶段。配合全国人大开展电子商务立法。制定邮件快件寄递协议服务安全管理办法、集邮市场备案管理规定，修订邮政机要通信保密管理规定。发布冷链快递服务等6项行业标准。五是完善配套政策保障。深入推进落实《国务院关于促进快递业发展的若干意见》，地方配套政策措施体系基本形成。出台加快推进邮政业供给侧结构性改革意见，推动出台电子商务与快递物流协同发展意见。

（二）供给侧结构性改革逐步深化

一是加强基础设施建设。实施2017年西部和农村地区邮政普遍服务基础设施建设项目。邮政企业建成仓储配送中心1000余个，新开一级干线汽车邮路153条，建立统一指挥调度体系，实现全网全环节实时监控。全国累计建成邮政便民服务站36.7万个、快递公共投递服务站3.15万个、智能快件箱20.6万组，箱递率提升到7%。快递“上机上车”工程取得新突破，邮政快递包裹占到航空货邮运输量的40%，高铁快递示范线建设、铁路场站设施综合利用等顺利推进。二是推动企业改革创新。邮政企业寄递服务供给侧改革成效明显，聚焦包裹快递业务加快调整业务结构，聚焦农村市场打造全国规模最大的农村综合便民服务平台，聚焦跨境电商服务加快国际业务发展。企业通过收购、重组、上市等方式加快资源整合，上市公司现代企业制度日益完善，市场格局不断优化。三是加快培育新动能。重点企业积极拓展冷链、医药递送等高附加值业务，推出大包裹、快运、云仓、供应链解决方案等新产品，加快向综合寄递物流服务商转型。即时递送、代收代投等新业态为城市寄递服务提供了有益补充。服务制造业、现代农业、跨境电商能力不断增强。快递与制造业协同发展示范项目已达301个，年支撑制造业产值2375亿元，全国农村地区收投快件量超过100亿件，顺丰、圆通、中通和申通等企业采取合资、并购和联盟等方式积极拓展国际网络。四是促进行业科技创新。印发邮政业应用技术研发指南，制定行业技术研发中心认定管理和科技奖励办法。“物流信息互通共享技术及应用”国家工程实验室正式获批成立。全国建成上百个智能化分拨中心，无人仓、无人机和无人车开始尝试应用，行业科技交流日趋频繁。五是打造高素质人才队伍。新增邮政工程、邮政管理两个本科专业，4所现代邮政学院在校生已达1100人。遴选出22个全国职业院校邮政、快递类示范专业点和第二批全国邮政行业人才培养基地。成功举办首届邮政行业职业技能竞赛、第二届全国“互联网+”快递大学生创新创业大赛，行业人才培养和支撑能力进一步提升。

（三）邮政业服务民生成效明显

一是全面贯彻《邮政普遍服务》标准。实现城市包裹按址投递、乡镇5公斤以下包裹按址投递、行政村投递到村邮站，邮件全程时效显著提升。二是大幅提高县级城市党政机关党报当日见报率。实现全部县城当日见报的省份从6个增加到21个，当日见报的县级城市数量达到1472个，全国区县当日见报率提升到80%以上。三是增强服务“三农”和精准扶贫能力。全国建制村直接通邮率达到96%，21个省份基本实现建制村直接通邮。邮政企业新增“邮乐购”站点10.8万个，帮助111万农民增收12亿元；快递企业打造服务现代农业“一地一品”项目905个，江苏沭阳花卉、广西玉林百香果等快递量超千万的龙头品牌不断涌现，邮政、快递企业成为助力农村精准扶贫的重要力量。四是提升快递末端服务能力。主要企业城区自营网点标准化率不断提升，全国高校快递规范服务覆盖率达到95.6%，2697所高校实现快递入校服务。鼓励各地区因地制宜破解末端收派车辆通行难问题，55个城市制定了快递电动三轮车便利通行政策。五是实施放心消费工程。强化“不着地、不抛件、不摆地摊”治理，处理和营业场所离地设施铺设率达到69.7%。全国快递服务满意度达到75.7分，时限准时率达到78.7%，服务质量保持基本稳定。六是提高快递包装绿色化、减量化水平。10部门联合印发关于协同推进快递业绿色包装工作的指导意见。发布封装用生物降解胶带等2项标准。建立快递业绿色包装产业联盟和产学研示范基地，开展绿色包装试点和绿色快递进校园活动。主要品牌快递企业电子运单普及率提升至80%，新能源汽车保有量增加至7158辆，快件平均耗材使用量有所减少。七是改善投递员、快递员工作环境。邮政企业“职工小家”建设水平不断提升。出台加强和改进快递末端服务管理工作的指导意见，压实企业总部管理责任。

（四）依法行政能力稳步增强

一是强化邮政普遍服务监督。严格依法办理邮政普遍服务和邮票发行相关审批工作。开展服务质量、重大题材邮票印制销售等专项检查。颁布机要通信“十三五”规划，开展“回头看”专项行动。经中央批准首次开展全国邮政机要通信工作先进集体先进个人表彰活动。开展服务监测和满意度调查，做好社会监督工作。二是加强邮政市场监管。全面实施“双随机、一公开”，加强跨区域协作监管。强化市场主体退出管理，依法清理注销一批非正常经营企业经营许可。稳妥处置福建莆田假海淘案件、电商平台与快递企业纷争事件。推进快递码号统一管理试点。加强国家机关公文寄递管理。继续开展邮政用品用具质量检测。制定快递业信用管理暂行办法和信用评定指标，举办“诚信快递、你我同行”主题宣传活动。三是提升执法综合管理能力。开展法治邮政建设和执法评议考核试点并完善考核指标体系。依法妥善处理行政复议和行政应诉案件，继续做好行业“七五”普法。四是完善行业管理体系。全国县级邮政管理机构达到113个。天津、黑龙江、浙江、安徽、山东、湖北、贵州等13个省（市）和23个市（地）成立邮政业安全中心，支撑保障能力进一步增强。

（五）寄递安全监管水平不断提升

一是健全完善体制机制。落实安全生产责任制，推动成立省、市两级安全生产领导小组，将寄递渠道安全管理工作纳入社会治安综治考评体系。推动企业“五个一”建设，对重点快递企业总部开展安全生产专项督导。印发推进邮政业安全生产领域改革发展的指导意见。“绿盾”工程成功立项并纳入国家重大建设项目库。加强从业人员安全管理和培训。二是推进“三项制度”落实。集中开展寄递安全超常规专项整治，落实禁止寄递物品管理规定，加强对危险化学品、枪支弹药、易燃易爆等违禁物品的验视把关。推广应用实名收寄信息系统，全国实名收寄率超过83%。建立邮政管理、综治、公安和国家安全等部门共同参与的工作机制，强化监管信息共享。推动组建安检培训基地，年新增安检机3000余台，累计超过1.2万台。加强邮政业反恐、禁毒、打击侵权假冒、扫黄打非和濒危野生物种保护等工作。三是强化重大活动安保服务和应急管理。圆满完成党的十九大和“一带一路”国际合作高峰论坛、金砖国家领导人会晤等重大活动寄递安全服务保障及纪念邮票发行工作。扎实做好“双11”等旺季服务保障，在旺季业务量同比增长33%的情况下实现“两不三保”目标。强化邮政业突发事件信息报告和预警提示，有效应对地震、台风等自然灾害和各类突发事件。

（六）国际和港澳台交流合作开创新局面

一是落实“一带一路”建设重点任务。与波兰等6国签署关于响应“一带一路”倡议、加强邮政领域合作的文件。持续推进中欧班列运输邮件快件工作，“渝新欧”班列出口运邮进入常态化运行，积极推动万国邮联国际铁路运邮特设工作组工作，组织召开中欧班列运输国际快件座谈会。二是加大走出去和引进来力度。参与辽宁等7个自贸试验区总体方案制度设计，配合完善上海等4个自贸试验区配套政策，探索开展国际邮件交换、许可审批下放等政策创新，设立泉州、徐州国际邮件互换局，持续提升邮件快件跨境流通效率。三是拓展双多边交流合作。担任万国邮联改革特设组主席国，主导改革方案取得重大突破。成功推动我国候选人连任亚太邮联秘书长。积极参与双多边自贸协定谈判和中欧投资协定谈判，配合完成世贸组织年度贸易政策审议。组织参与第四届京交会和第46届国际少年书信写作比赛，成功举办第二届中国（杭州）国际快递业发展大会。深化与日韩等国家的双边交流机制。四是巩固与港澳台邮政合作成果。认真贯彻新形势下中央对台工作部署，巩固落实《海峡两岸邮政协议》。举办第四届海峡两岸珍邮特展，组织2017年两岸邮政发展研讨会。与香港邮政共同发行香港回归20周年纪念邮票。召开第二届内地与港澳邮政高峰会，推动粤港澳大湾区邮政合作。

（七）全面从严治党向纵深推进

一是持续深化思想理论武装。坚持把迎接党的十九大召开、学习贯彻党的十九大精神作为首要政治任务，旗帜鲜明讲政治，不断强化“四个意识”，坚定“四个自信”。印发国家邮政局党组贯彻落实党委（党组）理论学习中心组学习规则实施办法和学习宣传贯彻党的十九大精神工作方案，以国家邮政局党组中心组集中学习示范带动各级党组织层层跟进。党的十九大召开后，着眼迅速掀起学习贯彻热潮抓好组织实施，突出“六个聚焦”抓好分层培训，围绕行业形象抓好内外宣传，结合转型发展抓好实践转化，促进了学习宣传贯彻的深入开展。二是深入推进“两学一做”学习教育常态化制度化。充分发挥党建工作领导小组作用，成立党建专门机构，召开全系统党建工作交流推进会，形成常态研究、全面推进的新格局。印发总体实施方案和年度具体计划，确立党的一切工作到支部的鲜明导向，严格落实“三会一课”、组织生活会和党建述职考评等制度，总结推广支部工作法。着眼提高能力，分别组织党务、纪检和群团干部培训。评选表彰“两优一先”，大力弘扬正气。三是扎实开展邮政管理系统巡视工作。坚决贯彻落实《中国共产党巡视工作条例》，在驻交通运输部纪检组大力支持下，完成了16个省（区、市）局党组的政治巡视，发现了党的领导、党的建设、全面从严治党方面存在的突出问题，共分类梳理问题清单549条、措施清单1126条。坚持不等不靠、立行立改，做到件件有落实、事事有结果，16个单位2个月集中整改全部完成，共制定完善制度184项、问责追责43人。通过巡视这个治标之举、治本之策，发现问题，健全制度，督促整改，形成震慑，压实各级党组织和党员领导干部管党治党责任。四是不断加强干部队伍建设。召开全系统人事工作会议。按照“德才兼备、以德为先”要求和“好干部”标准，不断提高选人用人质量，全年累计任免局管干部50人次。组织开展领导干部和公务员双向交流和挂职锻炼，规范干部异地交流任职相关问题。健全干部考核评价机制，强化结果运用。组织新任职干部宪法宣誓。开展全系统处级干部网络培训试点，依托共建院校举办处级干部任职培训班。加强对领导干部和选拔任用监督，落实领导干部个人事项报告制度，全年抽查核实252人次并对发现问题依规处理。进一步加强出国（境）管理，规范国家局机关涉密人员因私出国（境）工作。扎实做好老干部服务工作，关心老干部学习生活。五是持续加强党风廉政建设。召开“以案释纪明纪，严守纪律规矩”警示教育大会，用身边典型案例教育身边的人。抓好新提任领导干部集体廉政谈话，认真做好重大活动、重大节日期间教育提醒、监督检查工作。深入贯彻落实中央八项规定精神，看住重要节点，强化监督检查，防止“四风”反弹回潮。运用“四种形态”让“红脸出汗”成为常态，督促各级党组纪检组做好问题线索处置和执纪审查等工作，2017年全系统对6名司局级党员领导干部和12名处级及以下党员干部实施党纪政纪处分。六是积极创建行业精神文明。围绕党和国家中心工作，组织开展了一系列丰富多彩、社会影响力大的全国性集邮文化活动。启动第三届“寻找最美快递员”活动，举办“诚信快递、你我同行”演讲比赛和第二届“黑马杯”篮球邀请赛，组织全国文明单位和全国青年文明号评选推荐，上海局、南通邮政分公司、湖北邮政速递物流公司和邮储银行河南分行被评为全国文明单位。马朝立、其美多吉入选“感动交通年度十大人物”。扎实开展全系统定点扶贫工作。适应新形势新要求做好工会和共青团工作。

一年来，我们持续夯实基础建设。不断完善统计报表制度，扩大统计范围，强化数据质量与安全管理。加强全系统财务管理，资金保障能力稳中有升，获财政部预算评比二等奖。扎实开展领导干部离任经济责任审计工作。加快电子政务内网等建设，推动政务信息系统整合共享，加大政府信息公开力度，强化网络安全管理。推动发布《省级以下邮政管理业务用房建设标准》，130个市（地）局办公业务用房得到有效解决。制定国家邮政局自身建设中央预算内投资项目管理办法。全面完成省（区、市）局公务用车改革。健全新闻发布机制，深化媒体合作，有效引导处置突发舆情，讲好邮政业故事。

党的十八大以来的五年，是邮政业发展极不平凡的五年。全行业在以习近平同志为核心的党中央的坚强领导下，按照“五位一体”总体布局和“四个全面”战略布局，坚持稳中求进工作总基调，坚持以新发展理念引领新常态，坚持以供给侧结构性改革为主线，坚持以人民为中心的发展思想，紧紧围绕全面建成与小康社会相适应的现代邮政业目标，研究提出“五个邮政”“三向三上”“‘1+1’到‘1+3’”“打通上下游、拓展产业链、画大同心圆、构建生态圈”等一系列重大发展战略和政策措施，改革攻坚“四梁八柱”基本确立，治理体系和治理能力现代化进程不断加快，实现了邮政大国的历史性跨越，开启了迈向邮政强国的新征程。

行业规模再上新台阶。邮政业业务总量年均增速达到37%，业务收入占GDP比重从0.36%提高到0.82%，行业基础性先导性作用更加突出。快递业务量从57亿件增长到401亿件，连续4年稳居世界第一，包裹快递量超过美、日、欧等发达经济体，对世界增长贡献率超过50%，已经成为世界邮政业的动力源和稳定器。

发展质效不断优化。全国快递专业类物流园区超过230个，湖北国际物流核心枢纽项目进展顺利，行业运营全货机达96架，高铁运输快件工作取得重大进展。科技装备水平突飞猛进，大数据、云计算、物联网、智能分拣等一批行业发展关键共性技术加快应用。行业服务先进制造业、现代农业和跨境网购成效明显，新产品新服务新业态不断涌现，7家企业陆续上市，已形成6家年收入超300亿元的大型企业集团。

对外开放深入推进。全面开放国内包裹快递市场，营造内外资公平竞争的市场环境。以“一带一路”建设为重点，不断拓展与相关国家交流合作，中欧班列运输邮件快件取得重要进展。快递企业加快在重点国家和地区网络布局，跨境寄递、国际物流和海外仓等业务迅速发展。深度参与国际邮政事务，在全球邮政治理中的话语权显著增强。

公共服务能力水平大幅提升。完成空白乡镇邮政局所补建，总体实现乡乡设所、村村通邮。快递服务网点乡镇覆盖率短短4年内提高到87%。邮政业扶贫成效明显，带动全国农村地区农副产品进城和工业品下乡超过6000亿元。行业年均服务人次突破1000亿，累计新增就业岗位100万个以上，支撑网络零售交易额超过5万亿元，快件平均单价累计降低1/3。人民群众用邮的满足感和获得感不断提高。

治理能力显著增强。健全完善国家、省、市（地）三级邮政管理体系。国务院出台促进快递业发展的政策，产业协同、企业重组、寄递安全、人才培养等多项产业政策相继发布。加快法治邮政建设，形成了较为完备的邮政法律法规体系。切实履行邮政普遍服务监督和邮政市场监管职责，有效开展执法检查和消费者申诉工作。建立健全寄递渠道安全管理联动机制，实施综合治理和属地化管理，确保重大活动、生产旺季寄递渠道安全畅通和行业的稳定发展。

回顾五年来的工作，我们更加深刻体会到：必须始终坚持党对一切工作的领导，把党的领导贯彻落实到邮政业改革发展全过程和各方面，自觉在思想上政治上行动上同以习近平同志为核心的党中央保持高度一致，确保我国邮政业始终沿着正确的道路前进；必须始终坚持以人民为中心的发展思想，贯穿到统筹推进“五位一体”总体布局和协调推进“四个全面”战略布局之中，不断提升人民群众在邮政快递领域的获得感、幸福感和安全感；必须始终坚持充分发挥市场在资源配置中的决定性作用和更好发挥政府作用，适应把握引领经济发展新常态，坚决扫除制约行业持续健康发展的体制机制障碍；必须始终坚持问题导向，以正确的工作策略和方法推进行业改革发展，适应我国经济发展主要矛盾变化，创新和完善宏观调控。

同志们，五年来邮政业改革发展取得的巨大成就，最根本最重要的就在于有以习近平同志为核心的党中央的坚强领导，是国务院正确领导和亲切关怀的结果，是交通运输部直接领导和中央有关部门、地方各级党委政府大力支持的结果，是全行业全系统广大干部员工拼搏实干、负重奋进的结果，更得益于社会各界的理解、帮助和支持。在此，我代表国家邮政局党组，向关心支持邮政业改革发展的各位领导和同志们，向全行业全系统干部员工和离退休老同志致以崇高的敬意和衷心的感谢！

二、贯彻党的十九大精神，全力开启建设现代化邮政强国新征程

党的十九大深刻阐述了新时代中国共产党的

历史使命，确立了习近平新时代中国特色社会主义思想的指导思想地位，在党和国家事业发展史上具有划时代的里程碑意义。习近平总书记所作的十九大报告以马克思主义的宽广视野，深刻洞察世界发展大势和中国进步大局，从理论和实践、历史和现实、国际和国内相结合的高度，系统总结了过去五年党和国家事业发生的历史性变革，概括提出了新时代坚持和发展中国特色社会主义的核心思想和基本方略，深刻回答了新时代坚持和发展中国特色社会主义的一系列重大理论和实践问题，描绘了决胜全面建成小康社会、开启全面建设社会主义现代化国家新征程的宏伟蓝图，进一步指明了党和国家事业的前进方向。习近平新时代中国特色社会主义思想是马克思主义中国化的最新成果，是党和人民实践经验和集体智慧的结晶，是中国特色社会主义理论体系的重要组成部分，是全党全国各族人民为实现中华民族伟大复兴而奋斗的行动指南。全行业全系统要把认真学习领会和全面贯彻落实习近平新时代中国特色社会主义思想和党的十九大精神作为首要政治任务和头等大事，切实在学懂、弄通、做实上下功夫。

必须把坚决维护以习近平同志为核心的党中央权威和集中统一领导，作为根本政治要求。党中央集中统一领导是党的领导的最高原则。维护习近平总书记的核心地位，就是维护党中央的权威。全系统各级党组织和党员干部必须把坚决维护以习近平同志为核心的党中央权威和集中统一领导放在首位，切实增强政治意识、大局意识、核心意识、看齐意识，自觉忠诚核心、拥戴核心、维护核心、看齐核心，自觉在政治立场、政治方向、政治原则、政治道路上同以习近平同志为核心的党中央保持高度一致，自觉把中央各项决策部署落到实处。

必须把学习习近平新时代中国特色社会主义思想成效，转化为推动工作的政治自觉。学习领会习近平新时代中国特色社会主义思想，要体现在思想认识上，落实到实际行动上。要自觉把邮政业改革发展置于新时代中国特色社会主义大局中来思考和谋划，深刻领会中国特色社会主义进入新时代的新论断、我国社会主要矛盾发生变化的新特点、分“两个阶段”全面建设社会主义现代化强国的新目标、党的建设的新要求等，以及给邮政业改革发展带来的新变化、提出的新要求；坚持以问题导向、前瞻眼光和创新思路，深入思考邮政业改革发展的重大问题、重大挑战、重大战略，深入分析行业所处的发展阶段、面临的主要矛盾，既立足长远，谋划好第二个百年奋斗目标的宏伟蓝图，又脚踏实地，做好当前和今后一个时期的工作，在奋力实现“两个一百年”奋斗目标的征程中更好发挥基础性先导性作用。

必须把坚定不移全面从严治党作为政治保证。坚决把党的政治建设摆在首位，始终保持战略定力，绷紧从严从紧这根弦，毫不动摇坚持和加强党的领导，毫不动摇把党组织建设得更加坚强有力。要强化思想理论武装，解决好世界观、人生观、价值观这个“总开关”问题。要进一步严肃党内政治生活，抓好思想教育这个根本，抓好严明纪律这个关键，强化党内制度约束，营造风清气正的良好政治生态。要压紧压实管党治党责任，以更大的力度、更严的要求、更实的举措和坚如磐石的决心，持之以恒正风肃纪，推动系统全面从严治党向纵深发展。

（一）深刻把握新时代主要矛盾，准确判断邮政业发展形势

深刻把握我国社会主要矛盾变化对邮政业的影响以及在邮政业的具体体现，是我们做好工作的前提和基础。党的十九大指出，我国社会主要矛盾已经转化为人民日益增长的美好生活需要和不平衡不充分的发展之间的矛盾，这一矛盾在邮政业表现为人民日益增长的更好用邮需要与行业

发展不平衡不充分之间的矛盾。当前，人民群众的基本用邮需求已经得到满足，但日益增长的美好生活需要对邮政业服务提出了更高要求，人民需要更多样化更个性化的产品，人民需要更精准更可靠的服务，人民需要更全面更丰富的功能，人民需要更绿色更智慧的方式。行业发展进入新时代，我国邮政业大而不强的基本业情没有变，进一步提升邮政业发展平衡性和充分性的任务还很艰巨。一是提高行业供给体系质量和效益的任务还很繁重。行业供给体系质量不稳、效益不高，城乡区域供给不平衡，国际化水平低，中高端供给严重不足，新动能占比不大；行业分工不专，主体类型不丰富，末端基础不牢。二是转变发展方式、完善邮政业生态体系的任务还很繁重。实现邮政业与上下游的协调发展、与科技金融人才等要素的协同发展、与社会资源环境的友好发展还有很大的拓展空间，被动发展局面尚未得到根本转变。三是实现行业治理体系和治理能力现代化的任务还很繁重。邮政业产业波及效应日益显现，新业态新模式不断涌现，传统安全和非传统安全风险交织叠加，法规政策标准等制度供给相对滞后，监管力量、专业能力和资源条件不足，协同治理有待加强，诚信文明水平、行业文化等软实力有待丰富提升。

我们要着眼行业发展的历史与现实，深刻认识行业发展新阶段新矛盾的运动规律，积极面对和有效破解发展中的矛盾问题，正确处理好供给与需求、行业与社会、政府与市场、当前与长远、全面与重点的关系，坚持在发展中服务保障民生，在新的起点上推动高质效的现代化邮政业体系建设，努力实现更高质量、更有效率、更加公平、更可持续的发展。

（二）自觉担当新时代历史使命，科学谋划邮政强国新蓝图

党的十九大提出了建设交通强国的宏伟目标，这是以习近平同志为核心的党中央对交通运输工作的充分肯定和殷切期望，也是新时代全体交通人为之奋斗的新使命。邮政业是现代综合交通运输体系的重要组成部分，邮政强国建设是交通强国建设的重要内容，交通强国建设为实现邮政强国提供坚强保障，也提出了具体要求。

国家邮政局党组深入学习领会党的十九大精神，深入分析我国经济社会发展趋势，准确把握全球邮政业发展规律，科学研判邮政业发展的新形势，提出全行业全系统要自觉担当建设社会主义现代化邮政强国的历史使命，以满足人民日益增长的更好用邮需要为目标，以提升邮政业发展的质量和效益为重点，坚定不移贯彻新发展理念，建立现代化的邮政业供给体系、生态体系和治理体系，充分发挥邮政业在国民经济和社会发展中的基础性先导性作用，全面确立在全球邮政业发展中的领先地位，奋力实现由大变强的历史变革。在全面建成与小康社会相适应的现代邮政业基础上，通过“两步走”建成现代化邮政强国。

第一步：到 2035 年，基本建成现代化邮政强国。到那时，我国邮政业的综合实力、创新能力、协调发展水平显著提高，全要素生产率与世界先进水平相当；基础能力显著增强，面向全球主要国家的服务网络基本建成，功能充分释放，人民群众满意度显著提升；普惠、智慧、安全、诚信、绿色邮政基本建成，协同更加广泛；行业制度体系持续完善，治理体系和治理能力现代化基本实现；形成若干家具有较强国际竞争力的跨国企业；行业在国民经济和社会发展中的基础性先导性作用更加突出，在世界邮政业发展与治理中具有举足轻重的地位和引领作用。

第二步：到 21 世纪中叶，全面建成现代化邮政强国。到那时，我国邮政业的综合实力、创新能力、全球化普惠化水平、诚信文明水平等得到全面跃升，实现行业治理体系和治理能力现代化。邮政

业深刻改变人们的生产生活方式，成为国计民生的战略性基础产业，成为建设富强民主文明和谐美丽社会主义现代化强国的重要力量；有数家在全球具有引领和标杆地位的行业企业，成为世界邮政业发展的引领者和全球规则的重要制定者。

（三）集聚力量抓重点补短板强弱项，服务好决胜全面建成小康社会。

今后三年是全面建成与小康社会相适应的现代邮政业的决胜期，发展仍然是解决矛盾实现目标的关键所在。我们要以习近平新时代中国特色社会主义思想为指导，在继续推动发展的基础上，把提高发展质量作为根本要求，坚持质量第一、效益优先，着力解决行业发展不平衡不充分的问题，不断满足人民日益增长的更好用邮需要。要全面落实党的十九大各项决策部署，紧扣主要矛盾变化和行业发展特征，贯彻新发展理念，深化供给侧结构性改革，统筹推进“五位一体”总体布局，协调推进“四个全面”战略布局，服务好“七大战略”，坚持“打通上下游、拓展产业链、画大同心圆、构建生态圈”，突出抓重点、补短板、强弱项，打好防范化解重大风险、精准脱贫、污染防治攻坚战，使与小康社会相适应的现代邮政业得到人民认可、经得起历史检验。

一是贯彻新发展理念，推进高质量发展。我国经济已由高速增长阶段转向高质量发展阶段，我们要把实现高质量发展作为确定发展思路、制定产业政策、优化行业治理的根本要求，奋力跨越三个关口。要跨越理念关，改变唯业务量、唯增速的政绩观，既重视量的增长，更重视质的提升，让创新成为第一动力，协调成为内生特点，绿色成为普遍形态，开放成为必由之路，共享成为根本目的。要跨越风险关，高质量发展要求行业转变方式、优化结构、转换动力，必然带来一定的转型摩擦、改革阵痛，要坚持稳中求进、保持战略定力、积极有效应对。要跨越能力关，加强中高端供给和基层基础能力建设，提升数字化网络化智能化水平，健全邮政业生态体系，提高全要素生产率、资源利用率和可持续发展能力，满足个性化多样化用邮需求，催生新的用邮需求，实现质量更稳、能力更强、方式更优、联动更广。

二是抓住突出问题，进一步解决短板弱项。对标与小康社会相适应的现代邮政业目标，我们必须解决末端、国际、绿色、安全等短板弱项。要实施“末端转型升级”行动计划，全力推动末端变革。适应城市治理新要求，加快推进“快递入区”工程，大力发展第三方和智能终端服务体系，实现社会化、集约化、智能化、规范化。进一步落实总部企业对全网安全、质量、稳定的主体责任，治理“加而不盟、连而不锁”。要加快企业走出去步伐，形成面向全球的服务网络。推动提高邮件互换局和快件监管中心效能，畅通邮件快件跨境绿色通道。提升开放水平，支持鼓励企业通过投资并购、战略合作整合全球资源，提供一体化跨境综合服务。要实施“绿色邮政”行动计划，实现到2020年可降解绿色包装材料应用比例达到50%，新能源车辆使用率大幅提升。建立激励导向和制度约束，推动全产业链共同参与，升级设施设备，优化运营组织，培育绿色用邮习惯，逐步形成低消耗、低排放、可循环的发展方式。要实施“安全邮政”行动计划，实现寄递安全保障能力大幅提升。督促企业加大投入，完善操作规范、技术保障和责任体系，全面落实寄递安全“三项制度”。加快“绿盾”工程建设，提升监管数字化、智能化水平。加强支撑体系建设，提高防范及应对多重风险及衍生风险的能力。

三是深化供给侧结构性改革，拓展行业发展格局。我们要瞄准国际标准，把提高供给体系质量作为主攻方向，不断增强适应力、创新力和竞争力，推动质量变革、效率变革、动力变革。要丰富服务功能拓宽联动领域，加快培育新动能。聚焦商业流通新趋势，深化与线上线下各类渠道的协同，培育中高端消费的新动能；聚焦服务现代农业，培育生鲜冷链的新动能；聚焦服务制造强国，嵌入工业互联网平台，培育现代供应链的新动能。要实施“邮政业大数据发展”行动计划，加快智慧邮政建设。搭建数据公共服务平台，推动部门、行业和企业间的数据交换共享。鼓励企业加强大数据和人工智能技术建设应用，加强关键共性、前沿引领、物流装备技术的协同创新。要构建多层次的行业人才培养体系，培养行业管理、专业技术、资本运作、国际运营人才。激发和保护企业家精神，培养造就具有战略思维、全球视野、勇于创新的企业家。弘扬劳模精神和工匠精神，建设一支知识型、技能型、创新型劳动者大军。要实施“寄递质量提升”行动计划，擦亮中国寄递名片。健全细化全流程作业规范指南，开展质量、过程、设备的对标监管，建立量化评估和社会公示制度。加大执法力度，对市场乱象不姑息、零容忍。

四是优化空间布局，融入国家重大战略。我们要进一步优化行业城乡、区域、内外的空间布局，积极服务国家重大战略。要实施“丝路传邮”行动计划，服务“一带一路”建设，形成空陆内外联动、东西双向互济的行业开放发展新格局。加强与相关国际组织和沿线国家的政策沟通，加强邮件快件航空运输网络建设，加快推动中欧班列运输邮件快件工作，打造边贸快递通道。要实施“乡村服务升级”行动计划，服务乡村振兴战略。打造邮政普遍服务和“快递下乡”升级版，发挥连通城乡、贯通一二三产业的优势，支撑农村和农业现代化，促进城乡融合。加快革命老区、民族地区、边疆地区、贫困地区邮政业发展。要实施“城市群寄递服务大同城”行动计划，服务区域协调发展战略。高起点规划、高标准建设雄安新区邮政业，加快推进京津冀、长江经济带、粤港澳大湾区等建设，推动大城市群寄递服务大同城。

五是创新体制机制，提升行业治理水平。我们要进一步转变政府职能，深化简政放权，创新监管方式，增强政府公信力和执行力，实现要素自由流动、价格反应灵活、竞争公平有序、企业优胜劣汰。要加强制度供给和政策引领。规范对仓配、落地配、驿站等的管理。加快对新业态新模式的政策和技术储备，推动多方共治。加强对邮政业发展趋势、颠覆性技术和商业模式的研究。要支持企业深化改革。推动邮政企业做强做优做大寄递主业，提升创新能力，培育世界一流邮政企业。引导快递企业健全现代企业制度，提高管理效能和发展层次。要以诚信邮政建设为抓手强化事中事后监管。逐步构建守信名单、失信名单和信用异常名单评定管理工作体系，建立完善多部门守信联合激励和失信联合惩戒机制。要发挥投资对优化供给结构的关键性作用。鼓励企业围绕增强核心能力并购投资，支持引导中高端差异化供给资源和要素进入邮政业，加快改善供给体系结构。

六是坚持以人民为中心，更好保障用邮需要。我们要加快普惠邮政建设，不断满足人民日益增长的美好生活需要。要发挥农村双向流通主渠道的优势，打赢精准脱贫攻坚战。推广“邮政、快递 + 农村电商 + 农特产品 + 农户”产业脱贫模式，融入国家大扶贫格局。扎实做好定点扶贫、对口支援等专项扶贫工作。要推动实现更高水平的寄递服务均等化，全面执行邮政普遍服务标准，支持发达地区达到更高水平，创新解决边远地区用邮难问题，利用邮政综合便民服务平台加强邮快交商合作，便利农村生活。要更深更广便利人民群众生产生活，应用“互联网 + 寄递 + 服务业”模式与旅游文化、教育科技、健康养老、体育会展、政务商务等实现更广泛的联动协同，服务智慧社会建设。要强化基层员工的权益保障，改善一线工作环境，健全工资支付保障制度，提升社保等基本权益保障和职业发展保障水平。

新时代要有新气象新作为。我们要切实加强干部队伍建设，按照“既要政治过硬，也要本领高强”的要求，把政治建设摆在首位，把政治过硬作为“高素质”的第一要求，注重培养专业能力、弘扬专业精神，推动全系统干部队伍履职能力与行业发展阶段相适应。要完善干部考核评价机制，为干部大胆创新探索撑腰鼓劲。

三、2018 年工作安排

2018 年是全面贯彻落实党的十九大精神的开局之年，是改革开放 40 周年，是决胜全面建成小康社会、实施“十三五”规划承上启下的关键一年，做好邮政业改革发展各项工作意义重大。2018 年工作的总体要求是：全面贯彻落实党的十九大和中央经济工作会议精神，以习近平新时代中国特色社会主义思想为指导，牢牢把握稳中求进工作总基调，深入贯彻新发展理念和以人民为中心的发展思想，统筹推进“五位一体”总体布局和协调推进“四个全面”战略布局，按照高质量发展要求，坚持全面从严治党，坚持深化供给侧结构性改革，坚持更好服从服务国家重大战略，着力抓好稳增长、促改革、调结构、惠民生、防风险各项工作，着力建设高质效的邮政业现代化供给体系、生态体系和治理体系，为决胜全面建成小康社会、开启全面建设社会主义现代化国家新征程作出积极贡献。

预计全年邮政业业务总量完成 12200 亿元，同比增长 25%；业务收入完成 7775 亿元，同比增长 17%。其中，快递业务量完成 490 亿件，同比增长 22%；业务收入完成 5950 亿元，同比增长 20%。邮政、快递服务满意度持续提高。重点抓好以下七方面工作：

（一）坚持加强党对邮政管理和行业改革发展各项工作的领导

一是深入抓好党的十九大精神的学习宣传贯彻。着眼学懂、弄通、做实，全面准确学习宣传贯彻党的十九大精神，用习近平新时代中国特色社会主义思想武装头脑，坚决维护党中央权威和集中统一领导。严格按照“十个深刻领会”和“六个聚焦”要求，坚持读原著、学原文、悟原理，紧密结合行业实际抓好集中学习培训，充分利用多种方式积极宣传党的十九大提出的一系列新的重要思想、重要观点、重大论断、重大举措。大力弘扬理论联系实际的学风，全面增强“八个本领”，把党的十九大精神转化为深化改革、促进发展的强大动力。

二是大力加强思想建设和组织建设。扎实开展“不忘初心、牢记使命”主题教育，进一步强化“四个意识”，坚定“四个自信”。以提升组织力为重点，严格落实“三会一课”等制度规定，积极开展创先争优活动，总结推广支部工作法，组织党务、纪检干部培训。严明政治纪律和政治规矩，积极推进党内民主，增强党内生活的政治性时代性原则性战斗性。扭住“服务中心、建设队伍”两大核心任务，坚持以党的建设引领业务工作协调发展。积极推进党务公开。坚持以党的建设带动群团建设，充分发挥工会、共青团等群团组织作用，继续推进全国文明单位和青年文明号创建。组织第三届“最美快递员”评选。加强离退休干部党组织建设。进一步做好扶贫工作。加大快递企业非公党建工作力度，推动建立和完善 370 个基层企业党组织，确保基层党组织有效发挥战斗堡垒作用。

三是建设高素质专业化干部队伍。选人用人突出政治标准，注重选拔历经多岗位锻炼、工作实绩突出的干部，把好干部标准落到实处。选优配强各级党组班子，进一步优化班子结构。抓好后备干部和年轻干部培养选拔。组织开展优秀市

（地）局长评选工作。探索近距离接触考察干部方法，改进完善干部考察方式。规范开展公务员招录工作，发挥干部补充主渠道作用。健全完善考核机制，探索构建年度考核、平时考核和专项考核相结合的公务员考核体系，更加有效地开展表彰奖励工作。完善干部监督制度，把纪律和规矩挺在前面，开展选人用人工作检查，严防干部带病提拔。加强民主生活会督导工作。规范干部交流，抓好公务员职业道德建设。健全完善干部教育培训制度，依托干部培训机构、网络平台和共建院校开展培训。按照中央统一部署做好养老保险制度改革、完善公务员奖金制度等保障性改革，稳妥组织实施地区附加津贴制度。

四是大力构建良好政治生态。巩固落实中央八项规定精神和实施细则，修订完善具体措施，突出整治形式主义、官僚主义等“四风”问题。把强化政治纪律和组织纪律作为重点，带动六项纪律严起来。坚持问题导向，建立巡视巡察上下联动的监督网，实现对省（区、市）局党组巡视全覆盖，开展对市（地）局党组巡察工作。运用监督执纪“四种形态”，持续加强对党员干部日常监督管理，严肃查处违规违纪行为，努力形成重遏制、强高压、长震慑的态势，让党员干部知敬畏、存戒惧、守底线，习惯在接受监督和约束的环境中工作生活。

（二）进一步巩固扩大行业稳中向好发展态势

一是强化战略规划标准引领作用。开展邮政强国战略研究，制订邮政业中长期发展纲要，提出邮政强国建设的基本思路、发展目标和主要举措。细化实化邮政业服务决胜全面建成小康社会、开启全面建设社会主义现代化国家新征程三年行动计划。印发2018年邮政业供给侧结构性改革要点。组织开展邮政业发展“十三五”规划中期评估。在雄安新区总体规划框架下编制发布新区邮政业发展规划，引导支持新区行业基础设施布局建设。开展寄递地址编码编制规则和实名收寄信息交换、视频监控系统接入等标准规范的研制。制定邮政业包装填充物技术要求，推进《快递封装用品》系列国家标准发布实施。加大标准培训宣贯实施力度。

二是推进重大政策、重大工程和重大项目落实。全面落实邮政业服务“一带一路”建设指导意见，加强与沿线国家邮政、快递领域交流合作，与万国邮联签署积极响应“一带一路”建设的倡议。加快推进中欧班列运输邮件快件常态化工作，适时推出专线寄递产品，打造全流程全功能全方位的服务跨境电商综合平台。发挥联席会议机制作用，推动长江经济带邮政业加快发展。持续推进《国务院关于促进快递业发展的若干意见》在各地贯彻落实，进一步发挥和扩大政策效应。抓好“绿盾”工程建设，启动灾备中心土建工程和三级安全监控中心建设，基本完成实名收寄相关系统建设。

三是促进科技创新和技术应用。开展首批行业技术研发中心认定。指导行业开展科技成果评选和奖励。支持企业申报重点实验室、工程实验室、企业技术中心，推动企业在科技成果转化、技术力量储备、创新氛围营造等方面取得实质性进展。引导企业进一步提升设施设备智能化水平，加快建设深度感知的寄递仓储管理系统、高效便捷的末端收投网络、科学有序的分拣调度系统。推广数据分单、数据派单和无人机无人仓等技术应用，主要品牌快递企业电子运单使用率再提高5个百分点。

四是强化人才支撑保障。完善行业职业教育和培训体系，深化产教融合、校企合作，促进供需对接、协同育人，充分发挥共建院校、人才培养基地和示范专业点院校作用，强化人才培养、科学研究、职业培训。继续举办全国快递大学生创新创业大赛。积极稳妥推进行业技能等级认定和国家职业资格制度衔接，加快推进快递工程技术人员职称评审。

（三）进一步促进行业转型提效

一是加强基础设施建设。实施西部和农村地区邮政局所改造工程。引导各地区加快在航空、港口、铁路、高速公路的汇集点建设快递物流园区及分拨中心。持续推进快递“三向”“三上”工程。复制推广跨境综试区成熟经验，提升国际快件通关便利化水平。加强国际邮件快件航空运输网络建设，支持有条件的企业海外建仓并鼓励共建共享，提高我国快递品牌的世界竞争力。加快推进湖北国际物流核心枢纽项目建设。推动“高铁＋快递”联合运营，扩大“即日达”网络覆盖范围。继续实施“快递入区”工程，推进标准化网点建设，网点标准化率再提升5个百分点，智能快件箱、信包箱箱递率再提高2个百分点。巩固扩大快递进校园成果，全国大中城市基本实现快递进校园规范化。积极参与城乡物流高效配送工程建设，推动更多的城市实现末端投递车辆规范通行。

二是支持邮政企业改革创新。鼓励企业转型升级创新发展，进一步完善公司治理结构，加快技术、产品和服务模式创新。支持企业打造包裹快递和农村电商等业务增长极，强化网络支撑、增强服务能力、做大寄递主业、提升服务品质。推动邮政服务现代农业发展，进一步抓好“一市一品”农特产品进城示范项目，强化自有品牌运营，构建农特产品的垂直服务渠道和区域服务网络，服务精准扶贫。充分发挥国际邮件互换局作用，推动邮政服务跨境电商发展。构建邮政综合服务平台，在邮政与快递、交通、电子商务等开展创新合作的基础上，不断扩展合作范围、领域、内容、方式，推动邮政网络不断向开放、共享、合作的综合服务大平台转换。

三是推进快递企业转型升级。鼓励重点企业开展兼并重组、强强联合，做强优势主业，汇聚发展动能。支持企业创新寄递服务，加快发展冷链、医药等高附加值业务，拓展大包裹、快运、仓配一体、即时递送等新型服务。深入开展系列示范工程建设，开展快递示范城市中期评估，组织创建全国快递示范园区。深化产业间政策联动，贯彻落实关于促进电商与快递物流协同发展的政策。推动“快递下乡”工程换挡升级，打造一批年业务量超千万件的“快递＋”金牌项目。深入推动快递与先进制造业联动发展，培育现代供应链能力。

（四）进一步提升行业治理水平

一是加强行业管理制度供给。推动出台《快递暂行条例》，举办条例专题培训、组织编纂条例释义，多层次多形式推动条例宣贯落实。推动《快递业务经营许可管理办法》等配套规章制度修订。修订完善快递末端网点管理制度并实施备案管理，改革年度报告制度。制（修）订《智能快件箱寄递服务管理办法》。在天津自贸试验区开展国际快递业务（代理）经营许可审批权下放试点。坚持包容审慎原则，创新对快递新经济新业态的监管方式。建立上下游企业数据交换共享规则体系。全面落实“双随机、一公开”，推进邮政行政执法信息系统应用，加快实现由现场监管为主向现场监管和信息监管并重的方式转变。继续做好“七五”普法工作。

二是加强邮政普遍服务和特殊服务监督。全面落实《邮政普遍服务》标准，督导企业按照标准履行邮政普遍服务义务，提高边境、海岛等地区乡镇局所营业服务达标率。2018年新增直接通邮建制村1万个以上，通邮率提高到98%。落实服务质量“两个不一刀切”，加强对交通不便边远地区邮政普遍服务的监督保障工作。巩固提升党报当日见报水平。开展邮件时限监测、满意度调查和服务质量考核。依法开展普遍服务“两项审批”、邮票发行管理各项审批和经营邮政通信业务审批。创新监督管理方式，通过试点先行，结合各地实际全面推广邮政普遍服务营业场所分级监管，提升行政管理效能，引导企业提升服务水平。组织开展专项检查，强化机要通信安全监管。推动修订《仿印邮票图案管理办法》，落实纪特邮票发行计划，做好纪念邮票选题和重大题材纪念邮票发行工作。组织开展以反映我国改革开放成果为主题的集邮文化活动。充分发挥社会监督员作用，强化社会监督效果。深入推进军民融合发展，全面开展邮政业国防交通战备工作。

三是强化邮政市场监管。建设国家、省、市权责相适的三级市场分级监管责任体系。加强对品牌企业总部和区域总部的监管，督促企业总部加强对基层企业的管理，着力解决“以罚代管”问题。健全跨区域协作监管机制，组织开展跨区互查。对重大违法行为实施挂牌督办。继续开展放心消费工程，组织“不着地、不抛件、不摆地摊”专项治理。建立实施网上集邮市场巡查制度，严查违法行为。推动信用体系建设，加快信用管理信息系统建设应用，强化守信激励和失信惩戒。加大对主要市场主体服务满意度、服务时效和申诉率的披露力度，继续发布中国快递发展指数。贯彻落实《无证无照经营查处办法》，开展清理整顿。全面实施快递码号统一管理。

（五）进一步强化寄递渠道安全监管

一是加强安全生产领域基础能力建设。落实关于推进邮政业安全生产领域改革发展的指导意见，全面树立“五严”监管思路。修订《邮政行业安全监督管理办法》《邮政业突发事件应急预案》，推动制定《邮件快件实名收寄管理办法》，出台《邮政业安全信息统计和报告管理办法》。编制重大活动寄递安保、危险化学品和易制爆物品防范等专项应急预案。建立生产安全事故调查分析、典型事故提级调查、跨地区协同调查等制度。

二是督促企业全面落实安全生产主体责任。落实安全生产法及行业安全监督管理办法，制定加强寄递企业安全生产主体责任的指导意见。全面落实企业法定代表人、实控人第一责任人责任和全员安全生产责任制，健全安全管理机构和安全员、安检员制度。逐步建立网点分级分类监管、隐患排查治理评价、安全生产主体自查自纠等专门制度，加强企业内控安全制度建设，推动企业安全生产标准化建设。强化企业总部对全网安全的管理责任，突出“八有”“五个一”制度建设。建立常态化企业总部督导检查机制和隐患排查、风险管理双重工作机制。发挥安委会机制作用，加大联合检查、区域互查和督导力度。

三是加强寄递渠道安全源头管控。贯彻执行反恐怖主义法及寄递安全管理“三项制度”。严把收寄验视关口，严防涉恐涉毒、枪支弹药、危险化学品和易燃易爆品流入寄递渠道。全面完成实名收寄全覆盖目标。深化落实安检机配置应用，加强安检人员教育培训。发挥寄递渠道安全联合监管机制作用，建立定期案件通报和联合督导制度。加强邮政业反恐、禁毒、打击侵权假冒、扫黄打非和濒危野生物种保护等工作。做好重大活动和业务旺季期间寄递渠道安全保障工作。

（六）进一步推进行业绿色发展

一是着力完善行业绿色发展制度体系。加强快递绿色包装标准宣贯执行，开展用品用具质量抽检和情况通报。强化宣传引导和教育培训。建立健全绿色低碳循环发展的制度框架体系。加强邮政业能耗和污染物排放测算方法研究，建立相应统计监测机制。

二是着力加快快递包装治理。深入贯彻落实10部门关于协同推进快递业绿色包装工作的指导意见，大力促进包装绿色化、减量化和可循环。进一步做好绿色包装应用试点，研究形成可行的技术实现路径和政策路径，引导和支持更多企业参与“绿色快递”行动，推广应用可降解塑料袋等环保包装产品，加强物料管理和先进包装技术应用，进一步降低单位快件包装耗材。鼓励企业在周转过程中重复利用各类封装容器，逐步减少使用一次性编织袋。加强包装废弃物的回收处置管理，倡导用户适度包装。

三是着力推进节能减排。引导企业合理运用各类运输方式，支持甩挂运输、多式联运和绿色递送。鼓励企业优化运输组织和递送路线，在各环节推广使用新能源和清洁能源车辆。鼓励引导企业开展基础设施节能改造，推广应用节水、节电等技术工艺装备，开展绿色网点、绿色分拨中心建设。

（七）进一步推进基础能力建设

一是持续完善行业监管体系。稳步推进县级机构设置，完善县一级邮政监管机构运转机制。积极推进省级和业务量排名前列的市（地）级城市邮政业安全中心建设。有序推进事业单位改革，组织实施所属事业单位绩效工资制度，研究探索科研事业单位法人治理结构，完善事业单位领导人员管理制度措施。指导行业协会脱钩并加强行业管理。

二是持续提升支撑服务能力。推进快递许可和统计范围调整的衔接。健全统计数据质量管控体系，完成邮政行业投入产出专项调查，开展统计检查。落实自身建设中央预算内投资项目管理办法，开展2019年投资项目储备、评估和审批。进一步完善部门预算制度，加强绩效管理，提高预算权威性和约束力。充分发挥审计监督职能，有效防范财务风险。积极做好市（地）局公务用车改革。加强电子政务内外网建设，增强“互联网＋政务服务”能力，提升政务服务智慧化水平。落实网络安全责任，全力做好重大活动行业网络安保工作。加大政府信息公开力度，做好信息发布和政策解读。扎实做好信访工作。坚持正确的政治方向和舆论导向，充分发挥行业媒体主渠道作用，认真做好党的十九大精神和行业改革发展新闻宣传工作，抓好先进典型宣传，及时回应社会关切，有效引导舆情。加强全系统网站群监测管理。

三是继续加强对外交流合作与港澳台工作。积极参与中欧投资协定谈判、区域全面经济伙伴关系协定等双多边谈判。配合开展世贸组织贸易政策审议工作。巩固深化双多边和区域性邮政交流机制，拓展邮政领域对外交流合作深度和广度，凝聚沿线国家共同推动邮政业服务“一带一路”建设的广泛共识。做好万国邮联、亚太邮联等国际组织重要会议参会工作。完成万国邮联改革特设工作组主席国工作。统筹做好“万国邮联—世界海关组织全球战略大会”和中国2019年世界邮展筹备工作。深化与港澳邮政交流，加强粤港澳大湾区邮政业区域合作与建设。贯彻中央对台工作方针，加强两岸邮政基层互动交流，组织好两岸全面直接双向通邮十周年相关纪念活动。

奋力从交通大国向交通强国迈进

中共交通运输部党组

《求是》（2017 年第 20 期）

编者按：

党的十九大即将召开之际，10 月 16 日，2017 年第 20 期《求是》刊发中共交通运输部党组署名文章《奋力从交通大国向交通强国迈进》，深刻论述党的十八大以来，在以习近平同志为核心的党中央正确领导下，交通运输事业发展取得的重大成就，以及瞄准建设交通强国奋斗目标、奋力从交通大国向交通强国迈进的路径。

党的十八大以来，在以习近平同志为核心的党中央正确领导下，全国交通运输行业紧紧围绕当好发展先行官的职责使命，认真贯彻落实新发展理念，不断深化供给侧结构性改革，着力推进综合交通、智慧交通、绿色交通、平安交通建设，交通运输事业发展取得重大成就，为实现“两个一百年”奋斗目标奠定了坚实基础。

一、认真学习习近平总书记关于交通运输的重要论述

党的十八大以来，习近平总书记多次对交通运输工作作出重要论述，为交通运输发展提供了根本遵循。全国交通运输系统要准确把握这些重要论述的精神实质和深刻内涵。

牢牢把握先行官这个发展定位。经济社会发展，交通运输先行。习近平总书记指出，“交通基础设施建设具有很强的先导作用”“‘要想富，先修路’不过时”“把交通一体化作为京津冀协同发展的先行领域”，等等。这些重要论述深刻阐明了交通运输在国民经济中先导性、基础性、战略性和服务性的功能属性，赋予了交通运输发展先行官的历史新定位。这既是对交通运输功能属性的高度概括，也是对经济社会发展规律的深刻总结。当好发展先行官，既要在行动上先行一步，也要在

能力作风上过得硬，才能为经济社会发展提供先决条件，发挥引领作用。

牢牢把握建设人民满意交通这个发展目的。习近平总书记指出，"在一些贫困地区，改一条溜索、修一段公路就能给群众打开一扇脱贫致富的大门"，要"进一步把农村公路建好、管好、护好、运营好"，"坚持人民利益至上，始终把安全放在首要位置"。习近平总书记这些重要论述体现了浓郁的为民情怀和民生情结，核心是要求人民交通为人民，建设人民满意交通。其中的关键是，坚持安全发展，把安全生产作为最基本的民生；坚持服务为本，始终牢记服务人民、服务大局、服务基层；坚持共享发展，不断提高交通运输基本公共服务均等化水平，增强人民群众的获得感和满意度。

牢牢把握"黄金时期"这个发展形势。习近平总书记指出，"'十三五'是交通运输基础设施发展、服务水平提高和转型发展的黄金时期"。这一重要论述是对交通运输发展形势的科学判断。这个黄金时期，不是规模速度型大发展时期的简单延续，而是一个质量效率型发展时期的全新开始，是经济发展新常态、战略机遇期、全面建成小康社会决胜阶段时代背景综合作用于交通运输的集中体现，也是一个综合交通运输基础设施加速成网、交通运输业加快转型升级、现代治理能力持续提升、现代综合交通运输体系加快构建的黄金机遇期。

牢牢把握建设现代综合交通运输体系这个发展目标。习近平总书记指出，"综合交通运输进入了新的发展阶段，在体制机制上、方式方法上、工作措施上要勇于创新、敢于创新、善于创新，各种运输方式都要融合发展""平衡各种运输方式""加快形成安全、便捷、高效、绿色、经济的综合交通体系"，等等。这些重要论述为现代综合交通运输体系建设指明了方向和路径。从"为什么建"来看，这是经济社会发展到一定阶段的必然要求，是深化供给侧结构性改革的重要内容，也是建设交通强国的必由之路。从"建什么"来看，到2020年要基本建成安全、便捷、高效、绿色、经济的现代综合交通运输体系。从"怎么建"来看，要重点抓住"平衡各种运输方式"和"各种运输方式融合发展"这两个关键环节，充分发挥好各种运输方式的比较优势和组合效率。

牢牢把握供给侧结构性改革这个发展主线。习近平总书记指出，"推进供给侧结构性改革，促进物流业'降本增效'，交通运输大有可为""在组织创新、管理创新等方面都要有所作为""特别是要把简政放权、提高效率放到重要的位置上"。这些重要论述科学回答了交通运输发展主线问题。在社会再生产大循环中，交通运输是连接生产和消费的重要环节。推进供给侧结构性改革、促进物流业降本增效，对提升整个供给体系的质量和效率意义重大。必须紧紧扭住降低物流成本这个重中之重，着力在组织创新、管理创新上有所作为，进一步加大放权降费力度，加快转型升级步伐，实现更高水平的供需平衡。

此外，习近平总书记还在加强党的建设、弘扬"两路"精神、发展绿色交通等方面作出了重要指示。这一系列重要论述，科学回答了交通运输的发展定位、发展目的、发展形势、发展目标、发展主线等重大问题，构成了一个完整的思想理论体系，是以习近平同志为核心的党中央治国理政新理念新思想新战略的有机组成部分，是推动交通运输持续健康发展的科学理论指引。我们要学深、悟透、做实，以此来武装头脑、指导实践，推动我国交通运输事业发展再上新台阶。

二、我国已成为名副其实的交通大国

改革开放以来，在党中央正确领导下，经过几代交通人不懈努力，我国交通运输事业取得巨大进步。特别是党的十八大以来，在以习近平同志为核心的党中央领导下，我国交通运输事业发展取得重大成就，许多指标走在了世界前列。我国已成为名副其实的交通大国，为建设交通强国奠定了坚实的基础。

基础设施网络规模稳居世界前列。截至2016年底，我国"五纵五横"综合运输大通道基本贯通，综合交通网络初步形成。铁路营业里程达到12.4万公里，高速铁路里程突破2.2万公里，占世界高铁总里程的65%左右。公路总里程达到469.6万公里，全国99.99%的乡镇和99.94%的建制村通了公路，高速公路里程突破13万公里，跃居世界首位。内河航道通航里程达12.71万公里，规模以上港口万吨级泊位达2317个，位居世界第一。颁证民航运输机场达218个，通用机场300余个。邮路总长度（单程）658.5万公里，邮政快递网点21.7万处，总体实现乡乡设所、村村通邮。

运输服务保障能力名列世界前茅。2016年，全社会客、货运输量分别达192亿人次和433亿吨，我国成为世界上运输最繁忙的国家之一。铁路旅客周转量、货运量居世界第一，高铁旅客周转量超过全球其他国家和地区总和。公路客货运输量及周转量均居世界首位，高速公路承担了全社会超过1/3的客运量和1/4的货运量。海运承担了我国90%以上的外贸货物运输量，港口集装箱吞吐量占全世界总量的1/3以上，为我国成为世界第一货物贸易大国提供了有力支撑。民航运输旅客及货邮周转量均居世界第二。快递业务量年均增长50%以上，跃居世界第一，运输服务对经济社会发展的支撑能力持续增强。

科技创新达到世界先进水平。高速铁路、高速公路、特大桥隧、深水筑港、大型机场工程等建造技术达到世界先进水平，沪昆高铁、港珠澳大桥、洋山深水港、北京新机场等一批交通超级工程震撼世界。高速列车、C919大型客机、振华港机、新能源汽车等一大批自主研制的交通运输装备成为"中国制造"的新名片。互联网、大数据、云计算、北斗导航系统等信息通信技术在交通运输领域广泛应用，线上线下结合的商业模式蓬勃发展。交通运输已成为我国科技创新的重点领域，对提升我国科技竞争力和综合国力发挥了重要作用。

行业现代治理能力大幅跃升。改革开放以来，交通运输面貌发生了历史性变化，我国用几十年走完了西方发达国家几百年走过的发展历程，中国交通运输的治理模式功不可没。特别是党的十八大以来，综合交通运输管理体制机制逐步完善，综合交通运输法规、政策、规划及标准体系基本形成。我国出台了世界上第一部关于网约出租车、共享单车管理的全国性规章，为全球新业态治理提供了"中国智慧"。我国主导建立了中国—东盟交通部长会议、上海合作组织交通部长会议等多边合作机制，连续14年当选国际海事组织A类理事国，国际民航组织秘书长首次由中国人出任，我国交通运输的国际话语权和影响力显著提升。

三、奋力从交通大国向交通强国迈进

交通运输是兴国之器、强国之基。从世界大国崛起的历史进程来看，国家要强盛，交通须先行。站在世界交通大国的新起点上，必须进一步深入落实习近平总书记对交通运输重要指示批示精神，瞄准建设交通强国奋斗目标，奋力从交通大国向交通强国迈进。

着力推动基础设施联网优化。着眼于实现综合交通"一张网"，以综合运输大通道为主骨架，以综合枢纽为关键连接点，着力打造高品质快速交通网、高效率普通干线网、广覆盖基础服务网，加快形成高质量立体互联的综合交通网络化格局。着眼于服务"一带一路"建设，着力推动交通基础设施陆上、海上、天上、网上四位一体联通。着眼于适应自动驾驶、新能源等新技术的普及应用，加快研究布局与之相匹配的新一代交通基础设施。着眼于优化提升系统运行效率，着力做好存量基础设施的管理和养护工作。

着力推动运输服务提质升级。大力推进综合运输深度融合，加快运输一体化进程。着力推动绿色交通优先发展，提高绿色交通分担率。把货运作为交通强国建设的重点领域，推动物流运输网络向国际拓展、农村下沉、中西部延伸。更多依靠市场和科技的力量，为用户提供更加安全、便捷、智慧、绿色、舒适、多元、经济的出行服务和体验。着力推动交通运输与物流业、制造业、旅游业等关联产业联动融合发展。

着力发挥科技创新引领作用。实现交通运输由大向强的历史性转变，关键要靠科技创新。必须把发展的基点放在创新上，充分发挥科技创新的引领作用，大力建设智慧交通，着力培育具有国际竞争力的基础设施建设、运输装备制造等技术能力，加快“互联网＋交通运输”、自动驾驶、新能源交通装备等推广应用，深入实施人才优先发展战略，为建设交通强国提供有力的技术支撑和人才保障。

着力提升行业现代治理能力。继续深化综合交通运输、财政事权与支出责任划分、投融资等关键性改革，加快建立统一开放、竞争有序的交通运输市场，不断推进行业治理体系和治理能力现代化。着力运用信息技术手段，优化交通运行和管理控制，健全智能决策支持和监管，加快实现交通基础设施和运载工具数字化、网络化及运营运行智能化。着力提升在国际标准和规则制定中的话语权和影响力，更好地为全球交通治理提供“中国方案”。

奋力从交通大国向交通强国迈进，是人民的呼声、时代的要求、历史的必然。我们要更加紧密地团结在以习近平同志为核心的党中央周围，敢于担当、主动作为、不辱使命，奋力实现由交通大国向交通强国的历史性跨越，在实现“两个一百年”奋斗目标和中华民族伟大复兴的中国梦中发挥好先导作用。

深化供给侧结构性改革　建设现代综合交通运输体系

杨传堂　李小鹏

《学习时报》（2017 年 2 月 22 日）

党的十八大以来，习近平总书记多次对综合交通运输发展作出重要论述，为现代综合交通运输体系建设提供了根本遵循。我们要准确把握精神实质，牢牢抓住黄金时期，加快建设现代综合交通运输体系。

我国综合交通运输发展已站在新的历史起点

习近平总书记明确指出，综合交通运输进入了新的发展阶段。这一重大判断的基本前提是我国交通运输发展的现实基础。“十二五”期间，我国交通运输发展实现了由“总体缓解”向“基本适应”的重大跃升，为现代综合交通运输体系建设奠定了坚实基础。2016 年，交通运输发展实现了“十三五”良好开局，基础设施网络化水平不断提升，运输一体化进程持续加快，体制机制更加完善，我国综合交通运输发展具备了更加坚实的基础，站在了新的历史起点上。

从基础设施网络布局来看，截至 2016 年底，全国铁路营业里程达到 12.4 万公里，高铁 2.2 万公里以上。公路总里程达到 469 万公里，高速公路总里程突破 13 万公里。规模以上港口万吨级泊位达 2221 个，内河高等级航道里程 1.19 万公里。颁证民航运输机场达 218 个，通用机场 300 余个。全国邮政快递服务网点乡镇覆盖率超过 80%，城市标准化网点达到 4.1 万个。综合交通基础设施网络化格局进一步完善，各种运输方式衔接效率进一步提升，对国家战略支撑作用进一步强化。

从运输服务能力水平来看，2016 年，全社会客、货运输量分别达 192 亿人次和 433 亿吨，稳居世界前列。其中，铁路完成货物发送量 33.3 亿吨、旅客发送量 28.1 亿人次，其中单日发送旅客最高达 1442.7 万人次，创历史新高。公路全年完成客、货运量 156 亿人次、336 亿吨，公共汽电车和轨道交通年客运量超过 900 亿人次，建制村通客车率达到 95%。水运承担了国内大宗物资调运和 90% 以上外贸进出口物资运输，港口货物吞吐量和集装箱吞吐量连续 10 多年保持世界第一。民航全年航空运输总周转量 959 亿吨公里，完成旅客运输量 4.8 亿人次，分别同比增长 12.6%、11%。快递业务量完成 313.5 亿件，同比增长 51.7%，居世界首位。旅客联程运输、货物多式联运快速发展，综合运输服务能力水平进一步提升。

从治理体系完善情况来看，截至 2016 年底，基本形成了以“十三五”现代综合交通运输体系发展规划为统领，由铁路、民航、邮政 3 个子规划和公路、水运等 16 个专项规划等组成的综合交通运输规划体系。基本形成了由 3500 余项涵盖铁路、公路、水运、民航、邮政等领域的技术标准组成的综合交通运输标准体系。基本形成了门类齐全、层次清晰、协调统一的综合交通运输法规与政策体系。综合交通运输管理体制机制在国家层面已经基本建立，在地方层面也在逐步加快建立和完善。这些都为现代综合交通运输体系建设提供了有力的制度保障。

现代综合交通运输体系建设将进入黄金时期

习近平总书记指出，“十三五”是交通运输基础设施发展、服务水平提高和转型发展的黄金时期。这一重要论断，是对交通运输发展阶段的科学定位，是对交通运输发展形势的深刻把握，对现代综合交通运输体系建设具有重大指导意义。

这将是现代综合交通基础设施加快成网的黄金时期。经过多年发展，各种运输方式基础设施都具备了相当规模和水平，正进入衔接成网的重要时期。“十三五”仍然是交通运输基础设施集中建设、扩大规模的重要时期，也是加快成网、优化结构的关键时期。预计“十三五”交通运输固定资产投资仍将保持高位运行，高速铁路将覆盖 80% 以上的大城市，铁路、高速公路、民航运输机场将基本覆盖 20 万人口以上城市，内河高等级航道网将基本建成，具备条件的建制村将全部通硬化路，城市轨道交通营运里程将增长一倍，综合交通基础设施网络将基本形成。

这将是现代综合交通运输服务结构优化的黄金时期。主要体现在各种运输方式的比较优势将得到更好发挥，为降本增效提供支撑。客运方面，铁路、民航将继续保持较快增长，承担更多中长途客运量；公路客运将逐步从中长途转向中短途，转向对铁路、民航的接驳运输以及城乡客运等方面，运输结构将更加合理。货运方面，大宗物资铁路、水运货物周转量占比将上升；公路货运将从大规模大宗逐步转向小批次、多品种，从长距离跨域运输转向中短距离分拨集散；小批量、快速化和高附加值的货运需求将快速增长，快递业务量将保持高增长态势，各种运输方式将各展其长，宜水则水、宜陆则陆、宜空则空的综合运输格局将基本形成，社会物流成本也将有效降低。

这将是各种运输方式融合发展转型升级的黄金时期。主要体现在各种运输的组合效率将大幅提高，为提高供给体系质量和效率提供支撑。随着经济社会发展，人民群众对出行“零距离”换乘、货运“无缝化”衔接和“门到门”服务等要求越来越高，融合发展具有广泛的社会基础。新一代信息技术普及应用，解决了不同运输方式之间信息不对称的问题，融合发展具备良好的技术基础。交通运输部等 18 个部门进一步鼓励开展多式联运工作等政策措施的实施，标志着多式联运进入发展的“快车道”，融合发展具备有利的政策基础。国家和地方层面综合交通运输管理体制机制不断建立健全，为融合发展提供了体制机制保障。在多方面积极因素推动下，各种运输方式将加快从竞争、独立发展转向融合、协同发展。预计“十三五”时期，空铁、公铁、空巴等旅客联程服务模式将加快发展，旅客出行将更加便捷，选择性更强。铁水、公铁、公水、陆空等联运模式将有序发展，集装箱铁路联运比重将明显上升，运输一体化水平将迈上新台阶。

建设现代综合交通运输体系是深化供给侧结构性改革的重要内容

习近平总书记指出，各种运输方式都要融合发展，提高效率、提升质量，支撑经济的发展，支撑民生不断改善，在各个方面发挥先行作用。在生产、流通、分配、消费的社会再生产大循环中，交通运输是连接生产和消费的重要环节。建设现代综合交通运输体系，有利于发挥各种运输方式比较优势，推动各种运输方式融合发展，形成新的更加安全、绿色、高效、便捷、经济的运输服务产品，促进交通运输业提质降本增效，是深化供给侧结构性改革的有效途径和重要内容，对适应和引领经济发展新常态、促进经济社会升级发展意义十分重大。

有利于促进物流业降本增效，提升我国经济竞争力。市场经济是成本经济。促进物流业降本增效，是降低企业运行成本、保持我国经济竞争优势的迫切需要。建设现代综合交通运输体系、加快发展货物多式联运，有利于发挥各种运输方式的比较优势和组合效率，促进大宗货运从公路运输向成本更低的铁路和水路运输合理回归，提升货物换装转运效率和运输链综合效率，以更小的经济和时间成本更大限度地满足运输需求，是促进物流业降本增效的最大潜力空间，对提升经济发展质量和效益具有重要现实意义。

有利于促进客运提质升级，满足人民群众日益升级的出行需求。人民群众出行需求结构不断升级，跨区域、跨方式出行日益增多。建设现代综合交通运输体系、加快发展旅客联程运输，有利于推动实现一票制出行、零距离换乘，提升公众出行的便捷性、舒适性和可选择性；有利于构建以公共交通为主导的城市综合交通体系，缓解城市交通拥堵，减少汽车尾气排放，增进民生福祉。

有利于补齐基础设施短板，优化城乡区域内外发展结构。建设现代综合交通运输体系，基础和前提是形成内畅外联的基础设施网络。这有利于加快形成高品质快速交通网、高效率普通干线网、广覆盖基础服务网，实现人便于行、货畅其流，提高经济社会运行效率；有利于补齐城乡间、区域间交通基础设施短板，促进要素高效流动和优化配置，推动产业梯度转移和转型升级、城乡空间开发和布局优化，进一步优化城乡区域发展结构；有利于推动我国与世界互联互通，国内与国外市场深度融合，进一步提升对外开放水平，解放和发展我国生产力。

加快现代综合交通运输体系建设必须紧紧抓住关键环节

习近平总书记指出，在体制机制上、方式方法上、工作措施上要勇于创新、敢于创新、善于创新，各种运输方式都要融合发展。这一重要论述，抓住了主要矛盾，找准了关键环节。建设现代综合交通运输体系是一个复杂的系统工程，既有各种运输方式自身建设的问题，也有各种运输方式融合发展的问题，但主要矛盾和关键环节都是融合发展的问题。必须紧紧抓住融合发展这个关键环节，开拓创新、持续用劲、久久为功。

促进基础设施联网。这是各种运输方式融合发展的基础支撑。要以“十纵十横”综合运输大通道为主骨架，着力打造以高速铁路、高速公路、民用航空等为主体的高品质快速交通网，以普速铁路、普通国道、港口、航道等为主体的高效率普通干线网，以普通省道、农村公路、支线铁路、支线航道等为主体和通用航空为补充的广覆盖基础服务网，不断强化交通对国家重大战略、新型城镇化和扶贫脱贫攻坚的支撑作用，加快形成立体互联的综合交通网络化格局。

促进综合枢纽衔接。这是各种运输方式融合发展的关键节点。着力完善综合交通枢纽空间布局，分层次打造一批国际性、全国性及区域性综合交通枢纽和口岸枢纽。着力推进综合客运枢纽零距离换乘，重点打造约150个开放式、立体化的综合客运枢纽。着力促进货运枢纽站场“无缝化衔接”，重点建设一批具备多式联运功能以及线上线下结合、干支衔接的货运枢纽。着力促进枢纽站场的有效衔接，实施重要客运枢纽的轨道交通引入工程，推进重要港区、物流园区等直通铁路，解决“最后一公里”瓶颈制约。

促进联程联运发展。这是各种运输方式融合发展的主攻方向。着力推动旅客联程运输发展，推进跨运输方式的客运联程系统建设，统筹运输方式间运力、班次对接。推广普及电子客票、联网售票，鼓励发展“一票制”客运服务，推动实现旅客出行一次购票、无缝衔接、全程服务。着力推动货物多式联运发展，加快构建设施高效衔接、枢纽快速转运、信息互联共享、装备标准专业、服务一体对接的多式联运组织体系，重点发展以集装箱、半挂车为标准运载单元的多式联运。

促进治理体系协调。这是各种运输方式融合发展的制度保障。着力推进战略协同，协同推进现代综合交通运输体系建设，协同谋划推进交通强国战略。着力推进规划衔接，建立健全综合交通运输规划编制、实施和评估机制。着力推进法规协调，进一步完善综合交通运输法规体系。着力推进标准统一，加快构建综合交通运输标准体系，以标准为突破口推动综合交通运输发展。着力推进政策协调，研究综合运输产业政策，促进各种运输方式形成合理比价关系。

促进体制机制创新。这是各种运输方式融合发展的基本依托。着力在国家层面巩固既有成果，完善工作机制，优化顶层设计。着力推进省级层面和中心城市建立综合交通运输管理体制和协调机制，继续开展一批改革试点，探索设立综合交通运输改革试验区，加大政策支持力度，发挥好政府和市场两个作用，为建设现代综合交通运输体系提供有力的体制机制保障。

促进发展要素融合。这是各种运输方式融合发展的动力源泉。要以资金、人力、土地、管理、信息等发展要素综合配置，推动综合交通运输发展。着力推动资金统筹使用，研究设立国家综合交通运输发展基金。着力加强综合交通运输人才队伍建设，加快培养熟悉多种运输方式的复合型人才。着力推动土地集约利用，促进各种运输方式集约利用土地、岸线等资源。着力推动行政审批互认，研究建立铁路、公路等跨方式基础设施建设协调机制。着力推动信息数据共享，重点建设国家交通运输物流公共信息平台等一批跨运输方式的信息平台，以信息数据互通共享，促进现代综合交通运输发展。

抓住发展黄金时期　打造绿色交通体系

杨传堂　李小鹏

《经济日报》（2017 年 6 月 12 日）

习近平总书记在中央政治局集体学习时强调，必须把生态文明建设摆在全局工作的突出地位，让良好生态环境成为人民生活的增长点、成为经济社会持续健康发展的支撑点、成为展现我国良好形象的发力点。这为打造绿色交通体系指明了方向。

绿色交通发展取得显著成效

交通运输是国民经济中基础性、先导性、战略性产业和重要的服务性行业，也是能源消耗和温室气体排放的主要行业之一。交通运输部党组坚决贯彻习近平总书记系列重要讲话精神和治国理政新理念新思想新战略，把绿色交通作为交通运输行业加强生态文明建设和实现绿色发展的战略举措，制定了一系列法规、政策、规划和标准，大力推进集约高效的现代综合交通运输体系建设，推动交通运输绿色低碳转型发展。目前，绿色交通基础设施体系基本建成，综合交通运输网络总里程超过 500 万公里。交通运输装备逐步实现绿色升级，淘汰黄标车 117 万辆，运输装备专业化、标准化和大型化水平不断提升。绿色高效的运输组织网络稳步推进，城市公交年客运量超过 900 亿人次，多式联运等高效运输组织模式蓬勃发展。绿色交通科技创新不断加强，交通运输节能减排、生态修复技术的研究应用成效显著，大数据、云计算、移动互联等技术极大提升了运行效率和节能减排效能。绿色交通国际合作不断深化，中欧班列往返穿梭于广袤的亚欧大陆，促成国际航空减排市场措施决议，在世界上逐步树立起中国交通坚定不移走绿色可持续发展道路的良好形象。

绿色交通发展任重道远

成绩值得欣喜，困难问题不容小觑。在推进绿色发展理念上，优先发展绿色交通的理念还没有在行业中牢固树立、入脑入心，自觉参与、有力支持、有效维护的氛围还需要进一步强化、优化。在转变发展方式上，有关法规、政策、标准等仍不健全，行业监管能力较为薄弱，虽然能够发挥有效遏制和有序治理的作用，但是还没有从根本上转变行业发展方式、实现发展动能转换。在发展措施落实上，交通基础设施建设与资源环境刚性约束的矛盾日益凸显，运输结构不尽合理，各种运输方式融合衔接不足，装备绿色化水平亟待提升，工作措施落地进展成效还不容乐观等。

总体上看，与党中央的要求和人民群众的期盼还有不小的距离，需要全体交通人戮力同心、攻坚克难。

综合施策打造绿色交通体系

习近平总书记指出，“十三五”是交通运输基础设施发展、服务水平提高和转型发展的黄金时期，要求加快形成安全、便捷、高效、绿色、经济的综合交通体系。我们将以降低交通运输能源消费和碳排放强度与总量为核心，以结构优化、科技创新、能力提升为主要途径，重点从五个方面发力，加快实现交通运输绿色发展。

我们将深入推进交通运输供给侧结构性改革。加强顶层设计，处理好交通基础设施建设、运输服务发展巨大需求与资源环境有限供给的关系，努力建设资源节约型和环境友好型行业。加快发展动能转换，着力培育绿色交通发展新动力，鼓励绿色交通新业态发展，通过理念、技术、体制机制和管理服务的全面改革创新，充分发挥交通运输绿色发展潜力。坚持问题导向，聚焦绿色交通短板，坚决完成2017年交通运输供给侧结构性改革33项工作中绿色交通的任务，加快改革攻坚，破除利益藩篱，切实改善绿色交通供给的质量和效益。

我们将加快补齐绿色交通发展的基础设施短板。统筹规划布局线路和枢纽设施，集约利用土地、线位、桥位、岸线等资源，重点建设横贯东西、纵贯南北、内畅外通的“十纵十横”综合运输大通道，构建高品质的快速交通网，强化高效率的普通干线网，拓展广覆盖的基础服务网。到2020年，综合交通网总里程将达到540万公里，高速铁路覆盖80%以上的城区常住人口100万以上的城市，铁路、高速公路、民航运输机场基本覆盖城区常住人口20万以上的城市，内河高等级航道网基本建成，沿海港口万吨级及以上泊位数稳步增加，具备条件的建制村通硬化路，城市轨道交通运营里程比2015年增长近一倍，以完善的基础设施网络为绿色交通发展提供坚实的基础。

我们将努力提高运输服务效率和质量。进一步优化运输结构，鼓励发展铁路、水运和城市公共交通，优化发展航空、公路，实现宜陆则陆、宜水则水、宜空则空，促进交通运输结构性减排，更好发挥各种运输方式的比较优势。让货运更绿色，大力发展多式联运、甩挂运输和共同配送等高效运输组织模式，不断提高综合运输的组合效率。让客运更绿色，促进各种运输方式的有效衔接和深度融合，推动实现乘客出行“零换乘”，继续深入推进公交优先战略，进一步提高公交出行分担率，鼓励发展城市慢行交通系统，推进有条件的地区实施农村客运班线公交化改造，让人民群众更多更好分享绿色交通的成果。

我们将着重降低交通运输发展的环境成本。提高绿色交通治理能力，健全绿色交通法律、法规、政策和标准，完善交通运输环境监测手段，强化交通基础设施环境保护，全面开展污染综合防治，以法治理念、法治方式推动绿色交通建设。着力优化能源结构，加大新能源和清洁能源的应用。善于利用新技术，推动绿色交通关键技术取得突破，切实提升交通运输装备能效水平和运输效率，推进资源节约循环利用，推动交通运输智能化建设，以数据资源综合开发利用和跨部门共享共用支持绿色交通发展。

我们将大力宣传深入践行绿色交通的发展理念。进一步提升交通企业和行业从业人员的节能环保意识和能力，更好引导社会公众绿色出行，努力形成全社会共同参与支持绿色交通发展的良好氛围。进一步讲好中国绿色交通故事，加强交通运输国际产业产能合作，向世界推广中国绿色交通的好经验好做法。进一步增强在国际组织中的制度性话语权，营造有利于绿色交通发展的国际环境，推动世界交通可持续发展。

2020 年全面建成小康社会时，绿色交通发展将取得显著进展，为中华大地天更蓝、山更绿、水更清、环境更优美做出新的更大的贡献。

“一带一路”建设，交通运输要先行

杨传堂　李小鹏

《人民论坛》（2017 年 6 月 30 日）

习近平总书记在“一带一路”国际合作高峰论坛开幕式上的主旨演讲，明确指出设施联通是合作发展的基础。设施联通既包括交通运输等基础设施的“硬件”建设，又包括制度、规则、标准衔接融通的“软件”建设。交通运输行业必须认真贯彻落实习近平总书记重要讲话精神，努力构建开放型综合交通运输体系，为“一带一路”建设当好先行。

习近平总书记的主旨演讲勾画了我国交通运输发展新方向。“道路通，百业兴”，设施联通是合作发展的基础，交通运输肩负“开路先锋”重任，发挥先行引领作用。我们要主动承担这一使命，共同努力，着力推动陆上、海上、天上、网上四位一体的联通，促进政策、规则、标准三位一体的联通，聚焦关键通道、关键城市、关键项目，联结陆上公路、铁路道路网络和海上港口网络，推动设施互联互通迈上新台阶。

陆上联通取得突破性进展，海上港口建设运营成效显著，空中联通务实推进

基础设施互联互通是“一带一路”建设的优先领域。4 年来，交通运输行业在推进“一带一路”建设方面承担了重要任务，取得了积极进展。一批境内外铁路、公路、港口、机场和跨境桥梁等基础设施项目相继开工建设，中欧班列、国际道路、国际海运、国际航空、快递等国际运输服务网络逐步完善，不仅促进了设施联通，而且对加强与沿线国家经贸合作、便利人员往来、推动“一带一路”全面建设发挥了先行和基础作用。

交通基础设施互联互通不断加强。围绕提高“一带一路”互联互通水平，推动“六廊一路”基础设施建设和海上合作项目等取得积极进展。陆上联通取得突破性进展。亚吉铁路竣工通车，成为我国在非洲建设运营的首条全线采用中国技术、中国装备和中国标准的电气化铁路。雅万高铁、

中老铁路、德黑兰至伊斯法罕高铁正式开工，匈塞铁路有序推进。中俄黑河大桥、中巴喀喇昆仑公路升级改造二期、巴基斯坦卡拉奇至白沙瓦高速公路等一批具有标志性意义的重大项目顺利开工。海上港口建设运营成效显著。瓜达尔港和汉班托塔港建设持续推进，科伦坡港口城全面复工。中国企业成功中标缅甸皎漂港项目，成功收购希腊比雷埃夫斯港控股权并全面接管港口经营，中国—马来西亚港口联盟正式成立。空中联通务实推进。“一带一路”沿线民航基础设施布局通航网络日趋完善，民航机场建设企业参与建设中亚、东南亚、俄罗斯等国家和地区机场项目的力度不断加大。

国际运输便利化水平大幅提升。中欧班列累计开行3900多列，通达11个国家29座城市，形成了东中西3条国际联运通道。我国与“一带一路”沿线15个国家签署了16个双边和多边汽车运输协定，成功开通356条国际道路客货运输线路。《上海合作组织成员国政府间国际道路运输便利化协定》签署生效，《大湄公河次区域便利货物及人员跨境运输协定》修订实施取得突破性进展。与沿线47个国家签署了38个双边和区域海运协定，海上运输服务覆盖“一带一路”沿线所有国家。成功实现沿线43个国家空中直航，每周航班数达到4200个左右，“一带一路”空中大通道日益畅通。交通运输部等8部委出台了《关于贯彻“一带一路”倡议加快推进国际道路运输便利化的意见》，推动交通运输互联互通法规和体系对接，增进“软联通”。

战略规划对接加快推进，国际合作机制不断顺畅，交通基础设施投融资机制更趋完善

交通运输合作机制更趋优化。“一带一路”沿线各国通过战略、规划和政策对接，共同打造多层次的合作机制，为深化合作创造良好条件。战略规划对接加快推进。充分考虑“一带一路”沿线各国区域优势、地理特点，本着共商、共建、共享的原则，将基础设施建设有机融合于“一带一路”总体框架之中。与俄罗斯欧亚经济联盟、东盟互联互通总体规划、哈萨克斯坦“光明之路”、土耳其“中间走廊”、蒙古“发展之路”、越南“两廊一圈”、英国“英格兰北方经济中心”、波兰“琥珀之路”等规划对接次第展开，逐步实现了战略对接、优势互补。中巴经济走廊交通基础设施专项规划，中国—东盟交通合作战略规划、交通运输科技合作战略等陆续出台。《中亚区域运输与贸易便利化战略（2020）》运输走廊建设中期规划有序推进，《大湄公河次区域交通发展战略规划（2006-2015）》完成实施，初步形成该次区域9大交通走廊。

国际合作机制不断顺畅。4年来，全球100多个国家和国际组织积极支持和参与“一带一路”建设，联合国大会、联合国安理会等重要决议纳入“一带一路”建设内容。联合国亚太经社会顺利通过了《加强亚太区域内和跨区域互联互通》决议。“一带一路”沿线“构建区域民航合作新模式”倡议得到沿线国家积极响应，目前已形成航空运输政策协调机制等4个机制。“国际铁路运邮机制”成功纳入万国邮联运输组2017-2020年工作计划。“一带一路”沿线国家和地区不断强调政策沟通和发展战略对接，深化了各方对“一带一路”倡议的理解，增进互信，凝聚共识，促进了各国政策规划相互对接，形成推进“一带一路”建设的合力。

交通基础设施投融资机制更趋完善。亚洲基础设施投资银行成员国家达到77个，在世界范围内的影响力与日俱增。丝路基金投资超过60亿美元，中国—中东欧金融控股有限公司正式成立。此外，中国还与众多多边开发机构、国际金融机构等签署谅解备忘录和协议，建立了“一带一路”相关合作机制。这些新型金融机制同世界银行等

传统多边金融机构各有侧重、互为补充，形成了层次清晰、初具规模的“一带一路”金融合作网络，为“一带一路”沿线国家和地区交通基础设施互联互通建设提供了坚强的资金保障。

扩大合作共识，推进陆上运输通道建设，完善国际运输服务网络

习近平总书记强调，设施联通是合作发展的基础。习近平总书记的重要论述，充分肯定了交通运输在“一带一路”倡议中的定位，也对交通运输进一步发挥先行作用指明了方向。在“一带一路”倡议实施中交通运输要“找准位置，不辱使命，有所作为，发挥先行作用”。

我们必须深入贯彻落实习近平总书记重要讲话精神和中央推进“一带一路”建设的决策部署和工作要求，牢牢把握交通运输在“一带一路”建设中的定位，以加快向西开放和建设海洋强国为目标，以“六廊一路”总体战略布局为指引，统筹铁路、公路、水运、民航、邮政等多种运输方式，加快构建联通内外、安全通畅的陆海空国际战略通道网络，加强互联互通与国际产能合作的相互促进和相互带动，为全面推进“一带一路”建设提供有力的基础保障。

扩大合作共识，推进交通政策规则标准对接。要坚持共商、共建、共享原则，加强与相关国家的对接交流合作，与“一带一路”沿线国家和地区共同打造多层次合作机制，在沟通协调中增进政治互信，为深化合作创造良好条件，为畅通各方合作奠定基础。充分发挥多双边合作机制和国际组织平台作用，在上合组织交通部长会议、中国—东盟交通部长会议、中国—中东欧（16+1）交通部长会议、联合国亚太经社会、国际海事组织、国际民航组织等合作框架下，深化共识，推动务实合作。继续加强与沿线国家交通运输发展规划的对接，确保互联互通有目标、分步骤地有序进行，努力实现国际交通基础设施网络规划和建设协同，形成符合沿线国家需求的区域交通基础设施网络。加强政策、规则、标准三位一体联通，积极构建多层次政府间宏观政策沟通机制，接轨国际标准，深度参与国际规则和标准的制定，推动优势技术和标准的国际化进程，促进形成兼容规范的运输规则以及通关便利化流程。

推进陆上运输通道建设，服务经济走廊建设。加强交通基础设施建设，推动跨国、跨区域互联互通是共建“一带一路”的优先合作方向。习近平总书记强调，要继续把互联互通作为重点，以重大项目和重点工程为引领，推进铁路、公路、港口、航空、邮政等领域合作，打造基础设施联通网络。要着眼于“政策沟通、设施联通、贸易畅通、资金融通、民心相通”的要求，加快构建覆盖沿线国家的综合交通基础设施骨干通道网络。推动中蒙俄、新亚欧大陆桥、中国–中亚–西亚、中国–中南半岛、中巴、孟中印缅等经济走廊运输通道建设。聚焦关键通道、关键城市、关键项目，推进铁路、公路、水运、民航和邮政快递基础设施的关键通道、关键节点和重点工程，统筹协调境内外项目建设，优先打通缺失路段，畅通瓶颈路段，提升道路通达水平，扩大早期收获成果，推动国际交通基础设施网络加速形成，尽快惠及沿线国家经济发展与民生福祉，发挥示范引领作用。新亚欧大陆桥经济走廊方向，将中欧班列作为深化我国与沿线国家经贸合作的重要载体，促进中欧国际铁路货物联运，深化国际铁路运邮合作。中国–中亚–西亚经济走廊方向，进一步促进中亚区域运输与贸易便利化，确保国际道路运输便利化联委会充分发挥职能。中国–中南半岛方向，推动雅万高铁、中泰铁路等一批高铁和铁路建设合作项目取得新进展，加快推进大湄公河次区域九大交通走廊建设。中蒙俄经济走廊方向，加快推进中俄同江铁路桥、黑河界河公路桥等项目建设。

完善国际运输服务网络，提高国际运输便利化水平。互联互通不仅是交通运输基础设施网络的联通，更应该是基础设施、规章制度、人员交流的联通。加快推进国际运输便利化，是促进沿线各国经贸发展和人文交流的内在要求。要完善跨境运输走廊，增加便利货物和人员运输协定过境站点和运输线路。完善口岸枢纽集疏运体系，建成一批集产品加工、包装、集散、仓储、报关、报检、代理等功能于一体的国际道路运输枢纽和物流园区，完善枢纽的集约组织和优化配置功能，提高服务口岸通关的能力。有效整合中欧班列资源，构建"干支结合、枢纽集散"的高效运输组织体系。推动加入并实施国际运输便利化公约，进一步完善双多边运输国际合作机制。加强物流信息共享合作，加快完善跨区域物流网络。推动国际运输管理与服务信息系统建设，促进陆路口岸信息资源交互共享。依托区域性国际网络平台，加强与"一带一路"沿线国家和地区在技术标准、数据交换、信息安全等方面的交流合作。

积极推进海上互联互通，逐步构建海上运输通道。以双边、多边海运会谈为平台，加强与"一带一路"沿线国家和地区的交流，推动在海运领域的战略合作。利用沿海地区开放程度高、经济实力强、辐射带动作用大的优势，提升国内沿海港口的对外门户功能，畅通国际陆水联运通道，加强港口与综合运输大通道衔接，鼓励企业开辟新的海上航线，加密航线班次，不断拓展国际海运服务网络，在海上运输、港口物流等方面与沿线国家开展全面合作，逐步构建连通内陆、辐射全球的"21 世纪海上丝绸之路"国际运输通道。加强与"一带一路"沿线国家和地区的民航全面合作，倡导和推动"一带一路"上的区域航空运输自由化。积极参与全球民航治理，发展更高层次的国际航空服务体系。

鼓励交通运输产业产能合作，增强国际化运输服务能力。推动企业全方位开展对外合作，通过投资、租赁、技术合作等方式参与海外交通运输基础设施的规划、设计、建设和运营。鼓励企业建设海外物流中心，推进国际陆海联运、国际甩挂运输等发展。支持国际道路运输企业在国外设立分支机构和网点，完善境外经营网络，加快打造统一品牌标识、统一运输组织、统一全程价格、统一服务标准、统一调度平台的国际道路运输服务品牌。积极开展轨道交通一揽子合作，提升高铁、城市轨道交通等重大装备综合竞争力，开拓港口机械、液化天然气船等船舶和海洋工程装备国际市场。推进中国民航"走出去"，积极参与国际民航组织事务，推动中国民航标准上升为国际标准。积极推动建立与"一带一路"沿线国家和地区的合作平台，促进中国民航标准、管理、技术、产品、服务输出，支持民航机场设计建设及运行管理、航空公司安全运营、国产飞机和机场装备、空管设施设备等组团走出去。积极服务"一带一路"建设和关联产业国际化，支持有条件的邮政快递企业开展国际业务。

创新形式讲好交通故事，为"一带一路"建设营造良好氛围。发挥政府指导作用，依托主流媒体和新型传播手段，向国际社会阐释和传播中国合作新理念、发展新主张，为"一带一路"建设持续营造良好氛围。注重发挥交通贴近民众、服务民生的独特优势，从交通运输给当地带来的经济效益和社会效益中，深入挖掘生动活泼的故事和真实鲜活的具体案例，灵活多样开展交通运输服务"一带一路"的成果宣传，讲出交通好故事，传播"一带一路"核心理念和建设成果，树立中国好形象，不断扩大"一带一路"建设的朋友圈。

实现世界级城市群和机场群联动发展

冯正霖

《人民日报》（2017年7月24日第7版）

习近平主席在“一带一路”国际合作高峰论坛开幕式上的演讲，开启了“一带一路”建设的新篇章，为实现联动式发展注入了新能量，也为我国民航业同国内国际各方面加强合作、更深更广地融入经济社会发展指明了方向。我们要科学把握经济全球化时代区域经济发展的新态势和航空运输业发展的新趋势，着力实现世界级城市群和机场群联动发展。

城市群和机场群崛起是经济全球化时代的显著特征

城市群不仅仅是在空间分布上相对集中的一群城市，更是以分工、协作、共享为特征的城市发展命运共同体；机场群也不仅仅是区域内多个机场的简单集合，更是以协同运行和差异化发展为主要特征的多机场体系。城市群的各种功能、活动离不开机场群的支撑，城市群的发展又会不断拓展航空需求、促进机场群发展。新的时代条件下，我们要深化对城市群和机场群联动发展的认识，更好地参与“一带一路”建设，参与经济全球化进程。

城市群和机场群联动发展是全球经济发展的重要趋势。根据联合国预测，未来世界各地的超级大都市将逐渐发展成更大的超级城市群，到2050年全球城市人口占总人口的比例将超过75%，最大的40个城市群将参与全球66%的经济活动和85%的技术革新。机场群是与城市群相伴相生的。不同功能、不同规模的机场分布于城市群的各个区域并形成机场群，与城市群相互作用、联动发展，支撑着城市群发展，成为城市群对外交流合作的重要通道。依托方便快捷的航空运输，城市群可以更全面、更深入地融入全球产业分工，在全球范围组合成联系密切的城市网络，使得城市群和机场群联动发展的辐射范围更加广泛、空间更加广阔。

我国城市群和机场群联动发展正形成有利战略态势。目前，我国城市群总面积约占全国城市总面积的28%，集中了全国68%的人口，吸引了全国75%的固定资产投资、98%的外资，创造了全国89%的经济总量。京津冀、长三角和珠三角三大城市群，以3.6%的国土面积集聚了全国18%的人口、创造了全国35%的国内生产总值。与之相适应，京津冀、长三角和珠三角地区形成了三大机场群。2016年，三大机场群完成旅客吞吐量4.73亿人次，占全国的46.5%；货邮吞吐量1469万吨，占全国的74.7%。其中，北京首都机场年旅客吞吐量连续7年位居全球第二，上海浦东机场年货邮吞吐量连续9年位居全球第三。可以说，京津冀、长三角和珠三角地区已形成世界级城市群和机场群联动发展的基本态势。

城市群和机场群联动发展为经济社会发展增添新动力

城市群发展需要机场群发展作为支撑，机场群发展需要城市群发展作为基础，二者相互作用、联动发展，不断为经济社会发展增添新动力。

推动经济发展转型升级。以特大城市和大城市为龙头，依托发达的交通、通信等形成的大中小城市一体化、同城化发展的城市群，能够有力引领和带动区域发展，推动经济发展转型升级。城市群建设既有利于发挥不同城市的比较优势，形成产业差异化布局，推动产业结构优化升级；又有利于促进区域发展一体化、城乡发展一体化，拓展发展空间，形成联动效应。同样，机场群建设能够大幅提高区域机场体系的整体容量，强化枢纽机场核心地位，对中小机场发展具有很强的带动作用，能够有力支撑新型城镇化建设和经济社会发展。

促进资源要素优化配置。城市群通过产业协同、组团发展、共生互动，实现合理分工与紧密协作，使资源要素得到优化配置，从而大幅提升城市群整体经济效率。这反过来又会对高端生产要素产生更强的吸引力，进一步增强城市群的核心竞争力。与此同时，城市群发展会对航空运输产生更大需求，带动机场群建设。机场群建设通过航线布局、产业联合等优化城市群区域内各个机场的资源配置，形成联系更紧密、分工更合理、功能更齐全的机场共同体，进一步畅通城市群资源要素流动通道，在更大范围、更高水平上优化资源要素配置。

引领体制机制改革和商业模式创新。城市群发展给社会经济活动及其组织方式带来深刻变革，促使区域行政管理体制机制改革不断深化。例如，构建区域协调发展机制，完善跨行政区城市群管理；统筹城市规划、产业规划、区域规划，引导产业合理布局；完善基础设施和社会保障体系，实现公共服务同城化；加快形成统一开放、竞争有序的市场体系，培育良好的市场竞争环境。这些举措推动城市群成为经济最活跃和最有创新活力的地区，为市场主体商业模式创新创造了条件。各类市场主体抓住城市群发展带来的新机遇，不断开拓新市场、创造新业态、培育新增长点。机场群本身就是航空运输业适应城市群的巨大需求、创新管理方式和商业模式的结果，同时又助力城市群创新发展。

目前，我国城市群发展较快，但也存在一些亟待解决的问题。例如，功能布局不够合理，中心城市过度拥挤；产业发展同质化明显，一体化程度较低；综合交通发展滞后，城际交通网络不能满足城市群发展需求；发展协同机制不健全，“一亩三分地”的思维惯性仍然存在；等等。对于航空运输业来说，随着城市群和机场群发展，航空运输市场多样化趋势愈加明显，航空服务不断向价值链两端延伸。这给航空运输业的管理理念、经营模式以及政府监管方式都带来了巨大挑战。航空运输业要抓住新机遇、应对新挑战，积极推进改革创新，在加快机场群建设的同时助力城市群破解发展难题，更好实现机场群和城市群联动发展。

推进民航供给侧结构性改革，以机场群建设服务城市群建设

“十三五”规划纲要提出，将京津冀、长三角和珠三角城市群建设成为世界级城市群。民航业要积极主动作为，以推进民航供给侧结构性改革为主线，着力解决瓶颈问题和深层次矛盾，在建设民航强国的过程中打造京津冀、长三角和珠三角三个世界级机场群，以世界级机场群建设服务世界级城市群建设。

合理的分工定位是打造世界级机场群的前提。世界上成熟的机场群，一般是由大型国际航空枢纽、中型区域枢纽、小型运输机场等组成的布局完善、分工合理、定位清晰的机场体系。各机场差异化定位、适度错位经营，是机场群协同发展的关键。我们要与地方政府加强沟通，积极协调各方利益关系，引导三大机场群形成功能分工合理、市场定位清晰的发展格局，促进枢纽、干线和支线机场有机衔接，客货运输全面协调发展，从而提升机场群整体功能和效率，更好地满足三大城市群发展对航空运输的巨大需求。

优化航线网络结构是打造世界级机场群的基础。目前，三大机场群航线网络普遍存在国际航线航班占比较低、国内支线占比偏高、中转衔接不充分、主要机场航线网络结构互补性有待加强等问题。构建结构更合理、覆盖更广泛、服务更全面的航线网络，是“十三五”时期机场群建设的重要任务。中国民航局将着力打造北京、上海、广州三大国际航空枢纽，推动三大机场群建立航线网络统筹协调机制，引导形成网络型与区域型、干线与支线、客运与货运、全服务与低成本相互协调、差异化发展的航空运输市场。机场群是世界级航空公司的必争之地。航空公司应把眼光放长远，在机场群一体化发展的框架下谋划市场布局，优化航线网络结构，参与区域航空市场的开发培育。

改善资源条件是打造世界级机场群的保障。空域资源严重不足是制约我国世界级机场群建设的关键因素。近年来，通过建设空中大通道、优化繁忙终端空域等举措，中国民航空管保障能力得到有效提升。下一步，我们将认真总结珠三角空域管理精细化改革试点经验，将试点成果在京津冀、长三角等地区推广；加快推进国家空管调整改革，早日建成符合我国国情、国家统一管理、军民航高度融合发展的空域管理体制。基础设施建设相对滞后，是我国世界级机场群建设中的短板。对此，我们已全面放开民用机场建设和运营市场，加大对政府和社会资本合作的政策支持；开放民航工程设计市场，提升工程设计水平。

发挥协同效应是打造世界级机场群的关键。建设世界级机场群，是一项复杂的系统工程，需要按照共商、共建、共享的原则，整合各参与主体的力量，努力形成目标同向、措施一体、优势互补、互利共赢的协同效应。一是积极探索区域机场群管理模式。建立运行协调与融合发展机制，是建设世界级机场群的制度保证。在这方面，我国三大机场群都进行了积极探索。实现机场群与城市群联动发展，是行业主管部门和地方政府的共同责任，双方要加强沟通，从战略规划、运行组织和监督管理三个层次加大对机场群管理的统筹力度，形成与机场群发展相适应的一体化组织管理模式。二是大力完善综合交通集疏运体系。良好的综合交通集疏运体系，是建设世界级城市群和机场群的必要条件。近年来，上海虹桥、郑州等机场，已建立起以机场为核心的综合交通集

疏运体系。但到目前，三大城市群中民航、铁路、公路、海运等，还没有形成健全的融合发展、互联互通格局。下一步，应着力完善空陆、空海联运政策，推动各种交通方式有机衔接，充分发挥综合交通效能。三是着力改善通关政策环境。便利的通关环境对于打造国际一流航空枢纽、建设世界级城市群至关重要。近年来，民航发展得到了海关、边防等联检单位的大力支持，三大机场群的主要机场陆续实施了72小时或144小时过境免签、24小时过境免检政策。但过境免签免检等联检政策还需要进一步简化优化，以形成更加便利的通关环境。

加快建设与小康社会相适应的现代邮政业

马军胜

《光明日报》（2017 年 10 月 9 日第 9 版）

10 月 9 日是第 48 届世界邮政日。

邮政业是国家重要的社会公用事业，是推动流通方式转型、促进消费升级的现代化先导性产业。当前，行业发展的基本面总体向好，处于大有作为的战略机遇期。党的十八大以来，我国邮政业一年一个台阶向上跨越，一步一个脚印向前迈进，发展根基更牢、质效更优、底色更亮。业务总量、业务收入规模分别增长 3.6 倍和 2.7 倍，特别是快递业成为中国经济的一匹“黑马”，业务量已连续三年稳居世界第一，对全球快递业增长的贡献率达到 40%，顺丰、中通等 6 家企业成功改制上市，中国邮政集团公司业务规模已进入世界邮政前三强，创造了中国服务业和世界邮政业发展的奇迹。

当然，在看到成绩和机遇的同时，我们更应正视短板和不足，行业供给侧结构性改革任务艰巨，寄递渠道安全形势日益复杂，车辆通行、末端投递、员工权益保障等行业发展长期存在的瓶颈问题仍需久久为功有效破解。我们必须加快建设与小康社会相适应的现代邮政业，加快我国从邮政大国向邮政强国迈进的坚实步伐。

第一，应坚定不移强化创新驱动，提升供给适应性有效性。要引导邮政、快递企业拓展个性化、专业化、差异化、一站式寄递服务，加速推进与现代制造业协同合作，构建特色农副产品的垂直服务渠道和区域服务网络，推动企业走出国门参与竞争，加快“一带一路”沿线国家服务网络布局。

第二，应分类施策优化产业组织，加快培育壮大骨干企业。要支持邮政企业实施“一体两翼”战略，支持铁路、民航等国有企业参与寄递市场，加快培育国际级快递品牌，打造中国快递企业的航母群。

第三，应多措并举加强合作联动，凝聚行业发展强大合力。要加强协调联动，落实国家保障邮政普遍服务、促进快递业发展的各项政策。要鼓励社会资本加大对邮政业投入，积极探索邮政业基础设施 PPP 模式。要鼓励商业、社区、楼宇、交通站点等向邮政业开放资源，鼓励车辆装备、包装、信息等协同行业为邮政业提供配套服务。要支持高等学校、科研院所定向培养邮政业高层次人才。

第四，应一心一意坚持普惠为民，促进共享发展绿色发展。要打造便民高效的末端服务网络，提高农村和西部地区的网络覆盖率，维护消费者合法权益，打造放心消费的样板示范。要扩大服务领域，创新服务模式和内容，推进邮政业绿色低碳循环发展。

第五，应有效发挥市场和政府两个作用，提高行业治理水平。要激发市场主体转型提效的动力、活力和能力，加快形成行业法治体系、实施体系和监管体系，落实寄递安全监管“三项制度”，确保寄递渠道安全畅通。要营造透明高效、公平竞争的营商环境，遏制低质低价恶性竞争及不正当竞争，实现优胜劣汰。要树立行业标杆，让重服务、强管理、惠民生的企业在竞争中脱颖而出。

第二篇
重大政策

Section Two
Major Policies

本篇主要内容为国家、部级层面新颁布或修订的法律法规、部门规章、指导意见等重大政策解读，以及重大改革举措等。通过对2017年相关政策资料的梳理，共记录交通运输部部令35个，国务院或国务院办公厅颁布的有关交通运输重大政策文件4个，交通运输部制定的重要政策性文件17个，交通运输部联合其他部委制定的相关政策性文件12个。

第一章　交通运输法律法规规章

一、航道通航条件影响评价审核管理办法（交通运输部令2017年第1号）

2015年3月1日起施行的《中华人民共和国航道法》设定了航道通航条件影响评价审核制度，作为与航道有关的工程项目审批或建设的条件。为贯彻落实此项制度，规范航道通航条件影响评价审核有关工作，根据政府职能转变要求和行政审批制度改革精神，按照“放管服”改革和加强事中事后监管的要求，在总结1994年以来桥梁通航净空尺度和技术要求审批、涉水工程通航安全影响论证实践经验的基础上，制定本《办法》。《办法》共6章31条，分别是总则、航道通航条件影响评价报告编制、申请与审核、监督检查、法律责任及附则。

二、交通运输部关于修改《小型航空器商业运输运营人运行合格审定规则》的决定（交通运输部令2017年第2号）

自2006年《小型航空器商业运输运营人运行合格审定规则》实施以来，对小型航空器商业运输运营人运行合格审定起到了积极的促进作用。根据国内民航发展的实际情况及行业管理的实际需要，拟对《小型航空器商业运输运营人运行合格审定规则》进行第一次修订。本次修订采用修改决定方式，涉及条款一条，即第135.243条机长的资格要求b款，通过增加目视条件下驾驶飞机的机长飞行经历要求，以达到提高135部载客飞机运行整体安全水平的目的。此为涉及机长经历的业务管理条款，各方意见已达成一致。

三、公共航空旅客运输飞行中安全保卫工作规则（交通运输部令2017年第3号）

《公共航空旅客运输飞行中安全保卫规则》（原为交通运输部令2016年5号）自施行以来，弥补了空中安保工作法规的空白，对维护民用航空器客舱安全，保障飞行中的旅客人身和财产安全，推动我国民用航空安保工作，发挥了重

要作用。但是，随着近年来空中安保形势发展变化，民航安保工作体制和机制改革的深化，原《规则》中的相关规定已难以适应。2014年，民航局启动《规则》修订调研工作，2015年，修订工作正式列入立法计划，并于2015年、2016年两次征求全行业意见。2016年5月召开《规则》调研审查会，7月召开规章审查会。多次修改后，形成了本修订草案。

四、交通运输部关于修改《中华人民共和国国际海运条例实施细则》的决定（交通运输部令2017年第4号）

2016年2月，国务院为推进"先照后证"改革工作，发布了《国务院关于修改部分行政法规的决定》（国务院令666号），对包括《中华人民共和国国际海运条例》在内的行政法规进行了修改，要求申请人须事先"取得企业法人资格"。修订《中华人民共和国国际海运条例实施细则》，正是为了落实国务院对《中华人民共和国国际海运条例》的这一修订。《修正案》主要对《细则》32条内容进行了修订。

五、城市公共汽车和电车客运管理规定（交通运输部令2017年第5号）

2012年12月，国务院发布了《关于城市优先发展公共交通的指导意见》（国发〔2012〕64号），明确了城市公共交通优先发展战略在其规划、建设和运营等方面的有关政策要求。随着部门职责调整和城市公共交通发展形势的变化，原有相关管理规章已难以适应行业发展需要。为履行好指导城市客运管理职责，有必要制定出台规范城市公交的规章，明确城市公共汽电车客运的基本制度和服务要求，为规范城市公共汽电车客运健康发展提供基础支撑。2017年3月1日，经交通运输部第3次部务会议审议通过，于3月7日颁布《规定》。《规定》共8章71条，分别是总则、规划与建设、运营管理、运营服务、运营安全、监督检查、法律责任、附则。

六、《外商投资民用航空业规定》的补充规定（六）（交通运输部令2017年第6号）

自2002年《外商投资民用航空业规定》（民航总局第110号令）颁布实施以来，从投资范围、投资方式、投资比例等方面为外资投资我国民航业发展提供了明确的依据。此后，为落实《内地与港、澳建立更紧密经贸关系的安排》（CEPA）和《海峡两岸经济合作框架协议》（ECFA）有关进一步开放安排，110号令又经历了五次修改，主要是针对港、澳、台投资者投资民航业作了特别规定。为落实国家扩大开放措施，需对110号令相关内容进行调整。考虑到110号令由原民航总局、外经贸部、国家计委三部门联合制定颁布，需以"补充规定"形式作为规章与有关部门联合发布。《补充规定（六）》共3条。

一是对《CEPA 服贸协议》开放政策的落实；二是对自由贸易试验区开放政策的落实；三是规定了本规章的生效时间。

七、民航企业安全保障财务考核办法（交通运输部令 2017 年第 7 号）

2007 年，为配合《民航总局关于解决当前安全突出问题的若干意见》（民航发〔2007〕89 号）的贯彻落实，民航局制定印发了《关于考核航空公司安全保障财务状况有关问题的通知》（民航发〔2007〕128 号），并从当年起对客运航空公司进行考核，之后根据形势需要对考核办法进行多次修订完善。考核措施对促进企业改善财务状况、加大安全投入、提高安全生产管理水平起到积极作用。但在执行中也存在一些问题，包括考核指标体系不够科学、考核程序仍需规范、监督处罚有待强化等问题，需要进一步改进完善。为此制定了《办法》，《办法》分为总则，考核对象、考核内容、考核方式和考核程序，考核结果与整改措施，监督管理，法律责任和附则，共 6 章。

八、交通运输部关于修改《中华人民共和国海船船员适任考试和发证规则》的决定（交通运输部令 2017 年第 8 号）

自 2012 年 3 月《中华人民共和国海船船员适任考试和发证规则》颁布实施以来，在履行国际公约规定的船员考试发证义务，规范国内海船船员考试发证管理方面发挥了积极作用，促进了我国海员队伍整体素质提升。但是，随着航运形势的发展变化，以及相关国际公约的修订，《规则》的部分内容已经不符合公约要求，不适应船员队伍发展，因此对《规则》及时做出了相应调整。

九、交通运输部关于修改《中华人民共和国船员培训管理规则》的决定（交通运输部令 2017 年第 9 号）

《中华人民共和国船员培训管理规则》颁布实施以来，对加强我国船员培训，提高船员队伍整体素质起到了积极作用。但是，随着行政体制改革和转变政府职能要求的不断深化，以及航海技术的进步，《规则》的部分内容已经不适应当前发展的需要。此次修订主要涉及 7 方面内容。

十、交通运输部关于修改《正常类旋翼航空器适航规定》的决定（2017 年第 10 号）和修改《运输类旋翼航空器适航规定》的决定（交通运输部令 2017 年第 11 号）

自 1988 年两部规章颁布实施以来，分别进行了一次修订，对正常类、运输类旋翼航空器适航审定工作起到了积极的促进作用。根据国际交流和国内航空工业发展的需要，结合其他民

航发达国家规章修订的情况，两部规章进行了第二次修订。两部规章的第二次修订工作于2014年初启动，修订过程中，广泛征求了民航各地区管理局、中航工业公司、发动机适航审定中心等的意见和建议，也在国务院法制办公室网站公开征求了社会意见。

十一、交通运输部关于修改《民用机场专用设备管理规定》的决定（交通运输部令2017年第12号）

自2016年实施以来，为规范特性材料拦阻系统（EMAS）在我国民用机场的应用，保证其安全性和适用性，依据《中华人民共和国民用航空法》《中华人民共和国特种设备安全法》《民用机场管理条例》等法律法规，民航局启动了《民用机场专用设备管理规定》附件“民用机场专用设备目录”的修订工作，即增加一个种类：“6# 特性材料拦阻系统（EMAS）”。

十二、交通运输部关于修改《民用航空人员体检合格证管理规则》的决定（交通运输部令2017年第13号）

自2001年《规则》颁布实施以来，进行了两次修订，对航空人员健康管理和行业持续安全起到了积极的促进作用。为适应国内民航及医学的发展，落实行政审批改革的要求，2016年7月，民航局对《规则》进行第三次修订。本次修订中，将原规章中涉及国务院行政审批改革的有关内容进行了集中修订，相应删除了领航员和飞行通信员应取得体检合格证的规定。

十三、中华人民共和国船舶安全监督规则（交通运输部令2017年第14号）

2016年11月7日，人大常委会通过了对《中华人民共和国海上交通安全法》的修改决定，取消了海船进出港签证。2017年3月1日，国务院修改《中华人民共和国内河交通安全管理条例》，取消内河船舶进出港签证。签证制度取消后，对船舶进出港的管理由事前审批调整为事中事后监管。为了保证行政审批取消后管理不断、不乱，海事管理机构需要对事中事后安全监管的制度予以细化完善。2014年1月1日东京备忘录组织在亚太地区实施港口国监督新检查机制，纳入全新的风险评估机制和检查策略，实现了“基于数量”的检查机制到“基于风险”的检查机制的转变，对航运业发展影响巨大。为了满足新检查机制实施的需要，原《中华人民共和国船舶安全检查规则》需要修订。

十四、交通运输部关于修改《中华人民共和国船舶及其有关作业活动

污染海洋环境防治管理规定》的决定（交通运输部令 2017 年第 15 号）

2010 年 11 月 16 日，交通运输部为贯彻落实《中华人民共和国防治船舶污染海洋环境管理条例》的有关规定，颁布了《中华人民共和国船舶及其有关作业活动污染海洋环境防治管理规定》（交通运输部令 2010 年第 7 号），并于 2013 年 8 月、2013 年 12 月和 2016 年 12 月作了 3 次修订。2016 年 11 月 7 日经中华人民共和国第十二届全国人民代表大会常务委员会第二十四次会议通过的《关于修改 < 中华人民共和国海洋环境保护法 > 的决定》（中华人民共和国主席令第五十六号）取消了“船舶污染港区水域作业审批”。2017 年 3 月 1 日，《国务院关于修改和废止部分行政法规的决定》（中华人民共和国国务院令第 676 号）取消了《防治船舶污染海洋环境管理条例》规定的船舶污染物接收单位接收污染物的审批、船舶污染物接收证明办理等内容。此外，2015 年 8 月 29 日修订通过的《中华人民共和国大气污染防治法》进一步明确了对防治船舶污染大气的要求。为更好地落实上位法新修订的内容，有必要对《中华人民共和国船舶及其有关作业活动污染海洋环境防治管理规定》进行修订。

十五、交通运输部关于修改《老旧运输船舶管理规定》的决定（交通运输部令 2017 年第 16 号）

2016 年 11 月 7 日，为深入推进“放管服”改革，提升船舶进出港口便捷性，全国人大常委会讨论通过了《海上交通安全法》的修改，取消了从事国内航运的海船进出港签证制度；2017 年 3 月 1 日国务院发布了《国务院关于修改和废止部分行政法规的决定》（国务院令 676 号），修改了《内河交通安全管理条例》，取消了内河航行船舶进出港签证制度；同时对《国内水路运输管理条例》中涉及船舶签证的相关条款进行了修改。为适应上述法律法规修改，需对《老旧运输船舶管理规定》中第二十二条有关船舶进出港签证的要求进行相应调整，修改后的条款延续了海事、运管部门互相配合、齐抓共管，共同维护水路运输市场秩序的要求。

十六、交通运输部关于修改《中华人民共和国高速客船安全管理规则》的决定（交通运输部令 2017 年第 17 号）

经 2017 年 5 月 17 日第 8 次部务会议通过，交通运输部发布了《交通运输部关于修改 < 中华人民共和国高速客船安全管理规则 > 的决定》（交通运输部令 2017 年第 17 号），自 2017 年 5 月 23 日起施行。此次修订，主要是按照行政审批改革取消“国内航行船舶进出港签证”的要求，取消了关于船舶进出港口办理签证的规定；根据行政审批取消后加强事中事后监管的要求，增加了船舶进出港报告的规定。

十七、交通运输部关于修改《海上滚装船舶安全监督管理规定》的决定（交通运输部令 2017 年第 18 号）

经 2017 年 5 月 17 日第 8 次部务会议通过，

交通运输部发布了《交通运输部关于修改 < 海上滚装船舶安全监督管理规定 > 的决定》（交通运输部令 2017 年第 18 号），自 2017 年 5 月 23 日起施行。此次修订，主要是按照行政审批改革取消“国内航行船舶进出港签证”的要求，取消了关于船舶进出港口办理签证的规定；根据行政审批取消后加强事中事后监管的要求，增加了船舶进出港报告，并接受海事管理机构现场监督检查的规定。

十八、交通运输部关于修改《中华人民共和国海事行政许可条件规定》的决定（交通运输部令 2017 年第 19 号）

经 2017 年 5 月 17 日第 8 次部务会议通过，交通运输部发布了《交通运输部关于修改 < 中华人民共和国海事行政许可条件规定 > 的决定》（交通运输部令 2017 年第 19 号），自 2017 年 5 月 23 日起施行。此次修订，主要是按照行政审批改革要求，删除了“国内航行船舶进出港签证的条件”“船舶污染物接收单位从事船舶垃圾、残油、含油污水、含有毒有害物质污水接收作业审批的条件”“防止船舶污染港区水域作业许可的条件”三个条款，删除“船员（引航员）适任证书核发的条件”中的“引航员”。

十九、交通运输部关于修改《中华人民共和国内河海事行政处罚规定》的决定（交通运输部令 2017 年第 20 号）

经 2017 年 5 月 17 日第 8 次部务会议通过，交通运输部发布了《交通运输部关于修改 < 中华人民共和国内河海事行政处罚规定 > 的决定》（交通运输部令 2017 年第 20 号），自 2017 年 5 月 23 日起施行。此次修订，主要是按照行政审批改革要求，对已取消的行政审批项目，不再因未审批而进行处罚。

二十、交通运输部关于修改《中华人民共和国海上海事行政处罚规定》的决定（交通运输部令 2017 年第 21 号）

经 2017 年 5 月 17 日第 8 次部务会议通过，交通运输部发布了《交通运输部关于修改 < 中华人民共和国海上海事行政处罚规定 > 的决定》（交通运输部令 2017 年第 21 号），自 2017 年 5 月 23 日起施行。此次修订，主要是按照行政审批改革要求，对已取消的行政审批项目，不再因未审批而进行处罚。

二十一、交通运输部关于废止 2 件交通运输规章的决定（交通运输部令 2017 年第 22 号）

关于《交通建设项目环境保护管理办法》的废止：

全国人大常委会于 2016 年对《环境影响评价法》作出修改，取消了行业管理部

门对建设项目环评文件的行业预审。《交通建设项目环境保护管理办法》（交通部令2003年第5号）的主要内容就是交通建设项目行业预审的程序及其他具体要求，环评的行业预审取消后，该规章失去了存在的必要性，因此予以废止。

关于《船舶签证管理规则》的废止：

针对国内航行船舶进出港签证取消，2016年11月7日第十二届全国人民代表大会常务委员会第二十四次会议通过关于修改《中华人民共和国对外贸易法》等十二部法律的决定，其中对《海上交通安全法》相关条款作出了修改。2017年3月1日，国务院发布第676号国务院令，对《内河交通安全管理条例》《国内水路运输管理条例》等行政法规的相关条款作出了修改。《船舶签证管理规则》（交通部令2007年第7号）因签证的取消已没有存在的制度基础，因此予以废止。

二十二、民用航空产品和零部件合格审定规定（交通运输部令2017年第23号）

《规定》自1990年颁布实施以来，一共进行了三次修订，对民用航空产品和零部件的适航管理工作起到了积极的促进作用。根据民航业和航空制造业发展的实际需要，结合其他民航发达国家规章修订的情况，此次对《规定》进行第四次修订，主要内容包括：完善规章结构；体现简政放权；修订航空器型号合格审定的管理政策；修订生产许可审定的管理政策；修订出口适航批准的管理政策；新增航空器的运行符合性评审条款。

二十三、定期国际航空运输管理规定（交通运输部令2017年第24号）

于1993年7月29日颁布施行的原《定期国际航空运输管理规定》（民航总局令第36号），是国务院民用航空主管部门对国际航空市场准入的管理规范。该规章颁布至今已24年，需要对原来设定的许可条件修改完善，相关许可程序也需要根据现行法律法规作进一步调整。2017年5月17日，《规定》经交通运输部第8次部务会审议通过，于5月26日公布。《规定》共25条，包括许可条件、许可程序、监督管理、法律责任及生效时间等内容。

二十四、公路水运工程安全生产监督管理办法（交通运输部令2017年第25号）

现行的《办法》是2007年出台的，随着安全生产形势日益严峻，国家对安全生产工作越来越重视，制修订一大批法律法规，出台了一系列规范性文件，对安全生产提出了更高的监管要求，特别是2016年12月印发的《中共中央 国务院关于推进安全生产领域改革发展的意见》，对安全生产改革发展进行了全面部署。现行《办法》与最新的法律法规、政策要求等方面存在一些不适用、不明确和不完善等情况，已经不能很好地

适应上位法规定和新形势下安全生产工作需要。新《办法》章节名称与新《安全生产法》保持一致性，共6章59个条款，第五章为新增章节，根据法律法规等规定，将行业具备操作条件的行政处罚事项明晰化，便于各地执行。本办法自2017年8月1日起施行。

二十五、民用航空适航委任代表和委任单位代表管理规定（交通运输部令2017年第26号）

《规定》自1992年颁布实施以来，进行了一次修订，对民用航空产品和零部件的适航管理工作起到了积极的促进作用。此次为其第二次修订。根据民用航空制造业发展和适航管理工作的实际需要，2010年民航局启动了《规定》的第二次修订工作。主要内容包括：完善规章的章节结构，细化委任管理要求，扩大委任代表和委任单位代表的范围和权限。

二十六、港口危险货物安全管理规定（交通运输部令2017年第27号）

2012年《港口危险货物安全管理规定》（交通运输部令2012年第9号）根据《危险化学品安全管理条例》进行了全面修订。但随着港口的快速发展，港口危险货物的吞吐量和仓储量越来越大、品种越来越多，安全管理压力日益加大。同时，2014年新修订的《安全生产法》对安全生产工作提出了新的要求。为此，交通运输部再次全面修订了《规定》。此次修订主要从完善管理职责、调整许可权限、落实企业主体责任、健全管理制度、强化法律责任五个方面进行了修改，进一步完善了危险货物港口建设项目在工程建设过程中的安全保障与安全监管制度，并着重加强了安全监管责任与企业主体责任的落实。

二十七、公路水运工程质量监督管理规定（交通运输部令2017年第28号）

自1999年以来，交通运输部在公路水运工程质量监督管理方面先后出台了3部规章，分别是1999年的《公路工程质量管理办法》（交公路发〔1999〕90号）、2000年的《水运工程质量监督规定》（交通部令2000年第3号）和2005年的《公路工程质量监督规定》（交通部令2005年第4号）。近年来，公路水运工程建设任务日益繁重、建设与管理模式不断创新，经济社会发展对质量工作的要求越来越高，公路水运工程质量监督管理工作面临着转变政府职能和强化事中事后监管，以及转变发展方式、突出节能环保和安全发展理念的新常态，质量监管方式、手段等都要相应丰富、完善和调整，将监管工作新经验上升到制度层面，对不合时宜的方式方法作出调整。此外，目前立法零星化、碎片化的状况亟待需要改变。因此，有必要对现行的3部规章进行全面修订整合，形成新的《规定》。《规定》共5章49条，分别为总则、质量管理责任和义务、监督管理、法律责任和附则。

二十八、大型飞机公共航空运输承运人运行合格审定规则（交通运输部令 2017 年第 29 号）

自 1999 年《大型飞机公共航空运输承运人运行合格审定规则》（CCAR-121 部）颁布施行以来，一共进行了四次修订，对行业持续安全起到了积极的促进作用。根据国内民航发展的实际情况，结合国际民航公约附件的修订及其他民航发达国家规章修订的情况，民航局进行了《规则》的第五次修订。2017 年 8 月 29 日，《规定》经交通运输部第 14 次部务会审议通过，于 9 月 4 日公布。主要修订内容包括机组疲劳风险管理、机组资格管理和训练管理、燃油管理政策、航行新技术应用、航空器持续适航与安全改进要求；便携式电子设管理等内容。

二十九、民用航空空中交通管理规则（交通运输部令 2017 年第 30 号）

自 1990 年《空管规则》（CCAR-93TM）颁布实施以来，在本次修订前已进行过四次修订，《空管规则》的修订完善，促进了行业的安全水平，提升了空管运行效率。空管相关领域在不断的发展和变化，为适应空管工作的需要，同时引领空管行业的未来发展，根据民航空管工作的实际情况，参考国际民航公约附件及其他民航发达国家规章的修订情况，民航局进行了《空管规则》的第五次修订。2017 年 9 月 20 日，《空管规则》第五次修订经交通运输部第 16 次部务会审议通过。修订内容包括：篇章结构的调整、管制服务机构的管理、管制运行的管理、管制员岗位工作管理、飞行情报服务和告警服务、通用航空的空中交通管理、与相关专业的衔接等。

三十、交通运输部关于修改《铁路运输企业准入许可办法》的决定（交通运输部令 2017 年第 31 号）

自 2015 年 1 月《铁路运输企业准入许可办法》施行以来，随着铁路投融资体制改革的不断深入，铁路运营管理日趋多元化，铁路运输市场发展出现新态势。有的地区探索铁路统一运营管理，将铁路资产公司与运营公司分立，有的地区探索设立轻资产铁路运营公司，建立较为灵活的铁路经营机制。原《办法》已不完全适应铁路运输市场发展需求。为促进铁路运输企业健康发展，进一步激发运输市场活力，按照国务院“放管服”改革要求，对原《办法》的许可条件、许可对象进行了修订调整。

三十一、长江干线水上交通安全管理特别规定（交通运输部令 2017 年第 32 号）

鉴于长江干线航运需求、船舶船型和通航环境的变化，国务院批准原交通部印发的《长江干线水上交通安全管理若干办法（暂行）》（交安监字〔1991〕781 号）已难以满足长江航运安全管理的需求。据此，交通运输部通过梳理《内河

交通安全管理条例》《内河渡口渡船管理规定》《水上水下活动通航安全管理规定》等行政法规、规章，并在进一步整合近年来出台的长江干线相关安全管理规范性文件的基础上，遵从已有法规、规章已做出规定的不再重复规定的原则，针对长江干线交通安全管理的实际需要，制定并出台了《规定》。《规定》共7章41条，分别为总则、船舶航行、水上交通管制、锚地安全管理、船舶试航管理、法律责任、附则。《规定》于2018年1月正式施行。

三十二、航空器型号和适航合格审定噪声规定（交通运输部令2017年第33号）

《规定》自2002年颁布实施，2007年进行了第一次修订，对规范民用航空器噪声合格审定工作和降低新审定航空器噪声水平起到了积极作用。为降低新审定航空器的噪声水平，结合国际民航公约附件修订及其他民航发达国家规章修订的情况，民航局对《规定》进行了第二次修订。此次修订参考美国航空规章，采纳了国际民航组织对直升机的噪声要求，还参考国际民航公约附件，对“最大正常工作转速”“平均发动机”等术语进行了定义。

三十三、国内投资民用航空业规定（交通运输部令2017年第34号）

2005年颁布的《国内投资民用航空业规定（试行）》（民航总局令第148号），是民航为放宽民营资本准入制定的规章。近年来，国家政策、民航行业发展战略、市场环境以及市场主体需求等已发生巨大变化。十八届三中全会提出要全面深化国企改革，发展混合所有制，国务院也相继发布《中共中央、国务院关于深化国有企业改革的指导意见》《国务院办公厅关于进一步做好民间投资有关工作的通知》等深化国企改革和鼓励民间投资的政策文件。《国务院办公厅关于推动中央企业结构调整与重组的指导意见》要求“各有关部门要明确国有资本分行业、分区域布局的基本要求”“配套出台相关产业管理政策”。为贯彻落实国家有关精神和要求，民航局对148号令进行了修订。

三十四、外国公共航空运输承运人运行合格审定规则（交通运输部令2017年第35号）

2005年1月，原《外国公共航空运输承运人运行合格审定规则》（民航总局令第127号）正式施行。根据规章施行以来的实际情况，以及日常监督检查中发现的问题，民航局对《规则》进行了修订。2017年12月13日，《规定》经交通运输部第24次部务会审议通过，于12月18日公布。修订内容包括：增加部分运行要求；增加在我国进行特殊运行的评估要求；在法律责任部分增加了对运行规范申请人提供虚假申请材料后不接受其申请的明确要求。

第二章 国务院或国务院办公厅颁布的有关交通运输重大政策

一、国务院关于印发“十三五”现代综合交通运输体系发展规划的通知（国发〔2017〕11号）

2017年2月，国务院发布了《“十三五”现代综合交通运输体系发展规划》。交通运输是国民经济中基础性、先导性、战略性产业，是重要的服务性行业。构建现代综合交通运输体系，是适应把握引领经济发展新常态，推进供给侧结构性改革，推动国家重大战略实施，支撑全面建成小康社会的客观要求。根据《中华人民共和国国民经济和社会发展第十三个五年规划纲要》，并与“一带一路”建设、京津冀协同发展、长江经济带发展等规划相衔接，制定本规划。这是“十三五”期间22个国家级重点专项规划之一。《规划》主要内容包括总体要求、发展目标和主要任务。《规划》的亮点为：打造“三张网”，释放发展红利，加强融合发展等。

二、国务院办公厅关于创新农村基础设施投融资体制机制的指导意见（国办发〔2017〕17号）

2017年2月，国务院办公厅发布了《关于创新农村公路基础设施投融资体制机制的指导意见》。农村基础设施是社会主义新农村建设的重要内容，是农村经济社会发展的重要支撑。近年来，我国农村道路、供水、污水垃圾处理、供电、电信等基础设施建设步伐不断加快，生产生活条件逐步改善，但由于历史欠账较多、资金投入不足、融资渠道不畅等原因，农村基础设施总体上仍比较薄弱，与全面建成小康社会的要求还有较大差距。为创新农村基础设施投融资体制机制，加快农村基础设施建设步伐，经国务院同意，制定和发布了该意见。《意见》主要内容包括：基本原则；主要目标；构建多元化投融资新格局；完善建设管护机制，保障工程长期发挥效益；健全定价机制，激发投资动力和活力；保障措施。

三、国务院办公厅关于加快发展冷链物流保障食品安全促进消费升级的意见（国办发〔2017〕29号）

2017年4月，国务院办公厅发布了《关于加快发展冷链物流保障食品安全促进消费升级的意见》。随着我国经济社会发展和人民群众生活水平不断提高，冷链物流需求日趋旺盛，市场规模不断扩大，冷链物流行业实现了较快发展。但由于起步较晚、基础薄弱，冷链物流行业还存

在标准体系不完善、基础设施相对落后、专业化水平不高、有效监管不足等问题。为推动冷链物流行业健康规范发展，保障生鲜农产品和食品消费安全，根据食品安全法、农产品质量安全法和《物流业发展中长期规划（2014-2020年）》等，经国务院同意，制定该意见。《意见》主要内容包括：基本原则、发展目标和主要任务。

四、国务院办公厅关于进一步推进物流降本增效促进实体经济发展的意见（国办发〔2017〕73号）

2017年8月，国务院办公厅发布了《关于进一步推进物流降本增效促进实体经济发展的意见》。物流业贯穿一二三产业，衔接生产与消费，涉及领域广、发展潜力大、带动作用强。推动物流降本增效对促进产业结构调整和区域协调发展、培育经济发展新动能、提升国民经济整体运行效率具有重要意义。按照党中央、国务院关于深入推进供给侧结构性改革、降低实体经济企业成本的决策部署，为进一步推进物流降本增效，着力营造物流业良好发展环境，提升物流业发展水平，促进实体经济健康发展，经国务院同意，制定该意见。《意见》主要内容包括：深化“放管服”改革，激发物流运营主体活力；加大降税清费力度，切实减轻企业负担；加强重点领域和薄弱环节建设，提升物流综合服务能力；加快推进物流仓储信息化标准化智能化，提高运行效率；深化联动融合，促进产业协同发展；打通信息互联渠道，发挥信息共享效用；推进体制机制改革，营造优良营商环境。

第三章　交通运输部制定的部分重要政策性文件以及联合其他部委制定的相关政策性文件

一、交通运输部关于推进公路水路行业安全生产领域改革发展的实施意见（交安监发〔2017〕39 号）

提高交通运输安全生产水平是践行以人民为中心、服务民生、保障民生的基本要求，也是实现交通运输事业健康发展的前提和基础。为贯彻落实《中共中央 国务院关于推进安全生产领域改革发展的意见》精神，进一步加强和改进安全生产工作，制定该意见。《意见》主要内容包括：基本原则、目标任务、严格落实安全生产责任、改革安全监管体制机制、大力推进依法治理；建立安全预防控制体系、加强安全基础保障能力建设、强化实施保障。

二、交通运输部关于推进特定航线江海直达运输发展的意见（交水发〔2017〕53 号）

江海直达是一种便捷高效、绿色经济的运输方式。推进江海直达运输发展，是深化交通运输供给侧结构性改革的重要内容，对于提升长江黄金水道功能和构建现代综合交通运输体系具有重要作用。为落实长江经济带发展规划纲要，推进江海直达运输发展，制定本意见。《意见》提出，到 2020 年，建立健全长江经济带江海直达运输法规规范和管理制度，基本形成长江和长三角地区至宁波 - 舟山港和上海港洋山港区江海直达运输系统，水路集疏运比重进一步提升，江海直达运输经济社会效益得到显现。到 2030 年，建成安全、高效、绿色江海直达运输体系，江海直达运输的经济社会效益显著提升，为长江经济带发展提供有力支撑。

三、交通运输部关于印发《公路水路行业安全生产风险管理暂行办法》《公路水路行业安全生产事故隐患治理暂行办法》的通知（交安监发〔2017〕60 号）

构建安全生产风险管理和隐患治理双重预防体系是贯彻落实中共中央国务院关于推进安全生产领域改革发展的重要要求，是转变安全生产管理方式提高安全生产管理水平的重要途径，是有效防范和遏制安全生产重特大事故的重要举措。为推进建立公路水路行业安全生产风险管理和隐患治理双重预防机制，交通运输部部制定了两个《办法》。《公路水路行业安全生产风险管理暂行办法》由总则，分类分级，辨识、评估与控制，监督管理，附则等五个章节内容构成，共49条规定。《公路水路行业安全生产隐患治理暂行办法》由总则、分类分级、隐患排查与整改、重大隐患报备、隐患治理督查督办、监督管理、附则等7个章节内容构成，共53条规定。

四、交通运输部关于印发珠江水运发展规划纲要的通知（交规划发〔2017〕74号）

国家“一带一路”倡议提出，要加快北部湾经济区和珠江—西江经济带开放发展，充分发挥珠三角开放合作区作用，打造粤港澳大湾区，形成21世纪海上丝绸之路与丝绸之路经济带有机衔接的重要门户。为推进“一带一路”倡议实施，深化泛珠三角区域合作，强化区域内各种运输方式的衔接，构建安全、低碳和便捷的综合交通运输体系，需要进一步加快珠江水运科学发展，努力打造第二条黄金水道。根据珠江水运发展面临的新形势和新要求，制定珠江水运发展规划纲要。

五、交通运输部关于印发《深入开展平安交通专项整治行动方案》的通知（交安监发〔2017〕76号）

为认真贯彻落实党中央国务院关于加强安全生产工作的一系列重要决策部署和习近平总书记等中央领导同志关于安全生产工作的重要指示批示精神，坚持问题导向，深刻汲取交通运输安全生产重大事故教训，全面整治交通运输安全生产领域存在的突出问题，有效防范和坚决遏制重特大事故，交通运输部决定深入开展平安交通专项整治行动。整治内容：道路客运、道路危险货物运输、城市公交和城市轨道交通运营、水路客运、水路危险货物运输、港口危险货物储存作业、公路安保和治超、公路水运建设工程。专项整治行动从2017年5月18日开始至2017年12月31日结束，分3个阶段进行。

六、交通运输部关于深化交通运输供给侧结构性改革 改善投资和市场环境 进一步推进“放管服”改革降低物流成本的通知（交规划发〔2017〕108号）

2017年，是实施“十三五”规划的重要一年，是供给侧结构性改革的深化之年，推进交通运输供给侧结构性改革，能有效促进经济运行提质、降本、增效。

七、交通运输部关于推进长江经济带绿色航运发展的指导意见（交水发〔2017〕114号）

推进长江经济带绿色发展是党中央、国务院在新时期做出的重大决策部署。近年来，长江经济带航运基础设施建设成效显著，运输服务能力明显提升，为区域乃至全国经济社会发展提供了有效支撑。但仍然存在发展方式相对粗放、绿色发展水平不高、航运比较优势未得到充分发挥等问题，不能完全适应长江经济带发展的新要求。为贯彻落实《中共中央国务院关于加快推进生态文明建设的意见》《长江经济带发展规划纲要》，推进长江经济带绿色航运发展，制定本意见。

八、交通运输部关于加快发展冷链物流保障食品安全促进消费升级的实施意见（交运发〔2017〕127号）

促进冷链物流规范健康发展，对于提高人民群众生活品质，保障食品药品流通安全具有重要意义。交通运输是冷链物流的基础环节和重要载体，在支撑冷链物流发展中发挥着主体作用。目前，我国冷链物流运输环节“断链”现象较为普遍，运输装备技术水平低、行业监管不足、标准规范执行不到位，影响了冷链物流整体服务品质和安全保障能力。为深入贯彻落实《国务院办公厅关于加快发展冷链物流保障食品安全促进消费升级的意见》（国办发〔2017〕29号）相关要求，推动物流业供给侧结构性改革，加快促进冷链物流健康规范发展，保障鲜活农产品和食品流通安全，支撑产业转型发展和居民消费升级，制定本实施意见。

九、公路水运工程生产安全事故应急预案（交应急发〔2017〕135号）

为切实加强公路水运工程生产安全事故的应急管理工作，指导、协调各地建立完善应急预案体系，有效应对生产安全事故，保障公路水运工程建设正常实施，制定本预案。《预案》主要包括总则、组织体系、预防与预警、应急响应、应急保障、附则等6个方面内容。

十、交通运输部关于发布港口工程施工安全风险评估指南（沿海码头、护岸及防波堤分册）的通知（交安监发〔2017〕140号）

为加强港口工程施工安全管理，提高施工现场风险防控有效性，交通运输部决定在沿海港口工程（沿海码头、护岸及防波堤工程）（以下简称“沿海港口工程”）开展施工安全风险评估工作，并组织编制了《港口工程施工安全风险评估指南（沿海码头、护岸及防波堤分册）》。《指南》提出了积极推行沿海港口工程施工安全风险评估工作的总体要求，明确了港口工程施工安全风险评估范围，将港口工程施工安全风险评估分总体风险评估和专项风险评估两个环节，界定了评估技术内容，对评估组织和评估报告编制进行规定。

十一、交通运输部关于全面深入推进绿色交通发展的意见（交政研发〔2017〕186号）

近年来，交通运输部先后制定发布了一系列推进交通运输生态文明建设的政策文件。在认真衔接已有文件的基础上，《意见》深入贯彻习近平新时代中国特色社会主义思想，紧紧围绕交通强国建设目标，提出了未来一段时期全面深入推进绿色交通发展的行动纲领。《意见》对“推动形成绿色发展方式和生活方式”6项重点任务和党的十九大报告提出的生态文明体制改革4大任务一一响应并予以落实。《意见》涵盖铁路、公路、水运、民航等各种运输方式，涉及基础设施、运输装备和运输服务等各个领域。

十二、交通运输部办公厅关于印发长江干线危险化学品船舶锚地布局方案（2016-2030年）的通知（交办规划〔2017〕7号）

为贯彻落实习近平总书记关于推动长江经济带发展“生态优先、绿色发展”“共抓大保护、不搞大开发”的指示精神，指导长江干线危险化学品锚地科学合理布局与建设，根据《国务院办公厅关于印发推进长江危险化学品运输安全保障体系建设工作方案的通知》（国办函〔2014〕54号）要求，制定本方案。《方案》根据长江干线危险化学品运输需求、锚地发展现状、沿线港口规划、锚位需求预测等，统筹考虑锚地的自然条件和锚泊方式，长江干线共布局危险化学品锚地64处，其中港口锚地57处，待闸锚地7处。

十三、交通运输部办公厅关于印发推进智慧交通发展行动计划（2017-2020年）的通知（交办规划〔2017〕11号）

随着经济社会快速发展，新一代信息技术与交通运输深度融合发展的趋势日益明显。为全面贯彻落实国务院信息化发展战略部署，加快推进实施《交通运输信息化“十三五”发展规划》，落实全国交通运输科技创新暨信息化工作会议精神，明确近期智慧交通发展的工作思路、主要目标和重点任务，有效提升交通运输数字化、网络化、智能化水平，特制订本行动计划。

十四、交通运输部办公厅关于加强港口危险货物储罐安全管理的意见（交办水〔2017〕34号）

为贯彻落实《国务院办公厅关于印发危险化学品安全综合治理方案的通知》（国办发〔2016〕88号）和《交通运输部关于印发＜危险货物港口作业安全治理专项行动方案（2016-2018年）＞的通知》（交水发〔2016〕75号）精神，深化危险货物港口作业安全治理专项行动，进一步夯实安全生产基础，促进港口安全生产形势持续稳定，提出该意见。意见要求，牢固树立安全发展理念，坚守安全红线，坚持标本兼治，注重远近结合，严格执行有关法律法规和标准规范，全面落实安全生产责任，加强港口危险货物储罐安全源头防范、风险管控和作业管理，着力构建双重预防性工作机制，切实提升港口危险货物储罐的本质安全水平和安全保障能力，科学防范和有效遏制重特大事故。

十五、交通运输部办公厅关于印发深入推进水运供给侧结构性改革行动方案（2017-2020年）的通知（交办水〔2017〕75号）

为深入贯彻落实党中央、国务院关于深化供给侧结构性改革的战略部署，紧抓交通运输基础设施发展、服务水平提高和转型发展的黄金时期，大力推进水运供给侧结构性改革，加快水运提质增效升级，特制定本方案。方案提出，到2020年，水运供给侧结构性改革取得明显进展，转型升级取得实效，内河水运基础设施和

港口集疏运体系短板基本补齐，船舶运力结构进一步优化，水运服务质量效率和行业治理能力显著提升。

十六、交通运输部办公厅关于印发《港口危险货物集中区域安全风险评估指南》的通知（交办水〔2017〕85号）

为指导港口危险货物集中区域安全风险评估工作，进一步有效控制和降低区域重大安全风险，防范和遏制重特大安全生产事故发生，根据《港口法》《安全生产法》《危险化学品安全管理条例》等有关法律法规和相关国家标准、行业标准的规定，交通运输部组织编制了《港口危险货物集中区域安全风险评估指南》。该指南适用于已建储罐区、堆场、仓库及码头等港口危险货物集中区域的安全风险评估工作。

十七、交通运输部办公厅关于创建“四好农村路”全国示范县的实施意见（交办公路〔2017〕90号）

为深入贯彻习近平总书记关于交通运输工作的重要指示批示精神，落实《交通运输部关于推进“四好农村路”建设的意见》（交公路发〔2015〕73号）有关规定，全面推进“四好农村路”工作，就开展“四好农村路”全国示范县创建活动提出了该实施意见。

为深入贯彻习近平总书记关于交通运输工作的重要指示批示精神，落实《交通运输部关于推进“四好农村路”建设的意见》（交公路发〔2015〕73号）有关规定，全面推进“四好农村路”工作，就开展“四好农村路”全国示范县创建活动提出了该实施意见。

十八、交通运输部办公厅关于印发《港口岸电布局方案》的通知（交办水〔2017〕105号）

近年来，国家生态文明战略和法律法规对靠港船舶使用岸电提出了新的更高要求。2016年1月1日实施的《中华人民共和国大气污染防治法》规定:“新建码头应当规划、设计和建设岸基供电设施；已建成的码头应当逐步实施岸基供电设施改造。船舶靠港后应当优先使用岸电。”国务院《“十三五”生态环境保护规划》《“十三五”节能减排综合工作方案》和交通运输部《船舶与港口污染防治专项行动实施方案（2015-2020年）》都对推动船舶靠港使用岸电提出了明确要求。船舶排放控制区政策提出船舶可采取连接岸电等替代措施。《交通运输节能环保“十三五”发展规划》和《推进交通运输生态文明建设实施方案》明确要制定港口岸电布局建设方案”。为落实相关法律法规和文件，有序推动港口岸电设施建设，交通运输部制定了该方案。

十九、交通运输部办公厅关于印发长江干线京杭运河西江航运干线液化天然气加注码头布局方案（2017-2025年）的通知（交办规划〔2017〕109号）

推进内河水运应用液化天然气（以下称

LNG）是实现内河水运节能减排、发展绿色交通的重要举措。内河水运应用LNG尚处在起步阶段，主要涉及LNG燃料动力船舶、LNG加注码头等领域的发展和建设，为指导长江干线、京杭运河和西江航运干线LNG加注码头合理布局与建设，加快推进内河水运绿色发展，特编制本方案。《方案》根据长江干线京杭运河西江航运干线液化天然气加注码头的发展现状、发展需求，按照“市场主导、政府引导，统筹兼顾、合理布局，远近结合、突出重点”的原则，提出了布局思路和方案：到2025年前，基本建成长江干线、京杭运河、西江航运干线LNG加注码头体系。

二十、交通运输部办公厅关于印发《水路运输市场信用信息管理办法（试行）》的通知（交办水〔2017〕128号）

党的十八大提出，加强政务诚信、商务诚信、社会诚信和司法公信建设。党的十八届三中全会提出，建立健全社会征信体系，褒扬诚信，惩戒失信。2015年5月，交通运输部发布了《关于加强交通运输行业信用体系建设的若干意见》（交政研发〔2015〕75号），提出了完善信用制度标准体系等5个方面的主要任务，切实加强交通运输行业信用体系建设，推动交通运输科学发展。目前，我国水路运输领域信用体系建设尚属于起步阶段，为加强水路运输市场信用体系建设，借鉴相关行业信用信息管理的成功经验和做法，交通运输部制定出台了《办法》。本办法自印发之日起实施。

二十一、交通运输部办公厅关于印发《收费公路政府和社会资本合作操作指南》的通知（交办财审〔2017〕173号）

为推动收费公路领域开展政府和社会资本合作（简称PPP），规范收费公路PPP模式的操作流程，根据《中共中央 国务院关于深化投融资体制改革的意见》（中发〔2016〕18号）、《国务院办公厅转发财政部 发展改革委 人民银行关于在公共服务领域推广政府和社会资本合作模式的意见》（国办发〔2015〕42号）、《基础设施和公用事业特许经营管理办法》（国家发展改革委、财政部、住建部、交通运输部、水利部、人民银行令2015年第25号）、《财政部关于印发<政府和社会资本合作项目财政管理暂行办法>的通知》（财金〔2016〕92号）、《国家发展改革委关于印发<传统基础设施领域实施政府和社会资本合作项目工作导则>的通知》（发改投资〔2016〕2231号）、《财政部 交通运输部关于在收费公路领域推广运用政府和社会资本使用模式的实施意见》（财建〔2015〕111号）等规定，编制本指南。指南包括总则、项目识别和准备、社会资本方选择、项目执行（项目财政预算管理、项目建设、项目运营）、项目移交、附则等6个章节内容，共49条规定，涵盖了收费公路PPP项目从前期到投资建设再到后期运营管理的全过程。

二十二、交通运输部 中国农业发展银行关于合力推进交通扶贫脱贫攻坚工作的通知（交规划发〔2017〕2号）

“十三五”时期是打赢脱贫攻坚战的决胜阶段，交通扶贫建设任务重、资金需求量大，必须充分发挥政策性金融引导作用助推交通扶贫脱贫攻坚工作。为深入贯彻落实中央扶贫开发工作会议精神和《中共中央国务院关于打赢脱贫攻坚战的决定》的部署要求，加快推进贫困地区交通发展，充分发挥政策性金融作用，破解贫困地区交通建设资金难题，交通运输部与中国农业发展银行决定合力推进交通扶贫脱贫攻坚工作。主要内容包括：扎实推进交通扶贫脱贫攻坚工作重点任务；建立合力推进交通扶贫脱贫攻坚工作的紧密协作机制；深化合作，不断创新交通扶贫融资模式。

二十三、交通运输部　国家旅游局　国家铁路局　中国民用航空局　中国铁路总公司　国家开发银行　关于促进交通运输与旅游融合发展的若干意见（交规划发〔2017〕24号）

旅游业是国民经济重要的战略性支柱产业，交通运输是旅游业发展的基础支撑和先决条件。近年来，我国综合交通运输体系不断完善，交通运输与旅游融合发展已经成为旅游业转型发展的新趋势。为深入贯彻党中央、国务院关于推进供给侧结构性改革的决策部署，落实《国务院关于促进旅游业改革发展的若干意见》（国发〔2014〕31号），进一步扩大交通运输有效供给，优化旅游业发展的基础条件，加快形成交通运输与旅游融合发展的新格局，制定本意见。主要任务为：完善旅游交通基础设施网络体系；健全交通服务设施旅游服务功能；推进旅游交通产品创新；提升旅游运输服务质量；强化交通运输与旅游融合发展的保障措施。

二十四、交通运输部　国家标准化管理委员会关于印发《交通运输标准化体系》的通知（交科技发〔2017〕48号）

为贯彻落实国务院《深化标准化工作改革方案》《国家标准化体系建设规划（2016-2020年）》和《“十三五”现代综合交通运输体系发展规划》，加强和改进交通运输标准化工作，推进现代综合交通运输体系建设，促进铁路、公路、水运、民航、邮政等各种运输方式深度融合和协调发展，交通运输部、国家标准化管理委员会编制了《交通运输标准化体系》。

二十五、交通运输部　国家发展改革委关于印发《港口收费计费办法》的通知（交水发〔2017〕104号）

为深入贯彻落实党中央、国务院全面深化改革，清理规范涉企经营服务性收费、减轻企业负担的决策部署，充分发挥市场对资源配置的决定性作用和更好发挥政府作用，促进港口更好地服务国民经济、对外贸易和航运事业发展，依据《港口法》《价格法》和《中央定价目录》，交通运输部会同国家发展改革委对《港口收费计费办法》进行了修订。

二十六、交通运输部　中央宣传部　中央网信办　国家发展改革委　工业和信息化部　公安部　住房城乡建设部　人民银行　质检总局　国家旅游局关于鼓励和规范互联网租赁自行

车发展的指导意见（交运发〔2017〕109 号）

互联网租赁自行车是移动互联网和租赁自行车融合发展的新型服务模式。特别是近年来，我国互联网租赁自行车快速发展。但一些问题不可忽视，主要表现为车辆乱停乱放、车辆运营维护不到位、企业竞争无序、企业主体责任不落实、用户资金和信息安全风险等，这些问题制约和影响了行业发展和公众出行，亟待予以解决。党中央、国务院对此高度关注。李克强总理指出，共享单车作为分享经济催生的新业态，要深入研究并加强对地方政府的指导，为分享经济规范健康发展营造良好环境。按照国务院的决策部署，交通运输部联合有关部门，在各地管理实践基础上，共同研究制定了《关于鼓励和规范互联网租赁自行车发展的指导意见》。《指导意见》共包含 5 个部分和 16 项条款。

二十七、交通运输部 住房城乡建设部关于促进小微型客车租赁健康发展的指导意见（交运发〔2017〕110 号）

小微型客车租赁是满足人民群众个性化出行、商务活动、公务活动和旅游休闲等需求的交通服务方式。为促进新形势下小微型客车租赁的健康发展，推动移动互联网与小微型客车租赁的融合发展，更好满足人民群众多层次出行需求，制定本指导意见。《指导意见》主要内容包括：夯实安全管理基础、提升服务能力、鼓励分时租赁发展、营造良好发展环境。

二十八、交通运输部等十四个部门关于印发促进道路货运行业健康稳定发展行动计划（2017-2020 年）的通知（交运发〔2017〕141 号）

道路货运是综合交通运输体系的重要组成部分，是国家物流系统的重要依托载体，是国民经济发展重要的基础性服务业。道路货运行业的健康稳定发展，事关国民经济的平稳运行，事关物流业的降本增效，事关城乡居民的生产生活，也是道路货运行业广大从业人员安居乐业的基本要求。改革开放以来，我国道路货运业取得长足发展，对经济社会发展做出巨大贡献，但长期积累的“多、小、散、弱”等结构性矛盾日益突出，普通运力相对过剩，经营业户负担较重，货车司机生产生活条件较差，保稳定、促发展任重而道远。为贯彻落实党中央、国务院进一步促进道路货运行业健康稳定发展的工作部署和要求，制定本专项行动计划。

二十九、交通运输部等十三个部门关于加强船用低硫燃油供应保障和联合监管的指导意见（交海发〔2017〕163 号）

近年来，我国局部地区大气污染形势严峻，控制船舶大气污染物排放势在必行。《中华人民共和国大气污染防治法》明确要求，内河和江海直达船舶应当使用符合标准的普通柴油，远洋船舶靠港后应当使用符合大气污染物控制要求的船舶用燃油；进入排放控制区的船舶应当符合船舶相关排放要求。随着珠三角、长三角、环渤海（京津冀）水域船舶排放控制区实施方案的推进，以及国际公约提出的2020年船舶使用低硫燃油时限的逼近，保障合规的船用低硫燃油供应已成为当前和今后一段时期控制船舶大气污染的关键。为落实绿色发展理念，推进供给侧结构性改革，维护船用燃油流通市场秩序，保障船用低硫燃油供应，制定本意见。

三十、交通运输部 公安部关于治理车辆超限超载联合执法常态化制度化工作的实施意见（试行）（交公路发〔2017〕173号）

为全面贯彻党的十九大精神，以习近平新时代中国特色社会主义思想为指导，认真落实《关于进一步推进物流降本增效促进实体经济发展的意见》（国办发〔2017〕73号）要求，交通运输部会同公安部联合印发了《关于治理车辆超限超载联合执法常态化制度化工作的实施意见（试行）》，要求各地交通运输、公安部门严格规范治超执法检查和处罚行为，优化营商环境，促进实体经济发展。《实施意见》从系统部署角度出发，设计了联合执法的总体架构。

三十一、交通运输部 中央军委装备发展部关于印发北斗卫星导航系统交通运输行业应用专项规划（公开版）的通知（交规划发〔2017〕187号）

"十二五"至"十三五"期，国家相继印发了《国家卫星导航产业中长期发展规划》《"十三五"现代综合交通运输体系发展规划》《关于经济建设和国防建设融合发展的意见》等重要文件，大力推动北斗系统应用，并将交通运输行业作为北斗系统应用的重要领域，对行业北斗系统应用工作提出了新的要求。为落实国家安全战略，进一步推动北斗卫星导航系统在交通运输行业的应用，充分发挥北斗系统在提高行业管理和服务水平方面的作用，助力北斗系统建设发展，交通运输部会同中央军委装备发展部，组织编制了《北斗卫星导航系统交通运输行业应用专项规划（公开版）》。

三十二、交通运输部 国家发展改革委 国家旅游局 国家铁路局 中国民用航空局 国家邮政局 中国铁路总公司关于加快推进旅客联程运输发展的指导意见（交运发〔2017〕215号）

旅客联程运输是通过对旅客不同运输方式的行程进行统筹规划和一体化运输组织，实现旅客便捷高效出行的运输组织模式。旅客联程运输可充分发挥各种运输方式的比较优势、提高综合运输组合效率，改善旅客出行体验，对于推进交通运输供给侧结构性改革，促进现代综合交通运输体系发展，建设人民满意交通具有重要意义。当前，我国旅客联程运输发展尚处于起步阶段，联运设施不完善、信息资源不共享、运营规则不衔接、法规标准不适应、联运服务不规范等问题还比较突出，与人民群众的出行期待还有较大差距。为深入贯彻党的十九大关于建设交通强国的战略部署，落实《“十三五”现代综合交通运输体系发展规划》（国发〔2017〕11号）任务安排，加快推进旅客联程运输发展，更好地满足人民群众对美好生活的需要，制定本指导意见。

三十三、交通运输部办公厅　广东省人民政府办公厅　广西壮族自治区人民政府办公厅　贵州省人民政府办公厅　云南省人民政府办公厅关于印发珠江水运科学发展行动计划（2016-2020年）的通知（交办水〔2017〕52号）

为深入贯彻落实国家“一带一路”倡议、深化泛珠三角区域合作，实施珠—西江经济带发展规划，打造畅通、高效、平安、绿色的珠江水运体系，切实推动珠江水运科学发展，特印发该计划。计划要求，牢固树立创新、协调、绿色、开放、共享发展理念，以促进流域经济社会发展为核心，以制约珠江水运发展突出问题为导向，以推进基础设施建设为抓手，着力改善通航条件、推进转型发展、强化安全管理、完善体制机制，合力建设珠江黄金水道。

三十四、交通运输部办公厅　天津市人民政府办公厅　河北省人民政府办公厅关于印发《加快推进津冀港口协同发展工作方案（2017-2020年）》的通知（交办水〔2017〕101号）

交通运输是京津冀协同发展的先行领域，港口是综合交通运输体系的重要枢纽。为深入贯彻《京津冀协同发展规划纲要》《京津冀协同发展交通一体化规划》，加快完善津冀港口功能布局，优化港口资源配置，推进区域港口协同发展，特制定本工作方案。

三十五、财政部　交通运输部关于印发《地方政府收费公路专项债券管理办法（试行）》的通知（财预〔2017〕97号）

随着《中华人民共和国预算法》（2014年修订）的实施和《国务院关于加强地方政府性债务管理的意见》（国发〔2014〕43号）的印发，地方原有各类交通融资平台的政府融资功能被取消，发行地方政府债券成为地方政府实施债务融资新建公路的唯一渠道。政府收费公路“贷款修路、收费还贷”模式需要相应调整，改为政府发行专项债券方式筹措建设资金。目前，我国公路发展还处于成网的关键时期，适度发展政府收费公路有利于路网的完善优化，发行政府收费公路专项债券有利于拓展公路建设筹资渠道，也有利于规范地方政府举债行为。《办法》依据现行法律法规和地方政府债务管理规定，从额度管理、预算编制、预算执行和决算、监督管理、职责分工等方面，提出了地方政府收费公路专项债券管理的工作要求。

第四章　交通运输部制定的有关重大改革事项

2017 年是全面深化改革向纵深推进的关键一年，是供给侧结构性改革的深化之年。交通运输部全面深化改革领导小组认真贯彻落实中央改革决策部署，不断增强改革定力，加强改革协同，着力抓好改革举措的落地实施，着力提高改革整体效能、扩大改革受益面，全面深化交通运输改革取得积极成效。

第一节　改革工作总体推进情况

2017 年，交通运输部共召开全面深化改革领导小组专题会议 10 次，研究 33 项改革议题，审议通过 36 件改革文件。《2017 年全面深化交通运输改革工作要点和重点任务分工方案》部署的 8 大类 62 项重点改革任务全部如期完成。截至 2017 年底，改革任务完成率达 100%。

中国民用航空局坚持统筹兼顾，协同推进，确立“1+10+N”的深化民航改革工作总体框架，瞄准安全监管、枢纽建设、运行监控、空域资源、服务品质、适航审定、应急处置、通航发展、行业治理、科教创新等焦点，集中发力，不断破解行业发展中的矛盾和问题，分解到 2017 年的 158 项改革举措已完成 148 项，完成率达 93.7%。

一、深入贯彻落实中央改革部署

2017 年，交通运输部深入学习贯彻习近平总书记在中央深改组历次会议上的重要讲话精神，形成交通运输部关于主要负责同志亲力亲为抓改革、加强改革督察问效等工作的报告，报送中央改革办。认真抓好《2017 年深化经济体制改革重点工作意见》中涉及交通运输部 3 项改革任务的组织实施，与相关部委协同推进重大公益性基础设施优惠政策制定、道路客运旅客票价改革、国际贸易“单一窗口”推广等重点改革工作。提炼形成 4 项行业重大改革议题，并与中央改革办进行了积极沟通协调。

二、加强改革统筹谋划

印发《2017 年全面深化交通运输改革工作要点和重点任务分工方案》，制定《交通运输全面深化改革行动计划（2018-2020 年）》。建立改革台账，每月形成部统筹推出的改革成果和提请部深改组审议的改革议题清单，统筹推进 62 项重点改革工作。梳理总结党的十八大以来全面深化交通运输改革成果，开展《全面深化交通运输改革的意见》评估工作。

民航局按照党中央关于全面深化改革的总体要求，形成了“1+10+N”的改革工作总体框架，“1”即《关于进一步深化民航改革工作的意见》，“10”即根据《民航局关于进一步深化民航改革工作的意见》提出的，经民航局党组研究确定的，针对民航安全发展某一主要方面的改革任务，目前共 10 项，“N”即根据专项改革任务推进情况和具体改革工作需求提出的，经领导小组研究确定的，针对某一专门事项或特定问题的改革任务，目前为13项。

三、强化改革举措落地

总体完成9项全面深化交通运输改革试点，部分试点地区取得积极成效。组织开展9项试点评估工作，形成评估报告。深入多地开展调研，推动改革任务的落地和重点难点问题的解决，总结形成一批典型经验，部分地区改革经验在2018年全国交通运输工作会议上进行了大会交流。组织召开电视政论片《将改革进行到底》专题学习座谈会，交流改革工作做法经验。

民航领域为确保改革取得实效，出台《民航改革任务督查办法》，把改革任务列入重点督办事项。强化各级领导干部尤其是主要负责同志的主体责任，明确各专项改革工作的任务主体，建立领导小组月例会制度、季度通报制度和年度考核制度等工作制度，对改革整体推进情况进行全程跟踪督查。同时，重点跟踪督促京津冀协同发展、首都机场集团、民航博物馆、局属建设类企业股份制改革等重要改革方案的推进落实，拓展改革督查工作的广度和深度，确保改革方向不偏离，改革任务不落空，改革措施落地生效。

四、建立健全改革工作机制

印发《部全面深化改革领导小组、专项小组和办公室成员调整名单》，将3个国家局人员充实到部深改组。印发《部全面深化改革领导小组工作细则》，全面推行月度改革清单制度和月度改革会议制度。印发《部改革任务督察工作方案》，由部领导带队开展6项专项督察。在部全面深化改革领导小组指导下，成立深化供给侧结构性改革、财政事权与支出责任划分改革、“放管服”改革领导小组（专项办公室），加强对重点关键领域改革的统筹督导。在中央改革办《改革情况交流》等重要刊物上刊登供给侧结构性改革等行业重点改革进展情况，向全行业刊发11期《改革与政策研究》参阅件。参与《中国改革年鉴》编纂工作，连续2年被评为先进单位。

民航局专门成立了改革领导小组，负责民航改革的总体安排、统筹协调、整体推进、督促落实，由局长亲自担任改革领导小组组长，党组其他成员任副组长，民航局机关相关部门及部分直属单位为改革领导小组的成员，共同参与改革事项的议定。改革领导小组下设办公室，负责改革领导小组的综合协调和日常工作。成立10个改革专项工作组，设立总召集人制度，每个专项方案指定一个主办部门负责人作为总召集人，负责该专项工作任务的方案制定、方向把握、协调督促。

第二节　改革的主要进展和成效

一、深化交通运输供给侧结构性改革

印发实施《2017年交通运输供给侧结构性改革工作要点》。蒙、甘、青、宁政府还贷二级公路收费全面取消，全年少收车辆通行费21.6亿元。在晋、浙、豫、湘四省组织开展高速公路分时段差异化收费试点，全年优惠车辆通行费约6.3亿元。督促各地全面清理跨省大件运输并联许可过程中各种不合规收费，全面清理了违规收取的检测费、验算费、赔补偿费，有序推进按照基本费率标准收取合法大件运输车辆通行费。停征船舶登记费、船舶及船用产品设施检验费，中央仅保留一项交通领域涉企行政事业性收费，预计每年减轻企业负担约7亿元。印发《推进物流大通道建设行动计划（2016-2020年）》部内任务分工方案。加快推进货运车型和物流装备标准化，更新改造不合规车辆运输车约1.8万辆，新增6位半挂车、中置轴车辆运输车约7500辆，编制冷链运输系列标准。拆解内河单壳液货危险品船和老旧运输船7296艘，新建三峡大长宽比示范船17艘、LNG（液化天然气）动力示范船87艘，更新建造海船668万吨载重，拉动船舶工业产值260亿元以上。指导江苏、广西完成了区域港口一体化发展改革试点，示范推动江苏、重庆等地成立了省级港口集团；会同天津、河北两省联合印发文件，合力推进津冀港口协同发展；梳理总结浙江强力推进区域港口一体化改革经验，发文并向行业推广。无车承运人试点企业共整合社会零散运力53.8万辆，完成运单1200万多单、运量1.2亿吨，车辆里程利用率提高约60%，司机月收入增加30%-40%。协调解决了无车承运人增值税进项抵扣问题，降低税负约30%-40%，实现高速公路通行费增值税电子普通发票统一开具，最大限度方便纳税人获取发票和实现税款抵扣。开展"互联网+"交通物流新业态调研，印发《智慧交通让出行更加便捷行动方案（2017-2020年）》，支持建设了31个货运枢纽（物流园区），其中7个具有冷链服务功能。

国家铁路局印发《2017年推进铁路供给侧结构性改革工作要点》。为推动供给侧结构性改革采取了以下措施：一是推动贯彻落实中央经济工作会议精神，调整运输结构，充分发挥铁路运量大和绿色环保优势，增加铁路货运量，鼓励引导煤炭、矿石等大宗货物使用铁路运输，提高港口大宗货物和集装箱海铁联运比例，扩大铁路在大宗货物运输中的市场份额。二是引导不同运输方式合理分工、优势互补，促进运输方式结构优化，加快构建以绿色铁路为骨干的复合型物流大通道和节能型综合交通运输体系。通过政策引导，提升综合运输服务效率，降低用能、物流成本。三是支持新研制的时速350公里纵向卧铺动车组、时速160公里动力集中长编动车组、经适应性改造的动车组餐车、公铁联运驮背运输车等定型产品，在确保安全的前提下尽快上线运营。对新型城际动车组、可变编组动车组、时速160-200公里系列快捷货车、冷藏货物铁路运输装备、快捷棚车等新型产品，主动了解需求，关注研发进度，做好相关服务。四是推进实施《铁路"十三五"发展规划》。深入开展雄安新区等区域铁路网、京沪第二通道等重大项目规划研究，指导地方政府更好推进前期工作，抓好技术储备。发挥专业优势，及时高效出具铁路项目行业意见，为国家审批和核准铁路项目建设提供技术支持。组织开展《铁路"十三五"发展规划》中期评估，结合新形势新要求以及规划实施进展，研究提出规划调整和政策支持建议。推进铁路投融资体制改革，重点抓好民间资本投资铁路项目特别是国家示范项目的行业指导工作，鼓励地方和民间资本投资铁路建设。加强对杭温铁路、杭绍台铁路等前期批复项目调研，着力推动城际铁路、市郊（域）铁路有序发展。

国家邮政局出台加快推进邮政业供给侧结构性改革意见，推动出台电子商务与快递物流协同发展意见。为推动供给侧结构性改革逐步深化，推行了以下措施：一是加强基础设施建设。实施2017年西部和农村地区邮政普遍服务基础设施建设项目。邮政企业建成仓储配送中心1000余个，新开一级干线汽车邮路153条，建立统一指挥调度体系，实现全网全环节实时监控。全国累计建成邮政便民服务站36.7万个、快递公共投递服务站3.15万个、智能快件箱20.6万组，箱递率提升到7%。快递"上机上车"工程取得新突破，邮政快递包裹占到航空货邮运输量的40%，高铁快递示范线建设、铁路场站设施综合利用等顺利推进。二是推动企业改革创新。邮政企业寄递服务供给侧改革成效明显，聚焦包裹快递业务加快调整业务结构，聚焦农村市场打造全国规模最大的农村综合便民服务平台，聚焦跨境电商服务加快国际业务发展。三是加快培育新动能。重点企业积极拓展冷链、医药递送等高附加值业务，推出大包裹、快运、云仓、供应链解决方案等新产品，加快向综合寄递物流服务商转型。即时递送、代收代投等新业态为城市寄递服务提供了有益补充。服务制造业、现代农业、跨境电商能力不断增强。快递与制造业协同发展示范项目已达301个，年支撑制造业产值2375亿元，全国农村地区收投快件量超过100亿件，顺丰、圆通、中通和申通等企业采取合资、并购和联盟等方式积极拓展国际网络。四是促进行业科技创新。印发邮政业应用技术研发指南，制定行业技术研发中心认定管理和科技奖励办法。“物流信息互通共享技术及应用”国家工程实验室正式获批成立。全国建成上百个智能化分拨中心，无人仓、无人机和无人车开始尝试应用，行业科技交流日趋频繁。五是打造高素质人才队伍。新增邮政工程、邮政管理两个本科专业，4所现代邮政学院在校生已达1100人。遴选出22个全国职业院校邮政、快递类示范专业点和第二批全国邮政行业人才培养基地。

二、深化交通运输投融资体制机制改革

(一) 建立稳定的资金保障渠道

会同财政部联合印发《地方政府收费公路专项债券管理办法（试行）》。协调财政部发文明确新增一般债券优先用于普通公路。研究设立公路发展基金。与10家金融机构建立战略合作关系，明确“十三五”期对交通运输行业支持授信额度不少于3.9万亿元。制定《防范和化解交通运输领域债务风险的指导意见》，指导地方加强债务风险防范。

国家铁路局积极贯彻落实《国务院关于改革铁路投融资体制加快推进铁路建设的意见》（国发〔2013〕33号）和《关于进一步鼓励和扩大社会资本投资建设铁路的实施意见》（发改基础〔2015〕1610号）精神，鼓励引导社会资本参与铁路建设经营，推进政府和社会资本合作形式铁路建设。杭绍台铁路等铁路领域PPP示范项目开工建设；国家发展改革委、住房和城乡建设部、交通运输部、国家铁路局、中国铁路总公司联合下发《关于促进市域（郊）铁路发展的指导意见》（发改基础〔2017〕1173）号文件，着力推动城际铁路、市郊（域）铁路有序发展。

中国民用航空局修订投资准入制度，优化供给结构。修订《国内投资民用航空业规定》，落实国务院关于国企改革和鼓励民间投资政策要求，进一步放宽三大航空公司、主要运输机场的国有或国有控股要求，放开通用机场和行业其他主体之间的相互投资限制，为激发市场活力，推进国企混改、引进社会资本参与机场建设、促进通航投资发展等创造良好的制度环境。制定发布《<外商投资民用航空业规定>的补充规定（六）》，落实自贸试验区、开放协定等试点内容。

(二) 推进中央与地方财政事权和支出责任划分改革

交通运输部统筹铁路、公路、水路、民航、邮政领域改革方案的研究制定，召开3次部深改组会、5次专题会、2次座谈会，强化协同、整体推进，形成全口径的《交通运输领域中央与地方财政事权和支出责任划分改革方案》，报财政部。

(三) 全面推广运用交通基础设施PPP模式

联合国家发展改革委印发《进一步做好收费

公路政府和社会资本合作项目前期工作的通知》。跟踪分析 PPP 模式推广运用情况，交通运输部 PPP 试点项目已进入建设运营阶段。修订《收费公路政府和社会资本合作操作指南（试行）》，指导地方交通运输部门规范操作。

三、深化交通运输法治建设，加快转变政府职能

（一）深入推进交通运输“放管服”改革

印发《贯彻落实国务院推进简政放权放管结合优化服务改革电视电话会议精神的意见》《推进交通运输供给侧结构性改革改善投资和市场环境进一步推进“放管服”改革降低物流成本的通知》。新取消 6 项部行政许可事项和中央指定地方实施行政许可事项，向国审办报送拟取消“经营港口理货业务许可”等 9 大项 4 小项行政许可事项。取消职业资格类证照 15 项、许可类证照证明 36 项。印发《交通运输部 公安部 质检总局关于加快推进道路货运车辆检验检测改革工作的通知》，合并“营运证年审”与“车辆行驶证年检”，会同公安、质检等部门推进营运性货车综合性能检测与机动车安全技术检验合并。深入推进投资审批改革，实现中央事权项目零核准，除跨境项目外零审批。印发《全面规范交通运输领域行政处罚、行政检查和涉企收费的通知》，向社会公布部级事项清单，开展全面排查整治。印发《推进“双随机、一公开”监管工作的实施意见》，修订公布《交通运输部“双随机”抽查事项清单》，将随机抽查事项扩大至 40 项，开展国内省际客船、危险品船运输“双随机”抽查。深入推进行政许可标准化，编制行政许可服务指南和行政审批审查工作细则。建设运行了“交通运输部行政许可网上办理平台”，实现“让数据多跑路，让群众少跑腿”。完成跨省大件运输并联许可全国联网，实现了“一地办理，全国通行”提前完成国务院常务会议确定的年底前实现全国联网的目标任务。加强行业基础数据库建设，提高审批实效。

国家铁路局围绕推进政府职能转变，突出“放管服”改革。全面清理削减原铁道部行政审批事项，非行政许可审批事项全部取消，25 项行政许可事项仅保留 6 项。铁路运输基础设备审批事项产品目录由 148 项减至 40 项。铁路机车车辆驾驶人员许可准驾类型由 21 类精简合并为 9 类，考试科目从 6 项精简为 4 项，取消了驾驶证年审制度。铁路运输企业准入许可从前置审批改为后置审批，实行“先照后证”，不设置对申请企业的注册资本等限制，不设置企业年检。清理规范行政审批中介服务事项，8 件中介服务事项中的 7 件已取消。清理涉及许可的行政事业性收费项目，规范铁路机车车辆驾驶资格考试收费。对保留的行政许可，精简优化申报材料清单内容 11 项。严格执行审批时限承诺制，所有审批事项均按法定时限做到“零超时”，平均办结时限比法定时限减少 26%。对于因新线投产开通、装备更新采购、国家政策调整及其他正当理由急需办理的行政许可申请，建立“绿色通道”。加强行政许可窗口建设，积极推进网上行政许可服务平台和数据库建设，将服务从实体窗口向网上窗口延伸，提高行政效能。累计办结 68 家运输企业许可申请，办理铁路无线电台设置和频率指配企业 114 家，为 106534 名驾驶人员办理了资格许可。

国家邮政局深化“放管服”改革。全面完成国家局和省（区、市）局两级“三个清单”编制工作。进一步优化审批和网上办理流程，精简快递业务经营许可批准手续，建立承诺告知制度，快递业务经营省内许可平均时限缩短为 13.4 个

工作日。完善了邮政普通包裹资费体系结构改革方案。

（二）继续推进交通运输综合行政执法改革

加快推进《推进交通运输综合行政执法改革的指导意见》的出台工作。持续推进交通运输行政执法"三基三化"建设，研究编制标准和制度体系。全面推进交通运输行政执法信息化建设，印发系统工程建设指南。开展执法"三项制度"试点工作。组织完成全国交通运输行政执法评议考核工作。

（三）加快推进交通运输信用体系建设

会同国家发展改革委联合印发《"信用交通省"创建工作方案》并召开动员部署会。印发《2017年交通运输信用体系建设工作要点及分工方案》，初步建立行业、部、司局三级信用沟通协调机制。初步建成全国交通运输信用信息共享平台，汇集各类信用信息约3000万条。在部级"信用交通"网站公开部级行政许可和行政处罚信息共80627条，公布失信黑名单信息271条。与35个部委签署印发《关于对严重违法失信超载超限车辆相关责任主体实施联合惩戒的合作备忘录》的通知。开展联合惩戒落实工作，累计限制逾810万人次购买飞机票，限制近320万人次购买列车软卧、高铁、其他动车组一等以上车票。在公路工程、水运工程、运输服务、海事执法等领域开展信用评价工作。印发《水路运输市场信用信息管理办法（试行）》《公路水路行业安全生产信用管理办法（试行）》《海事信用信息管理办法》等指导性文件。发布《公路水路建设与运输市场信用信息分类编码与格式》4项系列信用标准。

国家铁路局围绕构建铁路建设市场信用体系的重难点问题，研究提出信用制度框架、实施步骤和阶段目标。探索研究铁路工程建设市场"黑名单"制度，起草《铁路工程建设失信行为认定记录公布管理办法》，会同国家发展改革委等部门推动建立跨部门联合惩戒机制，加快构建铁路工程建设领域信用体系。与国家质量监督检验检疫总局、国家发展改革委等部门协同配合，加快推进诚信体系建设，完善质量守信联合激励和失信联合惩戒制度，提高依法行政能力；积极采取多部门联合执法等方式，加强质量安全监管，促进铁路行业持续健康发展。

中国民用航空局制定了《民航行业信用管理办法（试行）》，签署了11个部际信用合作备忘录。中国民用航空局积极推进通航诚信管理体系建设，规范通航市场监管，严格通航载客类监管，严惩失信行为。

国家邮政局积极推动信用体系建设，加快信用管理信息系统建设应用，强化守信激励和失信惩戒。制定快递业信用管理暂行办法和信用评定指标，举办"诚信快递、你我同行"主题宣传活动。

四、深化公路管理体制机制改革

（一）推进《收费公路管理条例》修订

加强与国务院法制办沟通协调，对收费公路重要制度和关键问题开展深化研究，完成《〈收费公路管理条例〉修订重要制度和关键问题研究》《国外收费公路发展情况与经验借鉴》等一系列研究成果。完成"全国收费公路监管信息系统"项目建设工可报告编制和上报工作，提前实现数据库临时上线。印发《交通运输部办公厅关于完善收费公路基础信息工作的通知》，组织各地完善收费公路基础信息，摸清收费公路底数，形成《收费公路大数据分析报告》。组织召开专家座谈会和行业座谈会，充分征求各方意见。

（二）深化公路建设管理体制改革

积极试行公路建设项目自管、代建、设计施工总承包等新型管理模式，完成湖南、江西、山西试点评估工作。加强地方公路建设管理指导，制定干线公路建设管理制度。

（三）推进公路养护市场化改革

制定《公路养护工程管理办法》《加快发展和规范公路养护市场的指导意见》，印发《全国公路养护市场管理调研工作方案》，制定公路养护作业单位资质管理办法和公路养护作业单位资质分类标准。

（四）深化农村公路管理养护体制改革

深入贯彻落实习近平总书记关于“四好农村路”的重要批示精神，召开全国“四好农村路”养护现场会，组织开展《农村公路管理养护体制改革方案》修订工作。

五、深化水路管理体制机制改革

（一）加快海运业对外开放

将上海等4个自贸区部分海运试点政策复制推广到新增的自贸区，提出将5项海运试点政策向全国复制推广的建议。

（二）深化港口价格形成机制改革

改革拖轮费计费方式，预计每年可降低航运企业成本2亿元。优化船舶引航收费结构，降低大型船舶引航收费。将政府定价的国内客运和旅游船舶作业费、理货服务费调整为市场调节价，进一步减少政府定价收费项目。

（三）加快水上搜救应急保障体系建设

加强值班工作顶层设计，持续提升综合应急指挥中心运行管理水平。制定《加强水上搜救工作的意见》。

六、完善现代运输服务体系

（一）推进大城市交通拥堵综合治理

制定《重点督办建议有效治理交通拥堵等“城市病”办理工作方案》，报全国人大。由部领导带队，邀请相关全国人大代表、各有关部门参加，开展“缓解城市交通拥堵”专题调研。召开公交都市创建暨综合运输服务示范城市创建工作现场推进会，共87个城市开展了公交都市创建。颁布实施《城市公共汽车和电车客运管理规定》。

（二）深化道路客运和出租汽车行业改革

印发《深化改革加快推进道路客运转型升级的指导意见》。联合国家发展改革委起草加快推进道路运输价格市场化改革的指导意见。修订《汽车客运站收费规则》，整合《汽车运价规则》《道路运输价格管理规定》内容，形成《道路运输价格管理规定》。印发《道路客运接驳运输管理办法（试行）》。29个省（区、市）已建成或基本建成省城道路各区互联网售票系统。全国二级及以上客运站联网售票覆盖超过94.9%，推动实现出租汽车从业资格全国公共科目考试与区域科目考试“两考合一”。191个城市公布了出租汽车改革落地实施细则，47家网约车平台公司在部分城市获得经营许可，行业发展逐渐步入良性发展轨道。制定《推进旅客联程运输发展的指导意见》。

（三）落实汽车维修和驾驶员培训领域改革

印发《开展汽车维修电子健康档案系统建设工作的通知》及配套建设指南，召开全国汽车维修电子健康档案系统建设电视电话会议，发布实施《机动车维修结算清单》等5项标准。全国提供“计时培训、按学时收费、先培训后付费”服务的驾培机构达13238家，覆盖率达78%。启动《机动车驾驶员培训管理规定》修订工作，联合公安部印发《开展大型客货车驾驶员职业教育的通知》。22个省份与全国驾培数据交换与服务平台完成对接。

七、深化交通运输安全生产领域改革

深入贯彻落实《中共中央国务院关于推进安

全生产领域改革发展的意见》，印发《推进公路水路行业安全生产领域改革的实施意见》。印发《公路水路行业安全生产风险管理暂行办法》《公路水路行业安全生产隐患治理暂行办法》，创新安全监管方式。印发《公路水路行业安全生产监督管理工作责任规范导则》，印发《公路水路行业安全生产考核评价办法》及考核评价指标，健全安全生产责任体系及考核机制，开展安全生产大检查和平安交通专项整治行动督察，对交通运输企业安全生产标准化一级评价机构开展“双随机”抽查。颁布《长江干线水上交通安全管理特别规定》《长江三峡水利枢纽过闸船舶安全检查办法》，进一步规范了长江干线水上安全管理工作。印发《贯彻落实国务院危险化学品安全综合治理的任务分工》。印发《港口危险货物安全管理规定》，督促各地按照《危险货物港口作业安全治理专项行动方案（2016-2018 年）》开展专项治理行动，进一步明晰了安全监管责任边界。开展城市轨道交通运营安全大调研，会同公安部、住建部、安监总局联合印发《关于联合开展 2017 年城市轨道交通安全督查的通知》，开展行业安全隐患排查。

国家铁路局印发《贯彻落实〈中共中央国务院关于推进安全生产领域改革发展的意见〉实施办法的通知》。

国家邮政局印发推进邮政业安全生产领域改革发展的指导意见。“绿盾”工程成功立项并纳入国家重大建设项目库，加强从业人员安全管理和培训。

八、深化部机关和部属单位体制机制改革

（一）积极开展部机关行政管理体制改革前瞻性研究

按照党的十九大关于深化机构和行政体制改革要求，提前谋划国务院机构改革涉及交通运输部事项。

（二）巩固完善部属单位改革任务

统筹做好长航局系统事业单位分类、长江航道工程局公司转企改制等工作。完成长江航运行政管理体制改革、长江干线水上综合执法改革督察评估工作。印发实施《深化直属海事系统基层执法机构改革方案》，制定《深化直属海事系统管理体制改革意见》《深化航海保障管理体制改革意见》。实施《深化救捞系统管理体制改革意见》，将救助飞行队由部救捞局管理调整为海区救助局管理，巡航救助一体化成效明显。完成珠航局行政事业单位改革试点工作，整体由参公事业单位转为行政机构，强化了珠航局作为部派出机构，代部对珠江航运事务进行管理和统筹协调的作用。

（三）加快推进港航公安管理体制等改革工作

印发《深化港航公安机关管理体制改革方案》。印发《部属事业单位分类意见》。积极推动交通运输部公路院、交科院改革试点，将改革经验逐步向部属科研单位复制推广。完成第二批 5 家行业协会脱钩工作。指导交通运输部公路院、天科院、交科院、水运院剥离所属检验检测认证机构，组建交通检验检测集团。深入推进大连海事大学综合改革，学校获批准成为国家一流学科建设高校。落实《建设国际一流中国船级社的意见》。稳慎推进部招待所经营类事业单位改革。联合中央编办印发《地方交通运输行业承担行政职能事业单位改革试点的意见》，配合中央编办推进江苏、安徽、宁夏、广东试点工作。

九、国有铁路企业公司制改革取得重大进展

截至 2017 年 11 月 15 日，中国铁路总公司

所属18个铁路局均已完成公司制改革工商变更登记，19日正式挂牌，这标志着铁路公司制改革取得重要成果，为国有铁路企业实现从传统运输生产型企业向现代运输经营型企业转型发展迈出了重要一步。

在推进铁路局公司制改革的同时，中国铁路总公司本级的公司制改革方案建议已经报国家出资人代表财政部；中国铁路总公司机关组织机构改革基本完成，内设机构精简调整，机关部门、二级机构、人员编制分别精简10.3%、26.6%、8.1%，工作流程进一步优化；中国铁路总公司所属非运输企业公司制改革进展顺利，年内将基本完成。

（注：本章包含了铁路、民航、邮政领域的部分改革事项，详细改革情况请见第三篇相关章节。本章涉及部分改革文件见本书第七篇。）

第三篇
发展成就

Section Three
Development Achievements

第一章　综合交通

第一节　综合交通运输管理体制机制改革

截至2017年底，国家层面“一部三局”架构基本建立，省级层面已有17个省（区、市）基本建立了综合交通管理体制或运行协调机制。

一、国家层面

（一）深化综合交通运输管理体制机制改革

制定《深入推进综合交通运输改革发展的若干意见》。研究建立国家综合交通运输运行服务部际联席会议制度。印发《“十三五”现代综合交通运输体系发展规划》部内任务分工方案，完善规划实施机制。推动综合交通运输标准制修订，发布《多式联运货物分类与代码》《系列2集装箱分类、尺寸和定额质量》等4项多式联运标准。完成《国内集装箱多式联运运单》《商品车多式联运滚装操作规程》等7项标准的编制。

（二）大力推动多式联运政策落地

交通运输部会同3个国家局和铁路总公司，召开全国多式联运现场推进会，印发重点任务安排推动《交通运输部等十八个部门关于进一步鼓励开展多式联运工作的通知》落地。联合国家发展改革委印发《公布第二批多式联运示范工程项目名单的通知》，公布了30个示范项目，项目分步覆盖26个省份，项目类型涵盖了公路货运枢纽，沿河和内河港口，以及航空货运枢纽，推进以港口为枢纽的铁水联运发展，完善铁水联运网络布局，拓展服务功能，推进环渤海港口煤炭运输结构调整。目前沿海7个主要集装箱港口已拥有190个内陆场站，开通了207条国内班线和31条国际班线，2017年集装箱铁水联运量超过300万标准箱，发展明显加速，增速达到30%。建立多式联运动态监测指标体系。

二、省级层面

全年，6个省份建立起综合交通运输大部门管理体制。

天津市交通运输委员会负责组织拟订综合交通运输发展战略，协调铁路、公路、水路、航空和公共客运、轨道交通等多种运输方式和基础设施的配套衔接，协调铁路、民航、邮政等涉地管理工作，组织协调多式联运等综合运输工作。

河北省交通运输厅承担全省地方铁路发展建设、行业管理及工程质量监督职能，下设民航管理处，同时负责组织拟定全省民航行业发展有关规划，负责全省民航行业发展建设和管理的组织协调。

上海市交通委员会负责拟订综合交通发展战略，协调道路、水路、铁路和航空等多种交通运输方式衔接；协调铁路、机场等基础设施项目与市内交通运输的衔接配套；归口协调航空、铁路、邮政等涉地管理工作。

江苏省交通运输厅负责组织编制全省综合运输体系规划，组织拟订并监督实施公路、港口、航道、地方铁路、民用航空和交通物流业等行业规划，负责全省地方铁路管理工作，下设航空处，负责履行地方航空管理职能，组织引导全省航空产业发展，依法对民用机场、航空企事业单位实施监督管理。

重庆市交通委员会负责组织拟定综合交通运输发展战略和政策，下设铁路处、民航处，承担铁路、民航重大项目建设协调职责，同时负责推进综合交通运输体系建设，统筹规划铁路、公路、水路、民航以及邮政行业发展，拟定相关发展战略、政策，组织编制相关规划。

陕西省交通运输厅负责推进全省综合交通运输体系建设，拟订全省综合交通运输发展政策，组织编制综合交通运输体系规划，统筹规划公路、水路、铁路、民航及邮政行业发展，拟订全省铁路、公路、水路发展政策和规划，下设铁路民航邮政处，统筹衔接平衡公路、水路、铁路、民航、邮政行业规划。

全国共有 11 个省份已在协调机制层面成立了省级综合交通运输协调领导小组。交通运输部已与全国所有省份签订了部省共建协议，将综合交通运输体制机制改革作为协议重要内容。

第二节　综合交通基础设施建设

一、交通基础设施建设投资

2017 年全国完成交通基础设施固定资产投资 38105 亿元，较 2016 年同比增长 11.9%，其中铁路 8010 亿元、公路 21253 亿元、水路 1238 亿元、民航 1806.9 亿元、城市轨道交通 4762 亿元，同比分别增长 0%、18.2%、-12.6%、5.4 %、23.8%。交通固定资产投资占 GDP 的比重为 4.61%，其中公路建设投资占 GDP 的比重达 2.57%，已连续 20 年占比超过 2.0%（具体投资数据见本篇各章）。

二、网络通达能力

截至 2017 年，中国综合交通网络中的铁路、公路、水路总里程之和已经达到 502.8 万公里。其中，铁路营业里程达到 12.7 万公里（高铁营业里程 2.5 万公里），公路总里程 477.35 万公里（高速公路总里程 13.65 万公里），内河航道通航里程 12.70 万公里，邮政邮路总条数 2.7 万条，邮路总长度（单程）938.5 万公里（详细数据请见本篇各章）。此外，全国拥有公共汽电车运营线路 56786 条，运营线路总长度 106.9 万公里。轨道交通运营线路 149 条，运营线路总长度 4484.2 公里。

在网络覆盖率方面，高铁覆盖 65% 以上的百万人口城市。公路总里程五年增长约 53.4 万公里，高速公路覆盖 97% 的 20 万人口城市及地级行政中心，二级及以上公路通达 96.7% 的县。内河航道条件持续改善，通江达海、干支衔接的航道网络进一步完善。民航运输机场达 229 个，服务覆盖全国 88.5% 的地市、76.5% 的县。邮政乡乡设所、村村通邮总体实现。快递公共投递服务站近 2.9 万个，快递乡镇网点覆盖率达到 87.3%。

三、综合交通枢纽

（一）大力推进综合交通枢纽建设

全年，交通运输行业以综合交通枢纽为核心，大力推进综合交通运输体系建设。认真组织实施《“十三五”综合客运枢纽建设方案》《“十三五”货运枢纽（物流园区）建设方案》，加快支持集铁路、公路、民航等多种运输方式于一体的综合客运枢纽、货运枢纽（物流园区）建设，统筹推进国际性、全国性、区域性综合交通枢纽发展。安排资金支持 18 个综合客运枢纽、31 个货运枢纽（物流园区）建设，组织对申请 2018 年第一批投资计划的 30 个客运枢纽、货运枢纽（物流园区）进行审核评估。各种运输方式一体化衔接日趋顺畅，一体化服务功能明显提升。

（二）有序推进京津冀交通一体化和雄安新区综合交通运输体系建设

一是印发了京津冀交通一体化 2016 年工作总结和 2017 年工作要点。协调铁路总公司加入京津冀交通一体化领导小组，成立技术专家组。组织召开了京津冀交通一体化第 6 次会议和第 7 次会议暨雄安新区综合交通运输体系建设领导小组第 1 次会议。二是印发了《支持雄安新区综合交通运输体系建设工作方案》。积极对接新区筹委会、河北省交通运输厅、中规院等单位，深入研究雄安新区综合交通运输发展有关问题。三是开展了雄安新区对外骨干交通路网建设方案（2018-2020 年）、雄安新区综合交通运输发展规划等研究，组织召开了雄安新区交通发展国际经验借鉴研讨会。京张高铁、延崇高速公路等重点项目加速推进。京津冀省域道路客运联网售票系统基本建成，70 个客运站完成联网。

（三）加快推进港口集疏运系统建设

铁路行业组织开展头门港等 19 个疏港铁路集疏运铁路项目资金申请报告的评审工作，完成《头门港等 19 个港口集疏运铁路项目资金申请报告评估报告》的编写及报送工作。从规划符合性、资料完整性、申请合理性、数量准确性等方面重点把控，对项目是否纳入《“十三五”港口集疏运系统建设项目库》、项目功能、工程进度等方面进行深入研究和核实，提出评估意见，对发挥铁路行业在综合运输体系中的作用、促进多式联运发展、完善综合交通运输体系均具有重要意义。

第三节　综合运输服务

伴随经济结构和居民出行需求结构的变化，现代综合交通运输体系建设深入推进，各种运输方式由注重竞争向注重合作转变，相互衔接水平进一步提高。全年，交通运输行业积极推进多式联运和甩挂运输等先进运输组织方式发展，探索推进跨运输方式的、形式多样的旅客联程运输服务，不断完善枢纽站场联运服务功能。同时，各运输方式内部的协调和便利化也进一步提升了运输能力和质量。

一、综合交通运输服务能力和质量提升情况

（一）多式联运

1. 主要工作举措

一是第二批多式联运示范工程全面启动。为贯彻落实《交通运输部等十八个部门关于进一步鼓励开展多式联运工作的通知》要求，交通运输部办公厅、国家发展改革委办公厅下发了《关于组织开展第二批多式联运示范工程申报工作的通知》（交办运〔2017〕53 号），在总结第一批多式联运示范工程经验基础上，组织开展了第二批多式联运示范工程申报工作。交通运输部会同国家发展改革委共同发布了第二批 30 个多式联运示范工程项目名单。

二是全国多式联运现场推进会顺利召开。2017 年 11 月，交通运输部联合中国民用航空局、国家邮政局、国家铁路局和铁路总公司，在河南郑州共同召开全国多式联运现场推进会，围绕贯彻党的十九大精神、建设交通强国奋斗目标，对全国多式联运发展进行了总结，统筹安排部署下一步工作，将多式联运向纵深推进。

三是地方多式联运发展势头良好。国家发展改革委、交通运输部、中国铁路总公司联合印发了《“十三五”铁路集装箱多式联运发展规划》（发改基础〔2017〕738 号），研究提升传统运输通道能力，强化多式联运组织衔接。全国 70 多个城市加快规划建设一批具有多式联运功能、口岸服务

功能的内陆无水港。湖北省人民政府办公厅发布了《关于推进全省多式联运发展的实施意见》（鄂政办发〔2018〕5号）。成都铁路局开发了沿江班列等货运新产品。河南省发布了“省级多式联运示范工程”“推广使用罐式集装箱”“运输国际标准集装箱车辆高速公路通行费优惠”等三项政策。

四是强化多式联运动态监测。为持续推进全国多式联运示范工程的建设与运行，交通运输部正式启动了多式联运动态监测制度，构建了由10类一级指标和26项二级指标组成的动态监测指标体系，组织开发了多式联运重点联系企业运行信息填报系统，科学研判多式联运货物的流量流向、货品货类、运营成本和转运的效率，为多式联运发展绩效评估体系的建立奠定了基础。

五是继续完善多式联运相关标准。交通运输部正式发布了《货物多式联运术语》《多式联运运载单元标识》两项多式联运行业标准，完成《国内集装箱多式联运运单》《商品车多式联运滚装操作规程》等7项标准的编制。对我国现有多式联运相关概念和术语做出了统一的界定，填补了多式联运标准的空白，并作为基础性标准为后续多式联运相关标准的制定奠定了基础。

2. 取得的成效

一是铁水联运增量显著。2017年，7个主要港口全年完成集装箱铁水联运量305万标准箱，同比增长30%。二是公铁联运市场潜力进一步释放。全国铁路集装箱发送量达1029万标准箱，同比增速37%，其中多式联运占比约10%。商品车运输、冷箱运输、罐箱运输、驼背运输等业态不断创新，涌现了一批具有我国自主知识产权的运输技术与装备。三是国际铁路联运（中欧班列）格局不断完善。中欧班列共开行3673列，同比增长116%，运行线路已达57条，国内开行城市达到35个，到达欧洲12个国家34个城市，国际品牌效益日渐凸显。

首批多式联运示范工程的示范作用与带动作用持续增强。截至2017年底，首批16家多式联运示范工程企业累计开通多式联运线路150余条，完成集装箱多式联运量近100万标准箱，多式联运量年增幅10%以上。与公路运输相比，多式联运价格平均降低35%左右，降低社会物流成本90亿元，减少碳排放约280万吨。以第一批示范工程企业为主体的跨区域、跨方式、跨产业的多式联运企业合作联盟初步建立，联盟统一的多式联运规则体系正在逐步形成，预期将进一步促进成员间物流网络和资源的共建共享、先进技术装备的研发推广，推动多式联运行业的健康发展，进一步增强我国国际货运竞争力。

（二）客运联网及便民售票

道路运输方面，截至2017年底，全国32个省份均已启动省域道路客运联网售票系统建设，30个省份已建成或基本建成省域道路客运联网售票系统；二级及以上客运站省域联网覆盖率超过90%，圆满完成年初制定的目标。二级及以上客运站省域联网覆盖率超过90%。有28个省份发布了道路客运实名制工作部署相关通知。全国实现实名制管理的二级及以上客运站2531个，二级及以上客运站实名率95.08%。

水路运输方面，积极推动三峡库区、渤海湾等重点水域水路旅客联网售票。

10月12日起，铁路部门推出“接续换乘”方案，推荐便民服务新举措。旅客通过12306网站或手机客户端购票，当遇到出发地和目的地之间的列车无票或没有直接到达的列车时，旅客可选择“接续换乘”功能，售票系统将向旅客展示途中换乘一次的部分列车余票情况，如果旅客选择购买，可以一次完成两段行程车票的支付。

（三）旅客联程运输服务

2017 年，旅客联程运输发展的顶层设计不断完善。交通运输部会同国家发展改革委、国家旅游局、国家铁路局、中国民用航空局、国家邮政局、中国铁路总公司等七部门联合印发了《关于加快推进旅客联程运输发展的指导意见》（交运发〔2017〕215 号），提出充分发挥不同运输方式比较优势和组合效率，鼓励发展空铁联运、空巴联运、海空联运等联运服务，提升运输服务供给能力和质量，改善旅客出行体验，更好地满足旅客高品质、多样化、个性化出行需求。

同时，综合客运服务标准体系逐步构建。交通运输部发布了《旅客联运术语》《综合客运枢纽分类分级》《综合客运枢纽服务规范》《旅客联运服务质量要求 第 1 部分：空铁旅客联运》《综合客运枢纽公共区域总体设计要求》《综合客运枢纽智能化系统信息交换技术规范》等 6 项行业标准。相关行业标准的发布明确了综合客运服务中一些主要概念，对于规定了综合客运枢纽的换乘设施设备、交通组织及引导、信息化、安全与应急、服务质量要求等方面提出了明确的技术要求，有利于规范和指导枢纽的规划、设计、建设和运营，提高综合客运服务水平。

随着政策落地和标准实施，各地联程运输发展亮点纷呈：江苏在全省 10 个客运站试点公铁联程售票服务，盐城、宝应、沭阳 3 个客运站出售了 2951 张联程票；加强地空联程运输，在全省各市均开通机场定制专线，提供“空巴通”特色联程运输、城市候机楼服务。重庆积极发展“重庆欢乐送”水陆联运、“重庆—泸州”空陆联运等联运业务。

道路客运企业依托高铁站和民航机场，密切与高铁、民航服务协作，加强旅客集散及换乘服务，进一步创新“空铁通”“空巴通”等联程运输服务模式，强化道路客运与铁路、水路、民航的协同衔接，提供“零换乘”衔接服务以及优先值机、票价优惠等多样化服务，定制客运、商务快巴、旅游客运等多元化特色服务发展良好。广西、云南、黑龙江等省份在高铁线路未经过的县市开设了具有“购票、取票、候车、接驳”功能的“高铁无轨站”，为旅客提供到达高铁站的公交化专线班车服务。广东利用高速公路服务区设立联程旅客换车服务点，解决客运班车在高速公路和国道、省道违规上下客问题，改善了换乘环境。

二、国际运输服务能力

（一）国际民航运输

截至 2017 年底，我国共有定期国际航班航线 803 条，按重复距离计算的航线里程为 376.3 万公里，按不重复距离计算的航线里程为 324.6 万公里，见表 3-1-1。

表 3-1-1　2017 年我国定期航班航线条数及里程统计

指　标	数量（条）
航线条数	4418
国内航线	3615
其中：港澳台航线	96
国际航线	803
按重复距离计算的航线里程 / 万公里	1082.9
国内航线	706.6
其中：港澳台航线	15.3
国际航线	376.3
按不重复距离计算的航线里程 / 万公里	748.3
国内航线	423.7
其中：港澳台航线	14.8
国际航线	324.6

我国航空公司国际定期航班通航 60 个国家的 158 个城市，国内航空公司定期航班从 30 个内地城市通航香港，从 12 个内地城市通航澳门，大陆航空公司从 46 个大陆城市通航台湾地区。

（二）国际集装箱和货运班列开通情况

中欧班列已成为“一带一路”标志性成果。截至 2017 年底，开行线路多达 61 条，国内稳定开行中欧班列的城市增加到 43 个，到达欧洲 13 个国家 41 个城市。2017 年开行 3673 列，超过 2011-2016 年开行数量的总和。回程班列自 2014 年开行以来，年均增长 352%，2017 年回程比例升至去程的 67%，同比提高 17 个百分点。运输重箱比例已达 88%，去程班列和回程班列重箱率分别为 95% 和 77%。同时，中欧班列运邮（快）件为快递企业国际化发展提供了重要助力。

（三）国际道路运输

1. 国际道路运输量

截至 2017 年底，我国共开通国际道路运输客运线路 180 条、货运线路 152 条，与周边国家共完成国际道路客运量 793.3 万人次，同比增加 9.0%，旅客周转量 4.7 亿人公里，同比减少 6.1%；完成国际道路货物运输量 5353.1 万吨，同比增加 14.5%，货物周转量 33.1 亿吨公里，同比增加 25.8%。其中，由中方完成的国际道路旅客运输量和货物运输量占比分别为 51.1% 和 43.1%。

2017 年，参与国际道路运输的省区有内蒙古、辽宁、吉林、黑龙江、广西、云南、西藏和新疆。中方共完成客运量 405.2 万人次，完成客运量前三位的是内蒙古（182.2 万人次）、云南（141.1 万人次）、黑龙江（36.6 万人次）；中方共完成货运量 2307.3 万吨，同比增加 80.3%，完成货运量前三位的是内蒙古（1299.5 万吨）、云南（439.5 万吨）、广西（202.2 万吨）。内蒙古、云南的国际道路货运量相比 2016 年都有一定程度的增长。

2017 年，内地与港澳之间完成道路客运量 1270.8 万人次，同比减少 3.7%；旅客周转量 31.5 亿人公里，同比减少 4.0%。与港澳之间完成道路货物运输量 16135.1 万吨，同比增长 5.9%；货物周转量 245.5 亿吨公里，同比增长 2.6%。

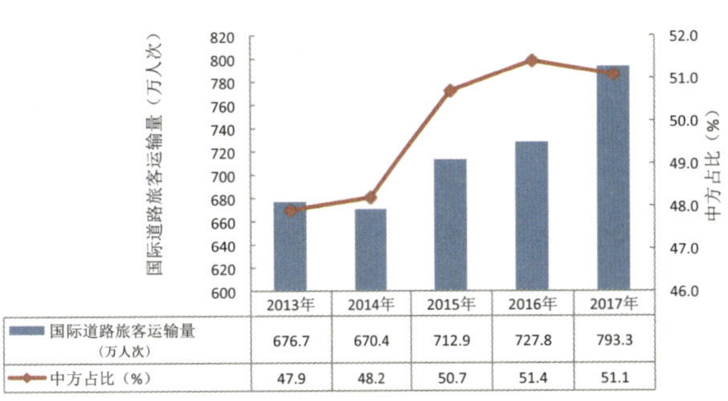

图 3-1-1 2013-2017 年全国国际道路运输客运量及中方所占比例情况

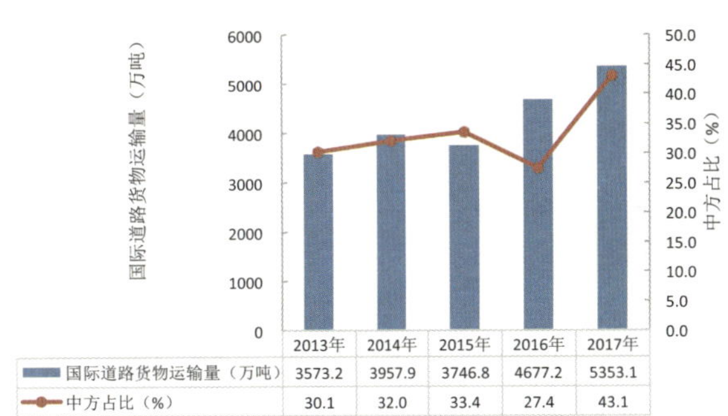

图 3-1-2 2013-2017 年全国国际道路运输货运量及中方所占比例情况

2. 国际道路运输区域分布

从车辆出入境次数来看，2017 年全国与东北亚（包括俄罗斯、蒙古国、朝鲜）的出入境客运车辆 14.8 万辆次，同比增加 7.2%；货运车辆 116.9 万辆次，同比增加 54.6%。与中亚（包括哈萨克斯坦、吉尔吉斯斯坦和塔吉克斯坦）的出入境客运车辆为 1.8 万辆次，同比减少 21.7%；货运车辆为 18.4 万辆次，同比增加 6.4%。与东南亚及南亚（包括越南、巴基斯坦、老挝、缅甸和尼泊尔）的出入境客运车辆为 68.0 万辆次，同比增加 5.4%；货运车辆为 82.1 万辆次，同比增加 17.6%。

客运方面，2017 年全国与东北亚国家的客运联系较 2016 年有所增加，完成客运量 499.5 万人次，同比增长 17.9%，在周边区域的客运量中占比达到 63.0%，同比增加 4.8 个百分点；与东南亚及南亚国家的客运量为 262.4 万人次，同比增长 1.9%；与中亚国家的客运量为 31.4 万人次，同比下降 32.8%。

表 3-1-2　2017 年全国与周边区域国际道路客货运量分布

区域	客运量（万人次）	比例（%）	旅客周转量（万人公里）	比例（%）	货运量（万吨）	比例（%）	货物周转量（万吨公里）	比例（%）
东北亚	499.5	63.0	15932.1	34.0	4066.3	76.0	178810.7	54.1
中亚	31.4	4.0	8008.1	17.1	232.1	4.3	81011.8	24.5
东南亚及南亚	262.4	33.0	22915.2	48.9	1054.7	19.7	70650.8	21.4
合计	793.3	-	46855.4	-	5353.1	-	330473.2	-

图 3-1-3　2016-2017 年全国国际道路运输客运车辆出入境分布对比情况（单位：万辆次）

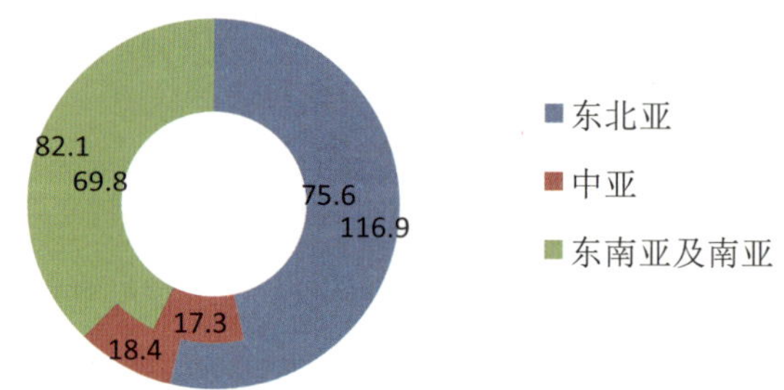

图 3-1-4　2016-2017 年全国国际道路运输货运车辆出入境分布对比情况（单位：万辆次）

货运方面，2017 年全国与东北亚国家的货运联系有所增加，2017 年完成国际道路运输货运量 4066.3 万吨，货物周转量 17.88 亿吨公里，同比分别增加 14.0% 和 19.4%。与东北亚国家联系的货运量在周边区域的货运量中占比达到 76.0%，见表 3-1-2。

（四）跨境寄递

2017 年，跨境寄递业务量 8.3 亿件，同比增长 33.8%，占全国快递业务量比重 2.1%。业务收入 528.9 亿元，同比增长 23.3%，占全国快递业务收入比重 10.7%。业务收入增速比上年提升 7.2 个百分点，为四年来新高。国际寄递网络日益健全，为促进跨境贸易提供了重要支撑。

国家邮政局推动的跨境寄递引导工程取得实效，杭州、郑州、上海等 13 个城市积极开展跨境寄递引导工程，参与地方政府协调工作机制，形成定期会商、信息通报、统计检测和交流机制。构建一站式跨境电子商务综合服务中心，简化通关流程，提高寄递时效，推进快递与跨境电子商务协同发展，实现信息互联互通。各地积极融入“一带一路”建设，加快“向外”拓展步伐，推动国际邮件互换局和国际快件监管中心建设，创新跨境寄递通关模式，建立跨境快递物流园区，运用信息化处理平台提高跨境电商与快递协同发展能力。累计完成进口快件 1.03 亿件，出口快件 2.97 亿件，跨境寄递能力显著提升，为跨境电子商务蓬勃发展提供重要支撑。

第二章　铁路

2017年，全国铁路全面贯彻党的十九大精神，以习近平新时代中国特色社会主义思想为指引，坚持稳中求进的总基调，深化铁路供给侧结构性改革，落实高质量发展要求，立足服务人民群众、服务国家战略、服务经济社会发展、服务企业发展，客货运输、铁路安全、建设发展、科技创新等多方面取得新业绩。

第一节　铁路规划发展

加快构建布局合理、覆盖广泛、高效便捷、安全经济的现代铁路网络，推进综合交通运输体系建设，编制《“十三五”现代综合交通运输体系发展规划》《中长期铁路网规划》《铁路“十三五”发展规划》。在规划实施过程中，强化与其他交通方式的优化衔接，打造一体化综合交通枢纽，完善公共信息服务平台，实现客运换乘“零距离”、物流衔接“无缝化”、运输服务“一体化”，全面提升综合交通服务水平和运输效率。

一、编制发布《铁路“十三五”发展规划》

11月20日，国家铁路局与国家发展改革委、交通运输部、中国铁路总公司联合发布《铁路“十三五”发展规划》，提出到2020年，全国铁路营业里程达到15万公里，其中高速铁路3万公里，复线率和电气化率分别达到60%和70%左右。实现路网布局优化完善，装备水平先进适用，运输安全持续稳定，运营管理现代科学，创新能力不断提高，运输能力和服务品质全面提升，市场竞争力和国际影响力明显增强，适应全面建成小康社会需要。根据规划，到2025年将达到17.5万公里，展望到2030年，基本实现内外互联互通、区际多路畅通、省会高铁连通、地市快速通达、县域基本覆盖。

二、推进铁路投融资体制改革

贯彻落实《国务院关于改革铁路投融资体制加快推进铁路建设的意见》（国发〔2013〕33号）和《关于进一步鼓励和扩大社会资本投资建设铁路的实施意见》（发改基础〔2015〕1610号）精神，鼓励引导社会资本参与铁路建设经营，推进PPP形式铁路建设。杭绍台铁路等铁路领域PPP示范项目开工建设；联合下发《关于促进市域（郊）铁路发展的指导意见》（发改基础〔2017〕1173号）文件，推动城际铁路、市郊（域）铁路有序发展。

三、组织做好建设项目、路网规划评审及课题研究工作

按照国家部署，完成新建城际铁路联络线一期工程（廊坊东至新机场段）、新建合浦至湛江铁路、新建盐城至南通铁路、新建杭州至绍兴至

台州铁路温岭至玉环段、新建石衡沧港城际铁路、新建南昌至景德镇至黄山铁路等 6 个项目的行业评审。组织开展了滇中城市群城际铁路网规划、海峡西岸城市群、粤东地区群城际铁路网规划、广西壮族自治区城际铁路、山西省地方铁路网规划等网规划评审，提出行业部门意见。

积极参与国家及行业有关专项规划，就《丝绸之路经济带核心区综合交通发展规划》《促进民族地区和人口较少民族发展规划任务分工》《粮食行业"十三五"发展规划》《旅游行业"十三五"发展规划》《促进中部地区崛起"十三五"规划》及四川、海南等城镇体系规划研究提出与铁路规划衔接平衡的行业意见。积极参与雄安新区综合交通规划，委托相关单位开展《雄安新区铁路网规划布局》等课题研究，为雄安新区规划建设提供技术支持。

加快推进港口集疏运系统建设，促进多式联运发展，组织开展头门港等 19 个疏港铁路集疏运铁路项目资金申请报告的评审工作，完成《头门港等 19 个港口集疏运铁路项目资金申请报告评估报告》的编写及报送工作，对项目是否纳入《"十三五"港口集疏运系统建设项目库》、项目功能、工程进度等方面进行深入研究和核实，提出评估意见，对发挥铁路行业在综合运输体系中的作用、促进多式联运发展、完善综合交通运输体系均具有重要意义。

第二节　铁路基础设施建设

2017 年，铁路部门圆满完成了年度铁路建设任务。全年完成固定资产投资 8010 亿元，其中国家铁路完成 7606 亿元；新开工项目 35 个，新增投资规模 3560 亿元；投产新线 3038 公里，其中高速铁路 2182 公里。

截至 2017 年底，我国铁路营业里程达到 12.7 万公里，比上年增长 2.4%，其中高速铁路营业里程达到 2.5 万公里。铁路路网密度 132.2 公里 / 万平方公里，比上年增加 3.0 公里 / 万平方公里。其中，复线里程 7.2 万公里，比上年增长 5.4%，复线率 56.5%，比上年提高 1.6 个百分点；电气化里程 8.7 万公里，比上年增长 7.8%，电化率 68.2%，比上年提高 3.4 个百分点。西部地区铁路营业里程 5.2 万公里，比上年增加 1663.5 公里，增长 3.3%。

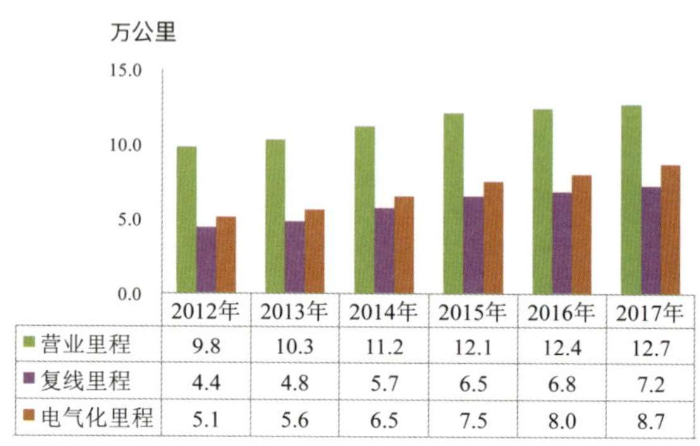

	2012年	2013年	2014年	2015年	2016年	2017年
营业里程	9.8	10.3	11.2	12.1	12.4	12.7
复线里程	4.4	4.8	5.7	6.5	6.8	7.2
电气化里程	5.1	5.6	6.5	7.5	8.0	8.7

图 3-2-1　2012-2017 年全国铁路营业里程图

"四纵四横"高铁网提前建成运营，在支撑国家重大战略实施、增强我国综合实力和国际影响力等方面发挥了积极作用。

第三节　铁路运输服务

2017 年铁路部门持续优化服务供给，运输服务能力不断提升，客货运输周转量和运输量齐增。适应供给侧结构性改革要求，铁路货运结构逐步优化，货运能力不断释放，重点物资运输保障有力，应对自然灾害和突发事件的应急保障以及国防交通保障能力显著增强，零散货物、集装箱、商品小汽车、冷链物流、高铁快运大幅度增长。中欧班列逐年以几何级速度增长，通达境外 12 个国家 34 个城市，成为具有国际竞争力、信誉良好的世界物流品牌。陆续推出了港澳同胞自助购取票服务、动车组互联网订餐、购买火车票微信支付等一系列便民服务新举措。与此同时，以春运服务等为代表的运输服务保障能力不断提高。

一、移动设备保有量

全国铁路机车拥有量为 2.1 万台，比上年减少 372 台，其中，内燃机车占 40.4%，比上年下降 1.4 个百分点，电力机车占 59.5%，比上年提高 1.4 个百分点。全国铁路客车拥有量为 7.3 万辆，比上年增加 0.2 万辆，其中，动车组 2935 标准组、23480 辆，比上年增加 349 标准组、2792 辆。全国铁路货车拥有量为 79.9 万辆。

二、运输生产整体情况

旅客运输。全国铁路旅客发送量完成 30.84 亿人，比上年增加 2.70 亿人，增长 9.6%，其中，国家铁路 30.38 亿人，比上年增长 9.6%。全国铁路旅客周转量完成 13456.92 亿人公里，比上年增加 877.63 亿人公里，增长 7.0%，其中，国家铁路 13396.96 亿人公里，比上年增长 6.9%。

货物运输。全国铁路货运总发送量完成 36.89 亿吨，比上年增加 3.57 亿吨，增长 10.7%，其中，国家铁路 29.19 亿吨，比上年增长 10.1%。全国铁路货运总周转量完成 26962.20 亿吨公里，比上年增加 3169.94 亿吨公里，增长 13.3%，其中，国家铁路 24091.70 亿吨公里，比上年增长 13.2%。集装箱、商品汽车、散货快运发送量比上年分别增长 47.9%、58% 和 9.3%。

换算周转量。全国铁路总换算周转量完成 40419.12 亿吨公里，比上年增加 4047.57 亿吨公里，增长 11.1%，其中，国家铁路 37488.66 亿吨公里，比上年增长 10.9%。

表 3-2-1　2017 年全国铁路旅客运输量

指　标	2017 年	比上年（±%）
旅客发送量（万人）	308379	9.6
国家铁路（万人）	303837	9.6
旅客周转量（亿人公里）	13456.92	7.0
国家铁路（亿人公里）	13396.96	6.9

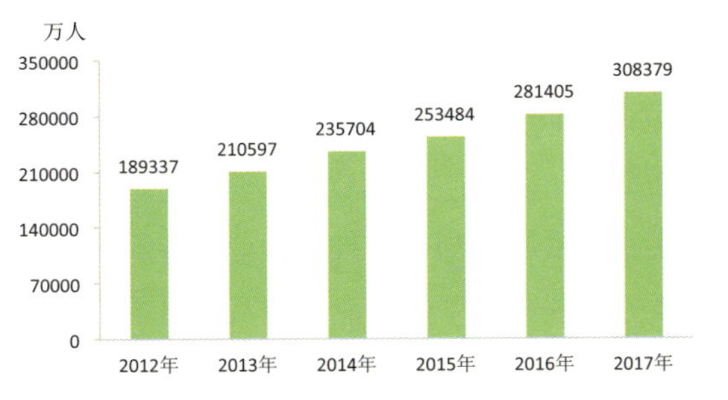

图 3-2-2　2012-2017 年全国铁路旅客发送量

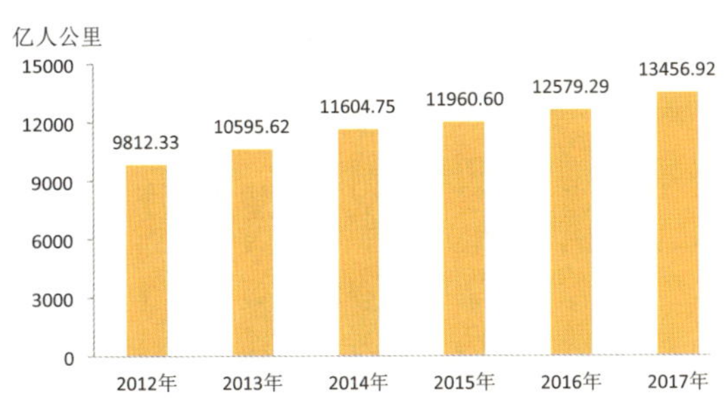

图 3-2-3　2012-2017 年全国铁路旅客周转量

表 3-2-2　2012-2017 年全国铁路旅客运输量

指　标	2017 年	比上年（±%）
货运总发送量（万吨）	368865	10.7
国家铁路（万吨）	291874	10.1
货运总周转量（亿吨公里）	26962.20	13.3
国家铁路（亿吨公里）	24091.70	13.2

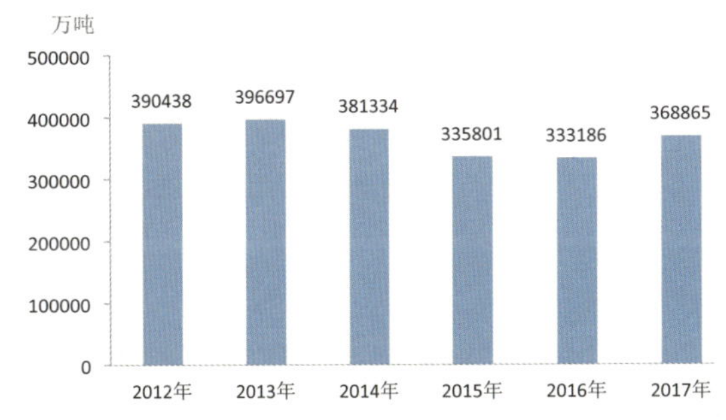

图 3-2-4　2012-2017 年全国铁路货运总发送量

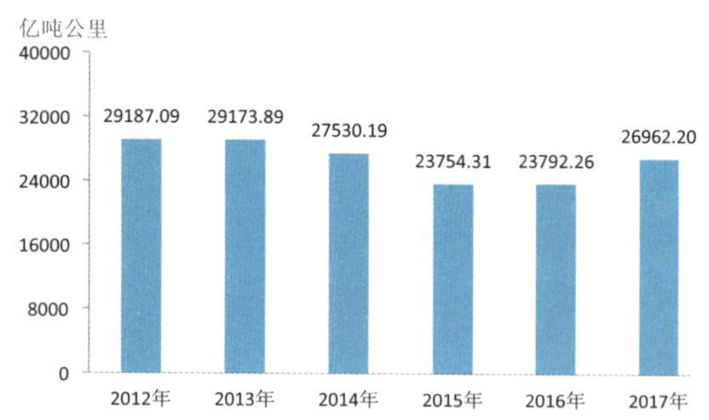

图 3-2-5　2012-2017 年全国铁路货运总周转量

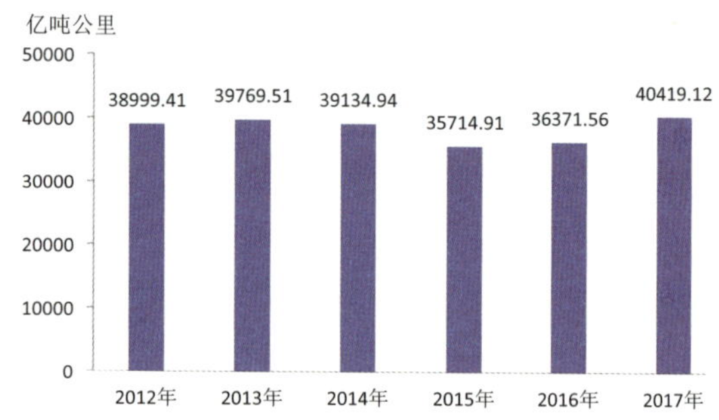

图 3-2-6　2012-2017 年全国铁路总换算周转量

运输安全。全年未发生特别重大、重大铁路交通事故，铁路交通事故死亡人数比上年下降 3.6%。

三、旅客出行服务保障能力提升

5 月，在北京、天津等台胞客流较大的火车站，推出台胞自助购取票服务。6 月，在深圳站、珠海站、厦门站等火车站推出港澳同胞自助购取票服务，进一步方便港澳同胞乘坐火车出行。

7 月 17 日起，在各省会及计划单列市所在地的 27 个主要高铁客运站，推出动车组列车互联网订餐服务。

10 月起，铁路部门取消铁路异地售票手续费，并先后推出“接续换乘”方案推荐、自主选座、试行微信支付购票、“铁路畅行”常旅客会员服务等服务举措。

从 12 月 10 日起，中国铁路总公司开展为期一年的铁路站车厕所达标活动，集中解决站车厕所卫生难题。

2017 年春运期间，全国铁路发送旅客 3.57 亿人，同比增加 3275.2 万人，增长 10.1%。铁路部门科学安排春运能力，增加铁路运输有效供给，分别增开旅客列车 566 对、698 对，其中分别增开动车组列车 236 对、308 对；优化售票服务措施，改善旅客购票化验，增加乡镇代售点 769 个、自动售取票机 2397 台，扩容改造 12306 网站，提高了旅客购票取票的便利性；同时，组织开展打击倒票“猎鹰 -2017”战役；此外，确保设备运行的稳定性和可靠性，优化旅客进出站流线和站车乘降组织方案，强化站车的安全，卫生、供暖等基本服务，为旅客创造良好的候车乘车环境。优化完善各级应急预案和岗位应急处置办法，加强应急岗位培训和演练，提高春运期间突发事件的应对能力。加强动车组运行状态监控，确保行车安全。

第四节　铁路管理体制改革

一、推进简政放权，坚持“简”字当头，减轻企业负担

全面清理削减原铁道部行政审批事项，非行政许可审批事项全部取消，25 项行政许可事项仅保留 6 项。对保留的行政许可，精简优化审批产品目录，铁路运输基础设备审批事项产品目录由 50 项减至 40 项，未列入的一律取消审批。铁路机车车辆驾驶人员许可准驾类型由 21 类精简合并为 9 类，考试科目从 6 项精简为 4 项，取消了驾驶证年审制度。铁路运输企业准入许可从前置改为后置审批，实行“先照后证”，不设置对申请企业的注册资本等限制，不设置企业年检。取消 8 件中介服务事项中的 7 件。清理涉及许可的行政事业性收费项目，规范铁路机车车辆驾驶资格考试收费。

规范完善审批制度，精简优化审批程序，减

少申报材料，压缩办理时限。对保留的行政审批事项，加强管理，完善制度，已发布4件许可规章、6件许可实施细则、2件行政许可程序性规定。对保留的行政许可，累计精简优化申报材料清单内容11项。严格执行审批时限承诺制，平均办结时限比法定时限减少26%。进一步压缩因新线投产开通、装备更新采购、国家政策调整及其他正当理由急需办理的行政许可申请的办理时限。截至2017年底，累计办结68家铁路运输企业的许可申请，为114家企业办理铁路无线电台设置和频率指配，为10万余名驾驶人员办理资格许可。

为企业减负，深入开展规章、规范性文件清理工作。全面梳理建局以来印发的规章和规范性文件，对不符合“放管服”改革精神的政策性文件，该废止的坚决废止，该修改的及时修改，缺失空白的领域制定新文件加以完善并加强合法性审查。清理共涉及规章10件、规范性文件16件。

同时，全面清理原铁道部1165件规范性文件，目前已分批次向社会公布清理结果，将700件属于铁路企业经营管理的规范性文件明确交由中国铁路总公司管理，将150件不符实际的规范性文件予以废止。

二、坚持放管结合，坚守安全目标，加强事中事后监管

完善“双随机、一公开”监管机制，着力强化许可企业事中事后监管。对事关运输安全、重大技术创新以及新申请进入铁路行业的许可申请，加强审查把关，颁证后重点检查企业许可条件的保持情况，从源头把控专用设备质量安全。制定了《铁路专用设备产品质量安全监管约谈暂行办法》，通过约见相关企业，对问题行为依法进行告诫，并督促整改。同时，加大许可设备、许可产品质量监督抽查检测及督促整改力度。

落实对已取消许可事项的后续管理责任。对已取消的行政审批事项，督促企业不折不扣地落实主体责任。要求运输企业研究制定后续管理措施。组织全局行政执法人员进站上车，在全国范围内开展铁路客运服务质量问卷调查，形成月度、季度调查报告，督促运输企业及时解决投诉问题。主动服务地方铁路，指导浙江等省筹建交通运营管理集团公司，鼓励支持社会资本进入铁路领域。清理规范货运相关收费，促进物流降本增效。

扎实开展安全质量监管执法。始终把强化安全监管作为首要任务，加强对运输高峰期、恶劣气象条件、运输关键时期、关键环节、重要设备安全的监督检查。“复兴号”动车组按时速350公里运营后，印发《关于加强京沪高铁复兴号动车组添乘执法监察工作的通知》，开展一年的添乘检查和整改工作。开展高铁安全环境综合整治，累计检查高铁线路16条、13569公里，排查并解决安全隐患293处。

三、为企业提供便捷服务，促进铁路行业发展

积极探索以行政许可“标准化”促进“规范化”，印发《国家铁路局推进行政许可标准化工作方案》，推进行政许可事项管理标准化、许可流程管理标准化、许可服务标准化、许可受理场所建设与管理标准化、许可监督检查评价标准化。

搭建互联网＋政务服务平台、国家铁路局行政许可办理系统平台。

服务铁路“走出去”、投融资体制改革、装备制造业升级等国家战略部署，积极为铁路企业提供指导服务，进一步压缩办理时限50%以上，及时向企业颁发许可证书。2017年初，为“复兴号”动车组具备大规模生产许可条件和上线商业运营资格提供了保障。此外，还为相关铁路运输企业单独增加驾驶人员资格考试共计22批、集中办理近400件铁路机车车辆维修许可证延期申请。

第五节　铁路安全监管执法

一、加强铁路安全监督检查

全年，铁路行业为春运、暑运等运输高峰期和两会、“一带一路”峰会、达沃斯论坛、金砖国家领导人会晤、京沪高铁“复兴号”动车组按时速350公里运营、党的十九大等重大活动和关键时期提供了运输服务和安全保障。全年，共开展安全监督检查活动18项，检查铁路单位、部门和场所4028个，添乘列车1915趟，发出整改通知书377份，有力促进了铁路企业安全生产主体责任落实。同时，加强货运安全监管、危险货物运输安全监管与综合治理，开展营业线施工安全督查，组织开展安全生产大检查督导检查，铁路安全持续稳定，全年未发生较大及以上铁路交通事故，一般事故同比下降12.38%。

二、强化和规范铁路安全监管执法

突出高铁和旅客列车安全，深化“打非治违”，对破坏铁路设备设施、侵入铁路限界等影响铁路运输安全的典型问题，严格责任追究，依法实施行政处罚。落实行政处罚信息公开，做到处罚一起、公开一起，主动接受社会监督，增强规范执法的内在动力。促进严格规范公正文明执法，严格执法证件和人员管理，规范执法办案工作和审查程序。加大普法宣传力度，落实“谁执法、谁普法”要求，采取多种形式广泛宣传铁路安全法律法规，营造良好铁路安全法治氛围。

三、开展外部环境专项整治

先后开展4次高铁安全环境联合督导检查，共检查高铁线路16条，累计添乘13569公里，排查出各类安全环境问题隐患315处，目前已解决293处，其他问题隐患正在按照整治方案和完成时限要求积极推进。同时，加强路外环境问题重点督查，检查督办沪昆铁路上跨渡槽安全隐患问题，依法处置北京铁路局阜水线铁路被浸淹问题，通报近一年多来湖南省境内的几起典型险情。

四、强化铁路交通事故调查处理

全年共组织16起、参与30起，追踪22起一般事故调查，针对事故多发企业发函4次，督促企业深入查找问题原因，强化安全隐患整治，有效防控安全漏洞。

五、加强安全监管法规制度建设

贯彻落实《中共中央国务院关于推进安全生产领域改革发展的意见》，加强铁路安全生产的顶层设计，在中央国家各部门中率先制定印发实施办法。贯彻《国务院安委会办公室关于实施遏制重特大事故工作指南全面加强安全生产源头管控和安全准入工作的指导意见》要求，着力构建铁路行业安全生产源头管控和安全准入制度体系。按照国务院安全生产委员会部署要求，贯彻落实中央关于加强安全生产工作的决策部署，印发《铁路安全生产“十三五”规划》。加强铁路安全协同监管、综合治理的机制建设，构建相关部门联动、沿线各级政府齐抓共管，确保铁路安全的工作机制。

六、扎实开展“安全生产月”专项活动

全行业广泛深入地开展了“安全生产月”和“安全生产万里行”活动。“安全生产月”活动期间，共展出安全教育图片8521场，制作安全展板10715块，张贴招贴画4.55万份，悬挂张贴标语横幅6.03万条，发放安全宣传品128.7万份，参加安全知识考试41.8万人，组织安全知识竞赛1898场，召开安全座谈会9936场，组织巡回演讲1867场，参加安全宣传教育活动126.5万人次。

七、完善铁路安全监管机制

推进地区铁路监督管理局委托铁路安全监督管理办公室有关事项的实施，对落实情况进行检查指导。研究建立安全形势分析预警机制，提升安全形势分析、研判和建议水平。积极发挥专家作用，加强铁路安全专家库建设与管理，推进铁路安全监管整体合力建设。

加强突发事件应急处置，建立应急响应队伍和技术专家库，完成应急指挥中心建设。组织各铁路安全监管办公室调查全部铁路交通事故，重点组织调查较大事故和涉及旅客列车、有旅客伤亡、社会影响较大的事故，坚持以事实为依据、以法律为准绳，严格事故定性定责。与公安机关、检察机关等部门构建联动协调机制，事故应急和调查处理能力不断加强。

注重防范铁路交通事故。宣贯实施《铁路交通事故应急救援和调查处理条例》修正案，按照事故调查职责分工，落实事故调查程序，加大力度检查评估典型行车事故责任单位整改措施落实情况。

第六节　铁路工程质量安全监管

一、落实建设工程行业监管职责，抓好国家审批项目质量监督

贯彻中央要求，按照“权力与责任同步下放”“谁审批谁监管、谁主管谁监管”原则，构建了国家铁路局履行行业监管职责、中国铁路总公司落实铁路建设管理职责、参建单位履行主体责任、地方政府履行地方铁路监管责任的铁路工程质量安全工作机制。印发《铁路建设工程监管行政处罚案件信息公开办法》《国家铁路局关于进一步规范工程质量安全监管工作的指导意见》。编制《铁路工程监管随机抽查事项清单》。认真组织开展铁路工程质量安全监督检查，有效维护了铁路建设形势的稳定有序。

二、深入开展专项整治监督检查，有效维护铁路建设稳定形势

专项整治成效初显。国家铁路局开展为期3年的“三不问题质量行为”专项整治行动，对不按设计图纸或技术标准施工、使用不合格建材、工程验收不严等违法违规行为，落实质量安全主体责任，形成防范问题发生的长效机制。在2016年工作基础上，严肃查处工程和劳务分包不规范、建设程序不合规等问题。

重点及专项监督检查作用得到有效发挥。全年共开展铁路工程质量安全监督检查355次，检查项目317个次、工点1729个次，实施质量检测146次；开展招标投标、市场秩序监督检查72次，检查招标项目73个次，涉及单位98个次，办理自行招标备案218次，接收招标投标情况书面报告592份，有效维护了铁路建设形势的稳定有序。

三、坚持问题导向，不断深化铁路工程行业监管职能

有效遏制了铁路工程建设安全事故多发态势。国家铁路局及时在全国范围开展了安全生产大排查，要求参建企业深入排查整治质量安全隐患。同时，全面摸排各建设项目的高风险工点，加大监督检查力度，督促落实风险防控措施。联合发布《复杂地质条件下铁路建设安全风险防范若干措施》，从行业监管角度为保证工程质量安全提出明确要求。

积极处置铁路建设工程质量隐患。认真贯彻习近平总书记关于加强全面质量监管的要求，主动在铁路工程建设领域开展“问题电缆”专项排查，摸清底数并建账跟踪，督促“问题电缆”全部更换。及时制定监督管理办法，促进企业建立健全相关工作责任制，规范铁路工程质量管理行为。

四、贯彻“双随机、一公开”要求，提高铁路工程监管水平

工程监管行政执法行为进一步规范。为促进公平公正阳光执法，召开专题会议分析行政执法情况和问题，开展行政处罚裁量案例研究，制定《铁路建设工程监管行政处罚案件信息公开办法》及《国家铁路局关于进一步规范工程质量安全监管工作的指导意见》。

随机抽查事项实现了全覆盖的目标要求。贯彻全国推行“双随机、一公开”监管工作电视电话会议精神，研究制定了《铁路工程监管随机抽查事项清单》，分区域建立在建铁路建设项目目录以及参建企业名录，扎实推进“双随机、一公开”监管。

五、坚持以人民为中心的发展思想，树立服务型政府良好形象

在服务铁路建设发展大局中展现作为。2017年，共办理了牡佳客专等17个国家发展改革委审批项目的质量监督手续，有力支持了铁路工程建设。同时，通过调研座谈等多种方式，积极推动地方铁路项目工程质量监督责任落实。2017年在建的59个地方铁路项目中，有40个项目的工程质量监督责任已经明确，有14个项目正在积极推进落实。

在服务企业发展中发挥作用。加强对企业的服务，主动向驻在地企业定期通报铁路工程监管总体情况和监督检查处理等情况，督促企业确保工程质量安全。宣贯相关法律法规，强化企业人员依法从业意识。配合完成46项铁道行业企业资质和610名铁路专业一级建造师注册申请材料的行业初审。

在服务铁路“走出去”中提供支持。按照国务院要求，赴肯尼亚参加蒙巴萨至内罗毕铁路开通运营督导任务，助力铁路“走出去”。

六、贯彻新发展理念，全面提升铁路工程监管成效

市场信用体系逐步构建。研究提出信用制度框架、实施步骤和阶段目标。探索工程建设市场“黑名单”制度，起草《铁路工程建设失信行为认定记录公布管理办法》，推动建立跨部门联合惩戒机制，加快构建铁路工程建设领域信用体系。

信息化程度不断提高。加快铁路工程监管信息系统和招标投标监管平台开发建设，推进公共资源交易平台整合以及铁路建设工程电子招投标。

深入调研取得积极成效。通过交流座谈、法律咨询，主动与有关部门、地方政府、参建企业开展调研座谈，了解政策走向，借鉴经验做法，为进一步加强地方铁路行业监管、推动地方铁路项目质量安全监督管理责任奠定了基础。

第七节　铁路设备质量安全监管

一、不断加强设备监管规章制度建设

国家铁路局陆续出台《铁路专用设备产品质量安全监督管理办法》《铁路专用设备产品质量安全监管约谈暂行办法》《铁路专用设备产品质量安全监管投诉举报处理办法》《铁路专用产品质量监督抽查管理办法》等一系列设备监管制度办法。各地铁路监督管理局分别编制了《铁路专用设备运用质量安全监督检查手册》《铁路专用设备制造企业质量安全评估办法》《铁路专用设备制造企业质量安全评估检查手册》《铁路专用设备企业源头质量安全检查手册》《铁路电务设备质量安全行政检查作业指引》等，进一步规范了铁路设备监管行为。

二、依法审查铁路专用设备许可申请

对首次申请审批许可事项相关企业组织专家

评审，顺利完成了各项审查任务。全年累计审查申请682项，其中，机车车辆产品528项，运输基础设备生产企业51家，无线电台设置和频率指配申请企业31家。同时，密切关注京沪高铁“复兴号”动车组按时速350公里运行相关工作方案落实情况。

三、有序推进铁路驾驶资格许可工作

通力合作，确保了2017年度铁路机车车辆驾驶资格考试各项工作顺利完成。全年共组织全国理论统一考试2次、动车组单独理论考试16次、自轮运转单独理论考试6次、香港铁路有限公司动车组单独理论考试2次，参考人员共计25309人；组织实作考试80批次，参考人员共计16297人。同时，结合审查数量及申请企业实际情况，增加审查频次，提升审查效能，全年累计审核通过驾驶人员资格40123人次，审核注销驾驶人员资格1759人。

四、不断加强设备许可事中事后监管

审批许可事项监督检查方面，制定印发了《2017年度铁路专用设备行政许可企业监督检查计划》，铁路部门重点检查了企业持续满足取证条件情况，对监督检查中发现的471项问题下发限期整改通知，对较为严重问题督促整改，顺利完成了全年66家受检企业的监督检查任务。国家铁路局依据地区铁路监督管理局监督检查发现个别企业存在未能保持审批条件的问题，及时注销相关企业审批事项。

产品质量检验检测抽查方面，制定《2017年铁路专用产品质量监督抽查计划》，开展了4个专业6种产品28厂项铁路专用产品质量监督抽查工作。对前期抽查发现产品不合格企业，组织复查并及时通报了抽查结果。

五、认真做好铁路无线电管理相关工作

国家铁路局无线电管理办公室积极配合国家无线电办公室，推进落实加强铁路无线电管理职能方案，组织研复国家无线电办公室铁路无线电领域技术标准成果及编制计划，配合工业和信息化部推进铁路无线电频谱统一议题研究，推进《铁路无线电管理规则》修订，开展铁路无线电管理工作调研，加快推进广深港高铁过境动车组机车电台执照核发等相关事宜研究。组织开展2017年度铁路无线电监测项目检测，同时，还完成了42条高速铁路、客运专线及普速铁路的GSM-R频率指配，覆盖新建及改造里程达6432公里。

第八节　铁路运输服务质量监督

一、不断加强制度建设

研究修订《铁路旅客运输规程》和国家标准《铁路旅客运输服务质量》，制定《铁路运输服务质量监督管理办法》，规范铁路运输企业行为，保护消费者利益。

二、加大监督检查力度

在2017年春运、暑运等客流高峰期，组织检查组赴车站、列车等生产一线监督检查站车环境和餐饮卫生、供水及旅客如厕等工作，对问题比较集中的服务质量问题，及时督促整改。春运期间，国家铁路局、各地区铁路监督管理局两级监督检查组共派出检查组36个，检查铁路单位、部门和场所1076个，添乘列车497趟，累计检查16.23万公里，下发问题整改通知书66份。自2017年12月开始，国家铁路局与上海铁路监督管理局分别安排执法人员全程添乘“复兴号”动车组，对表检查客运服务质量等情况，确保“复兴号”平稳运行，并提供优质服务。

三、妥善处理旅客、货主投诉

国家铁路局不断完善服务质量投诉处理机制，妥善处理旅客、货主投诉，积极回应社会关切，及时协调解决广大旅客关心的焦点难点问题，促进铁路运输企业认真落实国家服务质量标准规范要求，不断提升运输服务质量，切实维护广大旅客、货主合法权益。2017 年，国家铁路局政府网站共收到运输类邮件 3554 件，其中投诉 3320 件。

四、开展服务质量问卷调查

2017 年以来，国家铁路局组织全局干部职工进站上车，围绕广大旅客关注的购票、站车服务、餐饮供应、服务态度等热点问题，与旅客一对一、面对面地进行铁路客运服务质量问卷调查，并科学分析了旅客反映的大量问题和意见建议，督促铁路运输企业进行整改，提升服务水平，为旅客提供良好舒适的旅行环境。开展问卷调查以来，全年累计投入调查人员 4000 多人次，收集调查问卷 13.3 万多份。

五、全力推进“厕所革命”

国家铁路局认真贯彻落实习近平总书记关于推进“厕所革命”工作的重要指示精神，组成专项体验式调查组，对 217 个客运车站、193 列列车进行全方位实地调查，对发现的设施故障，备品配备不足、补充不及时，以及清扫不及时、有异味等问题，要求运输企业及时整改，切实弥补厕所服务短板。

六、开展“服务群众、服务基层”主题实践活动

2017 年，国家铁路局开展“服务群众、服务基层”主题实践活动，组织机关青年干部职工秉承深入一线服务群众、服务基层、锤炼自我的理念，配合铁路现场工作人员在车站客流量大、人员密集度高的时间段，在遇恶劣天气、设备故障等造成列车晚点、旅客大面积滞留等突发情况时，根据需要随时支援，切实维护铁路运输服务安全和服务质量稳定。

七、加强部门协同配合

注重与交通运输部、国家质量监督检验检疫总局及国家工商行政管理总局、国家发展改革委等部门协同配合，健全服务质量监管制度。先后联合印发《关于加快推进旅客联程运输发展的指导意见》《关于开展放心消费创建活动营造安全放心消费环境的指导意见》；加快推进诚信体系建设，完善质量守信联合激励和失信联合惩戒制度，提高依法行政能力；积极采取多部门联合执法等方式，加强质量安全监管，促进铁路行业持续健康发展。

第九节　铁路监管法规体系建设

一、深入推进《铁路法》和 501 条例修订

《铁路法》修订方面：一是专门组织“高速铁路安全立法问题研究”“铁路运输营业活动中公众权益保护问题研究”“铁路与其他运输方式协同发展问题研究”课题研究，并择优选择课题承担单位。系统梳理了高铁安全管理、公众权益保护等方面存在的主要问题，在《铁路法》初稿中继续补充完善了相应条款。二是征询人大代表意见，专门走访全国人大代表汪亚平，就《铁路法》修订重难点问题听取意见，并认真吸收采纳代表建议，将其转化成为具体条文补充入法。三是积极沟通汇报，利用参加全国人大立法工作座谈会等有利时机，向全国人大系统报告了修法进展和重难点情况。

501 条例修订方面，积极配合国务院法制办

公室对送审稿的审查修改；在事故等级划分标准等重大问题上，研究提出多套方案，协助国务院法制办公室协调相关单位意见；按照国务院法制办公室要求组织专家对501条例执行情况进行评估，并形成专题报告供其参考。

二、全面推进规章制修订，在一些关键领域取得突破

按照立法计划安排，集中力量推动相关规章的制修订工作。2017年，国家铁路局会同交通运输部协调处理，《铁路技术安全规程》修订工作取得了显著进展；严格对照上位法和相关职责规定对《铁路行业统计管理规定》《高速铁路安全防护办法》等规章草案进行审查，对相关难点问题进行研究，提出解决方案；完成《铁路运输企业准入许可办法》的修订，9月29日，交通运输部发布《交通运输部关于修改〈铁路运输企业准入许可办法〉》的决定。

第十节　铁路标准体系建设

一、贯彻落实国务院标准化改革方案，推进铁路标准建设

完成铁路标准化发展规划。编制完成并发布《铁路标准化“十三五”发展规划》，同时发布铁路技术标准体系结构图。《规划》是中国铁路领域第一个标准化发展规划，对铁路标准化工作具有重要的战略意义。

对重要标准发布专家解读、组织宣贯，积极调研标准实施。发布《铁路列车荷载图式》《重载铁路设计规范》《铁路基本建设工程设计概（预）算编制办法》等铁路行业标准的专家解读。积极开展《动车组车体结构强度设计及试验》《铁路电力工程设计规范》等重要标准的宣贯和培训活动。组织赴标准归口单位、生产企业现场调研标准制修订、标准实施等情况。

开展铁道国家技术标准公开评估和复审工作。根据国家标准化管理委员会《推进国家标准公开工作实施方案》，组织研究提出铁路技术标准公开实施方案，按照《实施方案》开展铁道国家技术标准公开评估和复审工作。组织标准归口管理单位对现行铁路工程建设标准进行复审。

二、推进重要标准制修订工作

规范标准管理流程，强化标准化管理工作。根据国家铁路局标准化工作重点，编制印发《国家铁路局2017年铁路技术标准项目计划》《国家铁路局2017年铁路工程建设标准编制计划》《国家铁路局2017年铁路工程造价标准编制计划》，向国家标准化管理委员会报送《国家铁路局2017年国家标准计划项目建议》，并组织实施。

大力推进铁路标准制修订工作。2017年按程序发布7批铁道行业技术标准、8批铁路工程建设标准以及4批铁路工程造价标准公告。铁道行业技术标准方面，发布《交流传动电力机车》等89项铁道行业标准和2项铁道行业标准修改单，向国家标准化管理委员会报送《铁道货车通用技术条件》等26项铁道国家标准。铁路工程建设标准方面，贯彻落实国家新发展理念，强化安全优先原则，总结吸纳了近十年来中国铁路发展实践经验及相关科研成果，编制发布了13项铁路工程建设标准，其中包括中国第一部重载铁路行业标准《重载铁路设计规范》。全面修订并发布《铁路线路设计规范》《铁路车站及枢纽设计规范》，

突出生态环境保护、水土保持、土地保护等法律法规和现代综合交通运输发展要求，强化了综合选线和铁路车站及枢纽设计落实铁路网规划、城市总体规划和综合交通规划等要求。完成铁路勘察设计文件编制纲领性标准《铁路建设项目预可行性研究、可行性研究和设计文件编制办法》送审稿编制。积极推动《铁路军运设施设计规范》编制。发布《铁路基本建设工程设计概（预）算编制办法》等18项铁路工程造价标准；铁路工程概预算编制办法、预算定额及费用定额作为铁路工程造价标准体系的重要组成部分，全面贯彻了国家“营改增”税制改革政策，为加强工程管理、合理控制投资、规范设计文件编制奠定了基础，提供了计价依据。

开展标准基础研究和标准化基础工作。为巩固中国铁路技术领先地位，开展磁悬浮铁路技术标准、高速铁路标准体系评估等14项前瞻性重大标准基础研究工作；完成《单价承包模式下铁路工程价格指数研究》，相关研究成果可为中国铁路“走出去”提供技术支持；补齐标准体系结构和技术上的短板，开展铁路工程建设标准、造价标准宣贯、国内外标准动态、标准应用动态和需求分析等标准化基础工作。为促进标准正确贯彻实施、更好地服务铁路建设，积极开展标准宣贯工作，先后举办了铁路工程造价标准宣贯动员会1期、宣贯4期，铁路工程建设标准宣贯1期，组织1100名工程技术人员参加培训。

研究外文版铁路技术标准体系。根据“铁路外文版技术标准体系研究”课题计划，完成数据汇总分析，组织召开外文版铁路技术标准体系通用综合、机车车辆、工务、通信信号、牵引供电、运营服务子体系专家研讨会，研究体系框架、标准明细和翻译计划建议。

推进铁路标准国际化。组织相关单位参加ISO/TC269第6届全体大会和主席顾问组第12届、13届会议，争取我国提出的《橡胶悬挂元件》等3项新工作提案正式成立工作组，以及《道岔与交叉》等5项新工作提案立项成立特别工作组。组织国内技术对口单位参加IEC/TC9第57届年会和主席顾问组第25次会议，汇报我国主持的《机车车辆布线规则》等3项国际标准项目进展情况，并争取《机车车辆传感器》等3项新工作项目提案正式立项。参加中法标准化合作委员会会议，研讨中法两国在铁路标准化合作、信息交换等方面事宜。梳理技术标准翻译计划，组织开展标准英文版翻译工作。立项开展《高速铁路设计规范》俄语版、印度尼西亚语版翻译工作，组织编译《铁路技术标准汉语印尼语词典》《铁路技术标准汉语阿拉伯语词典》。发布《铁路工程建设标准英文版翻译词典》及《铁路隧道设计规范》等10项铁路主体设计规范英文译本，完成《高速铁路道岔技术条件》等25项铁道行业技术标准英文译本公告的发布工作。按照规定程序完成《内燃机车通用技术条件》等12项铁道国家标准英文译本编制工作，报国家标准化委员会审批发布。组织完成《电气化铁路牵引变压器技术条件》等30项英文版铁路技术标准技术审查工作。与中国铁路设计集团有限公司、中国交通建设集团股份有限公司沟通交流马来西亚东海岸铁路项目铁路技术标准英文版需求情况，为铁路海外工程项目提供技术支撑。

协助推进综合交通运输标准化工作。按照交通运输部标准化管理委员会要求完成《交通运输标准化体系》（铁路部分）编制工作，并对《交通运输标准化管理办法》提出修改意见建议；组织参加交通运输部行业标准《系列2集装箱》《国内集装箱多式联运运单》专家审查会，提出铁路用集装箱相关建议。

第十一节　人才队伍建设

一、加强人才工作领导

国家铁路局党组高度重视人才工作，坚持党管人才。一是多次召开党组会议，认真学习贯彻落实习近平总书记关于人才工作重要指示精神和中央有关决策部署，研究审定国家铁路局人才引进、培养、流动、评价等工作。二是深入贯彻中央《关于深化人才发展体制机制改革的意见》，在人才引进、培养、流动、评价等方面，坚持服务铁路改革发展大局，突出问题导向，体现分类施策，扩大人才开放。三是多次参加交通运输部人才工作领导小组会议，研究讨论《交通运输青年科技英才评选与管理办法》《交通运输部2017年人才工作要点》等，参与推进行业人才工作。

二、不断引进人才

2017年，按照局党组建造全局人才“蓄水池”的要求，针对全局缺乏铁路专业人才的情况，局属事业单位面向社会公开招聘两批具有铁路专业一线生产和现场管理经验的技术人才；针对监管履职急需信息技术支撑的情况，集中接收1批通信与信息工程专业毕业生。局属事业单位全年招聘76人，接收高校毕业生7人；局机关和地区铁路监督管理局招录公务员12名，接收安置军队转业干部2人。

三、加强人才培养

认真贯彻《干部教育培训工作条例》，深入实施《国家铁路局干部交流和基层锻炼培养实施计划》，扎实推进素质提升工程。一是加强思想政治教育。认真学习贯彻落实党的十九大精神和习近平新时代中国特色社会主义思想，建立并实施每月理论固定学习日制度，坚持“两学一做”学习教育常态化制度化，坚定理想信念，不断提高人才理论素养。二是加强干部培训。印发《国家铁路局2017年培训计划》，分专业、层级、批次开展岗位适应性培训，选派32名司局级干部参加上级调训和专题研修。三是推进干部交流锻炼培养，通过多渠道、多方式培养锻炼，加快提升干部综合素质。组织实施干部交流任职，选派干部到中央纪委驻交通运输部纪检组、江西省永丰县、贵州省榕江县、浙江省交通运输厅挂职，组织黔东南州选派干部到国家铁路局挂职。四是加强人才队伍建设。对局领导班子成员以及局机关内设机构、局属单位负责人的成长路径进行统计分析，形成《党政领导干部成长路径分析》报告。开展地区铁路监督管理局、局属事业单位领导班子及后备干部调研考核，加强领导班子建设。开展《国家中长期人才发展规划纲要（2010－2020年）》实施情况中期评估。学习落实《中央人才工作协调小组2017年工作要点》，研究提出国家铁路局贯彻落实措施。积极参与中国青年科技奖、交通运输青年科技英才、交通技术能手、享受政府特殊津贴人员等荣誉称号推荐评选工作。推荐的铁路行业企事业单位12名同志获交通运输青年科技英才荣誉称号，国家铁路局1名同志获享受政府特殊津贴。

四、创新人才工作机制

一是搭建铁路科技创新平台。围绕贯彻落实中央关于科技创新的重大决策部署，切实转变政府职能，服务企业、服务市场、服务广大铁路科技工作者。召开铁路科技创新工作会议，总结铁路行业科技创新成果经验，充分展示党的十八大以来中国铁路行业发展的辉煌成就，搭建交流展示平台，推动铁路科技创新再上新台阶。印发《铁路重大科技创新成果管理办法》，建立铁路重大科技创新成果库，2017年共50项铁路科技项目、50项铁路专利、50项铁路技术标准、200篇铁路科技论文入选。二是推进铁路行业创新发展。发挥政府部门组织、引导、协调、服务作用，推动铁路科技基础研究、应用研究、成果转化及产业化紧密结合，深化高铁、重载和运营管理关键技术的持续创新，加快推进国家科技计划“先进轨道交通”重点专项。积极推荐铁路行业项目参加国家评奖，4 个团体及个人获全国创新争先奖，4 项科技成果获 2016 年度国家科学技术奖，3 项专利获中国专利优秀奖。三是充实完善国家铁路局专家库，为依法科学履职提供专业人才支撑。组织有关单位开展铁路规划、法规、科技、标准等研究工作，鼓励局内外铁路专家承担课题研究，为铁路行业人才队伍培养提供保障条件。四是核准局属事业单位岗位设置方案，全面实施岗位设置管理，合理优化配置人才资源。

第三章　公路（含道路运输）

第一节　公路基础设施建设

2017 年底，全国公路总里程达 477.35 万公里，比上年末增加 7.82 万公里。公路密度为 49.72 公里 / 百平方公里，增加 0.81 公里 / 百平方公里。全国等级公路里程 433.86 万公里，比上年末增加 11.31 万公里，占公路总里程 90.9 %，提高 0.9 个百分点。其中，二级及以上公路里程 62.22 万公里，增加 2.28 万公里，占公路总里程 13.0 %，提高 0.3 个百分点。全年公路建设完成投资 21253.33 亿元，比上年增长 18.2%。

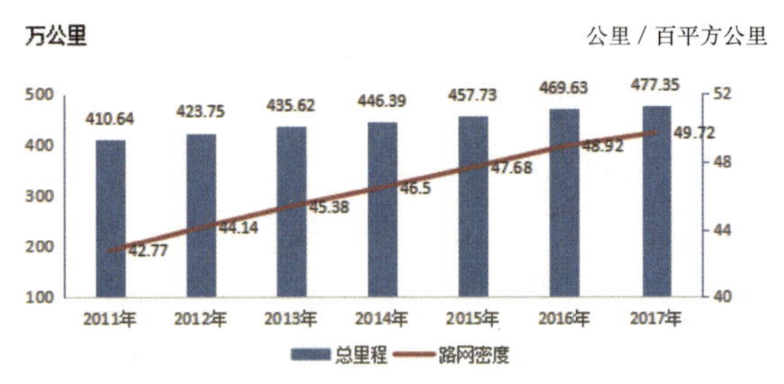

图 3-3-1　2011 年－ 2017 年全国公路总里程及路网密度

一、公路建设情况

2017 年底，全国高速公路里程 13.65 万公里，比上年末增加 0.65 万公里。其中，国家高速公路 10.23 万公里，增加 0.39 万公里。全国高速公路车道里程 60.44 万公里，增加 2.90 万公里。全年高速公路建设完成投资 9257.86 亿元，增长 12.4%。

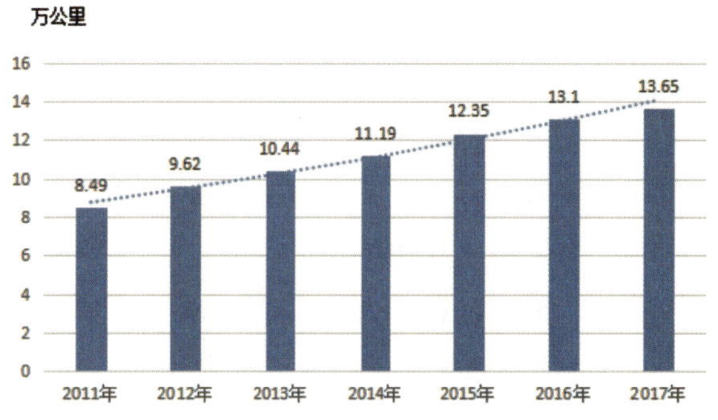

图 3-3-2　2011 年－ 2017 年全国高速公路通车总里程

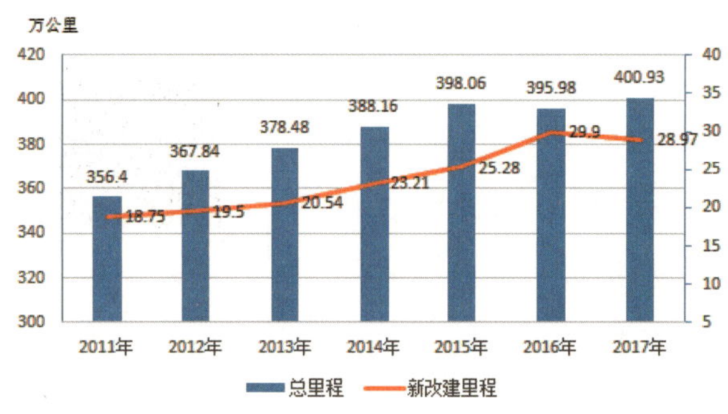

图 3-3-3　2011 年－ 2017 年全国农村公路通车里程及新改建里程

2017 年底，国道总里程 35.84 万公里，省道总里程 33.38 万公里。普通国省道建设完成投资 7264.14 亿元，增长 19.5%。

2017 年底，全国农村公路里程 401 万公里，其中，县道 55 万公里、乡道 116 万公里、村道 230 万公里。等级公路 360 万公里，占比 89.88 %，硬化路 310 万公里，占比 77.38%。乡镇和建制村通达率分别为 99.99% 和 99.98%，通畅率分别为 99.39% 和 98.35%。农村公路建设完成投资 4731.33 亿元，增长 29.3%，新改建农村公路 28.97 万公里。

二、公路建设管理情况

交通运输部从宏观政策层面着手，制定完善相关技术政策，推动公路建设的转型升级和技术进步。

在首批 5 个 BIM（建筑信息模型）技术应用试点工作的基础上，2017 年 12 月，交通运输部印发《关于推进公路水运工程应用 BIM 技术的指导意见》（交办公路〔2017〕205 号），推进 BIM 技术在公路水运工程建设中的应用。通过 BIM 技术在公路建设中的应用，进一步加强项目信息整合，实现工程全寿命期管理信息的传递，为提升工程品质和投资效益提供技术支持。

为进一步落实《交通运输部办公厅关于实施绿色公路建设的指导意见》（交办公路〔2016〕93 号）和《交通运输部关于推进公路钢结构桥梁建设的指导意见》（交办公路〔2016〕115 号），研究确定了 33 个绿色公路建设试点工程和 9 个公路钢结构桥梁建设试点工程。通过试点项目建设，进一步宣传贯彻绿色发展的理念，为推动公路建设绿色可持续发展、提高工程建造工业化水平、促进公路建设高质量发展创造经验。

2017 年 10 月，交通运输部印发《关于组织开展旅游公路示范工程建设的通知》（交办公路〔2017〕149 号），鼓励探索进一步拓展公路为旅游服务功能，为公路沿线地方政府发展旅游产业，提升旅游经济，提供支撑，促进交通与旅游融合共同发展。

三、重点工程项目竣工验收情况

（一）九江长江公路大桥

3 月，组织了江西九江长江公路大桥竣工验收。九江长江公路大桥项目包括主桥及接线工程，路线全长 17.004 公里，概算总投资约 37.6 亿元。其中，长江大桥长 8.642 公里，采用主跨 818 米双塔双索面不对称单侧混合梁斜拉桥方案。该项目的建成对于支持长江经济带发展战略、完善区域高速公路网络、推动周边地区经济社会发展具有重要意义。

（二）陕西安康至汉中高速公路

4 月，组织了陕西安康至汉中高速公路竣工验收。安康至汉中高速公路位于陕西省南部，是福州至银川国家高速公路十堰至天水联络线（G7011）的重要组成部分，路线全长 188.069 公里，概算总投资约 137.7 亿元。该项目在建设中深入践行标准化施工，注重精细化管理和生态环境保护，采用降噪排水路面结构，构件工厂化集中预制等新型工艺、工法，率先建成了西乡服务区等一批绿色建筑，有效提升了工程品质。

（三）贵州镇宁至胜境关高速公路

7 月，组织了上海至瑞丽国道主干线贵州镇宁至胜境关（黔滇界）公路竣工验收。镇宁至胜境关公路位于贵州省西南部，是杭州至瑞丽国家高速公路（G56）的重要组成部分，路线全长 186.173 公里，概算总投资约 126.6 亿元。坝陵河特大桥为该项目控制性工程，采用主跨 1088 米钢桁架悬索桥方案，桥面至水面高度超过 370 米，是中国较早建设的山岭区特大跨径桥梁。大桥实施过程中应用了“桥面移动塔吊施工工法”“大跨径悬索桥水平索垂直排线施工工法”等新工艺、工法，为西部山岭峡谷地区同类桥梁建设积累了宝贵经验。

第二节　公路建设市场管理

2017 年，交通运输部深化“放管服”改革，完善制度体系，以市场督导和信用管理为抓手，强化公路建设市场事中事后监管，营造良好营商环境，推动公路建设高质量发展。

一、深化“放管服”改革

开展《公路水运工程监理企业资质管理规定》修订工作，坚持问题导向、法治思维、简政放权、优化服务，主要内容包括：一是简化行政审批事项。对于监理资质证书中企业名称、地址、法定代表人等信息变更，采用“签注变更”方式，大大简化资质证书信息变更手续。二是完善资质标准。对申报公路、水运工程甲级监理资质的企业，要求具备乙级监理资质，并同时具备企业业绩和人员业绩；增加信用管理手段，补充了企业信誉条件。三是简化申报材料。申请人将人员、业绩、仪器设备情况录入公路、水运建设市场信用信息管理系统，申报时将只需提交人员、业绩以及仪器设备清单，不需再报送大量纸质证明材料，大大简化了申报材料。四是优化审查工作。依托公路、水运建设市场信用信息管理系统，将以往专家对纸质证明材料进行评审，优化为对比申报材料中人员、业绩、仪器设备清单与系统信息，将极大提高审查效率，压缩审批周期。同时，通过系统信息录入、审核、发布机制，以及信息公开，加大主管部门和社会公众监督力度，防止弄虚作假行为。五是加强资质动态监管。补充了企业资质延续、重新核定、注销资质的有关内容，完善了资质监管和退出机制。推进行政许可标准化工作，发布《公路监理企业资质许可服务指南》和公路工程监理、设计、施工企业资质审查要点，对企业信誉、申报材料、业绩和人员要求等进行了补充细化。

二、公路建设市场督查

科学制定督查方案，印发2017年督查通知，部署年度督查工作。采取“双随机”方式，对山东、福建、河南、吉林、宁夏、北京等6省（自治区、直辖市）公路建设市场行业监管和项目管理情况开展督查，共随机抽查高速公路和普通国省干线公路项目17个，设计施工、监理合同段50余个。督查内容包括市场准入、基本建设程序、招标投标、信用体系建设、合同履约等方面。督查共发现问题208个，提出整改意见71条，并分别印发了督查情况通报，同时抄送所在地省级人民政府办公厅，对发现的问题督促整改落实，省级交通运输主管部门监管能力和项目法人管理水平得到有效提升。

三、强化信用体系建设

按照国家和交通运输部信用体系建设的总体要求和部署，深入推进公路建设市场信用体系建设，完成2016年度公路设计、施工、监理信用评价，公布248家公路设计企业、865家公路施工企业和512家公路监理企业以及5898名公路监理工程师的全国综合信用评价结果。加强信用信息管理，打击信用信息弄虚作假行为，对存在虚假信息的17家企业进行通报，对资质转移的企业信用信息进行了核查。推动评价结果在联合奖惩、招标投标、资质管理和行业监管等方面的应用。不断拓展信用管理对象覆盖面，研究将公路建设单位纳入信用评价范围，研究制订《公路建设单位信用评价规则》。

加强部级信用信息平台建设。全国公路建设市场信用信息管理系统升级改造被列为交通部“十三五”信息化项目“交通运输信用信息共享平台”建设重点任务，公路监理行业管理子系统得到扩充完善整合，系统信用管理、资质管理、专家库管理等相关功能也进一步升级。2017年底，集成全国公路建设市场信用信息系统（升级版）等多个交通运输子行业信用信息管理功能的全国交通运输信用信息管理系统（一期）建设已如期通过交工验收。结合系统升级，将实现与全部省级交通运输主管部门的互联互通。

四、加强招标投标监管

完善招标投标法规制度，坚持遵循问题和择优导向，出台了《公路工程建设项目评标工作细则》《公路工程标准施工招标文件》（2018年版）、《公路工程标准施工招标资格预审文件》（2018年版），组织修订了《公路工程标准设计招标文件》《公路工程标准设计招标资格预审文件》《公路工程标准监理招标文件》《公路工程标准监理招标资格预审文件》，对进一步规范招标投标活动当事人的权利义务、切实减轻投标人的负担、促进形成统一开放竞争有序的招标投标市场具有十分重要的意义。

在公路建设项目招标投标中，认真落实有关法规制度，规范招标文件编制，实施"五公开""三记录"等制度，加强全过程监督管理和信息公开，招标投标活动更加规范。江苏、江西、山东等省积极开展电子招标投标试点，推行招标投标全过程电子化，加强信息公开，推行自动化开标评标，强化全过程监管，效果初步显现。福建省在设计、施工、监理、试验检测招标等领域全面推行电子行政监督。广东省完成公路建设项目电子招标投标系统平台的试点和认证工作，基本实现电子招标投标全流程管理。

第三节　公路养护与路网管理

一、公路养护

（一）全国公路养护基本情况

截至2017年底，全国公路养护里程共计4674565公里，占公路总里程的97.9％，分别较2016年增加85542公里和0.19个百分点。其中，国省干线公路养护里程688477公里，与上年相比增加21799公里，养护里程比例达99.5％；全国农村公路养护里程3918437公里，养护里程比例达97.7％，较上年增加了0.25个百分点。2017年普通国省干线MQI（公路技术状况指数）值为86.47，优良路率为81.03％，其中国道分别为87.53和85.17％，省道分别为85.38和76.77％，均较上年有所提高；高速公路MQI值为94.91，优良路率为99.76％，MQI与PQI（路面使用性能指数）比上年稍有降低，优良路率有所提高。

（二）国家公路网技术状况监测

2017年，各级交通运输主管部门和公路管理机构积极践行"创新、协调、绿色、开放、共享"的发展理念，按照全国公路养护管理工作会议部署及《"十三五"公路养护管理发展纲要》要求，努力克服重载交通快速增加、养护资金不足、养护压力日益加大等诸多困难，采取有效管理措施和技术手段，全力加强公路和桥隧养护管理工作，全国干线公路技术状况水平总体良好，运行态势平稳。

路况检测。接受检测的31个省（自治区、直辖市）1.405万公里普通国道检测结果显示：路面使用性能指数（PQI）为85.90，处于良等水平，优良路率为78.31％，次差路率为10.61％；路面损坏状况指数（PCI）为83.86，路面行驶质量指数（RQI）为8.96。除西藏外，接受检测的30个省（自治区、直辖市）1.095万公里国家高速公路检测结果显示：路面使用性能指数（PQI）为92.45，处于优等水平，优等路率为81.85％，次差路率为0.15％；路面损坏状况指数（PCI）为91.56，路面行驶质量指数（RQI）为93.59，路面车辙深度指数（RDI）为91.56。

重点桥梁监测。抽检的40座重点桥梁，从规范化评分看，桥梁养护管理规范化水平稳步提升。从末次定期检查评定看，结果为：一类桥2座，二类桥28座，三类桥10座。本次监测确认评级结果为：二类桥29座，三类桥11座。黑龙江四方合大桥左幅引桥评级进行调整，主桥评级不变；甘肃新田黄河大桥左幅引桥评级进行调整，主桥评级不变。有5座桥梁技术状况末次评定结果与本次监测结果不一致，其中4座桥梁差于末次评定结果。

重点隧道监测。抽检的10座重点隧道，从规范化评分看，隧道养护管理规范化水平较2016年度有小幅提升。从末次定期检查评定看，结果为：1类或S级隧道3座，2类或B级隧道4座，3类隧道2座，4类隧道1座。本次监测确认土建结构评级结果为1类隧道2座，2类隧道2座，3类隧道4座，4类隧道2座。与2016年度相比，有2座1类隧道，没有5类隧道。

（三）灾损保通工作

2017年，全国31个省（自治区、直辖市）的公路基础设施均遭受到不同程度的灾毁损失，灾情主要集中在华中、华北和西南地区。主要呈以下特点：主汛期南北暴雨洪涝集中爆发，地震发生次数偏少、震级偏高，台风登陆个数多、影响区域重叠。各级交通运输部门和公路管理机构克服种种困难，有效抵御灾害影响，及时抢通抢修灾损公路，为促进经济社会发展奠定良好基础，主要应对措施为：一是进一步完善规章制度。2017年9月正式印发《公路交通突发事件应急预案》，完善了突发事件分级标准和应急响应机制，明确了地震、泥石流灾害和低温雨雪冰冻灾害应急处置操作指南，为各地区公路部门加强应急体系建设提供重要依据和指导。二是强化应急物资装备储备。交通运输部继续督促指导地方加快推动国家区域性公路交通应急物资储备中心建设，并组织开展相关管理制度研究工作。三是组织开展公路交通军地联合应急演练。9月30日，交通运输部会同福建省人民政府及武警交通部队，在福州市开展了全国公路交通军地联合应急演练。通过演练，达到了检验预案、锻炼队伍、磨合机制交流技术、提升能力的预定目标。四是继续实施抗震减灾工程。全年分两批安排中央车购税补助资金用于加强公路安全生命防护工程、危桥改造和地质灾害防治工程。全年完成乡道及以上公路安全生命防护工程14.6万公里，完成乡道及以上公路危桥改造工程3543座，完成国省干线公路灾害防治工程741公里。五是积极指导，全力应对各种灾情。四川茂县特大山体滑坡和九寨沟地震等重大灾害发生后，交通运输部迅速启动Ⅱ级应急响应，派出工作组指导公路抢通保通、灾后重建工作，实现灾害核心区快速抢通，打通救灾生命通道。其他地区灾情发生后，指导和协调地方交通部门、武警交通部队等单位，做好交通运输保障和应急救援。及时会商财政部安排公路灾损抢修保通专项补助资金。

（四）危桥改造工程建设

为提升公路安全保障水平，交通运输部连续第3年将危桥改造工程作为贴近民生实事中的一项重要内容，提出“改造危桥1800座”的工作目标并向社会公布。为此，中央加大投入力度，2017年分两批共安排中央车购税补助资金，全年共改造危桥3543座/15.9万延米，超额完成年初确定的改造危桥1800座的工作目标。为做好危桥改造工程的组织实施，交通运输部组织技术单位对31个省（自治区、直辖市）开展了重点桥梁监测工作，并对56座危桥改造项目进行了现场督导工作，进一步提高了各地对桥梁养护管理工作的重视程度和基层人员的技术能力。

（五）公路安全生命防护工程建设

为夯实公路交通安全基础，提升公路安全保障水平，交通运输部连续第3年将公路安全生命防护工程作为贴近民生实事中的一项重要内容，提出“实施公路安全生命防护工程8万公里”的工作目标，为此，中央加大投入力度，2017年分两批共安排中央车购税补助资金，完成公路安全生命防护工程14.6万公里，超额完成年初确定的工作目标，继续推进公路安全生命防护工程示范省建设，开展技术指导和工作督导，指导河北、浙江、贵州完成示范省评估验收。

二、路网管理

（一）收费公路管理

取消西部四省（区）政府还贷二级公路收费。督促指导内蒙古、甘肃、青海、宁夏等四省（区）于5月31日前全面取消了政府还贷二级公路收费，撤销收费站点243个，取消收费里程16431公里，全年共降低四省（区）公路用户车辆通行费支出21.6亿元。

推进高速公路差异化收费试点。2017年7月31日印发《关于开展高速公路分时段差异化收费试点工作的通知》，在山西、浙江、湖南、河南正式启动试点工作。截至2017年底，4个试点省份共优惠车辆通行费6.29亿元。

实现高速公路通行费增值税电子发票开具。会同财政部、国家税务总局，联合印发《完善收费公路通行费增值税发票开具工作实施方案》，印发运营与服务规则、总体技术方案、数据编码规则等技术文件，联合召开全国电视电话会议进行工作部署。会同国家税务总局联合发布《关于收费公路通行费增值税电子普通发票开具等有关事项的公告》及解读，明确通行费电子发票类型、开具方式和注意事项。2017年底，如期实现高速公路通行费增值税电子普通发票开具。

（二）路网运行监测

交通量数据。根据全国交通情况调查系统统计，2017年全国干线公路年平均日交通量为14446pcu/日，同比增长9.3%。2017年，国道网机动车年平均日交通量为13916辆，同比增长8.9%，国道网平均行驶量为295361万车公里，同比增长6.2%，其中，国家高速公路日平均交通量为26328辆，日平均行驶量为127600万车公里，同比分别增长10.5%、7.9%；普通国道日平均交通量为10242辆，日平均行驶量为167764万车公里，同比分别增长7.0%、4.5%。全国高速公路日平均交通量为26265辆，日平均行驶量为154695万车公里，同比分别增长12.7%、8.5%。

监测设施数据。根据不完全数据统计，中国高速公路交通量参数监测设施总规模达2.1万套，平均布设密度达10－15公里/套；视频监测设施（路段沿线）总规模近5.2万套，平均布设密度达5公里/套；气象监测设施总规模达2600余套。普通国省干线公路交通量参数监测设施总规模达1.0万余套，平均布设密度约90－110公里/套；视频监测设施（路段沿线）总规模达1.6万套，增长较为显著，平均布设密度约50－70公里/套；气象监测设施总规模近290套。

制度调整与完善。修订并印发《公路交通阻断信息报送制度》，进一步规范公路交通阻断信息报送工作，加强路网运行监测与管理，不断提高公路交通应急保障和公共服务能力。

推进“互联网+”路网管理建设。组织开展“互联网+”路网管理调研与座谈，形成调研报告。配合规划司在北京等8个省市开展新一代国家交通控制网和智慧公路（第一批）试点。

（三）公路应急能力建设

制度调整与完善。修订并印发《公路交通突发事件应急预案》，优化了预案的框架结构和内容，增强了预案的政策性和指导性，明确了突发事件的分级标准，完善了突发事件预警机制和突发事件应急响应分级管理及响应机制。

公路交通军地联合应急演练。9月30日交通运输部、武警交通指挥部、福建省人民政府联合在福建省福州市成功举办2017年度公路交通军地联合应急演练。演练以台风应急灾害处置为主题，为各地交通运输部门应对台风灾害提供示范，进一步提升公路交通应急处置能力，深化军民融合发展。

（四）服务区管理

持续推进全国高速公路服务区文明服务创建。4月，印发《关于开展2017年全国高速公路服务区服务质量等级评定工作的通知》及实施方案，全面部署开展高速公路服务质量等级评定工作。

9月至10月，在全国组织开展2017年全国高速公路百佳示范服务区考核，评选出百佳示范服务区100对、优秀服务区400对、达标服务区1585对和达标停车区309对，经公示后，于2017年12月14日发布公告对社会公布。

加快推动普通国省干线公路服务设施建设。2017年1月，印发《普通国省干线公路服务设施“十三五”建设专项规划》，明确“十三五”期间的建设目标。2017年7月，确定并下达2017年各省车购税补助建设资金切块规模及建设计划，印发《关于加强普通国省干线公路服务设施建设管理的通知》，明确技术要求和各省建设任务，指导服务设施建设及运营。

（五）车辆超限超载治理

按照交通运输部、公安部、工业和信息化部、工商总局、质检总局联合印发的《关于进一步做好货车非法改装和超限超载治理工作的意见》（交公路发〔2016〕124号）的部署安排，稳步推进新一轮治超工作。一是开展整治公路货车违法超限超载行为专项行动，并开展行动后总结评估，为今后治超工作提供参考借鉴。二是配合运输服务司开展车辆运输车治理，稳步推进“单排车”变“标准车”治理工作；继续协助做好标准化、集装化、厢式化运输装备的推广应用工作。三是配合工业和信息化部装备工业司开展货车非法改装专项治理工作，有效遏制货车非法改装行为。四是印发《关于界定严重违法失信超限超载运输行为和相关责任主体有关事项的通知》（交办公路〔2017〕8号）等文件，积极推进行业信用体系建设，开展信用治超工作。2017年向“信用中国”报送了4批失信名单，社会反响良好。

（六）严格规范公正文明执法

坚决贯彻落实党中央国务院的决策部署，切实解决部分地区治超乱执法、乱罚款，多头执法、重复处罚等问题，全力推进严格规范公正文明执法。一是联合公安部印发了《关于印发规范公路治超执法专项整治行动工作方案的通知》（交办公路〔2017〕130号），在全国范围内开展为期4个月的专项整治行动。整治期间，公路局组织开展了4次部级督导、1次全国范围省际互检和3次暗访检查。二是印发《关于开展公路执法服务大走访活动的通知》（交办公路〔2017〕133号），以“三服务两监督”为主题，组织各地交通运输部门开展大走访活动，服务为民。活动期间，公路局也组织赴河北、内蒙古、辽宁和新疆等省（区）开展了座谈交流，示范引领。三是联合公安部印发《关于治理车辆超限超载联合执法常态化制度化工作的实施意见（试行）》（交公路发〔2017〕173号），并起草了《实施意见》解读和宣传材料，推动路警联合治超执法规范有序，稳步向前，长效开展。

（七）跨省大件运输并联许可服务

按照国务院的部署要求，坚决落实实体经济降本增效工作，将优化跨省大件运输并联许可工作作为部更贴近民生实事，摆在突出位置，抓紧抓好抓实抓细。一是积极指导各地全面完成了跨省大件运输并联许可系统的建设、对接和联调联试工作。9月30日，系统正式进入联网运行阶段，提前完成了国务院常务会议确定的年底前实现全国联网的目标任务，实现了一地办证、全线通行。二是印发了《关于做好跨省大件运输并联许可系统联网运行工作的通知》（交办公路函〔2017〕1407号），全面清理规范了验算费、检测费、未发生实际损害的赔（补）偿费等大件运输涉企收费，并督促各地严格落实按基本费率收取经许可大件运输车辆的通行费。当前跨省大件运输许可并联系统运行正常，为大件运输企业提供了便捷服务。

第四节　公路技术标准体系

一、公布新版《公路工程标准体系》

10月31日，交通运输部发布《公路工程标准体系》，于2018年1月1日正式施行。《公路工程标准体系》是公路领域现有、应有和预计制订标准的蓝图。随着中国公路网规模的快速形成，以建设为重心的标准体系逐渐不能满足公路发展转型升级的需要，公路建设、管理、养护、运营标准应均衡发展并适度超前，以适应并引导行业规范发展。新版的体系较2002年版本做了重大调整，立足当前发展阶段，设置总体、通用、公路建设路管理、公路养护、公路运营六大板块，各板块界面清晰并各有侧重，公路建设板块重在提升，公路养护板块重在补充，公路管理和公路运营板块重在创立。将建、管、养、运四大板块并行设计，强化协调发展，打通各个环节，突出质量、安全、绿色、智慧的发展导向。

二、公路工程行业标准制修订

随着中国公路建设事业的迅速发展，公路工程行业标准化工作也取得了显著的成绩，呈现出分工越来越细、周期越来越短、内容越来越丰富、覆盖面越来越宽、理论不断完善、技术不断更新、与国际接轨的趋势越来越明显等特点。2017年交通运输部正式发布公路工程行业标准《公路路线设计规范》等12本行业广泛关注的标准。6月，通过行业内技术专家会审确定了2018年度标准立项计划清单，共计31项标准项目，其中，总体和通用类标准8项，建设类标准6项，管理类标准4项，养护类标准6项，运营类标准7项。

三、公路工程行业标准外文版编译工作

5月，《交通运输部关于下达2017年度公路工程行业标准制修订项目计划的通知》（交公路函〔2017〕387号）中明确标准外文版编译项目新增共计24项，主要有《公路路线设计规范》的英文版和法文版编译、《公路沥青路面设计规范》英文版编译等其中英文版17项、俄文版1项、法文版6项。截至2017年12月，已发布外文版标准共43本，其中英文版37项、法文版6项，主要编译标准有《公路工程技术标准》（JTGB01-2014）《公路工程抗震规范》（JTGB02-2013）等，涵盖了勘测、设计、试验检测、施工等门类。在编外文版标准共37项，主要有《公路工程技术标准》（JTGB01-2014）的英、法和俄文版、《公路路基设计规范》（JTGD30-2015）法文版等。公路工程行业标准外文版编译有利于中国企业在海外工程承包中打破发达国家的技术垄断，大幅降低企业成本，促进国内产品和技术的出口，带动更多企业整体“走出去”，对于扩大我国在国际上的技术和文化影响力将起到积极的推动作用。

四、公路工程领域内团体标准

近年来，国务院有关部门十分重视大力培育和发展团体标准，行业内相关单位编制团体标准的积极性高。交通运输部公路局着力于加强对团体标准的制定进行规范、引导和监督，大力鼓励支持有能力的社会团体借着标准化改革的有利时机，协调相关市场主体共同制定满足市场和创新需要的团体标准，大力发展公路工程领域内团体标准的编制工作。中国公路学会、中国工程建设标准化协会公路分会、公路建设行业协会等机构积极承担公路工程领域内团体标准改革和探索的责任，着力开展团体标准的建立和发展工作。通过积极努力和不断摸索，在国家大力推动标准化工作，并要求完善标准体系的背景和前提下，积极组织、建立和发展公路工程领域团体标准，所做的工作对于积极落实国务院等文件精神、丰富和完善标准体系架构、满足公路工程领域对标准的需求具有积极意义。

第五节 道路运输服务

一、客运服务

（一）等级客运站

截至2017年底，全国道路客运站总数达37.4万个，同比增长6.1%；等级客运站19870个，同比减少837个，降幅为4.0%；简易站及招呼站353683个，同比增加22392个，增幅为6.8%。

等级客运站中，一级客运站881个，同比增长2.8%；二级客运站1940个，同比减少0.5%；三级客运站1835个，同比减少5.6%；四级客运站5597个，同比减少1.2%；五级客运站9617个，同比减少6.6%。

表3-3-1 2013年-2017年全国等级客运站发展情况（单位：个）

年份	一级客运站	二级客运站	三级客运站	四级客运站
2013年	751	2058	2001	5482
2014年	793	1971	2001	5741
2015年	847	1952	1965	5738
2016年	857	1949	1943	5664
2017年	881	1940	1835	5597

截至2017年底，全国共有1833个二级站配备了安全检测仪，占二级站总数的94.5%，同比增长1.4个百分点；有753个三级站配备了安全检测仪，占三级站总数的41.0%。

（二）班线运输

线路数量方面。全年，全国客运班线开通数量逐步减少。截至2017年底，全国共开通客运班线17.4万条，同比减少4606条；平均日发班次146.4万次，同比减少5.4%。其中，跨省线路16550条，同比减少622条，年平均日发班次52063次，同比减少5.5%；跨地（市）线路35819条，同比减少656条，年平均日发班次171871次，同比减少5.5%。全国高速客运线路为25796条，同比减少89条。

线路长度方面。全年，营运里程在800公里以上的客运班线为5132条，同比减少375条，其中高速公路线路3401条，同比减少219条；400-800公里的客运班线为9992条，同比减少549条，其中高速公路线路5630条，同比减少89条；400公里以下的客运班线为157911条，同比减少3683条，其中高速公路线路为16765条，同比增加219条。

表3-3-2 2013-2017年道路客运班线开通及班车发车密度情况

班线开通情况		2013年	2014年	2015年	2016年	2017年
总计	线路（万条）	17.9	18.1	18.1	17.8	17.4
	年平均日发班（万次/日）	169.8	170.9	164.8	154.8	146.4
跨省	线路（万条）	1.8	1.8	1.8	1.7	1.7
	年平均日发班（万次/日）	6.0	6.1	5.9	5.5	5.2
跨地（市）	线路（万条）	3.7	3.8	3.7	3.6	3.6
	年平均日发班（万次/日）	18.7	20.0	19.6	18.2	17.2
跨县	线路（万条）	3.5	3.5	3.5	3.4	3.3
	年平均日发班（万次/日）	32.9	32.6	31.3	30.2	28.0
县内	线路（万条）	9.0	9.1	9.1	9.0	8.8
	年平均日发班（万次/日）	112.3	112.1	107.9	100.9	96.0

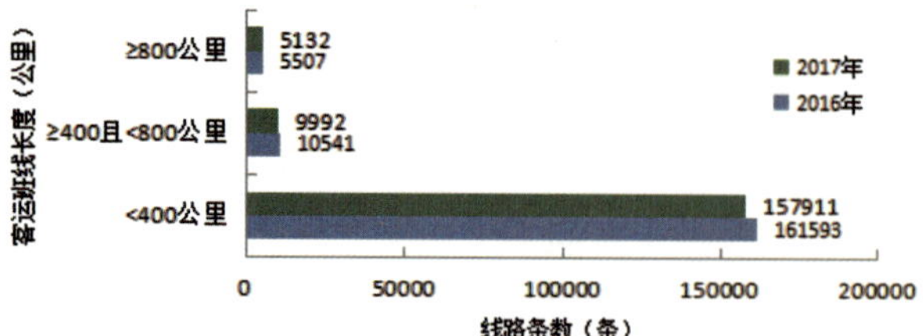

图 3-3-4　2016 年和 2017 年道路客运班线不同线路长度分布比较

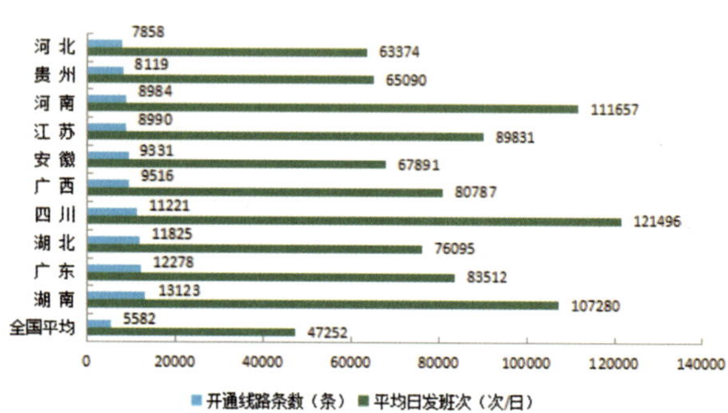

图 3-3-5　开通班线数列全国前 10 位省份的客运班线及平均日发班次数

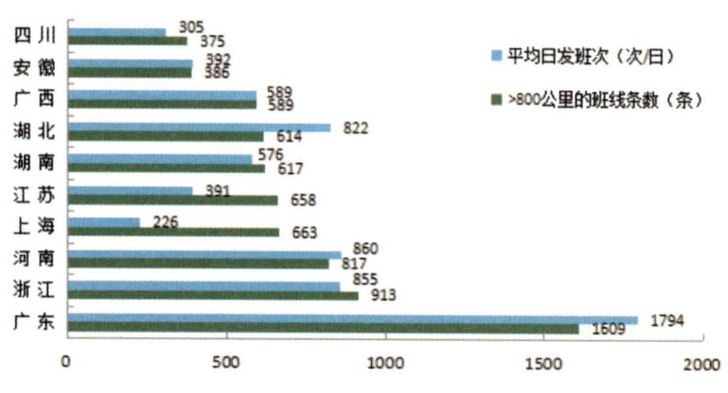

图 3-3-6　开通 800 公里以上班线数列全国前 10 位省份的客运班线及日发班次数

线路分布方面。全年，班线数量列全国前 10 位的地区分别是湖南、广东、湖北、四川、广西、安徽、江苏、河南、贵州、河北。开通 800 公里以上线路条数列全国前 10 位的地区分别是：广东、浙江、河南、上海、江苏、湖南、湖北、广西、安徽、四川。

（三）客运车辆

全国营运客车车辆数及客位数总体呈小幅度下降，大型客车平均客位数同比有所增加。全年，全国营运客车 81.6 万辆，同比减少 2.9%；客位数为 2099.2 万个，同比减少 1.9%，平均客位数为 25.7 个 / 辆，同比增加 0.2 个 / 辆。其中，大型客车 30.6 万辆、客位 1340.0 万个，同比与去年持平及增加 0.6%，平均客位数为 43.8 个 / 辆，同比增加 0.2 个 / 辆。

全国农村客运车辆数列前 10 位的省（自治区、直辖市）是：四川（25473 辆）、云南（25427 辆）、湖南（24780 辆）、湖北（23576 辆）、新疆（22367 辆）、河南（19683 辆）、贵州（18184 辆）、广西（13337 辆）、安徽（13191 辆）、江苏（12869 辆）。

表 3-3-3　2017 年全国农村客运车辆的地区分布情况

指标＼地区	东部地区	中部地区	西部地区
车辆数（万辆）	6.3	10.8	14.5
客位数（万个）	170.8	212.4	237.1
平均每车客位数（个 / 辆）	27.3	19.7	16.3

（四）客运量

全年，全国营业性客运车辆完成道路旅客运输量 145.7 亿人次、旅客周转量 9765.2 亿人公里，同比分别减少 5.6% 和 4.5%。道路客运量、旅客周转量在综合运输体系中比重分别为 78.8% 和 29.8%。

（五）农村客运

全年，全国农村客运站总数达到 29.9 万个，同比增加 8.7%。其中东、中、西部地区农村客运站数量分别为 12.6 万个、10.4 万个、6.9 万个，分别同比增加 5.9%、减少 1.9%、增加 38%。

截至 2017 年底，全国共有 3.44 万个乡镇通了客运车辆（包括客运班车和农村公交），乡镇通车率达 99.12%，同比提高 0.10 个百分点；共有 55.7 万个建制村通了客运车辆，建制村通车率达 95.85%，同比提高 0.48 个百分点。

表 3-3-4 2017 年全国东中西部地区开通班线、跨省班线及高速客运班线发展情况

序号	东部地区		中部地区		西部地区	
	省（自治区、直辖市）	班线数量（条）	省（自治区、直辖市）	班线数量（条）	省（自治区、直辖市）	班线数量（条）
1	广东	12278	湖南	13123	四川	11221
2	江苏	8990	湖北	11825	广西	9516
3	河北	7858	安徽	9331	贵州	8119
4	浙江	7191	河南	8984	云南	6557
5	山东	6934	黑龙江	6502	甘肃	5358
序号	东部地区		中部地区		西部地区	
	省（自治区、直辖市）	跨省班线数量（条）	省（自治区、直辖市）	跨省班线数量（条）	省（自治区、直辖市）	跨省班线数量（条）
1	广东	3478	安徽	2253	广西	2113
2	上海	3309	河南	2107	四川	933
3	江苏	2931	湖南	1526	内蒙古	768
4	浙江	2102	湖北	1229	重庆	733
5	河北	1685	江西	927	贵州	696
序号	东部地区		中部地区		西部地区	
	省（自治区、直辖市）	高速客运班线（条）	省（自治区、直辖市）	高速客运班线（条）	省（自治区、直辖市）	高速客运班线（条）
1	广东	3225	湖北	1789	四川	2204
2	江苏	3208	湖南	1515	贵州	1635
3	上海	2919	安徽	1371	重庆	1266
4	浙江	2333	河南	1150	广西	1154
5	山东	1981	山西	737	云南	835

表 3-3-5 2017 年全国农村道路客运车辆类型构成情况

按等级分	高级		中级		普通	
	车辆数（辆）	客位数（个）	车辆数（辆）	客位数（个）	车辆数（辆）	客位数（个）
	13839	401090	118646	2678624	183075	3123051
按车长分	大型及以上		中型		小型	
	车辆数（辆）	客位数（个）	车辆数（辆）	客位数（个）	车辆数（辆）	客位数（个）
	22177	948677	128032	3174078	165351	2080010

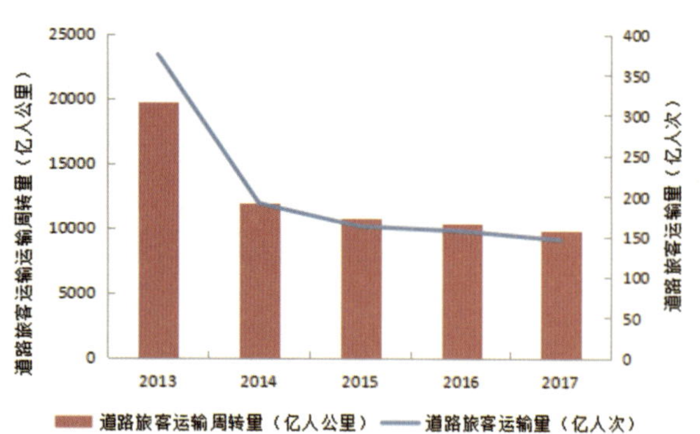

图 3-3-7　2013-2017 年全国道路旅客运输量及周转量变化情况

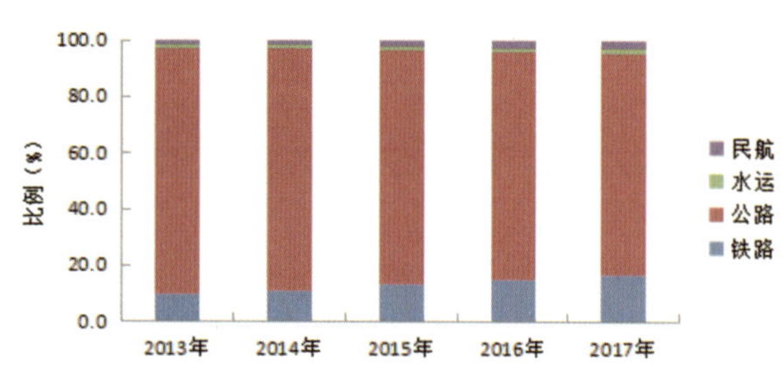

图 3-3-8　2013-2017 年道路运输完成客运量在综合运输体系中所占比例

全年，全国共开通农村客运班线 93058 条，同比减少 2.4%，年平均日发班次 96.5 万次，同比减少 7.1%。全国东、中、西部地区开通的农村客运班线数分别为 1.8 万条、3.7 万条、3.8 万条，分别同比减少 9.0%、增加 0.7%、减少 1.9%。

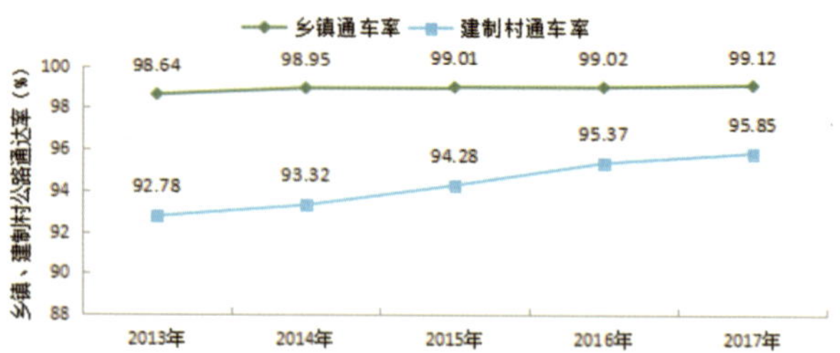

图 3-3-9　2013-2017 年全国乡镇和建制村通客运班车率变化情况

（六）春运出行保障

加强运力组织保障。2017 年春运期间，投入营运客车 84 万辆，日发班次近 250 万班。春运 40 天，全国道路旅客发送量 25.21 亿人次、增长 1.0%。

提升便捷服务水平。各地交通运输部门统筹安排道路客运班线、公共汽电车、城市轨道交通和出租汽车运力，全力做好铁路、民航旅客到站（港）的接续接驳工作。青岛交运、淮汽集团、中交出行等企业开通“定制出行”一站式运输服务，满足个性化需求。

强化出行安全管控。春运期间，围绕安全与服务两个主题，交通运输部派出 6 个检查组分赴 12 个重点省份开展暗访检查，并组织 8 个省份开展交叉检查。春运期间，公路客运未发生重特大事故。

表 3-3-6　2017 年全国东、中、西部地区农村客运站发展情况

序号	东部地区		中部地区		西部地区	
	省（自治区、直辖市）	农村客运站个数（个）	省（自治区、直辖市）	农村客运站个数（个）	省（自治区、直辖市）	农村客运站个数（个）
1	山 东	57174	湖 北	27809	四 川	21129
2	河 北	36924	湖 南	22336	甘 肃	11604
3	江 苏	12874	山 西	22152	陕 西	11294
4	广 东	11813	江 西	13691	重 庆	8516
5	辽 宁	3376	河 南	10275	云 南	5097

表 3-3-7 2017 年全国东、中、西部地区农村客运班线发展情况

序号	东部地区			中部地区			西部地区		
	省（自治区、直辖市）	农村客运班线（条）	年平均日发班（次/日）	省（自治区、直辖市）	农村客运班线（条）	年平均日发班（次/日）	省（自治区、直辖市）	农村客运班线（条）	年平均日发班（次/日）
1	辽 宁	3910	26920	湖 南	7482	84467	四 川	7218	89194
2	河 北	3635	40315	湖 北	7325	60545	云 南	4775	53501
3	江 苏	2284	44320	黑龙江	4714	15349	贵 州	4701	36324
4	浙 江	2214	61382	安 徽	4208	40317	甘 肃	3619	17309
5	福 建	2044	26735	吉 林	3914	22421	重 庆	3556	31693

二、货运服务

（一）货运场站

截至2017年底，全国共有汽车货运站场2566个，同比减少212个。其中一级、二级、三级、四级货运站分别为279个、243个、358个、1686个，同比分别增加8个、增加7个、减少57个、减少170个。

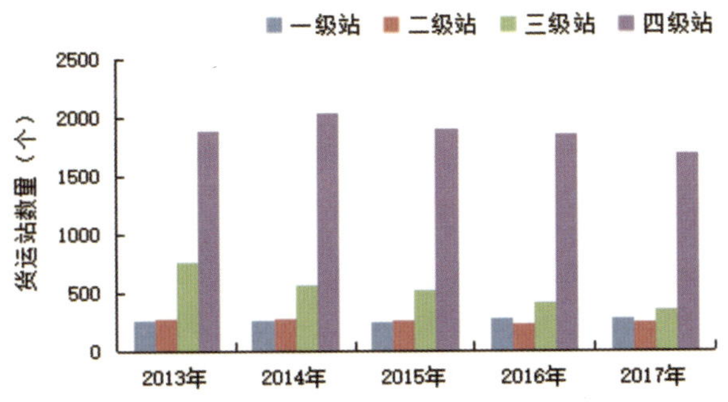

图 3-3-10 2013-2017 年全国等级货运站数量变化情况

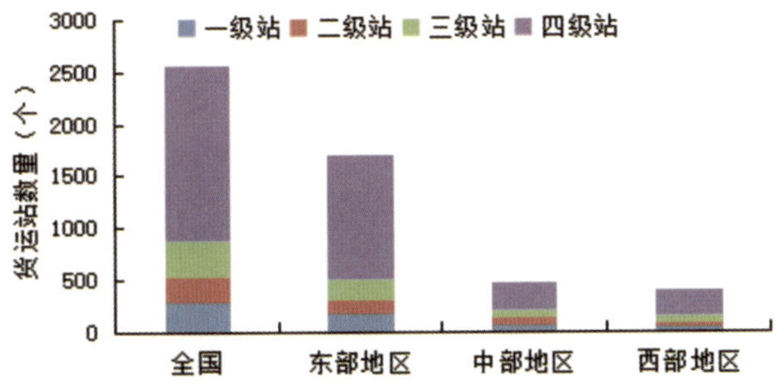

图 3-3-11 2017 年全国不同等级货运站地区分布情况

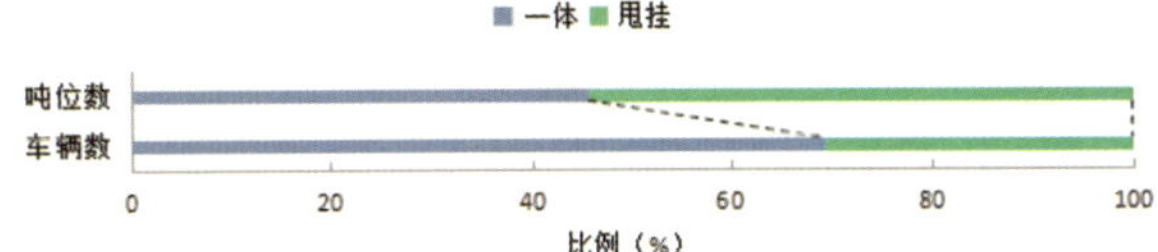

图 3-3-12 2017 年一体和甩挂营运货车数量及吨位结构

全年，东、中、西部地区分别有1705个、470个、391个等级货运站，同比分别减少8.3%、增加0.7%、减少0.7%。东、中、西部地区一级站分别为179个、56个、44个，同比分别减少2.6%、增加4.6%、减少1.9%。

（二）货运车辆

全年全国营运货车总计1368.6万辆，同比增加1.2%。按照车体结构，一体货车总计949.1万辆，占总量的69.3%，吨位总量5367.5万吨，占总量的45.6%；甩挂车辆419.5万辆，占比30.7%，吨位总计6407.3万吨，占总量的54.4%。

按照车辆用途分，全国有普通货车902.9万辆，同比减少4.6%，占总载货车辆数的66.0%；专用货车46.2万辆，同比减少2.9%，占总数的3.4%。

（三）货运量

2017年，全社会完成道路货运量368.7亿吨、货物周转量66771.5亿吨公里，同比分别增长10.3%和9.3%。道路货运量在综合运输总量中比重为78.0%，同比上升了0.5%；道路货物周转量在综合运输总量中比重为34.7%，同比上升了1.2%。

表 3-3-8　2017 年全国营运货车按车辆用途分构成情况

分类 数量	普通货车	专用货车		甩挂车辆	
			集装箱车	牵引车	挂车
车辆数（万辆）	902.9	46.2	1.9	207.3	212.2
吨位数	4868.4 万吨	499.1 万吨	3.2 万标准箱	#	6407.3 万吨

图 3-3-13　2013-2017 年全国道路货运量及周转量变化情况

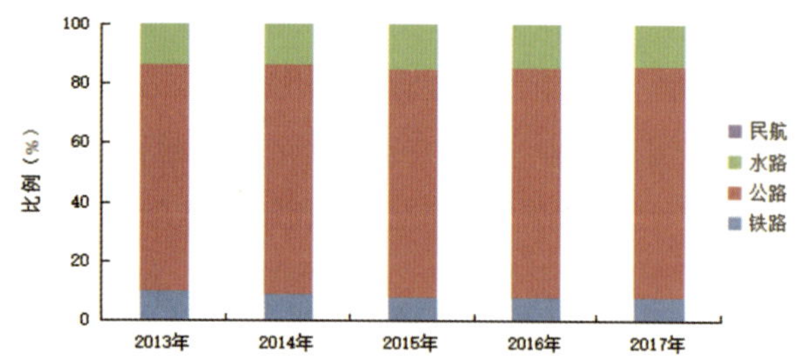

图 3-3-14　2013-2017 年道路运输完成货运量在综合运输体系中所占比例

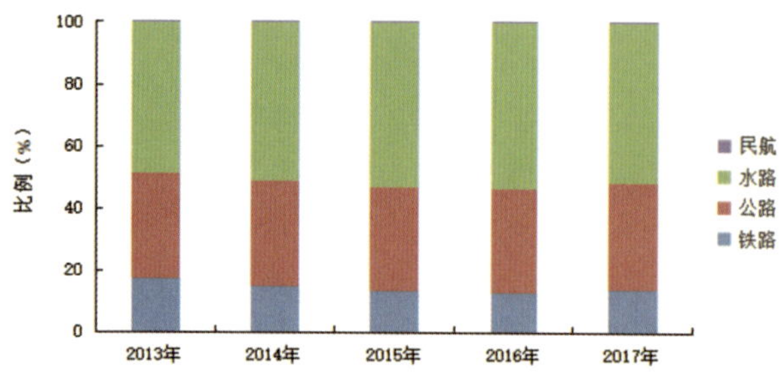

图 3-3-15　2013-2017 年道路运输完成货物周转量在综合运输体系中所占比例

（四）危险品运输

2017 年全国从事危险货物道路运输的业户为 11525 户，同比增加 5.5%。其中经营性危险货物道路运输业户 11283 户，同比增加 569 户；非经营性危险货物道路运输经营业户有 242 户，同比增加 28 户。

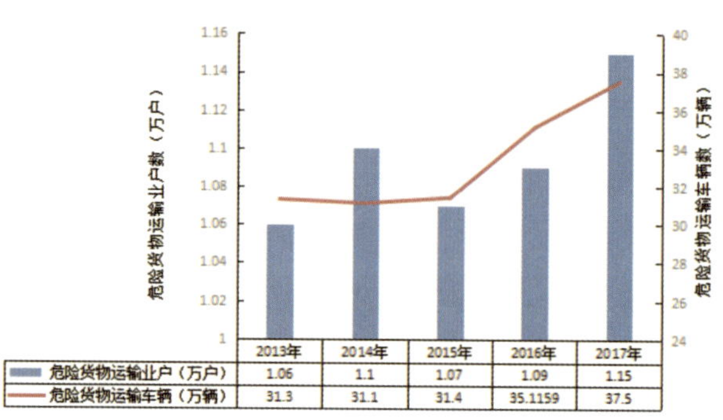

图 3-3-16　2013-2017 年全国危险货物道路运输业户及车辆发展情况

全国危险货物运输车达 37.5 万辆，同比增加 6.8%，平均每经营业户拥有车辆 32.5 辆，同比增长 0.4 辆；吨位总计 702.5 万吨，同比增长 10.9%，平均每户载重吨位为 609.6 吨，同比增长 5.2%。

在道路危险货物运输企业中，拥有车辆数在 100 辆以上、50-99 辆、10-49 辆、10 辆以下的企业分别占 8.5%、12.5%、51.1%、27.9%，同比分别增长 0.5%、增长 0.2%、增长 0.3%、下降 1.1%。个体运输户已完全退出危险货物道路运输市场。

2017 年危险货物道路运输运能主要集中在东部地区，东部危险货物道路运输业户数、车辆数及吨位数占全国的比例依次为 52.9%、49.2% 和 53.9%。

（五）集装箱运输

2017 年，4 批 209 个甩挂运输试点项目的车辆平均里程利用率超过 80%。

表 3-3-9　2017 年全国危险货物道路运输业户经营范围分布情况

运输物质	业户数（户）	占业户总数比例（%）
第 1 类 爆炸品	1456	12.6
第 2 类 气体	6630	57.5
第 3 类 易燃液体	7450	64.6
第 4 类 易燃固体、易于自燃的物质、和遇水放出易燃气体的物质	2221	19.3
第 5 类 氧化性物质和有机过氧化物	1866	16.2
第 6 类 毒性物质和感染性物质	2087	18.1
第 7 类 放射性物质	184	1.6
第 8 类 腐蚀性物质	3826	33.2
第 9 类 杂项危险物质和物品	1507	13.1
剧毒化学品	558	4.8

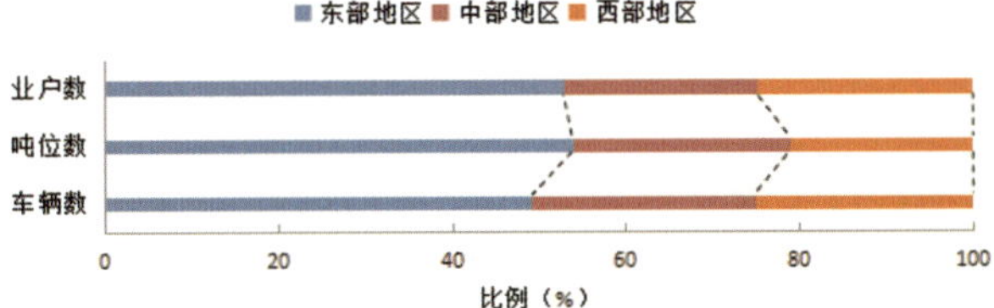

图 3-3-17　2017 年全国危险货物道路运输业户数、车辆数及吨位数地区分布情况

全年，全国道路集装箱运输经营业户有 26139 户，同比增长 14.1%；其中道路集装箱运输企业 22747 户，同比增加 13.7%，所占比例达到 87.0%，同比下降 0.3 个百分点。全国东部地区道路集装箱运输车辆及其标准箱数分别占全国总数的 73.3% 和 76.4%，东部地区依然处于领先地位。

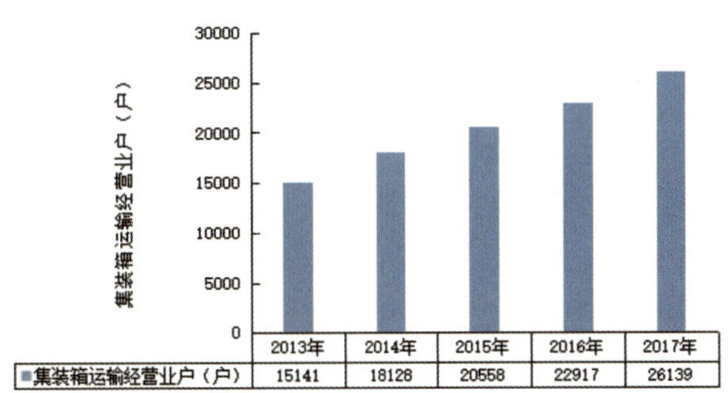

图 3-3-18　2013-2017 年全国道路集装箱运输经营业户发展情况

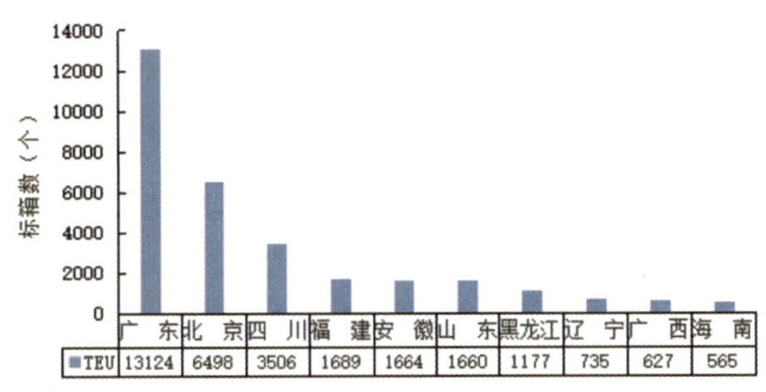

图 3-3-19　2017 年全国道路集装箱运输车总计标箱数前 10 位的地区

第六节　道路运输市场管理

7 月，交通运输部组织召开了“全国交通运输系统深化供给侧结构性改革 进一步推进‘放管服’改革和降低物流成本视频会议”，坚决贯彻落实党中央、国务院决策部署，坚持以深化供给侧结构性改革为主线，持续深入推进“放管服”改革，大力改善营商和创业、创新环境。

2017 年，交通运输部一半以上行政审批事项被取消或下放，取消全部非行政许可审批事项。各地围绕“放管服”改革、提升道路客运综合服务能力、推进“互联网 +”道路客运融合发展等三方面，积极推进道路客运转型升级工作。京津冀、华东六省一市、湖南、广东、四川、重庆、贵州、云南等省分别签订省际道路客运协议，简化省际客运班线许可程序，江苏、浙江、福建下放市际客运经营许可权。广东对道路客运领域部分许可业务由审核办理变为备案管理，截至2017年底，企业已通过网上报备变更事项7000多项。山东积极引导汽车站从单一的车站模式转型为“三位一体”的交通商业综合服务体，将汽车站打造成为集咨询、换乘等功能于一体的旅游汽车站。山东济南至莱芜班线将53个经营主体整合，实行公车公营，运营车辆由53辆降至30辆左右，加大发班密度，提升服务标准，票价大幅下降。江苏依托“巴士管家”，搭建覆盖12个省210个城市的出行平台，日均出票8万余张，最大峰值已达到30万张。

第七节　道路运输安全生产

一、道路运输安全生产政策

着力提升危险货物安全管理水平。2017年，交通运输部印发了《关于进一步规范限量瓶装氮气等气体道路运输管理有关事项的通知》（交运发〔2017〕96号），对氮、氦、氖、氩、氪、氙等6种低危气体实行豁免管理，每年降低企业成本约120亿元；组织对照《危险货物道路运输欧洲公约》（ADR），开展了《危险货物道路运输规则》（JT617）修订工作，全面提升危险货物道路运输规范化管理水平。围绕危险货物安全管理制度，交通运输部印发了《关于加强危险货物道路运输安全监管系统建设工作的通知》（交办运函〔2017〕333号），充分运用信息化手段实施“联网监管、精准监管、专业监管、协同监管”，进一步提高危险货物道路运输安全监管和服务能力。

着力强化货运物流安全管理。为强化货物物流安全管理，交通运输部组织召开了全国部际物流安全管理领导小组第一次会议，明确了成员名单、工作职责和议事规则；积极协调中央综治办、公安部等部门，在全国组织开展了物流安全管理工作专项督导检查，及时发现安全隐患和漏洞，并督促做好整改。交通运输部联合中央综治办、公安部等10部门印发了《2017年全国物流安全管理工作综合治理考核评价实施办法》，明确考核指标，细化管理要求，督促各地做好相关政策的落地实施。编制形成了《零担货物道路运输服务规范》（报批稿），建立了实名登记、安全查验和信息登记等制度，进一步规范和约束零担运输企业的行为，强化物流反恐安全管理。

二、安全生产监督管理

加快推进道路客运实名制。新修订的《道路旅客运输及客运站管理规定》明确要求“省际、市际客运班线的经营者或者其委托的售票单位、起讫点和中途停靠站点客运站，应当实行客票实名售票和实名查验”。截至2017年底，已有30个省发布实名制相关政策文件，全国共计2532个二级及以上车站实现了实名制管理。

继续开展“道路运输平安年”活动。会同公安部、国家安监总局联合印发了《2017年“道路运输平安年”活动方案》，连续第三年开展“道路运输平安年”活动，对道路运输安全工作进行了统一安排部署。6月份，结合道路运输安全大检查和平安交通专项督查，对各省开展“道路运输平安年”活动进行了督查，并对2017年活动开展较好的地区和运输企业进行了联合表彰。

坚持运输安全季度例会制度和重特大事故分析制度。全年，交通运输部召开4次全国道路运输安全生产形势分析电视电话会。在全国道路运输安全大检查的基础上，组织召开了重点省份道路运输安全座谈会。针对当前事故调查“重责任追究、轻原因分析”的倾向，交通运输部深入研究建立道路运输安全事故调查分析制度。

强化危险货物安全管理。交通运输部组织对照《危险货物道路运输欧洲公约》（ADR），开展了《危险货物道路运输规则》（JT617）修订工作，提升危险货物道路运输规范化管理水平。围绕危险货物安全管理制度，印发了《关于加强危险货物道路运输安全监管系统建设工作的通知》（交办运函〔2017〕333号），充分运用信息化手段实施“联网监管、精准监管、专业监管、协同监管”。

强化货运物流安全管理。交通运输部组织召开了全国部际物流安全管理领导小组第一次会议，明确了成员名单、工作职责和议事规则；积极协调中央综治办、公安部等部门，在全国组织开展了物流安全管理工作专项督导检查。联合中央综治办、公安部等10部门印发了《2017年全国物流安全管理工作综合治理考核评价实施办法》。编制形成了《零担货物道路运输服务规范》(报批稿)，建立了实名登记、安全查验和信息登记等制度，进一步规范和约束零担运输企业的行为，强化物流反恐安全管理。

三、重点营运车辆联网联控

2017年交通运输部印发了《关于强化联网联控系统应用提升道路运输安全管理水平的通知》（交运明电〔2017〕9号），提出了进一步细化和强化对动态监督管理的措施和要求。建立了《车辆抽查道路运输车辆动态监管抽查工作方案》，组织实施了部、省、市动态监控车辆抽查与通报制度，抽查了19个省263家企业的5400辆“两客一危”车辆，通报了614辆违规车辆和614名驾驶员。建立了联网联控考核排名靠后省份约谈制度，开展了联网联控系统运政基础数据清理，持续扭紧联网联控监管的螺丝扣，加强分级分类监管，把安全管理不规范、驾驶员违法行为突出的企业作为监管重点。

8月，交通运输部在上海组织18个省(自治区、直辖市）开展了道路运输重点营运车辆第三方安全监控平台建设推广应用座谈研讨，总结上海及其他省市的经验，进一步加大第三方安全监控推广应用力度，提高联网联控系统应用水平及动态监控科学化水平，系统研究农村班线客车纳入重点营运车辆联网联控系统的可行性。

四、道路运输安全生产事故

全年，全国道路运输安全生产形势总体保持稳定，共发生一次死亡3人及以上的道路运输事故121起，造成609人死亡，同比分别下降11.7%和4.5%。其中，一次死亡10人以上的重大道路运输事故7起，造成95人死亡；发生1起特别重大道路运输事故，造成36人死亡。

2017年的道路运输安全事故总体上呈现三大特点：一是重特大事故多发，全年共发生8起重特大道路运输安全事故，涉及的省份分别是云南、广西、贵州、内蒙古、河北、广东、陕西、河南，这些省份也是较大事故的多发地区。二是货车肇事比例上升，2017年发生的较大以上事故中，货车肇事事故85起，造成391人死亡，分别占全年总数的70.3%和64.2%，同比分别上升14个百分点和10个百分点，另外，今年发生重特大事故中，有6起涉及货车的违法违规行为。三是驾驶员违章仍是事故的主要原因。运输企业对承包经营车辆“以包代管”“包而不管”问题比较突出，企业主体责任落实不到位，有些企业甚至通过承包合同将相关安全管理责任转嫁给承包经营者，承包车辆和驾驶员管理存在层层衰减甚至盲区。驾驶员防御性驾驶和应急处置能力严重不足，疲劳驾驶、超速行驶、行车过程接打手机、分心驾驶等突出问题，依然是造成事故的主要原因。

8月10日，陕西省安康市境内京昆高速公路秦岭1号隧道南口处发生一起大客车碰撞隧道洞口端墙的特别重大道路交通事故，造成36人死亡、13人受伤，直接经济损失3533余万元。经调查认定，事故直接原因是：事故车辆驾驶人行经事故地点时超速行驶、疲劳驾驶，致使车辆向道路右侧偏离，正面冲撞秦岭1号隧道洞口端墙。间接原因一是事故现场路面认视效果不良。二是车辆座椅冲击脱落。三是有关企业安全生产主体责任不落实。四是地方交通运输、公安交管等部门安全监督不到位。五是洛阳市人民政府落实道路运输安全领导责任不到位，没有有效督促指导洛阳市交通运输部门依法履行道路运输安全监管职责。

第八节　机动车维修与检测

2017年，伴随着机动车保有量的快速增长，人民群众对机动车维修与检测、驾驶员培训等服务品质的要求也越来越高。道路运输行业继续深化维修和驾培服务改革，不断提升人民群众的获得感。

一、机动车维修

维修业务量方面。2017年，全国机动车维修行业共完成维修量34681.4万辆次，同比上升了2.9%。

从完成的业务类型看，专项修理依然是主要维修业务，全年完成维修量24861.7万辆次，占全部维修量的71.7%，同比下降了1.2个百分点；二级维护3464.5万辆次，同比下降12.8%，降幅明显；总成修理986.4万辆次，同比增长8.0%；整车修理486.5万辆次，同比增长2.6%；维修救援511.9万辆次，同比上涨12.7%。

经营业户规模及构成方面。截至2017年底，全国共有机动车维修经营业户44.0万户，同比减少0.6万户，降幅为1.3%。其中，三类汽车维修业户仍然是全国机动车维修业的主体，比重达到67.7%，同比增加0.4个百分点；摩托车维修业户数量则继续下降，降幅为7.3%。

2017年，全国机动车维修行业的结构基本稳定。一类汽车维修业户略微增加至1.6万户；二类汽车维修业户比上年略微减少1.4%，达到7.2万户；三类汽车维修经营业户比上年下降了0.7%。2017年，平均每户机动车维修经营者完成维修量达788.2辆次，同比增加3.4%。

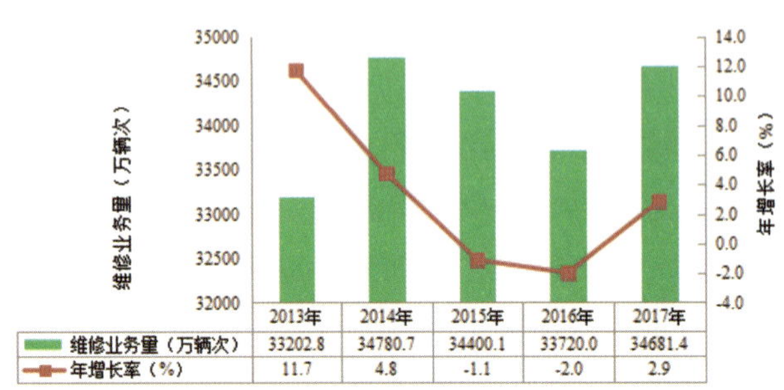

图3-3-20　2013-2017年全国机动车维修业务量及增长率变化图

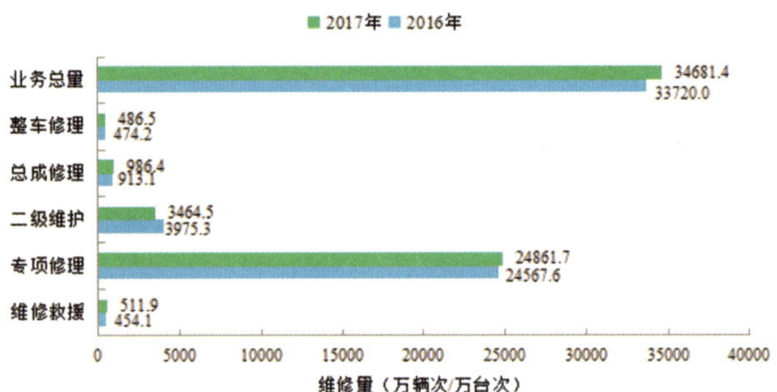

图3-3-21　2016-2017年全国机动车维修主要业务完成情况比较

从地区分布来看，2017年全国机动车维修业户依然主要集中在东部地区，占比达到40.1%，同比下降0.1个百分点；其次是西部地区和中部地区，占比分别为36.8%和23.1%。

不同类型的机动车维修业务户的地区分布呈现差异化特点：一类维修业户主要集中在东部地区，东部占比为49.2%；二类维修业户在东、中、西部的数量分别占全国总数的45.8%、25.8%和28.4%；三类维修业户的分布相对均匀，东、中、西部的数量分别占全国总数的38.3%、22.1%和39.7%。

表 3-3-10　2013-2017 年全国汽车、摩托车维修经营业户发展情况

年份		2013 年	2014 年	2015 年	2016 年	2017 年
机动车维修经营业户数（万户）		44.7	46.2	45.9	44.6	44.0
分类	一类汽车维修业户（万户）	1.4	1.4	1.5	1.5	1.6
	二类汽车维修业户（万户）	6.8	7.1	7.2	7.3	7.2
	三类汽车维修业户（万户）	29.2	30.6	30.6	30	29.8
	摩托车维修业户（万户）	7.2	6.7	6.4	5.5	5.1

表 3-3-11　2013-2017 年全国平均每户机动车维修完成情况

年份	维修业户数（万户）	维修量（亿辆次）	平均每户维修量（辆次 / 户）
2013 年	44.7	3.3	737.8
2014 年	46.2	3.5	751.4
2015 年	45.9	3.4	740.7
2016 年	44.6	3.4	762.3
2017 年	44.0	3.5	788.2

为在全国推进汽车维修电子健康档案系统建设，在试点工作的基础上，交通运输部办公厅印发了《交通运输部办公厅关于开展汽车维修电子健康系统建设工作的通知》（交办运〔2017〕69 号）及配套的《汽车维修电子健康档案系统建设指南》，明确系统建设内容和要求，统一技术路线和技术架构，为全面开展系统建设提供指导。

为指导规范全国开展系统建设工作，交通运输部发布实施了《机动车维修结算清单》《汽车维修电子健康档案系统》（第 1-4 部分）等 5 项交通行业标准，组织开展了标准的宣贯工作。截至 2017 年，已初步完成部级验证系统建设，省级汽车维修电子健康档案系统已覆盖 11 个省市 117 个城市，完成 22345 家维修企业系统对接，总计采集维修记录 2048 万余辆次，为 1497 万余辆汽车建立了“电子档案”。同时，汽车维修电子健康档案信息服务网累计访问量超过 500 万人次，汽车健康档案维修公众服务号关注用户超过 18 万人。

汽车维修技术信息公开工作稳步推进。按照《汽车维修技术信息公开实施管理办法》要求，引导和督促汽车企业按期备案和公开。截至 2017 年底，已备案的汽车企业数已达 468 家、品牌 661 个、车型 36302 个，较去年分别增加了

表 3-3-12　2017 年不同类型机动车维修业户地区分布情况

地区	东部地区		中部地区		西部地区	
	业户数（户）	比例（%）	业户数（户）	比例（%）	业户数（户）	比例（%）
一类	7804	49.2	4639	29.3	3411	21.5
二类	32837	45.8	18501	25.8	20363	28.4
三类	113918	38.3	65692	22.1	118064	39.6
合计	154559	40.1	88832	23.1	141838	36.8

表 3-3-13　2013-2017 年全国汽车综合性能检测完成情况

年份	检测站（个）	检测总量（万辆次）						
		合计	维修竣工检测（万辆次）	等级评定检测（万辆次）	维修质量监督检测（万辆次）	其他检测（万辆次）	排放检测（万辆次）	质量仲裁检测（万辆次）
2013 年	2180	3114.1	1658.3	1082.6	79.4	329.5	216.6	1.3
2014 年	2330	3287.7	1794.2	1116.1	77.8	316.9	221.1	1.2
2015 年	2524	3267.0	1767.1	1074.0	75.4	367.7	253.7	1.5
2016 年	2768	2608.5	1102.9	1045.4	52.1	394.5	283.3	1.5
2017 年	2952	2540.4	928.8	1073.7	50.4	526.4	386.1	1.4

15 家、61 个、7575 个。需要通过网上公开的 194 家企业中，目前已有 192 家建成开通了公开平台，较去年增加 89 家，平台开通率几乎达到 100%。此外，相关标准立项和研究工作稳步开展，初步形成了《汽车维修技术信息公开技术规范》建议稿。

二、汽车综合性能检测

2017 年，全国共有汽车综合性能检测站 2952 个，同比增长 6.6%；完成检测总量 2540.4 万辆次，同比下降 2.6%。汽车综合性能检测站在车辆维修竣工检测中的检测次数同比降幅为 15.8%，维修质量监督检测降幅为 3.3%，等级评定检测增幅为 2.7%，其他检测、排放检测与上年相比大幅上涨，分别增长 33.4% 和 36.3%，质量仲裁检测同比下降 6.7%。

截至 2017 年底，东部地区的汽车综合性能检测站数量和检测完成量分别占全国总量的 33.8% 和 42.9%，检测站数量和检测完成量占比略微有所上升。东、中、西部地区汽车综合性能检测站数

表 3-3-14　2017 年全国汽车综合性能检测站相关情况地区分布情况

指标	东部地区		中部地区		西部地区	
	检测站数量（个）	检测完成量（万辆次）	检测站数量（个）	检测完成量（万辆次）	检测站数量（个）	检测完成量（万辆次）
总计	998	1090.5	960	823.1	994	626.8
比例（%）	33.8	42.9	32.5	32.4	33.7	24.7
各地区列前 5 位省（自治区、直辖市）						
序号	省（自治区、直辖市）	检测站数量（个）	省（自治区、直辖市）	检测站数量（个）	省（自治区、直辖市）	检测站数量（个）
1	河北	240	湖南	180	新疆	177
2	山东	176	黑龙江	146	四川	153
3	广东	139	山西	133	贵州	139
4	江苏	124	吉林	116	云南	110
5	辽宁	94	河南	111	广西	98

量最多的省份分别是河北省、湖南省和新疆维吾尔自治区。全国已实现安检和综检“两检合并”的检验检测机构2100余家，实现安检、综检和环检“三检合一”的检验检测机构1900余家。

第九节　车辆技术管理

一、经营性机动车营运安全标准拟定

2017年，交通运输部不断完善运营车辆的安全标准体系。研究修订《道路运输车辆技术管理规定》，完善道路运输法规体系建设，加速车辆管理与制度的创新，推进了新常态下交通运输的科学发展，适应汽车技术发展与社会进步的需要。发布了《营运客车安全技术条件》（JT/T 1094-2016）《营运货车安全技术条件 第1部分：载货汽车》（JT/T 1178.1-2018）等行业标准；印发了《营运客车安全达标实车核查工作规范》等政策文件，制定发布了《营运客车安全达标车型同一型式判定标准（试行）》《营运客车核查技术规范（试行）》等配套制度，进一步规范营运客车安全技术管理。发布了3批（共2398个）营运客车安全达标过渡期车型，发布了2批（共350个）营运客车安全达标车型，规范了营运客车安全技术管理，推进营运客车本质安全性能和装备水平提升。

二、车辆检验检测改革

2017年，围绕进一步激发物流企业主体活力，降低物流企业经营负担，交通运输部联合公安部、国家质检总局全面部署加快推进全国道路货运车辆检验检测改革工作，将道路货运车辆年检（安全技术检验）与年审（综合性能检测）依法合并（简称“两检合并”），建立统一检验检测标准。12月，交通运输部联合公安部、质检总局印发《关于加快推进道路货运车辆检验检测改革工作的通知》（交运发〔2017〕207号），杜绝了重复检测和重复收费问题，为实现“一次上线、一次检验、一次收费”创造了条件。该通知规定，质监部门要将机动车检验检测机构（安全技术检验机构和综合性能检测机构）依法纳入计量认证管理，对符合法定条件的机动车检验检测机构及时颁发计量认证证书。综检机构只要“取得质监部门颁发的机动车安全技术性能检验机构计量认证证书，并与公安机关交通管理部门实现数据联网监管”，就“准予依法开展安全技术检验”。同期，交通运输部联合公安部、质检总局共同召开全国电视电话会议进行宣贯部署，对该通知的有关内容进行了详细的解读，进一步明确了改革工作的具体内容和工作重点。

通过实现跨检验机构的检验检测结果互认，减少了重复项目的检验检测，为下一步跨省异地检测和年审提供了扎实的改革基础，一方面切实降低了车主的综合成本投入、减少企业经营负担；另一方面优化了检测资源配置，规范了检验检测行为与道路货运车辆分类检测管理。

三、货运车型标准化工作

一是启动车辆运输车第二阶段治理工作。交通运输部联合公安部、工业和信息化部印发《关于做好车辆运输车第二阶段治理工作的通知》（交办运函〔2017〕546号），重点分期退出在用不合规车辆运输车，要求全面完成“单排车”变“标准车”的工作目标，明确了相应的重点任务和保障措施。交通运输部印发了《关于加强车辆运输车第二阶段执法检查的通知》（交办运函〔2017〕1213号），发布了《车辆运输车违规运营告知书》《高速公路收费站入口车辆运输车核查流程》《车辆运输车标准车型图示》，明确了执法流程和车辆规格，加大了整治力度、加强了执法规范、提升了治理效率。

二是强化信息化治理手段应用。为提高车辆运输车治理工作效率，督促在用不合规车辆运输车按期退出。交通运输部办公厅印发了《关于使用车辆运输车申报信息进行执法检查的通知》（交办运函〔2017〕774号），正式推出了在用不合规车辆运输车信息申报录入系统、“车辆运输车治理APP”和“12328”微信公众号以供各地公路管理机构、道路运输管理机构、交通运输执法部门使用。

三是加强工作落地调研督导。为监督各地严格落实车辆运输车治理工作的各项部署，督促不合规车辆运输车按期淘汰退出，确保全面完成治理工作目标，2017年10月，交通运输部联合工信部、公安部等有关部门组成调查组，赴河北、吉林、黑龙江、山东、河南、湖北等六省，对整车物流企业、乘用车制造企业、专用车制造企业、高速公路收费站、高速公路服务区、公路治超站进行了明察暗访，并对检查中发现的执法不严格、监管不到位等相关问题向全国进行了通报。

经过一年的治理，整车物流行业市场秩序逐步规范，安全形势稳步好转，主要表现在：一方面，完成了60%的不合规车辆运输车退出任务，行业安全隐患大幅降低，安全形势逐步好转。另一方面，符合国标要求的中置轴车辆运输车开始进入整车物流市场，据不完全统计，全国整车物流行业新增6位半挂车近10000辆，新增中置轴车辆运输车7000辆，逐步替代不合规车辆，保障了行业运力充足。

第十节　机动车驾驶员培训

一、机动车驾驶员培训业务发展

2017年，全国（不含北京）共完成机动车驾驶员培训2706.7万人次，同比增加0.7%；其中培训合格的为2241.7万人次，同比下降0.7%，合格率为82.8%，同比下降了1.2个百分点。完成道路运输从业资格培训242.1万人次，同比减少12.5万人。

截至2017年底，全国残疾人驾驶员培训业户为413户，同比增加108户；培训合格残疾人驾驶员6751人次，同比增加7.1%。

二、市场构成

培训机构。从规模及类型看，2017年，全国共有机动车驾驶员培训业户17804户，同比增加1292户，增幅为7.8%。

从培训机构的类型来看，普通机动车驾驶员培训业户从以前的以二级类型为主转变为以三级类型为主，三级类型比例为55.6%；三级普通机动车驾驶员培训业户继续保持高速增长，增长率达14.5%，一级普通机动车驾驶员培训业户呈现增长趋势，增幅为4.0%，二级普通机动车驾驶员培训业户呈现略微下降趋势，降幅为1.5%。

2017年，机动车驾驶员培训行业规模化经营继续深入推进，全国机动车驾驶员培训机构户均拥有教学车辆达到43辆。其中有13个省（自治区、直辖市）户均拥有的教学车辆数超过全国平均水平 。

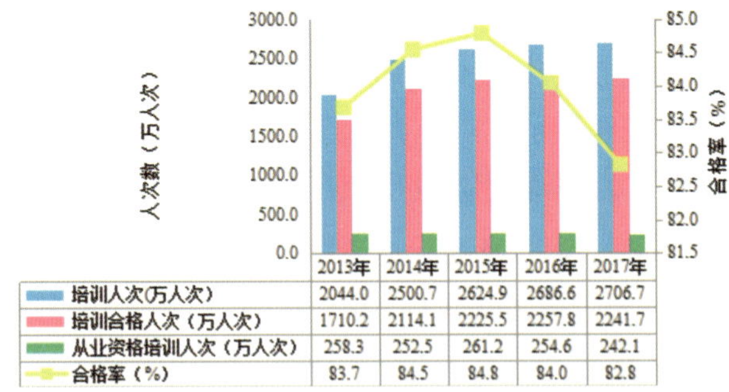

	2013年	2014年	2015年	2016年	2017年
培训人次(万人次)	2044.0	2500.7	2624.9	2686.6	2706.7
培训合格人次（万人次）	1710.2	2114.1	2225.5	2257.8	2241.7
从业资格培训人次（万人次）	258.3	252.5	261.2	254.6	242.1
合格率（%）	83.7	84.5	84.8	84.0	82.8

图3-3-22　2013-2017年全国机动车驾驶员培训完成情况

从培训机构的地区分布看，与2016年相比，2017年全国机动车驾驶员培训经营业户的分布更加均衡，东部地区培训机构所占比重为35.6%，同比上涨 0.5 个百分点；中部地区培训机构所占比重为 34.3%，同比下降 0.5 个百分点。其中，一级普通机动车驾驶员培训机构在东部地区集中的趋势更加明显，比重达 51.1%。

从业人员方面。2017 年，全国共有机动车驾驶教练员 91.6 万人，同比增长 5.2%，继续保持高速增长势头。其中，理论教练员、驾驶操作教练员分别为 6.5 万人、82.2 万人，同比增长 4.8%、4.0%；危险货物运输驾驶员培训教练员人数为 1596 人，比 2016 年下降 20.3%，道路客货运输驾驶员从业资格培训教练员人数为 10333 人，比上年上涨 2.0%。

教学车辆及装备。2017 年，全国拥有机动车驾驶员培训教学车辆 76.1 万辆，同比增长 4.6%。从设备的构成来看，仍然以小型汽车为主，所占的比例为 92.3%。其中，大型客车 4513 辆，同比减少 0.9%；通用货车半挂车（牵引车）4424 辆，同比增加 14.0%；城市公交车 1607 辆，同比增加 18.0%；中型客车 2017 辆，同比增加 5.5%；大型货车 3.4 万辆，同比减少 7.5%；小型汽车 70.2 万辆，同比增长 5.3%；低速汽车 2301 辆，同比增加 2.8%；摩托车 7200 辆，同比减少 0.6%；残疾人教学车辆 1379 辆，同比增加 25.7%。

三、机动车驾驶员培训管理

政策及标准。推进《安全驾驶从这里开始》规范化教材修订。2017 年，交通运输部组织对《安全驾驶从这里开始》大中型客车（适用车型 A1、B1、A3）、残疾人（适用车型 C5）、小型汽车维文版（适用车型 C1、C2、C3）、大型货车（适用车型 A2、B2）和摩托车（适用车型 C4、D、E、F）等 5 本教材进行了全面修订。

全面开展大型客货车驾驶人职业化教育。在江苏、安徽、云南三省开展大客车驾驶人职业教育试点工作的基础上，交通运输部联合公安部下发了《关于开展大型客货车驾驶人职业教育的通知》（交办运函〔2017〕1 号），在全国范围开展大型客车、牵引车驾驶人职业教育。

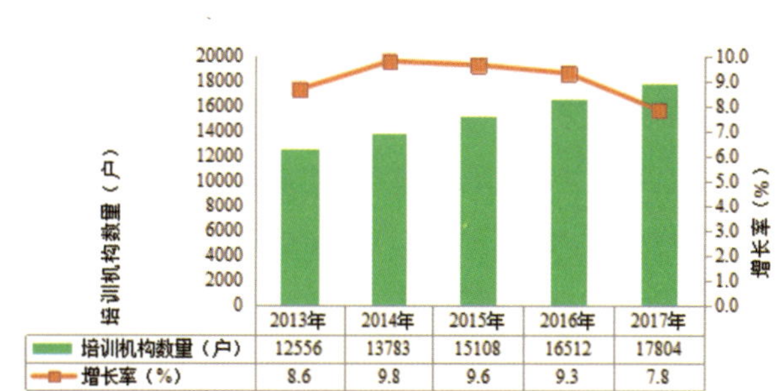

	2013年	2014年	2015年	2016年	2017年
培训机构数量（户）	12556	13783	15108	16512	17804
增长率（%）	8.6	9.8	9.6	9.3	7.8

图 3-3-23　2013-2017 年全国机动车驾驶员培训机构数量及增长率

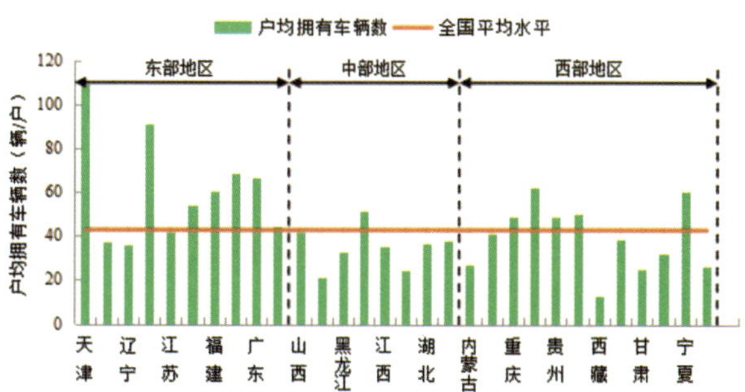

图 3-3-24　2017 年全国驾驶员培训机构户均拥有车辆数量情况

强化机动车驾驶培训的信息化建设。将省级驾培监督平台与全国驾培数据交换与服务平台对接情况纳入民生实事督导考核内容，加快推进省级监管服务平台与交通运输部平台联网对接工作，强化培训内容和学时落实，加强培训动态监管，为事中事后监管提供技术支撑。全国有 22 个省份省级驾培监管平台与全国驾培数据交换与服务平台完成了技术对接。

组织制修订相关配套标准规范。按照驾培改革工作总体部署，组织制定发布了《机动车驾驶培训网络远程理论教学技术规范》。

地方典型经验。各省着力深化机动车驾培服务模式改革。全面推广“计时培训，计时收费，先培训后付费”驾驶培训新模式，贵州、河北、上海等省市提供驾培服务新模式覆盖率已经达到100%，新疆、青海、辽宁、湖南、江苏等省区覆盖率超过90%，安徽、甘肃、广西、湖北、湖南、吉林、宁夏等省区覆盖率超过80%。

海南省依法开放驾培市场，取消驾校筹建审批和规划限制。对照法定许可条件和国家标准验收审批，2017年海南省新增驾校33家，有效缓解了"学车难"问题。同时搭建了机动车驾驶员培训行业公众服务平台，为学员提供"电脑＋手机APP"自选驾校报名、自主预约培训等服务，增强了学驾人的知情权和选择权。此外，全面改造升级了驾驶员计时培训系统，通过对教练场地设置电子围栏，对教练车实施卫星定位监控，对学员应用"二代身份证＋指纹＋培训过程自动抓拍"计时培训技术等，有效保证了培训质量。

表 3-3-15　2013-2017年全国机动车驾驶员培训业户类型及数量变化情况（单位：户）

类型				2013年	2014年	2015年	2016年	2017年
机动车驾驶员培训业户	总计			12556	13783	15108	16512	17804
其中	普通机动车驾驶员培训	合计		12408	13631	14912	16325	17552
		其中	一级	1796	2044	1908	1934	2011
			二级	5913	6249	5842	5870	5782
			三级	4699	5338	7162	8521	9759
	道路运输驾驶员从业资格培训	合计		2100	2120	2093	2014	2013
		其中	客货运输	2010	2032	2008	1926	1927
			危险货物运输	402	380	419	448	445
	机动车驾驶员培训教练场经营			461	525	531	807	836
	残疾人驾驶员培训			279	309	304	305	413

表 3-3-16　2017年全国东、中、西部地区机动车驾驶员培训机构分布具体情况

类型			东部地区		中部地区		西部地区	
			数量（户）	比例（%）	数量（户）	比例（%）	数量（户）	比例（%）
培训机构			6333	35.6	6105	34.3	5366	30.1
其中	普通机动车驾驶员培训	合计	6217	35.4	6067	34.6	5268	30.0
		一级	1027	51.1	420	20.9	564	28.0
		二级	2149	37.2	1773	30.6	1860	32.2
		三级	3041	31.2	3874	39.7	2844	29.1
	道路运输驾驶员从业资格培训		543	27.0	793	39.4	677	33.6
	机动车驾驶员培训教练场经营		278	33.2	171	20.5	387	46.3
	残疾人驾驶员培训		97	23.4	177	42.9	139	33.7

表 3-3-17　2017 年全国东、中、西部地区培训机构数量列前 5 位的省（自治区、直辖市）

序号	东部地区			中部地区			西部地区		
	省（自治区、直辖市）	培训机构（户）	培训人次（万人次）	省（自治区、直辖市）	培训机构（户）	培训人次（万人次）	省（自治区、直辖市）	培训机构（户）	培训人次（万人次）
1	河北	1080	105.9	河南	1787	153.7	四川	637	139.6
2	江苏	1060	211.6	湖南	996	99.6	新疆	607	30.2
3	广东	952	195.8	湖北	710	68.8	内蒙古	595	40.3
4	浙江	837	135.4	江西	659	76.1	甘肃	587	30.6
5	山东	797	143.5	安徽	586	122.7	广西	549	64.0

表 3-3-18　2017 年全国东、中、西部地区机动车驾驶员培训从业人员分布情况

地区 / 从业人员类型		东部地区		中部地区		西部地区	
		数量（户）	比例（%）	数量（户）	比例（%）	数量（户）	比例（%）
教练员（万人）		42.9	46.8	22.9	25.0	25.8	28.2
其中	理论教练员（万人）	2.5	38.2	1.7	26.3	2.3	35.5
	驾驶操作教练员（万人）	39.0	47.4	20.3	24.7	22.9	27.9
	道路客货运输驾驶员从业资格培训教练员（人）	2862	27.7	3295	31.9	4176	40.4
	危险货物运输驾驶员从业资格培训教练员（人）	431	27.0	705	44.2	460	28.8

河北省驾驶培训监管服务平台建设稳妥推进，实现了省级平台与全国平台成功对接，衡水市在全省率先实现了平台四级联网及与同级公安考试系统对接，实现了驾驶培训信息共享和训考有效衔接。

辽宁省强化驾培市场经营环境治理，深入贯彻落实《机动车驾驶员培训机构资格条件》等 2 项国家标准，研究制定了有轨电车、无轨电车、摩托车培训机构的资格条件，同步许可有轨电车培训学校 2 所。辽宁省共有驾校 501 所，完成达标改造 462 所、降级 110 所、依法取缔 8 所，达标率为 92.22%。

江苏省会同省公安厅启动文明交通进驾校“五个一”工程，落实安全培训部署要求。打造远程网络培训旗舰品牌“江苏交通学习网”，有近一半的从业人员通过网络完成继续教育。江苏省 13 个设区市全部建成电子考场，为全省新增 14 万道路客货运输驾驶员从业资格考试提供了良好的技术支撑。

第四章 水路

第一节 港航基础设施建设

一、水运基础设施建设有序推进

2017年全年共完成水运建设投资1238.88亿元，其中内河建设完成投资569.39亿元，沿海建设完成投资669.49亿元。加快推进长江干支线、西江航运干线和航道连接线建设，提高支线航道等级，提升长江、珠江黄金水道通过能力，进一步完善内河高等级航道网，促进内河水系互联互通。有序推进港口码头建设，着力优化沿海港口基础设施结构，积极推进长江干线港口重点建设项目，提高港口码头泊位专业化程度。

二、内河航道等级不断提升

2017年末，内河航道通航里程12.70万公里，等级航道6.62万公里，占总里程52.1%，其中三级及以上航道1.25万公里，占总里程9.8%。三级及以上航道里程占总里程比例比2016年提高0.3个百分点。各等级内河航道通航里程分别为：一级航道1546公里，二级航道3999公里，三级航道6913公里，四级航道10781公里，五级航道7566公里，六级航道18007公里，七级航道17348公里，等外航道6.09万公里。各水系内河航道通航里程分别为：长江水系64857公里，珠江水系16463公里，黄河水系3533公里，黑龙江水系8211公里，京杭运河1438公里，闽江水系1973公里，淮河水系17507公里。

图3-4-1 2011-2017年全国内河航道通航里程

长江黄金水道建设提速，一批重大工程项目建设取得重要进展，黄金水道功能和效益日益凸显。长江南京以下12.5米深水航道二期工程整治建筑物完工，引江济淮航运工程完成初步设计审批，长江中游荆江河段航道整治工程昌门溪至熊家洲段工程、长江中游杨林岩水道航道整治工程等6个项目竣工验收，九龙坡至朝天门段航道整治工程等项目有序推进，长江下游安庆河段航道整治二期工程、三峡水库变动回水区碍航礁石炸礁二期工程等开工建设。全力配合推进三峡枢纽水运新通道前期工作。

珠江水系重点项目加速推进，以“一横一网三线”高等级航道为重点的碍航闸坝复航工程、西江航运干线扩能工程等5大工程加快实施。西江航运干线广东段实现3000吨级航道全线贯通，广西段实现 2000 吨级航道直达广西南宁。西江航运干线长洲水利枢纽三、四线船闸投入运行。西伶通道 3000 吨级航道建设完成。

三、港口基础设施不断完善

2017 年末，全国港口有生产用码头泊位 27578 个（其中沿海港口生产用码头泊位 5830 个，内河港口生产用码头泊位 21748 个），比 2016 年减少 2810 个（其中沿海港口减少 57 个，内河港口减少 2753 个），其中万吨级及以上泊位 2366 个（其中沿海港口万吨级及以上泊位 1948 个，内河港口万吨级及以上泊位 418 个），比 2016 年增加 49 个。内河港口新建及改（扩）建码头泊位 180 个，新增通过能力 6597 万吨，其中万吨级及以上泊位新增通过能力 820 万吨。沿海港口新建及改（扩）建码头泊位 107 个，新增通过能力 19581 万吨，其中万吨级及以上泊位新增通过能力 18153 万吨。

沿海港口大型码头泊位布局进一步优化。部省联合印发加快推进津冀港口协同发展工作方案，加快津冀港口功能优化及错位发展。京唐港区 25 万吨级航道工程完成初步设计并开工建设。天津港大港港区深水航道疏浚工程主要部分、华能唐山港曹妃甸港区煤码头主体工程相继完工。

2017 年，上海国际航运中心洋山港区集装箱码头四期工程、宁波—舟山港鼠浪湖矿石码头工程等一批大型专业化码头建成，广州港深水航道拓宽工程、连云港港 30 万吨级航道二期工程等一批沿海港口重点公共基础设施工程建设稳步推进。

长江干线港口重点建设项目积极推进，南京港七坝港区码头工程、常州港万吨级通用泊位改扩建工程等码头工程完成初步设计审查，武汉新港三江港区综合码头一期（鄂州）、岳阳港城陵矶港区二期等工程有序推进，荆州港建设全面铺开，黄石棋盘洲新港开港运营，鄂东港口形成联动发展。

第二节　水上运输服务

一、总体情况

2017 年，全国完成水路货运量 66.8 亿吨、货物周转量 98611 亿吨公里，分别比 2016 年增长 4.6％和 1.3％。其中，内河运输完成货运量 37.1 亿吨、货物周转量 14949 亿吨公里；沿海运输完成货运量 22.13 亿吨、货物周转量 28579 亿吨公里；远洋运输完成货运量 7.6 亿吨、货物周转量 55084 亿吨公里。

2017 年，全国完成水路客运量 2.8 亿人次、旅客周转量 77.7 亿人公里，分别比 2016 年增长 3.9％和7.4％。其中，沿海客运量完成 10658 万人次；内河客运量完成 16537 万人次；远洋客运量完成 1106 万人次。

二、内河主要水系货物运输完成情况

（一）长江水系货物运输

2017 年，长江货运量平稳增长，长江干线港口货物吞吐量 27.6 亿吨，比 2016 年增长 72％。长江航运总体呈现景气回升态势，长江航务管理局发布的长江航运景气指数自二季度起攀升至景气区，并保持至四季度。2017 年一至四季度指数分别为 96.7 点、113.5 点、118.7 点和 107.4 点，全年平均为 109.1 点，比 2016 年增长 12.8％。

2017 年，长江干线货物通过量 25.0 亿吨，比 2016 年增长 8.2％，其中江海联运 14.1 亿吨，比 2016 年增长 6.8％。三峡船闸通过量 1.4 亿吨，比 2016 年增长 5.7％；葛洲坝船闸通过量 1.4 亿吨，

比2016年增长6.9%，再创历史新高。三峡断面通过危险品918万吨，比2016年增长8.3%；通过集装箱91万标准箱，比2016年增长1.3%。过坝船舶平均吨位4337吨，比2016年增加101吨，标准化率约85%。

图3-4-2 2011-2017年全国港口外贸货物吞吐量

长江干线航道设有27个水上交通流量观测断面，年平均日船舶流量702.9艘，比上年增长6.1%。其中，上游航道年平均日船舶流量188.9艘，下降11.6%；中游航道年平均日船舶流量295.1艘，增长1.5%；下游航道年平均日船舶流量942.3艘，增长7.8%。

（二）珠江水系货物运输

2017年，珠江水系港口总体保持较快增长，完成货物吞吐量4.4亿吨，比2016年增长8.7%。其中，集装箱吞吐量813万标准箱，比2016年增长15.2%。

三、港口生产情况

港口生产稳中向好，主要生产指标较快增长。2017年全国港口完成货物吞吐量140.1亿吨，比2016年增长6.1%，增速较2016年增加2.6个百分点。其中，沿海港口完成90.6亿吨，内河港口完成49.5亿吨，分别比2016年增长7.1%和4.3%。全国港口完成旅客吞吐量1.9亿人次，比2016年增长0.2%。其中，沿海港口完成0.9亿人次，内河港口完成1.0亿人次，分别比2016年增长5.7%和下降4.1%。2017年，全国港口共接待国际邮轮旅客243万人，比2016年增长11.6%。

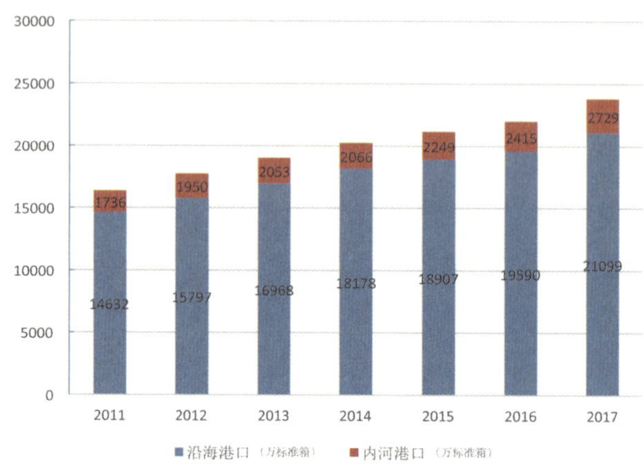

图3-4-3 2011-2017年全国港口集装箱吞吐量

（一）主要货类吞吐量完成情况

2017年，全国港口完成干散货吞吐量79.58亿吨，同比增长4.9%，增速较2016年增加1.8个百分点；集装箱吞吐量（按重量计算）28.1亿吨，同比增长8.7%，增速较2016年增加3.3个百分点；件杂货吞吐量12.6亿吨，同比增长4.4%，增速由负转正；液体散货吞吐量12.7亿吨，同比增长8.0%；滚装汽车吞吐量（按重量计算）7.1亿吨，同比增长10.1%。干散货、集装箱、件杂货、液体散货和滚装汽车在港口货物吞吐量中所占比重分别为56.8%、20.1%、9.0%、9.1%和5.0%。2017年，全国规模以上港口完成煤炭及制品吞吐量23.3亿吨，金属矿石吞吐量20.3亿吨，石油、天然气及制品吞吐量10.0亿吨，同比分别增长8.5%、6.0%和7.7%。

（二）外贸货物吞吐量稳步增长

2017年，全国港口完成外贸货物吞吐量40.9亿吨，同比增长6.3%。其中，沿海港口完成36.6亿吨，增长5.8%；内河港口完成4.4亿吨，增长10.0%。

（三）集装箱吞吐量加速增长

2017 年，全国港口完成集装箱吞吐量 2.4 亿标准箱，同比增长 8. 3%。其中，沿海港口完成 2.1 亿标准箱，内河港口完成 2739 万标准箱，分别增长 7.7% 和 13.4%。

（四）邮轮旅客运输发展放缓

2017 年，我国沿海邮轮旅客运输发展放缓，11 个邮轮港口（包括天津港、大连港、青岛港、上海港、宁波- 舟山港、厦门港、广州港、深圳港、海口港、三亚港，烟台港 2017 年无航次）共接待邮轮 1130 艘次，同比增长 14%，邮轮旅客吞吐量 498 万人次，同比增长 12%，较 2016 年增速减缓了 65 个百分点。

邮轮运输服务品质进一步提升。强化邮轮经营市场监督管理，进一步规范邮轮市场经营秩序。组织开展了邮轮港口服务规范前期研究，指导上海市交通委员会在上海开展了邮轮船票试点工作，督促邮轮相关企业不断提升邮轮运输服务品质。2017 年，全国港口共接待国际邮轮 1049 个航次、旅客 243 万人，同比增长 9.2% 和 11.6%，继续保持亚洲最大邮轮市场。天津、上海、三亚等 7 个沿海港口建成邮轮泊位 18 个，通过能力 707 万人次，有效满足了邮轮运输的发展需求。上海港跃居全球第四大邮轮母港，占全国市场份额的 60%。嘉年华、皇家加勒比、地中海、丽星等国际邮轮企业开办了驻华经营性机构，开通了以中国港口为母港的始发航线。渤海轮渡、太湖国际、携程等中资企业国际邮轮运输业务稳步发展。

（五）主要港口发展情况

2017 年，港口生产较快增长，完成货物吞吐量 140.1 亿吨，同比增长 6.1 %。其中，外贸货物吞吐量 40.9 亿吨，同比增长 6.3 %；集装箱吞吐量 2.4 亿标准箱，同比增长 8.3 %；亿吨大港由 2016 年的 34 个增加到 40 个。其中，沿海亿吨港口新增 2 个，达到 24 个；内河亿吨港口新增 4 个，达到 16 个。全国规模以上港口完成货物吞吐量 126.72 亿吨，比上年增长 6.6%。货物吞吐量超过亿吨的港口数量达到 40 个。

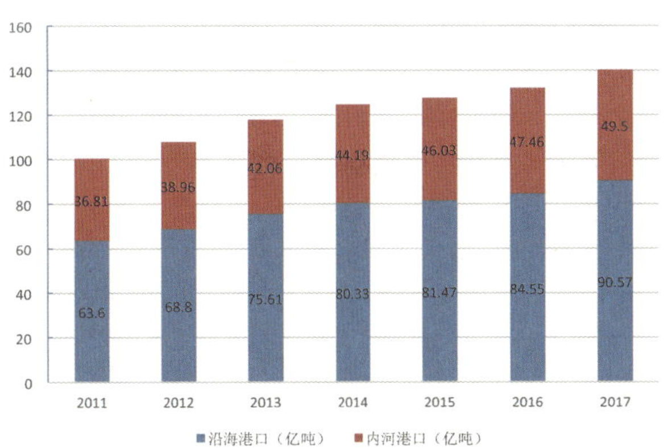

图 3-4-4 2011-2017 年全国港口货物吞吐量

表 3-4-1 2017 年全国沿海港口吞吐量排名前 10 位

位次	港口	货物吞吐量（万吨）	占沿海规模以上港口比重（%）
1	宁波舟山	100933	11.7
2	上海	70542	8.2
3	唐山	57320	6.6
4	广州	57003	6.6
5	青岛	51031	5.9
6	天津	50056	5.8
7	大连	45517	5.3
8	营口	36267	4.2
9	日照	36136	4.2
10	烟台	28816	3.3

图 3-4-5 2011-2017 年全国港口货物吞吐量

表 3-4-2　2017 年全国内河港口吞吐量排名前 10 位

位次	港口	货物吞吐量（万吨）	占内河规模以上港口比重（%）
1	苏州	60456	15.0
2	南京	23637	5.9
3	南通	23572	5.9
4	泰州	19942	5.0
5	重庆	19722	4.9
6	江阴	15971	4.0
7	镇江	14203	3.5
8	芜湖	12806	3.2
9	岳阳	11932	3.0
10	九江	11717	2.9

——沿海港口

2017 年，沿海前 10 大港口完成货物吞吐量 53.4 亿吨，同比增长 5.4%，占沿海规模以上港口总吞吐量的 61.7%。唐山港由第 5 位上升到第 3 位，青岛港由第 6 位上升到第 5 位，见表 3-4-1。

——内河

内河前 10 大港口完成货物吞吐量 21.4 亿吨，同比增长 6.19%，占内河规模以上港口总吞吐量的 53.3%，与 2016 年基本持平。南京港由第 3 位上升到第 2 位，泰州港由第 5 位上升到第 4 位，江阴港、镇江港、芜湖港分别由第 7 位、第 8 位、第 9 位上升到第 6 位、第 7 位和第 8 位，见表 3-4-2。

四、两岸航运

截至 2017 年底，海峡两岸直航的航运企业 129 家，直航船舶 263 艘、净载重量 322 万吨，集装箱箱位 4.8 万标准箱，载客量 6637 客位。2017 年，两岸海上运输完成货运量 4992 万吨，同比下降 10.6%。其中，普通散杂货、液体化学品、液化气和油品运量分别为 1446 万吨、514 万吨、82.0 万吨和 3.4 万吨，同比分别下降 27.8%、持平、上升 3.8% 和下降 80.0%。

全年两岸完成集装箱运输量 225 万标准箱，同比下降 14.7%。12 月 27 日，上海航运交易所与厦门航运交易所联合发布的台湾海峡两岸间集装箱运价指数（TWFI）为 954.1 点，比 2016 年底增长 3.4%；2017 年指数年均值 955.5 点，比 2016 年下降 0.8%。

全年两岸完成客运量 197.1 万人次，同比增长 3.2%。大陆至台湾本岛客运量完成 15.5 万人次，同比增长 34.8%；福建至台湾金门、马祖、澎湖客运量完成 181.6 万人次，同比增长 1.2%。

五、运输船队

2017 年，运输船舶艘数和吨位“双下降”。中国运输船队规模继续下降，船舶大型化、节能化、专业化趋势明显，见表 3-4-3。

表 3-4-3　2017 年底全国水路运输工具拥有量

指标	总运力		远洋		沿海		内河	
	2017	同比（%）	2017	同比（%）	2017	同比（%）	2017	同比（%）
运输船舶数量（艘）	14.5 万	-9.5	2306	-4.3	10318	-1.9	13.2 万	-10.1
净载重量（万吨）	25652	-3.6	5458	-16.3	7044	4.5	13150	-1.6
载客量（万客位）	96.8	-3.5	2.1	-13.7	22.4	9.9	72.3	-6.6
集装箱箱位（万标准箱）	216.3	13.2	133.7	11.9	50.2	19.7	32.5	9.3

截至2017年底，全国拥有水上运输船舶14.49万艘，净载重量25651.63万吨，比上年分别下降9.5%和3.6%；载客量96.75万客位，比上年下降3.5%；集装箱箱位216.30万标准箱，比上年增长13.2%。

六、出行品质进一步提升

（一）旅客运输持续健康发展

2017年全年，渤海湾省际客滚运输完成水路旅客、车辆运输量550万人次、124万台次，同比增长6%和9%；琼州海峡客滚运输分别完成水路旅客、车辆运输量1492万人次、305万台次，同比分别增长12.5%和22.7%。截至2017年底，渤海湾省际客滚船舶运力23艘、32340客位、3442车位，琼州海峡客滚船舶运力58艘、51024客位、2781车位，沿海省际客船运力供需基本平衡。

（二）特殊人群水路出行更加便捷

联合中央军委后勤保障部印发通知，指导各省港航管理部门积极落实军人军属依法优先出行措施，为军人军属提供优先优待和热情服务。督促水路客运企业落实加强和改善老年人、残疾人出行服务的实施意见，积极为老年人和残疾人创造无障碍环境。

七、春运情况

水路春运平稳有序，客运量小幅增长。春运40天，全国水路客运量共投入船舶运力1.72万艘，完成4397.6万人次，比2016年增长3.2%。其中，长江干线客运量1.31万人次，增长51%。

2017年，汽车滚装运送车辆275.7万辆，比2016年增长5.9%。自驾车旅游和节假日免收高速公路通行费政策，继续带动海峡、岛屿间的汽车滚装运输快速发展。

春运期间，认真组织分析水路旅客出行需求，合理投放船舶运力，科学安排船期，确保运力充足，满足旅客出行需求。及时协调解决突发情况和问题，确保旅客运输安全平稳。加强各种运输方式的衔接，优化运输组织，提高运输效率，全力保障天然气、煤炭等重点物资运输。

第三节　长江航务管理

2017年，长航局全力加快长江黄金水道建设，不断提高治理能力和服务水平，深入推进供给侧结构性改革，在规划建设、航道船闸、运输服务、科技创新、港口转型升级、结构调整、绿色航运发展、安全监管等方面工作成效显著。

一、服务长江沿线经济社会发展情况

随着“一带一路”倡议和长江经济带发展战略的不断推进，长江干线航道系统治理、长江支流和长江三角洲高等级航道网等一批重点工程加快建设，港口集疏运体系建设统筹推进，通江达海、干支衔接的航道网络进一步完善，与其他运输方式之间的衔接不断强化，长江黄金水道功能日益凸显，长江航运运输服务能力、长江航运治理能力、绿色发展能力不断提升。

2017年，长江航运主要指标稳中向好、提质增效，实现了平稳健康发展，水路货物运输量和货物周转量分别比上年增长7.1%和17.1%，港口货物吞吐量和集装箱吞吐量分别比上年增长5.7%和8.4%，进一步发挥了长江黄金水道的综合运输效益，有力支撑了区域经济发展。

二、服务长江经济带规划建设情况

2017年，全面推进《推动长江经济带交通运输发展2017年工作要点》《长江经济带综合立体交通走廊重点突破工作方案》的实施。

（一）长江干线

完成《长江干线航道发展规划（2016-2035）》

编制工作，明确了未来长江航道发展的总体目标、主要任务。重庆至宜宾段“Ⅲ升Ⅱ”生态航道建设工程、朝天门至涪陵段4.5米水深航道整治工程、荆江二期航道整治工程、土桥二期航道整治工程、江乌二期航道整治工程等重点项目前期工作加快推进，武汉至安庆段6米水深航道整治工程、芜裕河段航道整治工程等工程可行性研究报告通过国家发展改革委审查，新九二期航道整治工程、长江口北港航道研究与开发配套水文站建设工程等工程可行性研究报告获交通运输部批复。三峡枢纽水运新通道建设前期工作加快推进。

长江口南坝田挡沙堤加高工程顺利完工。下游继续推进东北水道、安庆水道二期、黑沙洲二期、江心洲河段等航道整治工程建设，其中东北水道、江心洲河段航道整治工程完成主体工程交工验收；南京以下12.5m深水航道二期工程稳步推进。中游荆江航道整治工程及杨林岩水道、天兴洲河段、湖广至罗湖洲河段、牯牛沙二期等航道整治工程项目竣工验收，中游“瓶颈”初步打通；蕲春、宜昌至昌门溪二期航道整治两个先期工程开工建设，中游“645工程”取得重大进展。上游九龙坡至朝天门段航道整治工程稳步推进，三峡水库变动回水区碍航礁石炸除二期工程、三峡—葛洲坝两坝间莲沱段航道整治工程开工建设；火焰碛水道安全隐患航道疏浚工程通过竣工验收。

（二）支流航道

以加快实施高等级航道达标工程为重点，积极推进支线航道整治工程，持续建设长江三角洲高等级航道网，加快赣江、汉江、沅水、嘉陵江、岷江等高等级航道建设，着力构建干支衔接的内河航道网络。

岷江：岷江港航电综合开发工作有序推进，犍为枢纽实现右岸截流，龙溪口、虎渡溪、汤坝等航电枢纽开工建设，老木孔航电枢纽工程可研报告通过评估。龙溪口枢纽至宜宾合江门航道整治工程进入可行性研究阶段，尖子山航电枢纽工程进入开工建设准备阶段，东风岩航电枢纽工程、张坎航电枢纽、板桥航电工程、季时坝航电枢纽等项目前期工作加快推进。

嘉陵江：嘉陵江航运配套一期工程、二期工程加快建设，亭子口枢纽以下（川境段）达到四级航道标准。草街库尾航道整治工程建设有序推进。积极推动利泽航电工程建设。支流渠江风洞子航运工程、达州—广安航运配套工程前期工作加快推进，富流滩船闸改扩建工程实现交工。支流涪江唐家渡电航工程加快建设，潼南枢纽船闸具备通航条件。

乌江：继续推进乌江渡电站库区航运建设工程、河口至彭水枢纽航道支持保障系统建设工程，思林、沙沱水电站升船机转入正常试运行。索风营等库区航运工程前期工作加快推进。

湘江：有序推进衡阳至株洲2000吨级航道建设工程，永州至衡阳三级航道一期工程完成初步设计预审。

沅水：浦市至常德段航道整治工程建设进展顺利，洪江至辰溪段航道整治工程、清水江白市至分水溪航道工程完成工程可行性研究。

汉江：陕西境内推进洋县至安康航运建设工程，加快完善旬阳、蜀河、白河等汉江水电枢纽过船设施建设项目前期工作。湖北境内雅口航运枢纽、夹河枢纽、孤山枢纽工程进展顺利；新集枢纽和碾盘山枢纽开工前的各项准备工作加快推进，碾盘山至兴隆段航道整治工程完工并试运行，河口三期航道整治工程开工建设。完成支流唐白河（唐河）航运开发工程可行性研究报告。

赣江：新干航电枢纽实现船闸通航，龙头山枢纽船闸基本建成，井冈山航电枢纽完成左右两岸枯水围堰工程，石虎塘—神岗山三级航道整治工程建设快速推进。继续推进赣粤运河工程项目研究工作。

信江：八字嘴航电枢纽、双港航运枢纽开工建设，界牌至双港渠化航道配套整治工程、双港至褚溪河口湖区Ⅲ级航道整治工程完成工程可行性研究。

合裕线：裕溪船闸、巢湖船闸水上ETC项目建成交工，巢湖、裕溪一线船闸扩容改造工程完成工程可行性研究。

沙颍河：颍上复线船闸工程基本完工，河南沙颍河航运工程、耿楼复线船闸工程加快推进。

淮河：蚌埠闸至红山头段整治工程开工建设，继续推进河南淮河航运工程、三河尖至蚌埠闸段整治工程、淮河入海水道二期工程。

京杭运河：苏南运河"四改三"整治工程陆续通过交工验收，微山一线船闸基本完工，东平湖湖区航道开工建设，济宁段"三改二"升级扩能工程和湖西航道工程进入施工招标阶段。继续推进浙江段三级航道整治工程和韩庄、万年复线船闸工程建设。

长江三角洲高等级航道网：芜申线（安徽段）、通扬线、秦淮河、苏申内港线、大芦线等航道整治工程项目继续推进，芜申线（江苏段）、丹金溧漕河、杨林塘、锡澄运河、锡溧漕河常州段等航道整治工程项目交工验收，申张线青阳港段、通扬线高邮段、芜申线溧阳东段、德胜河、通扬线南通市区段等航道整治工程项目前期工作加快推进。

引江济淮航运工程：引江济淮航运工程进入全面建设阶段，将构建淮河水系第二条通江入海通道，并与正在建设的沙颍河、合裕线、芜申运河航道联通。

此外，金沙江中下游库区航运基础设施建设综合工程稳步推进；三峡库区小江、抱龙河、梅溪河支持保障系统及香溪河航道整治工程，陆水、汉北河等江汉平原航道网航道整治工程等有序推进；澜沧江244界碑至临沧港四级航道工程开工建设，澜沧江对外开放的辐射面将向上延伸至临沧。

三、长江干线航道养护

全年航道水深保证率、航标维护正常率、信号揭示正常率、信息发布准确率均达到100%。全年最大设标数7261座，完成航标养护256万座天；各信号台实际开班5959台天，指挥各类船舶25.1万艘次；完成航道测绘5.2万换算平方公里；完成航道维护疏浚量7970万立方米（其中，长江口12.5米深水航道完成维护疏浚量5801万立方米，南槽航道完成维护疏浚量226万立方米）；完成航道整治建筑物检查7630座次和21处航道整治建筑物维修工程。

继续加强航道养护规范化、制度化建设。强化长江干线中下游航道维护跟踪观测分析，建立了中游荆江河段航道维护跟踪观测机制，开展下游12.5米深水航道维护管理运行机制研究。加强枯水期、洪水期、三峡及向家坝蓄水期航道维护管理，及时调整和优化航标配布，及时准确发布航道信息。加强汛期航道养护，6月汛期启动了Ⅲ级应急响应。强化重点水道疏浚，派遣疏浚船舶驻守香炉滩、小米滩等11个重点浅水道并实施了维护疏浚。推进干线航道维护疏浚市场化，在5个重点水道实施维护疏浚市场化试点。

建立航道信息简报制度，提供"一站式""贴身式"信息服务。继续向社会发布长江干线宜宾至浏河口段航道分月养护水深计划，提高中洪水期航道维护标准；并根据水位季节性变化情况，按周向社会发布航道维护尺度预报，供行轮配载和航行参考。继续提高长江干线部分河段航道维护尺度，在试运行的基础上做好相关河段转正式运行工作。自11月1日起试运行提高上巢湖—吉阳矶航道维护尺度，1-4月、11-12月航道计划维护水深由4.5米试运行提高至5.0米，其他月份航道计划维护水深不变；自12月1日起正式提高宜宾—重庆河段枯水期航道维护尺度，正式将枯水期计划维护水深2.7米提高至2.9米；开展试运行提高长江干线城陵矶至武汉段、武汉至安庆段和芜湖高安圩至芜湖长江大桥河段航道维护尺度研究工作。

四、三峡通航保障情况

三峡通航船舶吃水检测设施工程、三峡—葛洲坝船舶监管系统改扩建工程、三峡坝上锚地完善建设工程基本完工，新开工建设三峡—葛洲坝两坝间莲沱段航道整治、三峡通航船舶秭归郭家坝锚地建设、三峡—葛洲坝船舶过闸GPS远程申报系统改扩建等工程。

强化两坝船闸联合调度，加强通航建筑物运行维护指标考核。优化两坝设备运行维护、同步保养和日常修理，及时疏散积压船舶。2017年主要设备完好率99.63%，设备故障碍航率为0，三峡坝区日均待闸船舶614艘，最高待闸船舶数量达到990艘；过坝船舶平均待闸时间为105.88小时，最长待闸时间为643.50小时。充分利用航标遥测遥控、视频监控系统等信息技术，加强对坝区航道和船闸的安全检查和保卫，加强运行管理中的风险防控与隐患治理，保障船闸安全高效运行。

积极稳妥开展三峡升船机试通航，推动客船、集装箱船、商品汽车滚装船等适航船舶通过升船机过坝。2017年三峡升船机共安全运行2289厢次，通过船舶2303艘次，设备运行总体稳定。

加快推进三峡翻坝江北高速公路建设工程，继续做好川江滚装载货汽车、过坝运输保障工作。参与开展长江上游水库群联合调度有关专题研究。积极推进建立长江上游及主要支流的水库群联合调度机制，优化调度规程，完善水情信息传递，加强相邻拦河闸坝之间的通航水位衔接，确保长江干线航道安全畅通运行。

第四节　珠江航务管理

2017年，珠江航务管理局围绕把珠江建设成为我国第二条黄金水道的战略部署，全力抓好《关于推进珠江水运科学发展的若干意见》《珠江水运发展规划纲要》《珠江水运科学发展行动计划》等文件的落实，航道、港口建设取得了明显成效，水运生产呈现稳中向好、稳中有进的态势，水路交通供给能力持续增长，珠江航运行政管理体制改革取得历史性突破。

一、航道建设取得重大突破

2017年，珠江水系以“一横一网三线”高等级航道为核心的航道建设取得重大突破：西江（界首至肇庆）航道扩能升级工程完工，实现西江广东段3000吨级航道全线贯通；西伶通道3000吨级航道建成，为粤港澳大湾区建设贡献珠江水运力量；邕宁枢纽船闸建成试通航，西江航运干线规划的5座梯级船闸全部建成；北江航道扩能升级工程、大藤峡水利枢纽船闸、西津二线船闸、红花二线船闸加快推进，高等级航道网不断提级加密。截至2017年底，珠江水系内河航道通航总里程为15552公里，其中一级航道212公里，二级航道844公里，三级航道960公里。

二、港口建设稳步推进

2017年，珠江水系稳步推进港口基础设施建设，加快港区功能调整步伐，港口能力和服务水平明显提升。重点实施了佛山港了哥山港区本港作业区通用码头项目、柳州港鹿寨港区江口作业区一期工程、崇左港中心港区濑湍作业区工程、贵港港中心港区苏湾作业区一期工程、蔗香港一期工程等一批港口项目。截至2017年底，珠江水系港口拥有生产性泊位2092个，年综合通过能力为60304万吨，集装箱年通过能力为1497万标准箱，旅客年通过能力为4377万人次。

三、船舶技术状况明显改善

2017年，珠江水系内河船舶大型化、专业化、标准化的趋势明显，在建货运船舶运力以2000-3000吨级船舶为主，机动货船平均载重量为1313吨，西江航运干线新建过闸船舶均符合主尺度标准，单壳液货船禁航政策得到严格落实，老旧船舶拆解、生活污水防污染改造、液化天然气示范船和新能源应用工作初见成效，具备节能环保优势的液化天然气动力船舶逐步投入市场运营。截至2017年底，珠江水系拥有运输船舶总量15319艘，净载重量1571万吨，载客量16.7万客位，集装箱箱位量20.9万标准箱，船舶功率443万千瓦。

四、水路运输快速增长

2017年，珠江水系水运量和港口吞吐量持续快速增长。2017年，珠江水系完成旅客运输量2621万人次，同比增长0.9%，旅客周转量114347万人公里，同比增长2.1%；完成货物运输量90017万吨，同比增长8%，货物周转量1773.5亿吨公里，同比增长6.6%，特别是长洲水利枢纽三四线船闸投入运行后，扭转西江航运干线堵航的被动局面，长洲水利枢纽船闸全年完成货物通过量9880.3万吨，同比增长42.1%。珠江水系港口完成旅客吞吐量1812万人，同比增长9.8%；完成货物吞吐量66928万吨，同比增长9%，其中完成集装箱吞吐量1298万标准箱，同比增长13.3%。

五、安全生产形势总体稳定

2017年，珠江水系共发生一般等级以上水上运输船舶交通事故20件，死亡22人，沉船8艘，直接经济损失1715万元，与2016年相比，事故四项指标分别上升了100%、175%、100%、218%。其中，贵州、云南辖区没有发生一般以上运输船舶事故。2017年珠江水系一般等级以上水上运输船舶交通事故四项指标与近5年平均数基本持平，安全形势总体稳定。

六、部省合力推进珠江水运绿色发展

2017年9月，以“促进水运绿色发展，合力建设美丽珠江”为主题的2017年珠江水运发展高层协调会议在湖南长沙召开，粤桂滇黔四省（区）人民政府主要领导，交通运输部、国家发展和改革委员会有关负责人出席了会议。会议审议通过了《推进珠江水运绿色发展行动方案（2018-2020年）》，明确未来3年珠江水运推进绿色发展的总体要求、基本原则、发展目标和重点任务，为珠江水运绿色发展凝聚强大共识。

七、珠江上游通航设施建设取得积极进展

交通运输部、国家发展和改革委加大统筹协调力度，在各方共同努力下，龙滩水电站通航设施按照通航1000吨级船舶的标准开展前期工作，百色水利枢纽通航设施建设资金筹措方案形成初步共识，为“十三五”期开工建设创造了有利条件。

八、珠江航务管理局行政体制改革全面完成

2017年8月24日，中央编办印发了《中央编办关于交通运输部承担行政职能事业单位改革试点方案的批复》，明确珠江航务管理局由事业单位转为交通运输部派出机构，主要职责是承担所辖范围内的航运行政管理工作。8月31日，交通运输部印发了《交通运输部关于交通运输部珠

江航务管理局主要职责机构设置和人员编制的通知》，明确交通运输部珠江航务管理局主要职责、机构设置和人员编制，同时受交通运输部委托，新增开展琼州海峡客滚运输市场监管，内地与港澳间海上运输部分业务的行政许可、航运管理事务协调，粤港澳公用航道管理等相关工作。

第五节　水运市场监管

一、水运供给侧结构性改革深入推进

2017 年，水运领域深化供给侧结构性改革，印发《深入推进水运供给侧结构性改革行动方案（2017 - 2020 年）》，围绕补短板、降成本、强服务、去运能、调结构等重点任务，加快促进中国水运提质增效升级。

（一）着力补齐发展短板

优化运输组织方式，大力推进以港口为枢纽的铁水联运发展，开展内河港口多式联运示范工程建设。2017 年，全国港口集装箱铁水联运量继续保持高位增长，其中大连、营口、天津、青岛、连云港、宁波、深圳等 7 个主要沿海铁水联运港口完成集装箱铁水联运量 305 万标准箱，同比增长 30%。印发推进特定航线江海直达运输发展的意见，推进江海直达运输发展，首艘江海直达集装箱船、散货船相继下水。

（二）有效降低物流成本

完善港口价格形成机制，会同国家发改委联合修订印发《港口收费计费办法》，进一步规范港口经营服务性收费，港口企业每年减轻航运企业和外贸企业负担约 12 亿元。配合国家发改委督促规范国际班轮公司海运附加费，每年减轻进出口企业负担 46 亿元。

（三）强化服务功能

区域港口一体化改革取得新进展，完成江苏南京以下沿江区域港口、广西北部湾港口一体化发展改革试点，积极推广浙江省推进区域港口一体化改革经验。联合天津、河北两省市印发了《加快推进津冀港口协同发展工作方案（2017 - 2020 年）》。开展智慧港口示范工程建设，加快港口信息化、智能化进程。青岛港前湾全自动化集装箱码头投入运营，全球规模最大的上海国际航运中心洋山深水港区四期全自动化集装箱码头试运行。

（四）持续去运能

深入实施老旧运输船舶和单壳油轮提前报废更新，持续推进内河船型标准化，鼓励淘汰能耗高的老旧船，新建符合国际新规范、新公约和新标准的船舶。2017 年，全国共拆解改造完成内河船舶 2 万余艘，拆解海船 100 余艘。运输船队规模继续下降，船队年轻化、大型化、专业化和绿色化趋势明显，有力地促进船舶运力结构调整。

（五）加快调结构

积极推进航运中心建设，加快发展现代航运服务业。做好自贸区海运试点政策的复制推广，配合商务部印发了辽宁等 7 个新增自贸区总体方案，研究提出在全国复制推广 5 项海运试点政策的建议。加快推进“互联网 +”海运发展，鼓励企业建立海运全球供应链在线平台。研究制定促进中国邮轮经济发展的若干意见，推动邮轮经济发展。

二、放管服改革不断深化

（一）取消一批行政许可事项

2017 年，累计上报拟取消 5 项中央指定地方实施的水路行政审批事项。截至年底，取消了港口的危险货物作业场所、实施卫生除害处理的专

用场所审批和经营国际船舶管理业务许可（中资）等 2 个审批事项。落实国际海运业市场准入工商登记前置改后置政策，修订发布了《中华人民共和国国际海运条例实施细则》（交通运输部令 2017 年第 4 号）。

（二）不断强化事中事后监管

贯彻落实国务院深化“放管服”改革部署，将省际客船、散装液体危险货物船舶运输许可等 5 个事项纳入“双随机”抽查事项清单，加强事中事后监管。发布水路运输市场信用信息管理办法，推进水运信用体系建设，着力构建统一开放、竞争有序的市场体系。

（三）进一步方便行政相对人

严格落实《行政许可标准化指引（2016 年版）》，推进行政审批标准化、规范化建设，完善审批运行流程，自觉接受行政许可相对人的监督。加快完善水路运输建设综合管理信息系统，全面实施网上审批。清理各类证明手续，进一步减证便民。

三、市场监管进一步加强

（一）加强水路运输市场监管

开展国际船舶运输、国内水路运输及辅助业年度核查及国际集装箱班轮运价备案执行情况监督检查，规范了市场经营行为。推进建立海峡两岸航运市场港航、海事部门联合监管制度。强化对国内水路运输企业违规行为的调查处理，对履行监管责任不到位的省级交通运输主管部门进行约谈。开展长江等内河航运市场秩序专项治理行动，重点治理航运企业经营资质不达标、船舶违规挂靠等 6 类突出问题。完成对威尔姆森公司吸收合并华轮滚装公司、马士基航运公司收购汉堡南美船务集团股权案等航运领域经营者集中反垄断审查。加强港口经营服务性收费管理，督促指导港口经营人落实港口收费各项规定，并主动接受社会监督。会同国家发展改革委赴广东、上海、天津等地开展港口经营服务性收费监督检查，维护港口市场经营秩序。

（二）加强水运建设市场监管

组织开展水运建设市场督查工作。印发了关于 2016 年全国水运建设市场检查及治理情况的通报，梳理水运建设市场治理经验，通报存在的问题。对广东、山东和浙江省水运建设市场进行了督查，对国家重点水运工程竣工验收下放、未批先建治理、超期试运行等进行检查，维护水运建设市场秩序。完成内河重点水域港口码头“未批先建”专项整治，保障港口工程基础设施和营运安全。对黑龙江、云南两省界河航道养护管理工作进行了检查，加强对三峡北线船闸检修和升船机试运行的监督检查，指导三峡北线船闸顺利完成检修如期复航。建立水运建设市场抽查专家库，完成 2016 年度水运建设市场信用评价工作。

四、水运安全发展水平不断提高

（一）深入推进平安港口、平安航道建设

修订发布《港口危险货物安全管理规定》，深入推进实施危险货物港口作业安全治理三年行动方案，印发关于加强危险货物储罐安全管理的意见，以危险货物储罐检测评估为重点加快构建安全双重预防机制。印发了港口危险货物集中区域安全风险评估指南，部署各地开展了港口危险货物集中区域安全风险评估，防范和遏制重特大安全生产事故发生。印发了关于进一步加强港口设施保安工作的通知，并对有关违规行为进行了通报，全面加强港口设施保安工作。强化航道资源保护，加强航道设施的安全管理和通航建筑物的安全防范，加强通航建筑物日常运行管理，着力做好三峡船闸通航保障工作，保障船舶过闸安全。

(二)强化运输市场安全管理

严格落实水路旅客运输实名制，推动三峡库区、渤海湾等重点水域水路旅客联网售票。扎实推进长江等内河航运市场秩序专项治理，突出问题得到了集中整治。以客船、危险品船运输市场为重点，开展企业经营资质和经营行为的“双随机、一公开”抽查。加强国际航运市场安全监管，推动提升中韩客货班轮运输安全运营水平。

(三)强化重点时段客货运输、重点物资运输保障和应急管理

加强水路运输运行监测和分析研判，强化重点节假日旅客运输组织，有力保障了天然气、煤炭等重点物资运输。印发《水路交通突发事件应急预案》，明确了港口突发事件、航道抢通保畅、水路紧急运输保障等应急管理工作要求，指导地方建立完善水路交通应急预案体系和工作机制。根据重大活动的需要，适时提高相关地区港口设施保安等级。

第六节　水路运输标准体系建设

一、水运工程标准体系不断完善

组织开展水运工程重要建设技术标准项目编制工作，研究修订《水运工程标准体系》《水运工程绿色发展标准体系》等一批标准。研究制定《码头船舶岸电设施工程技术规范》《船舶液化天然气加注站设计规范》等2项国家标准。发布《码头油气回收设施建设技术规范》《海上沉船清除打捞工程计价办法及其配套定额》《水运工程地基基础施工规范》等11项行业标准。发布《交通运输部关于在互联网上公开水运工程行业标准的公告》，明确现行的150余项水运工程行业标准向社会公开全部内容，并提供免费下载服务。组织完成《航道工程设计规范》等14本水运工程标准外文版翻译工作，持续推动中国水运行业标准“走出去”。

二、水运工程技术创新成果转化加速

开展BIM技术在水运工程建设领域应用的标准研究工作，组织编制《水运工程设计信息模型应用标准》《水运工程施工信息模型应用标准》《水运工程信息模型应用统一标准》，依托标准编制促进水运行业重大技术应用。积极鼓励水运工程建设技术创新，提高水运工程施工技术水平，组织完成2017年度水运工程工法评审和发布工作，共发布水运工程一级工法16项、二级工法8项。

三、水路运输服务相关标准体系不断健全

研究制修定《危险货物集装箱港口作业安全规程》《客运码头安全管理基本要求》等港口生产作业安全管理相关标准，完成《琼州海峡客滚运输服务质量规范》等运输服务标准编制，配合研究制定《长江水系过闸运输船舶标准船型主尺度系列》等5项船型标准化国家标准。

第七节　海事管理

一、法制建设

(一)海事立法

2017年，《中华人民共和国海上交通安全法》修订立法工作取得实质性进展。完成《船舶安全监督规则》《高速客船安全监督管理规则》《海上滚装船舶安全监督管理规定》等9部规章的制修订工作。

跟踪海事规范性文件发布情况，更新规范性文件目录清单；实施现行有效船检技术规范清单式管理，印发《关于公布现行有效船舶法定检验技术规

范清单的公告》。截至2017年12月31日，交通运输部海事局发布的现行有效规范性文件共396件。

（二）执法监督

印发《海事行政许可裁量控制办法》《海事行政许可裁量基准》《海事政务办理服务规范》《海事信用信息管理办法》《海事行政执法全过程记录管理办法》《海事行政执法结果信息公开管理办法》《海事执法协查管理规定》《海事管理机构移送违法案件程序规定》，出台《海事行政检查规定》《海事现场执法工作规范》，修订《海事违法行为行政处罚裁量基准》。

二、通航管理

（一）通航环境管理

2017年，在沿海及长江干线水域共审批和监管各类水上水下施工作业约1.4万起，发布航行通告1.9万次（包含珠江、黑龙江水域）。推动建立常态化工作机制，推进通航管理信息化，初步完成全国通航环境数据采集工作。推动《内罗毕公约》在国内的实施，推进《渤海碧海行动计划》，2017年，完成14艘沉船打捞工作。

（二）通航秩序管理

2017年，开展水上巡航27万次，巡航总里程754万海里。推进《海事动态监管网格化实施指南》的实施，提升重点水域动态管控能力。与救捞局联合印发《贯彻落实<交通运输部办公厅关于推进沿海空中巡航救助联动机制建设的意见>实施方案》，推动海空巡航联动机制的实施。加强水上动态管控，圆满完成北戴河暑期、厦门金砖会晤、党的十九大、十三届全运会等重要活动的安全保障。

（三）船舶交通管理系统（VTS）

截至2017年12月31日，全国共有45个船舶交通管理系统（VTS）中心。全年，共接收船舶报告8.4亿次，跟踪船舶664万艘次，向船舶提供信息服务588.8万次、助航服务3.8万次，应急处置0.4万次。颁布实施《船舶交通服务值班指南》《船舶交通服务质量管理体系工作指南》，指导各VTS（船舶交通管理系统）中心按照《VTS服务指南（编写模板）》的标准，更新内部管理文件。

三、船舶监督

（一）船舶登记

截至2017年12月31日，我国现有持有效国籍证书的船舶21万余艘、约1.6亿总吨。2017年新增享受国家中资特案免税登记政策回国登记的船舶4艘、约3.5万总吨。新建造并办理登记手续的船舶6113艘、约622万总吨。2017年新增融资租赁船舶49艘、约52万总吨。抵押权登记的船舶4万余艘，其中，建造中船舶127艘。光船租赁登记船舶2.7万余艘、约3611万总吨。2017年，通过全国统一船舶登记系统共办理各类船舶登记13.6万次。

（二）船舶进出口查验及签证

推进落实“三互”大通关改革建设工作，建立并实施国际航行船舶联合登临检查工作机制。取消内河航行船舶进出港签证，国内航行船舶全面实施进出港报告制度。2017年，全国共办理进出口查验55.7万艘次，接收船舶进出港报告1621万艘次。

（三）船旗国检查和港口国监督

2017年，各级海事管理机构实施船旗国监督检查11.2万艘次，滞留船舶2412艘次，滞留率2.2%。实施港口国监督检查7241艘次，发现并纠正缺陷2.8万项，对其中371艘缺陷严重的船舶实施滞留措施，滞留率为5.1%。

2017年全年，中国籍国际航行船舶有543艘次在亚太地区接受港口国监督检查，259艘次船舶存在缺陷，其中1艘次船舶被滞留，被滞留率为0.2%，低于亚太地区3.0%的平均滞留率。中国国际航行船队在全球履约状况总体稳定，继续保持低滞留率。

2017 年，162 艘船舶被列入交通运输部海事局公布的重点跟踪船舶名单，50 艘船舶经过系统整改脱离了重点跟踪船舶名单，重点跟踪船舶总数为 336 艘。完成 2017 年安全诚信船舶评选工作，评选 280 艘船舶为安全诚信船舶，256 名船长为安全诚信船长。

（四）口岸开放管理

2017 年，对 4 个口岸开放（扩大开放）进行了验收。全年，共办理国际航行船舶临时进出非开放水域期限审批 56 件次，办结 54 件次，涉及辽宁、山东等共计 29 个行政区域。

四、危险品与防污染管理

（一）船舶载运危险货物管理

2017 年，直属海事系统共监管进出港危险货物 29.1 亿余吨，监管载运危险货物船舶 49.6 万艘次。现场检查危险货物集装箱 8.8 万标准箱。发布《船舶载运危险货物安全综合治理行动方案（2017-2018 年）》，开展船载危险货物安全综合治理行动和船舶载运危险货物安全风险评估研究；发布《船载危险货物申报员和集装箱装箱现场检查员管理办法》，组织船舶载运危险货物申报员和集装箱装箱现场检查员考核题库编制工作。

（二）船舶防治污染管理

2017 年，直属海事系统共实施船舶防污染检查 7.5 万艘次，船舶油污水接收处理 5.7 万艘次，船舶垃圾接收处理 25.0 万艘次，船舶其他污染物接收处理 1.7 万艘次，压载水排放或接收处理 1.2 万艘次。

推进船舶压载水管理公约履约准备，开展中国与韩国压载水互免研究和谈判。开展船舶防污染及应急技能大比武，编制危防现场监管示范教程。组织开展危险货物监管师资培训、船舶污染应急指挥人员培训和船舶防污染培训，共培训执法人员 130 余人次。推进中国船舶油污损害赔偿基金的使用，完成 3 起案件共 1558 万元基金理赔工作。

五、船员管理

（一）船员培训、考试、发证

截至 2017 年 12 月 31 日，全国注册海船船员 70.9 万人，注册内河船舶船员 77.4 万人。年内外派海员 13.9 万人次。全年，船员培训开班 1.8 万期，培训 50.7 万人次；内河船舶船员考试 10.5 万人次，海船船员考试 51.0 万人次；举行引航员考试 11 期，参加考试人员 374 人。

（二）船员证书管理

2017 年，共签发海船船员适任证书 5.0 万本、海船船员服务簿 3.7 万本，健康证书 25.7 万本，海船船员培训合格证 8.7 万本、海员证 8.3 万本。签发内河船舶船员适任证书 11.7 万本，内河船舶船员服务簿 4.1 万本，内河船舶船员培训合格证 2.3 万本。截至 2017 年 12 月 31 日，全国持有有效海船船员适任证书 44.1 万本，内河船舶船员适任证书 48.1 万本，海员证 39.4 万本，健康证书 43.7 万本，持有有效引航员适任证书 2207 本。

（三）综合管理

组织开展中国船员管理相关法规与 STCW 公约（海员培训、发证和值班标准国际公约）差异化研究，修订《中华人民共和国海船船员适任考试和发证规则》《中华人民共和国船员培训管理规则》等文件，编制发布《海船船员培训大纲》。取消从事海船船员服务业务审批，研究船员培训机构审批层级调整，推动建立应用型船员培养模式，创新船员考试发证模式全面推进内河船员管理改革。

发布《海船船员内河航线行驶资格证明培训考试和发证办法》《特定航线江海直达船舶船员培训

考试和发证办法》《特定船舶江海直达船舶最低安全配员标准》，促进江海联运服务长江经济带发展。

推进《2006年海事劳工公约》履约，完善保障海员体面劳动的相关配套法规和制度。召开全国海上劳动关系三方协调机制第三次会议，签订2018年《中国船员集体协议》。

六、水上交通事故调查与处理

2017年，全国共发生等级以上水上交通事故196起、死亡失踪190人、沉船80艘、直接经济损失2.8亿元，水上交通安全形势总体保持稳定。2017年，共发生0.1吨以上船舶污染事故14起（全部17起），总泄漏量1159.09吨。其中，溢油事故11起，总泄漏量95吨，100吨以上溢油事故0起；化学品泄漏事故1起，总泄漏量约48吨。船舶污染事故主要发生在渤海、珠江口等水域。

2017年，交通运输部海事局成立事故调查组，组织开展了对青岛“2·6”“新日6”轮与“鲁胶渔60968”轮碰撞事故及威海“9·19”“天宇2”轮与“辽绥渔66528”轮碰撞事故行政调查；组织开展了上海“4·6”“翔舟”轮与“VAN MANILA”轮碰撞事故、越南“5·22”“乐业”轮工伤事故安全调查。

七、航运公司安全与防污染管理

修订并印制出版了《安全管理体系审核指南》（2017版），组织开展了《水上交通安全约谈管理规定》《安全管理体系审核发证机构监督管理办法》《涉外航运公司安全管理体系委托审核发证管理规定》等规定的修订工作；印发了《关于进一步做好航运公司安全监管工作的通知》《关于全面加强航运公司全员安全生产责任制工作的通知》等文件。

联合部水运局、安质司及中国船级社对东莞市丰海海运有限公司进行了为期3个月的集中整治；组织开展了直属海事系统航运公司安全监管工作专项督查；在福州对来自全国各地的100余名福建平潭籍船东进行了集体约谈；组织太行海运有限公司和大连中远海运油品运输有限公司两家水上交通领域安全生产风险管理试点企业开展了工作交流。

加强对航运公司的安全诚信管理，组织开展安全诚信公司评选工作。2017年共评选6家航运公司为新的“安全诚信公司”，取消8家航运公司“安全诚信公司”资格。加大了重点跟踪航运公司列入力度，全年共将2家航运公司列为重点跟踪航运公司。截至2017年12月31日，全国共有47家“安全诚信公司”，5家重点跟踪航运公司。

八、航海保障

（一）航标管理

2017年，中国沿海设置各类航标1.56万座，负责管理维护的公用航标8466座。全年，巡检维护航标211.1万座次，航标正常率99.95%，航标维护正常率99.99%，DGPS（差分全球定位系统）信号可利用率99.60%。完成208份航标设置行政许可材料的受理和技术审查工作，涉及各类航标1508座。继续开展地方航标接收工作，共接收地方航标124座。

完善沿海AIS（船舶自动识别系统）岸基网络建设和内河AIS岸台布局，扩大了AIS网络信号覆盖范围。开展航标效能改造和配布调整，做好重点水域、港口的航标助航系统工程建设，完成大连港长兴岛10万吨级原油码头工程航标设置、营口港仙人岛港区航标配布调整工程等一系列工程项目，航标整体助航效能不断提升。沿海现有22座RBN-DGPS台站全部完成设备配置升级，实现了差分北斗和差分全球定位系统信号的同步播发。

（二）海道测量与编绘

2017年，完成海域测量面积3.12万换算平方公里；编绘、更新出版各种比例尺港口航道纸海

图 392 幅，制作电子海图 195 幅，覆盖中国沿海 45 个港口；共印制纸海图 19 万张，累计发行纸海图 18.5 万张，电子海图发行 52.5 万幅次，制作各类专题图 234 幅，发布中、英文《改正通告》各 52 期。

（三）水上安全通信

2017 年，共发布航行警告 32.4 万次，播发安全信息 55.4 万条，播发中英文气象预报 11.8 万次，公益通信总量达 138.5 万次，公众通信总量达 14.7 万份 / 次。安全信息播发准确率达 100%，通信事故、无线电报和无线电话差错率为零，机线完好率和设备维护率分别为 99.37%、99.42%。

九、基本建设

2017 年，组织审核报送项目工可报告 75 个（其中船舶 45 艘），国家发改委、交通运输部立项批复建设项目 52 个（其中船舶 88 艘），批复项目总投资 32 亿元。

持续推进“十三五”建设规划项目前期工作，加快推动开展沿海近岸水域监管保障能力建设。实施国家重大海上溢油应急处置能力专项建设，开工建设深圳船舶溢油应急设备库等工程；开工建设广州海岸电台改造工程；推进三亚工作船码头工程等大型综合基地建设，完善西南沙水域战略支点布局。加快船舶建造更新进程，海事系统首艘万吨级大型巡逻船获批立项建设，1 艘 5000 吨级大型巡逻船、3 艘大型航标船、11 艘中型巡逻船以及 72 艘其他各类船舶获批建设，海事水上装备力量取得新提升。

十、规费征收征稽

2017 年，直属海事系统累计征收各类规费 226.61 亿元，其中港口建设费 224.15 亿元，船员考试费 0.69 亿元，船舶油污损害赔偿金 1.47 亿元。

修订发布《港口建设费征收管理工作规程》，调整优化港口建设费征管政策与机制，促进规范、高效、廉洁征收，为行政相对人提供更加便捷有效的服务。开展《港口建设费委托代收管理办法》《港口建设费减免缓征管理办法》制修订工作。

直属海事系统严格执行国家停征船舶登记费、船舶及船用产品设施检验费惠民政策，年均为行业减负 1.13 亿元。推动交通运输部海事局与中国银联达成战略合作，大力推进海事规费远程申报和电子支付，实现非现场缴费服务。

第八节　水运绿色发展

2017 年，水路环境保护投入 40.63 亿元。水路环境保护投入中，生态保护措施投入 6.66 亿元，污染防治设施投入 23.59 亿元。全年共监测公路水路运输企业 123 家。监测的远洋和沿海货运企业每千吨海里单耗 4.4 千克标准煤，下降 11.1%；港口企业每万吨单耗 2.4 吨标准煤，下降 4.7%。

一、重点区域和关键领域绿色发展水平得到提升

（一）着力推进长江经济带绿色航运发展

出台长江经济带绿色航运发展指导意见，以绿色航道、绿色港口、绿色船舶、绿色运输组织方式为抓手，完善长江经济带绿色航运发展相关规划、建设生态友好的绿色航运基础设施、推广清洁低碳的航运技术装备，构建绿色航运先行示范区。

（二）积极推进港口和船舶污染防治

推动加强港口和船舶污染物接收设施建设，并与城市公共转运处置设施衔接。加强化学品洗舱作业治理，推进化学品洗舱基地建设，发布了码头油气回收设施建设技术规范和港口码头能效管理技术规程，推进原油、成品油码头油气回收。

8 月 3 日，交通运输部在深圳组织召开船舶

排放控制区方案落实现场推进会，长三角两省一市率先实施了2018年船舶排放控制要求。会同国家能源局、商务部开展船用燃油生产、流通和使用环节调研，会同发展改革委等13个部委联合发布《关于加强船用低硫燃油供应保障和联合监管的指导意见》。加强船舶大气污染物排放监管，首批109台船舶燃油检测设备配备到位。启动船舶排放清单编制工作。

二、水运应用清洁能源稳步推进

（一）强化水运绿色发展顶层设计

4月，交通运输部印发了《推进交通运输生态文明建设实施方案》（交规划发〔2017〕45号），从优化交通运输结构、加强生态保护和污染综合防治、推进资源节约循环利用、强化生态文明综合治理能力等4个方面提出了推动水运绿色发展的多项重点任务。

（二）大力推进靠港船舶使用岸电

印发了《港口岸电布局方案》，确定2020年的码头岸电改造目标。建立信息定期报送和通报机制。修订《港口工程建设管理规定》，落实《大气污染法》关于码头岸电设施建设要求。启动《港口船舶岸电系统检验检测标准》《码头船舶岸电设施建设技术规范》等行业标准规范的制定工作。联合国家能源局、国家电网公司协同推进靠港船舶使用岸电，召开靠港船舶使用岸电现场推进会，签署了三方战略合作框架协议。发布《靠港船舶使用岸电2016-2018年度项目奖励资金申请指南》，完成第一批56个项目2.1亿元的中央财政补贴，有效推动岸电设施建设。

（三）进一步推动水运行业应用液化天然气（LNG）

组织完成国家标准《船舶液化天然气加注站设计规范》制定工作。发布了长江干线京杭运河西江航运干线液化天然气加注码头布局方案，构建主要航运干线的LNG水运加注体系。完成交通运输部水运行业应用LNG首批试点示范项目的总结评估和第二批项目的现场督察。截至2017年底，全国建成LNG动力船舶270余艘，内河船用LNG加注站19座。

三、推进绿色港口建设

指导各地方开展绿色港口建设。2017年，完成了大连港、日照港、福州港等3个绿色港口项目建设工作，从清洁能源应用、装卸工艺优化、智能化港口建设等方面推进绿色港口建设，交通运输部共安排了3.6亿元节能减排补助资金，3个绿色港口累计可形成年节能量3.19万吨标准煤，1.14万吨标准油替代燃料量。

加强港口岸线资源节约集约利用，按照关于进一步加强长江港口岸线管理的意见，严格长江岸线管理，基本建成港口资源监测管理系统。

四、配合打好京津冀及周边地区大气污染治理攻坚战

印发通知指导落实禁止环渤海港口接收柴油货车运输集港煤炭工作，天津港和山东省环渤海港口提前完成不再接收柴油货车运输集港煤炭的任务，天津港不再接收所有公路运输煤炭，河北省港口于2017年9月底前按期完成。

五、重视水运绿色发展教育培训

9月5-6日，交通运输部举办了全国绿色港口建设培训班，来自全国各省级交通运输主管部门、港航管理部门、港口企业负责节能减排的相关工作人员共85人参加了培训。

11月12-25日赴美国进行了为期14天的“水运节能减排政策与先进技术”培训，主要培训内容包括美国水运节能减排现状、相关政策和技术等，

相关部属单位、交通科研院所、港口企业和部分省市水运节能减排主管部门的管理和技术人员共12人参加了培训。

六、积极参与水运节能减排国际交流

参加了国际海事组织海上环境保护委员会第71届会议（MEPC71）。与会期间，代表团提供了“中国方案”，会议以中国提案附件为基础制定了海运减排初步战略的框架，这是继此前船舶油耗数据收集机制、海运减排战略路线图之后，又一次以中国提案为讨论基础并达成成果，充分体现了中国作为海运大国的话语权和影响力。

第九节　海上搜救

2017年，共组织协调搜救行动2063次，协调飞机360架次、各类船艇9390艘次，在我国搜救责任区成功搜救中外遇险船舶1462艘、中外遇险人员14493名（平均每天救起40人），搜救成功率达96.3%。圆满完成“一带一路”国际合作高峰论坛、金砖国家领导人会晤等重点时段应急值守任务，妥善处置中国游客在马来西亚环滩岛附近海域失联、渔船“冀黄渔02698”沉没、油船“兴龙舟569”轮起火等突发事件，成功防御“纳沙”“天鸽”“泰利”“玛娃”“卡努”等台风。

一、完善应急合作机制

继续联合部际联席会议成员单位开展“走进搜救一线”调研活动，加强对地方搜救工作的指导和服务。走访环境保护部、安全监管总局、军委联参等部际联席会议成员单位，加强海上应急工作进行研讨交流。为2017年空军航空兵远海远洋训练、辽东海域舰载机训练和中欧航天员海上救生训练等提供应急保障，配合海军执行护航任务等。

二、强化应急能力建设

大力推进《国家重大海上溢油应急能力建设规划（2015-2020年）》《国家水上交通安全监管和救助系统布局规划（2016年调整）》实施。举办全国海上搜救和重大海上溢油应急处置高级研修班等各类培训，提升海上搜救指挥员、从业人员业务技能水平和综合素质。组织对马来西亚游船翻沉等国际突发事件应急处置案例进行研究，完善搜救相关程序预案，提升我涉外搜救能力。

三、强化应急管理基础

配合做好《海上交通安全法》《内河交通安全管理条例》修订工作，研究起草了《国务院办公厅关于加强水上搜救工作的通知（代拟稿）》，编制印发了《海上搜救任务协调员培训大纲（试行）》，完成《国家重大海上溢油应急处置预案》编制工作。发放海上搜救奖励专项资金695万元，继续鼓励和支持社会搜救力量参与海上搜救行动。组织制作《12395要岸上救我》公益宣传片，扩大海上搜救社会影响。

四、加强对外交流合作

中国—东盟国家海上紧急救助热线项目取得实质性突破。中柬热线正式开通，中老、中菲热线建设也在稳步推进。中国—东盟国家首次大规模海上联合搜救实船演练成功举行，李克强总理予以高度评价。积极推进中日韩俄四国海上搜救合作，研究提出提升合作机制层次的工作思路和初步方案。跟踪国际海盗和武装劫船事件的发展动态，妥善应对我船员在非洲海域遭海盗劫持事件。举办面向东盟国家的海上搜救协调员培训班，来自8个东盟国家的23名搜救协调员来华参训。

表 3-4-4 2017 年各类海上搜救行动次数（单位：次）

碰撞	搁浅	自沉	机损	火灾 / 爆炸	触礁	风灾	触损	浪损	伤病	其他	共计
381	276	169	243	104	76	39	46	15	339	375	2063

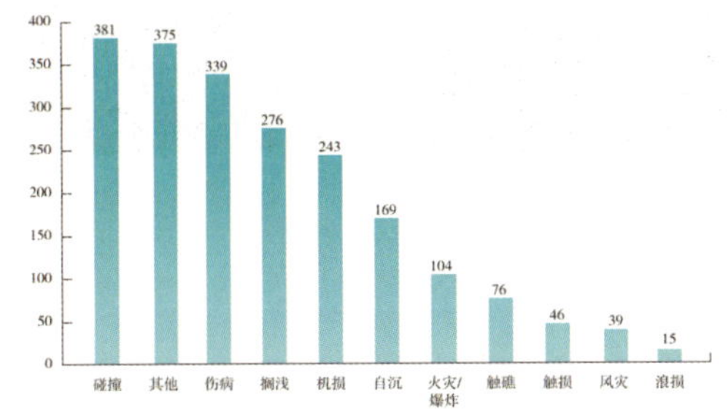

图 3-4-6 2017 年各类海上搜救行动次数（单位：次）

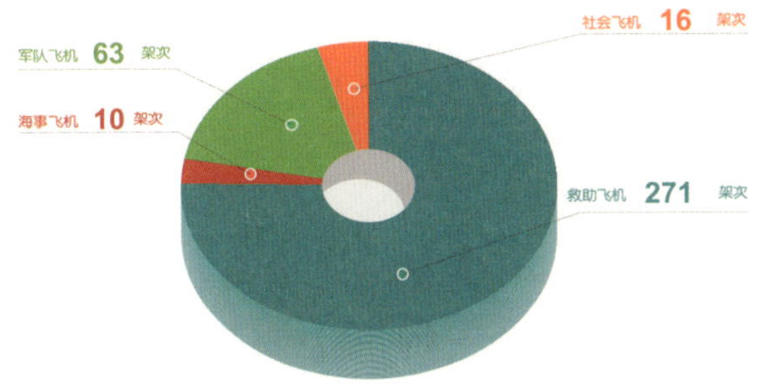

图 3-4-10 2017 年各级海上搜救中心协调飞机驾次

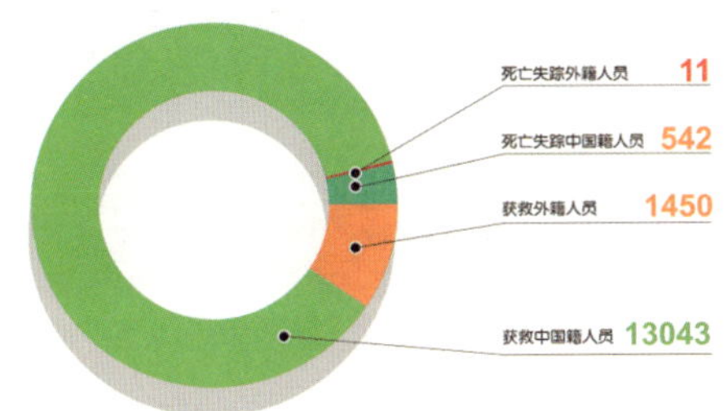

图 3-4-7 2017 年各级海上遇险人员救助情况（单位：人）

表 3-4-5 2017 年各级海上遇险人员救助情况 救助情况（单位：人）

获救人数		死亡失踪人数		共计
外籍人员	中国籍人员	外籍人员	中国籍人员	15046
1450	13043	11	542	

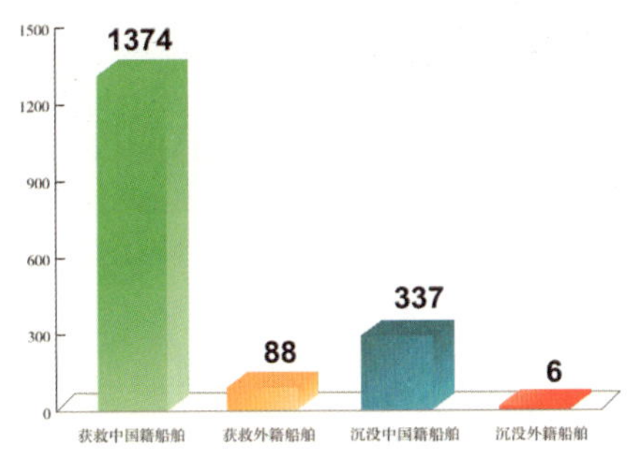

图 3-4-8 2017 年各级海上遇险船舶救助情况（单位：次）

表 3-4-6 2017 年各级海上遇险船舶救助情况（单位：艘）

获救船舶数		沉没船舶数		共计
外籍船舶	中国籍船舶	外籍船舶	中国籍船舶	1805
88	1374	6	337	

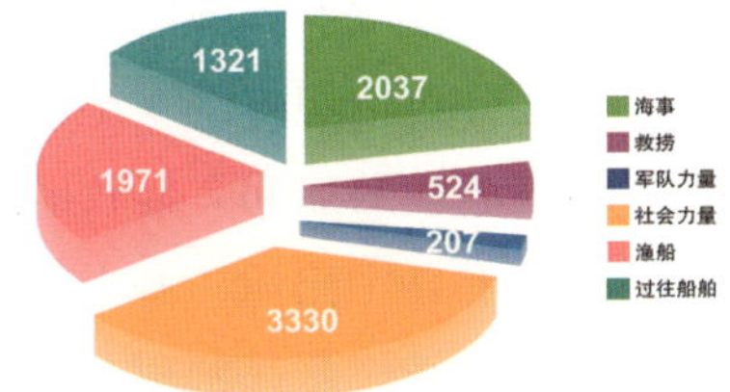

图 3-4-9 2017 年各级海上搜救中心协调船艇艘次（单位：艘次）

表 3-4-7 2017 年各级海上搜救中心协调船艇艘次（单位：艘次）

海事	救捞	军队力量	社会力量	渔船	过往船舶	共计
2037	524	207	3330	1971	1321	9390

表 3-4-8 2017 年各级海上搜救中心协调飞机架次（单位：架次）

救助飞机	海事飞机	军队飞机	社会飞机	共计
271	10	63	16	360

第十节 救助打捞

2017 年，救捞系统共执行应急救助和抢险打捞任务 1436 起，出动专业救捞力量 2125 次，救助遇险人员 2657 名（其中外籍人员 407 名），救助遇险船舶 184 艘（其中外籍船舶 26 艘），打捞沉船 20 艘，打捞罹难者遗体 165 具，直接获救财产总价值约 72.6 亿元，为保障人民群众生命财产安全做出了积极贡献。

同时，中国交通救捞在国际海上应急救助和抢险打捞领域也彰显了担当与实力，贡献了中国力量与智慧。

一、专项任务

救捞专项任务方面，完成了“世越号”沉船打捞工程、航天员海上专项训练保障任务、渤海“碧海行动”沉船清除打捞任务、厦门金砖国家领导人会晤安保任务及 2017 年度沿海空中巡航救助联动任务。

（一）“世越号”沉船打捞工程

4 月 11 日，上海打捞局完成韩国“世越号”客轮整体打捞任务。自 2015 年 8 月 12 日，上海打捞局按韩方要求，采用“钢梁托底、整体抬浮、滚卸上岸”的人性化打捞方案，经过 593 天的连续奋战，成功让沉没 1073 天的“世越号”重见天光，以实际行动兑现了“让世越重见，送逝者回家”的诺言。“世越号”沉船的成功打捞，赢得了国内外同行和媒体的广泛赞誉，展现了中国交通救捞不畏艰难、团结拼搏的顽强作风和综合实力。韩国新任总统文在寅在与习近平总书记首次会晤时专门就此事向中方表示感谢。韩国海洋水产部金荣锡部长专门向交通运输部李小鹏部长发来感谢电。

（二）航天员海上专项训练保障任务

8 月 5 日至 21 日，交通运输部救助打捞局组织北海救助局配合中国航天员科研训练中心在烟台附近海域对 16 名中国航天员及 2 名欧洲航天员开展海上救生训练。这是中国首次在海上开展航天员救生训练，也是首次有外国航天员参与中国组织的大型训练任务。按照训练实施方案，北海救助局组织 2 艘专业救助船和 2 架救助直升机协助航天员完成了海上自主出舱、海上生存、海上搜救船救援及海上直升机悬吊营救等训练科目，取得了显著成效。

图 3-4-11　时任韩国代总统、国务总理黄教安慰问感谢上海打捞局施工人员

图 3-4-12　将“世越号”起浮船组移至半潜驳

图 3-4-13　半潜驳装载“世越号”前往韩国木浦港

图 3-4-14 “世越号”整体滚卸上岸

图 3-4-15 专业救助船利用救生吊篮吊运航天员

图 3-4-16 中欧航天员联合训练

图 3-4-17 专业救助船利用救生吊篮吊运航天员

（三）渤海“碧海行动”沉船清除打捞任务

11 月 23 日，烟台打捞局完成了 2017 年度渤海“碧海行动”沉船清除打捞任务。根据工程计划，烟台打捞局共组织派遣 18 艘打捞工程船，500 余名打捞工程技术人员，开创多项打捞技术和工艺革新，最终完成 14 艘碍航或存在污染风险沉船的清除打捞工作。救捞系统承担渤海“碧海行动”沉船清除打捞任务 4 年来，共完成了渤海湾 50 艘沉船的清除打捞工作。

（四）厦门金砖国家领导人会晤安保任务

9 月 3 日至 5 日，金砖国家领导人第九次会晤在厦门成功举行。救捞系统在北起福州、南至东山岛的福建海域，部署了 9 艘专业救助船艇、1 艘专业打捞船、3 架专业救助直升机和 2 支应急救助队等 15 支精干救捞力量执行海上安保任务。会晤期间，救捞系统执行海上应急处置任务 2 起，成功救助遇险人员 22 名，成功护航 1 艘遇险集装箱船，为其他任务船艇提供保障服务 18 次。

（五）2017 年度沿海空中巡航救助联动

12 月 15 日，交通运输部救助打捞局和海事局在福州就加强救捞系统和海事系统沟通联络，拓宽沿海空中巡航救助联动范围，深化中国沿海空中巡航救助联动工作等进行了深入交流。截至 2017 年 11 月 15 日，救捞系统各救助局与海事系统相关单位共执行空中巡航救助联动任务 133 起，救助直升机飞行 133 架次，巡航 18274 海里，飞行 253 小时。

图 3-4-18 “苏联海 519”轮打捞

图 3-4-19 “枣庄 888”轮打捞

4 月 27 日，东海救助局与浙江海事局在温州龙湾国际机场举行浙江海区空中巡航救助联动启航仪式；6 月 28 日，东海救助局与福建海事局在东海救助局东海第二救助飞行队举行福建海区空中巡航救助联动启航仪式；11 月 23 日，南海救助局和广西海事局在“南海救 102”轮联合举行沿海空中巡航救助联动机制启动仪式；12 月 19 日，南海救助局和海南海事局在海南三亚海域举行 2017 年海空联合巡航首飞仪式。

二、应急救助

2 月 1 日，东海救助局“东海救 111”轮在平潭东南约 46 海里处，救助主机故障漂航的密克罗尼西亚籍货船“East Moon”轮及船上 12 名遇险人员；6 日，东海救助局“东海救 116”轮、东海第二救助飞行队“B-7310”“B-7328”救助直升机在厦门东南约 60 海里处，救助侧翻渔船“闽龙渔 66822”轮上 11 名遇险人员。

3 月 19 日，北海救助局“北海救 112”“北海救 201”轮在石岛南偏东约 88 海里处，救助爆炸失火油船“兴龙舟 569”轮及船上 13 名遇险人员。

7 月 16 日，南海救助局“南海救 111”“南海救 203”轮、南海第一救助飞行队“B-7136”救助直升机在阳江南鹏岛救助露营被困的 49 名游客；21 日，北海救助局“北海救 115”轮、北海第一救助飞行队“B-7309”救助直升机在京唐港东北约 18 海里处，救助沉没工程船“明星 18”轮上 5 名落水人员。

8 月 23 日，南海救助局“南海救 101”轮在珠江口竹州岛以东约 0.8 海里处，救助搁浅进水油船“长航探索”轮上 30 名遇险人员。

9 月 20 日，东海救助局“东海救 117”轮在舟山枸杞岛以东约 55 海里处，救助主机故障的马耳他籍试航船“LISA MARIE”轮及 164 名遇险人员。

11 月 2 日，南海救助局“南海救 117”轮在永兴岛以南约 82 海里处，救助主机故障的巴拿马籍货船“CHANG AN VISTA”轮及 18 名遇险人员；27 日，南海救助局、广州打捞局组织专业救捞船艇、救助直升机和应急反应救助队，采用潜水搜救方式，从被撞翻沉的散货船“锦泽”轮船舱中成功救出 7 名被困人员。

12 月 20 日，东海救助局“东海救 116”轮、南海救助局“南海救 113”轮在汕头东南约 130 海里处，救助无动力起重船“招商重工 2”轮及 16 名遇险人员。

三、抢险打捞

（一）“辽河一号”抢险打捞

4 月 12 日，烟台打捞局完成了“辽河一号”的抢险打捞任务。该船于 2016 年 9 月 4 日在江苏省南通如东海域断裂成两段。自 2016 年 10 月 13 日起，烟台打捞局组织派遣了 10 余艘打捞工程船和千余人次的工程技术人员对难船进行打捞。

图 3-4-20 2017 年 4 月 12 日，完成大型风电安装船“辽河一号”轮救捞工程

（二）“同兴 9”轮抢险打捞

1 月 30 日，散货船“同兴 9”轮（长 52.8 米，宽 8.8 米）在烟台山礁石上搁浅。烟台打捞局于 2 月 26 日将难船吊离礁石，并拖航至东口隆海船厂。

图 3-4-21 2017 年 2 月 26 日，烟台打捞局“烟救起重 2 号”在烟台山景区海域成功吊抬搁浅的千吨散货船“同兴 9”轮

（三）“翔舟”轮抢险打捞

4 月 5 日，基里巴斯籍货船“翔舟”轮在长江口灯船东南约 13 海里处被撞沉没，船上 14 名船员，其中 2 人获救，12 人失踪。上海打捞局于 8 月 15 日完成难船的抢险打捞任务，12 名失踪人员均被找到。

（四）“维多利亚”轮抢险打捞

8 月，俄罗斯籍渔业加工船“维多利亚”轮（长 140.87 米，宽 20 米）在威海西霞口码头失火。8 月 18 日，烟台打捞局组织调遣“德港”轮和“烟救起重 2 号”船组对难船进行打捞，于 9 月 22 日完成了难船的抢险打捞任务。

（五）广州打捞局完成强台风“天鸽”期间系列打捞工作

8 月，第 13 号强台风“天鸽”袭击期间，先后有 4 艘船遇险。广州打捞局先后于 9 月 12 日完成台湾油化船“GEM NO.8”轮，9 月 23 日完成油船“凯顺油 7”轮，12 月 30 日完成“长航探索”轮的出浅工作；截至年底，已完成对集装箱船“HON CHUN”轮的抽油、货物卸载以及防油污工作，并进一步对难船船体结构进行切割和移除作业。

四、海洋工程

（一）港珠澳大桥岛隧工程建设

10 月 15 日，烟台打捞局救捞工程船队港珠澳大桥潜水项目部圆满完成港珠澳大桥岛遂工程建设任务。在近 5 年的施工中，项目部高质量完成了 33 节 80 米沉管接头安装的水下作业任务，单节对接误差控制在 0.8 至 3 毫米以内。期间，累计完成近 27 万平方米的海底探摸，清理钢端壳面积达 3.3 万平方米，投放回淤盒 1678 个，下水作业时间累计超过 15000 小时，为港珠澳大桥这项国际超级工程圆满完成发挥了重要作用，受到了工程指挥部的高度赞誉。

（二）江苏滨海 H2 海上风电施工项目

江苏滨海 H2 海上风电施工项目是亚洲最大、达到国际一流设计及建造技术标准的海上升压站。烟台打捞局组织“德瀛”“德涞”等船舶开展施工作业，于 5 月 15 日完成了江苏滨海 H2 海上升压站的安装工作。

（三）蓬莱至长岛供水管线修复工程

4 月，一艘外籍货轮起锚时将蓬莱至长岛的

图 3-4-22　2017 年 3 月，烟台打捞局吊装江苏滨海 H2 风电升压站导管架

供水管线挂断，事故造成长岛县几万居民用水告急。7 月 10 日，烟台打捞局派遣“德滋”“芝罘岛”船组赴现场施工，于 9 月 6 日圆满完成了蓬莱至长岛供水管线的修复工程。

（四）“威力”轮完成沙特吊装工程

9 月 17 日，上海打捞局“威力”轮在沙特 KARAN 及 ARBI 油田开展吊装作业，首次进入中东市场开展施工作业。12 月 6 日，“威力”轮在 DP 模式下成功将重达 2400 吨的平台模块安放到预先安装好的导管架上，圆满完成吊装工程。

（五）香港沙中线过海隧道工程

香港沙中线过海隧道是沙田至中环的地铁过海隧道，是香港特别行政区重点民生工程之一。该过海隧道总长 1.6 公里，由 11 件混凝土沉管隧道预制件组成，每件重约 2.3 万吨、长约 160 米。广州打捞局项目部于 3 月 1 日进场施工，截至年底，已完成 7 节管段安装，施工任务完成过半。

五、远洋运输

（一）“德洲”“德宏”轮联合完成大型海上浮式储油船“Petrobras-69”远洋拖带任务

3 月 28 日，在上海打捞局“德洲”“德宏”轮的联合拖带下，经过 84 天、约 11500 海里的航行，大型海上浮式储油船“Petrobras-69”轮（总长 307.5 米，型宽 54 米，满载排水量 35 万吨）顺利从舟山抵达巴西。

（二）“德渤 2”轮完成导管架远洋运输任务

4 月 9 日，烟台打捞局 2 万吨自航式打捞工程船“德渤 2”轮从深圳启航，经过 5092 海里的航行，于 5 月 7 日顺利将 2 个导管架运送至阿布扎比。

图 3-4-23　2017 年 2 月，烟台打捞局“德渤 2”轮历时 5 个月，横跨西太平洋、南印度洋和南大西洋，往返航程近 24000 海里，完成模块运输项目

（三）“华洋龙”完成天然气模块远洋运输任务

5 月 19 日，5 万吨自航半潜船“华洋龙”装载天然气模块从山东青岛出发，经过 12000 海里的航行，于 7 月 14 日顺利抵达俄罗斯亚马尔。

（四）“华海龙”轮完成世界最大半潜式智能海上渔场远洋运输任务

6 月 16 日，3 万吨自航半潜船“华海龙”轮装载世界首座规模最大的半潜式智能海上渔场，从山东青岛起航前往挪威，经过 15000 海里的航行，于 9 月 10 日顺利抵达挪威特隆赫姆港。

第十一节 船舶检验

一、海事局船舶检验管理工作

（一）行业管理

部海事局研究推进船检体制改革，配合实施停征船舶及船用产品设施检验费（中国籍非入级船舶法定检验费）。开展《船舶检验机构资质认可与管理规则》《船舶检验人员管理办法》《船舶检修检测服务机构管理办法》制修订工作。印发《船舶法定检验质量管理体系质量管理手册及工作程序模板》，推进船舶检验管理规范化。编制船检机构审核和不定期检查指南，促进船检机构建设和船检水平的提升。

全面启用全国统一的船舶检验发证管理系统，实现船舶检验发证的全过程控制。继续开展船舶检验质量监督、吨位丈量抽查、重要日期确认等船检现场监督。推进长江危险品船和客船应用北斗应急无线电示位标，研究解决渤海油田“倒班船”、核动力海洋平台、长江运输植物油船舶等管理难题。

（二）船舶检验技术规范和行业标准

印发《船舶法定检验技术规范制定程序规定》，发布《特定航线江海直达船舶法定检验暂行规则》《青海湖载客船舶检验技术规则》《特定航线江海直达船舶法定检验暂行规则（2017年修改通报）》《集装箱法定检验技术规则（2017）》《珠江水域至香港特别行政区高速客船检验规则（2017）》5部船检技术法规。

开展标准制修订工作。2017年共下达标准制修订计划6项，其中国家标准1项，行业标准5项；完成9项国家标准制修订计划申报工作，组织对4项行业标准开展初审，完成4项2016年报批的行业标准反馈修改工作。

（三）船舶检验和检验机构管理

截至2017年12月31日，国内船舶检验机构共检验登记船舶221381艘，总吨位18319万吨；其中国内航行船舶218729艘、总吨位14106万吨，国际航行船舶2652艘、总吨位4213万吨。全国共有30个省级船检机构、262个分支机构；中国船级社设立分社12个、办事处35个；经批准的国外船舶检验机构驻华验船公司机构23个。

2017年，按照要求开展船舶检验机构认可和监督管理，全年共完成16个船舶检验机构的换证复核现场审核和12家船舶检验机构的不定期检查工作。

（四）注册验船师管理

截至2017年12月31日，全国共有注册验船师7828名，其中，A级注册验船师3474名，B级注册验船师1769名，C级注册验船师2234名，D级注册验船师351名。10月28日至29日，组织完成2017年度注册验船师资格考试，全国共设置12个考区、23个考场，参加考试人数1202人，其中A级574人、B级320人、C级235人、D级73人。

（五）船舶检验技术管理

2017年，共收到旧船舶进口申请282份，涉及船舶198艘，经中国船级社现场勘验并经审核合格后，出具技术评定书131份。全年，共收到等效免除申请事项68件，批复66件，申请方主动撤销2件。

二、船级社船舶检验工作

（一）检验船队实现快速和高质量的增长

一大批超大型矿砂船、超大型集装箱船、江海直达船等高技术、高附加值的船舶加入CCS（中国船级社）船队；马士基、希腊马尔马拉斯公司等知名航运公司多艘船舶加入CCS船级。截至2017年底，检验船队总规模达到13205艘，11586万总吨，同比分别增长7.36%和12.26%；国际航行入级船队平均船龄为8.95年，是国际船级社协会成员中检验发证船舶最多、国际入级船舶平均船龄最小的船级社；与此同时，CCS还获得欧盟船用法令产品认证（MED）和游艇的认证授权、欧盟船舶CO_2排放（MRV）验证方资质；特殊船舶业务全面稳步推进；国际化步伐和国际影响力显著提升。

（二）海洋工程检验业务稳步增长

CCS全年检验的移动平台和浮式装置为138艘，同比增长11.3%；检验固定平台394座，同比增长5.1%；检验海底管道109条，总计1833.8公里，同比增长75.8%；中标全球首座半潜式生产储油平台的检验；首次开展海上风电场升压站平台的检验服务及水下生产系统的检验服务；通过对近30座海上风电安装平台的入级服务，建立了科学的技术标准。CCS已经成为IACS（长崎大学）成员中屈指可数的少数几个可以为各类常规和新型海上设施提供全方位全生命周期服务的船级社。

（三）检验服务质量提升，安全质量继续保持稳定向好

CCS级船舶在东京备忘录和巴黎备忘录持续保持极低滞留率，在美国港口国检查责任滞留率继续保持为零；国内船舶安全检查责任滞留率明显改善，促进国内船舶安全技术水平不断提升；完成了ISO9001和ISO14001标准的转版工作，将所有业务和活动全部纳入管理体系，实现管理全覆盖，管理流程得到优化，重新优化和调整的CCS的道德准则也已成为每位员工的行为规范。

（四）科技能力进一步提升

CCS全年完成科技项目46项，在研国家项目61项；完成规范编制9项，指南编制21项，组织研究制定、修订法规14项。自主研发取得明显成效，在智能技术、网络安全、风帆应用、深海水下生产系统、LNG运输应用等技术领域上取得突破，并已形成服务能力；推进绿色新技术和能效技术研究及其新产品的研发和应用；深化先进检测技术研究，推广衍射时差法（TOFD）和相控阵超声检测（PAUT）技术应用及附加标志并颁布相应的指南。开展超大型集装箱船结构分析和系固及绑扎技术、超大型矿砂船全船直接计算、江海直达船等船型技术研究；参与极地科考船、极地多用途集装箱船、极地甲板运输船等极地船型的开发工作；开发冰载荷专用计算软件；开发新版水动力计算软件、高级屈曲分析软件、共同结构规范的工程计算软件。《目标型散货船油船建造标准与技术研究及应用》及《海上钻采、生产系统系列规范研制与设计验证关键技术》两个项目，分获2017年度中国航海学会科学技术成果奖科学技术一、二等奖。

（五）成功完成国际船级社协会（IACS）主席工作

CCS发挥主导作用成功组织召开国际海事战略高层研讨会，有效组织开展目标型标准符合性首轮审核，推动海事网络系统安全和新检验技术应用研究。积极参加IACS技术工作，广泛参与国际海事组织（IMO）工作，贡献度进一步提升，CCS的品牌和国际影响力得到进一步提升。

（六）发挥国家船检主力军作用，积极履行社会责任

CCS完成交通运输部"平安交通"专项行动，深入开展江海直达船舶研究，助力舟山—重庆江海联运发展；总结内河标准化船型、三峡船型和江海直达船型的营运检验；积极参与交通运输部等国家部委关于新能源应用、碳排放核查、认证认可标准等相关课题和政策制定；发挥国家船检主力军作用，技术帮扶地方船检发展。

第十二节　港航公安工作

一、行业反恐防范

针对全国两会、春运、春节、党的十九大等重点敏感时段，部署开展交通运输行业涉恐隐患排查整治专项行动，全行业各部门、各单位综合运用重点整治、严密防范、机制建设和舆论宣传等多种手段，充分发挥行业反恐维稳整体合力，

积极配合公安等部门，全面深化反恐防范各项工作措施。交通公安机关积极开展涉恐隐患排查整治、严打暴恐专项行动等工作，落实邮轮码头、客运站等公共场所、重点要害部位和客滚船舶、危化品运输船舶的安全防范措施，全面落实旅客乘船实名制查验制度，强化关系国计民生重要交通基础设施的安全保卫，确保敏感时间节点交通港航社会面治安秩序持续稳定。

二、行业综治维稳

部署开展可能影响交通运输行业社会稳定的隐患和苗头性问题排查防范工作，加强涉稳信息预警研判，妥善处置一批群体性事件。部署开展交通运输行业禁毒专项工作，落实国家禁毒委"5•14"堵源截流专项机制工作要求，2017 年共侦破毒品刑事案件 73 起，缴获毒品 5300 余克。其中，海南省港务公安局成功破获 1 起公安部督办的毒品目标案件，抓获涉案嫌疑人 7 名，缴获海洛因 3516 克，斩断了一个从广东至海南，再分销到海口、澄迈两地的贩毒通道。长江航运公安局岳阳分局成功破获 1 起特大贩卖毒品案，当场缴获冰毒 1682 克。烟台港公安局在"烟大航线"客班轮上协助辽宁警方查获冰毒 16800 余克。完成 2016 年交通运输系统公路水路安全联防考评工作，印发《2017 年公路水路安全联防考评方案》。部署并督导交通运输系统开展"扫黄打非"工作。

三、重大活动安保

围绕党的十九大、厦门金砖国家领导人会晤、"一带一路"高峰论坛、博鳌论坛、建军 90 周年阅兵、第十三届全运会、第十一届夏季达沃斯论坛、东盟博览会等一系列重大活动，交通公安机关以"最严部署、最强措施、最佳状态、最优效果"调动参战力量，全力以赴开展环京、环津、环琼"护城河"等港航社会面治安管控工作，协调落实公路、水路、车船安全查控措施，严密危化物品运输监管，确保了重大活动期间交通运输行业和港航社会政治治安稳定。

四、专项行动

部署开展严打暴恐专项行动。交通公安机关进一步加大力度，强化客滚、邮轮码头、客运站等重点目标单位、部位，人员密集场所的安保防范，重点督导烟大航线、琼州海峡航线、深港澳航线、长江中上游航线全面落实旅客乘船实名查验制度，严防涉恐可疑人员借道港航流窜或回流入境。2017 年共排查重点部位、场所 2295 处，发现整改涉恐隐患 997 处，查验比对 30 余万人次，协助地方公安机关抓获涉恐逃犯 2 人。

部署开展缉枪治爆专项行动。交通公安机关坚持将缉枪治爆与严打暴恐活动、重大安保任务等紧密结合，全面开展涉枪、涉爆等危险物品从业单位安全大检查，重点加强客滚、危险品运输船舶，危化品罐区、堆场的治安管控。其中，长江航运公安局南通分局侦破一起公安部挂牌督办的特大网络贩枪案，缴获枪支 25 支，散装配件 200 余件、铅弹 6700 余发。

图 3-4-24　开展军警民反恐演练

五、水上治安整治

交通公安机关积极配合海事、航道等部门开展阻碍航道违法行为、内河船舶从事海上运输等水上治安整治行动，2017 年共开展集中专项整治 898 次，清理碍航船舶 891 艘，查获船舶 95 艘，破获伪造变造国家机关公文证书案 966 起。

六、打击犯罪

2017 年，长江航运公安局南京分局破获一起涉案价值 3000 万元的特大合同诈骗案、武汉分局破获洪湖“11.4”长江江面聚众斗殴致人死亡案；日照港公安局破获一起涉案总价值 1.4 亿的巨额集资诈骗和合同诈骗案；秦皇岛港公安局成功破获案值 2.8 亿元的骗取银行贷款案件；连云港港公安局加大经济案件追赃挽损力度，为受害单位挽回经济损失 1200 余万元。

七、保护长江生态

长江航运公安局紧紧抓住 2016 年 12 月最高人民检察院、最高人民法院《关于审理非法采矿、破坏性采矿刑事案件应用法律若干问题的解释》正式实施的有利时机，于 2017 年部署开展了长江全线开展打击破坏长江生态环境犯罪专项行动。一年来，共侦办破坏长江生态环境类刑事案件 1897 起，其中公安部督办案件 2 起，带破掩饰、隐瞒犯罪所得案 488 起；打击处理犯罪嫌疑人 503 人，查获涉案江砂 40.9 万吨、渔获物 12.9 吨、采（运）砂船 97 艘、捕捞船 134 艘、渔具 1138 套，捣毁采砂设备 108 套，涉案总价值 8056 万元，案件侦办及打击处理数均达近三年新高。国务院副总理张高丽同志对芜湖“10·12”非法倾倒危险废物污染长江环境系列案（事）件作出重要批示，对案件侦办工作给予了高度肯定。长江航运公安局苏州、南通分局分别成功破获公安部督办的长江环境严重污染案件和非法采矿案，岳阳分局侦办的东洞庭湖水域非法捕捞水产品案被列入最高人民法院长江流域环境资源审判十大典型案例。

图 3-4-25　洪湖水域查获非法采砂船舶

图 3-4-26　重点水域公安检查站

八、水上消防

2017 年，交通港航系统共发生火灾事故 27 起，造成 4 人死亡，8 人受伤，直接财产损失 4867.7 万元。与 2016 年相比，火灾起数减少 39 起，下降 59.1%，死亡人数减少 2 人，下降 33.3%，受伤人数减少 8 人，下降 50%；直接财产损失增加 1923.64 万元，上升 91.3%。从火灾等级上看，发生较大火灾 1 起（造成 4 人死亡），一般火灾 26 起，未发生重大以上火灾。从发生火灾地域上看，沿海港口 8 起，占 29.6%，长江水域 19 起，占 70.4%。从火灾场所上看，船舶火灾 20 起，占 74.1%，陆域火灾 7 起，占 25.9%。发生火灾事故的主要原因：一是因违章操作、人为过失引发火灾 9 起，占火灾总数 33.3%；二是因电气线路老化、故障、超负荷等导致火灾8起，占火灾总数29.6%；三是因机械设备故障引发火灾5起，占火灾总数18.5%；四是因刑事犯罪、自燃引发火灾3起，占火灾总数11.1%；其他2起，占火灾总数7.5%。

图 3-4-27 长航公安消防民警开展水域船舶灭火消防演习

图 3-4-28 长航公安消防艇

九、体制改革

2017年10月，中央编办、中央政法委、公安部、财政部、人社部、交通运输部、国家公务员局联合印发了《关于深化港航公安机关管理体制改革方案》，将15个港口公安局（大连、营口、秦皇岛、天津、烟台、青岛、日照、连云港、上海、宁波、汕头、广州、深圳蛇口、湛江港公安局，海南省港务公安局）和黑龙江航运公安局，从所属交通港航单位中分离，纳入国家司法管理体系，移交地方人民政府管理，统一列入地方公安机关建制序列，由地方公安机关直接领导，仍依法履行所辖区域内的公安管理事权及消防监督工作职责。具体管理办法，由相关省（直辖市）党委和政府根据中央关于全面深化公安改革的精神，充分考虑港航公安业务特点及区域港口一体化管理趋势，结合本地实际研究确定。撤销天津、上海、广东海事公安局（含派出机构），其工作职责按照属地管理的原则，分别交由各海事公安局及其派出机构所在地港口公安机关或地方公安机关负责。

第五章 民航

2017 年初，习近平总书记亲临北京新机场考察，对北京新机场建设理念、目标任务提出明确要求，强调“新机场是国家发展一个新的动力源”，将民航战略地位提到新的高度。党的十九大为新时代民航事业发展指明了前进方向，既赋予了民航发展新的历史使命，提供了重大机遇和宽广舞台，也对民航工作提出了更新更高要求。

2017 年，中国民航坚决贯彻落实党的十九大和中央经济工作会议精神以及党中央、国务院领导同志重要指示批示精神，认真落实“一二三三四”[1] 民航总体工作思路，以民航强国战略目标为引领，稳中求进，深化改革，圆满完成各项工作任务，民航业在经济社会发展中战略地位上升到新的高度。

第一节 民航基础设施建设

2017 年，中国民航业全面推进《中国民航“十三五”发展规划》实施。9 月 7 日，中国民航局加快推进民航基础设施建设工作会议在四川成都召开。会议强调，要加快民航基础设施建设，推进建设平安机场、绿色机场、智慧机场、人文机场，推行现代工程管理、落实建设责任，大力推进民航强国发展战略，为国家和地方社会经济发展做出新的更大贡献。

图 3-5-1 2011 年－2017 年民航基本建设和技术改造投资额

2017 年，全行业完成固定资产投资总额 1806.9 亿元，其中：民航基本建设和技术改造投资 869.4 亿元，比上年增长 11.1%。全年新开工、续建机场项目 260 个，新增跑道 14 条、停机位 556 个、航站楼面积 123.2 万平方米，新建成投产机场 11 个。新增航油储备能力 5.3 万立方米，新增供油管线 552 公里。

机场系统完成固定资产投资总额 741.4 亿元，比上年增加 81.0 亿元。空管系统完成固定资产投资 23.3 亿元，与上年持平。民航信息系统建设投资 1.4 亿元，民航科研、教育系统投资 14.6 亿元，民航安全保卫系统投资 3.2 亿元，民航机务维修系

1. 指“践行一个理念、推动两翼齐飞、坚守三条底线、完善三张网络、补齐四个短板”。“践行一个理念”，就是要牢固树立“发展为了人民”的理念；“推动两翼齐飞”就是要推动运输航空与通用航空协调发展；坚守三条底线就是要始终坚守“飞行安全、廉政安全、真情服务”三条底线；“打造三张网络”就是构建以功能定位为基础的机场网、航线网、运行监控网“三张网络”；“补齐四个短板”，就是补空域资源、服务品质、适航审定能力、应急处置的短板。

统投资 2.0 亿元，运输服务系统投资 15.2 亿元，公共设施系统投资 10.0 亿元，其他系统投资 58.3 亿元。

第二节 民航运输服务

2017 年，在全球经济稳步复苏，中国经济运行稳中向好的态势下，民航运输发展再次实现平稳较快增长。

一、新增机场、航线和运输飞机

截至 2017 年底，全国（未包含港澳台地区）颁证的运输机场共计 229 个，比上年新增 11 个。新增颁证运输机场为: 澜沧景迈、上饶三清山、承德普宁、霍林郭勒霍林河、白城长安、邵阳武冈、莎车叶尔羌、遵义茅台、松原查干湖、建三江湿地、五大连池德都，新增机场全部为支线机场。北京首都国际机场年旅客吞吐量 9579 万人次，稳居世界第二；全年旅客吞吐量在 1000 万人次以上的机场 32 个（图 3-5-2），同比去年新增 4 个机场，分别为太原武宿、长春龙嘉、南昌昌北、呼和浩特白塔机场。

图 3-5-2 2011 年－2017 年全年旅客吞吐量在 1000 万人次以上的机场数量统计

全年累计新辟空管航路航线 78 条，新增航路里程 1 万余公里，调增扇区 26 个，空管保障能力大幅增强，满足了航班起降年均增长 10% 的发展需求。

民航全行业运输飞机期末在册架数 3296 架（图 3-5-3），比上年底增加 346 架。

图 3-5-3 2011 年－2017 年运输飞机期末在册架数统计

图 3-5-4 2011 年－2017 年民航运输总周转量统计

二、运输周转量和运输量

全行业完成运输总周转量 1083.08 亿吨公里（图 3-5-4），比上年增长 12.6%；完成旅客周转量 9513.04 亿人公里（图 3-5-5），比上年增长 13.5%；完成货邮周转量 243.55 亿吨公里（图 3-5-6），比上年增长 9.8%；完成旅客运输量 55156 万人次（图 3-5-7），比上年增长 13.0%；完成货邮运输量 705.9 万吨，比上年增长 5.6%。

全国民航运输机场完成旅客吞吐量 11.48 亿人次，比上年增长 12.9%；完成起降架次 1024.9 万架次，比上年增长 10.9%。年旅客吞吐量 100 万人次以上的运输机场 84 个（表 3-5-1），其中北京、上海和广州三大城市机场旅客吞吐量占全部境内机场旅客吞吐量的 24.3%。

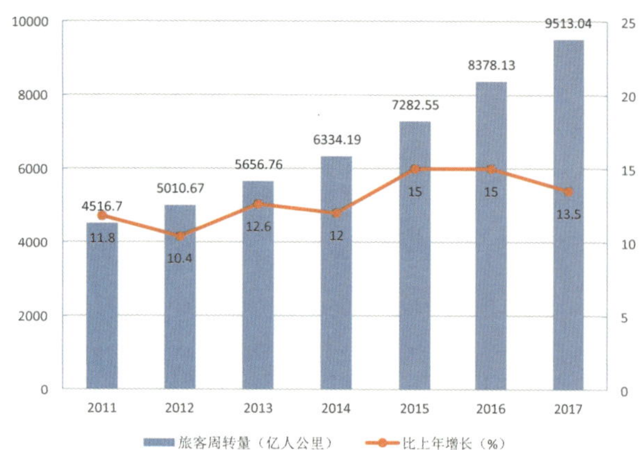

图 3-5-5 2011 年－2017 年民航运输旅客周转量统计

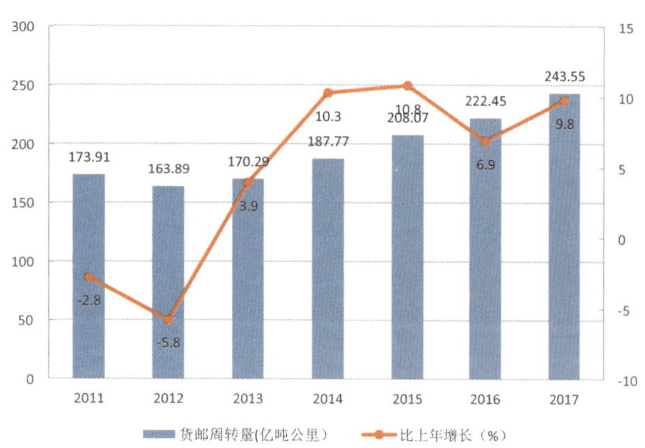

图 3-5-6 2011 年－2017 年民航运输货邮周转量统计

年货邮吞吐量万吨以上的运输机场 52 个（表 3-5-2），其中北京、上海和广州三大城市机场货邮吞吐量占全部境内机场货邮吞吐量的 49.9%。

三、航班管理和航线网络

中国民航进一步缩减了国内航线核准航段数量，扩大了登记航线许可范围；国内航班计划备案和国际航班计划申请等工作均已实行网上受理和处理；颁布了新修订的《定期国际航空运输管理规定》，完善了国际航线经营许可程序，加强了事中事后监管；启动了《国际航权资源配置与使用管理办法》制订工作。通过严格控制北上广四大机场新增支线航线航班数量，为四大国际枢纽发展国际航线开辟空间。全年国内航空公司新开“一带一路”沿线国家国际航线 95 条，改变了我国至东欧、中东等地区航线短缺的局面。

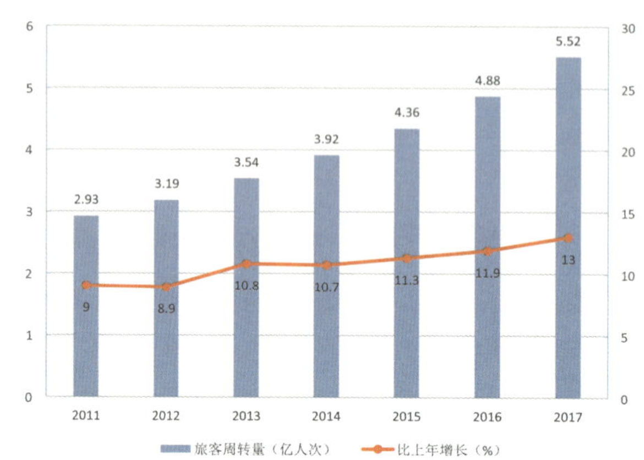

图 3-5-7 2011 年－2017 年民航旅客运输量统计

表 3-5-1 2017 年旅客吞吐量 100 万人次以上的机场数量

年旅客吞吐量	机场数量（个）	比上年增加（个）	吞吐量占全国比例（%）
1000 万人次以上	32	4	81.0
100–1000 万人次	52	3	14.9

表 3-5-2 2017 年货邮吞吐量万吨以上的机场数量

年旅客吞吐量	机场数量（个）	比上年增加（个）	吞吐量占全国比例（%）
10000 吨以上	52	2	98.5

四、航班延误整治工作

中国民航局组织召开了 2017 年全国航班正常工作会，对航班正常工作进行全面部署。下发《关于进一步加强航班正常工作的通知》和《2017 年航班正常工作任务分解表》，印发《正确处理好安全与正常的关系，争取航班正常率有大幅提升工作任务分解表》，分解为 26 项和 32 项具体任务。同时，开展大型繁忙机场始发航班延误治理工作，对航班正常和大面积航班延误处置情况提出针对性的整改要求，并对不符合指标要求的航空公司和机场采取限制措施。

2017 年，全国 40 家客运航空公司共执行航班 403.9 万班，其中正常航班 289.5 万班，不正常航班 110.9 万班，平均航班正常率为 71.67%，同比降低 5.09 个百分点。全国客运航班平均延误时间为 24 分钟，同比增加了 8 分钟。民航局共启动大面积航班延误应急响应 710 次。影响航空公司航班正常主要因素及占不正常航班比例依次为天气原因占 51.28%，军事活动原因占 27.73%，航空公司原因占 8.62%，空管原因（含流量原因）占 7.72%。受多重因素共同影响，航班正常率在 6 月至 8 月 3 个月跌入低谷。之后，多种措施叠加，10 月至 12 月航班正常率分别为 83.85%、84.59%、88.33%。其中，12 月份航班正常率创造 2003 年 6 月以来 174 个月的新高。

五、服务保障能力和服务质量的提升

全行业开展“服务质量规范”专项行动，全面落实“提升民航服务品质”改革任务。建立了航空公司运营、机场服务质量评价指标体系，完成 30 家机场服务质量评价工作，推出服务评价、旅客投诉等手机应用平台。在全国 184 个机场开通“军人依法优先”通道，222 个机场完成母婴室设置，保障活体器官运输 900 余次。简化乘机临时身份证明办理程序，解决台胞证、港澳回乡证等证件的自动识别问题。积极推进电子通关、自助值机、人脸识别等新技术应用，郑州、长沙等机场实现全流程无纸化电子通关。全行业涌现一批特色服务品牌，山东航空获得“全国质量奖”、上海虹桥机场获 IATA（国际航空运输协会）“金色机场”称号。加强外航监管，对服务质量出现违规问题的 12 家外航暂停受理加班包机、新增航线航班申请，对 21 家外航给予通报批评。

全年圆满完成“一带一路”国际合作高峰论坛、金砖国家领导人第九次会晤和党的十九大等 21 次重大会议活动保障任务；在九寨沟地震灾害救援、多米尼克飓风中方受困人员疏散、巴厘岛火山喷发中方滞留旅客回国等行动中搭建“空中交通通道”；切实做好 C919、AG600 等国产飞机地面试验和首飞，以及建军 90 周年阅兵、航天发射等重大任务保障。

春运期间（1 月 13 日至 2 月 21 日），全国共执行各类航班 551351 班，日均 13784 班；其中国内客运航空公司 441647 班，日均 11041 班，航班正常率为 74.12%。国庆黄金周期间（10 月 1 日至 10 月 8 日），全国共执行各类航班 116975 班，日均 14621 班；其中国内客运航空公司执行航班 94037 班，日均 11754 班，航班正常率 84.18%。

六、危险品航空运输安全管理

持续推进整章建制，启动《民用航空危险品运输管理规定》的修订工作，修订了《危险品监察员手册》，起草了《危险品航空运输批准和豁免管理程序》《危险品货物航空运输临时存放管理办法》，颁布了《航空运输危险品目录》(2017 版)；同时推进危险品运输安全管理体系建设，在西南、中南地区组织开展试点工作。推进危险品信用体系建设，建立危险品航空运输信用评价指标体系。编写了《锂电池机上应急处置指南》，并加强旅客携带行李中锂电池航空运输安全管理以及托运行李中便携式电子设备安全管理。此外，及时跟踪三星 Galaxy Note 7 手机召回情况，结合实际，解除相关规定中的告知义务。

与邮政局开展密切合作，积极开展寄递渠道安全管理，推进“三个 100%”措施的落实；与安监总局联合下发《关于进一步明确危险化学品航空运输临时存放安全监管有关问题的通知》，明确

危险化学品临时存放安全监管责任；与工信部合作加强锂电池源头管理，参与锂电池安全标准制定，在锂电池生产行业、航空运输行业内广泛宣传锂电池的相关标准和要求。

第三节 民航安全管理

一、航空安全

2017 年，全行业未发生运输航空事故，运输航空百万小时重大事故率十年滚动值为 0.015（世界平均水平为 0.175）。发生通用航空事故 6 起，死亡 4 人。自 2010 年 8 月 25 日至 2017 年底，运输航空连续安全飞行 88 个月，累计安全飞行 5682 万小时。

全年共发生运输航空事故征候 587 起，同比上升 12.45%，其中运输航空严重事故征候 19 起，同比上升 5.56%。运输航空严重事故征候和责任原因事故征候万时率分别为 0.018 和 0.030，各项指标较好控制在年度安全目标范围内。全行业共有 41 家运输航空公司未发生责任原因事故征候。

二、空防安全

2017 年，全国民航安检部门共检查旅客 5.66 亿人次，检查旅客托运行李 3.19 亿件次，检查航空货物（不含邮件、快件）4.43 亿件次，检查邮件、快件 1.99 亿件次，处置编造虚假恐怖威胁信息非法干扰事件 52 起。

全年完成投资 2.3 亿元覆盖全行业的民航安全保卫信息系统立项；建立行业地区信息共享机制，共与 21 个省区市公安机关开展战略合作；打击机上盗窃信息系统发挥作用，国内航空公司机上盗窃发案已大幅降低；民航禁毒情报信息系统投入使用，全年共破获各类毒品案件 1016 起，同比上升 49.85%，抓获犯罪嫌疑人 1074 名，同比上升 20.67%，缴获各类毒品约 570 公斤，同比上升 58.88%。

2012 年至 2017 年底完成 156 个机场、11 个航空公司安保审计。顺利通过国际民航组织第三轮航空安保审计，获得运行良好、监管有力的高度评价。

三、航空公司风险管控

8 月 9 日下发《关于抓紧做好航空公司运行控制风险管控系统建设和审定工作的通知》。9 月 1 日，顺丰航空顺利通过运行控制风险管控系统补充运行合格审定，成为中国民航首家完成风控系统审定的航空公司。12 月，中国民航 50 家运输航空公司全部完成运行风险管控系统建设与审定工作，建立起系统的量化指标体系和科学的评估方法，将风险评估工作细化至每一个航班运行过程中，实现了运行风险的精细化管理。此举标志着中国民航航空公司运行风险管控进入了数值化、系统化、自动化的时代。

四、民航飞行品质监控

6 月 5 日，民航局下发管理文件《飞行品质监控红色事件信息核查管理办法》，进一步规范行业飞行品质监控工作，并为局方基站系统建设提供更有力的规章支持。9 月 28 日，中国民航飞行品质监控系统（简称局方基站）正式上线，为行业安全管理和监管提供数据支持的重要平台。12 月 26 日，局方基站一期建设完成，监控范围覆盖中国全部按 CCAR-121 部运行的运输航空公司、11 种机型、3270 架飞机。2017 年，局方基站共处理 481.4 万个航段数据，累计收集飞行品质监控数据量达 48828.6 GB，筛查红色事件 767 起。

第四节 通用航空

2017 年，全行业完成通用航空生产飞行 83.75 万小时，比上年增长 9.5%。其中：工业航空作业完成 8.93 万小时，比上年增长 7.8%；农林业航空作业完成 5.96 万小时，比上年增长 16.8%；其他通用航空飞行 68.86 万小时，比上年增长 9.2%。

截至 2017 年底，民航颁发各类有人航空器驾驶员执照 55765 个，无人机驾驶员训练合格证 24407 个，可保障通航起降的颁证机场 310 个（含运输机场 229 个），通用航空在册航空器总数达到 2297 架，其中教学训练用飞机 680 架；获得通用航空经营许可证的通用航空企业 365 家，其中，华北地区 92 家，中南地区 77 家，华东地区 80 家，东北地区 32 家，西南地区 40 家，西北地区 32 家，新疆地区 12 家。

第五节　空管系统

全系统安全工作呈现稳中有进、稳中向好的良好态势。

出台提升空域资源保障能力等 5 个专项改革工作方案，明确了空管改革时间表和路线图；编制上报干线航路网、繁忙机场（群）终端区规划和国家空域分类建议三个重大专项方案，中南、华东、华北地区空域精细化试点工作有序推进。

全年出台安全管理规范制度 3 部，排查重点地区安全隐患 251 项，成功处置不正常事件 2492 起，处理违章行为 1626 起，对 15 起突出事迹进行表彰。

建立了流量控制两级审核发布机制，严格执行最小雷达管制标准，优化 32 个千万级机场航空器起飞落地尾流间隔，推广跨区域总量管理实验运行，推动机坪移交工作。有效解决了 CDM（空地航班协同放行）跳变问题，实现 7 个地区 CDM 系统互联。针对设备、气象等管制运行支撑因素，民航空管系统推广设备运行现场精细化管理，开展气象服务能力提升行动，推进情报资料无纸化进程。

根据民航发展现状，充分考虑低空开放、机坪管制移交、北京新机场终端区建设等需求，调整了民航甚高频地空通信频率规划；为解决频率资源紧缺问题，在渤海海域实现了石油平台群无方向信标台导航频率分时复用；推进民航无线电新技术应用，在 5091MHz-5150MHz 频段分配了 30MHz 频率，用于民用机场地对空及地对地无线宽带通信；全年共指配频率 372 个，其中通信频率 220 个，导航频率 152 个，指配航空器地址编码 593 个。

民航“三中心”（运行管理中心、气象中心和情报管理中心）工程正式开工，全国 235 个民用机场飞行计划实现集中处理，亚洲危险天气咨询中心投入试运行，北京新机场空管工程、全国民航通信网、东西部 ADS-B（广播式自动相关监视）等重大工程加快推进，重庆空管工程通过行业验收；沪兰大通道正式贯通，陕甘青、京津冀、黔桂地区空域完成优化，沈阳、重庆机场实现进离场航线分离。

第六节　适航审定

服务国家航空工业发展战略，中国民航编制适航攻关专项方案并付诸实施。与美国联邦航空局签署双边《适航实施程序》，形成认可产品范围的对等，实现中美适航双边的重大突破；草签中欧双边航空安全协议，双方将全面认可或接受对方的民用航空产品；开展 C919、TA600 型号合格审定，并成功首飞；开展 MA700 型号合格审定，跟踪关注 ARJ21、MA60 等国产航空器运行安全；完成无人机与飞机首次碰撞试验，为适航规章制定提供数据支撑；推动国产生物航煤跨洋商业飞行，为新能源应用拓宽新路。10 月 27 日，中国民用航空适航审定中心正式成立运行。

为了规范无人机行业的发展，保证航空运行安全，引导无人机应用领域良性有序发展，发布了《民用无人驾驶航空器实名制登记管理规定》和《无人机适航管理路线图》。国内无人机厂家、国外无人机代理商注册用户共计 650 家，分属于

23 个省、5 个自治区和 4 个直辖市。其中，广东省、北京市、江苏省、山东省、河南省、四川省等省、直辖市无人机厂家数量最多，分别为 132 家、92 家、47 家、43 家、35 家和 34 家，合计 383 家，占无人机厂家总数的 58.9%，其余省、自治区、直辖市无人机厂家数量合计 267 家，占比为 41.1%。

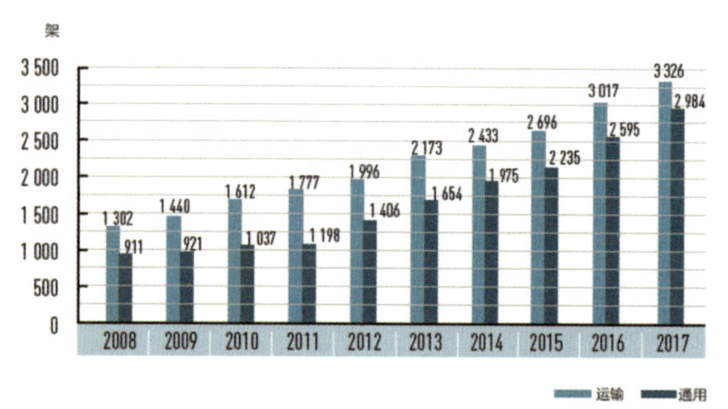

图 3-5-8　2008 年－ 2017 年末在册航空器数量统计

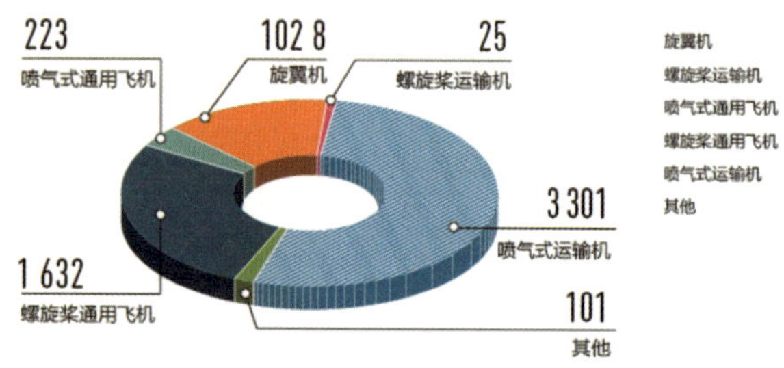

图 3-5-9　2017 年末在册航空器分布情况

第七节　民航标准体系建设

全年发布行业标准 45 部（见表 3-5-3），安全规章标准体系进一步完善。

截至 2017 年 12 月 31 日，中国民航国内航空器维修单位 492 家，国际 / 地区单位 429 家；国内维修人员培训机构 57 家，国际 / 地区单位 18 家；维修从业人员 11.7 万人，其中持维修执照人员 44208 人。在机体维修方面，AMECO（北京飞机维修工程有限公司）、GAMECO（广州飞机维修工程有限公司）、东航技术、海航技术、厦门太古及山东太古等公司，维修深度已覆盖国内运行飞机全系列全型号；动力装置方面，珠海摩天宇、四川国际航空发动机维修有限公司、上海普惠等公司，具备主流发动机的深度修理能力；部件维修方面，北京安达维尔、武汉航达、广州航新等独立的维修单位，在不同类型的部件领域具有较强的维修能力。通航领域，中国民航飞行学院、中国飞龙、中信海直等公司具有较强的维修能力。与 CCAR-66 部维修人员执照配套的电子执照，于 2017 年 7 月初投入使用，这是全球首款民航维修人员电子执照。

2017 年是《民用航空机场飞行程序核运行最低标准管理规定》（CCAR-97FS-R3）全面实施第一年，中国民用航空局从人员资质、规范制度建设和培训等三个方面进一步强化了飞行程序管理工作。2017 年 7-9 月，中国民用航空局对现有飞行程序设计人员开展了 3 批次专项检查。对 289 名飞行程序设计人员进行专项检查，通过 238 人，通过率 82.4%。中国民用航空局下发《飞行程序人员和单位管理规定》和《飞行程序培训管理规定》等 2 个咨询通告，并配套检查单以进一步规范和指导飞行程序设计及监管工作；针对程序设计水平参差不齐的情况，中国民航局制定并下发《飞行程序预先研究报告模板》《飞行程序方案研究报告模板》《飞行程序初步 / 正式设计报告模板》等 3 个管理文件，以指导行业从业人员科学设计飞行程序，编制规范的设计报告。

第八节　民航市场监管

一、行政执法方面

全年制订了《关于民用航空行政强制工作的

表 3-5-3　2017 年中国民航局发布的行业标准统计表

序号	标准编号	标准名称	代替标准号	批准日期	实施日期
1	MH/T 9009-2017	便携式电子设备的机载供电系统		2017-01-02	2017-04-01
2	MH/T 4045-2017	民用航空地基增强系统（GBAS）地面设备技术要求 I 类精密进近		2017-01-02	2017-04-01
3	MH/T 0060-2017	航空公司航班库存数据交换规范		2017-01-02	2017-04-01
4	MH/T 0061-2017	民航旅游产品动态打包查询预订数据规范		2017-01-02	2017-04-01
5	MH/T 1064.1-2017	直升机电力作业安全规程 第 1 部分：通用要求		2017-01-02	2017-04-01
6	MH/T 1064.2-2017	直升机电力作业安全规程 第 2 部分：巡检作业		2017-01-02	2017-04-01
7	MH/T 1064.3-2017	直升机电力作业安全规程 第 3 部分: 激光扫描作业		2017-01-02	2017-04-01
8	MH/T 1064.4-2017	直升机电力作业安全规程 第 4 部分：带电作业		2017-01-02	2017-04-01
9	MH/T 1064.5-2017	直升机电力作业安全规程 第 5 部分：带电水冲洗作业		2017-01-02	2017-04-01
10	MH/T 1064.6-2017	直升机电力作业安全规程 第 6 部分: 吊装组塔作业		2017-01-02	2017-04-01
11	MH/T 1064.7-2017	直升机电力作业安全规程 第 7 部分：展放导引绳作业		2017-01-02	2017-04-01
12	MH/T 6010-2017	恒流调光器	MH/T 6010-1999	2017-01-02	2017-04-01
13	MH/T 6016-2017	航空食品车	MH/T 6016-1999	2017-01-02	2017-04-01
14	MH/T 6017-2017	飞机牵引车	MH/T 6017-1999	2017-01-02	2017-04-01
15	MH/T 5033-2017	绿色航站楼标准		2017-01-03	2017-02-01
16	MH/T 5035-2017	民用机场高填方工程技术规范		2017-03-09	2017-05-01
17	MH/T 0052.2-2017	民用航空信息系统安全状态评估指南 第 2 部分:评估方法		2017-03-17	2017-06-01
18	MH/T 0062.1-2017	民用航空信息安全等级保护评估指南 第 1 部分:技术指标		2017-03-17	2017-06-01
19	MH/T 5114-2017	中国民用机场服务质量评价指标体系		2017-03-17	2017-06-01
20	MH/T 6040-2017	航空材料烟密度试验方法	MH/T 6040-2006	2017-03-17	2017-06-01
21	MH/T 6058-2017	航空地毯清洗剂	MH/T 6058-2009	2017-03-17	2017-06-01
22	MH/T 6059-2017	飞机维护用化学品全浸泡腐蚀试验方法	MH/T 6059-2009	2017-03-17	2017-06-01
23	MH/T 4037.1-2017	多点定位系统通用技术要求 第 1 部分:机场场面多点定位系统	MH/T 4037-2013	2017-03-17	2017-06-01
24	MH/T 4037.2-2017	多点定位系统通用技术要求 第 2 部分:广域多点定位系统		2017-04-01	2017-06-01
25	MH/T 4046-2017	民用机场与地面航空无线电台（站）电磁环境测试规范		2017-06-06	2017-09-01
26	MH/T 5115-2017	固定式激光驱鸟器技术要求		2017-06-06	2017-09-01
27	MH/T 6068-2017	航空燃料中游离水、固体颗粒物和其他污染物现场检测方法	MH/T 6068-2010	2017-06-06	2017-09-01

续上表

序号	标准编号	标准名称	代替标准号	批准日期	实施日期
28	MH/T 5007-2017	民用机场飞行区场道工程质量检验评定标准		2017-06-22	2017-08-01
29	MH/T 0063-2017	民用航空重要信息系统可靠性评估规范		2017-07-06	2017-10-01
30	MH/T 5036-2017	民用机场排水设计规范		2017-08-22	2017-10-01
31	MH/T 7003-2017	民用运输机场安全保卫设施	MH/T 7003-2008	2017-07-06	2017-10-01
32	MH/T 7013-2017	民用航空招收飞行学生体检鉴定规范	MH/T 7013-2006	2017-09-07	2017-09-10
33	MH/T 1037-2017	不正常航班旅客服务规范	MH/T 1037-2011	2017-09-07	2017-12-01
34	MH/T 4047-2017	《中华人民共和国航空资料汇编》编写规范		2017-09-07	2017-12-01
35	MH/T 4048-2017	民用航空目视航空图（1∶500 000）及目视终端区图（1∶250 000）编绘规范		2017-09-07	2017-12-01
36	MH/T 2008-2017	无人机围栏		2017-10-20	2017-12-01
37	MH/T 2009-2017	无人机云系统接口数据规范		2017-10-20	2017-12-01
38	MH/T 5017-2017	民用运输机场航站楼安防监控系统工程设计规范		2017-11-28	2018-01-01
39	MH/T 5010-2017	民用机场沥青道面设计规范	MH 5010-1999	2017-12-04	2018-01-01
40	MH/T 6044-2017		MH/T 6044-2008	2017-12-16	2018-03-01
41	MH/T 6062-2017	增稠型飞机除冰防冰液的粘度测定（Brookfield LV 粘度计）	MH/T 6062-2010	2017-12-16	2018-03-01
42	MH/T 6076-2017	民用航空燃料设施设备浸润冲洗质量控制	MH/T 6076-2012	2017-12-16	2018-03-01
43	MH/T 6113-2017	飞机厕所真空系统管道清洗剂		2017-12-16	2018-03-01
44	MH/T 6114-2017	除冰防冰液折射率测定方法		2017-12-16	2018-03-01
45	MH/T 6115-2017	民用航空燃料储罐铝制内浮顶设备完好技术要求		2017-12-16	2018-03-01

通告》等10件规范性文件，规范了行政检查、行政强制、外航监管、信用管理、监管模式调整改革等方面工作。

在总结华东局的监管模式调整试点经验和为期7个月、16个监管局参与的试用工作基础上，2017年年底，确定了5项可以在全国范围内推广的创新性监管制度：依据行业监管事项库开展行政检查、检查计划的调整和融合、企业问题原因系统性分析、民航行政机关非现场监管和民航单位法定自查。

国务院发布权利登记由审批改为服务的决定后，结合权利登记性质的变化，制定并发布了《民用航空器权利登记改为政府提供的公共服务事项后管理办法》。全年办理国内权利登记1325项，国际利益登记授权代码核发736项。

二、民航企业管理方面

完善市场监管立法。起草《民用航空运输市场监管办法》，将航空公司、地面服务代理、销售代理企业等相关市场主体纳入其中；修订《公共航空运输企业经营许可规定》，简化公共航空运输企业经营许可审批内容和程序；落实《关于加强新设航空公司市场准入管理的通知》，制定《关于对〈关于加强新设航空公司市场准入

管理的通知 > 有关问题的补充通知》。

严格控制新设航空公司。为确保新设航空公司与行业安全及资源保障能力相适应，防止市场无序竞争，2017 年仅批准一家全货运航空公司筹建。截至 2017 年底，取得公共航空运输企业经营许可证的客货航空公司 58 家，其中全货运航空公司 8 家。

加强事中事后监管。建立航空公司运营综合评价指标体系，加强对公共航空运输企业经营许可的持续监管；优化航班计划执行率考核工作。

加强外航监管。建立境外航线安保评估机制，加强航班安保措施；进一步规范对外航安保方案审查程序，开展外航在中国境内执行国际民航组织安保标准的监管工作，研究制定《外航停机坪安保检查单》；对泰国亚洲航空（长途）有限公司违规经营问题进行严肃处理；暂停受理泰国新时代、阿联酋阿拉伯航空等 7 家外国航空公司新增航线航班申请；加大对问题突出的 5 家外航的安全和经营情况的监督检查，促进了外航在华运行和服务品质的提升。截至 2017 年底，共有 135 家外航经营自境外 138 个城市至中国 56 个城市的 814 条国际航线，每周运营班次达 3907 班。仅 2017 年一年，外航开通 202 条新航线，其中“一带一路”沿线国家新开航线增长较快，共计开通新航线 195 条，主要集中在俄罗斯、菲律宾、马来西亚、泰国、印尼、越南、柬埔寨等国家，为推动与“一带一路”沿线国家之间的航空运输自由化和便利化，推进互联互通创造了有利条件。

三、民航建设项目管理情况

空管系统建设项目管理方面，进一步加大前期工作参与力度，要求各地区在新建运输机场立项及可研阶段报送空管专业意见，在大中型机场总规审查时要提出意见。不断创新工作机制，简化验收程序，将雷达等单体空管工程的竣工验收和工程验收依次合并进行，加快工程验收进度。做好招投标工作，全年共完成各类招投标工作 258 项，同比增长 15.70%；预算投资额 48.33 亿元，同比增长 105%；中标价 42.60 亿元，节资率为 11.86%；出台《民航局空管局招标投标管理办法》，突出抓好对工程建设和招投标的监督。

四、社会组织管理方面

印发《民航局关于促进民航社会组织规范发展的意见》，推动民航社会组织制度规范、组织规范、运行规范和管理规范，促进健康有序发展；指导民航维修协会、民用机场协会、民航科普基金会、航空运输协会换届工作，完成维修协会脱钩工作，制定飞行员协会脱钩方案并督促落实。

第九节　民航体制改革

一、全面深化民航改革

全面深化民航改革工作是民航局一项重大政治责任。民航局按照党中央关于全面深化改革的总体要求，自 2016 年启动民航全面深化改革工作。工作推进两年多来，形成了“1+10+N”的改革工作总体框架，“1”即《关于进一步深化民航改革工作的意见》，“10”即根据《民航局关于进一步深化民航改革工作的意见》提出的，经民航局党组研究确定的，针对民航安全发展某一主要方面的改革任务，目前共 10 项，“N”即根据专项改革任务推进情况和具体改革工作需求提出的，经领导小组研究确定的，针对某一专门事项或特定问题的改革任务，目前为 13 项。在此总体框架下，2017、2018 年为深化民航改革的“推进落实年”，在各方共同努力下，民航各部门、各单位相互配合、协同推进，蹄疾步稳推进深化民航改革工作，深化民航改革工作全面推进，重点突破，取得了一批民航改革的制度成果、实践成果。

加强组织领导，建立了全面深化民航改革的组织实施体系。民航局领导亲力亲为抓改革，两年来，民航局党组会议研究改革议题20余次，听取改革推进情况汇报，审议重要改革事项。为保证改革工作组织实施得力，民航局专门成立了改革领导小组，负责民航改革的总体安排、统筹协调、整体推进、督促落实，由冯正霖局长亲自担任改革领导小组组长，党组其他成员任副组长，民航局机关相关部门及部分直属单位是改革领导小组的成员，共同参与改革事项的议定。改革领导小组下设办公室，负责改革领导小组的综合协调和日常工作。成立10个改革专项工作组，设立总召集人制度，每个专项方案指定一个主办部门负责人作为总召集人，负责该专项工作任务的方案制定、方向把握、协调督促。

严抓任务落实，建立推进改革落地的工作制度。为确保改革取得实效，出台《民航改革任务督查办法》，把改革任务列入重点督办事项。强化各级领导干部尤其是主要负责同志抓改革的主体责任，明确各专项工作组为统筹协同推进专项改革任务的主体，把握本组改革方向，统筹协调各具体改革任务，凝聚改革合力，一年来，各专项工作组综合协调成效显著，专项改革任务集成效应已经显现。建立领导小组月例会制度、季度通报制度和年度考核制度等工作制度，对改革整体推进情况进行全程跟踪督查，两年来共组织召开20余次改革领导小组工作会议。同时，重点跟踪督促京津冀协同发展、首都机场集团、民航博物馆、局属建设类企业股份制改革等重要改革方案的推进落实，拓展改革督查工作的广度和深度，确保改革方向不偏离，改革任务不落空，改革措施落地生效。

关注改革实效，组织开展第三方评估工作。为贯彻中央全面深化改革领导小组有关会议精神，科学把握改革方向，全面反映改革进程，客观评价改革成果，民航局委托独立第三方，对2017年民航改革的整体契合度、组织实施过程、取得的成效等方面进行了综合评估，评估报告在全国民航工作会议上作为会议材料发予参会代表。目前，改革第三方评估工作以成为民航深化改革的一项常态化督促工作，对改革评估发现的任务完成率低、推进速度慢、组织协调不力、改革措施不兼容、相关方反映强烈等问题的专项、专题改革任务进行督查督办，局改革办根据改革实际情况，提出开展督查督办的建议，整改报告报领导小组通过方可结束。

总体看，在民航局党组的坚强领导下，形成了深化改革总体框架，民航各部门（单位）扎实推进各项改革工作，较好完成了既定任务，改革工作组织得力，各级深化改革工作机构起到了综合协调、协同推进的良好作用。

二、国家空域管理体制改革

立足国家空域资源高效利用，按照国家统管、管用分离、科学配置、分类划设、灵活使用、协同运行的基本思路，积极推动空域管理体制改革工作；积极参与编制国家空域管理体制改革方案的专班工作，坚持释放国家空域资源满足民航发展需要的核心诉求，全力参与改革工作。

按照“中南深化，华东启动，华北准备”的空域精细化改革试点总体安排，在中南地区继续巩固空域精细化改革成果，扩大试点范围，拓展试点内容。在华东地区启动了空域精细化管理改革的研究和部署工作，并配合开展了民航对长三角地区空域精细化管理改革试点工作。在华北地区着手研究空域精细化管理改革实施方案。

三、中国民航局局属企业改革

加快中国民航局局属企业分类改革，发布《民航局关于深化局属国有企业改革的指导意见》及《加快推进局属国有企业改革工作的通知》，批复民航飞行学院校企改革框架方案、民航成都电子技术公司股份制改制；推进局属建设类企业股份制改革重组工作，研究提出改革工作思路，拟定改革工作方案。

四、机场公安体制改革

组织五部门联合督导，加快完成四川、重庆等12省（区、市）机场公安机关移交地方政府管理进度。督促地方公安机关发挥职能作用，明确机场公安机关职责任务，切实担负起维护机场治安稳定和空防安全的责任。

第十节　人才队伍建设

一、专业人才队伍建设工作

推动专家人才队伍建设。2017年，经民航局飞行、工程等7个系列高级专业技术职称评审委员会评审，共有589名专业人员获得高级职称任职资格，其中正高级职称61人、副高级职称528人。大力推动相关专家库建设，民航人力资源、飞行品质监控基站等专家库已相继组建，通用航空、科技人才等专家库正在筹建。

为加强人才培养、扩大培训覆盖面。于2月印发《关于加快推进民航在线教育培训工作的实施意见》，在面向行业的民航教育培训在线平台基础上，大力组织开发在线课程、推广线上培训，在线学习人数近2万人次。2017年，组织实施了民航局党校班、中青年管理干部研修班、中美民航高级管理人员培训班（ACP-EMDT）、民航中小机场专业人员岗位培训等品牌培训项目。

加强创新能力建设和创新人才培养。2017年民航局认定首批14家民航重点实验室和工程技术研究中心，设立首个民航科技创新示范区，开工建设航空安全试验基地和民航数据中心，制定了《民航科技创新“四型”科研院所评审办法》《民航科技创新“五大”基地评审办法》《关于推动民航产业技术创新战略联盟构建与发展的实施办法》。在人才政策方面，民航局出台了《民航科技创新人才推进计划实施方案》，为全社会共同参与民航科教创新工作创造了有利政策条件。

二、民航局直属院校教育工作

8月，民航科教创新工作领导小组成立，加速贯彻落实《关于推进民航科技教育创新发展的意见》，加快创新型行业建设。

推动民航教育开放办学。中国民航局分别于9月与四川省共建中国民用航空飞行学院，12月与天津市、教育部共建中国民航大学，同月与河南省共建郑州航空工业管理学院，通过共建进一步利用社会力量加强民航人才培养。正式启用中国民航招飞信息系统，实现高考招飞选拔全流程网上记录。2017年，11所普通高校在全国29个省、自治区、直辖市共招收飞行学生4570名。

促进直属院校内涵发展。2017年，中国民航局协调天津市学位委员会支持中国民航大学作为“按需推荐”申请新增博士学位授予单位。8月，中国民航大学通过教育部备案成为新增硕士研究生推免高校。11月中国民航大学安全科学与工程学科入选天津市一流学科建设名单。中国民用航空飞行学院申请新增安全科学与工程等4个硕士点。全年中国民航局直属院校在校生70291人，共招收学生21636人，毕业学生16846人。

三、专业资质人员管理工作

空管系统全年完成通导、气象人员资质能力排查3167人次，组织各类专业培训2798人次。全国民航公安保卫系统严格审查机场安检人员资质。

民航安全方面，开展“安全诚信红线和规章底线”宣教活动，持续开展企事业单位负责人及安全管理人员培训；对运行保障、管制情报、飞行程序设计等专业技术人员资质进行排查。

飞标工作方面，组织对 2457 名新机长进行本场训练，完成率 98%；组织对 4676 名三年内新机长进行技术排查，完成率 97.9%；组织对 852 名 B 类教员进行抽查（抽查比例 24.3%）；组织对全行业 289 名飞行程序设计人员开展资质能力专项检查，共培训 241 名飞行程序设计从业人员，为行业储备了专业人才。

第六章　邮政

2017 年，邮政行业认真学习贯彻习近平新时代中国特色社会主义思想和党的十九大精神，深入贯彻新发展理念，坚持稳中求进工作总基调，以提高发展质量和效益为中心，以深化供给侧结构性改革为主线，按照“打通上下游、拓展产业链、画大同心圆、构建生态圈”工作思路，更加注重创新驱动、优化结构，更加注重补齐短板、联动融合，更加注重服务民生、绿色安全，行业发展态势高位运行持续向好。全年邮政行业业务总量完成 9763.7 亿元，同比增长 32%；业务收入（不包括邮政储蓄银行直接营业收入）完成 6622.6 亿元，同比增长 23.1%。其中，快递业务量完成 400.6 亿件，同比增长 28%；业务收入完成 4957.1 亿元，同比增长 24.7%。邮政普遍服务和快递服务满意度保持平稳，消费者申诉处理满意率达到 98.2%。邮政业在经济社会发展中的作用不断增强，为国家“稳增长、促改革、调结构、惠民生、防风险”政策实施作出了积极贡献。

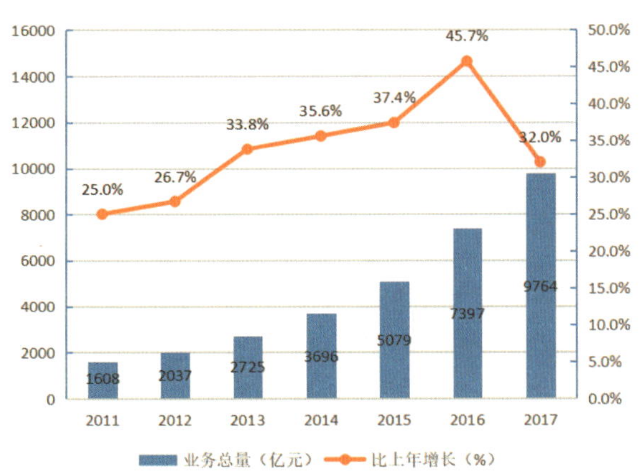

图 3-6-1　2011-2017 年邮政行业业务总量图

表 3-6-1　2011-2017 年邮政行业业务总量表

年份	2011	2012	2013	2014	2015	2016	2017
业务总量（亿元）	1608	2037	2725	3696	5079	7397	9764
比上年增长（%）	25	26.7	33.8	35.6	37.4	45.7	32

表 3-6-2　2011-2017 年邮政行业业务收入表

年份	2011	2012	2013	2014	2015	2016	2017
业务收入（亿元）	1562	1981	2548	3203	4039	5379	6623
比上年增长（%）	22.3	26.9	28.6	25.7	26.1	33.2	23.1

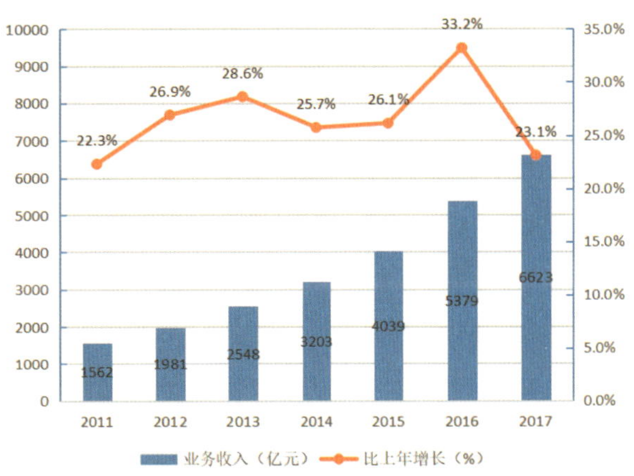

图 3-6-2　2011-2017 年邮政行业业务收入图

第一节　邮政普遍服务

2017 年，各级邮政管理部门和邮政企业认真贯彻落实党中央、国务院的决策部署，在有关国家部委和地方各级人民政府的大力支持下，我国邮政普遍服务保障力度不断加强，发展的外部环境持续优化。国家邮政局推动以满足需求为最终目的的邮政寄递服务供给侧结构性改革，鼓励支持引导邮政企业创新转型，聚焦农村、聚焦国际，聚焦包裹的发展战略，邮政寄递服务供给侧结构性改革成效明显，邮政普遍服务能力和水平稳中向好，市场适应性逐步增强，农村通邮水平有所改善，均等化水平持续提升。

一、邮政普遍服务业务发展

2017年，邮政普遍服务业务结构改善趋向明显，邮政包裹类业务规模和增速逐步加大，其中邮政快递包裹业务增速是上年的近两倍，高于全球主要邮政企业的包裹业务增速，带动整体业务实现正增长，邮政普遍服务步入新的发展阶段。2017年，邮政普遍服务业务量235.6亿件，同比增长1.8%。实现业务收入350.7亿元，同比增长15.3%。

二、邮政普遍服务监督

全面推进建制村直接通邮工作。邮政管理部门与邮政企业大力推进建制村直接通邮工作，建立了全国55万多个建制村通邮情况台账，详细掌握全国建制村的通邮情况等信息。各地通过增配投递人员、车辆，提高投递频次等方式推进通邮工作，同时，注重与村邮站建设、服务农村电商、服务精准扶贫等结合推进，取得了良好效果。截至2017年底，全国建制村直接通邮率达到96.7%，53万多个建制村实现了直接通邮，提升了广大农村地区邮政普遍服务水平，有效促进了邮政服务“三农”，服务乡村振兴。

图3-6-3　2017年9月，国家邮政局马军胜局长在南昌邮区中心局调研邮政普遍服务工作

提升县级城市党政机关党报当日见报率。国家邮政局将“全国三分之一以上省份的县城实现党报当日见报”作为2017年更贴近民生7件实事之一。按照《关于贯彻落实杨传堂书记在＜贵州实现县一级的党政机关人民日报当日见报＞报告上批示精神的通知》（国邮办发〔2017〕13号）的要求，邮政管理部门和邮政企业通力合作，通过协调人民日报社增设分印点、调整邮路作业组织、增加运输和投递力量、交邮合作等措施，推动党报“上船、上飞机、上高铁”，最终在党的十九大召开前夕，实现21个省份全部县级城市党政机关《人民日报》当日见报，超额完成全国三分之一以上省份的县城实现《人民日报》当日见报的任务。

进行邮件时限监测。2017年，国家邮政局继续开展信件、包裹以及国家规定报刊全程时限监测。监测结果显示，信件：同一城市城区内2天内送达比例（标准规定90%）、省内5天内送达比例、省际其他地区间8天内送达比例（标准规定95%）分别为89%、92%、94%，此3项指标未达到标准规定，其他指标结果均达到标准规定要求。包裹：包裹省际地级以上城市间8天内送达比例为93%，未达到标准规定，其他指标均达到标准规定，总体达标情况较好。

做好普遍服务满意度调查。2017年，国家邮政局继续委托第三方机构在全国范围内开展邮政普遍服务消费者满意度调查，满意度为82.2分，比2016年提高1分。从14个分项指标得分的变化情况看，除邮局设施略有下降外，其他指标得分均有所上升，其中寄递后服务中赔偿及时性、查询服务、投诉处理3个三级指标上升均较为明显，但是寄递后服务总体得分较其他指标仍然偏低。从不同调查人群上看，普通消费者满意度为81.4分，邮政特邀监督员满意度为89.9分，乡镇政府工作人员满意度为86.1分。

表 3-6-3　2017 年纪特邮票实际发行情况

序号	志号	邮票名称	类别	枚数	发行日期	印制企业	备注（其他品种）
1	2017-1	丁酉年	T	2	0105	北京	另发行小本票 1 本，售价 12 元
2	2017-2	拜年	T	1	0110	河南	
3	2017-3	千里江山图	T	9	0225	北京	另制作长卷版，售价 13.2 元
4	2017-4	商务印书馆	T	1	0227	河南	
5	2017-5	京津冀协同发展	T	3	0309	辽宁	另发行小全张，售价 5.8 元
6	2017-6	春夏秋冬	T	4	0320	北京	
7	2017-7	中国古典文学名著《西游记》（二）	T	4	0330	北京	另制作四方连邮票折，售价 21.6 元
8	2017-8	红山文化玉器	T	3	0409	河南	
9	2017-9	内蒙古自治区成立七十周年	J	3	0501	北京	
10	2017-10	“一带一路”国际合作高峰论坛	J	1	0505	北京	
11	2017-11	中国恐龙	T	6+1	0514	北京	另发行本册，售价 50 元
12	2017-12	浙江大学建校一百二十周年	J	1	0519	辽宁	
13	2017-13	儿童游戏（一）	T	6	0531	河南	
14	2017-15	国际禁毒日	J	1	0626	北京	另发行小全张，售价 12.8 元
15	2017-16	香港回归祖国二十周年	J	3	0701	北京	
16	2017-17	凤（文物）	T	6	0729	河南	
17	2017-18	中国人民解放军建军九十周年	J	6+1	0801	北京	
18	2017-19	金砖国家领导人厦门会晤	J	1	0819	北京	
19	2017-20	中华人民共和国第十三届运动会	J	2	0827	辽宁	另发行小全张，售价 3.6 元
20	2017-21	喜鹊	T	1	0828	河南	
21	2017-22	外国音乐家（二）	J	4	0909	北京	另发行本册，售价 50 元
22	2017-23	科技创新	J	5	0917	辽宁	
23	2017-24	张骞	T	2+1	0920	北京	另发行绢质小型张四连张，面值 24 元
24	2017-25	粤剧	T	3	1015	北京	
25	2017-26	中国共产党第十九次全国代表大会	J	2+1	1018	北京	
26	2017-27	记者节	J	1	1108	北京	
27	2017-28	沧州铁狮子与巴肯寺狮子	T	2	1116	河南	
28	2017-29	中国高速铁路发展成就	J	4+1	1125	北京	
29	2017-30	河北雄安新区设立纪念	J	2	1222	辽宁	
30	2017-31	北京 2022 年冬奥会会徽和冬残奥会会徽	J	2	1231	北京	
合　计			15J+15T	91+5			总售价 339.8 元（邮票总面值为146.8元,其他品种总售价为193元）

开展行政审批工作和备案工作。在行政审批方面，2017 年，邮政管理部门共受理邮政企业撤销邮政普遍服务营业场所申请 320 件，批复同意 316 件；受理邮政企业停止办理或限制办理邮政普遍服务和特殊服务业务申请 260 件，批复同意 256 件。在备案管理方面，2017 年，全国邮政管理部门共接受邮政企业备案 7485 件。其中，新增提供邮政普遍服务的营业场所备案 196 件；营业

场所信息变更备案 5163 件；暂时停止办理普遍服务业务的场所备案 1833 件；撤销非普遍服务业务场所备案 24 件；邮政营业场所出租或以其他方式改变用途备案 185 件。

三、邮政普遍服务保障

完善基础设施建设。2017 年西部和农村地区邮政普遍服务基础设施建设项目总投资 12.5 亿元，其中中央预算内资金 5 亿元。共安排普遍服务基建类项目 1708 处（后调整为 1702 处，包括网点整修 1318 处，网点翻建 292 处，危旧县局房改造 92 处），购置普遍服务车辆 2848 辆（包括邮运车辆更新和新增 898 辆，投递车辆更新和新增 1950 辆）。“十三五”期间机要通信基础设施建设项目投资已在 2016 年全部下达。

推动完成普通包裹资费调整。2017 年 4 月 7 日，国家邮政局与国家发展改革委、财政部联合下发《关于调整完善邮政普通包裹寄递资费体系结构有关问题的通知》（发改价格规〔2017〕629 号），对作为邮政普遍服务法定业务之一的邮政普通包裹，简化计费体系，优化计费结构，将原有 216 个计费区、86 档资费调整为 31 个计费区、6 档资费，实行首续重计费，同时提升服务质量，推行包裹投递到户。此举对进一步落实《中共中央国务院关于推进价格机制改革的若干意见》（中发〔2015〕28 号），发挥市场配置资源的决定性作用，促进邮政企业积极参与市场竞争，增强邮政普通包裹服务发展新动力具有重要意义。

四、邮票发行监管

国家邮政局编制并公布了《2017 年邮票发行监管报告》。经国家邮政局审定，2017 年共发行纪特邮票 30 套，其中纪念邮票 15 套，特种邮票 15 套；总枚数 96 枚，其中含小型张 5 枚；邮票面值共 146.8 元；发行部分纪特邮票小全张、小本票、本票册、小型张四连张、四方连邮票折等其他品种，总售价 193 元（详见表 3-6-3）。

按照政府监管、社会监督、企业自律三位一体的监管体系，各级邮政管理部门进一步加强对邮票印制和销售的监督检查。组织开展了《丁酉年》特种邮票和《中国人民解放军建军九十周年》纪念邮票等重大题材邮票印制和销售服务的专项监督检查；组织社会监督员对邮票销售开展日常监督工作；委托第三方调查公司开展纪特邮票销售服务与印制质量满意度调查，为监管工作提供重要参考依据。

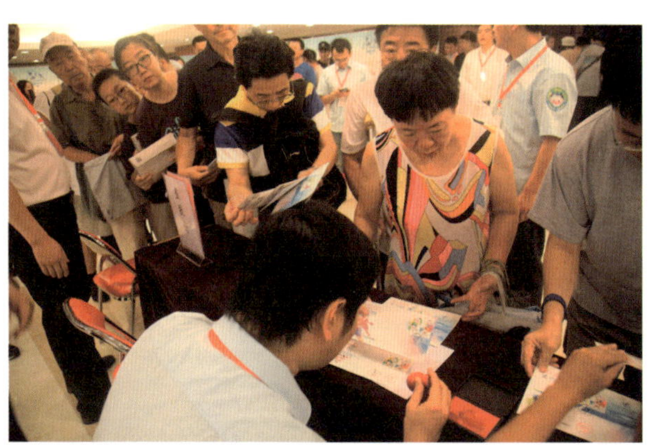

图 3-6-4　2017 年 8 月 27 日，天津一邮政网点员工为集邮爱好者加盖中国第十三届运动会纪念邮戳

配合国家外交活动和文化宣传需要，成功举办“驿路 · 丝路 · 复兴路—行走新思路喜迎十九大”全国集邮巡回展览；成功举办第三届集藏文化博览会，博览会期间举办了主题为“邮票发行和集邮经营如何面对今天的集邮市场变化”的第三届集邮文化发展国际论坛。本届博览会精彩呈现了各地集邮文化特色，彰显了中国邮政和中国集邮的品牌形象；成功举办第二届集邮周，集邮周活动亮点之一——《戊戌年》特种邮票开机仪式的实时在线观看直播量达到 29 万人次，当天累计观看量达到 40 余万人次。

五、第 37 届最佳邮票

2017 年 4 月 22 日，第 37 届全国最佳邮票评选活动在广东省深圳市举行，首次实现晚会式颁奖及网络同步直播。黄永玉设计的《丙申年》特种邮票获最佳邮票奖，这也是佳邮评选举办 36 年来，生肖邮票首次获得最佳邮票，具有历史性的意义。

图 3-6-5 最佳邮票奖《丙申年》2016-1T

六、十九大纪念邮票揭幕式

《中国共产党第十九次全国代表大会》纪念邮票发行工作是 2017 年党中央赋予邮政部门的一项光荣政治任务。为圆满完成党的十九大邮票发行工作，为大会的胜利召开营造良好的社会氛围，2017 年 10 月 17 日，国家邮政局和中国邮政集团公司在北京民族文化宫举行《中国共产党第十九次全国代表大会》纪念邮票揭幕仪式，全国政协副主席王家瑞出席仪式，并为邮票揭幕。揭幕仪式由国家邮政局局长马军胜主持，交通运输部副部长刘小明致辞。揭幕仪式正式拉开了十九大纪念邮票发行工作的大幕。

图 3-6-6 《中国共产党第十九次全国代表大会》纪念邮票

第二节 快递业发展

2017 年全年快递服务企业业务量完成 400.6 亿件，同比增长 28%；快递业务收入完成 4957.1 亿元，同比增长 24.7%。

表 3-6-4 2011–2017 年快递业务量

年份	2011	2012	2013	2014	2015	2016	2017
快递业务量（亿件）	36.7	56.9	91.9	139.6	206.7	312.8	400.6
比上年增长（%）	57	54.8	61.6	51.9	48	51.4	28

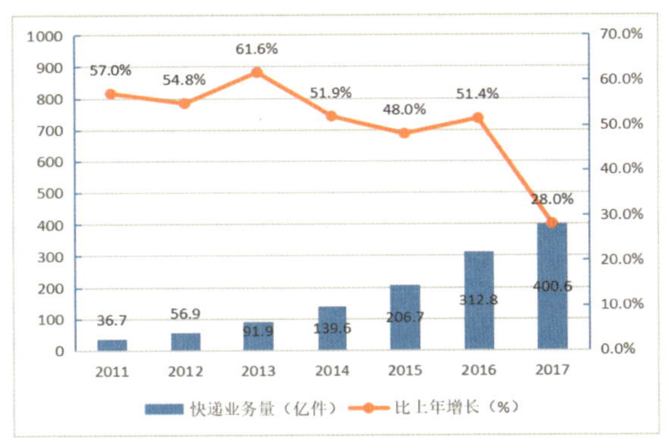

图 3-6-7 2011–2017 年快递业务量

表 3-6-5 2011–2017 年快递业务收入

年份	2011	2012	2013	2014	2015	2016	2017
快递业务收入（亿元）	758	1055	1442	2045	2770	3974	4957
比上年增长（%）	31.9	39.2	36.6	41.9	35.4	43.5	24.7

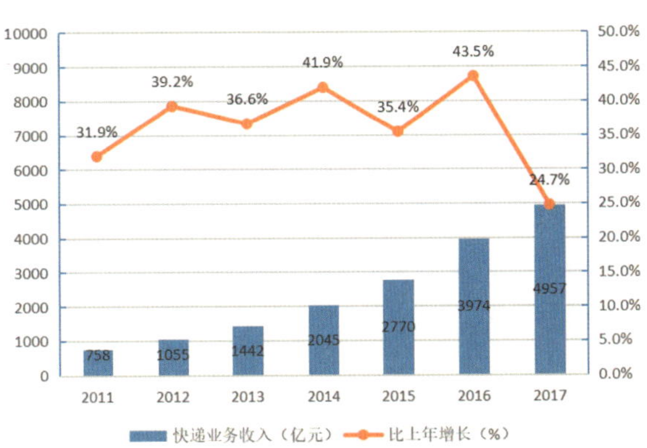

图 3-6-8 2011–2017 年快递业务收入

表 3-6-6　2011-2017 年人均用邮支出、快递支出和快递使用量情况

年份	2011	2012	2013	2014	2015	2016	2017
人均用邮支出（元）	115.7	146.3	187.2	234.2	293.9	389	476.4
人均快递支出（元）	56.3	77.9	106	149.5	201.5	287.4	356.6
人均快递使用量（件）	2.7	4.2	6.8	10.2	15	22.6	28.8

一、主体结构

排名前 8 的八家快递企业市场集中度为 78.7%，同比提高 2 个百分点，排名前 4 的四家快递企业市场集中度为 50.2%，与上年持平。民营快递企业业务量占比 92.2%，业务收入占比 85.6%。继圆通、中通、申通之后，韵达、顺丰、百世和德邦先后进入资本市场。

二、业务结构

异地业务稳步增长。异地业务量 299.6 亿件，同比增长 28.9%，占全国快递业务量比重 74.8%。业务收入 2512.8 亿元，同比增长 19.7%，占全国快递业务收入比重50.7%。跨区域快递服务仍是业务增长主力。

同城业务服务价值提升。同城业务量 92.7 亿件，同比增长 25%，占全国快递业务量比重 23.1%。业务收入 732.3 亿元，同比增长 30%，占全国快递业务收入比重 14.8%。业务收入增幅超过业务量增幅 5 个百分点，为五年来新高，不断满足多元化和时效性的寄递需求。

跨境寄递成为业务增长亮点。业务量 8.3 亿件，同比增长 33.8%，占全国快递业务量比重 2.1%。业务收入 528.9 亿元，同比增长 23.3%，占全国快递业务收入比重 10.7%。业务收入增速比上年提升 7.2 个百分点，为四年来新高。国际寄递网络日益健全，为促进跨境贸易提供了重要支撑。

三、基础能力建设

公路运输保障充分。不断储备车辆资源和优化干线运输线路，为良好的运输调度和高效服务提供了保障。干线运输车辆超 20 万辆。快递企业采取自有与承包相结合的方式提高运能，依托社会化运输平台，丰富车辆来源。与公路运输企业加强合作，推进公路客运班车代运快件试点、快件甩挂运输，提高农村快件公路运输效率。

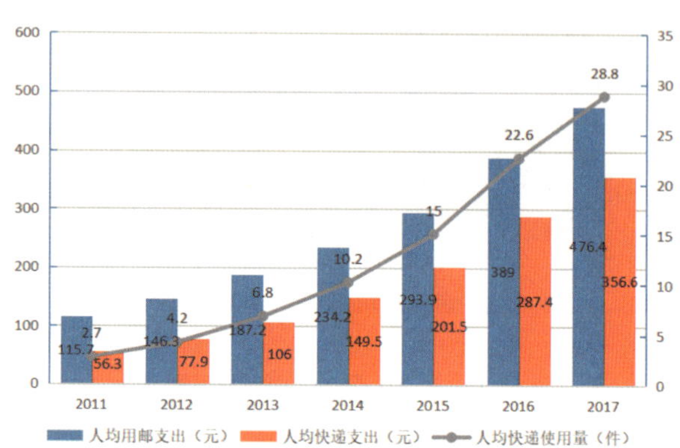

图 3-6-9　人均用邮支出、快递支出和快递使用量情况

快递航空运能快速提升。行业拥有国内快递专用货机 100 架，比上年末增加 14 架。邮政、顺丰和圆通 3 家货运航空公司快件占国内航空货运运输量 40% 以上。湖北国际物流核心枢纽项目开工建设，顺丰将以该项目为中心，打造覆盖全国、辐射全球的航路航线网络。

铁路运快件范围扩大。高铁运邮快件、高铁示范线建设、铁路场站设施综合利用等方面进展顺利。中国铁路总公司开通高铁图定车 63 条、高铁动检车 15 条用于运输快件。"高铁 + 快递"创新模式助力"双 11"旺季保障，降低了社会物流成本，优化了物流市场资源配置。快递业服务"一带一路"建设中，中欧班列运邮（快）件为快递企业国际化发展提供了重要助力。

分拣处理自动化、智能化。快递企业纷纷在全国各地新建、改扩建分拨中心，形成超过 1000 万平方米分拣处理面积。企业新增全（半）自动分拣设备，购买托盘或地垫等配套设施，提高分拣效能。部分

快递企业开始尝试自建仓储，推进仓配一体化。

快递物流园区综合功能凸显。全国快递物流园区持续建设，并向县域延伸，形成包含订单生产物流中心、大型分拨转运中心等功能的综合型物流园区。目前，已形成快递物流园区230余个，入驻快递企业2千余家。

末端投递服务方式多元化。新增末端综合服务站3000个，共建成公共服务站3.1万个。投入运营智能快件箱20.6万余组，智能快件箱投递快件占比提升至7%。主要快递企业城区标准化网点6.8万个。高校快递服务规范收投率95.6%，2697所高校享受快递入校服务。住宅投递、智能快件箱投递和公共服务站投递等模式形成互为补充的末端投递服务新格局。

农村网点加速延伸。农村地区快递服务网点6万余个，乡镇网点覆盖率87.25%，25个省（区、市）覆盖率超90%。中通乡镇覆盖率超85.2%。圆通推行“通乡镇、通村组”计划，增加对乡镇农村地区的资源投资。申通新增乡镇网服务点3178个、70个地级城市乡镇无盲区，街道、乡镇、团场等覆盖率51%，同比增长10%。韵达开通2.27万个乡镇网点。百世乡镇覆盖率75%。德邦乡镇覆盖率81.1%。

四、业务发展情况

与电子商务协同发展硕果累累。联合商务部全面推动快递业与电子商务协同发展，历时三年选取两批协同发展试点城市开展试点工作，形成5大体系17个方面试点经验全国推广。积极推动国务院办公厅出台《国务院办公厅关于推进电子商务与快递物流协同发展的意见》，着力在政策法规环境、基础设施建设、配送协同管理、末端服务能力、标准化智能化和绿色发展等方面进行制度创新。

快递服务制造业持续推进。快递服务制造业项目库滚动编制，全国快递与制造业协同发展示范项目达301个，涵盖23个制造业门类。通过电子商务渠道销售产品的轻型制造业成为协同发展主要门类，实现出快递服务制造业紧密联系生产生活的服务特征，年支撑制造业产值2375亿元。快递有效推动制造业转型升级，大幅降低社会物流成本。

跨境寄递引导工程取得实效。杭州、郑州、上海等13个城市积极开展跨境寄递引导工程，参与地方政府协调工作机制，形成定期会商、信息通报、统计检测和交流机制。构建一站式跨境电子商务综合服务中心，简化通关流程，提高寄递时效，推进快递与跨境电子商务协同发展，实现信息互联互通。各地积极融入“一带一路”建设，加快“向外”拓展步伐，推动国际邮件互换局和国际快件监管中心建设，创新跨境寄递通关模式，建立跨境快递物流园区，运用信息化处理平台提高跨境电商与快递协同发展能力。累计完成进口快件1.03亿件，出口快件2.97亿件，跨境寄递能力显著提升，为跨境电子商务蓬勃发展提供重要支撑。

新业态发展亮点频出。重点企业积极拓展冷链、医药递送等高附加值业务，推出大包裹、快运、云仓、供应链解决方案等新产品，加快向综合寄递物流服务商转型。即时递送、代收代投等新业态为城市寄递服务提供了有益补充。

第三节　邮政市场监管

一、快递市场准入

持续优化许可审批工作。优化快递业务经营许可工作方案，减少受理材料，取消批复环节，大幅压缩办理时限。高水平通过国务院审改办标准化测评检查。优化许可信息系统，实现全流程网上审批。加强市场主体退出管理，注销北京中通大盈、北京日益通、上海麦力等异常经营主体的许可资质。全年核准许可申请2862件，处理变更事项38912项，注销许可1117件。

多方探索力促许可改革，引入提醒告诫制度，通过签署承诺文书，提高企业遵纪守法、依法经营自律管理意识。在天津自贸区内探索实行国际快递业务（代理）经营许可审批权下放。改革年度报告公示制度，简化报告流程，通过信息化手段增强企业信息公开力度。探索实施企业年度报告自主公示制度，引入社会监督机制。

不断完善许可制度。推动《快递业务经营许可管理办法》修订，完善快递末端网点备案规定。快递业务经营许可管理制度建设体系基本完成，包括《快递业务经营许可工作优化方案》《快递业务经营许可年度报告规定》《经营快递业务的企业分支机构备案管理规定》《快递业务经营许可注销管理规定》《快递业务经营许可证有效期延续和换发办法》等。

二、集邮市场监管

贯彻落实《集邮市场备案管理规定》，部分省（区、市）邮政管理部门组织辖区集邮票品交易市场进行备案。研究起草《集邮市场信用管理办法》《集邮市场统计制度》《集邮市场信息报告管理规定》《集邮市场检查工作规定》和《进口集邮票品业务指定管理办法》等配套制度。坚持与邮政企业的联席会议制度保持顺畅沟通联系。与淘宝、京东等网络平台进行沟通，协调淘宝为中国邮政集团公司开设线上打假账户，加大制假售假案件线索追查力度，取得一定成效。

三、邮政用品用具市场监管

开展生产监制，范围包括封装用品类、详情单（运单）类、楼房信报箱、信筒和邮政日戳等五大类21种产品，截至2017年底，邮政用品用具生产企业接近1600家。组织对邮政用品用具质量进行抽样检测，抽检506家企业1416组产品。对邮政用品用具是否符合相关标准、是否经过生产监制进行检查并对违法行为予以处罚，2017年共作出邮政用品用具监管类行政处罚19件，包括使用过期的生产监制证书11件、生产不符合标准产品6件、未经批准生产邮政用品用具1件、使用未经监制和审批的邮政用品用具1件。

四、邮政行业安全生产管理工作

安全监管体制机制不断完善。出台《关于推进邮政业安全生产领域改革发展的指导意见》，修订《禁止寄递物品管理规定》，禁寄物品从14项增加至“18+1”项（18类物品及其他），载明列举物品从58种增加至188种。成立安全监督管理司，13个省（区、市）、23个市（地）成立邮政业安全中心。将寄递渠道安全管理工作纳入综治工作（平安建设）考评内容，推动属地管理和综合治理责任落实。

“三项制度”深入落实。扎实推进实名收寄信息系统推广应用工作，研究起草《邮件快件实名收寄管理办法》，出台《邮件快件实名收寄信息技术接口规范指导书（试行）》等4项技术规范，指导企业加强系统建设应用和操作管理。全国信息化实名收寄业务量接近125亿件，实名收寄日均业务量9121万件，实名率达到83%。严格落实《禁止寄递物品管理规定》，重点加强对各类违禁物品的验视把关。组建成立国家邮政局邮政业安全中心安检培训基地，加大安检人员培训力度。各地邮政管理部门与地方综治、财政等部门联合出台安检机配置补贴方案，为企业安检机配置提供资金支持。全国安检机累计达到13574台，过机安检能力有效提升。

重点整治有序推进。开展寄递渠道安全综合整治、安全生产大检查、违法寄递危险化学品整治、易制爆危险化学品和寄递安全专项整治、涉恐隐患排查治理、毒品堵源截流等专项行动。先后派出22个督导组，对全国进行全覆盖专项检查；实行分片包干督导机制，按片区进行现场检查、对口督导、全程跟进。

高标准做好重大活动寄递渠道安保工作。以最高标准、超常措施，确保党的十九大期间寄递渠道万无一失。圆满完成“一带一路”国际合作高峰论坛、金砖国家领导人会晤、天津全运会、中国共产党与世界政党高层对话会等重大活动寄递安保工作。

五、邮政运行安全监测预警

夯实安全监测的基础，与快递企业总部建立对接机制，打通各级政企部门信息报送、监测预警和应急处置的“最后一公里”。建立危险化学品信息数据库，并在安易递上线运行。认真分析行业数据，优化组织编发《邮政业运行和安全信息日报》《突发事件专报》《邮政业安全舆情月报》，为监测预警提供依据。

六、邮政业应急管理工作

加强值班值守，妥善处理北京圆通花园桥快件积压、菜鸟丰巢数据之争、天天京东纷争、福建莆田部分快递企业伪造寄递服务信息协助售假案件。有效应对四川省阿坝州九寨沟县7级地震、台风“天鸽”等事件。通过物资调配、应急值守、邮快件疏运等方式，保障行业安全平稳运行。

七、邮政业重大突发事件处置

妥善处理菜鸟丰巢数据之争。2017年6月1日，菜鸟网络与顺丰速运集团旗下的丰巢科技相继关闭数据接口，引发社会关注。国家邮政局迅速召集菜鸟网络和顺丰速运就关闭互通数据接口问题进行协调，促成双方就数据共享合作达成一致意见，圆满解决了“丰鸟之争”。妥善处置福建莆田假海淘事件。2017年5月20日，媒体曝光了福建莆田部分快递网点涉嫌利用“异地上线”手段伪造寄递信息、协助不法分子销售假冒伪劣商品的行为，引发社会强烈反响。国家邮政局第一时间部署福建省邮政管理部门对涉案地区快递市场开展全面检查，依法约谈圆通、申通、中通和韵达等品牌快递企业总部，要求加强内部管控、强化对加盟网点的管理。此后，国家局组织各地邮政管理部门聚焦制假售假行为多发地、海淘清关关口、自贸区等重点区域，严厉查处无证经营和“异地上线”等违法行为。

八、快递服务质量评价

消费者总体满意度基本持平。2017年快递服务总体满意度75.7分，较2016年下降0.1分。受理环节满意度得分同比上升1.4分，揽收环节满意度得分同比上升1.2分，投递环节满意度得分同比下降0.1分，售后环节满意度得分与2016年持平。

快递服务时效基本保持稳定。重点城市间快递服务全程时限均值为56.02小时，同比增加0.61小时；72小时准时率78.67%，同比降低2.72%。

快递有效申诉率连续五年下降。快递有效申诉量23.2万件，同比下降11.7%，为2010年以来最大降幅。全国快递服务有效申诉率百万分之5.8，同比减少2.61，同比下降31.1%。全国快递服务快件延误的有效申诉率为百万分之1.8，快件丢失损毁有效申诉率为百万分之1.7，快件投递服务有效申诉率为百万分之2.2。

九、快递旺季服务保障

深化国家局、省局、市局三级联动和政府、协会、企业协同保障机制，强化“错峰发货、均衡推进”核心工作机制，升级监管信息系统，有效联接电商及快递企业数据，实时监控收投流量流向，进行数据预测和雷达预警，及时发布消费提示。顺利实现“两不”“三保”工作目标，旺季运行整体有序，圆满完成保障任务。

第四节　邮政体制改革

一、完善邮政管理机构体系

2017年，持续推动完善行业管理体系，全国县级邮政管理机构达到113个，山东、黑龙江、天津、湖北、安徽、浙江、贵州等13个省（区、市）和23个市（地）成立邮政业安全中心。

二、进一步深化“放管服”改革

全面完成国家局和省（区、市）局两级“三个清单”编制工作。进一步优化审批和网上办理流程，精简快递业务经营许可批准手续，建立承诺告知制度，快递业务经营省内许可平均时限缩短为13.4个工作日。完善邮政普通包裹资费体系结构改革方案。将规模较大的30家独立经营企业纳入经营邮政通信业务审批范围。

三、强化规划政策保障

全面贯彻落实邮政业“十三五”规划，发布和统筹推进区域快递服务规划实施，建立规划实施监测评估机制。深入推进落实《国务院关于促进快递业发展的若干意见》，地方配套政策措施体系基本形成。多部门联合发布《关于进一步鼓励开展多式联运工作的通知》《关于鼓励支持运输企业创新发展的指导意见》《关于共同推进农产品和农村市场体系建设的通知》《关于协同推进快递业绿色包装工作的指导意见》《城乡高效配送专项行动计划（2017-2020年）》等文件，国家邮政局《关于加快推进邮政业供给侧结构性改革的意见》《关于加强和改进快递末端服务管理工作的指导意见》《关于促进2017年民族地区邮政业健康发展的实施意见》《关于推进邮政业安全生产领域改革发展的指导意见》《关于推进邮政业服务“一带一路”建设的指导意见》等多项政策相继发布，对于不断优化行业营商环境、推动行业结构转型升级和高质量发展起到积极促进作用。

四、推动企业改革创新

充分发挥市场资源配置作用，邮政企业寄递服务供给侧改革成效明显，聚焦包裹快递业务加快调整业务结构，聚焦农村市场打造全国规模最大的农村综合便民服务平台，聚焦跨境电商服务加快国际业务发展。快递企业通过收购、重组、上市等方式加快资源整合，百世、德邦登陆资本市场，上市民营快递公司增至7家，现代企业制度日益完善，市场格局不断优化，已形成6家年收入超300亿元的大型企业集团。

第五节　人才队伍建设

一、人才工作组织领导进一步加强

成立邮政行业人才工作领导小组。2017年，国家邮政局成立了由党组书记、局长任组长的全国邮政行业人才工作领导小组，形成了领导小组牵头抓总，领导小组办公室统筹协调，领导小组成员单位各司其职、密切配合，上下联动、共同推进，有关部门广泛参与的行业人才工作新格局。

统筹谋划人事人才工作思路。召开首次全系统人事工作会议，认真总结国家局重组以来人事工作，深入分析党的十八大以来面临的新课题新使命新要求，研究部署下一阶段主要任务，明确了人事、人才工作的总体思路和重点工作。

二、专业技术人才队伍建设进一步加强

做好专家联系服务工作。深入落实中央办公厅《关于进一步加强党委联系服务专家工作的意见》，整理分析行业各类专家队伍情况，向有关

部门推荐多式联运专家、政府采购邮政专家。召开邮政业标准化技术委员会换届大会，组织三次科技专家咨询组专题活动，支持交通运输部专家委邮政组专家工作，更好发挥专家组织作用。

推荐选拔行业优秀专技人才。组织推荐优秀人才参加交通运输青年科技英才、中国青年科技奖、全国创新争先奖、2017 年国家百千万人才工程等评选，7 人被评为全国交通运输青年科技英才。组织参加交通运输行业高层次技术人才培养项目申报，5 人获得资助。

举办快递专业技术人才高级研修班。充分发挥共建学院在高端人才培养方面的资源优势，成功申报并举办列入国家专业技术人才知识更新工程资助的快递专业技术人才高级研修班。

研究推进快递专业技术人员职称评价。加强与相关部门沟通，立项研究快递工程技术人员职称评价，起草完成快递工程技术人员职称评审标准（征求意见稿）和快递工程技术人员职称评审评议组组建方案（建议稿）。

三、技能人才队伍建设水平不断提升

做好职业技能鉴定和职业技能等级认定研究工作。按计划组织两次 38795 人参加的快递业务员职业技能鉴定全国统考。2017 年 5 月份，根据国务院常务会议关于职业资格改革精神，第一时间停止实施鉴定考试。同时，跟进国家和人社部政策，做好职业技能等级认定的研究工作。

开展技能大赛和人才选拔工作。首次举办全国邮政行业职业技能竞赛，共有 27 个省（区、市）的 2000 余名企业员工参加初赛，26 个省 12 个品牌企业的 70 名选手进入决赛，前 3 名获奖选手获全国技术能手荣誉称号。通过大赛，增强了行业企业对技能重要性的认识，激发了行业从业人员钻研新技术、掌握新技能、争创新业绩的热情。组织推荐 20 名优秀人才参加全国交通技术能手评选。

加快快递员等职业标准编制。广泛开展标准征求意见工作，修改完善标准文本。将快递绿色包装等内容纳入快递新职业标准。启动与新职业标准相对应的教材、大纲、题库建设工作，开展先期调研，组织编写教材。

四、管理人才队伍建设有序推进

加强领导干部队伍建设。坚持正确选人用人导向，落实“好干部”标准，严格任职资格条件和程序规定，突出把好政治关、品行关和廉洁关，选优配强各级领导班子和领导干部。坚持严管和厚爱结合，印发全系统领导干部异地交流任职相关问题暂行规定，组织新任职干部首次宪法宣誓，完善领导班子和领导干部考核评价机制，加强干部监督，积极营造风清气正的氛围。

有序组织干部挂职交流锻炼。丰富干部培养方式，优化干部成长路径，继续组织国家局机关和基层干部双向挂职锻炼。从机关司室选派干部赴国家信访局挂职锻炼。做好扶贫干部选派，形成挂职扶贫干部和驻村第一书记压茬交接的良好机制，凝心聚力推进精准扶贫。组织参加“中国年轻行政人员长期培养支援”项目（JDS），派出 2 名干部赴日留学。选派 5 名干部赴亚太邮联参加有关培训，国际化人才培养成效明显。

五、人才教育培训环境条件不断优化

加大干部培训力度。以需求为导向，以落实国家局工作部署为重点，国家局先后举办 24 个培训班，培训 1669 人次。选派 42 人参加“一校四院”培训和司局级干部专题研修。

创新干部培训方式。适应系统点多人少实际，举办系统处级干部任职培训班，探索共建学院提供干部教育培训支撑服务方式。依托中国国家人事人才培训网启动系统处级干部网络培训试点。

推进高层次人才培养。协调新增邮政管理和邮政工程两个目录外本科专业。推进现代邮政学院发展，在校生达1100余人。积极推进现代邮政教育联盟筹备，指导共建院校筹备首届“强邮论坛”。

加强行业职业教育。会同教育部联合遴选全国职业院校邮政和快递类示范专业点22个。指导召开全国邮政职业教育教学指导委员会工作会议、高职快递专业教学研讨会，组织开展高等职业院校邮政类专业教学标准制订和中等职业院校专业目录修订，协调推进快递教学资源库建设。

举办快递大学生双创大赛。会同教育部有关部门指导举办第二届全国“互联网+”快递大学生创新创业大赛，深化以创新创业教育为导向的行业人才培养模式改革。全国共有27个省（区、市）百余所高校选送300余件作品参评，决出金奖9个、银奖21个、铜奖70个、优秀组织奖10个。

遴选第二批全国邮政行业人才培养基地。研究起草全国邮政行业人才培养基地管理办法，遴选确定12所院校为第二批全国邮政行业人才培养基地，全国邮政行业人才培养基地总数达到18个。

六、人才发展相关工作统筹推进

研究推进快递从业人员职业保障。成立专项工作领导小组，制定印发工作方案，督促企业落实主体责任，稳步推进工作开展。会同人社部开展专题研究，组织召开多场企业座谈会和专家座谈会，进一步加强劳动保障管理和劳动标准方面的研究。

第七章　科技创新

随着我国经济的不断发展，城镇化进程快速推进，城市空间拓展、交通系统建设以及机动性需求的爆发式增长之间的矛盾日趋严重。为破解制约社会经济发展的交通问题，必须高度重视并充分发挥科技创新的引领和支撑作用。

交通运输行业始终瞄准国际交通科技发展前沿，在交通装备、交通信息化与智能化、交通安全和交通基础设施等方面的技术创新取得了重大突破，并取得了一批标志性的重大科技成果，极大地提升了我国交通运输业的核心竞争力和可持续发展的能力，发挥了科技对交通运输的支撑和引领作用。

第一节　科技管理与改革

一、积极推动构建综合交通运输科技创新格局

一是与科技部联合编制印发《"十三五"交通领域科技创新专项规划》(以下简称《专项规划》)。《专项规划》是交通运输部首次与科技部密切合作印发的专项科技创新规划，为推进综合交通运输科技创新融合发展提供了方向指导和根本遵循。该《专项规划》充分体现了以下四个方面的特点：(1)顺应了中央科技改革的要求，本次科技改革特别是中央科技计划管理改革要求统筹高效配置中央科技创新资源，打破条块分割，集中力量办大事。这就要求各部门各行业科技创新需求要统筹在国家科技资源中进行配置。编制一个体现各方需求的《专项规划》是高效配置科技创新资源的前提和基础。(2)体现了综合交通发展的方向，《专项规划》包括轨道交通、道路交通、水运交通、空中交通、综合交通运输与智能交通等交通运输主要模式和方向，阐述了2016年至2020年中国交通领域科技创新的重点任务及政策措施，是"十三五"时期中国交通领域科技创新工作的重要依据。(3)系统反映了交通创新的需求，《专项规划》主要从载运工具、基础设施、运营管理和创新能力四个方面，全面系统阐述了"十三五"时期各交通运输模式科技创新的需求和任务，体现了规划的完整性、系统性和全面性。(4)研判了交通科技发展的方向，在《专项规划》编制过程中，科技部、交通运输部、国家铁路局、中国民航局、国家邮政局等部门密切配合，组织大量行业内外专家，通过广泛调研和创新需求征集，深入开展科技预测，研判提出了交通运输科技创新发展方向将是：交通能源动力系统的电动化、高效化和清洁化；交通装备设计制造的轻量化、数字化和一体化；交通运输系统集成的智能化、网联化和协同化；用户消费需求的体验化、共享化和综合化。

二是与科技部建立了"科交协同"合作机制。

为顺应中央科技体制改革要求，构建新形势下部际合作工作机制，拓展部际合作空间，积极争取国家科技资源对交通运输科技创新支持，围绕交通运输部与科技部联合印发的《专项规划》主要任务布局，结合铁路、公路、水路、民航、邮政等行业科技创新实际需求，立足综合交通研究形成了《科学技术部 交通运输部关于促进“科交协同”的合作协议》（以下简称《协议》），将加强理念战略规划协同、加大科技研发投入、加快科研创新平台建设等7个方面构建部际合作机制，协议已于10月由科技部和交通运输部主要领导签订生效。《协议》的签署，为交通运输部争取国家科技资源对交通运输科技创新工作的支持奠定了良好的工作基础。

三是与国防科工局建立了“军民融合、协同创新”合作协议。为贯彻军民融合发展战略，促进交通运输领域军民融合创新发展，双方签署了《交通运输部 国防科技工业局关于促进军民融合协同创新的框架合作协议》，为促进交通运输与国防科技工业融合创新奠定了良好的工作基础。

二、深入推进行业科技体制改革

为贯彻落实中央科技改革有关精神和杨传堂书记、李小鹏部长的重要批示指示精神，积极响应行业有关单位特别是部属科研单位和科技人员需求，通过广泛调研，深入学习政策，加强组织协调，4月下旬研究出台了《交通运输部促进科技成果转化暂行办法》（以下简称《暂行办法》），该文件以科技成果转化为牵引，以暂行办法为载体，将部属科研单位和科技人员普遍关注的科技成果转化收益分配、科技人员兼职兼薪和离岗创业、绩效工资改革等政策在一个文件中予以体现，打通了政策“最后一公里”，使中央有关政策措施在行业管理中得到了体现与落实，真正实现了以科技创新为核心推动行业全面创新的目的。

三、积极推进“行业重点科研项目清单管理机制”和“行业重大科技创新成果库”建立

为促进“十三五”交通运输科技发展规划各项任务的顺利实施，更好体现政府鼓励支持的创新方向，强化行业各创新主体的协作，有效整合行业科技资源，促进科技成果转化，研究建立实施“行业重点科研项目清单管理机制”和“行业重大科技创新成果库”，从需求引领和成果管理两端加强统筹。

四、铁路领域科技管理情况

（一）胜利召开铁路科技创新工作会议

2017年7月3日至4日，国家铁路局召开组建以来首次行业性铁路科技创新工作会议，科学技术部党组书记王志刚、中国科学技术协会党组成员宋军出席会议并讲话，来自63家铁路行业运营、装备制造、工程建设、勘察设计企业和铁路相关科研机构、高等院校、学会协会的领导、代表，以及铁路领域的院士、权威专家学者参加会议。会议以“落实以习近平同志为核心的党中央关于科技创新的重大决策部署，总结交流铁路行业科技创新成果经验，着力搭建交流展示平台，推动铁路科技创新再上新台阶”为主题，大胆创新会议形式与内容，全面展示了铁路行业科技创新的成就。会上向多位院士颁发新一届国家铁路局专家委员会聘书，扩大了行业影响；颁发优秀工程（勘察设计）奖，展示了铁路相关重点企业的风采；精心组织15家参会单位代表就各自领域突出创新成果、发展趋势分析、重点攻关方向进行交流发言。通过这次会议，国家铁路局在转变政府职能，服务企业、服务市场、服务广大铁路科技工作者等方面进行了有益探索，积累了成功经验。

（二）完成铁路重大科技创新成果征集入库和铁路优质创新工程评选工作

国家铁路局紧扣行业科技管理的定位，制定了《铁路重大科技创新成果管理办法》，以宣传铁路重大科技创新成果，进一步鼓励和调动铁路科技工作者的积极性和创造性。通过加强对外宣传，积极沟通有关单位，2017 年共征集成果 710 项，按照规定程序，共评审出铁路科技项目 50 项、铁路专利 50 项、铁路技术标准 26 项、铁路科技论文 179 项入选铁路重大科技创新成果库。配合"砥砺奋进的五年"大型成就展、迎接党的十九大胜利召开，国家铁路局组织从已获得铁路优质工程（勘察设计）奖的重大成果中，遴选出苏州站等 10 项铁路站房工程、合福铁路铜陵公铁两用长江大桥等 10 项铁路桥梁工程、青藏铁路西宁至格尔木段增建二线关角隧道等 10 项铁路隧道工程，共计 30 项创新突出、质量精良、影响广泛且具有代表性的铁路优质创新工程。

入库的铁路重大科技创新成果和推选的铁路优质创新工程，充分展示了党的十八大以来中国铁路行业的非凡历程和辉煌成就，在科技创新方面具有标志性和代表性，代表了当前中国铁路科技的先进水平。

（三）国家科学技术奖励推荐工作再次取得丰硕成果

2017 年，国家铁路局推荐的中铁大桥勘测设计院有限公司总工程师高宗余获得全国创新争先奖奖章，西南交通大学院士翟婉明、教授何川获得全国创新争先奖奖状，中车株洲电力机车研究所有限公司院士丁荣军带队的"功率半导体器件技术研发与产业化创新团队"与其他团队整合获得全国创新争先奖奖牌，行业影响巨大。北京交通大学"复杂环境下高速铁路无缝线路关键技术及应用"获得 2017 年国家科学技术进步一等奖；石家庄铁道大学"高速运动刚柔相互作用系统非线性建模与振动分析"获得国家自然科学二等奖；北京交通大学"智慧协同网络及应用"等 2 个项目获得国家技术发明二等奖；中铁第四勘察设计院集团有限公司"高速铁路狮子洋水下隧道工程成套技术"等 4 个项目获得国家科学技术进步二等奖。中南大学"轨道车辆实车撞击试验系统"和中车株洲电力机车研究所有限公司"一种三电平双模式空间矢量过调制方法及其系统"两项发明专利荣获第十九届中国专利奖金奖；中国铁道科学研究院"不打孔式剪力传感器"等 11 项发明专利荣获第十九届中国专利奖优秀奖；长春轨道客车股份有限公司"车头（标准动车组）"专利荣获第十九届中国专利奖外观设计金奖；国家铁路局科技与法制司荣获第十九届中国专利奖优秀组织奖。2017 年度创新人才推进计划暨"万人计划"推荐 5 人，其中，北京交通大学教授秦勇入选创新人才推进计划科技创新领军人才，北京交通大学教授秦勇、闻映红和株洲中车时代电气股份有限公司副总工程师刘国友入选"万人计划"。

（四）加强课题研究

结合履职需要，组织修订《国家铁路局课题研究计划管理办法》，认真组织年度课题研究计划的编制，全年共安排 24 项课题研究，近 1000 万元经费预算。2015 年立项的《高速铁路运营速度综合评价研究》作为国家铁路局第一个重大课题于 2017 年结题验收，项目研究成果为中国高速铁路进一步提高运营速度提供了理论支撑。为推动高铁建设的快速可持续发展、推动高铁人才队伍建设、推动高铁相关学科建设，组织《高铁发展对经济社会的带动作用研究》《高铁发展对装备制造业带动作用研究》两项重点课题研究，严格履行政府采购有关程序，经竞争性磋商确定了承担单位。

（五）开展国家重点项目申报

推荐中国铁路总公司牵头承担的“重载铁路用高耐磨高强韧性钢轨关键技术研究与应用”项目通过科学技术部评审，列入“重点基础材料技术提升与产业化”重点专项。项目经费预算2689万元，执行期限为2017年至2021年。

五、民航领域科技管理情况

为构建更加高效的民航创新体系，2017年民航局认定首批14家民航重点实验室和工程技术研究中心，设立首个民航科技创新示范区，开工建设航空安全试验基地和民航运行大数据中心，制定了《民航科技创新“四型”科研院所评审办法》《民航科技创新“五大”基地评审办法》《关于推动民航产业技术创新战略联盟构建与发展的实施办法》。在人才政策方面，民航局出台了《民航科技创新人才推进计划实施方案》，为全社会共同参与民航科教创新工作创造了有利政策条件。

2017年，民航局运行监控中心组织研发完成“民航运行数据共享平台验证系统”，验证了民航运行数据在航空公司、机场、空管和民航局运行监控中心四大运行主体23家单位间实时交换与共享关键技术，是中国民航首次实现广域数据管理技术在实际运行环境下的大范围应用典型成功案例项目。此外，2017年，民航共验收科技成果20项，评选民航协会科学技术奖28项。

六、邮政领域科技管理情况

强化科技创新统筹规划，加强科技创新制度建设。全面梳理行业在服务智能化、生产自动化、协同信息化、运输高效化、运营绿色化和管理科学化六大方面应用技术研发需求，明确一批对行业发展有重大影响的关键共性技术，组织编制印发《邮政业应用技术研发指南》。开展行业科技成果评价体系研究，明确行业科技成果评价组织架构，建立科技成果评价指标体系和评价方法，引导各类企业和科研院所有效开展科技攻关。

第二节　重大科技创新

一、“十二五”在研国家科技支撑计划项目取得成效

“高海拔高寒地区高速公路建设技术”（简称“三高项目”）和“大跨连续桥梁智能监测和诊断评价技术”项目已于2017年5月4日顺利通过科技部验收，两项目研究成果得到专家一致认可，特别是“三高项目”各课题均达到国际领先水平，为青藏地区高速公路建设做好了技术储备。“区域物流资源共享服务平台研发和应用”已完成全部5个课题的验收，并已提交科技部申请项目验收。“道路铺面材料废物循环利用技术及示范”“深海遇险目标搜寻定位与应急处置关键技术开发与应用”“长江水运安全风险防控技术与示范”3个项目已完成预期研发任务，开展验收工作准备。

二、行业科研力量争取国家科研资源取得新进展

“危险品运输过程安全保障技术研究及示范”“道路交通安全主动防控技术及系统集成”“交通运输基础设施施工安全关键技术与装备研究”“深水协同应急处置技术及专用工具系统研究”“国际化绿色港口枢纽及多式联运关键支撑系统合作研发”“复杂环境下‘一带一路’城市智能交通系统构建技术”等9个项目顺利纳入2017年立项项目，项目总经费5亿元，其中国拨专项经费近1.7亿多元。同时，大连海事大学申报2017年度发展中国家技术培训班项目计划“人文海洋法律国际研修班”获科技部批准，实现了交通运输部该项目零的突破。“涉水重大基础设施安全保障技术”“水上应急救援关键技术研究及应用示范”“海上丝绸之路运输环境安全保障服务系

表 3-7-1　2017 年主要快递企业科技创新应用案例

项目	应用案例
无人机	邮政 EMS 无人机载重约 7 公斤，可通过手机 APP 遥控，投递速度提高近一倍，成本节约一半以上。已在广东、内蒙古投入使用。
	顺丰与赣州市南康区联合申报的物流无人机示范运行区空域申请获得批复，在成都双流自贸区建立物流无人机总部基地，是国内首个无人机支线物流运输项目。10 月，顺丰成为国内首家无人机运营试点企业，参与制定《物流无人机行业标准》。顺丰无人机载重 5-25 公斤，最大载重飞行距离 15-100 公里。自研垂直起降固定翼无人机载重超 200 公斤，运输距离超 1000 公里。
	韵达与多家供应商合作开发“小型垂直起降固定翼无人机”，进入测试阶段。
	京东无人机项目落地陕西省，获得国内首张覆盖全省范围的无人机空域批文。倾转旋翼无人机 VT1，主要应用在末端配送环节，飞行距离 200 公里以上，载重 5-15kg，与消费者直接对接末端收派件工作。
无人车	6 月，京东无人车在人民大学完成首单配送，可放置 5 件快件，承重 100 公斤，充电一次能走 20 公里，每小时配送 18 件快件。9 月，京东联合上汽大通推出无人轻型货车，为国内物流领域首次推出此类产品，已在交管部门指定路段内路试。
无人仓	韵达无人仓拥有数十台 AGV 起货调度车及两条无人包装线，可实现全程自动化。总部快运智慧仓在建，引进无人叉车技术。
	京东在上海嘉定区构建全球首个全流程无人仓，可同时存储商品 6 万箱。
自动化分拣仓库	苏宁在上海奉贤建设自动化分拣仓库，采用国际最先进的高密度自动存储软硬件系统，可胜任小件、中件、整托盘、整箱等不同形式商品的高密度自动存储。最少只需被触摸两次，避免反复搬运带来的损伤。
智能化分拣系统	中通广州花都转运中心的双层自动分拣系统，最大处理量达 7.2 万件 / 小时。
	圆通双层自动分拣系统可处理包裹 4 万件 / 小时，日均处理量达 150 万件。
	韵达自动化分拣流水线仅需扫码一次，分拣效率约 2 万件 / 小时，差错率低于万分之一，节省 40% 人力。
智能分拣机器人	邮政 EMS 在上海、武汉等使用 AGV 分拣机器人，日处理量超过 60 万件，形成业内最大机器人分拣规模。
	申通“小黄人”24 小时不间断分拣，可分拣 1.8 万件 / 小时，减少 70% 人工，每单快件平均时效至少缩短 3 小时。
电子面单	主要快递企业均使用电子面单，只需在手机上操作，再由快递员使用便携式打印机打印出电子面单。快递电子运单使用率达 80%。
其他创新应用	顺丰投放智能接驳柜，实现新型末端中转接驳模式。
	中通自主研发自动伸缩机，长达 16 米，可直接伸入 13.5 米大货车车厢内装卸快件。

统集成与应用示范”“大深度饱和潜水安全劳动强度及巡回潜水能力生理研究”“深海应急响应示范系统构建”“大吨位沉船整体打捞关键技术研究与装备研制”等9个项目顺利纳入2018年度国家重点研发计划相关重点专项申报指南，为后续争取国家科技资源支持奠定了基础。通过与工信部积极沟通，结合“十三五”相关装备建造计划，“智能船舶国际海事公约规则适用性及标准需求分析研究”“插桩式抢险打捞工程船开发”“大型深远海多功能救助船开发”3项任务纳入2017年工信部高技术船舶科研项目申报指南并通过专家评审，其中“智能船舶国际海事公约规则适用性及标准需求分析研究”已批复启动实施。

三、强化战略政策及新技术研究

一是按照部推进交通强国建设的有关部署，配合开展交通强国战略框架体系研究，并围绕“科技创新支撑交通强国建设”形成初步研究成果。同时，为推进《交通运输科技

“十三五”发展规划》（以下简称《规划》）任务全面落实，以科技创新支撑交通运输服务决胜全面建成小康社会、开启全面建设社会主义现代化国家新征程，研究形成《交通运输科技创新行动计划（2018-2020年）》《交通运输装备现代化行动计划（2018-2020年）》，对未来三年工作起到了引领作用。

二是配合中国工程院推进工程院年度咨询项目“交通强国战略研究”有关工作。同步推进部战略政策研究项目“交通运输创新发展战略研究”工作，形成中间成果，与工程院项目做到人员共用、成果共享。

三是组织开展前沿技术研究。积极推进自动驾驶、氢能源汽车、无人船舶、太阳能发电路面等前沿性技术研究。成立部自动驾驶专题研究组，积极推进自动驾驶技术健康发展。

四、多举措推动科技成果转化

一是组织推进2016年度立项的12项科技示范工程的实施。在西宁组织开展了“生态脆弱区公路路域生态环保科技示范工程”项目推进暨技术交流活动。

二是启动实施2017年度“安徽长江公路建设科技示范工程”“济南至青岛高速公路改扩建绿色科技示范工程”“汕湛高速公路惠州至清远段绿色建设科技示范工程”等12项科技示范工程。

三是组织完成2017年交通运输科技活动周系列相关活动，通过开展“送知识下基层”等活动突出科技扶贫主题，并组织开展交通行业全国科普讲解大赛选手推荐和优秀科普读物推荐。成功组织举办了第29-32期交通科技大讲堂，大讲堂进一步展示了智慧交通、绿色交通、综合交通与平安交通建设的最新科技进展，行业反响积极。

同时，民航方面积极推动科技创新成果转化，国产民机搭载北斗导航系统试飞成功，AG600大型水陆两栖飞机完成首飞等。制定《中国民用航空器追踪监控体系建设实施路线图》，积极推进民用航空器全球追踪监控体系建设。完成国内首次基于广播式自动相关监视接收（ADS-B IN）的增强目视进近演示飞行，落地间隔缩小到2.5海里。在新疆地区率先实施全区域广播式自动相关监视（ADS-B）管制运行。飞行平视显示（HUD）技术运用进入快车道，HUD特殊I类机场已有74个，特殊II类机场已有16个，8个机场实现了飞行平视显示跑道视程（HUDRVR）150米起飞，678架运输飞机已具备HUD运行能力。特性材料拦阻系统在攀枝花机场竣工验收。完成北斗导航系统在运输飞机上的首次试飞。开展云雾雷达、激光雷达等新技术验证，建成面向航空安全的气象大数据共享服务云平台。空管技术测试验证实验室获得国家认可，协助空管办完成多点定位系统等47个型号设备的合格审定测试工作，ADS-B地面设备全面实现国产化，集成塔台、基于性能的通信和监视、S模式雷达数据应用等研究工作加快推进。9个科技项目获得省部级奖励。新技术应用取得实效，新疆地区实现ADS-B管制运行，成都、西安等繁忙机场实现“双目”运行，北上广等44个塔台实现数字化放行，广州、北京连续爬升/连续下降运行成效显著。

邮政系统积极推进快递企业科技创新应用，无人机、无人车、无人仓、自动化分拣仓库、智能化分拣系统、智能分拣机器人、电子面单等新技术得以应用。

五、铁路领域重大科技创新情况

（一）复杂环境下高速铁路无缝线路关键技术及应用

2017年，由国家铁路局组织推荐、北京交通大学完成的“复杂环境下高速铁路无缝线路关键技术及应用”获国家科技进步一等奖，是该校历史上首次获此殊荣。无缝线路是消除了轨缝的长钢轨与其下部复杂结构共同适应热胀冷缩、保持强度与稳定性的线路，是保障高速线路高安全、高平顺、高可靠的核心技术。项目组在国家及相关部委支持下，历经十余年的理论与技术创新，形成了具有自主知识产权的复杂环境下高速铁路无缝线路关键技术及应用体系。该体系具有以下创新点：

1. 创建了复杂温度下高速无缝道岔精细化分析理论和技术，攻克了与复杂气候条件适应性难题，使中国成为高速通过性能优良、温度适应能力最强的高速无缝道岔制造国。

2. 创立了长大桥梁、高架站无缝线路协同分析理论与成套应用技术，突破了与复杂线下基础协调性难题，使桥长数百公里、跨度上千米的桥梁都可实现线路无缝化。

3. 研发了多手段智能融合的无缝线路系统实时在线监测及预警技术，实现了安全服役状态的可控性。

通过成套技术的研究，形成了从设计、制造、铺设到维护的无缝线路技术体系，真正实现了全线连续、高速、安全、平稳、舒适运行。项目成果应用于中国全部高铁项目中，并在国外铁路建设中得到应用。经国家有关部门鉴定“成果系统性、创新性强，整体达到了国际领先水平”，为中国高铁快速发展及“走出去”战略提供了重要支撑。

（二）轨道车辆实车撞击试验系统

国家铁路局组织完成了第十九届中国专利奖 4 项专利推荐报送工作，其中中南大学“轨道车辆实车撞击试验系统”荣获金奖，铁路行业也属首次。该发明专利提出了短距高能驱动、无损终止、大吨位测力、高速变形自适应捕捉四大关键技术，实现了车体耐撞安全评估，是国内唯一的轨道车辆实车撞击试验系统，完成国内所有轨道车辆耐撞性试验及评估。该技术专利显著提高了轨道车辆碰撞安全性，有效降低了乘员面临的生命危险，突破了高速车辆“走出去”耐撞性技术壁垒，助推高速列车从中国产品到中国品牌的转变，提升了中国机车车辆产品的国际竞争力。该专利技术在中车青岛四方机车车辆股份有限公司、中车长春轨道客车股份有限公司、中车株洲电力机车有限公司、中车唐山机车车辆有限公司等轨道交通装备企业及湘电集团有限公司等军工装备研发单位得到运用与实施，并成功应用于普速列车、高速列车、城轨列车、出口列车及国防装备。

此外，加快推进国家科技计划“先进轨道交通”重点专项。2015 年立项的“高速铁路运营速度综合评价研究”作为国家铁路局第一个重大课题于 2017 年结题验收，项目研究成果为中国高速铁路进一步提高运营速度提供了理论支撑。

六、邮政领域重大科技创新情况

推动科技成果转化应用。聚焦自动化分拣技术、大数据应用技术、无人机末端配送技术，组织科技专家深入基层开展实地调研和专题研讨，指导企业开展科技创新工作，着力推动大数据、云计算、物联网等先进技术以及无人机、“小黄人”分拣机器人等智能科技装备在行业的推广应用。

第三节　创新能力建设

一、交通运输科技创新基本情况

根据 2017 年交通运输科技统计结果（统计对象为公路、水运领域 114 个企事业科技机构），截至 2017 年底，两个领域的科技活动人员总规模达 43561 人，其中，高级职称 15004 人，占 33.6%；研究生学历 16817 人，占 37.5%。

2017 年，全行业共完成交通运输科研建设投资 13.4 亿元，共计拥有科研仪器设备 85577 台（套）。2017 年在研科技项目共计 6075 个，计划总投资

110.0 亿元，其中，新签科技项目 1582 个，计划总投资 23.5 亿元。

二、交通运输行业重点科研平台建设情况

2017 年，围绕推动综合交通运输融合发展，落实供给侧结构性改革任务要求，顺应“互联网 +”交通运输快速发展态势，服务国家战略和行业转型升级等重大任务，经深入调研、充分论证，在综合交通运输大数据、交通运输网络安全、智能车路协同、城市轨道交通运营安全管理、BIM 技术应用等领域认定建设了 30 家交通运输行业研发中心和 2 家交通运输行业重点实验室，中车集团、徐工集团等一批技术力量雄厚、研发实力强劲的企业成功入围，为行业科技创新注入了新的力量。行业重点科研平台总规模已达 137 个，包括 52 个重点实验室、48 个研发中心、19 个协同创新平台，以及 9 个国家工程实验室和 3 个国家工程研究中心，3 个国家重点实验室和 3 个国家工程技术研究中心。行业重点科研平台的布局更加合理，方向更加明确，覆盖更加全面，构成了行业科技创新的核心力量。

三、交通运输行业重点科研平台运行管理情况

加强管理制度建设。结合国家科技体制、预算管理改革要求，修订印发了《交通运输行业重点实验室管理办法》，进一步明确了各方管理主体职责，强化了考核评估和淘汰机制建设。研究制定行业研发中心评估实施细则。不断完善行业重点科研平台联席会议机制，在重庆召开行业重点科研平台主任联席会议，邀请中国工程院院士潘云鹤作了新一代人工智能的专题讲座。发挥行业重点科研平台创新主力军作用，组织开展科技扶贫、灾害应急处置等工作，积极服务行业发展。

积极推动科研基础设施和大型仪器设备开放共享。落实国务院有关要求，积极推动重大科研基础设施和大型科研仪器设备开放共享，完成部属单位在线服务平台建设，公开共享 526 台（套）大型科研仪器。启动行业重点科研平台大型仪器设备开放共享平台工程建设，打造交通运输行业科研设施和仪器设备开放共享服务网络。经过积极争取，交通运输部被列为首批国家重大科研基础设施和大型仪器开放共享考核评价试点单位。

积极培育国家级科技创新基地。根据《国家科技创新基地优化整合方案》，按照新的国家科技创新基地布局定位，结合交通运输行业基础条件，重点在国家重点实验室、国家技术创新中心、国家科技资源共享服务平台、国家野外科学观测研究站等方面，经过深入调研、充分沟通，梳理形成了国家科技创新基地培育方案，并多次与科技部基础司、创新发展司和国家发展改革委高技术司沟通对接，相关布局建议已纳入交通运输部与科技部签订的“科交协同”协议，为下一步争取国家级科技创新基地打下了基础。

四、海事智慧征管和风险防控

组织开展智慧征管、便捷支付试点，实现了手机银行、手机 APP、银行自助终端、银行柜台、微信等社会化缴费渠道全畅通。开发信息化系统，实现港口建设费征收风险自动识别、分级及预警。加强船舶大气污染物排放监管，配备船舶燃油快速检测设备，提高执法效率，降低检测成本，减轻船舶负担。

五、邮政领域创新能力建设

落实国家科技创新规划，加强行业创新能力建设。筹划邮政行业技术研发中心认定工作，组

织开展行业研发中心建设研究，引导骨干快递企业密切关注国家、省、市三级科技创新平台申报动态，圆通牵头承建“物流信息互通共享技术及应用”国家工程实验室获国家发改委批复，实现邮政行业在国家级实验室方面零的突破，创建成立南陵“全国快递科技创新试验基地”，填补行业科技创新基地空白。

第四节　信息化建设与网络安全

一、智能交通建设取得新进展

2017 年，交通运输部印发《推进智慧交通发展行动计划（2017-2020 年）》，加快云计算、大数据等现代信息技术的集成创新与应用；鼓励有条件的交通运输企业，应用大数据、云计算等技术，实现对场站、车辆、人员等运输资源的动态监测、优化配置、精准调度和协同运转；选择重点客运枢纽、港口，开展智能化示范应用。调查显示，已有 44% 的省份编制出台了本省的智能交通发展规划，37% 的省份正在编制当中，6% 的省份计划编制，13% 的省份未列入议事日程，如图 3-7-1 所示。

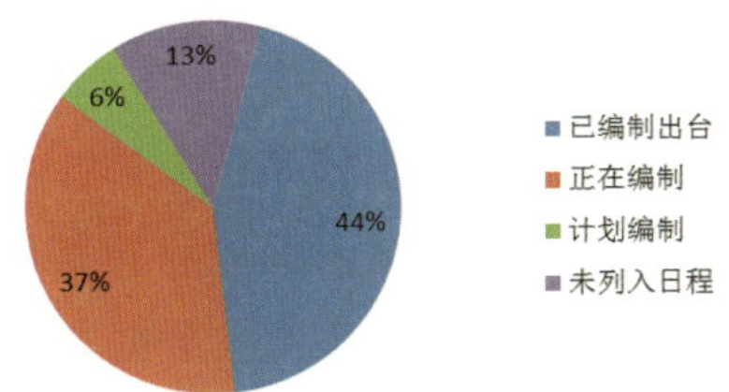

图 -7-1　2017 年智能交通发展规划制定情况示意图

注：数据来源于《2017 年中国交通信息化发展报告》。

调查显示，制定的智能交通发展规划范围涉及公路、水路、铁路、民航、城市交通、综合运输系统等多个方面，各种因素所占比重如图 3-7-2 所示。

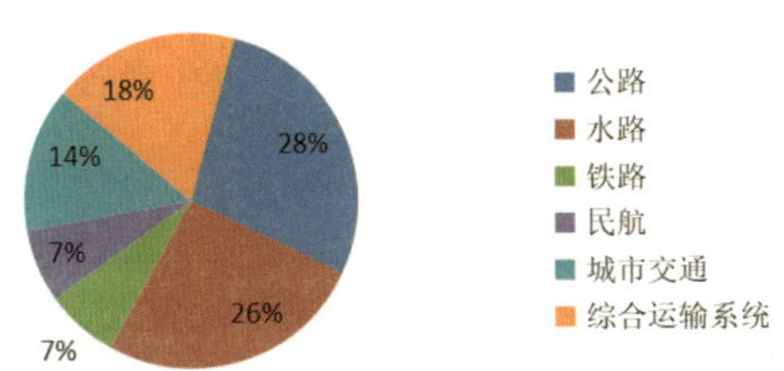

图 3-7-2　2017 年智能交通发展规划范围涉及因素比重图

注：数据来源于《2017 年中国交通信息化发展报告》。

就规划实施情况而言，调查显示，83% 的省份已建成全部子系统或已建成大部分子系统，仅有 17% 的省份还未开始实施规划。

调查显示，46% 的省份智能交通发展规划是省交通信息化规划的一部分，54% 的省份在这两者之间有部分内容的交叉。

就建设模式而言，92% 的省份子系统由各相关部门按规划要求自行建设，系统整合工作由厅承担；8% 的省份为专项建设。

二、网信工作统筹发展迈上新台阶

（一）网信工作统筹发展格局初步建立

为加强交通运输部信息化顶层设计，增强行业信息化建设的技术统筹力度，制定印发《国家综合交通运输信息平台总体技术方案》，形成以“五大功能、六个统一”为核心的综合交通运输信息化建设总体框架，推进国家综合交通运输信息平台建设。印发《推进智慧交通发展行动计划（2017-2020 年）》，明确基础设施智能化、生产组织智能化、运输服务智能化、决策监管智能化等四个方面 12 项任务，为推进智慧交通发展指明了方向。

（二）网信工作统筹管理机制渐趋完善

出台《交通运输部网信领导小组及办公室工作规则》，为领导小组及办公室有效履职提供了制度设计和机制保障。为加强部级层面信息化建设的统筹规范管理，印发实施《交通运输部部内信息化建设项目管理暂行办法》，按照加强统筹的思路，进一步完善部内信息化建设项目管理制度体系。

三、交通运输网络安全工作实现新跨越

围绕“建制度、明责任、抓管理、强技术”的基本思路，印发实施《交通运输部网络安全管理办法（试行）》等文件，推进部网络安全管理制度化、精细化、规范化。切实提升网络安全监测预警及应急处置能力，制定《交通运输部网络安全事件应急预案》，建设“交通运输网络安全评估和监测预警平台”，加强行业网站和互联网系统的“云安全监测”，充分发挥交通运输网络安全信息通报机制作用。启动行业网络产品和服务安全审查工作，统筹组织开展行业网络安全检查，开展了“交通运输部业务数据异地容灾备份系统”建设，大幅节约财政资金投入。

四、政务信息系统整合共享应用实现新突破

（一）大力推进行业信息资源共享

制定印发《交通运输政务信息资源共享管理办法（试行）》，改变了交通运输政务信息资源共享无据可依的历史。梳理形成了《交通运输政务信息资源目录（2017年版）》，共纳入信息资源523项，信息项6934项，无条件共享比例达40.4%，初步形成了行业重点信息资源的“总账本”。为指导行业科学编制信息资源目录，研究制定《交通运输政务信息资源目录编制指南（试行）》。推进部级交通运输信息资源交换共享平台建设，初步具备信息资源交换共享能力。制定印发《交通运输数据资源交换共享与开放应用平台省级工程建设指南》，全面推进部省联动的交通运输信息资源共享技术体系建设。制定《交通运输部政务信息系统整合共享试点实施方案》，研究提出交通运输部对公安、工商、海关等30多个部委171项信息资源共享需求。交通运输部列入国家第一批信息资源共享清单的旅游客运车辆基本信息和动态信息2项接口接入国家信息资源共享平台，提前完成了交通运输部试点任务。

（二）公共信息资源开放加快推进

“综合交通出行大数据开放云平台”（“出行云”平台）覆盖范围和影响力进一步扩大，已接入25个交通运输主管部门、41家互联网企业和科研机构开放数据112项，开放数据服务接口26项，数据量达7TB，覆盖地面公交、出租汽车、民航、水运、轨道交通等16大类，平台访问次数超过24万次，“出行云”平台开放理念和模式获得国家有关部门认可，交通运输公共信息资源开放走在各行业前列。

（三）交通大数据开放应用成果丰硕

“综合交通出行及旅游服务应用示范工程”纳入首批国家大数据示范工程。与国家旅游局联合制定《促进交通旅游服务大数据应用实施方案》，启动9个省交通旅游服务大数据应用试点。综合交通运输大数据应用中心发布《中国高速公路运行大数据分析》系列报告，联合菜鸟网络、高德、摩拜单车、ofo小黄车、途歌科技等互联网公司发布了《2017中国智慧物流大数据发展报告》《中国主要城市交通分析报告》《中国主要城市骑行报告》《中国城市共享单车信用体系评价报告》等交通运输领域大数据分析报告，引起社会和行业广泛关注和积极反响。支持贵州省“2017中国‘云上贵州’智慧交通大数据应用创新大赛”和广东省小

谷围互联网 + 交通运输创新创业大赛等多个创新活动。

五、新一代信息技术不断发展

（一）“互联网 +”技术应用发展

调查显示，截至 2017 年底，在行政执法、出行服务、行业监管、安全应急、决策分析、OA 办公、行政审批、基础设施管理、物流组织、交通支付、汽车维修市场服务、联网售票等领域已应用了“互联网 +”技术。“互联网 +”技术的典型案例介绍如表 3-7-2 所示。“互联网 +”技术的应用效果显著的领域包括：手机数据高速公路运行检测、行政执法、公众出行服务、安全应急等；效果一般的领域包括：移动 OA、基础设施管理、行业监管、决策分析、行政审批等。“互联网 +”技术应用存在的问题主要有：应用成本过高、专业人才缺乏，技术复杂、更新太快，存在隐私风险、缺乏合适的商业模式，用户需求产生快，缺乏持续更新优化保障机制等。（以上内容出自《2017 年中国交通信息化发展报告》）

1. 推进互联网 + 便捷交通发展

印发实施《智慧交通让出行更便捷行动方案（2017-2020 年）》促进“互联网 +”便捷交通发展，让百姓在智慧出行领域具有更多获得感。充分发挥 ETC 系统优势，累计发展 ETC 用户超过 6000 万。有序推进道路客运联网售票，全国二级及以上客运站联网售票率超过 90%。完善网约车监管信息交互平台功能建设，已接入首汽约车、神州专车、滴滴出行等 22 家平台公司数据。交通“一卡通”互联互通范围不断拓宽，初步实现京津冀、长三角、珠三角、长江经济带等多个区域，共计 181 个地级以上城市交通一卡通互联互通。汽车维修电子健康档案系统迅速推广，促进汽车维修市场透明、诚信发展。联网联控系统应用更加深入，不断夯实道路运输安全基础。

2. 促进互联网 + 高效物流发展

推进国家交通运输物流公共信息平台建设，不断优化完善平台建设方案，推动与骨干物流平台企业互联互通。深入推进无车承运人试点工作，加快无车承运物流创新发展。以港口智慧物流、危险货物安全管理为重点，开展智慧港口示范工程建设。

3. 推动互联网 + 交通政务服务建设

修订《交通运输部政府网站共建与政务公开工作绩效考评细则》，制定印发《交通运输部主动公开基本目录》，有效提升政务公开工作规范化水平。加强部政府网站群建设管理，做好政府网站日常监测和季度抽查。制定印发《进一步加强交通运输部政府网站建设工作方案》和《交通运输部政府网站公众留言处理实施细则》，推进“部政府网站群服务升级改造工程”，优化部网站留言反馈机制，完善智能问答系统和移动终端页面，开展“网站集约化建设专项行动”，海事、长航系统及部机关网站数量大幅减少，部管政府网站数量由 119 个归并整合为 21 个。部政府网站在 2016 年和 2017 年度全国政府网站绩效评估中，连续获得国务院组成部门第二名的好成绩。完成行政许可网上办理平台（二期）工程建设，实现行政服务事项的编码管理和信息同步更新公示。加强政务微信平台建设，加入腾讯企鹅号、今日头条号，加强与各省厅政务微信和行业新媒体的互动和协同，新媒体矩阵初步形成。建成全国跨省大件运输并联许可系统，提供一地办证、全线通行利企便民服务。深化水路运输建设综合管理信息系统（一期）应用，水路运输行政许可业务全部实现网上办理。加快交通运输信用信息管理系统建设，初步实现与全国信用信息共享平台和各省交通运输信用平台的对接，归集信用信息

表 3-7-2　应用“互联网 +”技术的典型案例

省厅	案例介绍
北京	公交实时信息发布系统、公租自行车信息发布系统、交通实时路况发布系统、电动汽车分时租赁。基于 pad 的路政巡查子系统，实现了路政案件的及时发现与处理，有效提高了路政执法业务的处置效率。基于 pad 的路政督查子系统，实现了市局对分局业务的督查，全面掌握分局许可、执法业务，形成了有效的监督和管理机制。北京交通 APP，为市民提供包括公交、地铁、省际客运、出租等多种方式的出行信息服务。通过搭建“互联网 + 出行信息服务联盟”，与互联网企业合作，服务广大市民出行。
河北	河北省高速公路出行信息服务网，可实现：出行前的信息查询，可查询起始点和目的地之间的实时路况，动态生成公众出行方案，公众可通过参考此方案知道自己出行信息；出行中的信息查询，公众可以查询当前实时路况，高速信息维护等信息，如果当前路段拥堵，系统还可以提供绕行方案，绕开拥堵路段；出行后的信息分享，公众可以将本次出行经历反馈给高速公路的管理者，以便做出改进；通过网站、微信、微博、手机 APP、广播电台等方式向社会公众提供路况信息服务。
辽宁	联网售票系统应用“互联网 +”技术，开通微信、手机 APP、网站等多种购票渠道，开通银联、支付宝等多种支付渠道，开通实名制购票乘车应用，乘客可通过互联网，在任意时间、任意地点获得班次查询、购票、退票、改签等出行。
江苏	与百度公司开展公众出行信息服务领域的政企合作，一年多以来，基于百度地图发布了全省高速公路路况事件和拥堵信息、关键节点和跨江大桥的视频快照，所有设区市均实现基于百度地图提供实时公交信息服务。
浙江	开展 360 公里电子航道图制作及矢量数据管理，矢量化浙江港航航道测绘数据，提供电子航道图产品管理和服务，实现电子航道图与地图数据融合；电子船铭牌应用，实现安装电子船铭牌的船舶动态实时管理。
福建	出行助手 APP 通过整合市场上在公众出行方面优秀的信息产品，为广大群众提供我省交通出行“一站式信息服务”，全面整合了公交出行、客运出行、高速路况、城市路况、路径规划等交通运输数据，帮助公众合理规划出行，减少等待时间，提升出行的舒适度，提供“一站式”出行信息服务。交通综合执法信息系统的建设继续深入推进，费用处结子系统通过初步验收，该子系统为交通综合行政执法处罚款和交通“赔补偿款”提供的网上电子缴款方式，实现随时随地钱款缴纳，方便群众办事，并与省财政非税系统对接，采用直接缴库（户）的方式缴纳非税收入资金，实现非税收入征收管理工作规范化、科学化、便捷化。
河南	“畅行中原”微信服务平台、高速公路收费移动支付系统、省道路客运联网售票平台。
湖北	建成湖北交通运输网上审批平台，与省联审平台、部级并联许可平台对接，42 项行政许可事项已实现在线办理，方便了老百姓办事，提升了工作效率和服务水平。
广西	广西一卡通乘车二维码，全区 8 地市实现扫描一卡通乘车码搭乘公交车、八桂行 APP 实现了用户在线充值、激活。
四川	四川交通运输网上审批服务平台：省级行政审批事项全部实现网上申请、办理，并接入省一体化政务服务平台，实现“一网通办”，其中大件运输与道路运输许可实现“全程网办”、“审批不见面”。全年有 7 万多件行政许可事项通过互联网申请，占比 93.2%。道路客运联网售票系统：通过集成全省道路客运信息，为广大社会公众免费提供在线汽车余票、时刻表、汽车站信息查询，网上购票以及在线咨询等综合性服务。
贵州	利用大数据和互联网 + 理念开发的贵州省农村客运出行服务平台，系统会根据乘车人所在的位置、乘车路线、乘车人数等进行分析，合理安排相应运量客车及集中乘车点，出行者只需要通过手机 APP 下单，即可实现快速合理的配车。小件快运服务，能通过客运车辆“捎带”，让农村老百姓享受到电商带来的便利生活以及通过快速、便捷的物流实现农货出山。另外“通村村”还可以实现呼叫班车、出租车，定制包车，查询公交等一系列服务。
陕西	陕西省道路运输第三方安全监测平台，对全省 687 家运输企业所属的 24347 辆“两客一危”营运车辆进行 365 天实时动态监测。陕西省道路客运联网售票项目，实现了全省 84 家客运站网上售票，同时“联通一家试运行一家”，去年全年试运行期间，已经为公众提供了 20 余万的客票网上购买服务，具备了上线运行的条件。
甘肃	省交通科技通信中心对全省高速公路、国省干线的路网运行情况进行实时监测与分析，并通过“甘肃交通 12328”微信公众平台及时发布全省路网的实时路况、计划施工、突发事件、道路管制、服务区等信息，提醒广大群众合理安排出行。
青海	“互联网 + 安全”管理系统：加强建设过程中的安全监管，全程管控施工过程中的人、物、环境、管理上的安全隐患，改变了传统的工程建设安全管理模式，使施工过程中的安全处于可控状态，有效提升了现场安全管理者对隐患排查和隐患管控的能力。“夏都行”手机 APP、公众出行信息服务网站、西宁交通微信公众服务平台等多种服务手段，向公众提供城市道路实时路况、公交查询、公路客票和交通资讯等综合交通信息服务，利用出租车服务管理平台提供失物查询服务。
宁波	2017 年 4 月底，宁波交通委微信公众号正式上线，提供了公交车、自行车网点信息查询等个性化服务，截至 2017 年底，微信公众号关注数已达到 81904，累计发布信息 190 条。

注：该表内容来源于《2017 年中国交通信息化发展报告》。

表 3-7-3 应用云计算和大数据技术的典型案例

省厅	案例介绍
北京	为汽车租赁行业企业提供基础性运营管理软件云服务，支撑租赁企业对门店、车辆台账、租赁合同、租还车手续、承租人身份核实信息化管理，目前已有用户企业近百家；推进全市汽车租赁企业运营数据以及租赁车辆 GPS 数据接入运输管理信息系统，运用大数据技术对行业发展、管理政策落实、车辆运行特征进行监测和分析，为行业监管与管理决策提供支持。
河北	基于云计算平台和 hadoop 架构的大数据处理技术提升对路况、通行量、收费等数据实时分析处理能力。
江苏	基于交通量监测和浮动车数据，应用大数据技术开展出行行为分析，通过分析城市间的 OD（交通出行量）出行量来反映城市间的联系强度，分析出行目的来反映都市圈中各个城市的功能协调，通过分析通勤人群和距离来反映城际通勤的内生动力，分析出行方式和阻抗来反映城际交通枢纽和通道的服务能力。基于综合交通枢纽内部采集的手机信令信息，周边的交通流数据，应用大数据技术重建枢纽集疏运评价指标体系。
浙江	手机数据高速公路运行检测：利用移动手机运营商提供的建设于高速公路沿线的手机基站中的手机大数据，结合阿里巴巴公司的阿里云平台，采用云计算技术完成 1300 余公里高速公路运行状况检测；公众出行服务：利用阿里巴巴公司的阿里云平台，建设“浙江交通”网站，为社会提供出行服务。
湖北	基于 NOSQL 存储“两客一危”重点营运车辆卫星定位数据，实现海量数据的秒级查询，为后续重点营运车辆动态监管和分析决策功能提供了技术保障。
广西	广西交通运输数据中心省级云计算中心对各运输企业客运实载率进行分析，从而实现对客运班线的有效监管。
贵州	贵州省公路水路安全畅通与应急处置系统工程结合交通运输部“互联网 + 交通”的战略布局，建设完成公路水路安全畅通与应急处置系统平台，系统总体运行架构为“宏观把握、细节探求、微观执行和重点关注”，通过以用促建、建用结合的方式稳步推进项目推广应用。
云南	利用大数据技术建设了运行监测平台，出行服务平台。
甘肃	甘肃省交通运输行业数据资源交换共享与开放应用平台的建设案例：平台从交通运输行业专属云计算平台、标准规范体系、信息资源划及数据工程、数据资源交换共享与开放应用平台、数据中心、网络接入、数据安全防护和运行维护体系共八个方面进行建设，实现汇聚整合行业资源，规范行业信息化建设标准、实现数据交换共享和提高统计分析能力的目的，对于省交通行业智能化建设具有重要意义。
青海	西宁市交通拥堵指数实时监测平台，该平台对全市出租车的浮动数据分析得出交通拥堵指数，实时反映全市路网交通运行状况，从而动态掌握全市路网运行的总体情况和特征，评判西宁市综合交通运行状况。

注：该表内容来源于《2017 年中国交通信息化发展报告》。

3000 余万条，其中黑名单数据达 1100 余万条。海事“两平台”注册用户 52.6 万余人，集成系统 30 余个，船员“口袋工程”服务船员数达到 131 万。完成救助飞行管理系统工程（一期）阶段性建设，实现飞行航务、机务维修、航空安全等救助飞行业务的电子化管理。公安、搜救等领域重点信息化项目有序推进。

（二）云计算和大数据技术应用发展

调查显示，截至 2017 年底，在行政执法、出行服务、行业监管、安全应急、决策分析、OA 办公、行政审批、基础设施管理、资源整合、信用管理等领域已应用了云计算和大数据技术。技术的应用效果显著的领域包括：手机数据高速公路运行检测、公众出行服务、行政执法、决策分析等领域。应用云计算和大数据技术的典型案例介绍如表 3-7-3 所示。有 59% 的省份已建立了云平台，其中，贵州省建立了云上贵州七朵云之一的“交通云”；河南省建立了河南省交通运输厅云计算平台；甘肃省建立了甘肃省交通运输行业数据资源交换共享与开放应用平台；广西壮族自治区建立了交通运输云数据平台；江苏省建立了交通地理信息云服务平台；四川省建立了四川政务云交通云整合平台。在已建立云平台的省份中，82%的省份采用自建方式，18%的省份采用租用方式。在自建云平台的省份中，71%的省份采用IASS（基础设施即服务）模式，7%的省份采用PASS（平台即服务）模式，7%的省份采用SASS（软件即服务）模式，15%的省份采用IASS、PASS联合部署模式。在未建立云平台的省份中，62%的省份有计划建设云平台，其中，有40%的省份打算采用自建方式。云计算和大数据技术应用存在的问题主要有：技术复杂、更新太快；应用成本过高；存在保密或隐私风险；缺乏合适的商业模式；数据资源短缺；缺乏政府购买服务政策；跨行业数据共享不顺畅等。

六、海事信息化建设与网络安全保障

成立交通运输部海事局网络安全和信息化工作领导小组，强化海事网信工作的领导决策和协调管理。启动建设海事综合监管指挥系统，推进海事系统共享数据库建设工程实施，完成了信息综合分析系统、资源和目录管理系统、主数据管理系统建设部署，完成了海事共享数据库项目单项验收，明确了对直属海事局和地方海事局数据下发的软硬件配置要求，制定共享数据规范，为海事内部业务协同和外部应用提供数据支撑。

完成“一带一路”峰会、厦门金砖会晤、党的十九大等九个重点时期网络安全保障与应急值守工作，实现了网络安全零事件。组织直属海事系统网络安全攻防对抗和应急演练活动，提升海事系统网络安全事件应急处置能力。完成直属海事系统互联网网站整合工作，关停直属海事系统互联网网站72个。启动开展海事信息系统顶层设计修订及实施方案和海事应急辅助指挥系统试点工程评估及建设规范等项目研究。

七、民航信息化建设与网络安全

民航全面推进诚信文化建设的航空安全大数据平台建成运行，实现对运输航空公司全覆盖。

民航空管方面积极推进《中国民航局与中国气象局共同推进航空气象发展战略合作协议》相关内容的落实，与中国气象局合作搭建了面向航空安全和效率的气象大数据共享与服务云平台。该平台实现了民航与国家气象部门气象信息的共享，为服务主体提供丰富的气象大数据在线服务，有效提高了气象信息获取的便捷性。贯彻落实互联网+便捷交通要求，积极推进“民用航空器空中接入互联网示范工程”。

民航空防安全方面，召开民航安保科技信息化工作会议，推广深圳“大数据、互联网+”试点经验。完成投资2.3亿元覆盖全行业的民航安全保卫信息系统立项。加大科技信息化工作力度，推广应用人脸识别等新技术，充分运用大数据比对分析，提升预警预知预判能力，在反恐工作中，初步发挥重点人航班预警效应。

民航空管系统加强网络安全风险防控，推进“互联网+信息共享”。推进财务信息化建设，规范固定资产投资项目管理，加强航空性收入管理。

民航运行信息监控能力提升取得重大突破，航空公司、机场、空管和民航局运行监控中心等23家单位共同签署《民航运行数据共享协议2017版》，利用民航运行数据共享平台实现了8大类152项数据的交互与共享，填补了民航行业没有统一信息交互平台的空白，回应了多年来航空公司和机场对此的呼声，为民航局未来有效掌控全行业数据奠定了基础。

八、邮政信息化建设与网络安全

持续加强邮政业信息化和网络安全标准建设，制定《邮政业信息系统安全等级保护定级指南》和《邮政业信息系统安全等级保护基本要求》

等行业技术标准规范，指导行业各单位开展等级保护定级工作。加快推进国家邮政局信息化基础设施建设，启动“邮政业安全生产监管信息化工程”，建立健全邮政数据资源管理体系，完成与国家政务信息共享平台的对接。加快推进行业管理系统和自身能力信息化建设。

加快推进互联网＋政务服务建设。依托政务信息公共服务平台建设，进一步深化互联网＋政务服务，优化快递业务经营许可管理信息系统，充分运用信息化手段解决企业和群众反映强烈的办事难、办事慢、办事繁的问题。

不断完善网络安全管理体系。明确关键基础设施网络安全责任，组织开展安全防护和加固工作，加大对数据安全的管控力度。指定专人对政府网站信息内容和安全运行负责，建立24小时值班制度，及时处理突发事件。修订完善《国家邮政局网络安全事件应急预案》，强化网络安全监测预警和应急处置。高质量完成国家重大活动期间网络安全保障工作。

第五节　标准体系建设

一、聚焦中心工作，优化完善标准体系

2017年，在综合交通运输、安全应急、运输服务、绿色环保和信息化等重点领域，发布国家和行业标准160项。在综合交通运输方面，发布《旅客联运术语》《旅客联运服务质量要求 第1部分：空铁旅客联运》《多式联运货物分类与代码》等11项标准；在支撑国家“重大战略”实施方面，发布《跨区域交通出行服务信息交换》国家标准，推动三地联合发布《高速公路智能管理和服务系统技术规范》等3项地方标准；在安全应急方面，发布《道路交通标志和标线》《客运班车行李舱载货运输规范》等14项标准；在智能驾驶和车路协同方面，发布《智能运输系统 车辆前向碰撞预警系统 性能要求和测试规程》等标准；在交通信用体系建设方面，发布《公路水路建设与运输市场信用信息分类编码与格式》系列标准4项；在服务绿色发展方面，发布《港口码头水上污染事故应急防备能力要求》等标准。

二、强化标准实施监督，着力提升产品质量

落实“双随机，一公开”抽查要求，建立交通运输产品质量监督抽查检测机构、抽查对象以及监督抽查人员信息库。针对道路运输车辆北斗导航车载终端等6类产品，会同北京等10个省份开展产品质量行业监督抽查，完成445个批次、3869件（个）产品抽查和检测任务，督促一批不合格产品生产企业加强整改，保障工程和服务质量。

三、国际标准制修订取得重要突破

由中国主导编制的首个智能运输国际标准《智能运输系统 支持ITS服务的便携终端应用 第1部分：通用信息与用例》发布实施，《智能运输系统 陆地移动通信接入 演进通用陆地无线接入网络 第3部分：车联网》获得ISO批准立项，标志着中国在智能交通领域成为国际规则制定者。《挖泥船 分类》《挖泥船 术语》国际标准草案已获得投票通过。集装箱、疏浚装备监控系统等国际标准制定工作稳步推进。

四、邮政业标准体系建设

完善邮政业标准体系，支撑行业健康有序发展。围绕邮政业绿色包装、与关联产业协同发展、冷链服务质量管控、处理场所建设等重点领域制定相关标准，发布《邮政业封装用胶带 第1部分：普通胶带》《邮政业封装用胶带 第2部分：生物

降解胶带》《快递服务制造业信息交换规范 第1部分：仓配一体化》《快件航空运输信息交换规范》《冷链快递服务》和《快递处理场所设计指南》6项行业标准。

第六节　创新人才培养

一、组织完成了2017年度行业科技创新人才推进计划评审工作

为尽早明确行业向科技部推荐申报国家创新人才推进计划，提高申报成功率，2017年4月，启动实施了行业科技创新人才推进计划申报工作，经形式审查后，再经遴选专家认真评审，遴选出了钱国平等10名领军人才，海上交通安全空间信息技术等5个创新团队，以及港口与航道工程基础设施建养技术创新人才培养示范基地等2个示范基地，并正式公布。结合科技部开展相关工作的通知安排，推荐5名领军人才、1个创新团队和1个示范基地，申报国家创新人才推进计划。

二、一批重大科研成果获国家级科技奖励

按照国家科学技术奖励工作办公室有关部署和要求，组织完成了2017年国家科技奖励推荐申报工作。“山区大跨度悬索桥设计与施工技术创新及应用”“深水板桩码头新结构关键技术研究与应用”“季冻区高速公路抗冻耐久及生态保护关键技术”3个项目获得国家科技进步二等奖，实现了突破。按照《国家知识产权局关于评选第十九届中国专利奖的通知》部署，组织开展了第十九届中国专利奖推荐。“滑道井字梁水下安装与自动调位一体化装置”“一种利用分子自组装技术制备混凝土减水剂的方法”“基于路面图像的破损数据自动识别准确率的校验方法”3个项目获得中国专利优秀奖。

三、邮政业创新人才培养

着眼行业创新发展需求，培养行业创新人才。定期出版行业科技动态月刊，在行业主流媒体开设科技专版，加大前沿科技宣传报道，营造崇尚科技创新良好氛围，指导中国快递协会筹划行业科技成果评选，鼓励科技人员积极投身创新工作。组织推荐行业科技人员参加第十五届中国青年科技奖候选人、全国创新争先奖先进个人以及全国交通运输青年科技英才评选，7人被评为全国交通运输青年科技英才。

四、信息化人才队伍建设基本状况

据统计，截至2017年年底，被调查的部分省份信息化技术人员总数（含兼职）3666人；2017年部分省厅信息化职能部门主持开展的技术培训总计达5225人次。如表3-7-4所示。

表3-7-4　部分省份2017年信息化人员总数及技术培训情况

省份	人员总数（人）	培训次数（人次）
北京	100	-
河北	212	0
辽宁	200	150
江苏	31	130
浙江	200	500
安徽	200	300
福建	900	300
河南	156	350
湖北	490	100
广西	75	370
重庆	75	205
四川	200	370
贵州	160	300
云南	200	1300
西藏	10	4
陕西	177	372
青海	52	300
新疆	65	52
宁波	21	40

注：“-”表示具体数字未统计。（该表内容来源于《2017年中国交通信息化发展报告》）

第八章 安全监管与应急处置

第一节 交通运输安全生产

一、2017 年安全生产工作基本情况

全年，交通运输部以“平安交通”建设为统领，狠抓工作落实，实现了事故总量、死亡人数双下降。按各领域统计口径，公路水路行业共发生安全生产事故 300 起、死亡 875 人，同比下降 10.3%、5.4%；但是重特大事故起数显著上升，共发生重大事故 8 起、死亡 95 人，同比上升 60.0%、58.3%；特别重大事故 1 起、死亡 36 人，同比持平和上升 2.9%。

铁路运输领域：全年未发生特别重大、重大铁路交通事故，铁路交通事故死亡人数比上年下降 3.6%。

道路运输领域：发生较大以上等级行车事故 121 起、死亡 609 人，同比下降 11.7%、4.5%，占公路水路行业事故总量的 40.3%、69.6%。其中，重大事故 7 起、死亡 95 人，同比上升 75.0%、58.3%；特别重大事故 1 起、死亡 36 人，同比持平和上升 2.9%。

民航运输领域：民航安全形势平稳，全行业未发生运输航空事故，运输航空百万小时重大事故率十年滚动值为 0.015（世界平均水平为 0.175）。发生通用航空事故 6 起，死亡 4 人。全行业安全生产“一盘棋”的协同机制更加健全，生产运行和安全保障的联动性明显增强，全年未发生不接收航班备降以及“紧急油量”等事件。

水上交通领域：发生造成人员死亡失踪的运输船舶事故 125 起、死亡失踪 190 人，同比下降 15.5%、6.4%，占公路水路行业事故总量的 41.7%、21.7%。其中，重大事故 1 起、死亡失踪 10 名渔民（按规定人数不计入交通运输部统计）；未发生特别重大事故。

铁路工程建设领域：及时在全国范围开展了安全生产大排查，全面摸排各建设项目的高风险工点，督促落实风险防控措施。发布《复杂地质条件下铁路建设安全风险防范若干措施》。2017 年，铁路建设工程安全生产形势总体稳定。

公路水运工程建设领域：发生造成人员死亡的一般事故 44 起、死亡 66 人，同比增加 5 起、减少 1 人，占公路水路行业事故总量的 14.7 %、7.5%。未发生重特大事故。

港口生产领域：发生造成人员死亡的一般事故 10 起、死亡 10 人，同比减少 5 起、7 人，占公路水路行业事故总量的 3.3%、1.2%；未发生较大以上等级事故。

二、主要做法及成效

（一）认真落实党中央国务院决策部署

及时召开交通运输部部党组会、部务会，6 次安委会会议和 3 次全国安全生产视频会议，认真学习领会习近平总书记关于安全生产工作的重要思想，落实中共中央国务院安全生产领域改革发展意见，制定交通运输部实施意见，明确 31 项

重点任务，按计划完成年度工作。完成国务院危险化学品安全综合治理方案、安全生产“十三五”规划和“十三五”平安中国建设规划的任务。

按照国务院统一安排和部署，开展对省级政府安全生产考核和安全生产大检查。持续开展平安交通“6+1”行动，突出党的十九大、金砖国家峰会、春运、两会、“十一”等重点时段的安全监管，强化季节性安全和应急工作。

（二）大力开展平安交通专项整治

交通运输部部署专项整治行动，明确 8 大重点领域整治内容和工作要求，组织督促检查和“回头看”，各部门、各单位结合实际，细化措施，狠抓落实。

专项整治，开展港口危险货物安全监管职责情况专项督查，推动集中区域风险评估。开展突出问题整治，曝光违规行为。

公路安保和治超领域，开展公路安全生命防护工程和危桥改造督查，会同公安部开展规范公路治超执法专项整治，实施失信联合惩戒。

铁路建设工程领域建立了铁路工程质量安全工作机制，出台了加强隧道施工安全、在建工程地质灾害防范等措施规定。开展铁路工程质量安全监督检查，对铁路项目开工建设、前期工作进展情况、落实施工方案进行专项稽查督查。

公路水运建设工程领域，组织公路水运建设工程质量安全隐患大排查大整治和电气火灾综合治理专项活动。

（三） 强化治理能力建设

强化安全生产责任落实。印发安全生产监督管理工作责任规范导则和考核评价办法。指导有关港政部门进一步明确港口危化品监管职责。深化安全监管体制改革。推进交通运输综合行政执法改革，与中编办等部门联合下发《关于深化港航公安机关管理体制改革方案》。建立健全法规制度和标准规范。修订《海上交通安全法》《内河交通安全管理条例》，出台《港口危险货物安全管理规定》《公路水运工程安全生产监督管理办法》《公路水路行业安全生产信用管理办法》《长江干线水上交通安全管理特别规定》等规章制度。

国家铁路局在行业监管方面，实施铁路安全监督管理、铁路设备质量安全监督管理、工程建设质量安全监督管理。与国家安全生产监督管理总局、中国铁路总公司联合印发《关于开展京广高铁安全专项督导检查的通知》。与国家有关部委联合发布《禁止携带物品目录》《危险化学品目录》《关于加强物流安全管理工作的若干意见》。印发《铁路安全生产“十三五”规划》《贯彻落实〈中共中央国务院关于推进安全生产领域改革发展的意见〉实施办法的通知》《国家铁路局关于开展 2017 年汛期防洪监督检查的通知》《国家铁路局关于加强铁路安全生产源头质量控制和安全准入工作的指导意见》《复杂地质条件下铁路建设安全风险防范若干措施》等，强化了铁路领域的安全治理能力。

民航局修订了《民用航空运输机场航空安全保卫规则》《公共航空运输企业航空安全保卫规则》等 5 部规章，印发了《正确处理好安全与正常的关系，争取航班正常率有大幅提升工作任务分解表》《中国民用航空局关于印发提升应急处置能力工作方案的通知》《关于进一步明确危险化学品航空运输临时存放安全监管有关问题的通知》等一系列文件，强化了安全生产运营的治理能力。

国家邮政局出台《关于推进邮政业安全生产领域改革发展的指导意见》，修订了《邮政行业安全监督管理办法》《邮政业突发事件应急预案》，推动制定《邮件快件实名收寄管理办法》，出台《邮政业安全信息统计和报告管理办法》等一系列文件，印发推进邮政业安全生产领域改革发展的指导意见。建立健全了寄递渠道安全管理联动机制，实施综合治理和属地化管理，确保重大活动、生产旺季寄递渠道安全畅通和行业的稳定发展。

积极推进安全生产标准规范制修订。推进风险管理和隐患治理双重预防机制建设。出台安全生产风险管理和隐患治理办法，以及公路隧道、港口危险货物储存、水上客运、港口建设等重点领域风险隐患判定指南。深刻汲取事故教训，印发《公路水路行业安全生产事故典型案例举一反三汲取教训工作方案》。强化国际交流，参与有关国际规则的制修订，在国际会议上提交相关议案。

（四）加强安全生产基础建设

投入建设资金 170 亿元，完成公路生命防护工程 14.6 万公里、改造危桥 3543 座、实施灾害防治工程 741 公里，超额完成年度目标。加强南海安全通信和测绘力量建设，推进北斗导航系统应用和 AIS（船舶自动识别系统）+ 建设，继续加快津冀海事监管设施建设。民航安全保卫系统投资 3.2 亿元，强化安全基础；完成 391 家企业安全保障财务考核，督促加大安全投入，增强安全保障能力；初步完成机场安全监管系统建设，并在西南地区管理局开展试用工作，为后期在全国范围内推广使用奠定基础。国家邮政局启动“邮政业安全生产监管信息化工程”，建立健全邮政数据资源管理体系。

（五）加强宣传教育和培训

大力实施从业人员安全素质提升工程。组织开展“安全生产月”、安全生产法宣传周、消防宣传周、水上交通安全知识进校园等活动。制作安全生产事故教育警示片，出版《举案说法》和典型事故案例评析教材。举办安全生产培训，联合公安部开展大型客货车驾驶人职业教育，组织实施企业主要负责人和安全管理人员考核。

国家铁路局组织铁路行业紧扣“全面落实企业安全生产主体责任”这一活动主题，广泛深入地开展了“安全生产月”和“安全生产万里行”活动。

第二节 工程质量监督

一、打造“品质工程”

为贯彻落实《中共中央国务院关于开展质量提升行动的指导意见》，深化供给侧结构性改革，坚持高质量发展，交通运输部全力推动打造公路水运“品质工程”。品质工程是体现以人为本、本质安全、全寿命周期管理、价值工程等理念，践行现代工程管理发展的新要求，追求工程内在质量和外在品位的有机统一，以优质耐久、安全舒适、经济环保、社会认可为建设目标的公路水运工程建设成果。

2017 年 2 月 28 日，交通运输部在浙江省玉环县组织召开“全国公路水运品质工程现场推进会”。全国各省级交通运输主管部门有关负责人等共 130 余人参加会议，交通运输部何建中副部长出席会议并作了题为“以打造品质工程为引领努力推动我国公路水运建设工程质量安全水平迈上新台阶”的重要讲话。

2017 年 3 月，各省级交通运输主管部门积极部署开展示范创建工作，组织成立“品质工程”领导小组，结合本地区工程建设实际与项目特色，探索建立品质工程示范创建工作方案，确定了一批省级示范创建项目。截至 2017 年底，27 个省（自治区、直辖市）先后编制并印发品质工程创建工作实施方案，确定了132个省级品质工程示范创建项目，其中高速公路项目59个，其他等级公路项目40个，特殊独立大桥13个，水运工程项目20个。

2017年，交通运输部将“公路水运‘品质工程’示范创建相关工作”纳入督查内容，对北京、河北、青海、黑龙江等10余个省（自治区、直辖市）组织开展了公路工程建设质量安全综合督查，共计督查公路工程项目20个，累计建设里程约1400公里，深入了解各地品质工程创建相关工作开展情况和制度文件落实情况。

2017年12月，交通运输部印发了《公路水运品质工程评价标准（试行）》，建立健全创建机制和评价体系，以部级品质工程项目和省级品质工程项目两个等级作为品质工程评价结果，组织开展品质工程示范创建评选，重点培育一批示范创建项目，树立行业标杆。

同时，为创造良好的舆论氛围，宣传品质工程理念，通过行业主流媒体、微信公众号，定期发布文件解读、专家观点及典型创建项目的经验。2017年，连续刊发品质工程专刊60余篇。

二、工程质量监督指导

修订印发《公路水运工程质量监督管理规定》。印发《交通运输部办公厅关于加强公路水运工程质量安全监督管理工作的指导意见》，提出加强公路水运工程质量安全监督管理工作的具体举措。一是继续加大工程质量安全督查力度。公路方面完成10个省、水运方面完成5个省的督查。印发2017年公路水运工程质量安全督查通报。二是对冬奥会重大交通保障项目北京、河北在建工程开展质量安全指导，并对项目相关技术人员开展培训教育。组织开展南海岛礁工程质量技术咨询，加强工作指导。三是印发《公路水运工程试验检测机构等级评定标准和评定程序》，组织开展试验检测信用评价、比对试验等工作。四是根据部扶贫专项工作要求，研究制订与江西安远县结对帮扶工作方案、工作计划。五是开展工程质量举报调查处理工作，受理质量举报4起，已按照举报受理规则转送相关省级交通运输主管部门。六是建立公路水运工程质量安全监管专家库，组织专家开展培训教育。七是继续开展水运工程施工标准化示范创建活动。

国家铁路局构建了国家铁路局履行行业监管职责、铁路总公司落实铁路建设管理职责、参建单位履行主体责任、地方政府履行地方铁路监管责任的铁路工程质量安全工作机制，共办理106个国家审批项目工程质量监督手续并实施项目工程质量监督。加强工程质量安全监管，组织开展京张高铁等50多个项目专家评审，出台了加强隧道施工安全、在建工程地质灾害防范等措施规定，加强监督检查，对检查中发现的突出问题，督促整改落实。开展铁路工程质量安全监督检查802次，检查项目609个次、工点2630个次，委托开展工程质量检测325批次，针对发现的质量安全问题发出整改通知单，并督促整改落实。通过调研座谈等多种方式，积极推动地方铁路项目工程质量监督责任落实。2017年在建的59个地方铁路项目中，明确了40个项目的工程质量监督责任。

三、公路水运工程安全生产监督管理

印发《公路水运工程安全生产监督管理办法》（交通运输部令2017年第25号），促进公路水运工程建设行业监管工作的制度化与规范化，防止和减少生产安全事故，保障人民群众生命和财产安全。

印发《公路水运工程生产安全事故应急预案》（交应急发〔2017〕135号），明确应急组织体系与职责划分、应急运行机制、应急保障等要求，切实加强公路水运工程生产安全事故的应急管理工作，有效应对生产安全事故。

印发《港口工程施工安全风险评估指南（沿海码头、护岸及防波堤分册）》（交安监发〔2017〕140号），加强港口工程施工安全风险预控管理，提高施工安全风险辨识和防控能力，有效防范施工安全事故发生。

组织开展施工安全专项行动。印发《公路水运建设工程质量安全隐患大排查大整治专项活动工作方案》和《交通运输部安委会关于印发公路水运建设工程领域开展电气火灾综合治理工作实施方案的通知》，在工程建设领域组织开展专项行动，及时消除安全生产隐患，遏制重特大事故发生，提升安全生产管理水平。

继续开展平安工地建设活动，推进行业安全管理水平整体提升。组织制订《公路水运工程平安工地建设管理办法》，修订《公路水运工程平安工地建设考核评价指导性标准》，引导和激励从业单位加强安全生产工作，落实安全生产责任，提升安全管理水平。

推动重大科技课题研究。启动《淘汰严重危及公路水运工程质量安全工艺、装备和材料目录》的研究试点工作，印发《交通运输部办公厅关于开展〈严重危及公路水运工程施工安全生产的落后工艺、设备和材料的淘汰目录〉编制及试点工作的通知》。

加强安全生产三类人员管理。继续做好施工企业安全管理人员管理系统的维护工作，进一步加强安全生产管理人员考核管理工作的信息化、标准化和规范化水平，切实提高公路施工企业负责人和安全生产管理人员的执业能力。

发布施工安全风险预警预报。继续开展公路水运工程施工安全生产事故统计工作，结合事故统计结果，及时针对安全生产事故多发区域、多发类型或重特大安全生产事故进行预警预报，印发14份安全生产事故通报和安全预警。

第三节　应急处置管理

2017年，交通运输部应急工作领导小组各成员单位通力合作，深入完善应急预案体系，抓预防预警、抓演习演练，常备不懈夯实行业应急管理基础，不断提升交通运输系统应对各类突发事件的能力。一年来，妥善处置了浮图峪隧道车辆爆燃、四川茂县山体滑坡、九寨沟地震、陕西秦岭隧道客车撞壁、荣乌高速营尔岭隧道坍塌等一系列重、特大突发事件，圆满完成各项应急保障任务。得到国务院领导和部领导的高度肯定。

铁路方面，积极推进《铁路交通事故应急救援和调查处理条例》修订工作。加强突发事件应急处置，建立应急响应队伍和技术专家库，完成应急指挥中心建设。组织各铁路安全监管办公室调查全部铁路交通事故，重点组织调查较大事故和涉及旅客列车、有旅客伤亡、社会影响较大的事故，坚持以事实为依据、以法律为准绳，严格事故定性定责。与公安机关、检察机关等部门构建联动协调机制，事故应急和调查处理能力不断加强，应对自然灾害和突发事件的应急保障以及国防交通保障能力显著增强。

民航方面，按照《国家突发事件应急体系建设“十三五”规划》要求，全面加强我国民航应急管理体系建设，着力提升应急处置能力，切实补齐“应急处置能力”短板。印发了《中国民用航空局关于印发提升应急处置能力工作方案的通知》，截至12月底，7项应急改革举措已全部完成，一些应急管理的关键环节改革实现突破，进一步理顺了民航应急管理组织体系和责任体系，修订完善民航应急工作规章标准，推进建设统一、规范的突发事件应急指挥信息平台，完善应急处置指挥体系，推动有关部门设立航空应急救援飞行计划审批“绿色通道”。顺利完成中国滞留巴厘岛旅客回国、四川阿坝州抗震救灾等任务的航空运输保障工作，成功处置南方航空突发空中火警事件。

邮政方面，加强值班值守，妥善处理北京圆通花园桥快件积压、菜鸟丰巢数据之争、天天京东纷争、福建莆田部分快递企业伪造寄递服务信息协助售假案件。有效应对四川省阿坝州九寨沟县7级地震、台风“天鸽”等事件。通过物资调配、应急值守、邮快件疏运等方式，保障行业安全平稳运行。

一、加强组织领导

一是完善应急反应工作机制。将交通运输部突发事件应急工作领导小组和水路交通突发事件应急工作领导小组整合为交通运输部应急工作领导小组，由李小鹏部长任组长，并明确了领导小组办公室及各成员单位工作职责，形成领导小组总体负责、部应急办组织协调、部内单位各司其职的应急工作体系。

二是精心部署各项工作。李小鹏部长主持召开部应急工作领导小组全体会议，全面部署年度应急管理工作。筹备召开全国省级交通运输主管部门应急办公室主任会议，传达李小鹏部长关于行业应急管理工作的讲话精神，通报近年交通运输应急管理工作总体情况，部署开展全国交通应急系统双周视频点名工作。

二、强化制度机制建设

一是健全制度文件。编制印发了《贯彻落实国家突发事件应急体系建设“十三五”规划主要目标和任务分工方案》，研究起草《关于加强水上搜救工作的意见》，编制《交通运输综合应急指挥中心管理制度体系文件》。安全与质量监督管理司启动编制多项公路水运工程施工安全与应急标准；海事局组织制定《船舶污染清除单位应急清污能力技术要求》等行业标准。配合国家卫生计生委印发《重大突发事件遇难人员遗体处置工作规程》。民航局进一步理顺民航应急管理组织体系和责任体系，修订完善民航应急工作规章标准，建设统一、规范的突发事件应急指挥信息平台，完善应急处置指挥体系，开展了《中国民用航空应急管理规定》配套规范性文件的修订工作；航空公司、机场、空管局等民航企事业单位进一步完善了应急管理体制机制。

二是完善应急预案体系。编修并印发了《交通运输综合应急预案》和公路、水路、道路运输、城市公交、工程建设和网络安全等重点领域共7项应急预案，实现了部本级应急预案“全面覆盖、划定边界、明确主线、统筹资源”的工作目标；水运局、运输服务司、安质司、科技司等单位结合本部门工作实际，编制或修订了与相关应急预案相配套的应急操作手册；部应急办落实细化《国家城市轨道交通运营突发事件应急预案》，健全完善部际联动机制与部内工作程序。民航系统修订了应急管理相关规定和处置预案，细化应急指挥操作手册和检查单，强化了跨单位的协调联动机制。邮政系统修订完善了《国家邮政局网络安全事件应急预案》，强化了网络安全监测预警和应急处置。

三、完善应急联动机制

部公路局、路网中心深化与气象、国土等部门的协同联动，畅通信息资源共享渠道，在重要活动保障期间与省级公路部门联合值守会商，加强路网监测与应急保障；综合规划司推进军民融合发展战略，与中央军委后勤保障部、战略支援部队航天系统部、国防科技工业局签订合作协议；海事局、救捞局指导相关直属单位签署合作协议，以资源共享、训巡结合为原则，稳步推进空中巡航救助一体化工作机制建设。民航局运行监控中心与交通运输部中国海上搜救中心签订《合作备忘录》，加强搜寻搜助、应急保障方面的合作。强化行业内外共同应对突发事件的协调联动机制。积极促进民用航空成为应急处置专业队伍的重要组成部分，统筹民航现有直升机资源和社会各类直升机救援力量，发挥交通运输部海上救助飞行队应急救助作用，支持组建高高原地区直升机救援队伍，促进政企合作的国家直升机应急救援体系建设。

四、提升行业应急处置能力

一是抓好调度与应急指挥系统建设。遵照部领导关于调度与应急指挥系统建设的要求，摸清部内已建、在建、拟建的业务系统现状及业务需求，理清调度与应急指挥系统与各业务系统的建设边界，大力推进建设进度。铁路系统完成应急指挥中心建设。民航方面，对民航局突发事件应急工作领导小组成员单位职责进行调整，进一步理顺了民航局层面应急管理的工作关系；完善了民航局、地区管理局及其监管局三级应急管理组织体系。

二是统筹利用既有信息化系统和科技手段。印发《关于进一步加强信息技术应用提升应急工作能力的通知》，切实提升应急决策和指挥调度能力。公路局、路网中心指导省级交通运输主管部门以交通大数据为核心，依托公路水路安全畅通与应急处置平台，实现高速公路通行情况、路网固定与移动视频、应急资源等实时展示与调用；综合规划司、搜救中心、通信信息中心积极推进基于北斗的中国海上搜救信息系统示范工程在沿海各省级海上搜救中心推广应用。

三是全面开展应急管理教育培训。部内各司局全面开展应急知识学习，认真梳理本单位应急工作职责；部应急办组织举办城市轨道交通运营突发事件应急管理培训班；水运局组织开展了水运应急管理培训班；公路局、安质司等单位在日常业务培训班中，安排应急管理相关课程，取得了良好效果。民航应急管理方面，全年举办应急管理类培训班 18 期，共培训 600 余人次，内容涉及民航应急管理监察员业务、应急管理前沿技术、应急指挥与决策技术、飞行事故应急救援与家属援助等方面。在北京首都机场开展民航消防救援实训基地试点建设工作。

四是广泛开展各类演习演练。部与武警交通指挥部、福建省人民政府联合举办公路交通军地联合应急演练；科技司、通信信息中心组织开展网络安全攻防演练；规划司组织中交集团国防交通公路专业保障队伍、救助打捞专业保障队伍等专业保障力量开展演练活动；救捞局与香港民航处联合组织开展“航空器事故搜救和打捞桌面推演”。民航华东地区管理局与交通运输部东海救助局在浙江舟山开展“2017 年度华东地区航空器搜救暨事故调查联合演练”。民航华北地区管理局组织开展了京津冀联合应急调查演练。白云机场联合南方航空公司、中南空管局、地方 120 医疗指挥中心开展了航空器突发事件应急救援联合演练。此外，民航企事业单位针对反恐防暴、航空器冲出跑道、航油运输管线泄漏、复杂天气应对等突发事件开展了一系列应急演练，全年累计演练 229 次。

五、强化应急保障

一是强化应急值守，完成重点时段应急保障任务。日常状态下，部办公厅、公安局、应急办、救捞局、路网中心、通信信息中心坚持 24 小时值班，认真做好各自业务范围内的应急值守、安全保障、突发事件应急处置工作。特殊时段，严格落实部领导亲自带班，每日值班例会、会商会等制度，统筹部署值班值守工作，圆满完成了“金砖国家峰会”“一带一路国际合作高峰论坛”“建军 90 周年活动”“黄金周”假日和十九大等重大活动以及重点时段期间的交通应急保障工作。

二是做好极端天气防御工作。部应急办严格落实“早动员、早部署、早检查、早落实”的有效经验和“防胜于救”的工作理念，及时起草印发通知部署交通运输系统防汛防台工作，并组织有关司局赴粤、鄂、苏、皖检查指导，督促各地抓好落实；同时密切关注台风、汛情动态，加强应急值守，成功防御“纳沙”“天鸽”“泰利”等多个台风，有效保障了交通运输行业运行稳定和人民生命财产环境安全。公路局、路网中心指导各级交通运输主管部门着力提升公路路况及基础设施运行状态监测能力，及时有效应对设施及环境变化，努力防患于未然。2017 年全年未发生因交通基础设施质量问题引发的重特大事故。

（注：2017 年中国海上搜救典型案例见第五篇第一章。）

第九章　国际合作

第一节　交通运输国际合作概况

2017 年，交通运输行业坚决贯彻落实中央对外工作方针政策和交通运输部党组决策部署，以服务国家外交大局和交通强国建设为主线，进一步扩大和深化对外交流合作，各项工作扎实开展。

一、服务国家外交大局，“一带一路”建设取得积极进展

认真履行部推进“一带一路”建设工作领导小组办公室职责，推动“一带一路”重大项目取得新进展，与多个国家和政府间国际组织签署了关于倡议对接、运输协定等方面的合作文件，形成了共建“一带一路”的广泛共识。圆满完成首届“一带一路”国际合作高峰论坛的各项配合和保障工作，联合国家发展改革委成功主办了“加快设施联通”平行主题会议，交通运输在推进“一带一路”建设中的重要作用和取得的成效在高峰论坛成果中得到了充分体现（具体详见“第六篇 专题特辑—专题一 服务国家重大战略—推进‘一带一路’交通互联互通”有关内容）。

二、提高行业对外开放水平，推动交通运输“走出去”

行业对外开放水平不断提高。加强与发达国家务实合作，做好中美交通论坛筹备工作，组织召开中美交通基础设施合作座谈会，提出工作思路和建议，推动了交通基础设施合作；组织安排部领导与丹麦等近 20 个国家交通部门领导的工作会谈，成功举办中俄运输合作分委会第二十一次会议，参加欧亚经济联盟交通部长第九次会议和“俄罗斯 2017 交通运输周”活动，出席了德国、荷兰、奥地利、日本、韩国、新加坡等双边和三边机制性会议，签订了一系列合作文件，在交通节能减排、城市智能交通、物流信息服务、危险品运输安全等领域开展了务实合作。

组织召开 2017 年交通运输“走出去”工作会议，形成了交通基础设施建设“走出去”情况报告。加大与亚非、中东欧等国交通主管部门的交流合作，利用“一带一路”国际合作高峰论坛的平台，与相关国家举行交通部长会谈，支持和推介企业参与境外项目，推动交通运输装备、技术、标准“走出去”。协助推进一批境外交通基建、港口园区等重点项目取得实质性进展。肯尼亚蒙内铁路项目完工，坦桑尼亚巴加莫约港口项目持续推进。

三、积极参与行业全球治理，扎实推进交流合作

在国际舞台上讲好中国故事、传播好中国声音、树立好中国形象。组团出席了国际运输论坛年度峰会、亚欧交通部长会议等重要国际会议，

中国交通行业影响力不断提升。与IMO（国际海事组织）签署了共建"21世纪海上丝绸之路"合作文件，并在上海设立IMO亚洲海事技术合作中心；与IMO合作举办了5个培训交流项目；向IMO秘书处推送技术官员2名；组团出席IMO第30届大会，中国第15次当选A类理事国，中国代表首次当选IMO理事会主席。深入参与全球海运、海事治理体系建设，为构建均衡发展、公正合理的国际海运秩序贡献中国智慧、中国方案。向IMO提交了67份海上安全、环保方面的提案；密切跟踪研究海运温室气体减排等重大问题国际动态，在议程设置、规则制定等方面发挥了建设性作用。

国际运输便利化务实推进。签署了《关于实施 < 大湄公河次区域便利货物及人员跨境运输协定 >"早期收获"的谅解备忘录》。正式启动《上海合作组织成员国政府间国际道路运输便利化协定》实施工作，与上海合作组织秘书处共同组织召开了协定联委会筹备会议和圆桌会议，成功组织了中吉乌国际道路货运试运行活动。与塔吉克斯坦、土耳其、尼泊尔等国分别组织召开国际道路运输事务级磋商，推动双边协定的修订和实施。

有力支持海洋强国建设。做好维护海洋权益相关工作，配合推进南海岛礁建设。推动与东盟国家海上搜救合作，成功举办中国—东盟国家海上联合搜救实船演练。与巴拿马签署政府间《中巴海运协定》，参与中日海洋事务高级别磋商、《南海各方行为宣言》框架下相关工作，为保障海上运输通道安全发挥了积极作用。

第二节　铁路国际合作

一、务实推进重点项目

一是中尼跨境铁路项目取得阶段性进展。国家铁路局领导率中国政府代表团赴尼泊尔磋商铁路领域政府间合作，首次建立了中尼铁路政府部门间沟通协调机制，并正式启动中尼跨境铁路尼境内段前期工作。

二是巴基斯坦1号铁路干线升级改造项目稳步推进。完成项目可行性研究工作，在2017年"一带一路"国际合作高峰论坛期间，中巴双方签署项目实施框架协议。国家铁路局指导中方单位开展项目初步设计工作，相关文件已提交巴方评审。利用亚洲区域合作专项资金，开展巴基斯坦铁路高层管理人员培训。中巴双方合作关系进一步密切，各项工作稳步推进。

三是中印铁路合作有序展开。根据双方签署的合作文件，配合国家外交大局，有序推进中印铁路合作。中方设计单位已按印方要求修改完善金奈—班加罗尔—迈索尔既有线提速改造项目可行性研究报告，等待印方对报告的进一步研究确认。德里—金奈高速铁路项目德里—那格浦尔段可行性研究方面，中印双方同意选取德里—阿格拉段作为高速铁路综合试验段。人才培训方面，已组织完成5期重载铁路培训，8期高速铁路培训的第一期已完成，中方培训单位正与印方对接后续培训安排。

四是配合做好其他项目。发挥国家铁路局行业和专业优势，配合有关部门做好中吉乌、中蒙俄、中吉塔阿伊、中泰、马新高铁等铁路合作项目技术支持工作。

二、积极推进标准国际化

一是积极参与铁路国际标准制修订工作，利用国际标准化组织、国际电工委员会、国际电信联盟等国际组织平台积极开展工作。通过近年来的不断努力，中国已成为国际标准化组织铁路技术委员会中最为活跃和具有影响力的国家，在国际电工委员会轨道交通委员会中排名已上升至第5位，累计承担了11项铁路国际标准的主持制修订工作，其中8项已经正式颁布成为国际标准。在国际电信联盟中，中国首次提出统一铁路无线电通信频率议题。

二是推进中国铁路技术标准英文版翻译工作，助力中国铁路技术标准“走出去”。发布98项铁路行业标准英文译本，完成12项铁路国家标准英文译本编制工作并报国家标准化管理委员会审批发布。

三、有效推动国际联运便利化

一是推动简化国际铁路联运手续。协调铁路合作组织、国际铁路运输委员会及国内相关部门，自2017年5月1日起在经5个铁路口岸开行的中欧班列上正式采用国际货约/国际货协统一运单。推动国际铁路货物联运电子运单研究工作。

二是加快推进与周边国家铁路互联互通。利用中俄运输分委会铁路工作组会议机制，协调推动同江铁路桥建设、铁路口岸运输、后方通道建设等。利用中哈铁路合作分委会会议机制，协调哈方共同推进中欧班列建设发展、支持中欧班列运邮工作、发展中哈铁路国际联运电子信息交换，推动国境铁路口岸基础设施建设。

三是深入参与国际铁路联运规则制修订。组织完善并公布《国际旅客联运协定》《国际旅客联运协定办事细则》《国际货约/国际货协运单指导手册》《危险货物运送规则》中文版，协调国内相关部门积极参与制定《关于简化国际铁路旅客、行李、包裹运送过境条件公约》，积极参与联合国欧洲经济委员会等机构发起的“统一铁路法”工作。进一步拓展国际铁路联运合作相关机制和领域，与国际铁路运输政府间组织建立联系。积极推进与周边国家国境铁路协定修订工作，形成中俄、中越国境铁路协定中方草案，组织力量启动中蒙国境铁路协定中方草案编制工作。

四、稳步推动双多边铁路政府间交流合作

深耕细作，维护拓展双多边合作交流阵地。积极推动与美国、欧盟、俄罗斯、比利时、格鲁吉亚、荷兰、蒙古、越南等合作。在铁路合作组织框架内，积极协调国内有关单位和国外相关国家铁路主管部门，落实《国际铁路直通联运公约》相关预案，在国际会议上履行副主席职责，并充分表达中方意见，贡献中国方案。在大湄公河区域铁路联盟框架下，与国内各单位密切配合积极参与跨境铁路互联互通协议磋商及路网规划技援项目研究。

五、开展海外重点铁路项目安全督导工作

蒙内铁路是中肯合作及《肯尼亚2030年愿景》的“旗舰工程”，是采用中国标准、中国资金、中国技术、中国管理、中国机电设备建造的国际干线铁路，是中国在海外运营的第一条铁路。按照国务院领导同志指示精神，2017年5月开通运营前，国家铁路局派出督导组赴肯尼亚组织开展安全排查和开通保障工作。2017年6月1日，国家铁路局局长杨宇栋陪同国务院领导参加蒙内铁路开通仪式，现场指挥督导组协调开通仪式和首发列车安全保障工作，确保蒙内铁路成功开通。

第三节　公路与道路运输国际合作

一、公路国际合作

2017年，部公路局组织召开了世界道路协会中国技术委员座谈会、里昂—都灵铁路隧道建设项目宣介会，并组织了第32次中日公路技术交流。

（一）组织召开世界道路协会中国技术委员座谈会

2017年2月17日，部公路局组织召开了世

界道路协会中国技术员座谈会，会议听取了各位中国技术委员参与各技术委员会工作的情况汇报，探讨了如何进一步加强中国委员在技术委员会中的作用，以及如何进一步提升中国在协会中的技术影响力。部公路局技术管理处张慧彧同志还就世界道路协会的有关情况进行介绍和培训。

2016 年，部公路局从全行业推选了 30 位专家在世界道路协会（PIARC）的各技术委员会担任技术委员，任期为 2016 - 2019 年，这是中国公路行业第一次大规模选派委员参加国际组织。

（二）组织召开里昂—都灵铁路隧道建设项目宣介会

由部公路局牵头组织，并委托公路建设行业协会承办，2017 年 3 月 29 日在北京成功组织召开了里昂- 都灵铁路隧道建设项目宣介会。

里昂—都灵铁路项目是欧盟铁路网络“地中海走廊带”上的重要工程，该泛欧铁路网络愿景将依托“一带一路”倡议连接至中国。工程项目由意大利-法国联合成立的国有公司 TELT（Tunnel Euralpin Lyon Turin）负责，项目总投资额约 86 亿欧元，由法国、意大利政府和欧盟共同出资（法政府出资 25％，意 35％，欧盟 40％），计划于 2018 年启动承包商国际招标，2030 年开通运营。该隧道工程东西向穿越阿尔卑斯山底，总长约 57.5 公里，其中法国境内 45 公里，意大利境内 12 公里，设计为双洞隧道，目前 4 个导洞已完成，基底隧道将于 2018 年启动建设。此工程是当前世界上最大的隧道工程之一，工程地质复杂，穿越多种地质带，同时对环保、水资源影响等要求极高。项目将包括 12 个标段，其中 9 个土建标段，2 个洞内通信机电等设备标以及 1 个施工设备标。

本次宣介会邀请了国内主要承包商及装备制造商。中国建设企业对该项目表现出了浓厚兴趣，4 家世界 500 强企业中国交建、中国中铁、中国铁建、中国建筑，22 家有实力的建设施工企业和 3 家铁路装备制造企业参加了会议，参会总人数 74 人。会议由建设协会理事长周纪昌主持。

根据参会单位现场反映和会后有关单位回访，本次宣介会非常成功，与会企业对本项目表现出强烈的兴趣和技术自信，表示将积极研究并参与项目的投标，部分企业会后立刻组织了内部会议商议投标事宜。与会企业非常感谢中国交通运输部安排本次宣介会，TELT 公司代表团也对与会企业的实力表示非常满意。

本次活动由政府牵线，协会搭桥，促成中国企业与国外项目面对面，取得了非常好的效果，今后部公路局还将利用政府资源优势，更多为企业创造此类机会，推动企业“走出去”。

（三）组织召开第 32 次中日公路技术交流

根据中日两国公路技术合作协议，第 32 次中日公路技术交流于 2017 年 9 月 11 - 15 日在中国举行，日本国土交通省道路局东洁审议官率团访华。本次交流在北京和湖南分别举行了一次技术交流会议，其中北京会议的共同议题是智能交通系统发展现状，同时中方介绍了中国“十三五”现代综合交通运输体系发展现状，日方介绍了日本绿色生态公路政策及设计与施工；在湖南会议上，中方介绍了矮寨特大桥的建设与运营以及湖南高速公路投融资实例，日方介绍了钢结构桥梁的运营与养护技术以及公路养护技术与决策。代表团在京期间参观了千方集团 ITS（智能交通系统）展厅，在湖南期间参观了矮寨特大桥、天门山盘山公路等项目。

二、道路运输国际合作

道路运输方面，2017 年，国际道路运输发展紧紧围绕服务支撑国家对外开放工作大局，积极贯彻落实“一带一路”倡议，不断加强与周边国家的双边和多边道路运输合作，取得了丰硕成果。

（一）国际道路运输量及线路

1. 国际道路运输量

截至2017年底，中国共开通国际道路运输客运线路180条、货运线路152条，与周边国家共完成国际道路客运量793.3万人次，同比增加9.0%，旅客周转量4.7亿人公里，同比减少6.1%；完成国际道路货物运输量5353.1万吨，同比增加14.5%，货物周转量33.1亿吨公里，同比增加25.8%。其中，由中方完成的国际道路旅客运输量和货物运输量占比分别为51.1%和43.1%。2013-2017年全国国际道路客货运输量及中方所占比例情况见图3-9-1和图3-9-2。

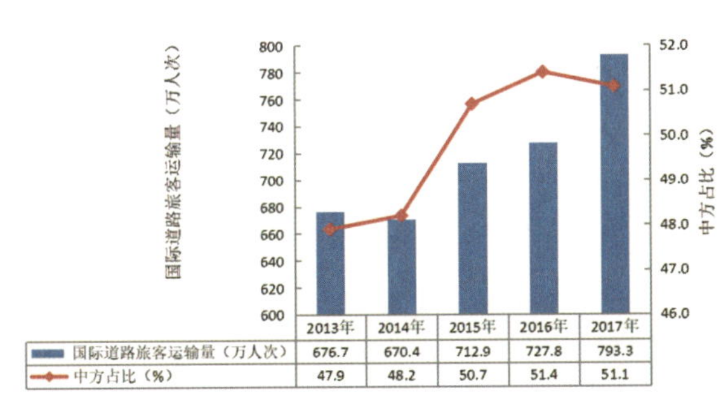

图3-9-1　2013-2017年全国国际道路运输客运量及中方所占比例情况

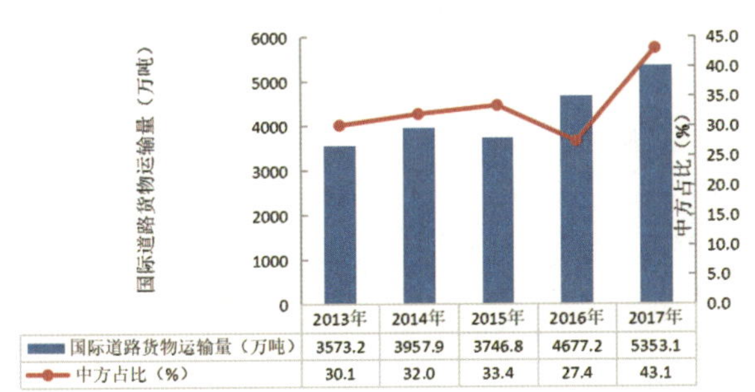

图3-9-2　2013-2017年全国国际道路运输货运量及中方所占比例情况

2017年，参与国际道路运输的省份有内蒙古、辽宁、吉林、黑龙江、广西、云南和新疆。中方共完成客运量405.2万人次，完成客运量前三位的是内蒙古（182.2万人次）、云南（141.1万人次）、黑龙江（36.6万人次）；中方共完成货运量2307.3万吨，同比增加80.3%，完成货运量前三位的是内蒙古（1299.5万吨）、云南（439.5万吨）、广西（202.2万吨）。内蒙古、云南的国际道路货运量相比2016年都有一定程度的增长。

2017年，内地与港澳之间完成道路客运量1270.8万人次，同比减少3.7%；旅客周转量31.5亿人公里，同比减少4.0%。与港澳之间完成道路货物运输量16135.1万吨，同比增长5.9%；货物周转量245.5亿吨公里，同比增长2.6%。

2. 国际道路运输区域分布

从车辆出入境次数来看，2017年全国与东北亚（包括俄罗斯、蒙古国、朝鲜）的出入境客运车辆14.8万辆次，同比增加7.2%；货运车辆116.9万辆次，同比增加54.6%。与中亚（包括哈萨克斯坦、吉尔吉斯斯坦和塔吉克斯坦）的出入境客运车辆为1.8万辆次，同比减少21.7%；货运车辆为18.4万辆次，同比增加6.4%。与东南亚及南亚（包括越南、巴基斯坦、老挝、缅甸和尼泊尔）的出入境客运车辆为68.0万辆次，同比增加5.4%；货运车辆为82.1万辆次，同比增加17.6%。2017年，全国国际道路运输客运、货运车辆出入境分布情况分别见图3-9-3、图3-9-4。

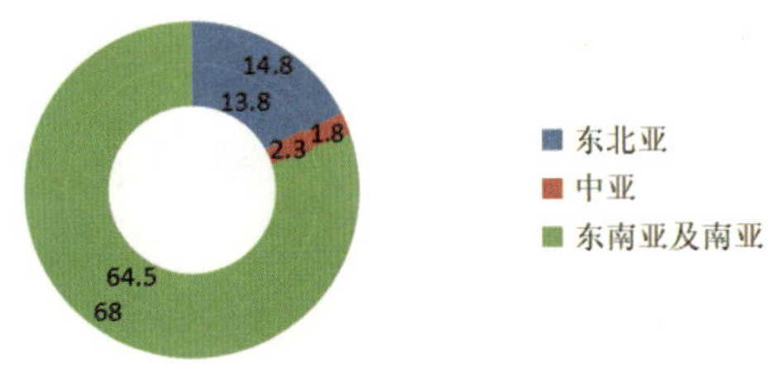

图3-9-3　2016-2017年全国国际道路运输客运车辆出入境分布对比情况（单位：万辆次）

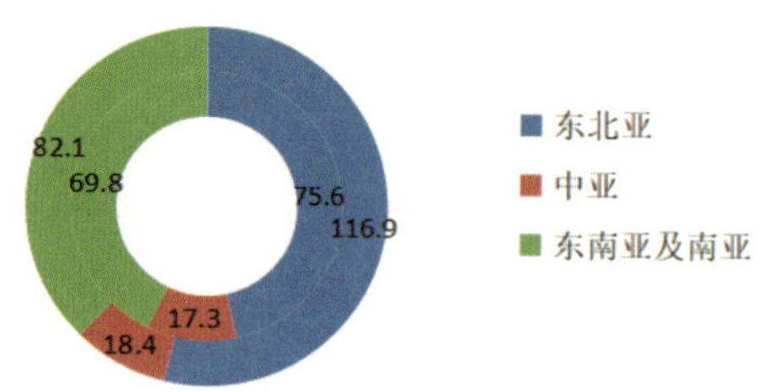

图 3-9-4　2016-2017 年全国国际道路运输货运车辆出入境分布对比情况（单位：万辆次）

客运方面，2017 年全国与东北亚国家的客运联系较 2016 年有所增加，完成客运量 499.5 万人次，同比增长 17.9%，在周边区域的客运量中占比达到 63.0%，同比增加 4.8 个百分点；与东南亚及南亚国家的客运量为 262.4 万人次，同比增长 1.9%；与中亚国家的客运量为 31.4 万人次，同比下降 32.8%。

货运方面，2017 年全国与东北亚国家的货运联系有所增加，2017 年完成国际道路运输货运量 4066.3 万吨，货物周转量 17.88 亿吨公里，同比分别增加 14.0% 和 19.4%。与东北亚国家联系的货运量在周边区域的货运量中占比达到 76.0%。2017 年全国与周边国家双边国际道路客货运量分布情况见表 3-9-1。

表 3-9-1　2017 年全国与周边区域国际道路客货运量分布

区域	客运量（万人次）	比例（%）	旅客周转量（万人公里）	比例（%）	货运量（万吨）	比例（%）	货物周转量（万吨公里）	比例（%）
东北亚	499.5	63.0	15932.1	34.0	4066.3	76.0	178810.7	54.1
中亚	31.4	4.0	8008.1	17.1	232.1	4.3	81011.8	24.5
东南亚及南亚	262.4	33.0	22915.2	48.9	1054.7	19.7	70650.8	21.4
合计	793.3	-	46855.4	-	5353.1	-	330473.2	-

（二）国际道路运输服务能力

1. 国际道路运输经营业户及车辆结构

（1）经营业户

截至 2017 年底，全国从事国际道路运输（含内地与香港、内地与澳门特别行政区间汽车运输）的业户为 1458 户，与 2016 年相比有所增加。其中广东和云南从事国际道路运输的企业数量分列第一和第二位，为 1093 户和 104 户。全国拥有车辆数 100 辆以上的国际道路运输业户有 76 户，占全部业户总数的 5.2%；拥有 50-99 辆的国际道路运输业户有 59 户，约占全部国际道路运输业户总数的 4.0%；拥有车辆数在 10-49 辆以下的国际道路运输业户有 858 户，占总数的 58.8%；拥有 9 辆以下的国际道路运输业户有 465 户，占总数的 31.9%。

分区域来看，云南是全国拥有 100 辆以上运输车辆的国际道路运输业户数最多的省份，共有 39 家；其次为新疆和广东，分别为 10 家和 9 家。2017 年国际道路运输业户拥有车辆规模情况见表 3-9-2。

表 3-9-2　2017 年国际道路运输经营业户拥有车辆规模情况

业户类型		合计	根据车辆规模分组				
			100 辆及以上的企业	50-99 辆的企业	10-49 辆的企业	5-9 辆的企业	5 辆以下的企业
国际道路运输经营业户（个）		1458	76	59	858	168	297
比例（%）		—	5.2	4.0	58.8	11.5	20.4
其中	国际道路客运经营业户（个）	250	14	10	98	48	80
	比例（%）	—	5.6	4.0	39.2	19.2	32.0
	国际道路货运经营业户（个）	1276	74	53	775	131	243
	比例（%）	—	5.8	4.2	60.7	10.3	19.0

（2）车辆结构

截至 2017 年底，全国共有从事国际道路运输的车辆 28196 辆，其中客车 984 辆，共计 37538 个客位；货车 27212 辆，共计 429696 吨位。2017 年国际道路客货运输车辆情况见表 3-9-3。

表 3-9-3 2017 年国际道路客货运输车辆情况

类型		高级	比例（%）	中级	比例（%）	普通	比例（%）	总计	比例（%）
客运	车辆数（辆）	787	80.0	129	13.1	68	6.9	984	100
客运	客位数（位）	31095	82.8	4015	10.7	2428	6.5	37538	100
类型		大型	比例（%）	中型	比例（%）	小型	比例（%）	总计	比例（%）
货运	车辆数（辆）	24399	89.7	1503	5.5	1310	4.8	27212	100
货运	吨位数（吨）	424209	98.7	4472	1.0	1015	0.3	429696	100

2. 行车许可证使用情况

国际道路运输行车许可证是国际道路运输车辆出入境的通行证。2017 年，全国使用的国际道路运输行车许可证中，A 种行车许可证使用量为 519 张，同比减少 38.9%；B 类行车许可证使用量达 123561 张，同比增加 10.2%；C 种行车许可证使用量为 498987 张，同比增加 18.7%。2013-2017 年全国国际道路运输行车许可证使用情况见表 3-9-4。

表 3-9-4 2013-2017 年全国国际道路运输行车许可证使用情况

年份	2013 年	2014 年	2015 年	2016 年	2017 年
A 种许可证使用量（张）	1164	1158	1134	850	519
B 种许可证使用量（张）	51538	90152	122473	112153	123561
C 种许可证使用量（张）	362481	384683	390515	420318	498987

注：A 种行车许可证可适用于定期旅客运输，可一年多次出入境，往返有效；B 种行车许可证适用于不定期旅客运输，一次往返有效；C 种行车许可证适用于货物运输，一次往返有效。

2017 年全国 A 种行车许可证使用量最多的省份是内蒙古、黑龙江和新疆，分别为 179 张、141 张和 129 张；B 种行车许可证使用量最多的省份是云南、内蒙古和黑龙江，分别为 110502 张、8018 张和 3058 张；C 种行车许可证最多的省份是云南和新疆，分别为 249852 张和 107313 张。

第四节 水路运输国际合作

一、国际海运合作

2017 年 11 月 17 日，在中巴两国元首见证下与巴拿马签订了政府间《中巴海运协定》。与俄罗斯、丹麦、东盟、欧盟等举行了双边会谈，就双边海运政策、航运安全、绿色航运、智能航运等议题进行了交流，就业界关切的问题进行了沟通。与美国、欧盟举行了中美欧国际海运监管会议，就各自海运政策、对班轮联盟和航运企业兼并重组等监管政策进行了交流。

二、港口合作

（一）东北亚港湾局长会议及东北亚港口论坛

2017 年 11 月 6-8 日，以智慧港口为主题的第十八届东北亚港湾局长会议及东北亚港口论坛在青岛举行。中日韩三国政府港口管理部门就港口发展、港口政策最新情况和关于智慧港口建设的有关情况进行了通报和交流，对三国正在开展的 4 个联合研究项目进行了讨论。在东北亚港口论坛上，三国 6 名专家围绕智慧物流和码头自动化主题作了演讲，并进行了深入交流。

（二）中马港口联盟

按照联盟成员联席会议机制，2017 年在马来西亚吉隆坡召开第二次联席会议，并实地交流座谈。建立了港口联盟信息共享交换机制，实现成员之间信息沟通常态化。广西北部湾港务集团投资建设了马方关丹港新港区一期工程，首个 15 万吨级泊位于 2017 年底建成。

三、内河航运发展合作

2017 年 10 月 24 日至 27 日，何建中副部长出席在波兰华沙举行的第二届中国—中东欧国家（16+1）交通部长会议等相关活动，中国与中东欧各国水运主管部门代表举行了第一次16+1水运管理圆桌会议，就共同关注的内河航运发展政策及管理经验进行了深入交流。

四、绿色航运发展合作

在中德内河航运和水路交通合作第十五轮会谈纪要框架下，2017年5月与德国代表团就进一步推进中德集装箱运输绿色航线示范项目进行了会谈，9月与来访的德国代表团就岸电发展情况和中德绿色航线项目建设情况进行交流，并初步商定第十六轮会谈的基本安排。10月组织升船机建设与管理技术代表团到德国开展交流合作。

五、搜救国际合作与交流

（一）举办中国—东盟国家海上搜救协调员培训班

7月17-31日，首届中国-东盟国家海上搜救协调员培训班在上海举办。来自东盟地区8个国家23名海上搜救协调员参加学习培训。此次培训，旨在推进中国与东盟国家海上搜救协调员专业技术交流，提升各方海上搜救业务能力和水平，共同加强区域内海上搜救合作。

图3-9-5　中国东盟国家海上搜救协调员培训班学员合影

（二）举行中国—东盟国家海上联合搜救实船演练

10月31日，中国—东盟国家首次大规模海上联合搜救实船演练在广东湛江举行。来自中国、泰国、菲律宾、柬埔寨、缅甸、老挝、文莱7个国家相关机构的代表和海上搜救力量参加演练。这是迄今为止，我国与东盟国家举办的规模最大的一次联合搜救实船演练，是中国和东盟国家落实《南海各方行为宣言》的一次海上务实合作。李克强总理在第20次中国—东盟领导人会议上指出"海上合作取得突破"。

图3-9-6　中国—东盟国家海上联合搜救实船演练

（三）推进中国—东盟国家海上紧急救助热线项目建设

10月31日，中国—东盟国家海上搜救合作签约及热线开通仪式在广东湛江举行。何建中副部长出席仪式并宣布中国—柬埔寨海上紧急救助热线正式开通、中国—东盟国家海上搜救信息平台上线。

作为中国—东盟海上合作基金支持的项目之一，救助热线通过建设应急通信系统、视频会议系统、信息平台以及传输链路，为中国和东盟国家海上联合搜救建立快速有效的沟通协调渠道，为交流和共享搜救信息提供基础平台。

（四）配合做好反海盗和护航工作

积极派员参加亚洲反海盗及武装劫船区域合作协定组织（ReCAAP）相关会议，跟踪国际反海盗和武装劫船事件的发展动态，妥善应对我国船员在非洲海域遭遇海盗劫持事件，配合海军执行护航任务。截至2017年12月31日，共配合完成1111批6455艘船舶护航任务，其中2017年完成110批176艘船舶护航任务。

（五）积极参与国际搜救事务

积极参与国际搜救事务，派员参加国际海事组织、国际搜救卫星组织联合委员会、南海各方行为宣言第20次工作组等国际相关组织会议和活动，贡献中国智慧和中国方案，提升我国海上搜救话语权和影响力，为服务"一带一路"倡议和构建人类命运共同体认真履职、贡献力量。

六、海事国际合作与交流

（一）参与国际海事履约事务

2017年11月27日至12月6日，国际海事组织（IMO）第30届大会在英国伦敦召开。会上，中国以最高票连续第15次当选IMO A类理事国，连云港海事局"海巡0611"轮船长卢国强获得2017年"海上特别勇敢奖"奖状。交通运输部海事局国际处谢辉连续7年当选IMO货物和集装箱运输分委会主席。

参与国际海事合作，积极提交中国方案。2017年，交通运输部海事局共向国际海事组织提交40份提案，占中国提案总数的63%。"有关船载多无线电导航系统性能标准的建议"提案获得通过，成功将北斗写入海事应用的定位、导航及授时PNT导则，确保北斗基础产品海事应用的国际合法地位；"岸电标准的制定""改进成员国信息通报的建议""'被认可组织协议范本'修订"等提案获得国际海事业界的高度认可。此外，还修订了地效翼船临时导则，制订了船员培训示范课程。

与IMO开展技术合作，向IMO推荐了15名青年技术官员（JPO）。主办了"船舶节能减排技术与管理"区域研讨会以及IMO示范课程开发、修订和使用区域研讨会，提升了交通运输部海事局在国际海事领域的影响力。

制定《交通运输部海事局关于推动海事国际合作发展的指导意见》《交通运输部海事局关于推动海事国际合作发展的五年任务》，完成海事国际合作顶层设计；修订《出席国际会议管理办法》，对出席国际会议进行分级管理，提升出席国际会议成效；启动"海事履约战略制定"课题研究，为交通运输部海事局有效履约提供战略指导；开展履约成效评估，不断提升履约能力；制订国际事务人才职业发展规划和培养方案，开展海事履约英文演讲比赛，培养和选拔高素质海事国际合作人才；组织两期国际会议谈判和履约培训班，夯实人才基础。

（二）深化双多边海事合作

中国已与24个国家（地区）签署互认或单边承认海船船员适任证书协议，连续多年保持STCW公约履约"白名单"国家的地位，提升了中国船员证书的国际认可度，为我国海员走出去创造了良好条件。

2017年，依托《中国—东盟教育培训发展战略》，广泛利用IMO技术合作项目、亚洲专项资金、马六甲和新加坡海峡助航基金等平台，共开展15项国际和地区培训和研讨会，提升中国在国际和地区的影响力；推进中、老、缅、泰4国"澜沧江湄公河海事监管项目"建设，完成项目工程可行性研究报告编制、现场勘察和项目招标等工作；推动签署了《中华人民共和国交通运输部与缅甸联邦共和国交通与通信部海员教育培训与发展合作谅解备忘录》。

（三）服务"一带一路"倡议

深化与"一带一路"沿线国家和地区的海事合

作，推动与俄罗斯开展极地水域海事合作，维护中国极地水域航行利益；与缅甸签署的海员教育培训与发展合作备忘录列入“一带一路”国际合作高峰论坛成果清单；与东盟国家构建亚太渡运安全治理联络机制，联合发布“广州声明”；交通运输部海事局提出的“非公约涉客运输船舶安全管理”和“沿海 / 内河航行船舶安全环保技术标准”合作项目倡议，为推动中国技术走向国际、促进交通运输部标准国际化提供了契机。

2017 年，交通运输部海事局与丹麦海事局签订长期海事合作工作计划，在中国开展了 2 期中丹 PSC（港口国监督）和 1 期中丹海事调查研讨会；与希腊海事主管机构以及中国—中东欧海事秘书处取得联系，启动中国—希腊、中国—中东欧海事合作；开展中国—东盟国家 PSC 官员人员交流。

七、救捞国际合作与交流

（一）救捞系统代表团出席第四届大规模海上人命救助会议

2017 年 6 月 11 日至 13 日，交通运输部救捞局王振亮局长率领中国救捞代表团赴瑞典哥德堡出席了第四届大规模海上人命救助会议。

本次会议由国际海上人命救助联盟（IMRF）主办，瑞典海上救生协会（SSRS）承办，会议主题为“预案、救助、协调、沟通”，共有来自 30 多个国家的 150 余名代表参加了会议。会上，王振亮局长代表中国救捞做了《创新发展合作共赢携手构建海上安全命运共同体》的主旨演讲。

（二）国际海上人命救助联盟（IMRF）亚太交流合作中心第 7 次理事会在上海召开

2017 年 5 月 12 日，国际海上人命救助联盟（IMRF）亚太交流合作中心第 7 次理事会在上海召开，会议对亚太交流中心围绕中国政府“一带一路”倡议开展相关工作并配合东海救助局开展防溺水安全教育等进行了交流探讨。

（三）救捞系统代表团出席第六届国际搜救大会（ISAR）

2017 年 7 月 20 日至 21 日，东海救助局肖跃华局长率团出席在印度金奈举行的第六届国际搜救大会（ISAR），共有来自中国、马来西亚、美国、英国、德国、新西兰、荷兰等国家的约 100 名代表参加了会议。会议围绕搭建国际海上搜救领域交流平台、知识信息共享、经验技术交流、加强各国海上搜救机构交流与合作等方面进行了深入探讨。

（四）东海救助局完成中国 - 东盟国家海上搜救协调员培训班现场教学任务

2017 年 7 月 26 日，东海救助局组织东盟地区 8 个国家 23 名海上搜救部门学员到东海第一救助飞行队和“东海救 102”轮开展现场教学。东海第一救助飞行队组织学员参观了救助直升机和相关救生装备，并安排了现场救助飞行训练。“东海救 102”轮组织学员参观了船载救助直升机机库、驾驶台，并观看了中国救捞纪录片，现场教学活动受到学员们一致好评。

（五）救捞系统参加中国 - 东盟国家海上联合搜救实船演练

2017 年 10 月 31 日，中国 - 东盟国家海上联合搜救实船演练在广东湛江举行。此次演练主题为“人命救助，合作共赢”，共有中国、泰国等 7 个国家相关机构代表和海上搜救力量参加。交通运输部救捞局组织南海救助局、广州打捞局派遣 4 艘专业救捞船舶、1 架专业救助直升机参加了演练，并出色完成了大规模人员快速转移、水面人员搜救、伤员快速转运送医、海上消防灭火、潜水员水下探摸救助等科目，充分展示了中国海上应急救助能力建设的显著成果。

第五节　民航国际合作

2017 年，民航领域积极扩大对外交流合作，参加自贸协定谈判，推动有关国家民航领域市场开放。与国际民航组织签订合作意向书，共推“一带一路”沿线国家民航合作，中国与“一带一路”沿线国家新增航线203条，旅客运输量、货邮运输量同比分别增长23.9%、38.4%。中美《适航实施程序》正式签署，《中欧民用航空安全协议》完成草签。成功组织举办第九届中国民航发展论坛。

一、双边民航关系

2017年中国民航继续服务外交工作大局，落实“一带一路”倡议，推动与“一带一路”沿线国家民航合作与互联互通。全面参加《区域合作伙伴关系协定》、中国-马尔代夫、中日韩、中国-新加坡升级等12个自贸协定民航领域谈判，收集民航企业进入有关国家的市场需求，确定我与上述国家民航领域相互开放措施，为民航互联互通、开放发展提供制度支持。中国民航先后与俄罗斯、法国、东盟、英国等25个国家或地区举行了双边航空会谈或书面磋商。商签或修订航空运输协定，并适度扩大双边航权安排，其中与立陶宛和马其顿的合作协议填补了中国与“一带一路”沿线国家民航合作的空白；与新西兰、法国、俄罗斯、意大利、西班牙、英国等国的磋商满足了中国空运企业拓展远程国际航空运输市场的迫切需求，促进了中国国际航空运输全面协调发展。此外，中国与巴拿马正式签署了两国政府间航空运输协定；与以色列签署了两国政府间关于修改航空运输协定的议定书，为建立和发展与上述国家的民航关系奠定了法律基础。截至2017年底，与中国签署航空运输协定的国家已达到122个。

与此同时，中国民航充分发挥平台作用，统筹好中国民航“引进来”的质量和“走出去”的步伐。在“引进来”方面，继续协调用好中美和中欧民航合作平台，理顺中美航空合作项目（ACP）工作机制，召开ACP年度指导委员会会议，拓展中欧民航合作项目（APP）的范围和形式，举办了首届中欧航空安全峰会。在“走出去”方面，继续夯实中国民航与中亚、非洲地区等合作平台，有效利用中国-东盟区域航空运输安排工作组会议及民航区域平台等机制。为中亚国家举办了空中交通管理、机场管理及航空安保质量控制等培训班，中国民航承诺四年（2016-2020年）提供100名培训名额，现已完成培训53人；为非洲国家举办航空安全、飞行标准和安保培训班，全部兑现了中国民航在2015-2017年间对非洲国家提供100个奖学金名额的承诺。协助相关司局与东盟十国签署了中国-东盟航空安全事故/事件调查合作谅解备忘录；继续推动在毛里求斯设立中非民航学院项目。

二、多边民航关系

继续深化与国际民航组织全方位的合作关系，加强“一带一路”倡议与国际民航组织“不让一个国家掉队”倡议的有效对接，不断加强对国际民航组织工作的参与度，在多边领域发出中国声音、提出中国方案、贡献中国智慧。

2017年5月，“一带一路”国际合作高峰论坛在北京召开。论坛期间，冯正霖局长代表中国民用航空局与国际民航组织签署合作意向书，双方同意加强“一带一路”沿线国家航空能力建设、促进航空运输便利化，进一步深化中国与国际民航组织的全面合作。此外，商务部还代表中国政府通过“南南合作援助基金”向国际民航组织提供400万美元指定用途资金，用于在民航安全和安保等领域共同向发展中国家提供援助项目，以促进“一带一路”倡议在民航领域的落实。

2017年8月，王志清副局长率中国民航代表团赴蒙古国参加第54届亚太地区民航局长会议，重点就安全监管、机场建设、无人机管理、亚太空域优化、航空器追踪体系建设等问题与亚太各国分享近年来中国民航的发展经验，共商应对面临的挑战。

2017 年 11 月，国际民航组织第三届世界航空论坛在尼日利亚召开，王志清副局长率团参会并作主旨演讲，与来自 70 个国家和国际组织的 400 多名代表分享了中国在航空基础设施投资与建设方面的经验。

三、重大外事活动

2 月 20 日，冯正霖局长会见澳大利亚贸易、旅游和投资部长史蒂文 · 乔博，双方就进一步发展中澳民航关系，促进双边航空运输市场发展等交换了意见。

2 月 21 日至 3 月 2 日，李健副局长率团访问汤加、法属波利尼西亚和新西兰，与汤民航局就支持国产民机在汤安全顺畅运行交换了意见并修订了双边适航合作文件，与新民航局就合作帮助汤加提升航空安全监管能力和支持新西兰小型飞机在华生产有关适航合作事宜交换了意见并签署合作协议，与法波民航主管部门就中航国际向法波出口国产民机有关适航和运行支持合作交换了意见并签署合作意向书。

2 月 24 日，王志清副局长会见意大利基础设施与交通部长德尔里奥，双方就扩大航空运输安排，加强两国民航合作交换了意见。

3 月 29 日至 31 日，中国民航代表团与法国民航代表团在京举行了新一轮双边航空会谈。李健副局长出席会谈开幕全会，王志清副局长与法国民用航空局副局长马克 · 博雷尔签署有关扩大航权安排的谅解备忘录。

4 月 19 至 28 日，王志清副局长率团访问芬兰、立陶宛和瑞典，与芬兰民航当局举行了会谈并签署了扩大航权安排的谅解备忘录，与立陶宛运输交通部副部长马丁库斯就启动商签双边航空运输协定、建立两国间航班联系举行了会谈并签署会谈纪要，与瑞典民航局进行交流并调研瑞典绿色飞行和生态环保机场。

5 月 12 日，冯正霖局长会见马来西亚交通部长廖中莱，双方就进一步加强中马民航合作及马来西亚空运企业在华运营等交换了意见。

5 月 13 日，冯正霖局长会见来华出席“一带一路”国际合作高峰论坛的捷克总统泽曼。双方就中捷互通互联、适航合作、航空人才培养等交换了意见。

5 月 14 日，在“一带一路”国际合作高峰论坛期间，冯正霖局长与国际民航组织（ICAO）秘书长柳芳签订了《中国民用航空局与国际民航组织合作意向书》。双方同意，进一步加强“一带一路”倡议与 ICAO“不让一个国家掉队”倡议之间的有效对接，在提高沿线各国航空安全、提升沿线各国安全和安保监管能力、推动并促进实施沿线各国航空能力建设、促进沿线国家航空运输自由化和便利化等诸多方面开展深度合作，合力推动“一带一路”沿线国家和地区的民航发展。

5 月 24 日，王志清副局长分别会见美国贸易发展署代署长安诺 · 艾庞、美国运输部负责航空和国际事务的代助理部长苏珊 · 麦克德莫特以及美国联邦航空局助理局长詹妮弗 · 所罗门。王志清与艾庞共同签署了合作项目的赠款协议，并见证签署了机场建设与运行管理合作项目谅解备忘录。双方在会见中就彼此关切的问题和未来合作方向交换了意见。

5 月 25 日，冯正霖局长会见了来京出席 2017 中国民航发展论坛的国际民航组织秘书长柳芳。冯正霖局长表示，中方将继续全方位深化与 ICAO 的合作，支持 ICAO 亚太地区分办事处更有效地发挥作用，继续积极向 ICAO 派遣水平高、能力强的专家支持 ICAO 工作，分享中国民航的发展经验。

5 月 25 日，冯正霖局长会见了来京出席 2017 中国民航发展论坛的俄罗斯联邦航空署署长亚历山大 · 涅拉济科，双方就加强两国民航合作交换了意见。

5 月 25 日，王志清副局长会见了来京出席

2017中国民航发展论坛的国际民用航空导航服务组织理事长杰夫·普尔。

5月25日，王志清副局长会见了来京出席2017中国民航发展论坛的欧洲民航会议主席英格里德·舍费尔斯，双方就加强中欧民航合作交换了意见。

5月26日，董志毅副局长会见了来京出席2017中国民航发展论坛的拉美民航委员会秘书长马克·奥斯皮纳，双方就进一步发展中拉民航合作交换了意见。

5月26日，董志毅副局长会见了来京出席2017中国民航发展论坛的巴西民航局局长博特略，双方就进一步推进中巴民航关系合作交换了意见。

5月26日，王志清副局长会见了来京出席2017中国民航发展论坛的新加坡民航局局长岑景琪，双方就进一步加强双边民航合作以及适时举办下届中新民航高官会等交换了意见。

6月27日，董志毅副局长会见巴黎机场国际公司副总裁雅克·弗兰，双方就加强中法机场在设计、运营和投资等方面的合作交换了意见。

7月21日，王志清副局长出席中俄总理定期会晤委员会运输合作分委会第21次会议。会议期间，王志清副局长会见俄联邦运输部副部长奥库洛夫，双方就增加两国间航线航班、飞越班次和两国空运企业经营灵活性达成一致，同意加强两国在航空器适航审定方面的合作，并签署了有关谅解备忘录。

7月26日，冯正霖局长会见澳大利亚基础设施与交通部部长切斯特，双方就进一步促进双边航空运输市场发展、拓展中澳民航合作交换了意见。

7月31日，冯正霖局长会见新加坡教育部部长、交通部第二部长黄志明，双方就进一步加强民航合作、深化人力资源合作以及北京新机场建设进展等交换了意见。

8月7日，王志清副局长赴蒙古国出席第54届亚太地区民航局长会议。会议期间，王志清副局长会见了蒙古国道路和运输发展部部长冈巴特，并与蒙古国民用航空局局长宾巴苏伦进行了会谈，双方就空管运行、机场管理、教育培训等深入交换了意见。会后，双方签署了关于加强民航合作的谅解备忘录。

8月8日至14日，王志清副局长率团访问亚美尼亚和马其顿，与亚民航当局举行了航空会谈，就双边航权安排达成一致并草签了两国政府间航空运输协定。与马其顿民航局局长扬德里奥斯基就启动商签双边航空运输协定、建立两国间航班联系及开展技术合作等举行了会谈，并签署了会谈纪要。

9月10至20日，冯正霖局长率团访问巴西、乌拉圭和巴拿马，与巴西就扩大双边航权安排、加强支线航空合作达成共识，与乌拉圭就商签两国政府间航空运输协定及相关航权安排进行了磋商并达成一致，与巴拿马草签了《中华人民共和国政府和巴拿马共和国政府民用航空运输协定》，就相关航权安排达成一致，并分别与上述三国航空当局签署了合作谅解备忘录。

10月31日，王志清副局长会见美国运输部副部长甘达庆，双方就中美航空运输政策及未来中美民航合作方向等交换了意见。

10月31日至11月9日，董志毅副局长率团访问斐济、印尼和柬埔寨，与斐济和柬埔寨民航当局分别举行了航空会谈，与印尼民航当局就加强双边适航合作交换了意见，并分别与上述三国航空当局签署了合作文件。

11月17日，冯正霖局长与巴拿马副总统兼外长德圣马洛分别代表两国政府签署《中华人民共和国政府和巴拿马共和国政府民用航空运输协定》。

11月19日，冯正霖局长会见巴拿马总统巴雷拉，双方就建立中巴直航交换了意见。

11月21日，王志清副局长率团赴尼日利亚阿布贾参加第三届国际民航组织世界航空论坛并会见国际民航组织理事会主席阿留。会议期间，王志清还与佛得角、乌干达等国负责民航事务的部长进行了双边会谈，就落实“一带一路”倡议，加强航空联系、基础设施建设以及技术合作等交换了意见。

11月22日至28日，王志清副局长率团访问西班牙和葡萄牙，与西班牙发展部民航局局长劳尔卡巴列罗举行了航空会谈并签署了有关扩大航权安排的谅解备忘录。与葡萄牙民航局局长路易斯·米格尔·里贝罗举行了航空会谈，并签署了有关扩大航权安排的谅解备忘录。

11月27日，董志毅副局长会见泰国立法议会交通委员会主席乍雷萨，双方就我国民航发展情况、海陆空立体交通网络互联建设等交换了意见。

12月6日至8日，李健副局长率团访问欧洲航空安全局（EASA）和欧盟委员会，分别会见欧洲航空安全局局长帕特里克·基（Patrick KY）和欧盟移动总司司长亨里克·哈罗雷（Henrik HOLOLEI），就加强中欧民航安全合作、适航审定、航空新技术、多边领域合作等交换了意见。

12月10日至14日，李健副局长率团访问美国，与美国联邦航空局助理局长阿里·巴赫拉米举行了会谈，双方就加强中美两国航空安全交流与合作、拓展双边适航关系交换了意见并签署了合作纪要。访美期间，代表团一行还访问了波音公司。

12月11日，董志毅副局长会见星空联盟首席执行官吴茂松，双方就北京新机场建设、星空联盟计划在首都机场开展“同一屋檐下”项目等交换了意见。

第六节　邮政国际合作

2017年，国家邮政局外事和港澳台工作坚决贯彻中央八项规定精神和外事工作会议精神，认真执行中央对港澳台工作的决策部署，围绕邮政管理工作大局和推动“一带一路”倡议框架下邮政领域合作的主题，主动谋划、积极进取，取得了丰硕成果。

一、积极推动双多边交流

持续推进高层互访。国家邮政局派高级别代表团赴印尼、法国、塞尔维亚、新西兰、澳大利亚、马来西亚、美国等国参加国际会议或进行双边访问，同年接待了来自美国驻华使馆、欧盟驻华使团、波兰、哈萨克斯坦邮政代表团、跨国快递公司代表团等重要来访团组，通过高层互访，加深了中国与其他国家在邮政领域的理解互信和合作意愿，为推动邮政领域的深度国际合作创造了机会，奠定了坚实基础。

积极推动与“一带一路”沿线国家在邮政领域的双边合作。与塞尔维亚、伊朗、保加利亚、匈牙利和乌克兰5国的有关部门签署了关于响应“一带一路”倡议合作文件，其中，国家邮政局与伊朗邮政签署的关于加强邮政领域合作的谅解备忘录被纳入两国政府在共建“一带一路”倡议框架下的双边合作规划。

图3-9-7　2017年7月，国家邮政局局长马军胜与伊朗信息通信技术部副部长兼伊朗国家邮政公司董事会主席、总裁迈赫里·侯赛因交换已签署的谅解备忘录

参与国家“一带一路”重点国际合作会议。参加“一带一路”国际合作高峰论坛，配合发展改革委和交通运输部等部门举办“设施联通平行主题会议”，宣传邮政业服务“一带一路”建设成就。

巩固机制性合作，开展周边外交。认真践行亲诚惠容的外交理念，配合中日邦交正常化四十周年，成功举办第八届中日邮政政策对话。加强与韩国、泰国在亚太邮联框架下交流互访，促进了双方中层邮政干部的交流学习。巩固与柬埔寨签署的合作协议，深化了两国在集邮和人员培训方面的合作。

二、深入参与全球邮政治理

推动我国候选人林洪亮成功竞选连任亚太邮联秘书长。2017 年 7 月，在伊朗德黑兰举行的第 12 届亚太邮联代表大会上，中国政府推荐候选人林洪亮成功竞选连任 2018-2021 年新一届秘书长，成为亚太邮联历史上首位作为唯一候选人成功连任的秘书长。

积极参与亚太邮联、万国邮联各项工作，发挥中国在国际邮政事务中的主导作用。一是认真履行万国邮联改革特设工作组主席国职责，成功推动各方就保持万国邮联政府间国际组织性质和政企分开的结构、提高经营理事会地区代表性、简化选举程序、加快决策流程等问题达成了基本共识，实质性地推进了改革工作。二是积极参加万国邮联会会费改革、养老保险体系、公共服务质量基金、灾害管理、产品服务对外开放，以及亚太邮联改革等重点问题研究工作，努力发好中国声音、提出中国方案，维护国家利益。三是利用四方协调机制，指导中国邮政集团公司做好万国邮联邮政经营理事会实物及电子业务委员会、国际铁路运邮特设工作组主席国工作，进一步提升我国在跨境电商寄递产品开发和国际铁路运邮规则制定中的话语主导权。

三、加快推动中欧班列运邮（快）件工作

2017 年，国家邮政局积极响应国家“一带一路”倡议，充分发挥中欧班列运邮（快）件联合工作机制作用，大力推进“渝新欧”等中欧班列运邮常态化工作。一是实现出口运邮常态化运作。中国邮政集团公司成功开展了 9 次重庆至欧洲的出口运邮测试，与波兰邮政签署了陆路转运服务协议草案，为确定国际铁路运邮单式、解决邮件入境欧盟海关监管问题创造了条件，2017 年 10 月底实现了“渝新欧”每周发送 2 个出口邮件集装箱的常态化运作。二是中国主导完善国际铁路运邮规则工作。2017 年，中国当选万国邮联国际铁路运邮特设工作组主席国，成功主持召开了三次工作组会议，在国际铁路运邮规则和标准制定工作中积极发挥主导作用。三是大力推动与沿线国家的交流合作，分别与波兰、乌克兰、匈牙利、伊朗等 6 各国家邮政部门签署了合作文件，推动铁路运邮的实现和拓展。四是积极推动中欧班列快件运输。召开中欧班列快件运输座谈会，搭建相关部委与企业间互动交流平台。

图 3-9-8　2017 年 11 月，中欧班列（重庆）实现规模化运邮

四、深化邮政业港澳台交流合作与发展

认真贯彻中央对台工作方针部署，扎实推进对台工作。成功举办第四届海峡两岸珍邮特展。组织参加 2017 两岸邮政发展研讨会，积极推动两岸青年交流。全面落实《海峡两岸邮政协议》，巩固两岸通邮成果，拓展两岸邮政业务合作。

密切港澳交流合作。开展香港回归祖国二十周年成就展、与香港邮政共同发行回归纪念邮票等工作，组织香港回归祖国二十周年各项活动。以“新时代、新合作、新发展”为主题，举办内地与港澳高峰会议，深化内地与港澳邮政合作，推进粤港澳大湾区邮政发展。

第十章　加强党的全面领导和党的建设

第一节　部直属机关党建综述

2017年，交通运输部直属机关各级党组织以迎接党的十九大胜利召开和学习宣传贯彻十九大精神为主线，围绕中心、服务大局，有力推进直属机关党的建设工作取得新成效。

一、把迎接党的十九大召开和学习宣传贯彻十九大精神作为首要政治任务抓紧抓实抓好

一是严谨细致地做好十九大代表推荐提名工作。突出政治标准、严格纪律要求，组织“一部三局”1395个党支部、25107名党员参加两轮推荐，党组织全部参加，基本实现党员参与全覆盖。“一部三局”直属机关5名同志当选为党的十九大代表。二是迅速掀起学习宣贯十九大精神热潮。组织3650名党员干部职工在80多个会场集中观看党的十九大开幕直播盛况，分3期对1160名处级以上干部、党支部书记进行全覆盖集中轮训。交通运输部党组成员带头辅导宣讲，引领党员干部在深化学习上下功夫。三是积极营造良好氛围。以“砥砺奋进的五年”为主题，分5个专题在中央和行业媒体上宣传展示党的十八大以来部直属机关全面从严治党的成效和做法。深入开展职工思想动态分析工作，采取有效措施解决具体问题，为交通运输发展凝心聚力。

二、“两学一做”学习教育常态化制度化纵深推进

一是学习教育成常态。部党组率先垂范，党组理论中心组集体学习12次，部属在京16个单位党委（党组）理论中心组集体学习156次。组织发放《习近平谈治国理政》（第二卷）、十九大报告辅导读本等权威学习资料20余种6000多册。举办7次交通大讲堂，1400余名党员干部参加学习。“两学”知识测试定期开展，党支部每月相对固定日期进行集体学习。开展党课宣讲月活动，组织“党课”300余场次，向工委推选了20个精品党课、10个党课微视频。二是典型引领树标杆。组织党员干部远学廖俊波、黄大年，近学王淑芳。按照部党组部署要求，“七一”前夕集中表彰全系统266名优秀共产党员、101名优秀党务工作者、100个先进基层党组织，评选表彰37个机关文明处室，有力营造学先进、比先进、赶先进的浓厚氛围。三是创新载体求实效。组织总结提炼支部工作法和党建品牌成果，率先创建创先争优载体，做到一支部一特色、一支部一载体。四是调研督导促落实。及时召开督导工作部署会，组成5个督导组，围绕6个方面具体任务，开展全覆盖式现场督导，一级抓一级、层层抓落实。

三、基层党组织管理规范化水平显著提升

一是加强分类指导。深化“灯下黑”问题专项整治，实施台账清单式动态管理，有力激发机关党组织活力。扎实推进行业社团脱钩工作，开展专项检查验收，提升了社团“两个覆盖”水平。统筹推进离退休干部基层党组织建设，组织部机关司局与离退休干部党支部开展了20次联学活动。二是强化

任务落实。组织完成了直属机关党委常委和纪委常委调整报批、部管国家局机关“两委”书记任免、部机关党支部负责人调整和委员补选工作，指导11个基层党组织按期完成了换届。严格清理收缴党费使用管理，规范日常党费收缴，党员按月缴纳党费成为常态。三是夯实工作基础。推动部属单位加强党务纪检机构建设，充实工作力量。完成了基层党组织书记述职评议考核和对基层党组织的党建实地考核，对400余名入党积极分子、新党员、党务干部和基层党支部书记进行了培训。

四、正风肃纪和反腐败工作持续加强

一是加强纪律规矩教育。组织开展4次纪律知识测试，实现测试内容和党员参与全覆盖。举办“学习习近平总书记反腐倡廉建设的重要论述”主题廉政漫画巡展，5000余名党员干部参观学习。紧盯重大节庆时间节点，以发送廉政短信、微信、党员公开信等多种方式加强警示提醒。制定《开展典型案件警示教育暂行办法》，先后召开两次交通运输部系统反腐倡廉警示教育大会，通报20起典型案件。督促有关单位组织召开专题民主生活会、反思违纪案件教训并抓好整改。二是驰而不息整治“四风”。深入贯彻习近平总书记关于作风建设的重要指示精神，集中查摆整治形式主义、官僚主义问题。深入开展会风会纪专项整治，结合检查情况分两次通报问题突出的22家单位。严格“七一”党性分析制度，组织全系统5300余名党员集中查摆解决“四不”问题。按照部党组要求，集中排查全系统违规公款购买消费高档白酒问题，出台“禁酒令”，取得良好社会反响。三是强化监督执纪问责。部直属机关各级纪检组织对586名拟提拔任职、202名拟出国（境）的同志进行廉政审核，对11人评选优秀共产党员、1名基层“两委”委员人选出具“不同意”的“党风廉政回复意见”，向3个党组织下发督促落实主体责任的纪律检查建议书。全年共受理信访举报101件，集中处置问题线索56件，谈话函询20件，初步核实41件，立案审查9件，挽回经济损失223万余元。部直属机关纪委依规依纪完成了6名局级干部党纪处分报审、下达和督促执行工作。

五、党建工作制度机制更加完善

一是服务部党组健全党建管理机制。积极履行部党建工作领导小组办公室、部党风廉政建设和反腐败工作领导小组办公室职责，累计召开部党风廉政建设工作会议、部党建工作领导小组会议等各类会议14次。二是优化“一部三局”党建工作格局。组织“一部三局”机关深入开展主题联学，促进行业党建工作资源整合。结合执纪审理工作实际，进一步完善了国家局司局级党员干部党纪处分工作制度。三是完善党建工作制度体系。严格落实民主集中制，直属机关党委召开常委会16次，做到集体决策、民主决策、依法决策和科学决策。研究提出17项制度建设推进计划，报请党组审议出台了11项制度办法。直属机关纪委贯彻监督执纪工作规则，制定了6项配套制度。四是加强党建工作信息化建设。探索实施互联网+党建工作，部党建工作管理信息系统获得中央国家机关工委“最佳案例奖”。

六、统战和群团改革工作稳步推进

一是统战工作深入开展。对党外人士代表进行走访慰问，对49名统战干部及党外人士进行专题培训。协助工委研究制定“国情调研”工作方案并开展调研。调研成果得到中央国家机关工委认可和肯定。积极开展党外人才推荐工作，先后向北京市十三届政协、北京市欧美同学会、北京市政府参事室、东城区海外知识分子联谊会推荐了5名相关人选。二是群团工作持续加强。贯彻落实中央群团改革精神和中央国家机关工委群团改革工作推进会部署，指导部直属机关工会和全国港口团指委完成换届。三是工青妇工作同向发力。召开了劳模和优秀青年建言献策座谈会，全年征集各方面意见300余条，干部职工建言献策常态化。部机关建设10件实事得到落实，“职工之家”建设深入推进。全年组织慰问生活困难党员干部职工1800余人。广泛开展文体活动，积极参加中央国家机关干部职工文艺汇演，展示良好风貌。开展“五四”主题团日、“根在基层”调研实践等活动，召开青年干部学习《习近平谈治国理政》报告会、《习近平的七年知青岁月》座谈会，举办了首届全国大学生小桥工程创新设计大赛，42名青年获得第四届部直属机关青年五四奖章（标兵）称号。承办中央国家机关女干部系列“文化讲堂”，举办“尺牍情深”家庭建设分享会，开展“恒爱行动”等公益活动，让女干部职工感受到党组织关怀。通信信息中心王淑芳被评为全国“三八”红旗手标兵，中国海上搜救中心获得全国“五一”劳动奖状，孙永红家庭被评为全国最美家庭。

第二节　部直属机关党建工作的重大举措及成效

2017年，交通运输部直属机关各级党组织在推进“两学一做”学习教育常态化制度化中，充分发挥主体功能作用，促进党员干部“学”有深度、“做”在实处，为交通强国建设贡献力量。

一、党组示范引领，立出行动标尺

把强化党组带头、以上率下作为推进党员教育走在前、作表率的重要方法。一是自觉坚定，维护核心。坚决维护习近平总书记的核心地位，坚决维护党中央权威和集中统一领导，把习近平总书记关于交通运输工作的重要指示精神作为重要指导思想，明确年度任务，强化跟踪督导，把党的理论和路线方针政策贯彻落实到交通运输各领域和各项工作中。按照十九届中央政治局第一次会议精神，研究提出落实《中共中央政治局关于加强和维护党中央集中统一领导的若干规定》和《中共中央政治局贯彻落实中央八项规定的实施细则》的具体措施。二是持续跟进，学习理论。坚持用习近平新时代中国特色社会主义思想武装头脑，分列专题开展“两学”，对习近平总书记每次重要讲话，第一时间传达学习，交通运输部党组每月至少集体学习2次，每次至少安排3名党组成员发言。2017年9月，专门召开学习贯彻习近平总书记对交通运输工作重要谈话周年座谈会。党的十九大之后，围绕“六个聚焦”，分专题深入学习党的十九大精神，组织研究制定交通强国建设纲要和服务决胜全面建成小康社会等专项行动计划。三是讲好党课，强化党性。2017年，部党组主要负责同志先后围绕严肃党内政治生活、加强党风廉政建设、共产党人的初心和时代精神、坚持民主集中制、学习党的十九大精神，为全系统处以上党员干部、党组织书记和部党校学员讲5次党课。其他部党组成员深入所在支部和分管联系单位，围绕宣讲和督导学习党的十九大精神等重大主题，累计为基层讲党课30次以上。四是为民服务，改进作风。2017年，部党组成员开展调研200多次、400余天，围绕交通运输供给侧结构性改革、交通扶贫脱贫攻坚等，深化部省合作，推动重大工程、重大项目和重大政策落地，促进交通运输实现稳中求进、持续向好的良好态势，有力支撑保障了经济社会发展，增强了人民群众获得感幸福感安全感。

二、抓实基层支部，建强战斗堡垒

把强化党支部组织力和政治功能，作为推进党员教育走在前、作表率的根本路径。一是从严落实支部书记“一岗双责”。全面推进机关司局党员正职担任党支部书记，实行“一肩挑”，全部司局级党员领导干部进入支委会，明确抓不好党建就是不称职，加强跟踪问效、依规问责。举办党支部书记培训班，按季度督导、查核支部学习教育开展情况。年终开展机关司局班子、业务、党建工作同述同评同考，组织支部书记述职述廉述责，扎实推进“两个责任”落实。二是突出严格党的组织生活。2017年“七一”期间，聚焦解决“不思进取、不接地气、不抓落实、不敢担当”问题，通过自己谈、组织点、相互评，深入剖析党性，不断改进提高。统一设定支部组织生活日，引导基层支部每月第一个周一集中开展组织生活，配发并定期抽查《支部工作手册》《党小组工作手册》《党员手册》，强化“三会一课”等基本制度落实。三是普遍开展支部联学联建。以“用好黄金时期、当好发展先行”为主题，组织机关各党支部与10个离退休党支部结对联学，面对面、心贴心，共同开展学习教育、过好组织生活，与部属科研院所、基层执法站点、行业服务窗口、重点扶贫地区等基层党组织结成联建对子，互派人员讲党课，一起过“共建互促”主题党日、“根在基层”组织生活。四是深入创建创先争优载体。组织机关党支部率先提出“严实筑路”“惠海泽航”“勇担当、善作为”等创先争优载体，抓实党建工作与中心工作深度融合的创建行动，做到一支部一特色、一支部一载体，引导党员以实际行动践行合格党员标准，发挥先锋模范作用。党员干部认真践行部党组“小康路上决不让任何一个地方因交通而掉队”的郑重承诺，主动帮助基层作规划、筹资金、立项目，帮助解决革命老区、特困地区、边远地区、少数民族地区道路少、出行难等问题。

三、健全制度机制，提升党建质量

把制度建设贯穿党建工作各方面，作为推进党员教育走在前、作表率的基本保障。一是不断完善党建工作制度。对照党章、《关于加强新形势下党内政治生活的若干准则》等党内法规，全面梳理党建制度体系，提出立改废具体项目和实施进度，出台了11项党建工作制度。二是健全典型案件警示教育机制。召开反腐倡廉警示教育大会，通报机关和部属单位违法违纪案例，责成发生违纪案件的单位召开汲取教训专题民主生活会、组织生活会，责成违纪干部在年度民主生活会上作出说明，使广大党员干部受警醒、知敬畏、存戒惧、能知止。三是完善先进典型培树机制。召开“学习廖俊波先进事迹座谈会”，广泛开展“向黄大年学习活动”。“五一”举办感动交通年度人物事迹报告会，“七一”召开“两优一先”表彰大会，激励党员干部弘扬“两路精神”，撸起袖子加油干。在网站、报刊、微信平台集中宣传展示“两学一做”成果、先进支部做法、优秀党员事迹，引导党员干部学先进赶先进比先进，立足岗位建功立业、创先争优。

第三节　交通运输部系统“两学一做”优秀共产党员、优秀党务工作者和先进基层党组织

党的十八大以来，特别是“两学一做”学习教育开展以来，在以习近平同志为核心的党中央坚强领导下，交通运输系统各级党组织和广大共产党员认真贯彻落实党的十八大和十八届三中、四中、五中、六中全会精神，深入学习贯彻习近平总书记系列重要讲话精神和治国理政新理念新思想新战略，紧紧围绕服务统筹推进“五位一体”总体布局和协调推进“四个全面”战略布局，积极践行“两学一做”，在促进交通运输事业科学发展中作出了重要贡献，涌现出一批优秀共产党员、优秀党务工作者和先进基层党组织。

6月23日，印发《交通运输部办公厅关于表彰“两学一做”优秀共产党员优秀党务工作者和先进基层党组织的通报》。部党建工作领导小组决定对任谊等266名共产党员、宋彩萍等101名党务工作者、交通运输部人事教育司党支部等100个基层党组织予以表彰，分别授予“交通运输系统‘两学一做’优秀共产党员”“交通运输系统‘两学一做’优秀党务工作者”“交通运输系统‘两学一做’先进基层党组织”称号。

第四节　国家铁路局直属机关党建工作综述

一、坚持把政治建设摆在首位，政治机关建设不断强化

深入学习领会习近平总书记关于政治机关建设的重要讲话精神，强化中央国家机关首先是政治机关的意识，始终坚定正确的政治方向。

认真贯彻《中共国家铁路局党组关于维护党中央集中统一领导的规定》，坚持以政治建设为统领，旗帜鲜明讲政治，不断强化各级党组织和领导干部的政治责任落实，确保党中央决策部署不折不扣贯彻落实，坚决做到有令即行、有禁即止。把政治机关建设、“四个意识”纳入党员干部教育培训、组织生活的重要内容，持续教育引导机关全体同志提高政治站位，牢固树立“四个意识”，不断增强“四个自信”，严守政治纪律和政治规矩，自觉在政治立场、政治方向、政治原则、政治道路上同以习近平同志为核心的党中央保持高度一致，坚决维护习近平总书记在党中央和全党的核心地位。坚持把讲政治的要求贯穿于机关建设的全过程和各方面。在贯彻落实习近平总书记重要讲话、指示批示上，建立工作制度，明确收录登记、即收即办、分送督办、狠抓落实、年度总结等各项要求，确保了全面坚决落实。加强党组决策事项的督查督办，强化执行意识，提高了各级干部的工作执行力。严格请示报告制度，明确请示报告事项和具体要求，确保了政治纪律和政治规矩得到有效贯彻执行。

二、切实抓好理论武装，思想建设进一步强化

（一）精心组织开展习近平新时代中国特色社会主义思想和党的十九大精神学习宣传贯彻

研究制定学习宣传贯彻党的十九大精神的实施意见，细化工作安排和要求，推动党员干部学懂、弄通、做实。全体人员均参加所在部门或处室的党支部学习，不让一个人掉队。编印《党的十九大报告要点摘录》等9册学习参考资料，配发《知之深爱之切》《摆脱贫困》等书籍，促进全体干部加深理解、加强认识、深刻领会。广泛利用网站、简报、宣传栏、新媒体等载体开展学习宣传。在国家铁路局党组统一部署下，先后开展了学习传达、集中学习、研讨交流、深入企业联学、集中轮训等5个轮次的学习活动。局机关各部门和局属各事业单位以进企业、进工厂、进站车、进车间、进工地的联学活动为载体，与19家中央国家机关和铁路相关企业开展了主题联学活动，形成了“同频共振”。2017年12月11日至15日，组织全局315名处级以上领导干部，进行为期5天的集中培训，达到了预期目标。

（二）认真组织两级理论学习中心组学习

认真研究制定两级理论学习中心组年度学习计划，每月明确学习主题，精心组织落实。全年共组织局党组集中学习28次，其中9次扩大到局机关各部门和局属各单位主要负责人，

专题交流研讨5次。局属各事业单位党委理论学习中心组在按照规定完成学习任务的基础上，结合实际丰富学习内容、创新学习方式，取得较好成效。

（三）推进“两学一做”学习教育常态化制度化

坚持全覆盖、常态化、重创新、求实效，突出在“学”中筑牢思想根基，在“做”中彰显先锋本色。开展基层党组织“党课宣讲”活动，推出一批有理论深度、有实践指导意义、有单位部门特色的精品党课和微视频党课。组织开展专题党性分析，在严格的党内政治生活中锻造坚强党性，汇编书面交流材料促进相互学习、提高认识。抓好“两学一做”学习教育常态化制度化日常督促指导，推动学习教育融入日常、抓在经常。中央国家机关工委进行了督导检查，给予充分肯定。

（四）思想建设形成特色品牌

实施“党支部固定学习日”制度。每个月的第一个星期一下午，所有党支部开展政治理论学习，统一时间、统一内容、统一要求。全年围绕学习习近平总书记重要讲话、中央重要工作会议精神和重大部署等，开展固定学习日学习12次，取得了良好效果，形成了特色品牌。领导班子成员每月以普通党员身份参加所在党支部学习，发挥示范引领作用。坚持学习体会阅批制度，一级带一级，严把政治关、思想关、文字关，提高了学习研讨质量。建立党员学习园地，在每个办公室设置书写板，党员自己动手摘写学习要点，随新随换、随写随学，增强了政治理论学习的自觉性、主动性。

三、推进党建工作规范化制度化，党组织基础得到夯实

（一）完善党建工作机制

认真履行党建工作领导小组、党风廉政建设和反腐败工作领导小组以及党组巡视工作领导小组办公室的职责，落实好对地区铁路监督管理局分党组的指导以及对局属事业单位党委、纪委的领导责任，确保党建工作统一领导、统筹规划、有效落实。全年制修订党支部设置、换届选举办法等党的建设制度办法32项。

（二）落实管党治党责任

根据全局关于全面从严治党、加强党风廉政建设和反腐败工作会议部署，细化分解了38条具体任务，落实各级工作职责，明确牵头领导、主办单位和完成时限。通过座谈会、走访、调研等形式了解掌握情况，督促“两个责任”落实。组织开展落实“两个责任”情况监督检查，监督检查结果在全局通报，同时作为对领导班子总体评价和领导干部成绩评定、选拔任用、奖励惩处的重要依据。

（三）夯实党建工作基础

建立健全党支部组织生活、党费交纳管理等工作制度，完善党支部工作基础台账，规范党支部和党小组工作记录，推动党支部建设的制度化和规范化。举办直属机关基层党组织书记业务培训班、局属事业单位新入职人员培训班。落实“三会一课”制度，各党支部定期召开党员大会、支部委员会、党小组会，党支部书记带头讲党课。为全体党员配发党费交纳证，每名党员本人亲手按时足额交纳党费，并在交纳证上签字。局机关各党支部完成换届选举和增补，支委力量进一步增强。开展“七一”表彰，表彰了40名优秀共产党员、12名优秀党务工作者、7个基层党组织，发挥了良好的激励作用。

四、持之以恒正风肃纪，党风廉政建设在坚持中深化提高

（一）坚持不懈纠正“四风”。

着力精简会议，严格控制文件简报种类和数量。全面清理规范两级机关办公用房和公务用车。落实禁酒令，明确公务活动用餐一律禁

止饮酒。贯彻落实习近平总书记关于进一步纠正“四风”、加强作风建设的重要批示精神，针对“四风”十种新表现以及其他问题表现，全面开展对照检查，紧盯隐形变异问题，加强问题整改，坚决防止反弹回潮。将有关情况纳入民主生活会、组织生活会内容，认真组织党员干部找差距、挖根源、定措施，强化思想行动自觉，坚决抵制“四风”。

（二）开展专项清理工作

开展清理铁路公用免票工作，并向社会公布监督电话。开展“小金库”专项清理整顿活动，严肃查处违纪行为，4 名干部受到了党纪政纪处分。开展津贴、补贴清查工作，坚决纠正、严肃处理违规行为。对局机关晚餐收费、特殊岗位通讯费补贴、书报费等事项进行清理规范。

（三）抓重点、盯关键，久久为功

关注元旦、春节、国庆等年节假期、重要时间节点，紧盯监督检查、行政许可、行政执法等关键环节，加强纪律和警示教育，严肃查处违反中央八项规定精神的问题。有效运用“四种形态”，坚持抓早抓小，及时通过谈话提醒、函询核实、批评教育等方式督促纠正问题，使“红脸出汗”成为常态。

（四）加强干部审核，从严管理干部

坚持以严的标准要求干部、严的措施管理干部、严的纪律约束干部，严格落实干部管理监督工作。落实“四凡四必”要求，全年对 24 名处级以下拟提拔使用干部、6 名“六管”干部、113 人次因公临时出国干部、124 名拟表彰干部，以及 2 名入党积极分子、预备党员，出具了党风廉政意见；对 4 个党组织、1 名干部提出不宜表彰的意见。

（五）开展全覆盖政治巡视，发挥震慑遏制作用

按照国家铁路局党组部署，制定巡视工作办法，组建巡视机构，精心制定巡视方案，编制巡视查核工作清单，2017 年 2 月至 8 月完成了对局属单位全覆盖政治巡视。根据巡视发现的问题，对相关党组织和责任人严肃追责问责，在政府网站公开通报巡视情况，主动接受监督，得到了干部群众和全社会的认同。巩固巡视成果，出台《国家铁路局党员领导干部配偶、子女及其配偶从业行为规定》《国家铁路局领导同志身边工作人人员行为规范》《国家铁路局事业单位专项工作管理暂行办法》，扎牢制度笼子。巡视后，14 家局属单位均召开了专题民主生活会，进一步对照检查，深入分析问题，制定措施，确保巡视发现问题的全面整改到位。

不断加强自身建设，充实了工作力量、完善了工作机制。优化局机关及局属单位的纪检机构设置，配齐配强专兼职纪检干部；探索局党组向局属事业单位派驻纪检组模式，在 4 家事业单位开展了派驻纪检组试点工作；机关各部门党支部配齐配强纪检委员。加强和改进群团工作。召开第一届直属机关工会会员代表大会、共青团直属机关第一次团员大会，选举产生了群团组织领导机构和工作机构。组织召开纪念“三八”妇女节座谈会、纪念“五四”青年节座谈会，广泛开展“服务群众服务基层”主题实践活动、青年干部“根在基层”调研实践活动和每月一次健步行及其他各类文体活动，有效增强了干部职工归属感和凝聚力。

第五节　中国民用航空局直属机关党建工作综述

2017 年是民航发展具有里程碑意义的一年。习近平总书记亲临北京新机场视察并作出重要指示，强调“新机场是国家发展一个新的动力源”，将民航战略地位提到了新的高度。中国民航局深入推进全面从严治党、党风廉政建设和反腐败斗争，各项工作取得显著成效。

一、认真学习贯彻习近平新时代中国特色社会主义思想和党的十九大精神，政治建设、思想建设进一步加强

党的十九大召开后，中国民航局党组和各级党组织，坚持把学习宣传贯彻党的十九大精神作为首要政治任务，通过中心组学习、宣传报告、“三会一课”、集中培训等多种形式，兴起学习贯彻热潮。全面、系统、深入学习习近平新时代中国特色社会主义思想，要求各级党组织和党员领导干部尊崇党章、学习党章，按党章要求加强党的政治、思想、组织、作风、纪律建设，并把制度建设贯穿其中，教育引导党员干部进一步强化“四个意识”，坚定“四个自信”，自觉在思想上政治上行动上同以习近平同志为核心的党中央保持高度一致。一年来，圆满完成党的十九大、“一带一路”国际高峰合作论坛、金砖国家领导人厦门会晤等一系列重大紧急运输保障任务，做到了万无一失。民航行业在服务国家发展战略和外交工作大局等方面的作用进一步凸显。

二、加大干部选拔配备力度，选人用人公信度进一步提升

着眼事业发展需要，拓宽选人用人视野，严格选人用人标准和程序，积极有序做好干部调整配备工作，全系统全年调整配备局党组管理的干部196名，其中提拔使用102名。加大干部交流力度，全年安排32名直属单位领导班子成员、局机关处级以上干部进行交流任职或内部轮岗，选派26名干部参加行业内外挂职，拓展了干部成长成才渠道。

开展新提拔干部宪法宣誓仪式，增强宪法观念。严格领导干部经济责任审计。实现了行政机关公务员平时考核全覆盖。开展领导干部个人有关事项报告专项整治，如实报告率达到80.46%，分别比2016年、2015年提高了47.96、63.97个百分点。对申报不实的41人作出组织处理、对70人进行批评教育。

三、推进“两学一做”学习教育常态化制度化，基层单位党建基础进一步夯实

按照中央部署，深化“两学一做”学习教育，教育引导广大党员对照党章党规和系列讲话精神，对照“四讲四有”标准和先进典型，进行“党性体检”，党员的党章、党规、党纪意识进一步增强，先锋模范作用进一步彰显。制定印发《深入推进全面从严治党实施意见》《意识形态工作责任制实施细则》等规范性文件，健全了党建制度体系。落实换届选举制度，推动656个基层党组织完成换届。加强行业协会党建工作，实现了“两个全覆盖”。严格和规范党内生活，健全“三会一课”等制度，党内政治生活的质量进一步增强。充分发挥党支部主体作用，开展形式多样的主题党日活动，支部的凝聚力、战斗力明显增强。

四、持之以恒落实中央八项规定精神，作风建设进一步深化

修订《局党组关于贯彻落实中央八项规定精神的实施办法》，进一步增强针对性操作性。推动作风建设抓常抓细抓长，建立重大节假日廉政提醒工作机制，取消沿用多年的公务员因公出差优惠机票政策，开展违规公款购买消费高档白酒问题集中排查整治、周转住房管理违纪违规问题专项治理。严肃查处违反中央八项规定精神的问题，处理党员干部38人。

五、深入推进党风廉政建设和反腐败工作，民航系统政治生态进一步好转

坚定支持驻交通运输部纪检监察组和各级

纪检组织开展工作，严明党的纪律、强化党内监督。开展“以案释纪明纪、严守纪律规矩”警示教育，对周来振、夏兴华“悔过书”以及50起典型案例进行通报，以案为戒、以案明纪，收到良好效果。

加大监督执纪力度，制定实践监督执纪“四种形态”指导意见，并着力积极实践，全年运用“第一种形态”处置378人，给予党政纪处分99人。

加大问责力度，对14个基层党组织、77名领导干部进行了问责。

深化政治巡视，完成对10家局属单位的巡视，发现问题184个，实现了全覆盖；推动8家局属单位开展巡察，形成了巡视巡察联动的监督网；认真处置巡视巡察移交的问题线索，给予28人党纪政纪处分，发挥了巡视巡察的利剑作用。

加强党务纪检机构建设，在各监管局和直属事业单位设立专门党务部门，扩大局党组派驻纪检组试点，推动局属单位纪委书记兼职清理整改。

六、大力弘扬和践行当代民航精神，行业凝聚力进一步增强

在《中国民航报》开展“砥砺奋进的五年”系列宣传报道，营造喜迎十九大的浓厚氛围。开展“最美民航人”宣传展示活动，对62名行业先进典型进行宣传。各级工会、共青团组织，广泛深入开展“五一”劳动奖状奖章、“五一”巾帼标兵评选、“青春”系列主题活动、技能大赛等丰富多彩的宣传实践活动，推动当代民航精神进班组、进校园、进头脑。以“纪念周恩来总理对民航工作重要批示60周年”为契机，召开座谈会，传承和弘扬行业优良传统，凝聚行业力量。深化行业精神文明创建，北京新机场建设指挥部等6家单位被评为“全国文明单位”。

落实意识形态工作责任制，加强宣传思想文化阵地建设，弘扬主旋律、传播正能量。加强和改进新闻宣传工作，施行月度新闻发布会制度，为行业发展营造良好舆论环境。用心用情做好离退休干部工作，发挥老同志的作用。

第六节　国家邮政局直属机关党建工作综述

2017年，国家邮政局机关党委准确把握新形势、主动适应新要求，以更高的标准、更好的精神状态推进机关党的建设全面发展。

一、思想政治建设

以政治建设为根本，以政治机关为标尺，把增强“四个意识”作为机关各级党组织的重要政治责任，教育引导党员干部始终坚定正确的政治方向。持续深化思想理论武装。认真抓好党的十八届六中、七中全会精神、习近平总书记“7·26”等系列重要讲话精神学习，与学习党章、党规统一起来，使学习入脑入心、形成自觉。充分发挥中心组学习的“龙头”作用，组织党组中心组学习11次、研讨交流6次，确保学习深入扎实。扎实推进“两学一做”学习教育常态化制度化。研究制定《关于推进“两学一做”学习教育常态化制度化的实施方案》以及2017年具体计划安排，明确了15项常态性工作，18项阶段性重点工作。实行《党建工作落实情况》通报制度，加强学习教育工作的督促指导，全年机关和直属单位各级党组织开展“三会一课”和主题教育活动共计356次。推广使用“支部工作”APP。以“喜迎十九大”为主题，组织广大党员参观“砥砺奋进的五年”大型成就展和“中央国家机关定点扶贫工作成果展”，丰富学习交流形式，提升了学习实效。

二、党的建设

强化“抓好党建是最大政绩”的观念，坚持主

责就是首责、守土必须尽责，引导各级党组织把从严治党主体责任落到实处。充分发挥党建工作领导小组作用，协助国家邮政局党组相继召开18次党组会议、7次专题会议，集中研究加强和改进党建工作。制定《2017年机关党建工作要点》《2017年度国家邮政局机关纪检工作要点》，保证全面从严治党要求落到实处。指导党支部总结形成各具特色的支部工作法，带动党建大格局，充分发挥战斗堡垒和先锋模范作用。落实党内组织生活制度，严格执行民主集中制。认真抓好“三会一课”、民主生活会、组织生活会、党建述职评议考核等各项制度落实，促进党建工作进一步制度化规范化。严格落实《关于进一步加强和规范党费收缴使用管理工作的措施》，每月足额缴纳党费成为党员同志的自觉行动。严格执行《关于严格规范党内和日常工作生活中称呼的通知》精神，从规范称呼做起，发扬党内民主。

三、基层组织建设

牢固树立大抓基层的鲜明导向，推动基层建设全面进步、整体过硬。抓好机关和直属单位党建工作专题培训，在延安举办党支部书记、党务干部以及新党员、入党积极分子培训班，进一步强化了支部书记的“两个责任”意识，提升了党务工作能力。严格党员教育管理，发展党员3名，预备党员转正3名。开展国家邮政局机关“两学一做”优秀共产党员、优秀党务工作者和先进基层党组织评选表彰工作，评选表彰32名“优秀共产党员”，12名“优秀党务工作者”，7个“先进基层党组织”，树立先进典型，报告经验事迹，展示了“两学一做”学习教育成果。注重机关党支部的规范化建设、直属单位和社会组织党组织的重点帮建，新成立党总支部1个，指导任期届满换届党总支部1个；“两学一做”学习教育和社会组织党建工作“两个覆盖”接受上级督导，受到中央国家机关工委和交通运输部充分肯定。全年补（改）选书记、委员16人，进一步优化机关党务干部队伍结构，配齐配强机关党组织领导班子。

四、反腐倡廉建设

把严明政治纪律和政治规矩放在首位，扎实推进党风廉政建设和反腐败工作。始终把贯彻落实中央八项规定精神、纠正“四风”作为一项重要政治任务，严格遵守纪律规矩，严格执行住房、交通等方面规定，认真执行因公出访相关规定，用贯彻落实八项规定精神、纠正“四风”的实际行动，推动廉洁从政、廉洁用权、廉洁自律在邮政全系统落地生根。紧抓元旦、春节、端午和国庆、中秋等重要节点下发通知，要求各级守住纪律底线，落实两个责任。组织纪检监察业务骨干参加上级举办的执纪审查业务骨干培训班，不断强化主责主业意识和监督执纪问责能力。坚决完成驻部纪检组交办的监督执纪任务，注重运用“四种形态”，坚持有腐必反、有贪必肃，对信访件和问题线索按照处置权限进行受理分流和分类处置，全程督办驻交通运输部纪检组交办件。落实抓早抓小的要求，召开全系统警示教育大会，深入开展廉政教育活动，增强党员纪律意识。

五、群团建设

认真贯彻落实中央群团工作会议精神，召开直属机关工会“两委”全体会议，及时补选健全工会组织。在井冈山举办了38名群团干部参加的培训班，坚定理想信念，提高能力素质。持续推进“奋战十三五、传递邮政情、共筑中国梦”系列主题教育文化活动；“三八妇女节”组织女职工开展游览和摄影比赛；组织局机关和直属单位100余人参加“喜迎十九大 健康万步走”中央国家机关健步走活动；组队参加交通运输部羽毛球团体赛。

六、离退休干部工作

充分发挥离退休党支部的作用，组织集中学习8次，近300人次参加，引导老同志不忘初心，始终与党中央保持高度一致。组织召开机关离退休干部“迎新春”团拜会，组织参观宋庆龄故居活动，组织“以案释纪明纪 ，严守纪律规矩”警示教育座谈会，开展“畅谈十八大以来变化，展望十九大胜利召开”和建言十九大等活动，教育大家为党的事业增添正能量。关心老干部身体健康和日常生活，加强慰问、日常走访和电话访问，为老干部争取到夕阳红康复护理项目、活动站运营经费、报纸订阅等多项福利。

第十一章　精神文明建设

第一节　全国交通运输系统精神文明建设工作成就

一、交通运输部

2017 年，交通运输部认真学习贯彻习近平总书记宣传思想工作系列重要讲话精神，围绕迎接和学习宣传贯彻党的十九大主线，有序做好交通运输系统意识形态和行业精神文明创建、文化建设和新闻舆论工作，为促进改革发展稳定营造了良好环境。

（一）加强理论武装

深入学习贯彻党的十九大精神和习近平新时代中国特色社会主义思想。认真学习贯彻党的十八大和十八届二中、三中、四中、五中、六中全会精神，认真学习贯彻党的十九大精神和习近平新时代中国特色社会主义思想，学习领会习近平总书记关于“四好农村路”建设等重要指示批示精神，及时传达学习“全国精神文明建设表彰大会”“全国宣传部长会议”“意识形态工作座谈会”“全国巾帼建功表彰大会”等重要会议精神，用好《习近平谈治国理政》第一、二卷和《习近平总书记系列重要讲话读本》等权威文献。开展《习近平总书记“四好农村路”建设思想在交通脱贫攻坚战中的成功实践》《习近平总书记系列重要讲话精神在交通运输领域的实践》等马克思主义课题研究，协调《人民日报》《学习时报》《求是》等刊发交通运输部领导署名文章，系统阐释交通运输行业学习贯彻习近平新时代中国特色社会主义思想的思路和举措。

（二）做好顶层设计

1. 精心谋划，统筹安排好年度工作

一是统筹全年工作，召开部精神文明建设指导委员会专题会议，印发《2017 年全国交通运输行业精神文明建设和新闻宣传工作要点》；二是规范新闻工作管理，印发《交通运输部机关日常应急宣传工作流程》《关于进一步规范和改进交通运输新闻舆论工作的通知》；三是做好重大宣传活动安排，印发《交通运输行业迎接党的十九大新闻宣传工作方案》《党的十九大前交通运输新闻宣传和舆论引导工作方案》《全国“两会”前国新办新闻发布会有关工作安排》《“一带一路”国际合作高峰论坛交通运输新闻宣传工作方案》；四是抓好意识形态工作，印发部领导在意识形态专项督查、交通运输行业新闻舆论工作座谈会时的讲话内容。五是部署开展专项工作，印发《关于开展“青年文明号开放周”活动的通知》《关于做好交通运输行业先进典型信息库建设的通知》《关于开展交通运输行业公益广告大赛活动的通知》《关于加强交通运输行业网络评论员队伍建设的通知》等，为全行业开展工作提供了指导。

2. 协调联动，调动好各方面积极性

一是统筹推进行业宣传思想文化工作“334”体系建设，建好“交通报道线索库、舆论引导口径库、行业先进典型库”等三个库，建好“新闻发言人、网络评论员、新闻宣传专家”等三支队伍，建好“重大主题宣传、热点问题引导”联动机制以及与中宣部、中央网信办的工作协同机制。二是充分发挥交通运输系统和行业整体性、综合性、联动性优势，形成部局协同、系统一致、部省联动、企业参与的格局。举办交通运输行业新闻发言人培训班、网络评论员培训班，召开行业新闻舆论工作座谈会，加强沟通，凝聚共识，提升行业新闻宣传工作水平；发挥交通运输企业积极性，邀请企业宣传机构负责同志参加座谈会，在“砥砺奋进的五年”“一带一路”主题宣传中加强服务协调，参加交通建设企业座谈会，鼓励发挥各自优势，做好交通宣传。

3. 加强沟通，为开展工作创造良好外部条件

及时向上级报告工作，向中宣部报告党的十八大以来宣传思想文化工作重要文件贯彻落实情况，向中央文明办报送全国交通运输行业倡导绿色生活反对铺张浪费、倡导文明旅游的总体情况，参加中央文明办组织的全国文明城市测评。部领导带队多次走访中宣部、中央网信办及人民日报社、新华社、中央电视台，为开展工作创造良好外部条件。交通运输部2次在中宣部组织的社会主义核心价值观主题培训班上介绍经验，1次在全国巾帼文明岗工作座谈会上介绍经验，交通运输行业倡导绿色生活工作经验，被中央文明办主办的《精神文明报》摘编推广。

（三）培育践行核心价值

1. 深入开展“爱岗敬业 明礼诚信”社会主义核心价值观主题实践

继续面向全国交通运输行业，部署开展了“爱岗敬业 明礼诚信”社会主义核心价值观主题实践，不断深化每年4月开展的交通运输行业“社会主义核心价值观学习实践教育月”活动。充分发挥交通运输服务功能，组织交通运输行业公益广告大赛，积极刊播公益广告，建设流动“道德讲堂”。继续开展文明交通行动和文明旅游宣传工作，规范文明服务，进一步推动形成良好的行业风气和社会风尚。

2. 大力弘扬“两路”精神，提炼新时代交通精神

深入学习贯彻习近平总书记关于“两路”精神指示要求，在全行业继续大力弘扬和践行“两路”精神，设立“两路”精神工作室，赴川、青、藏三省（区）开展专题调研，指导“两路”沿线有关单位因地制宜建立陈列室、展览馆等，将践行弘扬“两路”精神常态化有形化。扎实推进新时代交通精神研究，进一步提炼契合时代主流和行业风貌的交通精神，形成鼓舞全行业砥砺奋进的强大精神力量。

3. 培树行业先进典型，发挥示范引领作用

在全行业培树宣传先进典型，制定交通运输行业“感动交通”等系列宣传方案。建立了行业先进典型培树信息库，明确全国和全行业重大先进典型的重点培树对象。印发《关于在全国交通运输行业开展向王淑芳同志学习的决定》，指导交通运输部通信中心成立王淑芳工作室，配合中宣部大力宣传“时代楷模”曲建武先进事迹，指导国家邮政局和中国邮政集团培树重大先进典型其美多吉。宣传表扬“2016年感动交通年度人物”，创新行业视频报告会形式，增强传播力感染力。联合中华全国总工会、新华社等积极开展“2017年感动交通年度人物”推选宣传，开展“最美航标工”评选，不断扩大行业典型的社会影响。

二、国家铁路局

2017年，铁路系统着重培育车间班组家园文化，加强铁路传统文化总结宣传，大力宣传高铁精神，巩固干部职工的共同思想基础，强化铁路文化建设的工作基础。在培育车间班组家园文化方面，进一步加强车间班组家园文化建设，促进安全、服务、经营文化到一线、进岗位。在传承和发扬铁路优良文化传统方面，坚持目标导向和问题导向，对铁路传统文化阵地建设、制度机制、宣传教育等情况进行全面调研。在大力宣传高铁精神方面，引导干部职工深切感受以习近平同志为核心的党中央对铁路工作的巨大关怀，铭记中国高铁走向世界先进行列的光辉历程，坚定跟党走，奋勇当先行。

三、中国民用航空局

2017 年，民航局行业各级党组织坚持以习近平新时代中国特色社会主义思想为指导，以迎接学习贯彻党的十九大为主题主线，把精神文明建设作为党建工作的重要内容，认真培育践行社会主义核心价值观，大力弘扬践行当代民航精神，深入开展精神文明创建活动，加强宣传思想文化阵地建设，坚决落实意识形态工作责任制，做好文明出行各项工作，着力推动全社会诚信体系建设，为行业发展提供了有力的精神支撑和智力支持，也为培育社会文明新风、提高公民文明素质作出了积极贡献。

一是加强理想信念教育。扎实开展"两学一做"学习教育，党的十九大胜利召开后，把深入学习习近平新时代中国特色社会思想和党的十九大精神作为首要政治任务，组织全体党员干部读原文、学原著、悟原理，把学习成果转化为树牢"四个意识"、增强"四个自信"的政治自觉，转化为坚定理想信念、加强党性锻炼的思想自觉，转化为指导实践、推动民航工作的行动自觉。二是大力弘扬践行当代民航精神。在全行业大力开展社会主义核心价值观宣传教育。把弘扬践行当代民航精神，作为民航培育践行社会主义核心价值观的有效载体、生动实践、具体成果，开展"最美民航人"宣传展示活动，对 62 名行业先进典型进行宣传。各级工会、共青团组织，广泛深入开展"五一"劳动奖状奖章、"五一"巾帼标兵评选、"青春"系列主题活动、技能大赛等丰富多彩的宣传实践活动，推动当代民航精神进班组、进校园、进头脑。以纪念周恩来总理对民航工作重要批示 60 周年为契机，召开座谈会，传承和弘扬行业优良传统，凝聚行业力量。三是不断深化精神文明创建工作。认真参加感动交通年度人物评选，北京新机场建设指挥部等 6 家单位被评为"全国文明单位"，结合"五一"劳动奖章、巾帼标兵、青年文明号等评选表彰活动，大力在全行业培育选树先进典型，广泛宣传民航精神文明建设先进事迹，推广典型经验，促进文明单位创建规范化常态化，推动行业特色精神文明活动深入开展。四是压紧压实意识形态工作责任制。坚持正确导向，加强对民航报刊、网站、博物馆等宣传思想文化阵地的建设和管理。牢牢抓住立德树人的根本任务，把思想价值引领贯穿民航院校教育教学的全过程和各环节。加强和改进新闻宣传工作，施行月度新闻发布会制度，营造良好舆论环境。五是做好文明出行各项工作。策划制作三个航空安全公益广告片，通过新华网、人民网、民航局官网等主流网站和机场、航空公司客舱向社会发布。各航空公司、机场广泛开展"安全乘机、文明出行"宣传活动，在候机楼和飞机客舱刊播文明旅游常识、航空安全须知，开展志愿服务活动，引导旅客养成良好的出行习惯。中国民航报等各民航媒体，针对拒绝安检，严重扰乱乘机秩序等不文明行为，制作并发布警示教育片，以案说法。民航航科普基金会编辑出版《乘坐飞机的那些为什么》《不忘初心，优雅出行》等书籍和宣传折页，引导旅客安全守法、文明出行。六是加强对不文明行为的惩戒力度。深入落实《民航旅客不文明行为记录管理办法》（试行），中国航空运输协会对不文明行为记录实行动态管理，2017年对外发布六批民航旅客不文明行为记录，共涉及128人，比以往数量大幅度提升。民航公安机关持续开展"六严"行动，即安检严查、公安严打、空中严控、监管严管、货运严治、内部严防，对各类危害航空运输秩序的违规违法行为实施精准打击，2017年共处置各类问题1.8万起，处罚1.1万人次，处罚率64.28%，霸机、占机等违法事件大幅减少，对推动全社会精神文明建设做出了应有贡献。

四、国家邮政局

邮政业把精神文明建设作为丰富党建工作内涵、持续改进政风行风的有力抓手，大力弘扬社会主义核心价值观，培育行业时代精神，树立行业良好形象。国家局成立邮政行业精神文明建设指导委员会，先后制定了《关于全面推进邮政行业文化建设的指导意见》《关于进一步加强邮政行业精神文明建设的指导意见》，引领行业文化和精神文明建设方向。联合团中央、交通运输部组织开展快递行业"青年文明号"创建活动，推出了一批代表行业服务标准、弘扬职业风尚的先进青年集体。在全行业深入开展社会主义核心价值观主题教育月活动，加强思想教育。开展了"奋战新时代、传递邮政情、共筑中国梦"等形式多样的行业文化教育活动，开展公文写作等岗位练功活动和慰问困难职工、阳光助学、医疗救助等爱心帮扶活动。部分省（自治区、直辖市）局积极开展"四抓四比""创建五型机关、争做五型干部"等主题实践活动，大力弘扬邮政行业"诚信、服务、规范、共享（4S）"的核心价值理念。积极遴选和推报邮政快递企业候选集体（个人）参与全国交通运输行业精神文明建设先进集体先进个人评选表彰活动，迄今64个集体和个人获得表彰。大力宣扬艾克帕尔·伊敏、其美多吉、马朝立、翟秋云、"最美快递员"等先进典型事迹，开展先进事迹报告会，加强媒体宣传推广，展示行业良好风貌。据不完全统计，全行业迄今共有1500多个集体、360多名个人受到省部级以上表彰奖励。

第二节　行业精神文明建设重要活动

一、交通运输部

（一）深入开展全行业群众性精神文明创建活动

2017年，交通运输全行业以"学先进、树典型、建体系、创一流"为指导，广泛开展群众性精神文明创建活动。由交通运输部推荐的28家单位获第五届"全国文明号单位"，66家单位通过复审保留荣誉称号。结合全国文明单位、先进个人、青年文明号、巾帼建功等评选表彰，推动行业特色精神文明活动深入开展。指导召开港口青年文明号活动现场会。规范交通运输国有文化企业管理，调整绩效考核指标，坚持社会效益和经济效益相统一，把社会效益放在第一位置，推动交通运输国有文化企业科学发展。

（二）争创交通文艺精品工程，争创交通文化精品力作

反映交通救捞精神的电视连续剧《碧海雄心》在山东卫视和网络新媒体平台播出，收视率持续名列前茅，取得了良好的社会效益和经济效益。话剧《又到满山红叶时》在行业巡演，受到干部职工的热烈

欢迎。电影《又见红叶》拍摄进展顺利。指导湖北省交通运输厅拍摄反映“四好农村路”建设的电影《村路弯弯》。协调制作播出电视纪录片《中国港口》《通途》等，展示了交通形象，弘扬了交通精神。

（三）有序开展交通文化和文献编纂工作

协调推进《中国大百科全书·交通运输卷》第三版和《中国桥谱》《中国水运史》等交通文献编纂工作，进一步宣传展示交通文化。推动海事文化、救捞文化、长江文化等交通文化体系建设，指导行业单位、部门结合实际开展交通运输主题陈列馆、博物馆、展览馆和文化长廊建设，用有形的载体积极宣传弘扬交通文化。

（四）大力宣传交通成就

配合中央电视台《将改革进行到底》《辉煌中国》《超级工程 3》等电视专题片摄制，配合国家发改委积极筹办“砥砺奋进的五年”大型成就展，配合摄制大型专题电视纪录片《辉煌中国》《超级工程》，依托鸿篇巨制浓墨重彩地展现交通运输改革和建设的成就。积极做好“一带一路”国际合作高峰论坛宣传，精心组织“一带一路”国际合作高峰论坛基础设施联通平行论坛宣传。结合十九大宣传，组织开展“小康路·交通情”“我的公交我的城”“21 世纪海上丝绸之路 沿海港口行”“国家高速公路网建设发展成就”等主题采访活动，充分展示了交通运输在供给侧结构性改革、交通脱贫攻坚、推进一带一路建设方面的成就。

二、国家铁路局

2017 年，铁路系统着重培育车间班组家园文化，加强铁路传统文化总结宣传，大力宣传高铁精神，巩固干部职工的共同思想基础，强化铁路文化建设的工作基础。

（一）培育车间班组家园文化

进一步加强车间班组家园文化建设，促进安全、服务、经营文化到一线、进岗位。坚持因地制宜、因人而异地开展心贴心、面对面的沟通，及时释疑解惑、化解矛盾，把思想政治工作做到职工心坎上。把握干部职工的新需求，创新宣传手段和内容，充分利用微博、微信公众号和“铁路职工网上家园”等新媒体开展宣传教育，进一步强化干部职工投身建设中国特色社会主义现代化强国的思想自觉和行动自觉。围绕构建技防、物防、人防“三位一体”的安全保障体系，全面提高铁路服务质量和经营效益，开展文化创建活动，促进职工良好作业习惯的养成，激发职工确保安全、优质服务的积极性。坚持严格管理与关爱职工相结合，加强生活线、文化线、卫生线建设，美化车间班组职场环境，改善职工工作生活条件，广泛开展寓教于乐、陶冶性情的群众性文化活动，积极推进人性化管理、民主化管理，增强干部职工的企业归属感，形成和谐共事、健康向上的良好导向。

（二）传承和发扬铁路优良文化传统

坚持目标导向和问题导向，对铁路传统文化阵地建设、制度机制、宣传教育等情况进行全面调研。深入研究铁路优秀传统文化，对铁路不同时期的文化积淀进行梳理总结，顺应时代要求，探索新的表达方式，把握铁路文化精髓，发扬优良传统，增强干部职工文化自信和企业自豪感，激发干事创业的内在动力。以喜迎党的十九大为契机，围绕中国铁路发展历程中的重大成就、重大事件、重大工程、重要人物，在各级各类媒体开辟专栏专题，协调中央和地方主流媒体，大力宣传铁路发展的光荣历史，特别是党的十八大以来铁路建设、客货运输、技术创新、党的建设等方面取得的巨大成就，营造传承铁路传统文化、展望铁路美好未来的浓厚氛围。

（三）大力宣传高铁精神

引导干部职工深切感受以习近平同志为核心

的党中央对铁路工作的巨大关怀，铭记中国高铁走向世界先进行列的光辉历程，坚定跟党走，奋勇当先行。紧密围绕京沪高铁标准示范线建设，深化安全、服务、经营文化建设，为进一步提升京沪高铁运营品质和效益提供文化保证。结合建设精品工程、智能京张，深入挖掘京张铁路历史文化和京张高铁时代内涵，大力传播京张高铁文化。以“砥砺奋进的五年”主题宣传教育活动为契机，聚焦高铁故事、人物、事件和业绩，在路内外媒体集中推出一批重点报道，大力宣传在高铁建设和运营过程中逐步形成的高铁精神，扩大宣传面和社会影响力。

三、中国民用航空局

（一）建设民航强国，大力弘扬和践行“当代民航精神”

组织开展“最美民航人”宣传展示活动、争做当代民航精神“青春代言人”主题活动，教育引导广大民航干部职工自觉将“忠诚担当的政治品格、严谨科学的专业精神、团结协作的工作作风、敬业奉献的职业操守”作为政治标尺、价值标准和行为标杆，自觉做当代民航精神的弘扬者、传播者和践行者。深化“民航强国梦 · 青年先锋行”主题活动，举办首届民航青年志愿服务项目大赛。通过民航网络电视台，组织开展“弘扬和践行当代民航精神”微视频展播，全年展出作品 211 个。

（二）选树榜样，展现新时代民航产业工人风采

开展了全国和民航五一劳动奖评选表彰工作。4 个单位、5 名个人、20 个班组获全国五一劳动奖状、奖章和全国工人先锋号荣誉称号；2 名个人、2 个单位荣获全国五一巾帼标兵和标兵岗荣誉称号。32 个单位、60 名个人、52 个班组获民航五一劳动奖状、奖章和民航工人先锋号荣誉称号；82 名个人、77 个班组获民航五一巾帼标兵和标兵岗荣誉称号。首次命名了 9 个全国民航劳模（高技能人才）创新工作室，充分发挥工作室弘扬劳模精神、培训服务等的带头作用。

（三）大力宣传，引导广大职工践行社会主义核心价值观

召开了 2017 年全国民航五一表彰电视电话会议，对受奖劳模先进进行表彰，圆满保障了全总、中央电视台“五一”劳动节特别节目在新机场成功举办。通过报刊、网络电视、楼宇电视、微信等各类媒体，持续性、全方位地宣传报道劳模先进事迹，营造学习先进、争当先进的良好氛围，推动全行业精神文明建设。广泛开展劳模大讲堂活动，各级工会开展了 126 场次。劳模巡讲团走进企业、院校，面向职工师生进行宣讲，直接听讲职工 2.2 万余人。

（四）讲好故事，发挥劳模先进引领作用

根据一线窗口岗位女职工多的特点，工会女职工委员会组织开展了“真情服务故事汇”活动。通过在历年的五一巾帼标兵和五一巾帼标兵岗中，征集“真情服务故事”，发挥女职工先进的示范引领和辐射作用，进一步宣传真情服务理念，促进经验交流，培育真情服务的文化氛围，引导广大女职工把“真情服务”落实在自己的工作岗位、体现在每项工作的细节中，有力促进了女职工在民航服务质量上水平中发挥作用。

四、国家邮政局

组织三届“中国梦 · 邮政情”寻找最美快递员评选活动，挖掘出 30 位“最美快递员”和 8 个最美快递员团队，在社会上产生了良好反响，体现了新时代快递从业者崭新的精神面貌。“最美快递员”已经成为邮政业精神文明建设的重要品牌。在全行业开展文明交通、礼让斑马线等倡议活动，提

升行业社会形象。积极开展文体活动，举办两届快递行业“黑马杯”篮球邀请赛、三届春节行业“微见闻”征集活动，并逐步打造成为邮政行业文明创建优秀品牌。积极参与“全国文明单位”评选活动，迄今共有17个邮政快递企业所属集体获得“全国文明单位”称号。发动邮政快递企业积极参与“感动交通年度人物”推报宣传活动，推选8位行业代表最终入选历届十大年度人物。

第三节　年度精神文明先进集体与个人

一、交通运输部

根据《关于评选第五届全国文明单位的通知》（文明办〔2017〕24号）要求，交通运输部高度重视，在交通运输行业印发了《关于做好第五届全国文明单位评选推荐和现有全国文明单位复查工作的通知》，认真组织开展了评选推荐工作。按照推荐条件，对照中央文明办《全国文明单位测评体系（2017年版）》《全国文明单位创建动态管理措施（负面清单）》，经过逐级推荐、严格审核、好中选优、公示等程序，形成了第五届全国文明单位候选单位名单（如下）。2017年12月27日，中宣部授予曲建武“时代楷模”〔见本节（二）〕。

（一）第五届文明单位明单

申报推荐（27个）：

1. 中国民用航空福建安全监督管理局
2. 民航新疆空中交通管理局
3. 四川航空股份有限公司
4. 北京新机场建设指挥部
5. 天津滨海国际机场
6. 西安咸阳国际机场股份有限公司
7. 中国邮政集团公司南通市分公司
8. 中国邮政储蓄银行河南省分行（本部）
9. 中国邮政速递物流股份有限公司湖北省分公司（本部）
10. 上海市邮政管理局
11. 中华人民共和国浦东海事局
12. 中华人民共和国深圳海事局
13. 中华人民共和国福建海事局
14. 东海第一救助飞行队
15. 交通运输部烟台打捞局
16. 中华人民共和国芜湖海事局
17. 长江南京航道局
18. 人民交通出版社
19. 河北省高速公路青银管理处
20. 黑龙江省龙运（集团）股份有限公司
21. 浙江省港航管理局
22. 六安市交通运输局
23. 山东交通技师学院
24. 郑州市交通运输委员会
25. 宜昌市交通运输局
26. 云南省公路局
27. 新疆维吾尔自治区交通运输厅（机关）

递补（1个）：

28. 中华人民共和国江阴海事局

（二）曲建武同志先进事迹材料

12月29日，大连海事大学2013级辅导员、马克思主义学院教师曲建武被中共中央宣传部授予“时代楷模”荣誉称号。

曲建武，男，1957年7月生，中共党员，二级教授、博士生导师，大连海事大学公共管理与人文学院2013级辅导员、马克思主义学院教师，兼任全国辅导员研究会顾问、全国高校思想政治理论课教学指导委员会分会副主任、全国高校思想政治理论课研究会委员。

1982年，任辽宁师范大学毕业后留校任辅导员，历任学院党总支副书记、学生处处长、校党委副书记。2004年任辽宁省委高校工委副书记兼省教育厅副厅长。2013年到大连海事大学担任公共管理与人文学院2013级辅导员。他将满腔热情投入教育事业，把教书作职业，把育人作追求，为大学生思想政治教育工作做出了积极贡献。荣获“全国师德标兵”“全国高校辅导员年度人物”和“2016年感动交通年度人物”等荣誉，被列入《交通运输行业先进典型信息库》作为先进典型重点培树对象。

一是坚定信念、淡泊名利，辞官从教扎根教书育人第一线。他热爱教育事业，2013年主动向辽宁省委递交辞呈，要求回到高校一线，来到大连海事大学做一名辅导员和理论课教师。辞官从教，回到学生身边，用行动诠释了一个思想政治教育工作者的情怀。其实他辞职的念头酝酿已久，首先，是基于他对大学生思想政治教育工作的热爱，愿意把这项“功在当代，利在千秋”的事业毕生坚持下去。第二，曲建武是学思想政治教育专业出身，积累了大量工作经验，回到教育一线可以把理论付诸实践。第三，是党和人民让他一个穷人家的孩子有了今天的成绩，“完整地带一届学生”是他想到的报答党和人民的最好方式。

无论身处哪一个位置，他的精力和热情全部都在学生身上。早在2012年，他就对辽宁省孤儿大学生学习、生活状况进行调研，完成了3.5万字的调研报告。在他推动下，孤儿大学生的学费和住宿费减免政策得以落实。在任辅导员期间，他走访了上百个学生家庭。他的学生们谈到大学生活时都十分感谢曲老师给予的引导和帮助，说“曲老师就是我们的父亲”。

二是爱岗敬业、进取担当，不忘初心培育学生社会主义核心价值观。大连海大有着高度重视学生思想政治工作的优良传统。曲建武来到大连海大后，主动提出承担本科生的《思想道德修养与法律基础课》教学任务。他认为思想理论课非常重要，是为树立学生价值观服务的，没有正确的价值观，怎能有人生的幸福？还没有开课，他便找到所教年级学生辅导员，了解学生情况并做问卷调查，在授课过程中有的放矢，解疑释惑，帮助学生树立正确的价值观，他的理论课常常是座无虚席。为了与学生更好地沟通交流，他开通了微信、博客与学生互动，及时掌握学生思想动态、了解学生思想诉求、解决学生思想困惑。在社会上出现一些较大事件时，他都会及时向学生发送微信，引导学生正确看待，将生活中的事情与教材知识相结合，使学生主动吸收知识，达到入脑、入心的效果。

三是兢兢业业、不辞辛劳，创新探索思想政治教育的新规律。曲建武说，思想政治理论课要在走进学生心灵上下功夫。要想推动别人前进，自己首先应当是一个能够鼓舞和推动别人前进的人。作为理论课教师，首先应当有坚定的理想信念，做到“真学、真懂、真信、真用”，成为学生的第一引路人，在学生面前敢于喊出“向我学习”的口号。多年来，他带着问题思考工作，不断求实创新，首创“新老生同寝”的管理方法，得到普遍认可。他负责的辅导员队伍建设工作、思想政治理论课教师实践考察工作、大学生网络建设工作等得到时任中央领导批示，对全国大学生思想政治教育工作产生了推动作用。除学校工作外，他还承担了许多相关教研任务，主持2项国家社科基金重点项目，发表著述500余万字，在国内高校做过200多场报告。现在，大连海大近百名辅导员和思政教师，外校、外省的高校教师都把曲建武当作模范和样板。

四是无私奉献、捐资助学，待生如子给学生家庭般温暖。曲建武常说，做辅导员要有爱心，“爱自己的孩子是人，爱别人的孩子是神”，为了更好地了解学生，帮助他们健康成长，他为自己所带年级每一名学生建立电子档案，让学生写下大学梦想和最关心的问题。新生一入学，他便组织成立读书社，要求每个学生都加入，为学生选购8000多元的励志书籍，举办读书报告会，帮助学生养成多读书、读好书、好读书的习惯。曲建武还倡导建立中队爱心基金，自己每年出资1万元作为基金，解决困难学生回家路费和生活难题。几年来他个人以及多方筹集资金累计20多万元，全部用于帮助学生学习生活。了解到一名学生的母亲患了癌症，他给了这名学生1万元钱并在假期看望学生家长。每年端午节他都会给年级每位学生送上鸡蛋和粽子，中秋节送上一斤月饼，进入冬季给一箱苹果。他把记录学生生日的名册带在身上，每当有学生过生日时，他都会结合学生特点送上一份四五百字的生日祝福，嘱咐学生好好发展、幸福快乐。他注重做好来自新疆、西藏等边疆地区少数民族学生的教育工作，时常请少数民族学生吃饭、谈心，每逢少数民族节日都走访看望。

曲建武的学生有的成为博导，有的是基础教育骨干，有的在企业谋职，有的当上省部级领导。每当他们有变化、有发展的时候，都会告诉“曲老师”，感谢他的培养帮助。有个任厅级干部的学生曾给曲建武写了一封题为“我的精神导师”的长信，信的结尾说道：“于我而言，您恰是我人生成长道路上的精神导师。”

（三）王淑芳同志先进事迹材料

王淑芳，1972年11月出生，汉族，本科学历，中共党员，军转干部。现任中国交通通信信息中心导航中心副主任。

距离北斗系统建设的第一声发令枪已过去22年，“北斗人”创造了一个又一个奇迹，并将中国卫星导航事业推向了世界顶峰。王淑芳也将自己22年的青春奉献给了“中国北斗”。1995年，北京航空航天大学毕业后，为参加北斗系统建设，她弃笔从戎，成为一名职业军人。12年后，她又放弃军队的所有成就，转业到交通行业，成为北斗产业化推广和交通信息化领头人。前12年，她在和机器、技术打交道，想的是修身治学，技术报国；后10年，把技术应用于人，想的是让出行者更平安，为老百姓排忧解难。她28岁担任北斗设计师，32岁担任主任设计师，既是两代北斗系统方案的论证者，也是4项国家军用标准的执笔者，多项成果填补国内空白。2007年转业到交通行业，牵头实施北斗示范工程，带动400多万台北斗终端和1000多家北斗企业进入交通领域，实现产值上百亿元。她代表中央国家机关和全国妇联多次参加典型事迹宣讲活动，身体力行践行社会主义核心价值观。曾获省部级科技进步奖9项，获全国三八红旗手、中央国家机关优秀共产党员、中央国家机关“巾帼建功”先进个人、首都精神文明建设者、北京经济技术开发区“科技创新”先进个人、军队个人三等功等荣誉称号。并当选党的十九大代表。

舍家为国，投身北斗

卫星导航系统利用人造卫星来实现地球表面物体的精确定位。虽然国外卫星导航系统免费提供使用，但由于技术受控，依赖国外系统存在巨大安全隐患，所以中国必须发展自己的卫星导航系统，对国防安全和国民经济发展有着重要意义。如今，北斗产业已经成为中国一项战略性新兴产业，北斗系统在基础电信、道路运输、个人设备等领域得到广泛应用。北斗导航系统的建设，有着无数的幕后英雄，其中就有这样一位“弱女子”。

农村出身的她，靠借钱读完了大学，毕业后本想尽快挣钱还债，赡养年迈的父母，但一次偶然机会彻底改变了她的命运。1994年，北斗工程筹备组到北航招收学生，习惯了自由发展的地方大学生不愿意去军队，她却被北斗强军富国的战略意义所吸引。“当时世界上只有美国的 GPS 和俄罗斯的 GLONASS 两个全球卫星导航系统，我国导航系统还处于空白领域。中国一定要搞北斗！我当时想都没想就投身到北斗的研发中。”23 岁的她放弃了外企工作机会，毅然投身于北斗事业，负责北斗用户机研制。然而艰苦的工作和生活条件远远超出她的预料，“刚工作那阵儿，待遇不高，每个月只有三四百元的工资，4 个人住在一间宿舍里。办公地点就在招待所，闷热的夏天，只有一个摇头扇在不停地转。”经过 700 多个日日夜夜的攻坚克难，1997 年夏天的夜晚，她和她的团队亲眼见证了第一台北斗用户机的诞生。这意味着北斗系统理论变成现实的突破，这一夜注定无眠！当年，没有人知道北斗成功与否，摸着石头过河，一次次地试验、探索，这背后吃过多少苦，迈过多少坎，只有“北斗人”自己知道。她曾经不顾晕机呕吐的不适，下飞机后马上投入工作，为查出一个技术问题，把几万个“0101”二进制码流全部打印出来，逐一比对，逐点排查，直到凌晨三点才把问题归零；曾经为探索一个关键指标的标定方法，试验过十几种技术方案，直到问题得以解决；曾经连续 48 小时守候在模拟真空罐旁，认真观察记录星地联调的每一个数据，同事们戏称她为“铁姑娘”。

一代北斗采用双星定位技术，用户机必须向卫星发射信号才能定位。由于没有经验可借鉴，最初用户机发射功率定为 30 瓦。这么强的信号对人体有没有害？能不能再降低？带着这些疑问，她带领团队对北斗系统进行全面测试。炎炎夏日，骄阳似火，一测就是几个小时，为了拿到更准确数据，她连把伞都不敢撑；为测试恶劣天气对卫星信号的影响，她在东北连续蹲守一星期，反复测试，反复比较。用户机按军品设计，不怕冻，可测试仪器都是民品，一冻就“罢工”，没办法，她就解开大衣，把测试仪器搂在怀里。由于长期超负荷工作，她心脏出现频发早搏，好几次晕倒在工作岗位，有一次医生让她做 24 小时心率监测，她却带着监测仪跑去工作，由于用户机发射信号干扰了心率监测，监测仪白带了。但她的付出没有白费，经过反复测试，用户机发射功率由 30 瓦降到了 1 瓦以下，测试数据为北斗国家军用标准制定提供了充分依据。

为研制用户机，她结婚十年才要孩子，作为女人，她多么期盼一家三口其乐融融的日子，可北斗系统建设工期紧，任务重，她每月至少有一半时间奔波在不同城市之间，根本没精力养孩子，最为重要的是，北斗用户机发射功率没降下来之前，辐射信号对胎儿发育影响不可估量，她也不敢要孩子，这一等就是十年。

1998 年，北斗星地联调的关键时刻，王淑芳母亲病重，而抢占国际卫星轨道先机已刻不容缓，作为北斗用户机技术负责人，她必须争分夺秒，坚守岗位。没等联调完，她接到了母亲去世的噩耗。作为唯一走出农村的女儿，她一直想接父母到身边，可这个愿望永远没能实现，没等北斗卫星上天，年迈的父亲也走了。北斗系统建设初期不对外宣传，甚至连相关文章都不能发表，她无名无利，无怨无悔，为强军富国梦默默奉献自己宝贵的青春。

扎根交通，心系民生

随着对“北斗导航”研究的深入，“中国北斗”逐渐从创新型科研转换成实用型科技，“北斗人”也开始向贴近民众生活的方向转变，将“北斗”运用在社会生活的方方面面。2007 年，为推动北斗产业化进程，王淑芳做出了人生中的一个重要选择，从北斗导航研发系统转到交通运输行业，牵头实施首个二代北斗系统民用示范工程，建设管理“重点营运车辆联网联控系统”。刚转行时，家人很不理解，之前的研发做得好好的，为什么要到一个完全陌生的领域，从头起步，从零开始。

她的一番话，打消了家人的顾虑。她说，世界上两大导航系统，美国GPS和俄罗斯GLONASS，两个系统几乎同步建设，可是GPS做到了让全世界离不开它，GLONASS却鲜为人知，根本原因是GPS通过产业链来反补系统建设，实现了可持续发展。交通运输行业是卫星导航最大的用户，转业交通，就是想让“北斗”用起来，让她成长，让她壮大！

如今，北斗示范工程带动400多万台北斗终端和1000多家北斗企业进入交通领域，实现产值上百亿元。装载了北斗系统的重点营运车辆联网联控系统，可以有效加强道路安全监管。通过北斗车载终端的应用，加上多方齐抓共管，重特大道路运输行车事故逐年下降。2015年，全国较大等级以上道路运输行车事故起数和死亡人数同比2011年分别下降31.5％和37.1%，其中重特大道路运输行车事故起数和死亡人数同比分别下降46.7%和48.9%，创历史最好水平。她说，如果通过她的工作，哪怕避免一起交通事故，哪怕挽救一个人的生命，她的付出都是值得的！

不仅北斗，她还全面参加交通信息化工作。“踏朝霞，迎风雪，城际如梭，高铁山间过。野鸟衔枝蓄冬巢，迟暮中年，无暇时光错。”这是她在出差时即兴写的诗句。在别人看来，她在交通的工作应该远比北斗研发工作轻松，可现实却是一年中有大半年时间漂在全国各地，她把北斗精神真的带到了交通工作中。目前，她正带领团队承担“12328交通运输服务监督‘一号通’工程”、机动车驾驶员培训改革、道路客运联网售票等民生工程信息化建设。她说，和北斗研发相比，现在的工作更贴近民生。无法分清孰轻孰重，每一步走来，她只想追求内心那份充实、坦然。

身体力行，践行社会主义核心价值观

2014年，王淑芳入选中央国家机关社会主义核心价值观先进典型报告团，在中科院、延安、温州、台州、北京丰台、科技创新企业等单位进行事迹宣讲；2016年，作为全国三八红旗手代表，在交通运输部、中国中铁集团等单位进行事迹宣讲。她朴实的语言、感人的事迹，感动着现场的每一个人。22年来，王淑芳丧失了赡养父母的时机，耽误了女儿的成长，却没有耽误她梦寐以求的事业，身体力行，践行社会主义核心价值观。

（四）杨苗苗：全国三八红旗手标兵

杨苗苗，安徽省蚌埠市公共交通集团有限公司驾驶员。作为蚌埠公交集团107路驾驶员，入行20多年来，她始终保持安全行车无事故，车厢服务合格率和车辆整洁合格率100%，服务乘客400万人次无投诉的成绩。她始终践行“服务从心开始，真情奉献社会”的服务宗旨，用微笑和真情温暖着每一位乘客，让十米车厢撒满了爱的阳光，被誉为公交行业“微笑天使”，曾获得2013年感动交通十大年度人物、“爱岗敬业驾驶员楷模”等荣誉称号，在交通运输部2017年“我的公交我的城”重大主题宣传活动中发出“优选公交、绿色出行”倡议。以她名字命名的“苗苗线路”，不仅是蚌埠市公交服务的标杆，也成为全国公交战线的旗帜。

（五）2017年感动交通十大年度人物（集体）：

1. 中国铁路成都局集团有限公司重庆车务段荣昌站值班员 徐前凯

2. 港珠澳大桥管理局局长 朱永灵

3. 大连海事大学教师 曲建武

4. 交通运输部广州打捞局救捞工程船队高级潜水员 钟海锋

5. 四川省交通运输厅公路规划勘察设计研究院总工程师 牟廷敏

6. 广西交通投资集团南宁高速公路运营有限

公司南宁东收费站副站长 农凤娟

7. 中国民用航空深圳空中交通管理站塔台管制室主任 艾国胜

8. 上海苏宁物流有限公司快递配送车驾驶员 翟秋云

9. 交通运输部长江航务管理局驻农村工作队（扶贫工作队）

10. 江苏省淮安市洪泽区地方海事处马浪岗海事所

（六）2017 年感动交通年度特别致敬人物：

1. 江西南昌公交运输集团 13 路公交车驾驶员 邓红英

2. 民生实业（集团）有限公司董事长 卢国纪

（七）交通公安系统立功受奖

2017 年，长江航运公安局南京分局被评为全国优秀公安局、该局陈玉斌同志被追授"全国公安系统二级英雄模范"称号，烟台港公安局民警曲延福被评为全国特级优秀人民警察，5 个单位被评为全国优秀公安基层单位，7 名民警被评为全国优秀人民警察。其中 5 名代表出席了全国公安系统英雄模范立功集体表彰大会并受到习近平总书记等中央领导同志接见。

二、国家铁路局

（一）王强、蒋帅获 2017 年交通运输系统"两学一做"优秀共产党员称号

王强，男，汉族，48 岁，大学本科学历，1991 年 7 月参加工作，现任国家铁路局科技与法制司综合规划司铁路规划处处长。王强同志能认真贯彻落实党的路线方针政策，自觉加强学习，主动作为，勤勉履职，发挥党员先锋模范作用，较好完成各项工作。一是注重政治学习，坚定理想信念。认真加强政治理论学习，不断增强推动铁路改革发展的责任感和使命感。王强同志积极参加"两学一做"学习教育，结合工作和思想实际撰写多篇学习体会，进一步坚定理想信念。结合工作实际，认真学习习近平主席在 G20 杭州峰会、"一带一路"国际合作高峰论坛上的主旨演讲和有关会议材料，提高行动的自觉性和执行力，更好服务国家战略。二是加强党性锻炼，提高党性修养。认真参加组织生活，从不无故缺席，不断增强"四个意识"。发挥党员先锋作用，能按照党章规定和"四讲四有"标准严格要求自己，经常放弃休息时间加班加点，努力发挥积极作用。三是注重个人品德，自觉保持高尚道德情操和健康生活情趣，注重培养良好家风，不断提升个人素养和品德。四是严格落实党风廉政建设责任制。自觉遵守党纪条规，严格遵守中央八项规定精神，在出差、会议、公务接待等方面注重小事小节。在注重个人党风廉政建设的同时，能按照党风廉政建设责任制的要求，加强处内人员的廉政教育，共同强化红线意识和底线思维。未发生违反党风廉政建设规定的情况。五是圆满完成各项工作。加强铁路规划研究。按照国家统一部署和交通运输部要求，组织开展课题研究、现场调研、座谈会、研讨会等，广泛征求 31 个省（区、市）意见，编制完成《铁路"十三五"发展规划（送审稿）》。同时积极参与中长期铁路网规划、现代综合交通运输体系"十三五"发展规划的研究工作。及时组织召开赣深、贵南、杭绍台等 17 个项目可研报告专家评审会，研究提出行业意见。积极参与铁路"走出去"有关工作。组织推进巴基斯坦 1 号铁路干线项目、中印铁路合作以及中蒙俄、中尼、中吉乌铁路项目前期研究，组织编制完成铁路领域国际产能合作"十三五"规划。同时，组织开展多项城际铁路、市域铁路支持政策等课题研究。认真做好 153 件人大代表建议、政协委员提案的回复办

理，满意率 100%。

蒋帅，男，汉族，34 岁，硕士研究生学历，2007 年 8 月参加工作，现任国家铁路局安全技术中心事故调查技术研究所工程师，2017 年获交通运输系统“两学一做”优秀共产党员称号。

主要事迹：蒋帅同志时刻以共产党员标准严格要求自己，特别是“两学一做”学习教育以来，自觉践行“两学一做”学习教育根本要求。一是认真学，打牢思想基础。积极参加中心党委组织的政治理论学习和调查所党支部“固定学习日”学习，深入学习党章、党规，研读习近平总书记系列重要讲话精神，牢固树立“四个意识”特别是核心意识、看齐意识，自觉在政治上、思想上、行动上与习近平同志为核心的党中央保持高度一致。日常利用紫光阁网和支部工作 APP 等平台，通过网络、媒体等渠道收集优秀共产党员先进事例材料，进行对标学习。利用组织生活会和民主评议党员的机会，充分与支部老党员进行交流，不断自我完善、自我提高。二是用心做，发挥模范作用。以“四讲四有”为标尺，把“四个合格”贯穿到日常履职工作中。积极参加国务院安委会巡查工作。2016 年 5 月至 12 月，在安全监察司及沈阳铁路监督管理局相关领导的指导下，参加了对云南、吉林两省的安全生产巡查工作，受到安全生产委员会巡查办的好评。参与高铁防护办法的编制工作。2017 年 3 月，在安全技术中心及调查所的领导下，参与高铁防护办法的编制工作，工作期间梳理铁路相关法律法规，与行业专家虚心研究学习铁路各专业领域的隐患、查阅档案资料，完成了办法编制工作，提升了自身专业履职素质。三是奋力行，积极组织协调。认真学习技术中心党委工作部署，结合实际开展谋划，工作精益求精。2016 年以来，积极同国内铁路高校、科研院所等机构建立沟通联络机制、建立信息交流虚拟平台，共享信息资源。学习铁路行业关键领域发展方向，了解规划信息，积极推进多方共同研讨，促进相关科研院所科技成果创新，避免重复研究，为多方节约了人力等资源。

（二）孙凯、申耀江获 2017 年交通运输系统“两学一做”优秀党务工作者称号

孙凯，男，汉族，45 岁，大学学历，1995 年 8 月参加工作，现任国家铁路局人事司公务员管理处处长。孙凯同志政治素质较好，对党忠诚，勤奋敬业，踏实肯干，认真完成各项党务工作任务。一是时刻保持党员本色。始终牢记党员的责任和义务，时刻以党员的标准严格要求自己，严格遵守党章、党规、党纪，正确行使党员权利，自觉接受监督，严格执行党的路线方针政策，在政治上、思想上、行动上始终与党中央保持高度一致。为人正派，坚持原则，敢于同违反党性原则的言论和行为作斗争。二是持续提高自身素质。围绕从严治党工作总基调，注重政治理论学习。特别是党的十八大以来，深入学习党的十八大、十八届历次全会精神以及习近平总书记系列重要讲话精神，积极参与党的群众路线教育实践活动，全面践行“三严三实”要求，全心投入“两学一做”学习教育，树牢政治意识、大局意识、核心意识、看齐意识。三是扎实开展党务工作。作为国家铁路局民主生活会督导组成员，按时参加局属单位领导班子民主生活会，积极配合做好会前指导和会后督导工作。参加国家铁路局年度考核组，组织完成地区局领导班子和领导班子成员年度考核、考评工作，积极配合完成地区局机关党委书记述职和党员测评工作。参加国家铁路局党建工作调研组，深入地区局调研了解党建工作开展情况，配合研究提出加强党建工作的措施建议。积极参加司内组织的各项党务工作，开好组织生活会，做好党费收缴工作。组织党小组深入开展“两学

一做”学习教育，强化问题意识，撰写心得体会，认真开展批评与自我批评，落实整改措施。将“两学一做”学习教育与岗位工作结合起来，按照党管干部原则，扎实做好选人用人工作，学习教育期间共组织完成局机关提拔任职17人，接收军转干部1人，招录公务员1人，指导地区监管局招录公务员28人；组织6名干部在局机关、局属单位间交流任职、挂职。四是自觉养成良好作风。继承和发扬党的优良传统和作风，严格落实中央八项规定精神，始终保持高尚的精神追求和艰苦朴素的生活作风，讲党悟、讲党性，清正廉洁，时刻保持党员良好形象。

申耀江，男，汉族，55岁，大学本科学历，1983年7月参加工作，现任国家铁路局机关服务中心综合处（人事处、党群工作处）副处长。申耀江同志自调入国家铁路局机关服务中心以来，克服中心组建初期人员未到位、工作亟待推进的困难，坚定落实局党组部署和要求，在中心党委的领导下，从零起步，组织落实了中心党委、纪委、党支部和中心工会、团支部组建成立工作，落实了中心党建制度、党风廉政制度和党费管理、党员发展、积极分子培养等党建基础工作，为机关服务中心党的组织快速建立、党的工作快起步作出了努力。对中心2015年实施的“每月一案”廉政警示教育，申耀江既是倡导者，也是推动者、组织者，其主持提炼的“坚持每月一案，做到警示不断”的经验做法，被评为中央国家机关第二届十大学习品牌展示活动的“优秀品牌”。在推进“两学一做”学习教育中，申耀江认真贯彻党中央和局党组部署，落实中心党委要求，坚定履行党群工作处职责，带头践行“两学一做”，积极发挥党群工作处参谋、助手和组织、协调作用，亲力亲为，落实中心学习教育实施方案制定、学习计划安排制定和学习教育具体组织工作，保证了中心学习教育有效开展。坚持在中心党委统一领导下，履行党群工作在学习教育中的指导和督促职责，针对中心各党支部成立时间不长、支部委员对党务工作不熟悉的实际，积极采取岗位帮助和实际教授的办法，引领各党支部规范落实“三会一课”制度，指导支部坚持每月召开支部党员大会、支委会，每季度上一次党课、开展一次专题学习研讨，推进了中心学习教育的有效开展。在落实党群工作处工作的同时，担当好支部书记职责，带领支部党员深入学习党章、党规，学习习近平总书记系列重要讲话精神，组织并带头开展学习心得体会交流，不仅促进了支部学习教育开展，也促进了支部党员践行“四讲四有”合格党员标准，立足岗位更好履职。在“两学一做”学习教育中，主持召开的中心第五党支部“如何立足岗位做合格共产党员”学习研讨，得到中央国家机关工委好评；主持撰写的“落实全面从严治党必须解决好四个摆位”的材料，被推荐参加中央国家机关百名支部书记谈从严治党活动，并在紫光阁网和支部工作APP登载。

（三）设备监督管理司党支部、规划与标准研究院综合处党支部获2017年交通运输系统“两学一做”先进基层党组织称号

国家铁路局设备监督管理司党支部，党员人数13人，党支部书记郭福安。“两学一做”学习教育开展以来，设备司党支部紧紧围绕贯彻落实党中央决策部署，以学促行、知行合一，充分发挥党支部在设备监管履职中的凝心聚力作用，积极响应党中央提出的“一带一路”倡议，督促和帮助铁路企业不断提升质量效益，为中国铁路装备“走出去”贡献力量。一是在“学”字上拓展，切实增强党建对履职工作的保障作用。推进“两学一做”，首先是“学”。为此，设备司党支部按照国家铁路局党组统一部署，研究制定了支部“两学一做”学

习教育常态化制度化计划安排，不断创新学习方式，探索建立“集中学、专题学、多方式学”三个学习平台，充分利用支委会、支部党员大会、党小组会，组织全体党员集中学习政治理论、开展专题党课辅导和研讨交流，并利用微信圈、支部工作APP等多方式学习，共摘录编辑党的专题知识10多期，组织集中学习和专题讨论30多次，撰写学习体会50多篇，报送政治理论学习信息专报20期，营造了良好的政治理论学习氛围。通过拓展学习，增强了“四个意识”特别是核心意识和看齐意识，增强了“四个自信”，更增强了贯彻落实“一带一路”倡议等党中央决策部署的自觉性，全体党员在设备许可审查和监督检查等日常监管工作中，切实转变作风，按照“四不两直”要求，深入一线、深入现场，通过扎实的监管效果为中国铁路装备“走出去”做好了准备。二是在“悟”字上深化，努力实现党建与中心工作的高度融合。推进“两学一做”，重在学思践悟。为此，设备司党支部通过支部党建与设备监管履职、廉政风险防控两个融合机制，引导全体党员深入思考学习要义，不断提高思想觉悟，切实将党建融入中心工作中，体现在贯彻落实“一带一路”倡议等党中央决策部署上。比如，设备司党支部紧紧围绕铁路装备“走出去”的质量安全保障工作，激励全体党员充分发挥表率作用，牢记为人民服务的宗旨，坚守安全底线，建局以来累计审查设备许可申请3050项，按照“双随机、一公开”要求检查许可企业127家并公布结果，接受社会监督，特别是对质量抽查不合格的设备产品提出处置意见并进行通报，时任交通运输部部长杨传堂对此曾作出批示予以肯定，要求设备司党支部“紧紧抓住关系铁路安全的关键领域和重要产品，敢于动真碰硬，不断创新机制，大力推广‘双随机、一公开’，不断提升事中事后监管能力和水平”。同时，研究下发监管约谈办法，督促企业落实主体责任，不断提升铁路装备研发和制造质量，为中国铁路装备“走出去”打下了基础。设备司党支部紧紧围绕铁路装备“走出去”的组织纪律保障，引导全体党员不断强化红线意识，落实“一岗双责”，严守廉洁纪律，通过签订个人承诺书加强廉洁提醒，通过出差提醒报告加强廉洁约束，通过离京休假报告加强廉洁监督，强化了廉政风险防控能力。三是在“做”字上践行，不断促进党建和履职效果的共同提升。推进“两学一做”，关键在“做”。为此，设备司党支部将支部党建和监管履职牢牢“绑定”、同频互动，引导全体党员在岗位上践行“四讲四有”标准，在履职中达到“四个合格”要求，并体现在贯彻落实“一带一路”倡议等党中央决策部署上。比如，设备司党支部紧紧围绕铁路装备在基础设施联通中的重要作用，始终保持政治方向不偏，积极作为、建功立业，依托政府许可平台，寓监管于服务，将中国标准动车组、CRH6型城际动车组、C3列控系统等相关许可作为新产品研发的重要引导，作为铁路装备“走出去”的主打牌和先行者，提前介入、主动服务，相继为中国标准动车组、CRH6型城际动车组颁发了许可，为铁路装备“走出去”提供了保障。

设备司党支部紧紧围绕行业监管对中国铁路“走出去”的保驾护航作用，积极培育全体党员的爱国主义情怀，督导海外铁路项目安全运营，2017年5月28日至6月3日赴肯尼亚顺利完成蒙内铁路通车安全保障任务，展示了国家铁路局的专业素质和良好作风，为今后中国标准的海外项目运营摸索了经验。

国家铁路局规划与标准研究院综合处党支部，党员人数9人，党支部书记田文冕。国家铁路局规划与标准研究院综合处党支部成立以来，加强政治理论学习，按照国家铁路局党组统一部署和规划标准院党委工作要求，严格落实全面从严治党主体责任，扎实开展“两学一做”学习教育，切实发挥战斗堡垒作用。一是创新形式抓学习，营造浓厚政治氛围。把强化理论武装作为支部工作首要任务，结合“两学一做”学习教育，创新方式方法，组织党员干部深入学习党章党规和习近平总书记系列重要讲话精神，牢固树立“四个意识”，坚定维护党中央权威，始终在思想上政治上行动上同以习近平同志为核心的党中央保持高度一致。创建“一个载体”，即固定学习日“6+1”常态学习法。将每月党支部政治理论集中学习划分为学前、学中、学后三个阶段。学前包含“明、预、思”，即“明责、预学、思考”3个环节；学中包含“讲、研、检”，即“讲解、研讨、检查”3个环节；学后使用“固定随身学”微信群平台，形成“6个环节加1个平台”的完整学习体系。做到“三个统一”。即统一印制学习计划内容，统一“两学一做”学习教育记录本，统一学习记录格式样式，使学习更加规范有序。实现“三个结合”。即坚持个人自学、集中学习、专题研讨等多种形式相结合，支部工作APP、党建微信群、党建知识手册等多种媒介相结合，“我来讲一讲”、主题党日等多种活动相结合，学习成效更为显著。二是落实责任抓党建，打造坚强战斗堡垒。努力发挥党支部主体作用，树立党的一切工作到支部的鲜明导向，使党支部真正成为团结群众的核心、教育党员的学校、攻坚克难的堡垒。严密党的组织体系。不断完善组织建设，结合支部人员调整及充实情况，严格按照规定程序，配好配强支委班子，明确责任分工，抓好工作落实。严肃党的组织生活。坚持“三会一课”制度。坚持组织生活会制度，认真开展批评和自我批评，实事求是开展党员民主评议。坚持党建述职制度，坚持谈话谈心，随时了解掌握党员思想动态。严格党员教育管理监督。认真排查党员组织关系，规范组织关系管理。严格党费管理，党员按月及时足额交纳党费。定期、经常开展正面引导教育和反面案例教育。加强日常和关键节点监督提醒，督促党员遵纪守法、筑牢思想防线，做“四讲四有”合格党员。严明党建工作责任制。认真落实《国家铁路局党组贯彻落实全面从严治党要求的实施意见》和“一岗双责”要求，党支部书记签订全面从严治党责任书，党员签订廉政承诺书，层层压实责任。坚持党建、党风廉政建设工作与业务工作同部署、同落实、同检查，坚持两手抓，防止“两张皮”。三是服务大局抓履职，创造优良工作业绩。始终把服务大局作为党支部建设的最终目标，针对规划与标准研究院边履职边组建现状，坚持“以创新促党建、以党建促发展”的工作思路，充分履行职能，发挥“参谋助手”“中心枢纽”作用，实现党建与业务工作融合并进，推动规划与标准研究院各项工作迈上新台阶。在党群工作方面。组织开展基层党组织建设、“两学一做”学习教育、中央专项巡视问题整改等党建、党风廉政建设各项工作；积极思考探索加强党组织作用发挥的措施办法，参与研究的《新组建单位关于加强党的组织建设和制度建设的思考与实践》党建课题成果，荣获中央国家机关党建研究会二等奖；组织参与交通运输部、国家铁路局、规划标准院组织的各类文体活动30余次，增强广大党员群众凝聚力，为规划与标准研究院的健康发展提供了坚强政治保证。在队伍建设方面。组织完成2016、2017两年度3次公开招聘工作，招聘人员23名；完成3批次中层干部的选拔任用工作，为规划标准院顺利履职提供坚实人才支撑。在制度建设方面。组织起草印发规划与标准研究院党建和党风廉政建设制度16项、行政管理制度38项，为规划与标准研究院规范运行提供有力制度保障。在环境建设方面。组织完成规划与标准研究院办公用房选址和维护维修工作，编报各类信息300余篇，制作各类宣传展板海报60余幅，为规划与标准研究院营造温馨和谐的环境氛围。在综合事务方面。规范有序办文、办会、办事，认真践行“三服务”职能，处理各类公文和机要文件5000余件，起草文字材料120余份，督办落实上级部署事件70余项，完成各类会议、活动服务保障150余次，规范开展财务、保密管理相关工作，为院有序运转提供可靠保障。综合处党支部成立以来，综合处被评为国家铁路局文明处室1次，支部党员被评为国家铁路局和规划与标准研究院建功立业劳动竞赛先进个人4人次，在规划与标准研究院履职组建过程中发挥了突出的表率作用，在院全体干部群众中树立了良好的典范和形象。

三、邮政业获得全国文明单位荣誉的单位名单

第二届

1. 中国邮政集团公司北京市东城区分公司东四邮政支局

2. 中国邮政集团公司苏州市分公司

3. 中国邮政集团公司上海市黄浦区分公司

4. 中国邮政集团公司黑龙江省分公司(本部)

5. 中国邮政集团公司乌鲁木齐市分公司

第三届

1. 中国邮政集团公司云南省分公司（本部）

2. 中国邮政集团公司恩施土家族苗族自治州分公司

3. 中国邮政储蓄银行四川省分行（本部）

4. 中国邮政速递物流股份有限公司北京市分公司（本部）

5. 顺丰速运有限公司（本部）

第四届

1. 中国邮政集团公司深圳市分公司

2. 中国邮政储蓄银行江苏省分行（本部）

3. 福建中邮物流有限责任公司

第五届

1. 中国邮政集团公司南通市分公司

2. 中国邮政储蓄银行河南省分行（本部）

3. 中国邮政速递物流股份有限公司湖北省分公司（本部）

4. 上海市邮政管理局

第十二章　法治政府建设

2017 年以来，交通运输系统围绕全面推进依法治国的总目标，以《法治政府建设纲要（2015–2020 年）》为统领，大力推进依法行政，不断提高依法行政能力，加快建设法治政府部门，交通运输系统领导干部运用法治思维和法治方式能力不断增强。

一、深入学习贯彻习近平新时代中国特色社会主义思想，切实加强党对交通运输法治政府部门建设的领导

一是坚持以党的领导为根本保证，完善法治政府部门建设领导体制。深入学习习近平总书记关于全面依法治国重要论述，落实全面推进依法治国的战略要求，加强党的集中统一领导，始终坚持把党的领导贯彻落实到交通运输法治政府部门建设全过程和各方面。调整设立了交通运输部法治政府部门建设领导小组，整合各方资源力量，建立了由主要负责人牵头、各部门分工落实的领导协调机制和工作责任机制，形成合力，统筹推动法治政府部门建设。

二是坚持把学习宣传和贯彻实施宪法作为重要任务，切实加强宪法的实施。增强“四个意识”，坚定“四个自信”，广泛持续深入开展尊崇宪法、学习宪法、遵守宪法、维护宪法、实施宪法的宣传教育。弘扬宪法精神，弘扬社会主义法治意识，维护宪法的权威和尊严。完善合法性和公平竞争审查机制，建立健全法律顾问和公职律师制度，推进行政决策科学化、民主化、法治化。

三是坚持抓住“关键少数”这一重要对象，发挥党员干部模范带头作用。压紧压实党政一把手法治政府部门建设第一责任人的责任，切实落实党政主要负责人带头尊法学法守法用法，提高广大党员领导干部运用法治思维和法治方式，深化改革、推动发展、化解矛盾、维护稳定的能力和水平。把建设法治政府部门摆在交通运输工作突出位置，把提升领导干部依法履职能力作为硬要求、硬标准、硬约束，把法治建设成效作为衡量领导班子和领导干部工作实绩的重要指标。

二、深入清理规范交通运输领域行政处罚、行政检查和涉企收费，努力营造良好营商环境

一是部署安排清理规范工作。认真学习贯彻习近平总书记在中央财经领导小组第十六次会议上的重要讲话精神。印发了《交通运输部关于全面清理规范交通运输领域行政处罚、行政检查和涉企收费的通知》（交法函〔2017〕648 号），促进物流业“降本增效”，更大程度

释放市场主体发展活力和创造力，切实优化交通运输领域营商环境。

二是制定公布处罚检查和收费清单。印发了交通运输部2017年第34号公告，公布了部机关和部直属系统实施的处罚、检查和涉企收费清单。制定公布了地方交通运输行政处罚和行政检查事项清单。

三是组织开展排查整治工作。研究制定交通运输部行政处罚、行政检查重点督查工作方案，在全系统部署开展交通运输行政处罚和行政检查排查整治工作，并及时通报问题明确整改。

三、持续深化交通运输“放管服”改革，推动交通运输部门职能转变

一是完善交通运输“放管服”改革顶层设计。贯彻落实国务院“推进简政放权放管结合优化服务改革电视电话会议”精神，印发了贯彻落实意见和2017年“放管服”改革事项清单，明确“放管服”改革5个方面24项具体改革措施和工作任务。

二是切实精简行政许可事项。组织对中央指定地方实施行政许可事项开展全面清理，向国务院审改办主动报送再取消9大项4小项行政许可事项的建议。

三是强化事中事后监管。组织对每项拟取消行政许可事项提出事中事后监管细则。印发全面推行“双随机、一公开”监管工作的实施意见。修订公布了《交通运输部“双随机”抽查事项清单》，将40项事项纳入“双随机”抽查范畴。通报全面推行“双随机、一公开”监管工作情况。

四是提高行政许可服务能力和水平。推进行政许可标准化建设，对部行政许可事项逐项编制服务指南和审查工作细则。建设运行行政许可网上办理平台。

五是开展“放管服”改革宣传工作。在中国交通报开辟专栏宣传改革成果。在交通运输部网站就“放管服”改革进行在线访谈。向国务院职能转变协调小组办公室积极报送交通运输部改革进展和成效。

六是组织完成“放管服”改革涉及的规章和规范性文件清理工作。共废止规章20件，修改53件，拟废止修改20件；废止规范性文件40件，修改1件，拟废止修改34件。

四、加快推进交通运输立法，完善综合交通运输法规体系

一是积极推进交通运输法律法规重点项目制修订工作。印发了《交通运输部关于完善综合交通运输法规体系的实施意见》（交法发〔2016〕195号）分工方案。制定并实施了2017年立法计划。推进重点立法项目制修订。《海上交通安全法（修订）》草案已基本成熟；深化研究《收费公路管理条例（修订）》重大制度和关键问题，已经形成初步研究成果；《快递暂行条例》已公布并于2018年5月1日起实施；加快推进《铁路交通事故应急救援和调查处理条例（修订）》工作；《民用航空法（修订送审稿）》已报送国务院。

二是全力推进部颁规章出台。共发布规章35件。其中，制修订规章34件，包括铁路领域1件、公路领域1件、水路领域14件、内容涵盖公路和水路领域2件、民航领域16件；废止规章的决定1件。

三是深入推进交通运输法制项目课题研究。组织对综合交通运输立法顶层设计及《港口法》《海商法》《收费公路管理条例》和《内河交通安全管理条例》等交通运输领域重点法律法规项目开展课题研究。研究交通运输领域信用管理法律制度的构建与完善；研究完善相关海运立法；

开展危险品运输安全管理立法体系研究。针对“互联网 +”的社会发展需求，研究提出了新业态立法诉求。设计与开发了交通运输法规查询系统手机 APP。

五、持续推进行政决策科学化、民主化、法治化建设

一是重大行政政策后评估工作稳步推进。印发了《2017 年部重大行业政策后评估计划》，开展了 6 项后评估工作，组织了 2017 年交通运输更贴近民生实事重点任务和相关政策实施情况的第三方评估。

二是重大行政决策公开工作全面落地。在推进网约车立法、规范共享单车市场发展，修订《收费公路管理条例》《港口收费计费办法》《港口经营管理规定》等过程中，通过座谈会、网上征求意见、问卷调查等方式，征求社会、行业和基层单位的意见。

三是重大行政决策专家论证和风险评估工作逐步规范。就国内水路运输业重大决策、渤海 2017 年度“碧海行动”等重大工程项目以及规范限量瓶装氮气等企业道路运输管理等有关事项，进行专题论证和风险评估。

六、切实加强交通运输执法管理，推进交通运输行政执法规范化建设

一是开展执法“三项制度”试点工作。推行交通运输行政执法公示制度、执法全过程记录制度、重大执法决定法制审核制度试点工作，选取荆州海事局等作为试点单位，跟踪指导试点工作。

二是组织开展“三基三化”标准和制度研究。组织开展交通运输行政执法“三基三化”建设标准和制度体系研究编制工作，研究编制“三基三化”相关标准制度。

三是全面推进交通运输行政执法信息化建设。完成全国交通运输行政执法综合管理信息系统一期工程建设。印发《“十三五”交通运输行政执法综合管理信息系统工程建设实施方案》《交通运输行政执法综合管理信息系统工程建设指南》，组织推进了部级系统工程前期工作和省级系统工程资金申报工作。

四是稳步推进交通运输综合行政执法改革。按照《中共中央关于深化党和国家机构改革的决定》《深化党和国家机构改革方案》要求，会同相关部门研究制定《推进交通运输综合执法改革指导意见》，指导整合组建交通运输综合执法队伍。

五是组织开展 2017 年交通运输行政执法评议考核工作。组织 18 个考评小组进行了实地考评，检查市县级交通运输主管部门共计 70 个，抽查基层执法站所 70 个，抽考执法人员 1724 名，评查执法案卷 700 件。

六是有序推进规范公路治超执法工作。与公安部联合印发《规范公路治超执法专项整治行动工作方案的通知》（交办公路〔2017〕130 号）《关于治理车辆超限超载联合执法常态化制度化工作的实施意见（试行）》（交公路发〔2017〕173 号）等，推行治超联合执法常态化制度化机制。组织开展公路执法服务大走访活动，利用 12328 服务监督电话平台受理投诉举报。

七、扎实推进依法行政，提升交通运输行业治理能力

一是探索建立法治政府部门建设考核评价督导机制。研究起草《交通运输法治政府部门建设考核评价暂行办法》，全面推进交通运输法治政府部门建设。

二是依法开展行政复议应诉和规范性文件合法性审查工作。办理行政复议案件 43 件、行政诉

讼案件35件，完成规范性文件合法性审查144件。

三是组建法律顾问队伍。拟定了法律顾问队伍建议名单。向司法部申报了第二批共214名公职律师。

四是研究起草交通运输法治政府部门建设白皮书。围绕全面落实党的十八大、十八届三中和四中全会、十九大精神以及《法治政府建设纲要（2015–2020年）》要求，总结了近年来交通运输法治政府部门建设的成就。

八、不断强化交通运输行政权力监督和制约

一是自觉接受人大、政协监督。共办理全国人大代表提案460件、议案9件、全国政协委员提案206件，各类建议、提案办结答复率达100%，在年度重点工作安排中充分吸纳了相关意见建议。

二是注重社会监督，畅通和拓宽信访渠道。完善网站、公众号信息公开栏目和内容，对重点领域加大政务公开力度，全年累计公开各类信息121420条。开展了司局级领导接访和信访积案集中办理工作，全年共接待办理群众来信来访2678件。

三是注重加强内部监督。加大对重点领域的监察力度，加大对重点工程、重大项目的监察和问责力度。加强审计监督，强化对年度预算执行情况、专项资金使用情况、审计检查发现问题整改情况及交通运输基础设施建设重大投资项目的审计力度，以及对部属单位党政主要领导的经济责任审计工作。强化审计整改严肃性，印发《关于进一步加强审计整改工作的意见》。

九、积极开展法制宣传教育培训，稳步提高法治思维和法治素养

一是推行领导干部学法用法机制。定期开展领导干部集体学法、法治政府建设专题研讨等工作。开展一系列法治培训，举办了全国交通运输系统厅局级领导干部法治政府部门建设专题培训班、法制处长培训班和法治政府建设专题讲座。将法治培训课程列为部党校（干部管理学院）主体班次的必修课程，将依法行政能力、推进法治政府部门建设工作情况纳入考核体系。

二是落实公务员法治培训教育。将依法行政培训作为交通运输部门公务员初任培训、任职培训和履职培训的重要内容，推行公务员晋升法律知识考查和依法行政能力考核制度。率先在国务院部门中推行了处级干部职务晋升法律知识考试制度。邀请中央党校教授为机关干部和在京单位负责人举办了宪法知识讲座。

三是组织开展法治宣传教育工作。组织开展了以“学习贯彻党的十九大精神，维护宪法权威”为主题的第四个“国家宪法日”系列宣传活动。开展“谁执法谁普法”示范点和以案释法法治宣传教育活动。梳理了28项普法目录并确定了相关责任部门。

第四篇
重大工程

Section Four
Important Projects

第一章　铁路重大工程建设项目

第一节　铁路重大工程建设情况概述

2017 年，全国在建铁路投资规模较大的工程共计 58 项。其中高速铁路工程 23 项共计 8000 公里左右，普速铁路工程 26 项共计 6000 公里左右，铁路扩能改造工程 4 项共计 1500 公里左右、铁路枢纽工程 2 项、重点铁路桥梁工程 2 项、铁路煤运通道工程 1 项 1800 公里左右，具体项目名称如下：

高速铁路工程：新建哈尔滨至佳木斯高速铁路、新建哈尔滨至牡丹江铁路客运专线、新建牡丹江至佳木斯铁路客运专线、新建北京至沈阳铁路客运专线、新建朝阳至秦沈高铁凌海南站联络线工程、赣州至深圳铁路、贵阳至南宁铁路、梅州至汕头铁路、成都至贵阳铁路乐山至贵阳段、新建郑州至万州铁路、安顺至六盘水铁路、商丘至合肥至杭州铁路、新建郑州至阜阳铁路、新建北京至天津滨海新区铁路、新建太原至焦作铁路、新建郑州至济南铁路河南段、新建武汉至十堰铁路孝感至十堰段、新建安庆至九江铁路、新建黄冈至黄梅铁路、西安至成都高速铁路、银川至西安铁路客运专线、北京至雄安新区城际铁路、京兰铁路客运专线北京至张家口段、石家庄至济南铁路客运专线。

普速铁路工程：深圳至茂名铁路江门至茂名段、怀化至邵阳至衡阳铁路、黔江至张家界至常德铁路、张家界至吉首至怀化铁路、穗莞深城际轨道交通东莞至深圳段、广佛环线佛山西站至广州南站段、广清城际广州北站至清远段、佛莞城际广州南站至望洪段、新塘经白云机场至广州北站城际、广佛环线广州南站至白云机场段、穗莞深城际琶州支线、成都至蒲江铁路、成都至兰州铁路、川藏铁路成都至雅安段、叙永至毕节铁路、渝怀增建二线涪陵至梅江段、新建重庆铁路枢纽东环线、黔江至张家界至常德铁路、贵阳枢纽小碧经清镇东至白云联络线、新建格尔木至库尔勒铁路、铜仁至玉屏铁路、新建大理至瑞丽铁路、新建丽江至香格里拉线、新建大理至临沧线、新建玉溪至磨憨线。

铁路扩能改造工程：哈尔滨至满洲里铁路电气化改造工程、成都至昆明铁路永仁至广通段扩能工程、成都至昆明铁路米易至攀枝花段扩能改造工程、成都至昆明铁路峨眉至米易段扩能工程。

铁路枢纽工程：石家庄至济南铁路客运专线引入石家庄枢纽工程、成都枢纽成都车站扩能改造工程。

重点铁路桥梁工程：沪通铁路长江大桥、新建连镇铁路五峰山长江大桥。

铁路煤运通道工程：新建蒙西至华中地区铁路煤运通道工程。

第二节　铁路重大工程建设项目介绍

一、北京至沈阳铁路客运专线

北京至沈阳铁路客运专线（简称“京沈客专”）起于北京星火站，终至沈阳站，是《中长期铁路网规划》“四纵四横”客运专线主骨架的重要组成部分，是我国铁路“十二五”规划的重大项目。该项目的建设实施，将把首都北京和东北最大城市沈阳更紧密地连接起来，项目建成后北京至沈阳间的列车运行时间可压缩至2小时30分钟左右。新建线路全长698公里，2014年7月1日开工建设。

主要技术标准：铁路等级客运专线；正线数目双线；设计速度350公里/小时；最小曲线半径7000米；正线线间距5.0米；最大坡度20‰，困难地段不大于30‰；到发线有效长度650米；牵引种类电力；机车类型动车组；列车运行控制方式自动控制；行车指挥方式综合调度集中。

图4-1-1 京沈客专乌兰特大桥

二、新建哈尔滨至佳木斯铁路

新建哈尔滨至佳木斯铁路（简称“哈佳铁路”）正线全长342.516公里，其中新建线路336.869公里。正线桥梁长度149.963公里，隧道长度7.28公里，桥隧比为45.91%，全线设17个车站。项目投资估算总额347.14亿元，初步设计鉴修概算总投资360.46亿元。建设总工期4.5年，工程于2014年7月开工建设。

主要技术标准：铁路等级为国铁Ⅰ级；正线数目双线；速度目标值200公里/小时；最小曲线半径一般3500米；最大限制坡度13‰；牵引种类电力；到发线有效长度1080米；闭塞类型自动闭塞；行车指挥方式综合调度集中。

图4-1-2 新建哈佳铁路佳木斯站

三、哈尔滨至满洲里铁路电气化改造工程

哈尔滨至满洲里铁路（简称“滨洲铁路”）于1898年6月，在哈尔滨、满洲里两边同时破土开工，1903年7月正式通车，全长935公里。这条铁路经过松嫩平原，穿过大兴安岭进入内蒙古高原，沿线所经地区大部均属铁路工程严寒地区。滨洲铁路为东北铁路网的骨干之一，是连接亚欧大陆的重要通道，承担了哈尔滨铁路局57%的运输量，年货物运输能力超过1亿吨。

2014年10月25日，滨洲铁路电气化改造工程正式开工建设。电气化改造后的滨洲铁路将有效提高列车运行速度，增大运输能力，降低运输成本，减少有害气体排放，加快满洲里口岸和黑龙江西部地区与全国中心城市经贸交流，对促进沿线地区环境保护，加快满洲里口岸与中国其他主要城市的经贸往来以及畅通中俄铁路东部大通道都具有十分重要意义。

图4-1-3 滨洲铁路电气化改造工程施工现场

四、蒙西至华中地区铁路煤运通道

蒙西至华中地区铁路煤运通道连接蒙陕甘宁能源“金三角”地区与鄂湘赣等华中地区，是“北煤南运”新的国家战略运输通道，是衔接多条煤炭集疏运线路、点网结合、铁水联运的大能力、高效煤炭运输系统和国家综合交通运输系统的重要组成部分。北起内蒙古鄂尔多斯境内浩勒报吉南站，终至京九铁路吉安站，途经内蒙古、陕西、山西、河南、湖北、湖南、江西等7省区。线路正线全长1814.5公里。项目建设总工期60个月，先期工程于2015年3月开工建设，全线于2015年8月开工建设。

主要技术标准：铁路等级为国铁Ⅰ级；通道规划设计输送能力为2亿吨，建成运营初期输送能力达到1亿吨；设计行车速度为120公里／小时；最小曲线半径一般1200米；限制坡度6‰；牵引种类为电力；到发线有效长度1050米；闭塞类型自动闭塞。

图4–1–4　蒙西至华中地区铁路煤运通道白城隧道

五、新建连镇铁路五峰山长江大桥

五峰山长江大桥是新建连镇铁路跨越长江的公铁两用悬索桥，也是江苏境内继南京长江大桥和在建的沪通长江大桥之后第三座公铁两用跨长江通道。大桥桥北位于镇江市丹徒区高桥镇，桥南位于镇江市新区大港镇五峰山脚下，上距润扬长江大桥30公里，下距泰州长江大桥29公里。大桥全长6.409公里，其中主桥长1.428公里。主桥为（84+84+1092+84+84）米双塔五跨钢桁梁悬索桥，设双层桥面，下层四线铁路为客运专线，连镇铁路设计行车速度250公里／小时，上层为双向八车道高速公路，设计行车速度100公里／小时。

五峰山长江大桥是我国第一座公铁两用悬索桥，创造了多项“世界之最”：世界首座高速铁路悬索桥，世界上公路铁路线路最多、设计荷载最大的铁路悬索桥，世界上平面面积最大的沉井基础，世界上主缆直径最大的悬索桥，世界首座采用板桁结合加劲梁的公铁两用悬索桥。

图4–1–5　五峰山长江大桥北主塔

第二章　公路重大工程建设项目

第一节　公路重大工程建设情况概述

2017年，交通运输行业坚持服务京津冀一体化和雄安新区建设、“一带一路”、长江经济带等国家重大区域发展倡议和战略，服务全面建成小康社会和脱贫攻坚，牢牢把握黄金机遇期，加快推进公路建设，不断完善公路基础设施网络，公路重点工程建设取得新的成果。

第二节　公路重大工程建设项目介绍

一、港珠澳大桥

港珠澳大桥东接香港特别行政区，西接广东省珠海市和澳门特别行政区，是在“一国两制”框架下、粤港澳三地首次合作建设的超大型跨海交通工程。该项目由海中桥隧主体工程、香港口岸、香港接线、珠海接线、珠海澳门口岸等5部分组成，总长约55公里，建成后将成为世界最长的跨海大桥。其中，大桥主体工程全长约29.6公里，采用桥、岛、隧组合方案，其中，桥梁长22.9公里，穿越伶仃西航道和铜鼓航道段约6.7公里采用隧道方案，桥隧之间通过人工岛过渡。港珠澳大桥于2009年12月15日正式动工，2017年3月7日，控制性工程——海底沉管隧道的最后一节钢筋混凝土沉管顺利完成安装，5月2日，沉管隧道最终接头就位，标志着港珠澳大桥沉管隧道工程胜利合龙。

图4-2-1　港珠澳大桥人工岛夜景

二、京新高速公路（G7）内蒙古临河至新疆哈密段

京新高速公路是北京连接内蒙古西北部、甘肃北部和新疆最为便捷的公路，在内蒙古自治区和甘肃、新疆北部开辟了一条东西向的新的大通道，将进一步加强我国北方地区东、中、西部的联系，促进沿线地区经济社会协调发展和民族团结。

2017年7月15日，京新高速公路内蒙古临河至甘肃白疙瘩段、甘肃白疙瘩至新疆明水段、新疆明水至哈密段建成通车，标志着北京至新疆的高速公路大通道贯通。其中，内蒙古临河至甘肃白疙瘩段全长930公里，是我国里程最长的单个高速公路项目；甘肃省白疙瘩至新疆明水段长134公里；新疆明水至哈密段长178公里。工程沿线大多位于戈壁、荒漠地区，干旱缺水，冬季严寒，夏季酷暑，风沙灾害严重，内蒙古境内将近500公里的施工路段基本为无人区，施工条件特别艰苦。在交通运输部统筹组织下，在当地党委、政府的领导下和沿线群众的大力支持下，当地交通运输部门采取有力措施，组织参建单位克服种种困难，加强工程管理，贯彻绿色公路的设计理念和施工理念，广泛采用新材料新技术，有效应对风沙的影响，确保工程质量和项目顺利实施。工程实施后期，三省区交通运输部门在交通运输部统一协调下，互相支持，互相配合，施工车辆通行和服务设施、安全设施设置有序衔接，圆满完成了同步建成通车的预定目标。

图4-2-2　京新高速

三、其他重大工程项目

除港珠澳大桥和京新高速公路（G7）内蒙古临河至新疆哈密段以外，湖北沌口长江公路大桥、安徽芜湖长江二桥、长深高速公路（G25）内蒙古通辽至鲁北段、杭瑞高速公路（G56）云南曲靖至宣威段、银昆高速（G85）陕西坪坎至汉中段、青海花石峡至久治高速公路等一批国家高速公路项目建成通车；包茂（G65）、济广（G35）、厦蓉（G76）等3条国家高速公路主线实现全线贯通。新建的青海花久高速公路雪山一号隧道双洞总长9065米，平均海拔超过4400米，是目前世界上海拔最高的隧道工程。

深圳至中山通道、南京长江第五大桥、湖北赤壁长江公路大桥、四川绵阳至九寨沟高速公路、云南保山至泸水高速公路、包茂高速内蒙古包头至东胜段改扩建工程、京哈高速吉林长春至拉林河段改扩建工程等国家重点公路建设项目初步设计通过交通运输部审批。

图4-2-3　安徽芜湖长江二桥

广东虎门二桥、武汉青山长江公路大桥、贵州都匀至安顺高速公路、四川雅安至康定高速公路、汶川至马尔康高速公路等重点项目顺利推进。浙江温州瓯江北口大桥、内蒙古海拉尔至满洲里高速公路、福建尤溪中仙至建宁里心高速公路、山东莱芜至泰安段改扩建工程等一批重点项目开工建设。

第三章　水路重大工程建设项目

第一节　水路重大工程建设情况概述

一、加快推进长江干线航道建设

长江中游荆江河段航道整治工程昌门溪至熊家洲段工程竣工验收，有效缓解了长江中游航运瓶颈。长江南京以下12.5米深水航道二期工程整治建筑物完工，进一步提高了长江下游航道通过能力。新开工建设三峡库区炸礁二期工程、宜昌到昌门溪航道整治二期工程、蕲春水道航道整治工程等项目，有序推进九龙坡至朝天门河段航道建设工程、安庆河段航道整治二期工程等项目。东北水道航道整治工程、江心洲河段航道整治工程等项目投入试运行。湖广—罗湖洲河段航道整治工程、天兴洲河段航道整治工程、牯牛沙水道航道整治二期工程等项目竣工验收。积极推动三峡水运新通道建设，完成三峡水运新通道航运关键技术比较研究阶段性工作。

二、有序推进其他航道建设

联合水利部批复了引江济淮航运工程初步设计文件，打造沟通长江和淮河的南北水运新通道。有序推进京杭运河山东段、浙江段项目建设，提升通航能力。稳步推进西江航运干线贵港航运枢纽二线船闸工程、西津水利枢纽二线船闸工程。汉江雅口、赣江新干等航电枢纽建设进展顺利。西江（界首至肇庆）航道扩能升级工程完成主体交工验收。

三、统筹推进港口公用基础设施建设

继续推进唐山港京唐港区25万吨级航道工程、天津港大港港区深水航道工程和连云港港区30万吨级航道二期工程等建设。宁波—舟山港蛇移门航道工程交工验收。

四、稳步推进大型码头建设

继续推进华能唐山港曹妃甸港区煤码头工程、唐山港曹妃甸港区煤码头三期工程等建设，有序实施烟台港西港区一期工程、宁波—舟山港衢山港区鼠浪湖矿石中转码头工程、中石化天津LNG码头、唐山港曹妃甸港区通用散货泊位三期工程、厦门港后石港区3号泊位工程等。全球最大自动化集装箱码头上海国际航运中心洋山港区四期工程、青岛港前湾港区迪拜环球集装箱码头建成投入试运行。广州港南沙港区三期工程正式建成投入使用。

第二节　水路重大工程建设项目介绍

一、长江中游荆江河段航道整治工程昌门溪至熊家洲段工程

交通运输部于2013年9月实施长江中游荆江河段航道整治工程昌门溪至熊家洲段工程，项目总投资近40亿元。工程上起宜昌昌门溪，下至岳阳熊家洲，全长280.5公里，建设标准为3.5米×150米×1000米（水深×航宽×弯曲半径），通航保证率为98%，是长江中下游沙质河床治理中首个长河段系统治理工程。

工程于2017年4月竣工验收（提前3个月），昌门溪至熊家洲段最低维护水深由3.2米提高到

3.5-3.8 米，超过了原设计 3.5 米的建设目标，3000 吨级货船组成的万吨级船队实现昼夜双向通航，长江中游“中梗阻”进一步打通。

工程投入运营后，通过船舶大型化，增加了载货量、减少了中转过驳，减轻了航运企业成本，增加了港口吞吐量，提高了航运企业和港口经济效益。

工程建设坚持生态优先、绿色发展，广泛实施生态修复，全面进行生态监测，专门列入生态建设环境保护资金 2.68 亿元，修复陆生、水生生境 218 万平方米。据监测，4 年多来，在该区域 3 个国家级保护区内，国家一级保护动物江豚数量较开工前增加 15 头，麋鹿较开工前增加 207 头，取得了较好的生态效益。

图 4-3-1　荆江工程丙寅洲高滩守护工程

图 4-3-2　荆江工程倒口窑心滩守护工程

二、长江南京以下 12.5 米深水航道工程

为加快长江经济带发展，交通运输部和江苏省人民政府在“十二五”“十三五”期共同实施长江南京以下 12.5 米深水航道建设工程。

一期工程于 2015 年 12 月通过竣工验收，总投资 39 亿元。二期工程在南通天生港区至南京新生圩港区约 227 公里河段建设 12.5 米深水航道，2015 年 6 月开工建设，2017 年 6 月整治建筑物工程完工，计划于 2019 年竣工验收，工程总投资 71 亿元，将实现 12.5 米深水航道直达南京的目标。

工程认真落实生态环境保护措施，先后投入 4846 万元用于渔民补偿、495 万元用于渔业生产安全维护管理、3061 万元用于水生生态补偿，累计增殖放流水生生物规格苗种及亲本约 1400 万尾，投放底栖动物约 500 吨，建设人工鱼巢约 10 万平方米，建设生态浮岛约 100 亩。

图 4-3-3　长江南京以下 12.5 米深水航道二期工程口岸直水道整治工程

图 4-3-4　长江南京以下 12.5 米深水航道二期工程和畅洲水道整治工程

三、引江济淮航运工程

引江济淮工程沟通长江、淮河两大水系，是一项跨流域、跨区域的重大战略性水资源配置和综合利用工程。

引江济淮工程建设内容包括输水航运河道工

程、枢纽建筑物工程、跨河建筑物工程、跨河桥梁工程以及影响处理工程等。工程输水线路总长723公里，根据初步设计批复，工程概算总投资875.37亿元。航运线路总长354.9公里（其中建设二级航道167公里，利用合裕线二级航道18.9公里，建设三级航道169公里）。全线建设枞阳、凤凰颈、庐江、白山、兆河、派河、蜀山、东淝闸8大枢纽工程。航运分摊投资317.82亿元，主体工程总工期72个月。

引江济淮航运工程由引江济巢段的菜子湖线路、兆河航道及江淮沟通段构成，主要建设内容包括航道工程、船闸工程、桥梁、渡槽等专项工程及航运支持保障系统等配套工程。2017年9月，交通运输部联合水利部批复初步设计。

四、京杭运河工程

京杭运河是唯一贯穿我国南北的航运主通道。2017年主要实施浙江段、山东段航道建设。

京杭运河浙江段自嘉兴鸭子坝，经湖州，终于杭州三堡船闸，全长约98公里。为提升浙江段通航能力，2017年8月交通运输部批复京杭运河浙江段三级航道整治工程杭州段（八堡船闸段）初步设计，并于2017年底开工建设。

京杭运河山东段全长529公里，黄河以北265公里，黄河以南264公里。2015年10月，交通运输部批复京杭运河微山南至峄城段复线船闸工程初步设计，在京杭运河韩庄镇和万年闸各新建1座2000吨级复线船闸及相应配套设施。韩庄复线船闸工程于2017年开工建设。

图4-3-5　建设中的京杭运河浙江段湖州含山航道

图4-3-6　建设中的京杭运河山东段万年闸复线船闸

五、上海国际航运中心洋山深水港区四期工程

上海国际航运中心洋山深水港区四期码头于2017年12月10日正式开港投入试生产，标志着中国港口的运营模式和技术应用里程碑式的跨越升级与重大变革。

洋山四期码头自2014年开始建设，历时3年建成陆域223万平方米、集装箱码头岸线2350米，7个大型集装箱深水泊位，设计年通过能力初期为400万标准箱，远期为630万标准箱。工程总投资约140亿元。码头采用最高水平的全自动化集装箱码头建设方案，自主研发成功全自动化码头智能生产管控系统和设备管控系统，首创多元化堆场作业交互模式，实现了码头作业从传统劳动密集型向自动化、智能化的转变。

图4-3-7　洋山深水港区四期工程全景图

图 4-3-8　洋山深水港集装箱船舶装卸作业

图 4-3-10　衢山港区鼠浪湖矿石中转码头卸船码头

六、宁波—舟山港衢山港区鼠浪湖矿石中转码头工程

该工程新建 30 万吨级铁矿石卸船泊位 2 个（水工结构均按靠泊 40 万吨散货船舶设计），10 万吨级装船泊位 1 个，5 万吨级装船泊位 2 个（水工结构均按靠泊 10 万吨级散货船舶设计），工作船泊位 2 个。近期设计年吞吐能力 5200 万吨，其中接卸能力 2600 万吨、装船能力 2600 万吨。工程总投资约 49 亿元。

图 4-3-9　衢山港区鼠浪湖矿石中转码头堆场

七、广州港南沙港区三期工程

该工程建设 4 个 10 万吨级和 2 个 7 万吨级集装箱泊位（水工结构均按靠泊 15 万吨级集装箱船设计），码头岸线长 2218 米，设计通过能力为 370 万标准箱；配套建设 24 个 2000 吨级集装箱驳船泊位（港池水深和水工结构按靠泊 1000 吨级集装箱海轮设计），码头岸线长 1660 米，设计通过能力为 200 万标准箱；建设 6 个工作船泊位和相应的水域、陆域配套设施。码头陆域纵深约 1177 米，总用地面积约 276.6 万平方米。工程总投资约 75 亿元。

图 4-3-11　广州港南沙港区三期工程

图 4-3-12 烟台港西港区一期工程竣工全景

八、烟台港西港区一期工程

该工程建设 30 万吨级矿石接卸泊位（水工结构按 40 万吨级预留）和 15 万吨级煤炭接卸泊位（水工结构按 20 万吨级预留）各 1 个，泊位总长度 751 米，设计年通过能力 1900 万吨，其中铁矿石 1600 万吨、煤炭 300 万吨。工程总投资约 24 亿元。

九、青岛港前湾港区迪拜环球码头工程

该工程建设 2 个 10 万吨级和 2 个 3 万吨级集装箱泊位（水工结构均按靠泊 10 万吨级集装箱船舶设计），码头岸线长度 1320 米，陆域纵深 784 米，设计年通过能力 260 万标准箱。工程分两期建设，一期工程建设 1 个 10 万吨级集装箱泊位和 1 个 3 万吨级（水工结构按照 10 万吨级设计）泊位，泊位总长 660 米，年设计通过能力 130 万标准箱。一期工程总投资约 36 亿元。

图 4-3-13 青岛港前湾港区迪拜环球码头工程全景

十、中国石化天津液化天然气（LNG）项目

中国石化天津液化天然气（LNG）项目分两期建设：一期工程建设 4 座 16 万立方米 LNG 储罐、1 座 3-26.6 万立方米 LNG 运输船码头及海水取排、气化、天然气输送等配套设施，输气干线工程按照满足二期输气能力需要，一次建设到位，线路全长 608 公里，沿途设 10 座分输站，32 座阀室，一期投资约为 136 亿元。二期新增 5 座 20 万立方米 LNG 储罐、1 座 3-26.6 万立方米 LNG 运输船码头及配套设施。项目与中国石化山东天然气管网、鄂安沧天然气管线及中原文 96、文 23 储气库群相连通，构成气源互补、统一调度的中国石化华北供气网。

图 4-3-14 中石化天津液化天然气 LNG 码头及工作船码头全景

十一、唐山港曹妃甸港区通用散货泊位三期工程

工程建设1个15万吨级、1个10万吨级、1个5万吨级散货泊位和3个工作船泊位及相应的配套设施，设计年通过能力917万吨。工程位于唐山港曹妃甸港区一港池西岸线北端，散货码头岸线长855.0米、码头北端设3个工作船泊位长158.5米、直立护岸长204.3米，码头、直立式护岸顶面高程4.5米，均为重力式沉箱结构。工程总投资约17亿元。

图 4-3-15　唐山港曹妃甸港区通用散货泊位三期工程通用散货泊位前沿全貌

第四章　民航重大工程建设项目

第一节　民航重大工程建设情况概述

2017 年，民航各重大工程项目平稳推进。新开工重点项目 10 个，续建项目 34 个。机场建设方面，全年新开工、续建机场项目 260 个，停机位 556 个、航站楼面积 123.2 万平方米，新建成投产机场 11 个（具体名单见第三篇第五章）。作为国家重点项目，北京新机场航站楼建设实现封顶封围；成都天府国际机场工程全年完成投资 150.5 亿元，累计完成投资 206.6 亿元；重庆机场 T3 航站楼和第三条跑道建成。空管系统重大工程方面，2017 年 75 个重点项目中，9 个竣工项目基本完成；18 个续建项目加快推进；37 个前期工作项目实质性进展。

第二节　北京新机场建设情况概述

北京新机场是由中央政治局常委会审议确定的国家重点项目，是京津冀协同发展交通先行、民航率先突破的标志性工程。场址位于北京市大兴区榆垡镇、礼贤镇和河北省廊坊市广阳区之间，直线距天安门约 46 公里、距雄安新区 55 公里、距北京城市副中心 54 公里、距首都机场约 67 公里、距廊坊市约 26 公里。新机场于 2014 年开工建设，计划 2019 年建成并投入运营。

截至 2017 年底，飞行区土方工程施工完成 92%、地基处理工程施工完成 93%，道面工程完成 42%，空管、供油、主基地航空公司等配套工程相继开工；停车楼及综合服务楼工程主体结构成功封顶，航站楼实现封顶封围；出场高架桥结构全线贯通，完成高架桥桩基、承台、墩柱等施工，箱梁浇筑 8.8 万立方米；综合管廊工程超额完成结构施工，完成土方量约 145.7 万立方米，混凝土 9.6 万立方米。场内多个标段先后获评为“北京市绿色安全样板工地”“住建部绿色施工科技示范工程”“全国建筑业绿色施工示范工程”“国家 AAA 级安全文明标准化工地”。

图 4-4-1　北京新机场航站楼建设封顶封围

第三节　民航其他重大工程建设项目介绍

一、成都天府国际机场工程

该初步设计及概算于 2017 年 3 月 24 日获得民航西南地区管理局、四川省发改委联合批复。规划设计方面用平安、绿色、智慧、人文的理念统揽全局，坚持以人为本的价值导向，充分融入四川地域文化，持续优化中转流程与场内外交通疏解方案，打造出便捷高效的综合交通换乘体系，积极开展绿色施工研究，把绿色节能理念贯穿设计、施工、运营全过程，广泛运用数字化施工及高新技术，着力打造机场一体化智慧服务。飞行区工程方面完成除边坡区域外的全部地基处理，土方累计填筑7323万立方米，占回填总量的78%；5条穿场箱涵完成部分垫层浇筑。航站区工程方面完成T1航站楼547根桩基工程的全部建设工作，完成T1、T2航站楼综合交通换乘中心与施工单位生活用房总计11万平方米的建设，并将T1、T2航站楼环场路、进场路等各条进场及施工道路建成，实现了工程的路网畅通。全年完成投资150.5亿元，累计完成投资206.6亿元。

图4-4-2　成都天府国际机场航站楼施工夜景

二、重庆机场T3航站楼和第三条跑道

重庆机场东航站区及第三跑道建设工程是民航局和重庆市"十二五""十三五"期间的重点建设项目。本期建设工程以2020年为设计目标年，按满足年旅客吞吐量4500万人次、货邮吞吐量110万吨、飞机起降37.3万架次进行设计。

本期工程于2012年8月开工建设，2017年8月29日建成投用，率先成为我国中西部地区首个拥有三座航站楼、实现三条跑道同时运行的机场，基础设施资源得到极大补充，将进一步加快重庆机场打造大型复合型国际枢纽机场进程，对于重庆打造内陆开放、西部地区综合交通枢纽和长江上游经济中心具有十分重要的意义。工程建设过程中，全体建设者认真贯彻落实"创新、协调、绿色、开放、共享"五大发展理念，打造了具有国际领先水平的大型基础设施，全力建设国际航空枢纽。

图4-4-3　重庆机场东航站区夜景

三、空管系统重大工程建设情况

2017年，空管系统"十三五"建设项目纳入《中国民航空管行业发展"十三五"规划》，为空管系统十三五期间建设项目的开展提供了依据。正式印发了《空管系统中长期建设规划》，明确了到2020年保障起降1300万架次、2025年保障起降1870万架次，全国管制扇区总数分别为553个、752个的发展目标，为工程项目的开展提供了依据。同时，明确要组织开展高空管制中心8+N规划研究，推进北上广三大区管备份扩容工程建设，将有助于解决制约空管建设面临的一些关键性问题。

2017年，空管系统75个重点项目中：9个竣工项目基本完成，民航空域运行监控及评估系统工程完工投用；6月13日，重庆三跑道空管工程完成行业验收。18个续建项目加快推进，北京新机场空管工程除河北段相关工程外已全面开工，并按计划推进，河北省内工程相关问题上报民航局；民航运行管理中心、气象中心及民航情报管理中心"三中心"工程土建工程9月26日正式开工，标志着三中心工程进入全面实施阶段；民航通信网工程以及东、西部地区ADS-B工程全面启动，预计2018年底完工。成都、青岛新机场空管工程等11个新开工项目全面开工。37个前期工作项目，包括乌鲁木齐、西安、广州、昆明等机场空管工程和江苏、浙江、江西空管分局空管设施工程均取得实质性进展。

第五篇
重大事件

Section Five

Major Events

第一章　行业重大事件

一、公路行业重大事件

（一）习近平总书记作出“四好农村路”重要指示

2017年11月23日，交通运输部向中共中央、国务院提交了《关于贯彻落实习近平总书记重要指示将深入推进“四好农村路”建设有关情况的报告》。2017年12月19日，习近平总书记作出重要指示，提出：“近年来，‘四好农村路’建设取得了实实在在的成效，为农村特别是贫困地区带去了人气、财气，也为党在基层凝聚了民心。交通运输部等有关部门和各地区要认真贯彻落实党的十九大精神，从实施乡村振兴战略、打赢脱贫攻坚战的高度进一步深化对建设农村公路重要意义的认识，聚焦突出问题，完善政策机制，既要把农村公路建好，更要管好、护好、运营好，为广大农民致富奔小康、为加快推进农业农村现代化提供更好保障。”

（二）“6·24”四川茂县特别重大山体滑坡灾害抢通保通

2017年6月24日6时许，四川省阿坝州茂县叠溪镇新磨村突发山体高位垮塌，造成四川省S448叠溪至松坪段1.6公里路段掩埋，河道堵塞2公里，100余人失联。灾情发生后，按照党中央、国务院领导同志重要指示批示精神，交通运输部迅速指导四川省交通运输部门、武警交通驻地部队就近安排公路养护、施工队伍组织力量，立即投入到公路抢通保通工作之中。在最短时间内，对G213和S448进行全面排查；灾区公路交通管制，并向社会发布绕行方案；灾区临近高速公路开启抢险应急绿色救援通道，实现救灾车辆免费快速通行；调集大型设备投入抢通工作。于灾后14小时，初步打通可供抢险机具通行的2.4公里便道。截至7月1日6时，各级交通运输部门和武警交通部队共打通便道2400米，转运人员1005人，免费快速通行救灾车辆18000余台次，清理塌方体32.2万立方米，拓宽作业面19.2万平方米，防疫消毒2.65万平方米，挖掘遇难者遗体7具，医疗救助270余人，疏散过往群众300余人，为72小时黄金期救援、群众安全撤离、救灾物资运输等赢得了宝贵时间，提供了交通运输坚实保障。

（三）四川九寨沟7.0级地震灾后应急保通

2017年8月8日21时19分，四川省阿坝州九寨沟县（北纬33.20度，东经103.82度）发生7.0级地震，震源深度20千米。地震造成G544和G247多处阻断。地震发生后，交通运输部立即进入应急工作状态，启动交通运输Ⅱ级应急响应，并派员参加国家减灾委工作组，成立应对四川九寨沟7.0级地震灾害应急小组，指导四川省交通运输应急抢险救援工作，实现灾害核心区快速抢通，打通救灾生命通道；同时，迅速采取远端绕行、就地分流等公路管控措施，疏解震区车辆通行，保证救援力量能够进得去，被困群众能够出得来；统筹铁路、民航、邮政等部门做好抢险救灾配合工作，协调武警交通部队调派力量进行抢险救援。

二、铁路行业重大事件

（一）国家铁路局向中国标准动车组颁发许可证

2017年1月3日，国家铁路局向中车长春轨道客车股份有限公司、中车青岛四方机车车辆股份有限公司颁发了中国标准动车组型号合格证和制造许可证。中国标准动车组许可证的颁发，标志着中国标准动车组具备了大规模生产许可条件和上线商业运营资格。

中国标准动车组全面采用自主化设计，具备完全自主知识产权，具有安全性、经济性、智能化、通用化、人性化等先进特点，构成中国高铁装备自主创新的统一技术平台。通过中国标准动车组研制，动车组九大关键技术和十项配套技术的部件实现了国产化。

2017年6月25日，中国标准动车组被命名为"复兴号"动车组。6月26日11时05分，"复兴号"G123次和G124次高速列车在京沪高铁两端的北京南站和上海虹桥站双向首发。9月21日，"复兴号"动车组在京沪高铁上实现350公里时速运营，京沪之间全程运行时间缩短至4小时30分左右，这标志着中国为世界高速铁路商业运营树立了新的标杆。

（二）蒙内铁路开通运营

当地时间2017年5月31日，由中国企业承建的肯尼亚蒙巴萨至内罗毕准轨铁路（蒙内铁路）正式通车。肯尼亚总统肯雅塔，中国国家主席习近平的特使、国务委员王勇出席通车仪式。

蒙内铁路全长472公里，全线采用中国标准、中国设计、中国装备、中国建设、中国运营，是一条采用中国铁路标准全方位运营维护的国际干线铁路，打造了中国铁路"走出去"的成功范例。

蒙内铁路是肯尼亚独立以来的首条新铁路和最大的基础设施建设工程，是肯尼亚实现2030年国家发展愿景的"旗舰工程"，也是中国"一带一路"建设造福非洲的示范项目。

（三）国铁企业公司制改革取得重大进展

截至2017年11月15日，中国铁路总公司所属18个铁路局均已完成公司制改革工商变更登记，19日正式挂牌，这标志着铁路公司制改革取得重要成果，为国铁实现从传统运输生产型企业向现代运输经营型企业转型发展迈出了重要一步。

在推进铁路局公司制改革的同时，中国铁路总公司本级的公司制改革方案建议已经报国家出资人代表财政部；中国铁路总公司机关组织机构改革基本完成，内设机构精简调整，机关部门、二级机构、人员编制分别精简10.3%、26.6%、8.1%，工作流程进一步优化；中国铁路总公司所属非运输企业公司制改革进展顺利，年内将基本完成。

（四）《铁路"十三五"发展规划》发布

2017年11月20日，国家发展改革委、交通运输部、国家铁路局、中国铁路总公司联合发布《铁路"十三五"发展规划》。

《规划》提出，到2020年，路网布局优化完善，装备水平先进适用，运输安全持续稳定，运营管理现代科学，创新能力不断提高，运输能力和服务品质全面提升，市场竞争力和国际影响力明显增强，适应全面建成小康社会的需要。全国铁路营业里程达到15万公里，其中高速铁路3万公里，复线率和电气化率分别达到60%和70%左右，基本形成布局合理、覆盖广泛、层次分明、安全高效的铁路网络。

（五）"四纵四横"骨干高铁网建成

2017年12月28日，石家庄至济南高速铁路全线开通运营，标志着我国"四纵四横"骨干高铁网提前建成。

按照《中长期铁路网规划（2008年调整）》，"四纵"是指：北京—上海客运专线，包括蚌埠—合肥、南京—杭州客运专线，贯通京津至长江三角洲东部沿海经济发达地区；北京—武汉—广州—深圳客运专线，连接华北和华南地区；北京—沈阳—哈尔滨（大连）客运专线，包括锦州—营口客运专线，连接东北和关内地区；上海—杭州—宁波—福州—深圳客运专线，连接长江、珠江三角洲和东南沿海地区。"四横"是指：徐州—郑州—兰州客运专线，连接西北和华东地区；杭州—南昌—长沙—贵阳—昆明客运专线，连接西南、华中和华东地区；青岛—石家庄—太原客运专线，连接华北和华东地区；南京—武汉—重庆—成都客运专线，连接西南和华东地区。未来，中国高铁网还将向“八纵八横”迈进。

（六）中欧班列运行常态化

2017年，中欧班列共开行3673列，同比增长116%，超过过去6年的总和。中欧班列运行已成常态化。

截至2017年底，中欧班列国内开行城市达38个，到达欧洲13个国家36个城市，运行线路达61条。中欧班列全程运行时间从开行初期的20天以上逐步缩短到12至14天，整体运输费用较开行初期下降约40%，货源品类不断丰富。

中欧班列迅速发展壮大，成为新时代联通亚欧大陆的实体纽带，带动我国内陆地区开放型经济发展，促进与沿线国家的务实合作，完善了国际物流运输体系，成为国际陆路运输的中国方案和中国贡献，成为“一带一路”标志性成果。

三、邮政行业重大事件

（一）深入学习宣传贯彻十九大精神，推进系统全面从严治党

国家邮政局党组贯彻落实中央要求，把迎接党的十九大和学习宣传贯彻党的十九大精神作为首要政治任务抓紧抓好。印发《学习宣传贯彻党的十九大精神工作方案》，集中组织观看十九大开幕会，召开全系统电视电话会议进行传达学习和全面部署，分批次对全系统党员干部进行专题培训，召开座谈会，实现学习培训全覆盖，迅速掀起学习宣传贯彻党的十九大精神热潮，不断深化思想理论武装，推动行业改革发展各项工作深入开展。

在全系统开展“以案释纪明纪，严守纪律规矩”主题警示教育月活动，通报违规违纪违法案例。扎实推进“两学一做”学习教育常态化制度化，明确15项常态性工作和18项阶段性重点工作。充分发挥党建工作领导小组作用，成立党建处加强党建工作力量。认真抓好“三会一课”、民主生活会、组织生活会、党建述职评议考核等各项制度落实，促进党建工作进一步制度化规范化。

此外，首次对16个省局党组开展政治巡视工作。认真贯彻中央巡视工作方针，坚决落实政治巡视要求，坚持高标准开局，确保组织领导到位、动员部署到位、人员力量到位，顺利完成全年政治巡视任务。在整改过程中，既有当下改的举措、又有长久立的机制，在标本兼治中坚持党的领导、加强党的建设、全面从严治党。

（二）“7件实事”带动行业服务民生效果显著

2017年2月10日，国家邮政局公布2017年邮政业更贴近民生7件实事，包括：全面提高邮政普通包裹时效，实现投递入户；全国三分之一以上省份的县城实现党报当日见报；提升邮政、快递服务“三农”能力，助力国家精准扶贫；稳步提升快递末端投递服务水平；实施放心消费工程；提高快递包装绿色化、减量化水平；改善快递员工作环境。每一件都与国家改革发展和群众生产生活息息相关。

一年来，“7件实事”推动了行业服务民生的水平进一步提升。邮件城市当日妥投率达94.3%，农村及时妥投率达96.6%，邮件全程时效基本达标。21个省份实现100%的县城党报当日见报，当日见报率达到了80%以上。通过“一市一品”农特产品进城示范项目带动农民增收11.9亿元，帮助农民增收人数达110.8万人。全国96%建制村直接通邮，邮政便民服务站累计达到36.7万个，邮乐购站点累计达到44.6万个。截至2017年11月，乡镇快递网点覆盖率达到91.17%，18个省份实现全覆盖。快递末端投递服务能力显著改善。建成公共服务站3.15万个，智能快件箱20.63万组，全国高校快递规范服务覆盖率已达95.56%。快递包装绿色减量化水平有明显改善。推广北京“三统一”管理经验，全国已有3个直辖市、52个市出台了电动三轮车便利通行管理政策，投递员（快

递员）工作环境不断改善。

（三）全面构建三级规划体系，引领行业“十三五”发展

继2016年底发布《邮政业发展“十三五”规划》《邮政普遍服务“十三五”规划》《快递业发展“十三五”规划》《邮政业监管体系建设“十三五”规划》之后，2017年3月27日，《京津冀地区快递服务发展“十三五”规划》《长江三角洲地区快递服务发展“十三五”规划》《珠江三角洲地区快递服务发展“十三五”规划》三大区域快递规划发布。截至2017年7月，全系统“1+3+3+31+332”部邮政业规划全部完成发布，建立起层次清晰、统筹协调、功能衔接、符合业情的三级邮政业规划体系。

邮政业“十三五”规划以推动行业改革和创新发展为主线，注重体现空间布局，注重推动产业联动发展，实现了与国家“十三五”规划纲要和国务院重点专项规划的有机衔接。三大区域快递规划聚焦构建区域快递协同发展新格局，省级邮政业发展规划发布层级显著提高，通过与省级发展改革部门、交通运输部门联合印发，以省级发展改革部门名义印发，或以省政府办公厅名义印发的规划共计25部。332个市（地）首次编制了本级邮政业规划。规划编制工作取得了全国做统筹、区域重联动、地方有特色的预期效果。

为促进规划落地实施，国家邮政局集中开展了邮政业规划宣贯工作，形成推动邮政业规划落地实施的良好氛围。同时印发了《邮政业“十三五”规划实施监测评估工作安排》，对今后四年的邮政业规划实施监测评估作出系统安排。

（四）联合多部门发文协同推进快递绿色包装工作

2017年11月，国家邮政局等十部门联合发布《关于协同推进快递业绿色包装工作的指导意见》，推进快递包装的绿色环保化，并将每年11月第一周定为“绿色快递宣传周”。《指导意见》明确，到2020年，可降解的绿色包装材料应用比例将提高到50%，基本淘汰重金属等特殊物质超标的包装物料，基本建成专门的快递包装物回收体系。主要快递品牌协议客户电子运单使用率达到90%以上，平均每件快递包装耗材减少10%以上，推广使用中转箱、笼车等设备，编织袋和胶带使用量进一步减少。基本建立快递业包装治理体系。

在国家邮政局的大力推动下，快递包装绿色化、减量化水平有明显提升。推动将绿色包装条款纳入《快递暂行条例》。基本完成《快递封装用品》系列国家标准的修订工作，制定邮政业封装用生物降解胶带等4项行业标准，弥补了快递封装用品绿色化的空白。在8个省份和5家品牌企业开展快递绿色包装试点，成立快递业绿色发展产学研协同创新示范基地和中国快递业绿色包装产业联盟。通过智能打包算法，单个快件平均耗材使用量减少了5%以上；胶带变薄变窄、单个快件胶带用量同比减少1/3；推出绿色可循环使用帆布袋，可重复使用4-6个月，平均使用率是以往编织袋的100倍；重点品牌快递企业电子运单普及率提升至80%以上。

图5-1-1　在和相关小学共同举办的“小手拉大手”活动中，同学们展示自己设计的快递绿色包装宣传活动志愿者招募启事

（五）修订后的《邮政普遍服务》标准正式实施

2017年3月1日起，修订后的《邮政普遍服务》

标准正式实施。新修订的标准对邮政普遍服务的范围、邮政设施、服务时限、服务环节、用户投诉与申诉、赔偿等内容做出了明确的规定。

根据新标准，邮政普遍包裹的寄递速度全面加快。对于信件全程时限，省际地级以上城市间、省际其他地区之间的最长时限分别由现行标准的9天、15天，缩短到7天、8天，提升了22.2%和46.7%；包裹和印刷品的全程时限，在省际地级以上城市间、省际其他地区之间分别由原来的15天和20天，缩短到8天和9天，提升了46.7%和55.5%。

新标准规定包裹由投递包裹领取通知单改为按址投递包裹实物。其中，城市全部按址投递；农村地区包括乡、镇政府所在地和乡、镇其他地区5kg以下包裹按址投递到户或投递到村邮站，以方便用户，满足人民群众的用邮新需求。

此外，新标准还对邮政企业提供服务提出了更高要求，增加了邮政营业场所的服务功能设置要求，还增加了应公示每周的营业日、每天的营业时间、邮件时限、用户对服务质量的申诉渠道及联系方式等。同时，缩短了邮政企业受理用户投诉、办理查询、丢失赔偿等方面的时限。

2017年，各级邮政管理部门加强宣传引导和培训指导，为贯彻新标准创造良好氛围。同时，各地采用"双随机"的方式开展了达标情况专项检查，针对检查发现的问题，运用通报、下发责令改正通知书、约谈、行政处罚等手段，督导企业整改。邮政普通包裹时效提升明显，包裹同城次日送达比例较上年提高20.6个百分点，直辖市省会城市间5天内送达比例较上年提高6.9个百分点。实现城市地区包裹按址投递、乡镇农村地区5公斤以下包裹按址投递或投递到村邮站，农村地区投递服务得到极大改善。新标准绝大多数指标变成了人民群众看得见、摸得着的现实。目前，包裹按址投递基本落实到位，邮件全程时限稳步提升，查询投诉答复时限基本达标。

（六）我国进入日均1亿件快递时代，快递航母起航

2017年7月11日，国家邮政局发布的二季度中国快递发展指数报告显示，从2017年第二季度开始，我国常态化进入单日快递亿件时代。我国快递业务量已经连续6年保持了平均50%以上的增速，目前仍在30%左右的高位运行，是同期公路、铁路、水运货运量增速的2-4倍，是航空货邮增速的7倍，是GDP增速的4倍。

同时，随着2月顺丰速运在深圳证券交易所敲钟上市，9月百世快递在纽约证券交易所上市，快递航母中的6家民营快递公司均已完成改制上市。全行业已经形成7家年营业收入超300亿元和若干家年营业收入超100亿元的快递企业集群，快递航母正在起航。

从世界范围来看，我国快递业市场规模自2014年开始稳居世界第一，业务量约占全球40%，对世界快递业务量增长的贡献率达60%，我国已经成为全球快递市场发展的新引擎。2017年10月17日，十九大新闻中心组织中外媒体近百名记者赴天津采访智能分拣机器人。除"小黄人"外，无人机、无人车、无人仓、"指环王"、大数据、机器人配送等我国快递界的"黑科技"越来越多地亮相世界。

图5-1-2 我国快递"黑科技"亮相世界，图为自动分拣设备"小黄人"

（七）实名收寄信息系统推广应用试点成效显著

2017年4月起，国家邮政局会同中央综治办、

公安部、国家安全部在全国153个城市启动了实名收寄信息系统推广应用试点。试点工作开展以来，各地采取集中培训、课件辅导、实地指导等方式，加强业务培训和技术指导，先后举办培训班198期，受训技术骨干21000余人次。结合全国“一带一路”国际合作高峰论坛、金砖国家领导人会晤、党的十九大等重大安保任务，采取“双随机”抽查、联合执法、明察暗访以及月度排名、通报约谈等方式，压实主体责任。截至年底，国家邮政局实名信息监管平台共接入邮政EMS、顺丰、“三通一达”、百世等主要品牌寄递企业数量达20家；全网信息化实名收寄业务量累计完成102.3亿件，日均实名业务量7803.6万件，实名率为71.99%，其中，日均散件实名业务量1030.1万件，散件实名率为50.01%。

为更好地落实快递实名制，国家邮政局于2017年年初研究设计了《邮件快件实名收寄信息化解决方案》，指导网络型品牌企业开发了“企业版”实名收寄信息系统，研究开发了适用于区域型快递企业的“公共版”实名收寄APP，并采取“总对总”的方式进行数据共享，按照试点先行、逐步推广的原则，力争在2018年年底前实现实名收寄信息化全覆盖。

（八）万国邮政联盟（UPU）改革中国方案获通过，中国邮政业国际影响力不断提升

2017年10月27日，我国主导的改革方案获得万国邮联行政理事会批准，它强化了万国邮联政府间国际组织性质和政企分开的治理结构，简化了经营机构选举程序，为美洲、东欧北亚、亚太和非洲地区等代表性不足地区增加了8个席位，保护和调动了各方积极性。中国的领导力和贡献得到各成员国的充分认可和赞赏。

本届UPU改革特设组包括76个成员国、区域性邮联和其他国际组织，成为了UPU历史上参与者数量最多的超级工作机构。在多套改革方案未能取得实质进展、UPU改革陷入僵局的背景下，中国以大国担当精神承担了改革特设工作组主席国的重任。工作班子对192个UPU成员国问卷调查，研究确定工作策略，与成员国一对一访谈，化解矛盾，促进互信，利用一切机会宣扬妥协共识和互利共赢。国家邮政局领导带队对重点国家进行斡旋，促使各方从对抗走向对话，从分歧走向共识。

此外，我国还积极参与万国邮联会费改革、养老保险体系、公共服务质量基金等重点问题研究，承担万国邮联实物寄递和电子商务委员会主席国任务，持续推进中欧班列运邮（快）件工作，取得多项进展，我国候选人林洪亮连任亚太邮联秘书长，我国邮政业的国际影响力不断提高。

图5-1-3　在第12届亚太邮联代表大会上，我国候选人林洪亮连任亚太邮联秘书长

（九）消费者申诉实现“一降三升”，快递服务更便利

2017年1-11月份邮政业消费者申诉实现“一降三升”，全国快递服务有效申诉率为百万分之5.65，同比减少2.23；消费者对邮政管理部门申诉处理工作的满意率为98.2%，同比增长0.7个百分点；对邮政企业申诉处理结果的满意率为97.3%，同比增长1个百分点；对快递企业申诉处理结果的满意率为96.4%，同比增长0.6个百分点。

老百姓对行业的服务更加满意，得益于邮政管理部门的加强整治以及快递末端服务能力的进一步提升。年初，国家邮政局实施了放心消费工

程，全系统开展了“不着地、不抛件、不摆地摊”专项整治，出台整治意见，引导企业配备托盘、笼车等设施设备，营业场所铺设离地设备率提升至69.74%，同时加大抛扔快件等违法行为查处力度。

在快递末端投递服务方面，国家邮政局全力推进“快递入区”工程，建成公共服务站3.15万个，智能快件箱20.63万组，城市箱递日均超750万票，投递占比接近7%，较去年底提升4个百分点，多地积极推动邮政和快递服务纳入城市便捷服务圈。全国高校快递规范服务覆盖率已达95.56%，2679所高校通过人工驿站和自助方式实现快递入校服务。全国主要品牌企业城区自营网点标准化率达到80.43%。

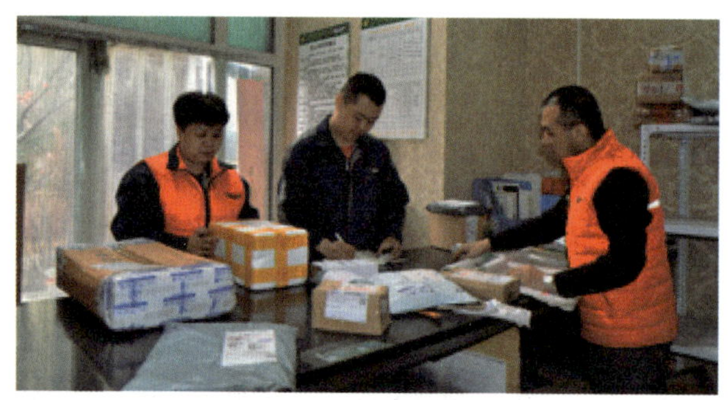

图5-1-4　快递进小区，让服务零距离

四、海上搜救重大事件

（一）在山东东营海域处置“丰盛油16”轮泄漏事故

2017年1月16日13时许，东莞市丰海海运公司所属油船“丰盛油16”轮在东营港南港池北岸装载汽油过程中发生汽油泄漏险情。山东省海上搜救中心认真贯彻落实何建中副部长重要指示精神，全力配合地方政府开展应急处置工作。1月16日21时30分，“丰盛油16”轮被从码头拖带至东营港南港池外约3海里处锚泊，1月22日19时，6121吨货油全部过驳完毕。

（二）中国游客在马来西亚环滩岛附近海域失联

2017年1月28日，一艘游船在马来西亚环滩岛附近海域翻沉失联，28名中国游客遇险。事件发生后，交通运输部高度重视，立即启动应急响应机制，多次召开专题会议研究贯彻落实中央领导重要指示批示精神及事件应急处置工作。中国海上搜救中心密切与外交部、马来西亚海上搜救机构等联系，及时敦促马方搜救机构采取有效措施全力搜寻失踪人员。马方不间断派出搜救力量在事发海域开展搜寻，最终20人获救，4人死亡，4人失踪。

（三）在广东谭江水域处置“藤县风顺0808”轮落水集装箱

2017年2月18日11时许，广西籍集装箱船“藤县风顺0808”轮在广东省江门市谭江牛湾大桥下游约100米处水域搁浅。18日18时，受涨潮影响，“藤县风顺0808”轮完全沉没，87个集装箱全部落水，现场少量溢油。事件发生后，广东省海上搜救中心全力组织协调力量开展集装箱打捞和应急清污工作。3月2日10时，“藤县风顺0808”轮船体成功打捞出水，15时10分，落水集装箱全部打捞完毕。

（四）在浙江外海搜救沉没渔船“冀黄渔02698”20名遇险渔民

2017年2月24日凌晨，渔船“冀黄渔02698”在浙江嵊山以东约130海里海域沉没，船上20人遇险。交通运输部认真贯彻落实国务院领导同志批示精神，多次召开会议就搜救行动作出安排部署。中国海上搜救中心会同浙江省海上搜救中心全力组织协调搜救，累计派出各类舰船及附近商渔船53艘，出动海军舰载直升机、中海油直升机等12架次，累计搜寻124小时，搜寻面积4200平方海里。最终7人获救，13人失踪。

（五）在广西梧州处置“湘衡山挖0023”轮擦碰高速公路大桥事故

2017年7月3日21时许，湖南籍挖沙船“湘衡山挖0023”轮在广西梧州赤水圩码头对开水域因洪水冲击走锚，擦碰包茂高速浔江大桥后，卡在桥墩上。广西海上搜救中心立即协调拖轮前往救助，配合当地政府做好事故应急处置。梧州市交通运输部门对浔江大桥采取临时交通管制措施。7月5日18时，“湘衡山挖0023”轮在两艘拖轮拖带下，成功与包茂高速浔江大桥脱离，驶往安全水域锚泊。浔江大桥恢复正常通行。

(六) 在黑龙江黑河水域救助19名遇险人员

2017年9月23日17时，“龙推302”轮（船上7人）拖带“龙驳10-276”轮（船上12人，12辆车）从俄罗斯波亚尔科沃港至黑龙江省黑河市逊克港途中在黑龙江中游833#浮附近搁浅。黑龙江省水上搜救指挥中心立即指导船员检查搁浅情况，积极采取自救措施，并协调派出力量前往现场转移遇险人员，协调拖轮前往协助脱浅。24日5时许，“龙推302”轮脱浅成功，“龙驳10-276”轮12名遇险人员全部安全转移。

(七) 在日本海海域搜救渔船“鲁荣远渔378”16名遇险渔民

2017年10月5日3时许，山东籍远洋渔船“鲁荣远渔378”在朝鲜东部日本海被撞翻沉，16名渔民遇险，交通运输部、农业部、外交部迅速启动应急响应，全力做好应急处置。中国海上搜救中心充分发挥国际联动机制优势，立即协调日本、韩国、朝鲜海上搜救机构派出力量前往搜救；农业部协调在现场附近作业我国远洋渔船协助搜救；我驻朝使馆、驻大阪总领馆督促所在国加大搜救力度。经多方协调，30余艘我远洋渔船在现场进行水面搜寻，日本海上保安厅派出多艘巡逻船搭载蛙人赴现场救援，并实施水下探摸作业。截至2017年10月6日17时，16名遇险渔民，4人获救，12人遇难，遇难人员遗体全部被找到，最大程度维护了逝者尊严。

(八) 在台湾海峡救助台湾籍散货船“新华”轮9名遇险船员

2017年10月17日17时许，台湾籍散货船“新华”轮在福建平潭以东33海里处主机故障，船上9人遇险。接报后，福建省海上搜救中心立即协调派出海事执法船、专业救助船等力量前往现场救助，并将相关情况通报台北中华搜救协会。18日14时55分，专业救助直升机“B-7328”将“新华”轮9名遇险船员全部安全转移至福州长乐机场。22日22时许，“新华”轮被安全拖带至平潭海坛岛东侧习惯锚地。

(九) 在广州港附近水域救助“锦泽”轮14名遇险船员

2017年11月27日3时许，福建平潭籍散货船“顺锦隆”与南京籍散货船“锦泽”轮在广州港49号浮附近水域发生碰撞，导致“锦泽”轮沉没，船上2人被救起、12人失踪。事件发生后，交通运输部高度重视，部领导就人员搜救和事故调查工作作出重要指示批示。中国海上搜救中心迅速启动应急响应，会同广东省海上搜救中心协调派出26艘救援船舶、2架专业救助直升机赶往现场投入救援，并安排潜水员水下探摸，通过水下探摸，成功救出7名遇险船员。事故最终9人获救，4人死亡，1人失踪。

(十) 在山东成山头海域救助多哥籍杂货船“SHENG HAI”轮10名遇险船员

2017年12月4日9时许，多哥籍杂货船“SHENG HAI”轮在山东成山头东南约55海里处倾斜45度，10名缅甸籍船员遇险弃船。接报后，交通运输部迅速派出所属专业救助船、专业救助直升机等力量前往救援，并协调过往商船协助搜救。海军北海舰队就近派出军舰抵近救援。经全力搜救，10名外籍船员，7人获救，3人失踪。

五、海事系统重大事件

3月6日 交通运输部海事局印发《特定航线江海通航船舶法定检验暂行规定》。

3月6日至10日 交通运输部海事局派员参加了在英国伦敦召开的国际海事组织航行安全、通信及搜救分委会第四次会议（IMO NCSR 4）。会议审议通过了中国代表团提交的有关船载无线电导航系统性能标准的建议，并将北斗卫星导航系统写入海事应用的定位、导航及授时PNT导则。

3月15日 交通运输部海事局公布开展中资“方便旗”回国登记和自由贸易试验区国际登记的船舶登记机关和船籍港，落实自贸区国际船舶登记制度和特案免税船舶回归登记政策。

3月22日 交通运输部海事局印发《关于实施内河航行船舶进出港报告制度有关事项的通知》，部署在我国内河航行的船舶以及进入内河航行的海船进出港实施报告制度，取消内河航行船舶进出港签证。

3月23日至4月1日 南海永暑礁、华阳礁、美济礁、赤瓜礁、渚碧礁五座大型灯塔通过了验收。

4月18日 交通运输部海事局签发了首份《海事劳工证书》。

4月24日至28日 国际海道测量组织（IHO）在摩纳哥召开IHO公约修正案议定书生效后的第一届大会。会上我国当选为理事国。

5月3日至4日 交通运输部海事局派员参加在加拿大温哥华召开的巴黎和东京港口国监督备忘录第三次部长联席会议，交通运输部副部长何建中出席会议，会后签署了“保障航运业负责任、可持续发展”的部长联合声明。

5月11日 海事系统首艘万吨级大型海事巡逻船和台湾海峡5000吨级巡航救助船获国家发改委批准建造。

6月23日 首家台商独资海员外派机构正式落户福建自贸试验区厦门自贸片区。

6月25日至29日 交通运输部海事局和中国海员建设工会全国委员会在浙江舟山举办第四届中国海员技能大比武，香港、澳门和台湾地区的5家航海院校首次应邀组队参赛。

8月7日 交通运输部海事局印发《关于深化津冀海事监管一体化的意见》。

8月24日 我国自主研发的首套VTS系统在连云港海事局正式运行。

9月19日 交通运输部海事局印发《关于发布<特定航线江海直达船舶最低安全配员标准>的通知》。

10月17日至27日 在加拿大蒙特利尔召开的国际搜救卫星组织联合委员会第31届会议（JC31）上，同意将北斗卫星及星载遇险搜救转发器写入国际搜救中轨道卫星系统文件。

10月18日至24日 上海海事局陈维同志作为党代表参加了中国共产党第十九次全国代表大会。

10月31日 中国—东盟国家首次大规模海上联合搜救实船演练在广东湛江海域举行。

11月4日 交通运输部印发《长江干线水上交通安全管理特别规定》。

11月9日 交通运输部、国家发改委等十三部门联合印发《关于加强船用低硫燃油供应保障和联合监管的指导意见》。

11月15日 交通运输部印发《长江干线水上交通安全管理特别规定》。

11月20日 交通运输部印发《水上客运重大事故隐患判定指南（暂行）》。

11月27日至12月6日 交通运输部海事局派员参加国际海事组织（IMO）在伦敦举行的第30届大会，中国高票第15次连任A类理事，连云港海事局“海巡0611”轮船长卢国强获得2017年海上特别勇敢奖。

12月6日 交通运输部海事局在天津召开京津冀海事监管一体化领导小组会议，审议通过了《渤海中西部水域港外锚地规划方案》《渤海中西部水域船舶定线制优化调整方案》。

12月15日 交通运输部印发《长江上海段船舶定线制规定》和《上海黄浦江通航安全管理规定》。

第二章　重大舆情事件

一、民航重大舆情事件

（一）护照可作为有效证件乘坐国内航班

2017 年 5 月 18 日，网络上关于“护照及通行证不再作为乘坐国内航班有效证件”的消息甚嚣尘上。国内多家航企也发布消息提醒旅客注意新规。5 月 23 日，民航局公安局针对此事件做出回应并发布通知，通知指出，护照可以作为有效乘机身份证件，办理国内航班购票、值机、安检手续，但应使用同一个有效证件。民航局发布公告后，事件传播速度得到有效遏制，随后舆情逐渐走低。

（二）民航局解禁飞机上电子设备禁令

2017 年 9 月 18 日上午，民航局 9 月例行新闻发布会在民航局举办，发布会上一则“民航局解禁飞机上电子设备禁令”的消息受到媒体关注报道。综合近 3000 篇次媒体转发及报道后看出，媒体报道趋于理性，在消息传播的过程中不少时事评论也跟着发声。

（三）我国自主研制 C919 大型客机首飞

2017 年 5 月 5 日下午，我国具有完全自主知识产权的大飞机 C919 首架机空中飞行 79 分钟完成所有任务试验点，圆满完成首飞任务。C919 大型客机首飞成功后，央视、新华社、《人民日报》、中国民航网等媒体快速跟进，第一时间向全社会报道了 C919 成功首飞的重大意义，引发网民关注。作为官方主流媒体，央视等媒体的报道，为 C919 大型客机的成功首飞新闻事件引导舆论，促进了民众爱国之情的产生。

随后，各大新闻网站和微信公众号也陆续进行报道，推动舆情持续走高。网民也对此展开了大量的自发讨论。总体来看，在网民们的自发讨论中，对于 C919 的成功首飞，都持有比较正面积极的看法。

（四）民用无人机管理推行实名登记

2017 年 4 月，成都双流机场、重庆江北机场接连发生数起疑似无人机扰航事件，造成百余架航班备降、返航或延误，严重扰乱了民用航班的飞行秩序。为加强对民用无人驾驶航空器的管理，中国民航局于 2017 年 5 月 16 日下发《民用无人驾驶航空器实名制登记管理规定》。自 2017 年 6 月 1 日起，民用无人机的拥有者必须进行实名登记。针对无人机“黑飞”干扰事件，民航主管部门快速反应。从事件发生到立法出台，只用了不到两个月的时间，有效遏制了民众恐慌情绪蔓延。此次事件中，对于查处无人机“黑飞”操纵者以及加强无人机管制的呼声持续高涨。官方及时出台管理办法，回应了民众关切关注焦点，是一起非常成功的舆情处置案例。

（五）《航班正常管理规定》施行

2017 年 1 月 1 日，《航班正常管理规定》正式施行。这是我国第一部规范航班正常工作的经济管理类规章，对旅客集中关切的航班延误原因界定、延误后的信息告知方案、投诉的及时处理、反馈以及服务保障流程等问题作出了具体规范。航班正常率，一直是网民关注的民航热点话题，特别是航延后食宿问题怎么解决、航延信息如何获取、航延后权益如何得到保护、如何顺利通过安全检查等问题，更是网民关注的重中之重。因此，网民格外关注《航班正常管理规定》施行的新闻。中国民航网、中新网、搜狐网等网络媒体，对《航班正常管理规定》的细则进行了解读，帮助网民更加清楚地理解《航班正常管理规定》中的相关条文。

（六）“女博士误机大闹机场掌掴工作人员”事件

2017年6月1日，武汉名校女博士张某因迟到误机，现场情绪失控，居然3次掌掴柜台工作人员，经调查，张某已构成殴打他人的违法行为，被天河机场公安局依法处以行政拘留10日。事件一经曝光引发大量媒体跟踪报道，媒体的聚焦点主要集中在“女博士”“黑名单”上。旅客机场打人的新闻屡见不鲜，但是此事件能够引起社会关注的爆点在于“名校”“女博士”“民航黑名单”等社会标签上。女子的做法在大众看来是对这些“标签”所传达的社会道德及价值形象的挑衅，很多专家及微博意见领袖都倡议建设“民航黑名单”以惩戒“违规者”。

二、邮政重大舆情事件

国家邮政局坚持依法行政与舆情引导同步进行，妥善处置顺丰菜鸟关闭互通数据接口事件。

2017年6月1日，阿里巴巴旗下的菜鸟网络与顺丰集团旗下的丰巢科技关闭互通数据接口，导致少量快件信息查询不畅，生鲜农产品寄递业务受到一定影响，引发社会广泛关注。国家邮政局对此事高度重视，迅速责成相关负责同志与当事双方高层进行沟通，部署各地邮政管理部门妥善应对，安排国家邮政局网站和局属媒体于当晚及时发布消费提示，回应社会关切，引导社会舆论。6月2日晚，国家邮政局召集菜鸟网络和顺丰速运高层来京进行协调。经过协调，双方表示将从讲政治顾大局的高度出发，积极寻求解决问题的最大公约数，共同维护市场秩序和消费者合法权益，并同意从6月3日12时起，全面恢复业务合作和数据传输。

第六篇
专题特辑

Section Six
Special Reports

专题一　服务国家重大战略

2017 年，交通运输行业把服务党和国家工作大局作为工作的根本遵循，主动服务支撑国家重大战略实施。

一、全力支撑“一带一路”倡议

全年各部门认真履行部推进“一带一路”建设工作领导小组职责。圆满完成首届“一带一路”国际合作高峰论坛的各项配合和保障工作，联合发展改革委成功主办了“加快设施联通”平行主题会议，交通运输在推进“一带一路”建设中的重要作用和取得的成效在高峰论坛成果中得到了充分体现。

明确了交通运输部推进“一带一路”建设工作要点，并组织开展了相关专题研究，提出了“一带一路”交通运输发展总体布局，出台了关于进一步推进“一带一路”建设工作的意见。与白俄罗斯、土耳其、国际海事组织（IMO）等国家和国际组织签署了政府间或部门间合作文件。

推动“一带一路”重大项目取得新进展。中蒙俄经济走廊方向，中俄黑河大桥、同江铁路桥等跨境基础设施建设项目稳步推进。新亚欧大陆桥经济走廊方向，积极推进“中国西部—欧洲西部”公路建设；中哈连云港物流合作基地和“霍尔果斯—东大门”经济特区无水港建设取得阶段性进展。中国—中亚—西亚经济走廊方向，与乌兹别克斯坦等中亚国家交通互联互通战略对接合作进一步加强。中国—中南半岛方向，中老缅泰澜沧江—湄公河航道二期整治工程前期工作取得阶段性进展，澜沧江—湄公河海事安全监管设施建设和管理项目启动实施，中越北仑河公路二桥建成并试通车。中巴经济走廊方向，巴基斯坦“两大”公路项目建设持续推进，巴一号铁路干线和哈维连陆港项目部门间框架协议签署。海上丝绸之路方面，巴基斯坦瓜达尔港自由区起步区招商工作全部结束，生活和生产区设施建设圆满完成；扩大了中国—马来西亚港口联盟规模，东盟国家海事能力建设相关项目稳步推进；中欧陆海快线业务发展迅速，中国—中东欧海运合作秘书处等新合作机制启动。

（一）道路运输方面

1. 国家便利运输委员会第二次全体会议顺利召开

12 月 4 日，国家便利运输委员会召开了第二次全体会议，审议通过了《国家便利运输委员会成员名单》和《国家便利运输委员会工作规则》，增补了国家便利运输委员会成员名单，由交通运输部、外交部、国家发展改革委、公安部、财政部、商务部、海关总署以及质检总局八部委，中国铁路总公司，以及内蒙古、辽宁、吉林、黑龙江、江苏、福建、山东、广东、广西、云南、西藏、新疆等 12 个省（自治区）人民政府和中国道路运输协会组成。国家便利运输委员会设主席 1 名，由交通运输部部长担任。国家便利运输委员会下设办公室，设在交通运输部运输服务司。国家便利运输委员会主席、交通运输部部长李小鹏出席会议并讲话。国家便利运输委员副主席、交通运输部副部长刘小明代表委员会向会议作工作报告，并由会议审议通过。

会议认为，近年来，国家便利委各成员单位认真贯彻落实党中央、国务院决策部署，紧紧围绕促进区域经济合作和扩大对外开放目标，以推动国家便利运输发展为主线，主动作为，开拓进取，促进国家便利运输发展取得新成效。但同时，影响和制约国家便利运输发展的深层次矛盾和问题依然存在，国家便利委将在以后工作中高度重视，采取有力措施，切实加以解决。会议明确了到2020年、2035年两个阶段的工作目标，提出当前及今后一个时期重点做好六方面十八项任务。下一步，国家便利委将全面贯彻落实党的十九大精神，紧紧围绕实现国家便利运输现代化目标，坚持统筹规划、协同推进、效率优先、强化服务，着力构建支撑重大战略、满足人民群众需要、引领市场发展、富有内生动力的国家便利运输体系。会议还研究审议了司乘人员签证便利、国际道路运输协定落实等5项具体工作事项，协调解决了制约当前便利化发展的突出问题。

2. 便利运输协同机制运转更加顺畅

交通运输部与外交部、国家发展改革委、公安部、财政部、商务部、海关总署、质检总局联合印发了《关于贯彻落实“一带一路”倡议加快推进国际道路运输便利化的意见》，明确了当前及今后一个时期，推进国际道路运输便利化、打造全方位对外开放新格局的政策措施。2017年7月，“上海合作组织成员国国际道路运输便利化协定实施前景及对区域互联互通的影响”圆桌会议召开。10月，中吉乌国际道路货运试运行活动顺利开展。截至2017年底，我国共与13个国家签署了双边汽车运输协定，分区域签署了5个多边汽车运输协定，与毗邻国家的70对边境口岸开通了332条国际道路客货运输线路，线路总长度近5万公里，初步形成了以重点城市为中心、边境口岸为节点、覆盖沿边地区并向周边国家辐射的国际道路运输网络。云南、广西成立了省级层面便利运输领导小组，分别与周边国家建立了滇越边境五省协作会议、滇老边境十省市协作协议、桂越边境四省协作会议等合作机制，促进国际道路运输便利化。

专栏　上合组织成员国共促国际道路运输便利化

2017年7月5日至6日，“上海合作组织成员国国际道路运输便利化协定实施前景及对区域互联互通的影响”圆桌会议在北京召开，旨在推进《上合组织成员国国际道路运输便利化协定》的实施，促进区域交通运输互联互通。

交通运输部副部长刘小明率中方代表团出席会议并作了题为《弘扬丝路精神 推进上海合作组织成员国互联互通》的主旨发言。上合组织成员国交通运输主管部门、研究机构、道路运输协会的专家和代表，以及白俄罗斯、蒙古驻华使馆外交官约40人出席会议。为推动本地区互联互通，刘小明建议各方加强国内外机制建设，尽快召开上合组织国际道路运输便利化联委会第一次会议，建立健全联委会机制、章程并形成未来工作计划；坚持硬件与软件联通同步推进，在上合组织交通部长会议机制下尽快建立专门专家组，早日完成上合组织公路发展规划的制定工作。

会议期间，上合组织成员国就促进实现上合组织成员国国际道路运输便利化事宜、道路运输线路和口岸现状及投入使用准备情况、道路运输线路开通时间、《协定》实施面临的问题和预期成果以及印度、巴基斯坦加入协定等问题深入交换了意见。

3. 口岸通关查验效率显著提升

近年来，口岸各管理部门加强协调、创新机制，在提高通关效率上取得显著成效。截至2017年底，全国全部95个陆路口岸（含20个铁路口岸），全面实现了边检业务体系的一体化，进出口货物报关单无纸化率达到97%以上。内蒙古二连浩特公路口岸70%以上通关业务采用“三互”通关模式，通关时间平均压缩了40%以上。新疆15个口岸运管机构全部进驻口岸联检大厅办公，与海关、检验检疫、边检实行联合查验，办事大厅办理一项业务仅需5分钟。吉林将国际道路运输信息化平台纳入省政府电子口岸中，并为经营者异地办理许可开辟“绿色通道”，提高了查验和通关速度。辽宁省将国际道路运输车辆信息纳入海关部门备案，海关部门以公安和交通运输部门共同认证的合法信息为依据，完成车辆信息确认，便利了出入境运输车辆。

专栏　中越友谊关口岸南向通道陆路跨境运输启动

2017年9月11日，中越双方在中越边境1119至1120界碑区域举行通车仪式，宣告中越友谊关－友谊国际口岸货运专用通道通车暨南向通道陆路跨境运输启动。据了解，中越友谊关—友谊国际口岸货运专用通道由中国凭祥市与越南高禄县共同建设，项目总投资5439万元，其中中方段路线长145米，路面设计双向四车道，路基宽24.5米。中越双方均在通道旁建有停车场，以便两国货车在关口泊车及驳货，其中中方停车场面积约1.09万平方米。该专用通道的运行，为推进中越“两国一检”新型通关查验模式奠定了基础，进一步提高了友谊关口岸通关便利化水平，对进一步加强中国与东盟、世界的国际贸易将发挥重大的作用。

友谊关口岸作为“一带一路”有机衔接的重要节点，2017年上半年累计完成国际道路货物运输量108.88万吨，其中出境货运量为71.96万吨，入境货运量为36.92万吨；货运周转量为1088.81万吨公里；接驳出入境货运车辆累计49944辆次，其中出境车辆35447辆次，入境车辆14497辆次。

4. 对边境地区支撑带动作用显著增强

2017年，全国国际道路运输（含内地与香港、内地与澳门特别行政区间汽车运输）业户达到1458户，国际道路运输车辆达到28196辆，规模化、专业化程度逐步提高，市场竞争力日益增强。国际运输日益成为支撑“一带一路”建设、助推区域经济合作的骨干力量。黑龙江绥芬河市出口俄罗斯70%以上商品，经由国际道路运输运抵俄罗斯各大城市，不仅有力带动了绥芬河市的经济发展，而且拉动了内地产品的大量出口，使绥芬河成为我国对俄贸易的桥头堡。内蒙古满洲里口岸作为全国最大的公路和铁路口岸，进出口总额约占内蒙古自治区的三分之一，承担着中俄贸易65%以上的陆路运输量，成为中国连接欧洲各国陆路运输的关键节点。广西大力发展口岸经济，边境小额贸易进出口总值、出口总值均位居全国第一。新疆霍尔果斯依托口岸建成的中哈国际边境合作中心，成为世界首个边境自由贸易和投资合作区，投资总额超过200亿元，共有免税店40余家，客商日均采购超过500万元，成为区域经济合作的新亮点。

（二）海事方面

深化与“一带一路”沿线国家和地区的海事合作，推动与俄罗斯开展极地水域海事合作，维护我国极地水域航行利益；与缅甸签署的海员教育培训与发展合作备忘录列入《“一带一路”国际合作高峰论坛成果清单》；与东盟国家构建亚太渡运安全治理联络机制，联合发布《广州声明》；交通运输部海事局提出的《非公约涉客运输船舶安全管理》和《沿海／内河航行船舶安全环保技术标准》合作项目倡议，为推动中国技术走向国际、促进中国标准国际化提供了契机。

2017年，交通运输部海事局与丹麦海事局签订长期海事合作工作计划，在中国开展了2期中丹PSC（港口国监督）和1期中丹海事调查研讨会；与希腊海事主管机构以及中国-中东欧海事秘书处取得联系，启动中国-希腊、中国-中东欧海事合作开展中国-东盟国家PSC官员人员交流。

服务“21世纪海上丝绸之路”，出版发行《南中国海至马六甲海峡航行指南》；开展《南海航行图目录》规划编制工作。组织实施南海巡航。在西沙重点海域实现船舶自动识别系统信号全覆盖。开展西沙岛礁水域扫测，保障“南海之梦”轮投入西沙旅游运营。

创新自贸区船舶登记制度，推动中资方便旗特案免税回国登记政策出台。

（三）铁路方面

铁路作为“一带一路”国际合作的重要领域和优先方向，要拓展全球视野，统筹国际国内两个市场，强化与周边国家互联互通，加快铁路“走出去”，打造中国铁路技术、装备、标准、运输等品牌，提升国际影响力和竞争力，推动经济全球化朝着更加开放、包容、普惠、平衡、共赢的方向发展，做全球发展的贡献者。

为服务国家“一带一路”建设，不断深化政府间铁路交流合作，国家铁路局作为中央派出的代表团、特使团成员，出访肯尼亚、哈萨克斯坦、马来西亚，推进铁路领域合作，指导重点铁路项目建设、运营。服务铁路“走出去”，与蒙古、巴基斯坦等国签订合作协议，为铁路企业承建雅万高铁等项目提供技术标准支持。充分发挥铁路行业专业优势，加强蒙内铁路运营安全服务保障。积极参与孟中印缅经济走廊、中蒙俄经济走廊、中巴经济走廊规划、中尼铁路研究，组织开展互联互通铁路通道规划研究设计，提出了重点项目的建议。参与编制国际产能合作“十三五”规划，研究提出铁路重点合作领域和发展思路。当选《国际铁路直通联运公约》国际会议副主席，积极编制修订国际货协、国际客协等法规性文件。推动简化欧亚大陆国际铁路运输过境手续，促进中欧铁路班列开行便利化。担任大湄公河区域铁路联盟轮值主席国，主导推动联盟健康发展。组织召开国际标准化组织铁路应用技术委员会第四届全体大会、国际电工委员会轨道交通电气设备与系统技术委员会第56届全体大会，组织提交多项标准提案。提出的“在世界范围内统一铁路无线电专用频率”提案，被列入世界无线电通信大会议题。完成《高速铁路设计规范》等144项重要标准的英文版翻译。这些工作对推进铁路互联互通和中国标准国际化具有重要意义。

（四）民航方面

2017年中国民航继续服务外交工作大局，落实“一带一路”倡议，推动与“一带一路”沿线国家民航合作与互联互通。中国民航先后与俄罗斯、法国、东盟、英国等25个国家或地区举行了双边航空会谈或书面磋商。商签或修订航空运输协定，并适度扩大双边航权安排，其中与立陶宛和马其顿的合作协议填补了我国与“一带一路”沿线国家民航合作的空白。

5月，“一带一路”国际合作高峰论坛在北京召开。论坛期间，冯正霖局长代表中国民用航空局与国际民航组织签署合作意向书，双方同意加强“一带一路”沿线国家航空能力建设、促进航空运输便利化，进一步深化中国与国际民航组织的全面合作。此外，商务部还代表中国政府通过“南南合作援助基金”向国际民航组织提供400万美元指定用途资金，用于在民航安全和安保等领域共同向发展中国家提供援助项目，以促进“一带一路”倡议在民航领域的落实。

成功举办以“融合发展 · 共享共赢”为主题的2017昆明港澳台民航大型交流，推动深化交流合作、助力国家“一带一路”建设。

国航、南航、东航等国内航空公司加大对“一带一路”沿线市场的运力投放，我国已与43个“一带一路”沿线国家实现空中直航，新增航线203条，每周共有约4200个航班，旅客运输量、货邮运输量同比分别增长23.9%、38.4%。

（五）邮政方面

2017年，国家邮政局围绕邮政管理工作大局和推动"一带一路"倡议框架下邮政领域合作的主题，主动谋划、积极进取，取得了丰硕成果。《关于推进邮政业服务"一带一路"建设的指导意见》等多项政策相继发布，对于不断优化行业营商环境、推动行业结构转型升级和高质量发展起到积极促进作用。

各地积极融入"一带一路"建设，加快"向外"拓展步伐，推动国际邮件互换局和国际快件监管中心建设，创新跨境寄递通关模式，建立跨境快递物流园区，运用信息化处理平台提高跨境电商与快递协同发展能力。累计完成进口快件1.03亿件，出口快件2.97亿件，跨境寄递能力显著提升，为跨境电子商务蓬勃发展提供重要支撑。

快递业服务"一带一路"建设中，中欧班列运邮(快)件为快递企业国际化发展提供了重要助力。

国家邮政局还积极推动与"一带一路"沿线国家在邮政领域的双边合作。与塞尔维亚、伊朗、保加利亚、匈牙利和乌克兰5国的有关部门签署了关于响应"一带一路"倡议战略合作文件，其中国家邮政局与伊朗邮政签署的关于加强邮政领域合作的谅解备忘录被纳入两国政府在共建"一带一路"倡议框架下的双边合作规划。

二、服务京津冀协同发展

（一）道路运输方面

1. 强化京津冀交通运输协同机制

2017年，交通运输行业继续深入推进京津冀城乡交通运输一体化，召开京津冀交通一体化暨雄安新区综合交通运输体系建设领导小组会议，明确了京津冀交通一体化对雄安新区综合交通运输建设的重要支撑作用，统筹部署了京津冀交通一体化率先突破、支持雄安新区综合交通运输体系规划建设、京津冀机场群以及津冀港口协同发展等几个方面工作。

北京市交通委员会、天津市交通运输委员会、河北省交通运输厅联合印发了《京津冀公路立法协同工作办法》和《京津冀交通运输行政执法合作办法》，《道路货运站（场）经营服务规范》开始实施，《京津冀跨省市省级高速公路命名和编号规则》开始执行，京津冀地区交通行政执法、联合治超等机制初步形成，执法协作、制度协同水平大幅提升。

2. 提升京津冀区域客运一体化水平

加快京津冀毗邻地区客运班线公交化改造工作。2017年，新增北京平谷至天津蓟县、河北保定至天津等6条毗邻地区客运班线完成公交化改造。截至2017年底，10条客运班线公交化改造任务已基本完成。

京津冀省域道路客运联网售票系统基本建成。根据《京津冀道路客运联网售票一体化实施方案》工作要求，京津冀三地高效推进本省（市）道路客运联网售票系统建设，省级系统已基本建成，初步实现省（市）内联网售票，省级系统与部级系统联网工作已基本完成，全国（京津冀）道路客运联网售票服务率先上线。9月29日，京津冀道路客运联网售票一体化服务（试运行）正式向社会发布，推出了统一的售票网站（www.1bus.net）、APP客户端（壹行天下）、微信公众号（壹行天下服务号）和站际互售客户端。截至2017年底，联网售票范围覆盖京津冀区域内127个（北京7个，天津10个，河北110个）二级及以上客运站。

地级以上城市实现"交通一卡通"互联互通。京津冀区域一卡通互联互通加快推进，率先推动京津冀地区的北京、天津，以及河北的石家庄、保定、廊坊、张家口、唐山、秦皇岛、承德、沧州、邢台、邯郸、衡水等13个城市实现"交通一卡通"

互联互通，“一卡走遍京津冀”出行模式加速实现。

3. 优化京津冀区域运输结构

交通运输部围绕《京津冀及周边地区 2017 年大气污染防治工作方案》，针对京津冀地区运输量、周转量、运输结构、运价等相关数据进行了深入调查，客观评估了京津冀地区运输结构现状与存在的问题，制定印发了《优化京津冀区域运输结构保障机动车污染物排放专项工作方案》，积极推动大宗物资由公路运输向铁路运输转移。通过积极协调，推进环渤海港口停止接收柴油车运输集疏港煤炭、北京市六环路重型柴油货车限行、京津冀区域路网结构优化、多式联运和公路甩挂运输发展、在用汽车检测与维护制度建设等多项举措，达到京津冀及周边地区大气污染防治预期阶段性目标。

4. 有序推进京津冀交通一体化和雄安新区综合交通运输体系建设

一是印发了《京津冀交通一体化 2016 年工作总结和 2017 年工作要点》。协调铁路总公司加入京津冀交通一体化领导小组，成立技术专家组。组织召开了京津冀交通一体化第 6 次会议和第 7 次会议暨雄安新区综合交通运输体系建设领导小组第 1 次会议。

二是印发了《支持雄安新区综合交通运输体系建设工作方案》。积极对接新区筹委会、河北省交通运输厅、中规院等单位，深入研究雄安新区综合交通运输发展有关问题。

三是开展了《雄安新区对外骨干交通路网建设方案（2018-2020 年）》《雄安新区综合交通运输发展规划》等研究，组织召开了“雄安新区交通发展国际经验借鉴研讨会”。京张高铁、延崇高速公路等重点项目加速推进。京津冀省域道路客运联网售票系统基本建成，70 个客运站完成联网。

（二）海事方面

海事局积极推进京津冀交通一体化相关工作，印发了《关于深化津冀海事监管一体化的意见》，完成了渤海西部海域船舶定线制和港外锚地规划方案，调整天津、河北、山东海事局管辖范围，推进锚地、航道资源共享，建立协同监管机制。推动京津冀三地船检机构签署合作备忘录，出版发行《京津冀协同发展航运地图集》。

（三）铁路方面

积极参与京津冀协同发展等战略规划研究，提出与铁路规划衔接配套、综合平衡的行业意见。

（四）民航方面

民航局积极落实京津冀协同发展项目，对贯彻落实国家“京津冀”倡议、京津冀协同发展和民航强国战略的项目优先入库。

民航局积极推进京津冀机场群协调发展，服务京津冀协同发展国家战略和雄安新区建设。民航华北地区管理局贯彻落实京津冀一体化建设工作思路，组织开展了京津冀联合应急调查演练。

5 月 25 日，“2017 中国民航发展论坛”在北京举办。中国民航局局长冯正霖在论坛上表示，要着力打造京津冀、长三角、珠三角三个世界级机场群，为中国世界级城市群建设做好服务。

冯正霖介绍，目前中国城市群和机场群建设正处于有利的战略方位。“十一五”以来，城市群成为推进我国新型城镇化的主体形态，目前中国城市群总面积约占全国的 25%，集中了全国 62% 的人口，吸引了 70% 的固定资产投资、98% 的外资，创造了 80% 的经济总量。其中东部沿海地区的京津冀、长三角和珠三角城市群，以 2.8% 的国土面积，聚集了 18% 的人口，创造了 36% 的国内生产总值，是我国经济最具活力、开放程度最高、创新能力最强的地区，成为推动我国经济快速增长和参与国际化经济合作与竞争的重要平台。

与之相对应，京津冀、长三角、珠三角地区也形成了三大机场群。2016 年，三大机场群完成旅客吞吐量 4.73 亿人次，占全国的 46.5%，货邮吞吐量 1469 万吨，占全国 74.7%。其中北京首都机场年旅客吞吐量连续 7 年位居全球第二。

冯正霖表示，三个地区的机场群已经具备世界级城市群和机场群的基本形态。

（五）邮政方面

积极参与推进京津冀交通一体化有关工作，扎实推进京津冀邮政业协同发展，支持河北雄安新区邮政业发展，印发《雄安新区邮政业发展总体思路》。

三、推动长江经济带发展

2017 年，交通运输部在推动长江经济带发展方面主要开展了以下工作。

一是作为副主任成员单位，积极配合国家发展改革委，做好推动长江经济带领导小组办公室有关工作。协助制定长江经济带发展规划纲要、长江岸线开发利用和保护总体规划、综合立体交通走廊建设重点突破工作方案等重要文件，协同推进打击非法码头、非法采砂、固体废物非法转移倾倒、三水共治等专项治理工作。

二是与长江经济带九省二市交通运输主管部门，联合成立“推动长江经济带交通运输发展部省联席会议”，作为统筹和协调推动长江经济带交通运输发展的议事协调机构，迄今共开过 5 次部省联席会议，协调推进有关工作。在交通运输污染防治方面，率先在长三角建立船舶排放控制区，大力推进船型标准化和岸电等清洁能源应用，全面推进港口船舶污染物接收设施建设。在黄金水道建设方面，南京以下 12.5 米深水航道全线贯通，荆江河段航道整治工程全面完工，长江干线航道通航条件得到显著提升，同时结合工程建设广泛应用生态护岸，开展生态补偿和增殖放流。在运输结构优化方面，聚焦铁路、干线公路、机场等“短板”领域，加快建设沿江综合立体交通走廊，优化运输组织，积极推进多式联运和江海直达运输方式。

（一）海事方面

发布《海船船员内河航线行驶资格证明培训考试和发证办法》《特定航线江海直达船舶船员培训考试和发证办法》《特定船舶江海直达船舶最低安全配员标准》，促进江海联运服务长江经济带发展。

服务长江经济带建设，推进供给侧结构性改革，利用长江口深水航道边坡自然水深解决大型邮轮和大型集装箱船舶超宽交会问题，印发《长江上海段船舶定线制规定》《上海黄浦江通航安全管理规定》《长江口深水航道通航安全管理办法》和相关应急预案，提升通航效率，服务上海航运中心和上海国际邮轮母港建设。开展船舶污染和非法采砂治理，切实保护饮用水水源地安全，推动长江干线非法码头和水上过驳专项整治。

（二）铁路方面

加强铁路规划研究和科技创新，推动铁路行业持续健康发展。积极参与长江经济带发展和新型城镇化建设等战略规划研究，提出与铁路规划衔接配套、综合平衡的行业意见。

（三）邮政方面

印发《加快长江经济带邮政业发展 2017-2018 年重点工作任务》。建立推动长江经济带邮政业发展联席会议制度，组织召开第 1 次联席会议。

专题二 交通扶贫

2017 年，交通运输部深入贯彻落实党的十九大关于脱贫攻坚的决策部署和习近平总书记系列重要指示精神，坚持精准扶贫、精准脱贫，切实加大工作力度，扎实推进交通扶贫、定点扶贫、对口支援和联系六盘山区等工作，为贫困地区如期完成脱贫摘帽任务，与全国一道全面建成小康社会提供坚实的交通运输保障。

一、交通运输部扶贫工作开展情况

2017 年，交通运输部以深度贫困地区为重点，不断加大工作力度，强化资金政策保障，深入实施《“十三五”交通扶贫规划》，扎实推进“四好农村路”建设，推动贫困地区加快补齐交通基础设施短板。

（一）加强组织领导，健全交通扶贫工作机制

2017 年，交通运输部两次召开脱贫攻坚领导小组全体会议，明确交通扶贫“五个努力方向、十项重点要求”，进一步健全交通扶贫目标任务推进、部领导带队督查交通扶贫全覆盖、交通扶贫统计监测分析、问题通报约谈、工作考核评价、目标任务完成“回头看”核查等工作机制。4 月至 6 月，部党组成员分别带队赴 13 个集中连片特困地区（计 20 个省区市）开展了交通扶贫督查调研，督导工作进展。

（二）强化资金保障，交通扶贫取得阶段性成果

2017 年，交通运输部安排超过 1700 亿元车购税资金，支持革命老区、民族地区、边疆地区、贫困地区 1177 个县（市、区）改造建设公路基础设施及运输服务设施，包括：约 3400 公里高速公路、1.46 万公里普通国省道，新改建农村公路 15.03 万公里，实施 11.9 万公里县乡道安防工程、2.94 万公里村道安防工程、2718 座县乡道危桥、2371 座村道危桥和 3.99 万公里窄路基路面公路加宽，改造建设农村资源路、旅游路、产业路 1.3 万多公里，建设 55 个县级客运站、311 个乡镇客运综合服务站。新增 94 个乡镇、9063 个建制村、6470 个撤并建制村通硬化路。

到 2017 年底，实现 98.79% 乡镇和 96.83% 建制村通硬化路目标，圆满完成 2017 年交通扶贫各项目标任务。农村公路建设为贫困地区带去了人气、财气，为党在基层凝聚了民心。

（三）聚焦深度贫困，集中优势兵力攻坚克难

2017 年 11 月，交通运输部印发《支持深度贫困地区交通扶贫脱贫攻坚实施方案》，坚持“中央统筹、省负总责、市县抓落实”的工作机制，按照“项目优先安排、资金优先保障、工作优先对接、措施优先落实”的原则，加快推进深度贫困地区国家高速公路、普通国道等对外通道建设，

加快完成剩余乡镇和建制村通硬化路任务，支持较大人口规模自然村通硬化路，推动交通建设项目尽量向进村入户倾斜，加大农村公路安全生命防护工程建设和危桥改造力度，助力“建好、管好、护好、运营好”农村公路。进一步加大对深度贫困地区脱贫攻坚的倾斜支持力度，新增资金、新增项目、新增举措主要向“三区三州”等深度贫困地区倾斜，其中将“三州”补助标准提高到与藏区持平，即国家高速公路建设项目按建安费的 50% 安排补助，普通国道按项目建安费全额安排，建制村通硬化路就高执行每公里 70 万元的补助标准。

（四）真抓实干，“四好农村路”建设取得阶段性成果

2017 年，交通运输部深入推进“四好农村路”建设工作，组织召开全国“四好农村路”养护现场会，创建首批 53 个全国示范县。积极完善“四好农村路”制度体系，印发《“四好农村路”交通扶贫督导考评办法》《交通运输部办公厅关于创建“四好农村路”全国示范县的实施意见》《2017 年“四好农村路”交通扶贫督导考评工作方案》，稳步推进《农村公路建设管理办法》《农村公路养护管理体制改革方案》修订工作，启动《农村公路工程技术标准》《农村公路养护技术规范》《农村公路养护定额》的制订工作，组织开展习近平总书记“四好农村路”建设思想在交通脱贫攻坚战中的成功实践课题研究。

（五）统筹城乡，农村交通运输服务水平稳步提升

交通运输部积极推进农村基本公共服务均等化，统筹推进城乡客运一体化发展。制定印发《新增建制村通客车推进督导工作方案》。积极创新城乡客运管理和服务模式，组织开展城乡交通运输一体化示范区县评选工作，确定第一批 52 个建设示范区县。进一步推动农村地区整合交通运输、农业、供销、商务、邮政等资源，优化农村物流节点布局，完善农村物流配送节点网络，加强“交邮合作”，推动县、乡、村三级农村物流、邮政、快递服务体系融合发展，提升农村物流服务水平。

（六）创新帮扶举措，扎实推进定点扶贫、对口支援和联系六盘山片区等专项扶贫工作

2017 年 7 月，交通运输部印发《关于建立结对联系帮扶机 制深入推进专项扶贫工作的通知》，成立 9 个结对联系帮扶工作组，建立结对帮扶工作责任制和会商机制，推进定点扶贫、对口支援和联系六盘山片区等专项扶贫工作由单一部门工作向全系统参与转变，由行业行为向社会行为转变。对口支援方面，持续推进《对口支援安远县 2016-2017 年工作方案》，资金、项目、政策向对口支援县倾斜。联系六盘山片区方面，1 月 21 日，在青海省海东市组织召开“六盘山片区脱贫攻坚部省协调推进会”，协调动员片区四省（区）和 22 个国务院部门，合力加快片区 2017 年脱贫攻坚工作。2017 年安排补助资金约 106 亿元，支持六盘山片区改造建设 722 公里国家高速公路、997 公里普通国省道和约 6506 公里农村公路。

（七）扶贫先“扶智”，不断加大干部交流、科技教育帮扶力度

交通运输部持续加大干部交流力度，全年共选派 13 名挂职干部，接收中西部地区 7 名局处级挂职干部。加强教育培训力度，设立教育培训扶贫专项，全年共组织实施扶贫培训项目 49 项，培训近 3 万人次。实施以科技创新为支撑的精准扶贫，送知识、送技术到基层，并结合科技成果推广工作和科技示范工程，组织专家进行技术培训和技术交流，开展科技扶贫系列活动。

（八）立足扶贫领域腐败和作风问题专项治理，加强扶贫政策跟踪和督促检查

2017 年 12 月，交通运输部制定印发《交通扶贫领域腐败和作风问题专项治理实施方案》，以项目建设进度、资金使用和质量安全为主题，进一步加强和落实交通扶贫工作事中事后监管的长效机制，持续开展部领导带队全面督查和业务司局专项督查，按月度开展交通扶贫建设进度统计信息报送，加强统计监测分析，对年度目标任务进展滞后省份、存在突出问题省份，采取通报、约谈等方式督促整改，强化事中事后监管。其中，11 月份，交通运输部对定点扶贫县开展了督查检查，并督促地方举一反三，切实加强问题整改。

（九）加强扶贫宣传，做好政策宣贯和宣传推广

2017 年，交通运输部进一步加大扶贫宣传工作力度。组织开展“小康路 · 交通情”交通扶贫重大主题宣传报道活动。在中宣部《党建》杂志和《中国交通报》发表署名文章，介绍全国“四好农村路”工作进展情况。积极配合中宣部开展“砥砺奋进的五年”重大主题宣传报道，并将农村公路作为国家扶贫工作的重要成果予以体现。根据国务院扶贫办统一部署，成功举办“2017 扶贫日论坛交通扶贫分论坛”。参加“中央国家机关定点扶贫工作成果展”，积极传播交通扶贫政策，讲好交通扶贫故事。

二、交通运输部定点扶贫

交通运输部定点扶贫四川阿坝州壤塘县、小金县、黑水县和甘孜州色达县（均为高原藏区深度贫困县，以下简称四县）。2017 年，交通运输部建立主要领导亲自抓、部党组成员集体参与的组织督导机制，以《交通运输部定点扶贫工作规划（2016-2020 年）》为引领，聚焦四县精准扶贫、精准脱贫工作，发挥交通行业优势，坚持“系统性设计、整体性推进、精准性帮扶、责任性督查”，因地制宜推进“交通 +”精准扶贫行动，助力四县圆满完成年度各项目标任务。

（一）部省合力，加大交通专项扶贫资金投入

交通运输部通过“外通内联”干线提升、农村公路“通村畅乡”和“交通 + 特色产业”、公路养护管理提升、运输服务能力提升、交通智力扶贫、富民产业帮扶、群众致富帮扶、助学就业助贫、动员社会温暖助贫等九大行动，全力帮助四县加快脱贫攻坚进程。2017 年，安排四县 4.3 亿元车购税资金，并协调四川省交通运输主管部门安排省级补助资金 3.8 亿元，支持四县交通基础设施建设。

（二）完善制度体系，加强资金项目管理

交通运输部以定点扶贫县为调研基地和政策试验基地，通过完善管理制度，推进四县交通扶贫工作有章可循。部定点扶贫联络组，在“十二五”期组织制定《阿坝州交通扶贫建设项目管理暂行规定》《阿坝州交通扶贫建设项目管理绩效考核暂行办法》和《阿坝州关于进一步加强交通扶贫建设项目管理工作的意见》的基础上，2017 年进一步研究制定《定点扶贫交通项目建设管理办法》，在扶贫项目计划管理、建设管理、质量监督、实施保障、绩效考核等方面做出明确规定，促进交通扶贫工作以制度管人，按制度办事。

（三）示范带动，积极推进“四好农村路”建设

协助阿坝州制定“四好农村路”建设实施意见，指导四县制定“四好农村路”建设工作方案。通过到全国示范县参观学习和召开现场会等措施，加快推进四具“四好农村路”建设。邀请专家对包括四县在内的阿坝州、甘孜州的州县两级交通运输部门的分管领导和技术干部进行“四好农村路”专题培训。

（四）坚持精准脱贫，因地制宜开展“交通＋特色产业”扶贫

充分发挥定点扶贫县自然资源优势、区位优势和环境优势，聚焦精准脱贫举措，依托交通行业特色，推进“交通＋扶贫”深度融合，推动定点扶贫进一步向支持产业发展群众增收延伸。如在黑水县实施“交通＋移民＋资金整合＋产业”扶贫，打通阿坝州旅游内环线，协助建设移民新村，发展乡村旅游和光伏扶贫。在小金县开展“交通＋电商＋产业”扶贫，助推小金县创建国家级电子商务进农村综合示范县，推动邮政局“邮掌柜”工作和农村物流体系发展，带动小金县农产品销量剧增。在壤塘县实施“交通＋生态＋文化＋旅游”扶贫，依托旅游公路建设，开展全域旅游方案编制和景区规划建设，打造壤塘县“壤巴拉”生态文化旅游名片。在色达县开展“交通＋产业＋教育”扶贫，培养致富带头人，培训贫困群众劳动技能，大力发展牧区牦牛养殖和深加工产业。

（五）扶贫与“扶志”“扶智”结合，不断增强基层脱贫工作力量

交通运输部在定点扶贫工作中，注重扶贫与“扶智”“扶志”结合，与四县贫困村党支部开展支部联学活动，协助相关贫困村抓好党支部书记、创业致富带头人、实用科技人才三支队伍建设，培训提高村“两委”班子带领群众脱贫致富的能力和水平，指导和帮助驻村工作队和第一书记履行职责、发挥作用。利用支部共建等活动，广泛宣传党中央、国务院扶贫开发方针政策，宣传交通扶贫政策措施。组织对阿坝和甘孜两州44名交通运输行业管理干部，进行公路工程质量监督和试验检测业务培训，对160余名技术干部进行农村公路建设养护技术培训。组织黑水县35名县乡领导干部，赴广州参加干部管理培训，重点考察、学习新型农业产业的发展理念和管理技术。

（六）动员社会力量，开展助学就业和社会温暖助贫行动

为帮扶四县贫困人口解决生活学习方面的困难，交通运输部积极协调部属单位、联系社会力量向四县捐款捐物，折合人民币约450万元；鼓励施工单位招收当地贫困户，深入推进贫困地区农村劳动力转移就业，带动贫困群众实现就业增收，2017年四县交通基础设施建设共带动当地就业约3000人；推动农村公路养护用工社会化，开发养护公益性岗位，吸纳贫困人口参与乡、村道日常养护工作，解决贫困群众的稳定增收难题，2017年四县在公益性岗位设置中，共为建档立卡贫困户提供约753个农村公路养护员岗位。

三、交通行业各领域扶贫

（一）道路运输方面

2017年年末，农村贫困人口为3046万人，贫困发生率为3.1%，比上年下降了1.4个百分点。交通扶贫作为农民增收的渠道和途径，对贫困地区经济社会发展、农民脱贫致富都发挥了重要作用。十八大以来，贫困地区交通基础设施大幅度改善，有4.5万个贫困地区的建制村群众走上了硬化路。到2017年底，贫困地区98.45%的乡镇和96.87%的建制村通了硬化路。

（二）海事方面

十年来，顺应国家西部海员培养发展战略，促进西部人力资源开发，海事系统在延安建立“西部海员培养基地”。天津海事局研究落实船员教育培训“点对点”精准扶贫工作方案，助力地方政府推进延安西部海员培训基地建设，打造农民转产就业新品牌，成功帮助数百个家庭脱贫致富，实现精准扶贫。

（三）铁路方面

1. 加强组织领导，完善政策措施

2017年，国家铁路局成立扶贫工作领导小组，

对全局定点扶贫、对口支援工作实行统一领导。结合实地调研情况，编制印发了《国家铁路局贯彻实施"十三五"脱贫攻坚规划工作方案》《国家铁路局定点扶贫榕江县工作规划（2017-2020）》和《对口支援永丰县2016-2017年工作方案》，细化了产业扶贫、交通扶贫、生态扶贫、智力与就业扶贫等各项具体措施以及多种形式的扶贫帮困活动，明确了职责分工和工作要求。

2. 深入调研，掌握翔实情况

国家铁路局党组成员多次带队赴贵州榕江县、江西永丰县实地调研，走访慰问贫困群众，摸实情、出实招。2017年2月，国家铁路局党组书记、局长杨宇栋带队专程赴榕江县调研，实地考察村民生产生活情况和国家铁路局援建项目推进情况，走访慰问贫困群众，并与贵州省扶贫开发办公室、榕江县政府等相关单位就定点扶贫榕江县事宜举行工作座谈，签订定点扶贫工作会议纪要、捐赠资金协议。2017年5月8日，国家铁路局定点扶贫贵州省榕江县工作座谈会在国家铁路局机关召开。党组书记、局长杨宇栋，党组成员钟华与榕江县委县政府负责同志就国家铁路局定点扶贫榕江县脱贫攻坚工作深入交换意见。2017年6月，为促成帮扶落地，国家铁路局局党组成员钟华再次前往榕江县考察调研，协同中国交通建设股份有限公司、中铁五局集团有限公司与榕江县委县政府就推进榕江县脱贫攻坚工作进行座谈，推动具体工作落到实处。

3. 加强扶贫力量，选好配强挂职干部

先后选派两名讲政治、顾大局、工作能力强的同志，相继到榕江挂职政府副县长兼任乐乡中心村第一书记，驻村蹲点帮扶，共同推动定点帮扶各项措施的落实。挂职同志以饱满的热情积极投入工作，认真履行第一书记的职责，以村为家，倾情驻村事业，帮助村里理思路、做规划、找项目、引资金，带领群众修桥铺路、发展产业。通过"抓党建、提经济，搞建设、整环境，维稳定、促和谐"等措施，使村级党务、村务管理水平得到提升，村民生产生活条件和村级基础设施建设得到改善，村级集体经济得到发展。

4. 发挥行业优势，精准扶贫攻坚

积极协调推动交通扶贫。一是继续推进兴永郴赣铁路建设。按照《国家铁路局贯彻实施"十三五"脱贫攻坚规划工作方案》，加快推进兴永郴赣铁路建设。该项目已列入《国家中长期铁路网规划》，已基本完成贵州段的资料收集，正在编制预可行性研究报告。二是规划建设榕江通用机场。经与中铁二院工程集团有限责任公司对接，该项目已完成规划选址。三是积极推进榕江公路项目建设。协调交通运输部将荔榕、雷榕、剑榕高速公路项目纳入规划，协调贵州省交通运输厅修建乐乡村至高扒村村级公路项目，积极推进乐乡旅游大桥项目。

另外，还积极助推乡村旅游扶贫，积极帮助榕江县将特色旅游产业品牌打出去。

5. 创新帮扶方式，积极推动特色产业扶贫和扶智扶贫

一是积极筹措资金作为贫困户股权，用于忠诚镇乐乡中心村农业产业合作社等项目的经营发展。向乐乡中心村捐赠扶贫资金70万元，先后扶持脱贫产业项目建设，精准扶贫82户。二是积极开展教育扶贫。督促属地政府做好新建乐乡村小学学生食堂和高扒小学教学楼、学生宿舍、学生食堂等基础设施的建设施工工作。推动学校电化教育和电子商务建设，运用好小学电教室局域网络和土特产品销售电子商务平台，让"山货特产"走出大山，解决农副产业销路问题。电教室每周为180名学生进行2课时的电化教育课，课余用于学生与在外打工家长视频交流联系。

6. 动员社会力量参与，积极对接劳务输出扶贫

一是协调榕江县和贵阳职业技术学院等进行对接，积极协调指导就业工作。二是根据铁路施工需要和就近原则，积极协调铁路建设企业在劳务派遣用工方面予以倾斜，帮助解决贫困群众就业问题。

三是积极介入协调，就乐乡中心村小香鸡养鸡场拆迁赔偿款问题与有关单位进行洽谈，协调支援扶贫补助资金 92 万元，并联络属地政府规划好小香鸡养殖项目的拆迁工作以及后续管理事宜，确保扶贫项目成果长久发展。

（四）民航方面

2017 年，中国民航局交通扶贫重点做了以下工作。

1. 进一步加大定点扶贫领导力度

按照国务院扶贫办安排，中国民航局自 1998 年开始定点帮扶新疆和田地区于田、策勒两县。

2017 年 8 月，为加强对新时期脱贫攻坚工作领导力度，中国民航局进一步调整成立由局长任组长，2 名副局长任副组长的民航扶贫工作领导小组，民航扶贫工作领导机制得到全面加强，民航定点扶贫工作被摆上更加重要的位置。

2017 年 7 月 11 日至 7 月 12 日，民航局副局长王志清率队赴于田、策勒两县实地调研，期间考察了于田县支线机场建设、策勒县通用机场前期工作情况，与两县领导进行了座谈交流，督促两县在精准识别、精准施策、精准退出上进一步下功夫，创新工作思路，规范制度执行，加强作风建设，切实把有限的资源用在刀刃上，让贫困户得实惠，做到扶真贫、真扶贫，脱真贫、真脱贫。

2. 进一步发挥挂职干部纽带作用

2016 年 10 月，民航局在全系统充分动员，优中选优，选派出 3 名优秀干部挂职于田、策勒两县和一个贫困村，分别担任两县县委常委和贫困村第一书记，挂职时间均为 2 年。一年多时间里，民航局 3 名挂职干部均能聚焦扶贫主业，在当地县委和民航局党组领导下，勤勉尽责、认真履职，充分发挥两县与民航局间的联系纽带作用，及时沟通信息，增进交流，促进定点扶贫项目推进和相关措施落地。

3. 进一步推进定点扶贫项目建设

在与两县充分沟通、了解情况的基础上，本着实事求是、因地制宜原则，依据《民航局定点扶贫工作方案》里确定的任务要求，开拓思路，精准发力，积极稳妥推进定点扶贫，截至 2017 年底，各项目阶段性任务均如期完成。

加快推进机场建设。发挥行业优势，依托新疆管理局和扶贫挂职干部，协调各方加快机场建设进度。经过与军方及新疆维吾尔自治区发改委反复沟通，截至 2017 年底，于田支线机场立项行业意见报送至国家发改委，策勒通用机场已经列入新疆 2018 年机场布局规划。

大力实施教育扶贫。继续参加中国扶贫基金会“新长城——特困大学生自强项目”，投入资金 20 万元，定向资助两县贫困户大学生建档立卡。出资 50 万元成立“民航真情”助学基金，首批出资 8.9 万元，帮助 20 名贫困大学生完成学业。出资 11.9 万元，为策勒硝尔哈纳村小学购置桌椅，改善教育教学设施。空管局团委组织“爱心援疆支教”活动，为贫困孩子送去航空知识、书籍及学习生活用品。新疆管理局组织贫困村小学教师前往京津冀学习体验，提升教师素质，开拓教师视野。

积极扶持产业项目。本着精准、审慎原则，利用自有资金或动员行业力量，支持有潜力、可持续、能直接惠及贫困户的产业项目。依托新疆管理局在策勒组织开展产业扶贫调研，组织参加“助力援疆真情服务”主题论坛，动员国航利用会员平台助力策勒红枣销售。

大力开展医疗帮扶。民航总医院派出医疗队为达玛沟乡两个贫困村村民开展义诊活动，为广大农牧民义务看病、体检、送药近 5 万元。针对策勒县人民医院医疗人员欠缺、技术水平落后的情形，协调民航总医院与策勒县人民医院签订紧缺人才培养协议。启动定点扶贫县医护人员赴民航总医院跟班实习项目，第一批选派两人跟班实习半年。

积极帮助民生改善。首都机场集团出资 360 万元，民航新疆管理局配套 30 万元，在策勒硝尔哈纳村援建民族团结综合服务中心，打造基层政策宣传主阵地。出资10万元为两个贫困村建设发展庭院经济样板户，为村集体购置10台割麦机，组织志愿者队伍服务困难群众。

（五）邮政方面

1. 服务“三农”精准扶贫

2017年，邮政全行业不断增强服务“三农”和精准扶贫能力。全国建制村直接通邮率达到96%，21个省份基本实现建制村直接通邮，邮政企业新增“邮乐购”站点10.8万个，帮助111万农民增收12亿元。全国快递服务网点乡镇覆盖率已经提高到87%，通过服务现代农业有效带动“乡村振兴”、助力“精准扶贫”。江苏宿迁、安徽宿州、广西玉林、陕西宝鸡等9个城市获评“全国快递服务现代农业示范基地”。快递服务现代农业业务量超百万件项目达69项，实现业务量约3.45亿件，业务收入约37亿元，带动农业总产值441.7亿元，形成驻村设点、集中收寄、直配专线、融合发展和供应链等五种主要服务模式。快递服务现代农业千万级项目集中涌现，快递业务量超千万件项目9个，34个项目覆盖国家级贫困县，占项目总数的49.2%。

2017年邮政快递行业带动全国农村地区农副产品进城和工业品下乡超过6000亿元。

2. 定点扶贫

国家邮政局党组高度重视定点扶贫工作，2017年3月16日，党组书记、局长、扶贫工作领导小组组长马军胜主持召开国家邮政局扶贫工作领导小组会议，总结工作、分析形势，明确2017年重点任务。国家邮政局机关党委（扶贫办）会同市场监管司，积极协调京东集团到河北承德平泉市开展电商扶贫，推动与平泉市签署电商扶贫战略合作协议，在产业扶贫、用工扶贫和金融扶贫等方面开展深度合作。截至2017年底，国家邮政局定点扶贫平泉市取得了阶段性成果，重点联系的哈叭气村在全市84个贫困村中首批“出列”，建档立卡贫困户17户、64人全部脱贫，村民“喝上了干净的水、点亮了漆黑的夜、走上了平坦的路、跳起了欢快的舞”，鲜活的脱贫出列成果登上《中国邮政快递报》《承德日报》等媒体，展示了良好的行业形象。

图6-2-1　图为国家邮政局帮扶建设的惠民食用菌标准化扶贫示范园区

专题三　四好农村路

2017年，交通运输部始终将习近平总书记对交通运输工作的重要指示精神作为根本遵循，将“四好农村路”建设作为推进农村公路工作的指导方针，坚持以人民为中心的发展思想，全面推进农村公路建、管、养、运协调发展，为改善农村地区交通条件、打赢脱贫攻坚战当好先行，取得了积极成效。

一、深入贯彻落实习近平总书记重要指示精神

交通运输部深入贯彻落实习近平总书记关于“四好农村路”的重要指示精神，将“四好农村路”工作作为服务全面建成小康社会、推进农业现代化、让人民共享改革发展成果的重要载体，做到重点部署、重点支持、重点督促，主要开展了以下几项工作。

一是思想上自觉把习近平总书记重要指示精神作为根本遵循。2014年3月，接到习近平总书记对“四好农村路”的重要指示，交通运输部迅速召开党组会议组织传达学习，提高思想站位，印发了《关于推进“四好农村路”建设的意见》，先后在甘肃庆阳、湖北竹山、山东临沂组织召开三次“四好农村路”现场会，对农村公路建、管、养、运进行了全面部署和重点推进。深入调研结合实践组织开展了“习近平总书记‘四好农村路’建设思想在交通脱贫攻坚战中的成功实践”课题研究工作。

二是始终以习近平总书记重要指示精神为指导推进相关制度建设。出台了《农村公路养护管理办法》，印发了《关于稳步推进城乡交通运输一体化提升公共服务水平的指导意见》《关于加快推进农村客运发展有关事项的通知》等，加快推进《农村公路建设管理办法》《国务院办公厅关于农村公路管理养护体制改革方案的通知》修订工作，“四好农村路”建设管理逐步完善。

三是实化落实习近平总书记重要指示精神各项政策措施。将“四好农村路”建设实化为16项任务目标和5条保障措施。连续三年将“四好农村路”相关工作作为“交通运输更贴近民生实事”的重要内容。党的十八大以来，共安排农村公路建设车购税资金3926亿元。带动全社会投入1.6万亿元，新改建农村公路127.9万公里。积极推进城乡交通一体化，每年新增通客车建制村5000个以上，广大农民群众“出门水泥路、抬脚上客车”的梦想逐步实现。

四是以钉钉子精神落实习近平总书记重要指示精神。强化督导调研，结合扶贫攻坚，赴集中连片特困地区进行专项督导。采取“部省联合、量化评价”方式，开展对内蒙古等14个省区“四好农村路”实地督导，印发通报并要求及时整改，对整改不到位的，适时组织“回头看”。加强示范引领，积极开展“四好农村路”示范县和交通运输一体化

示范县创建工作，不断树立可学可鉴的标杆，实现“四好农村路”区域共同发展。

二、取得的主要成效

在党中央、国务院的正确领导下，在各级党委、政府和有关方面共同努力下，交通运输部持续深入推进“四好农村路”各项工作，努力为广大农民脱贫奔小康当好先行，取得了新成效。

一是农村“出行难”问题得到有效解决。党的十八大以来共解决了406个乡镇、59588个建制村通硬化路问题，初步形成了以县城为中心、乡镇为节点、建制村为网点，遍布农村、连接城乡的农村公路交通网络。截至2017年底，农村公路总里程已经达到401万公里，乡镇和建制村通硬化路率分别达到99.2%和98.3%，通客车率达到99.1%和95.7%，北京、天津、上海、广东、江西等13个省市率先实现了乡镇和建制村通畅率“双百”目标。海南、贵州、广西、云南乡村游的飞速发展，黑龙江、新疆生产建设兵团现代农业快速发展成长，得益于“四好农村路”的发展。

二是服务脱贫攻坚成效显著。重点支持西藏、南疆四地州等“三区三州”深度贫困地区和集中连片特困地区，建设了资源路、旅游路、产业路约4万公里。贫困地区县城二级以上公路覆盖率不断提高，许多贫困县通了高速公路，许多地区正在形成综合交通运输网络，曾经“山里山外两重天”的局面正在不断改变。青海、西藏、新疆等贫困发生率高的省区，农村公路服务脱贫攻坚效果突出。宁夏固原把“四好农村路”同产业开发有机结合，马铃薯、高原凉冷蔬菜、牛羊养殖、乡村旅游业快速发展。

三是助力美丽乡村提档升级。牢固树立绿色发展理念，大力开展美丽农村路建设，不少地区将农村公路建设作为“村容整洁”和“乡风文明”的重要切入点，开展公路沿线绿化以及沿途村镇的美化建设，使路与生态环境、人文历史相交融，打造出一条条“畅安舒美”的农村公路风景线，助力形成一大批宜居、宜业、宜游的特色小镇和美丽乡村。山东、江苏、浙江、福建等省份的“美丽农村路”较好地引领了美丽乡村建设。

四是助力城乡统筹换档加速。不断加大城乡客运统等力度，创新城乡客运管理和服务模式，提高农村客运安全出行环境，整合交通运输、农业、供销、商务、邮政等资源，健全完善农村物流网络节点体系。推进“交通+电商快递”工程，提高深度贫困地区农村物流服务水平。农村公路的畅达加速了人流、物流在城乡间的流动，城乡经济一体化进程加快。公布两批适应农村客运发展的乡村客车推荐车型，提高乡村客车安全性能，切实保障农村客运健康稳定发展。

五是群众获得感进一步增强。随着基本出行条件的改善，城市文明、基本公共服务逐步向农村地区纵深覆盖，不少农村地区特产、旅游等资源得到有效开发利用，资源优势转化为经济优势、发展优势，农村地区物质文明、精神文明水平大幅提升。农民群众感受到实实在在的获得感，很多地方反映，路通了，大家干劲足了，党和群众的距离近了，党在基层的执政基础更加稳固了。山西、内蒙古、湖南等省份把农村公路发展作为统筹城乡、服务民生的重要抓手，力度大，效果好，“四好农村路”真正发挥了连接城乡、服务“三农”的普惠作用，使广大农民群众共享交通运输改革发展成果。

六是行业治理能力全面提升。在交通运输部层面，出台了《关于推进“四好农村路”建设的意见》《农村公路养护管理办法》《“四好农村路”督导考评办法》等一系列文件，连续两年开展“四好农村路”督导考评。启动了“四好农村路”全国示

范县创建工作，出台了《关于创建“四好农村路”全国示范县的实施意见》。随着《农村公路建设管理办法》和《农村公路管养体制改革方案》的加快出台，“四好农村路”顶层设计将全面完成。在地方层面，县、乡级管养机构设置率分别达到 99.9% 和 92.9%，农村公路列养率达到 97.5%，基本实现了“有路必管”“有路必养”，河北、福建、吉林、四川、贵州等 16 个省级政府相继出台了“四好农村路”支持政策，北京、辽宁、湖北、重庆等 20 个省级政府将“四好农村路”主要指标纳入政府绩效考核，辽宁、吉林、河南、重庆、甘肃全面强化行业管理，有制度、有载体、有落实的行业管理体系基本完善，行业治理能力明显增强。

三、下一步工作

对照习近平总书记的重要指示，现阶段农村公路发展还存在着服务脱贫攻坚任务繁重、地方政府主体责任落实不到位、管护资金筹措难度大、城乡交通运输一体化有待提高等问题，与人民群众对美好生活的需求相比还有一定差距。下一步，交通运输部将认真贯彻落实党的十九大精神，以习近平新时代中国特色社会主义思想为指导，始终坚持以人民为中心的发展思想，紧紧围绕交通强国建设，以“建好、管好、护好、运营好”农村公路为目标，以服务乡村振兴战略为重点，全面深入推进“四好农村路”交通扶贫工作。

一是服务好乡村振兴战略。围绕“产业兴旺、生态宜居、乡风文明、治理有效、生活富裕”的总目标，推进“四好农村路”建设。深化“四好农村路”全国示范县创建，开展农村公路品质工程建设，通过示范引领，为乡村振兴当好先行。扎实推进农村公路建设，力争到 2020 年，高标准完成乡镇、建制村通硬化路这一兜底性目标。加强农村公路路域环境整治，充分发挥美丽农村路引领农村人居环境改善作用，不断创造生态宜居的农村交通环境，建立健全组织保障、资金保障、技术指导和绩效考核“四个体系”，夯实农村公路管养主体责任、监督责任，逐步推动农村公路养护向规范化、专业化、机械化发展，不断提升乡村农村公路治理能力和治理水平。积极创造更加便捷的出行条件、更加高效的物流条件、更加安全的交通条件和更加舒适宜人的运输条件，为农民实现生活富裕提供交通支撑。

二是扎实推进交通扶贫工作。建设“康庄大道”，加快实现骨干通道外通内联、国家高速公路主线基本贯通、普通国省道提级改造。实施“幸福小康路”，出台支持深度贫困地区交通扶贫脱贫攻坚的实施方案，提高甘肃临夏州、四川凉山州和云南怒江州项目的车购税补助标准，推进农村公路向进村入户倾斜，优化路线设计，尽可能串联更多的自然村，支持云南“直过民族”和沿边地区 20 户以上自然村通硬化路。推进“特色致富路”，围绕“交通 + 特色产业”“交通 + 快递”扶贫，继续建设一批资源路、旅游路、产业路，构建县、乡、村三级农村物流配送网络。打造“平安放心路”，实施农村公路安全生命防护工程，到 2020 年前基本完成乡道及以上公路安全隐患治理。

三是深入推进城乡交通运输一体化发展。贯彻落实 2017 年中央一号文件精神，全面开展城乡交通运输一体化示范县建设，研究制定城乡交通运输一体化示范县考核管理办法，在总结第一批 52 个示范县创建经验的基础上，启动第二批约 50 个城乡交通运输一体化示范县创建。

四是完善“四好农村路”建设体制机制。深化“习近平总书记‘四好农村路’建设思想在交通脱贫攻坚战中的成功实践”研究，发挥其在“四好农村路”交通扶贫工作中的指导作用。积极推动出台《深化农村公路管理养护体制改革若干意见》，研究出台配套实施方案。出台《农村公路建设管理办法》，全面加强农村公路建设管理。加快农村公路技术标准、养护规范和养护定额的编制工作，完善农村公路技术指导体系。启动"四好农村路"法制政策研究，为完善农村公路法规制度体系奠定坚实基础。

五是全面加强"四好农村路"交通扶贫督导考核。按照国家关于开展扶贫领域专项治理的有关部署，组织开展"四好农村路"交通扶贫专项治理工作，完善治理方案，形成事中事后监管的长效机制。坚持由部领导带队"四好农村路"交通扶贫督查全覆盖机制，及时发现苗头性倾向性问题，充分了解基层诉求。以建设进度、资金、质量安全、长效机制为重点，继续开展"四好农村路"交通扶贫督导考评等工作，采用卫星遥感影像核查、统计监测分析与现场抽查相结合的方式，加强对项目建设工程的监督检查，确保规划任务保质保量实施。

交通运输部将认真贯彻落实党的十九大精神，以习近平新时代中国特色社会主义思想为指导，深入贯彻落实习近平总书记关于交通运输事业改革发展的重要指示精神，奋力推进交通强国建设，扎实推进"四好农村路"建设，努力服务乡村振兴战略，为决胜全面建成小康社会、开启全面建设社会主义现代化国家新征程不懈奋斗！

专题四　城市交通

2017 年，城市客运行业认真贯彻党的十九大精神，牢牢把握“十三五”交通运输基础设施发展、服务水平提高和转型发展的黄金时期，深入贯彻新发展理念，以推进供给侧结构性改革为主线，加快传统运输服务与互联网新业态融合发展，不断推进治理体系治理能力现代化，更好地满足人民群众日益增长的美好出行需要。

一、城市公共汽电车

截至 2017 年底，中国拥有城市公共汽电车运营车辆 65.1 万辆（折合 73.9 万标台），其中新能源运营车辆（包括纯电动客车、混合动力车）25.7 万辆。运营线路 56786 条，运营线路长度 106.9 万公里。经营业户数 3956 户，其中个体经营业户数 235 户。2017 年完成运营里程 355.2 亿公里，客运量 722.9 亿人次。2017 年中国城市公共汽电车发展情况详见表 6-4-1。

（一）设施装备

1. 运营车辆

截至 2017 年底，中国城市公共汽电车运营车辆数 65.1 万辆（折合 73.9 万标台），比 2016 年增加 4.3 万辆（折合 5.2 万标台），同比增长 7.0%

表 6-4-1　2017 年中国城市公共汽电车发展情况

数据类型	单位	2017 年	比 2016 年新增	同比增长率（%）
运营车辆数	辆	651208	42572	7.0
	标台	739319.2	52063.2	7.6
新能源运营车辆数	辆	257185	92556	56.2
BRT 运营车辆数	辆	8802	1113	14.5
运营线路条数	条	56786	3997	7.6
运营线路长度	公里	1069377	88185	9.0
BRT 线路长度	公里	3424.5	-8.5	-0.2
场站面积	万平方米	8577.2	862.1	11.2
经营业户数	户	3965	78	2.0
运营里程	亿公里	355.20	-3.12	-0.9
客运量	亿人次	722.87	-22.48	-3.0
BRT 客运量	亿人次	21.96	4.31	24.4

注：数据来源于 2017 年《交通运输行业发展统计公报》《城市（县城）客运统计》

（标台数同比增长 7.6%）。其中，新能源运营车辆数（包括纯电动客车、混合动力车）25.7 万辆，占中国城市公共汽电车运营车辆总数的 39.5%，比 2016 年增加 9.3 万辆，同比增长 56.2%；BRT 运营车辆数 8802 辆，占中国城市公共汽电车运营车辆总数的 1.4%，比 2016 年增加 1113 辆，同比增长 14.5%。2017 年中国城市公共汽电车运营车辆主要呈现以下特征：

（1）总体数量持续增长。2017 年中国城市公共汽电车运营车辆数 65.1 万辆，比 2016 年增加 4.3 万辆；2017 年中国城市公共汽电车运营车辆数同比增长 7.0%，比 2016 年降低 1.3 个百分点。

（2）新能源运营车辆数占比不断增加。2017 年新能源运营车辆数（包括纯电动车、混合动力车）比 2016 年增加 9.3 万辆，同比增长 56.2%，新能源运营车辆数占中国城市公共汽电车运营车辆总数的比例从 2016 年的 27.0% 上升至 2017 年的 39.5%，提高了 12.5 个百分点。2017 年汽、柴油运营车辆数比 2016 年减少 4.1 万辆，同比减少 17.5%，汽、柴油运营车辆数占中国城市公共汽电车运营车辆总数的比例从 2016 年的 38.5% 降低至 2017 年的 29.7%。2017 年中国城市公共汽电车辆燃料类型情况详见图 6-4-1。

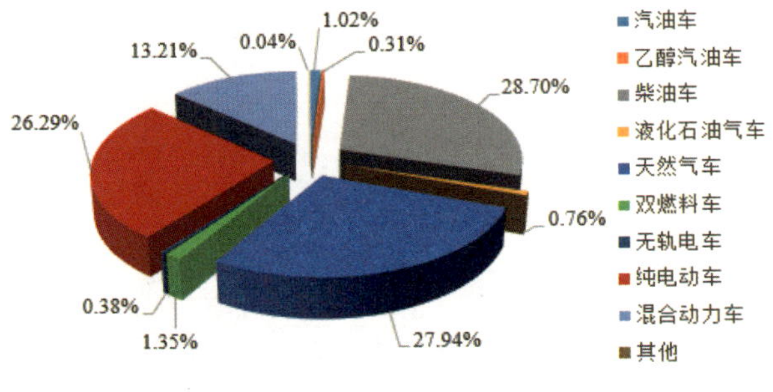

图 6-4-1 2017 年中国城市公共汽电车运营车辆燃料类型情况

（3）车辆装备进一步提档升级。2017 年中国安装空调的运营车辆数 46.55 万辆，比 2016 年增加 6.15 万辆。安装空调的运营车辆数占中国城市公共汽电车运营车辆总数的 71.5%，比 2016 年提高 5.1 个百分点。2017 年中国安装卫星定位车载终端的运营车辆数 56.86 万辆，比 2016 年增加 6.91 万辆。安装卫星定位车载终端的运营车辆数占中国城市公共汽电车运营车辆总数的 87.3%，比 2016 年提高 5.2 个百分点。

2. 运营线路

截至 2017 年底，中国共有城市公共汽电车运营线路 56786 条，比 2016 年增加 3997 条，同比增长 7.6%。运营线路长度 106.94 万公里，比 2016 年增加 8.82 万公里，同比增长 9.0%。公交专用车道长度 10914.5 公里，比 2016 年增加 1136.7 公里，同比增长 11.6%。无轨电车运营线路长度 1015.0 公里，比 2016 年增加 91.0 公里，同比增长 9.8%。

3. 公交场站

截至 2017 年底，中国城市公共汽电车场站面积 8577.3 万平方米，比 2016 年增长 862.2 万平方米。2017 年中国城市公共汽电车场站设施主要呈现以下特征。

（1）场站面积平稳增长。2017 年新增城市公共汽电车场站面积 862.2 万平方米，同比增长 11.2%，比 2016 年提高 0.9 个百分点。

（2）车均场站面积进一步增加。城市公共汽电车车均场站面积从 2016 年的 112.26 平方米 / 标台提高至 2017 年的 116.02 平方米 / 标台，同比增长 3.3%。

（二）经营主体

截至 2017 年底，中国城市公共汽电车经营业户共计 3965 户，比 2016 年增加 78 户，同比增长 2.0%。

（三）运营指标

截至 2017 年底，中国城市公共汽电车运营里程 355.2 亿公里，城市公共汽电车客运量 722.87 亿人次，占城市客运量的 56.8%。2017 年中国城市公共汽电车运营里程和客运量主要呈现以下特征。

1. 运营里程和客运量略有下降

2017 年中国城市公共汽电车运营里程 355.2 亿公里，比 2016 年减少 3.12 亿公里，同比降低 0.9%。车均年运营里程 5.45 万公里，比 2016 年减少 0.44 万公里，同比降低 7.5%。城市公共汽电车客运量比 2016 年减少 22.48 亿人次，同比降低 3.0%。城市公共汽电车客运量占城市客运量的比例从 2016 年的 58.0% 降至 2017 年的 56.8%。

2. 单位运营里程载客数略有降低

2017 年中国城市公共汽电车单位运营里程载客数 2.04 人次 / 公里，比 2016 年降低 0.04 人次 / 公里，同比降低 1.9%。

3. 公共交通一卡通使用率有所增加

使用公共交通一卡通的公共汽电车客运量占比从 2016 年的 47.1% 提升至 2017 年的 48.3%，增幅 1.2%。

二、出租汽车

截至 2017 年底，中国拥有巡游出租汽车（以下简称“出租汽车”）139.6 万辆，比 2016 年减少 0.8 万辆，同比减少 0.6%，其中，新能源车辆（纯电动车）2.7 万辆，比 2016 年增加 0.8 万辆，同比增长 42.2%。中国拥有出租汽车经营业户数 13.4 万户，其中个体经营业户数 12.5 万户，占比 93.6%。

2017 年，完成出租汽车客运量 365.4 亿人次，占城市客运量 28.7%，比 2016 年减少 12.0 亿人次，同比减少 3.2%。2017 年完成出租汽车运营里程 1590.9 亿公里，比 2016 年增长 38.4 亿公里，同比增长 2.5%；里程利用率 66.0%，同比减少 0.8%；次均载客人数 1.9 人次，同比减少 1.8%。2017 年中国出租汽车总体发展情况见表 6-4-2。

表 6-4-2 2017 年中国出租汽车发展情况

数据类型	单位	2017 年	比 2016 年新增	同比增长率（%）
运营车辆数	万辆	139.58	-0.82	-0.6
新能源车辆数	万辆	2.65	0.79	42.2
经营企业	万户	13.38	0.02	0.1
个体经营业户	万户	12.52	0.02	0.1
客运量	亿人次	365.40	-11.95	-3.2
运营里程	亿万公里	1590.86	38.37	2.5
里程利用率	%	66.00	-0.50	-0.8
次均载客人数	人次	1.89	-0.03	-1.8

注：数据来源于 2017 年《交通运输行业发展统计公报》《城市（县城）客运统计》

（一）运营车辆

2017 年中国出租汽车运营车辆主要呈现以下特征。

1. 车辆总数及增速有所降低

2017 年中国出租汽车运营车辆数较 2016 年略有降低，同比减少 0.6%。2013 年至 2017 年中国出租汽车运营车辆数同比增长率持续降低，特别是 2017 年同比增长率为负值。2013-2017 年中国出租汽车运营车辆数变化情况见图 6-4-2。

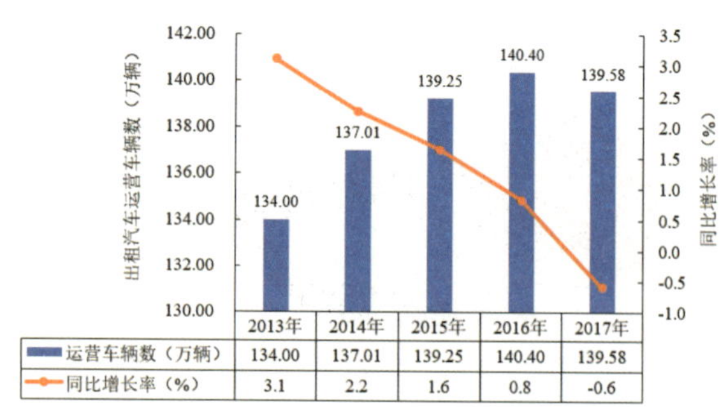

图 6-4-2 2013-2017 年中国出租汽车运营车辆数变化情况

2. 新能源车辆数持续增加

2013 年至 2017 年中国新能源运营车辆数持续增长，2017 年中国新能源运营车辆数 2.7 万辆，较 2016 年增加 42.4%，新能源运营车辆数占中国出租汽车运营车辆数的比例从 2013 年至 2017 年持续上升，提升了近 2 个百分点。2013-2017 年中国新能源出租汽车车辆数与占比变化情况见图 6-4-3。

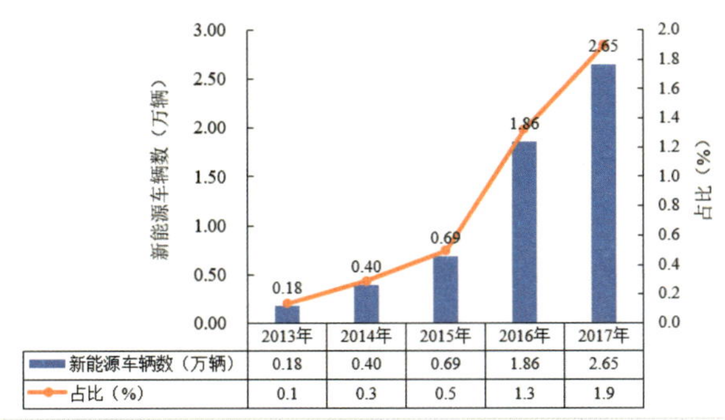

图 6-4-3 2013-2017 年中国新能源出租汽车车辆数与占比变化情况

2013 年至 2017 年中国清洁能源（液化石油气车、天然气车、双燃料车）出租汽车车辆数持续增长，2017 年中国清洁能源车辆数 76.0 万辆，较 2016 年增加 42.4%，清洁能源运营车辆数占中国出租汽车运营车辆数的比例从 2013 年至 2017 年持续上升，提升了近 16 个百分点。2013-2017 年中国清洁能源出租汽车车辆数与占比变化情况见图 6-4-4。

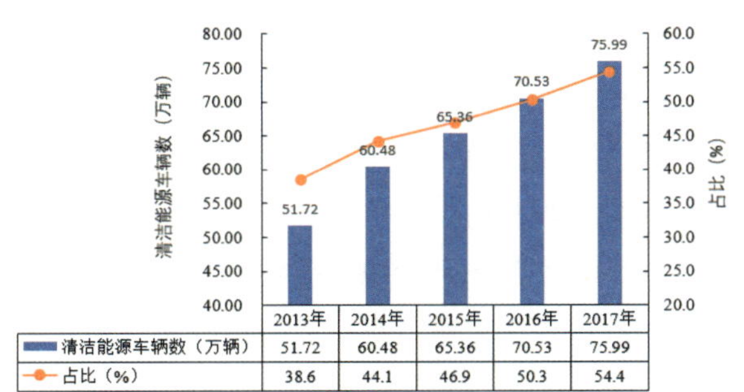

图 6-4-4 2013-2017 年中国清洁能源出租汽车车辆数与占比变化情况

（二）经营主体

截至 2017 年底，中国拥有出租汽车经营业户数 133764 户，比 2016 年增加 155 户，同比增长 0.1%，其中，中国出租汽车个体经营业户数 125207 户，较 2016 年增加 152 户，同比增长 0.1%；出租汽车企业共计 8557 户，较 2016 年增加 3 户。

相比 2016 年，2017 年按车辆规模划分的中国出租汽车企业数基本保持稳定，运营车辆数在 301 辆（含）以上的企业数 873 户，较 2016 年减少 11 户，占中国出租汽车企业总数的 10.2%；车辆数在 101 辆至 300 辆（含）之间的企业数 2722 户，较 2016 年增加 2 户，占中国出租汽车企业总数的 31.8%；车辆数在 51 辆至 100 辆（含）之间的企业数 2282 户，较 2016 年增加 25 户，占中国出租汽车企业总数的 26.7%；车辆数在 50 辆（含）以下的企业数达 2680 户，较 2016 年减少 13 户，占中国出租汽车企业总数 31.3%。2017 年中国出租汽车企业按车辆规模划分及所占比例情况见表 6-4-3。

表 6-4-3 中国出租汽车企业按车辆规模划分及占比情况

企业类型数量		合计	车辆 301 辆（含）以上	车辆 101~300 辆（含）	车辆 51~100 辆（含）	车辆 50 辆（含）以下
2017 年企业数量（户）		8557	873	2722	2282	2680
	所占比例（%）	—	10.2	31.8	26.7	31.3
2016 年企业数量（户）		8554	884	2720	2257	2693
	所占比例（%）	—	10.3	31.8	26.4	31.5

注：数据来源于 2017 年《城市（县城）客运统计》、2016 年《城市（县城）客运统计》

（三）运营指标

2017 年中国出租汽车运营主要呈现以下特征。

1. 运营里程略有上升

2017 年中国出租汽车运营总里程 1590.9 亿公里，比 2016 年增加 38.4 亿公里，同比增加 2.5%。2013 年至 2016 年中国出租汽车运营总里程增速降低，同比增长率由 1.7% 降低至 -3.1%，2017 年运营里程增速回升至 2.5%。2013-2017 年中国出租汽车运营里程变化情况见图 6-4-5。

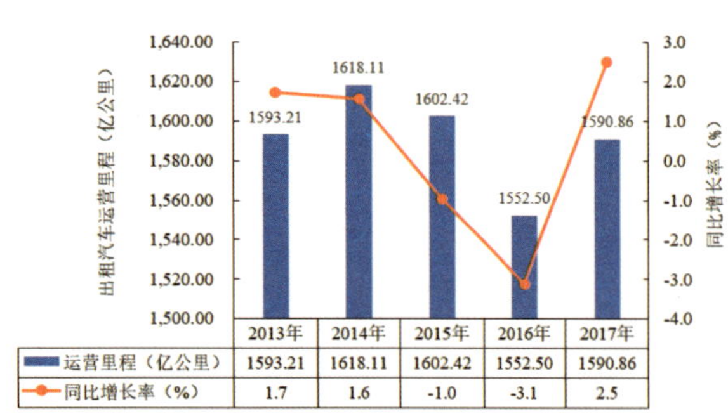

图 6-4-5　2013-2017 年中国出租汽车运营里程变化情况

2. 客运量持续下降

2013 年至 2017 年中国出租汽车客运量呈持续下降趋势，2017 年，中国出租汽车共完成客运量 365.4 亿人次，较 2016 年减少 3.2%。相比 2017 年，2016 年中国出租汽车客运量降幅放缓，由 -4.9% 至 -3.2%。2013-2017 年中国出租汽车客运量变化情况见图 6-4-6。

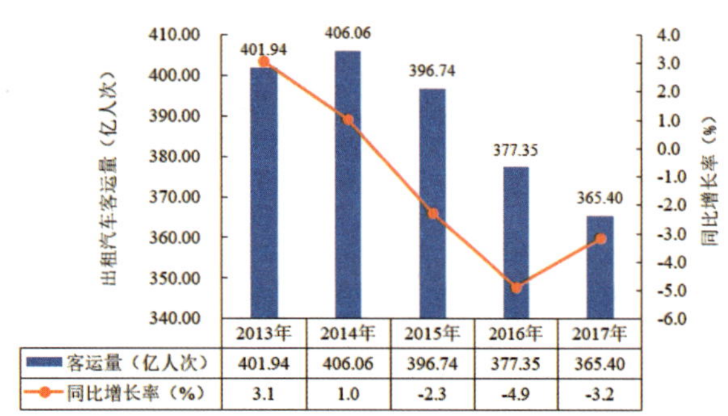

图 6-4-6　2013-2017 年中国出租汽车客运量变化情况

3. 运营强度基本保持稳定

2017 年，中国出租汽车里程利用率 66.0%，较 2016 年减少 0.5%，同比减少 0.8%，变化幅度较小；2017 年，中国出租汽车次均载客人数 1.9 人次，与 2016 年相比基本不变。

（四）召开全国深化出租汽车行业改革推进会

为交流改革经验，巩固改革成果，进一步推动改革政策加快落地实施，2017 年 4 月，交通运输部组织召开全国深化出租汽车行业改革工作推进会，全面部署改革推进工作。在交通运输部统筹指导和部署推动下，各地按照会议要求积极推进改革政策落地。截至 2017 年底，省级层面，有 29 个省（自治区、直辖市）发布了关于深化出租汽车行业改革的实施意见；城市层面（含直辖市），有 202 个地级以上城市已发布了规范网络预约出租汽车行业发展的实施细则，64 个地级以上城市已发布了征求意见稿，各地陆续开展了网约车车辆和驾驶员许可发放工作，出租汽车改革政策落地和网约车规范化管理工作取得实质进展。

（五）委托开展政策落地实施第三方评估

为系统梳理各地改革政策制定及落实情况，全面了解政策落地中存在的突出问题，不断完善政策措施，2017 年 5 月至 8 月，交通运输部委托第三方评估机构对深化出租汽车行业改革两个文件发布一年来的政策落地实施情况进行了第三方评估。评估认为，国家层面两个文件发布以来，各相关部门、各地方在国家层面两个文件的框架下，因地制宜、因城施策，积极制定出台配套政策与落地实施细则。一些城市在规范巡游车经营权管理、理顺利益分配机制、优化运价调整机制及提升服务质量等方面开始了积极有效的改革和探索。同时，各地积极创新管理服务方式，网约车管理开始步入良性发展轨道，行业发展前景得到市场认可，一定程度上缓解了“打车难”和群众出行问题，改革政策实施已初步取得预期效果，总体进展顺利。

（六）改革出租汽车驾驶员从业资格考试

为推进深化出租汽车行业改革政策落地实施，增强考试针对性、实用性，2017 年 9 月，交通运输部印发《关于改革出租汽车驾驶员从业资格考试有关工作的通知》（交运发〔2017〕134 号）。《通知》围绕推进深化出租汽车行业改革政策落地实施，在符合驾驶员从业基本要求，确保行业服务

水平的基础上，从调整考试模式、公开考试题库、强化便民利民服务、落实保障措施等方面，对出租汽车驾驶员从业资格考试进行了改革。

三、城市轨道交通

2017年中国城市轨道交通发展呈现运营规模持续增长、设施装备逐步完善、客流量屡创新高、系统制式多元化、网络化运营趋势愈发明显等特征。截至2017年底，中国共有34个城市开通轨道交通，比2016年新增4个城市，分别是石家庄、厦门、珠海和贵阳。中国共有城市轨道交通运营线路153条，比2016年增加29条，同比增长23.4%。运营线路长度4583.3公里，年度新增运营线路长度创历史新高，达855.8公里，同比增长23.0%。车站3050个，比2016年增加582个，同比增长23.5%。其中，换乘站为272个，比2016年增加18个，同比增长7.1%。运营车辆数28707辆，比2016年增加4916辆。2017年累计完成客运量184.3亿人次，占城市客运量的14.5%，比2016年增加22.8亿人次，同比增长14.1%。2017年运营里程共计5.13亿列公里，比2016年增加0.8亿列公里，同比增长18.4%。2017年中国城市轨道交通总体发展情况见表6-4-4。

表6-4-4 2017年中国城市轨道交通总体发展情况

数据类型		单位	2017年	比2016年新增	同比增长率（%）
开通运营城市数		个	34	4	13.3
运营线路条数		条	153	29	23.4
运营线路长度		公里	4583.3	855.7	23.0
车站数		个	3050	582	23.5
	换乘站数	个	272	18	7.1
运营车辆数		辆	28707	4916	20.7
		标台	73104	15477	26.9
经营企业数		户	49	7	16.7
客运量		亿人次	184.30	22.79	14.1
运营里程		亿列公里	5.13	0.8	18.4

注：数据来源于2017年《城市（县城）客运统计》，贵阳市数据均来源于贵阳市城市轨道交通有限公司。

（一）设施装备

1. 运营线路

截至2017年底，中国（不含港、澳、台，下同）已有北京、天津、石家庄、沈阳、大连、长春、哈尔滨、上海、南京、无锡、苏州、昆山、淮安、杭州、宁波、合肥、福州、厦门、南昌、青岛、郑州、武汉、长沙、广州、佛山、深圳、珠海、东莞、南宁、重庆、成都、昆明、西安、贵阳34个城市开通了城市轨道交通运营线路。2017年中国城市轨道交通运营线路发展呈现以下特征。

（1）运营线路长度和条数呈现双增态势。截至2017年底，中国城市轨道交通共有运营线路153条，比2016年新增29条，同比增长23.4%。运营线路长度4583.3公里，比2016年新增855.8公里，同比增长23.0%。石家庄、厦门、珠海、贵阳四城市新开通城市轨道交通运营线路;北京、长春、哈尔滨、上海、南京、苏州、合肥、南昌、青岛、郑州、武汉、广州、深圳、重庆、成都、昆明16个城市运营线路长度和条数实现双增长。

（2）地铁制式仍然占主体地位。截至2017年底，地铁线路长度4076公里，占城市轨道交通运营线路总长度的89.3%，其他制式（包括轻轨、单轨、有轨电车、磁悬浮）占10.7%。各城市综合考虑自身经济发展水平和客流量大小等因素选择城市轨道交通线路的类型，中国拥有两种以上城市轨道交通制式的城市有12个，其中北京、天津、长春和大连拥有三种城市轨道交通制式。

（3）网络化运营趋势愈发明显。北京、上海、广州、南京、深圳等城市轨道交通系统已逐渐步入网络化运营时代。截至2017年底，北京、上海、广州、南京和深圳的城市轨道交通运营线路条数分列前五位，运营线路条数72条，运营线路长度2334.6公里，分别占中国城市轨道交通运营线路总条数与总长度的47.1%和50.9%。

2. 车站

截至2017年底，中国拥有城市轨道交通车站3050个，比2016年增加579个，同比增长23.5%，其中，换乘站272个，比2016年增加18个，同比增长7.1%。换乘站占车站总数的8.9%，比2016年略有下降。

3. 车辆

截至2017年底，中国拥有城市轨道交通运营车辆28707辆（编组列数5033列），比2016年增加4916辆（编组列数839列）。其中，地铁运营车辆26710辆，轻轨运营车辆789辆，单轨运营车辆576辆，有轨电车运营车辆546辆，磁悬浮列车运营车辆86辆。

（二）经营主体

截至2017年底，中国拥有城市轨道交通经营业户数49户。江苏、上海和广东经营业户数最多，均为6户；北京经营业户数4户；浙江、辽宁经营业户数各3户；天津、福建、山东、湖南经营业户数2户；河北、吉林、黑龙江、安徽、江西、河南、湖北、广西、重庆、四川、云南、陕西、贵州经营业户数1户。

（三）运营指标

2017年，中国城市轨道交通完成客运量184.3亿人次，比2016年增加22.79亿人次，同比增长14.1%，占城市客运量的14.5%。2017年完成城市轨道运营里程5.1亿列公里，比2016年增加0.8亿列公里，同比增长18.5%。2017年完成城市轨道交通客运周转量达1587.6（1587.64）亿人公里，比2016年增加226.0亿人公里，同比增长16.6%。

（四）轨道交通运营安全管理

一是开展城市轨道交通运营安全大调研。调研全面覆盖已开通运营城市轨道交通的29个城市对应的省级、城市交通运输主管部门和运营单位，并深入12个典型城市开展了解剖麻雀式实地调研，形成了系列调研报告，为研究起草相关政策文件、规章制度、标准规范等奠定坚实基础。

二是设立城市轨道交通管理处。为进一步履行好指导城市轨道交通运营的管理职责，保障城市轨道交通安全高效运行，交通运输部进一步加强管理力量，充实管理人员，在运输服务司设立城市轨道交通管理处，具体负责指导全国城市轨道交通运营。

三是组织开展多种形式的安全督导检查。针对香港地铁纵火、西安地铁问题电缆等事件的经验教训，交通运输部下发紧急通知，要求各地吸取相关事件预防和处置经验教训，开展运营安全隐患自查和整改；组织有关省、市交通运输主管部门开展运营安全交叉检查；会同公安、住建、安监等部门，选取9个典型城市，联合开展安全督查。

四是研究起草城市轨道交通安全运行的有关意见和部门规章。在运营安全大调研和督导检查基础上，按照问题导向、目标导向，起草了关于保障城市轨道交通安全运行的意见。在前期工作基础上，以运营安全管理为主，兼顾运营与规划、建设以及公共安全防范衔接，交通运输部起草完善了城市轨道交通运营管理规定，拟以部门规章形式发布实施。

四、互联网租赁自行车

互联网租赁自行车（俗称“共享单车”）是移动互联网和租赁自行车融合发展的新型服务模式，是分享经济的典型业态。互联网租赁自行车在更好地满足公众出行需求、有效解决城市交通出行“最后一公里”问题、缓解城市交通拥堵、构建绿色出行体系等方面发挥了积极作用，有力推动了分享经济发展。但同时也存在车辆乱停乱放、车辆运营维护不到位、企业主体责任不落实、用户资金和信息安全风险等问题。为鼓励和规范互联网租赁自行车发展，提升互联网租赁自行车服务水平，优化交通出行结构，构建绿色、低碳的出行体系，更好地满足人民群众出行需要，2017 年 8 月 2 日，经国务院同意，交通运输部、中央宣传部、中央网信办、国家发展改革委、工业和信息化部、公安部、住房城乡建设部、人民银行、质检总局、国家旅游局等 10 个部门联合印发了《关于鼓励和规范互联网租赁自行车发展的指导意见》（交运发〔2017〕109 号）。

（一）行业基本情况

自互联网租赁自行车发展以来，先后有 70 余家运营企业进入市场，随着市场竞争的日益激烈，有 20 余家运营企业退出市场经营或被托管。据企业上报信息，截至 2017 年底，已投放城市 236 个，覆盖所有直辖市、省会城市、计划单列市，以及 176 个地级市和 24 个县级市，投入车辆总数达 2300 万辆，注册用户数近 4 亿（包括一个人注册多家企业、注册但未交押金的情况）。随着竞争的深入，行业逐步形成了 ofo 小黄车、摩拜单车、哈罗单车为主的市场格局，三家主要运营企业占据了 90％以上的市场份额。

（二）前期开展工作

一是加强顶层设计，系统提出鼓励和规范发展的政策措施。2017 年 8 月，交通运输部会同中央宣传部、中央网信办、国家发展改革委、工业和信息化部、公安部、住房城乡建设部、人民银行等 10 部门联合印发《关于鼓励和规范互联网租赁自行车发展的指导意见》（交运发〔2017〕109 号）（以下简称《指导意见》），明确了互联网租赁自行车发展的总体思路和原则，并从鼓励发展政策、规范运营服务行为、保障用户资金和网络信息安全、营造良好发展环境等四个方面，提出了 16 项具体政策措施。

二是加强业务指导，推进政策落地实施。《指导意见》发布后，交通运输部会同相关部门指导各地积极出台落地实施方案和配套管理政策，并加强典型经验的总结交流。2017 年 11 月，在成都市召开了互联网租赁自行车政策推进工作研讨会，18 个省级交通运输主管部门和所属的 20 个城市交通运输主管部门，以及摩拜单车、ofo 小黄车等 7 家运营企业参与了研讨。

三是加强工作联动，与人民银行研究用户资金管理措施。为落实用户资金管理要求，防范相关风险，交通运输部和人民银行会同相关部门成立联合工作组，通过发函调查、实地走访、座谈讨论等方式，对行业主管部门、运营企业、金融机构等相关各方开展调研，充分了解了企业运营和用户资金管理情况。目前，多部门就互联网租赁自行车用户资金安全监管形式和路径形成了基本共识，并按照各部门职责分工加大对行业及企业运营情况的监管指导力度。

五、汽车租赁

截至 2017 年底，中国纳入统计的汽车租赁车辆 20.2 万辆，比 2016 年增长 0.5 万辆，同比增长 2.3%，其中客车 20.1 万辆，9 座及以下客车 19.7 万辆，分别比 2016 年增长 0.45 万辆和 0.46 万辆，分别同比增长 2.3% 和 2.4% 纳入统计的汽车租赁企业共 6664 户，比 2016 年增长 363 户，同比增长 5.8%，从业人员 6.9 万人，比 2016 年增长 0.3 万人，同比增长 5.2%。2017 年中国汽车租赁总体发展情况见表 6-4-5。

汽车租赁车辆以小微型客车（9 座及以下客车）为主。截至 2017 年底，小微型客车 19.7（19.66）万辆，占汽车租赁总数的 97.6%。其中 5 座及以下客车 17.2（17.16）万辆，6–9 座客车 2.5（2.50）万辆。2017 年汽车租赁车辆不同类型划分情况见表 6-4-6。

表 6-4-5　2017 年中国汽车租赁发展情况

数据类型			单位	2017 年	比 2016 年新增	同比增长率（%）
租赁车辆数			万辆	20.15	0.46	2.3
	客车		万辆	20.09	0.45	2.3
		9 座及以下客车	万辆	19.66	0.46	2.4
经营企业			户	6664	363	5.8
从业人员			万人	6.90	0.34	5.2

注：数据来源于 2017 年《城市（县城）客运统计》

表 6-4-6　2017 年中国汽车租赁车辆不同类型划分情况

车辆类型 / 车辆数		客车	5 座及以下	6-9 座	10 座及以上
2017 年车辆数（万辆）		20.09	17.16	2.50	0.43
	占总量比例（%）	99.7	85.2	12.4	2.1

注：数据来源于 2017 年《城市（县城）客运统计》

截至 2017 年底，中国汽车租赁企业共 6664 户，比 2016 年增长 363 户，同比增长 5.8%。2017 年中国汽车租赁行业规模主要呈现以下特征：

汽车租赁企业以租赁车辆 49 辆及以下的企业为主。租赁车辆 49 辆及以下的企业 5994 户，比 2016 年增加 249 户，占租赁业户总数的 89.9%。其中，租赁车辆 10 辆以下的企业 3886 户，比 2016 年增加 65 户，占租赁业户总数的 58.3%；租赁车辆 10-49 辆的企业 2108 户，比 2016 年增加 184 户，占租赁业户总数的 31.6%；50-100 辆的企业 365 户，比 2016 年增加 103 户，占租赁业户总数的 5.5%；101-300 辆的企业 204 户，与 2016 年业户数相同，占租赁业户总数的 3.1%；301-999 辆的企业 71 户，比 2016 年增加 13 户，占租赁业户总数的 1.1%；租赁车辆 1000 辆以上的企业 30 户，比 2016 年减少 2 户，占租赁业户总数的 0.5%。2017 年中国汽车租赁企业按车辆规模划分及所占比例情况见表 6-4-7。

表 6-4-7　2017 年中国汽车租赁企业按车辆规模划分情况

车辆数 / 业户数		10 辆以下	10-49 辆	50-100 辆	101-300 辆	301-999 辆	1000 辆及以上
2017 年业户数（户）		3886	2108	365	204	71	30
	占总量比例（%）	58.3	31.6	5.5	3.1	1.1	0.5

注：数据来源于 2017 年《城市（县城）客运统计》

截至 2017 年底，中国汽车租赁从业人员 6.9 万人，比 2016 年增长 0.3 万人，同比增长 5.2%。

专题五　民生实事

交通运输部始终践行以人民为中心的发展思想，持续推进交通运输公共服务新供给，不断满足人民群众对美好生活的需求，2017 年推出了 11 件更贴近民生实事。

一是新改建农村公路 20 万公里，贫困地区 7000 个建制村通硬化路。

二是提高长江干线航道公共服务水平，长江电子航道图在具备条件的三类重点船舶中免费推广应用覆盖率已超过 80%。

三是实施乡道及以上公路安全生命防护工程 8 万公里。

四是实施乡道及以上公路危桥改造 1800 座。

五是实施完成 400 公里干线公路地质灾害处治。

六是新增通客车建制村 4000 个。2015-2017 年，全国累计新增通客车建制村 2.2 万个，其中，河北、辽宁、吉林、黑龙江、上海、江苏、湖北等 7 省（市）已实现全部建制村通客车。全国乡镇和建制村通客车率分别达到 99.1% 和 95.9%。

七是开展城乡交通运输一体化建设工程。开展了城乡交通运输一体化建设示范区县评选工作，确定了第一批 52 个城乡交通运输一体化建设示范区县，实现了“开展城乡交通运输一体化建设工程，启动 50 个城乡客运一体化示范县建设”目标，全国城乡道路客运一体化水平 3A、4A 级以上市县比例分别超过 90%、55%。

八是实施服务船员“口袋工程”，新增 30 万用户，服务船员总数达到 120 万，实际服务船员总数达到 133 万。

九是推行机动车驾培机构培训服务模式改革覆盖率 80% 以上。深化推进传统机动车驾驶培训服务模式创新，健全完善月度工作进展报送制度，并通过座谈交流、督导检查等多种方式督促各地抓紧推进，促进机动车驾驶培训机构全面提升驾驶培训服务质量和服务水平。截至 2017 年底，全国提供先培训后付费服务模式的驾培机构约为 1.45 万家，覆盖率达到了 84%，惠及 2000 多万学员。

十是基本实现跨省大件运输网上并联许可。

十一是道路客运联网售票实现二级以上客运站覆盖率 90% 以上。截至 2017 年底，全国 32 个省份均已启动省域道路客运联网售票系统建设，30 个省份已建成或基本建成省域道路客运联网售票系统。

所有民生实事已按期完成。其中，有 6 项超额完成：一是计划新改建农村公路 20 万公里，贫困地区 7000 个建制村通硬化路，完成新改建农村公路 28.5 万公里、贫困地区 9063 个建制村通硬化路；二是计划实施乡道及以上公路安全生命防护工程 8 万公里，预计完成 13 万公里；三是计划实施乡道及以上公路危桥改造 1800 座，预计完成 3300 座；四是计划实施完成 400 公里干线公路地质灾害防治，预计完成 628 公里；五是计划新增通客车建制村4000个，实际完成新增通客车建制村8473个，运输服务能力得到了大幅提升；六是"实施服务船员口袋工程"，计划新增30万用户，服务船员总数达到120万，实际服务船员总数已达到133万。

2017年，共承办全国人大代表建议460件、议案9件、政协委员提案206件，共计675件。全国人大确定重点督办建议4项，全国政协确定重点督办提案4项，其中关于有效治理交通拥堵"城市病"的建议和关于降低实体经济成本的提案2项为牵头办理，关于实施精准扶贫脱贫的建议、关于将建设"大运河"经济带上升为国家战略的提案等6项为配合办理，具体涉及建议提案共24件。上述建议、提案已全部按要求办复。

专题六 节假日和快递高峰运输

2017 年春运、“十一”黄金周等重大节假日期间，综合交通运输各领域统筹安排各项工作，加强安全隐患排查，提升运输服务水平，确保了节假日期间人民群众出行安全、舒适、平稳、有序。

一、节假日出行保障总体情况

（一）春运

加强运力组织保障。2017 年春运期间，每天安排图定铁路旅客列车 3570.5 对，并在客流高峰时段增开旅客列车 698 对；投入营运客车 84 万辆，日发班次近 250 万班；投入船舶 2 万余艘、100 余万客位；安排航班 47 万多班次，投放座位数 7000 余万个。总体看，2017 年春运运力供给基本适应，重点通道、热点城市“一票难求”问题较往年明显缓解。40 天里，全国铁路、道路、水路、民航共发送旅客 29.81 亿人次，同比增长 2.3%。其中铁路累计发送旅客约 3.57 亿人次，同比增长 10.1%；道路累计发送旅客 25.21 亿人次，同比增长 1%；水路累计发送旅客 4397.6 万人次，同比增长 3.2%；民航累计发送旅客约 5854.8 万人次，同比增长 13.7%。

提升便捷服务水平。各地交通运输部门根据铁路运行图调整和民航航班增开情况，统筹安排道路客运班线、公共汽电车、城市轨道交通和出租汽车运力，全力做好铁路、民航旅客到站（港）的接续接驳工作。东方航空公司与上海铁路局联合开展“空铁通”联运服务，将高铁以虚拟航段形式引入航空运输，方便旅客换乘。青岛交运、淮汽集团、中交出行等企业开通“定制出行”一站式运输服务，满足个性化需求。春运高峰时段，各地共安排对接火车站、机场的公共汽电车 19.9 万辆、城市轨道列车 11.9 万班次，同比分别增长 55.9% 和 130%，旅客出行效率明显提升。交通运输等部门深入开展春运大数据分析和“邀您共同话春运”服务体验调查活动，春运期间问卷点击量突破 610 万人次、同比增长 20% 以上，覆盖了全国 340 余个城市、11.63 万个城市对、日均精准定位请求数据 720 亿次。从第三方调查结果看，近 71% 的旅客对 2017 年春运工作表示较为满意或者认为较往年有所改善，满意度比去年提升 2 个百分点，群众对春运服务的满意度实现历史最好。

强化出行安全管控。春运期间，交通运输部围绕安全与服务两个主题，派出 6 个检查组分赴 12 个重点省份开展暗访检查，并组织 8 个省份对有关省份进行交叉检查。调查组共暗访检查了 240 余个客运场站、60 余个运输企业、80 余个高速公路服务区和公路管理站点，点名通报问题隐患，督促各地限时整改。春运期间，铁路、民航安全运行；公路客运未发生一次死亡 10 人以上事故，发生一次死亡 3 人以上事故 10 起，死亡 40 人（其中，6 起事故主要由社会车辆违法违规行驶所致，共导致 26 人死亡）；客船未发生重大安全事故；城市客运安全稳定运行，运输安全生产形势持续稳中向好。

（二）国庆中秋

2017年国庆中秋两节期间，全国道路水路运输行业共完成客运量5.76亿人次，日均7200万人次，与2016年基本持平。其中，道路运输5.61亿人次，日均7017万人次，同比增长0.1%；水路运输1523万人次，日均190.4万人次，同比增长1.2%。

两节期间，全国道路水路客运行业认真贯彻落实党中央的重要指示精神，按照《交通运输部安委办关于切实做好国庆节和十九大期间交通运输安全生产工作的通知》（交安委办明电〔2017〕10号）等有关部署，坚持以人民为中心的发展思想，科学研判客流规律，加强运输组织，保障运力充足，提升服务质量，强化安全监管，交通运输部和各级交通运输主管部门严格落实领导和关键岗位24小时值班制度，有力保障了旅客运输平稳有序运行。

两节期间客流总量继续保持高位，道路客运呈现以下特点。一是客流以旅游出行和探亲访友为主出行高峰呈现前后期“双峰”分布。10月1日和2日以中长途出行为主，3日至6日以中短途为主，重点旅游城市和重点旅游景区客流较为密集，福建、湖北、广东、四川、贵州、云南、陕西等省份客运量继续维持高位运行。6日起返程客流逐步增加，7日、8日迎来返程高峰。二是运力保障充足，运输组织有序，全国投入大中型营运客车近84万辆、2140万个客位。其中，农村客运线路9.5万条，日均发班103万班。有力保障了综合客运枢纽、火车站、机场、旅游景区等重点区域的旅客转运、集疏运，以及农村和返乡群众节日期间出行需求，未出现大量旅客滞留现象。三是服务质量和水平持续提升，市场秩序维护有力。各地道路客运企业和客运站进一步加强联网售票服务，积极拓展互联网、手机客户端、微信等便捷售票服务渠道，开展多种联运和中转运输服务，严格执行客运服务标准规范，改善旅客候乘环境。各地交通运输、公安、旅游等部门加强协同联动，充实一线执法力量加大客运站、旅游集散中心等地区的巡查力度，严肃查处非法营运等违法行为，此外，各地充分运用已经开通的12328交通运输服务监督电话，畅通投诉举报渠道，及时处理各类投诉，有力维护了市场秩序。四是行业安全和稳定形势良好，未发生重特大运输安全生产事故和影响恶劣的稳定事件。

二、水路春运保障情况

（一）水路春运平稳有序，客运量小幅增长

春运40天，全国水路客运共投入船舶运力1.72万艘，完成客运量4397.6万人次，同比增长3.2%，增幅较上年增加3.7个百分点。其中，渤海湾水域、舟山水域、琼州海峡、长江干线、台湾海峡等重点水域客运量完成742.4万人次，同比增长11.9%，增幅较上年增加5.8个百分点。长江干线客运量1.31万人次，增长51%。汽车滚装运输车辆275.7万辆，同比增长5.9%，重点水域运送车辆91.9万辆，同比增长19.1%，其中渤海湾水域、舟山水城、琼州海峡运送车辆分别增长5.4%、16.7%和20.9%。

（二）水路春运服务保障有力

春运期间，水路运输部门认真组织分析春运期间水路旅客出行需求，根据旅客流量、流向的特点合理投放船舶运力，科学安排船期，确保运力充足，满足旅客出行需求。密切跟踪监测各地春运工作情况，及时协调解决突发情况和问题，确保旅客运输安全平稳。加强各种运输方式的衔接，优化运输组织，提高运输效率，全力保障天然气、煤炭等重点物资运输。自驾车旅游和节假日免收高速公路通行费政策，继续带动海峡、岛屿间的汽车滚装运输快速发展。渤海湾水域、舟山水域和琼州海峡等重点水域客滚运输均有所增长。

三、铁路春运保障情况

2017年春运期间，铁路部门采取多种措施，保障旅客便捷出行。春运40天，全国铁路发送旅客3.57亿人，同比增加3275.2万人，增长10.1%。

（一）科学安排春运能力，增加铁路运输有效供给

充分利用新开通线路和新投入动车组，增开列车，扩大运能，节前节后分别增开旅客列车566对、698对，其中分别增开动车组列车236对、308对。

（二）优化售票服务措施，进一步改善旅客购票体验

大力扩充售票终端能力，增加乡镇代售点769个、自动售取票机2397台，扩容改造12306网站，提高旅客购票取票的便利性。

（三）强化安全保障，确保春运安全稳定可控

组织开展基础设备设施大整修，确保主要设备以良好状态投入春运。加强机车、客车和动车组等移动设备的检查整修，提高设备运行的稳定性和可靠性。优化旅客进出站流线和站车乘降组织方案，引导旅客有序进站乘车。

（四）大力提高春运服务水平

加强车站巡视检查，开展站车卫生整治，强化车站服务设施检修，狠抓旅客列车上水、吸污、供暖等基本服务，为旅客创造良好的候车乘车环境。

（五）加强春运秩序管控，维护良好的治安环境

铁路公安部门组织开展打击倒票“猎鹰—2017”战役，对车站广场和售票厅进行严密管控，维护公平公正的售票秩序。严格执行旅客实名制验票进站和旅客、行李物品“全覆盖”安检制度，落实站区陆地联勤联动工作机制，织密反恐安全防线。

（六）加强应急处置管理

优化完善各级应急预案和岗位应急处置办法，加强应急岗位培训和演练，提高春运期间突发事件的应对能力。加强动车组运行状态监控，确保行车安全。

四、节假日航空运输保障

黄金周、春运等节假日，广大人民群众出行集中、市场需求旺盛，航空运输保障压力大。经过长期的摸索、总结，中国民航已形成了较为完善的节假日航空运输保障体系，节前的安全检查、运力准备、加班规划，节中的精心保障、志愿服务、各单位协同配合，节后的分析不足、总结经验成为常态化工作，节假日航空运输保障早已融入中国民航日常生产工作中。

（一）春运旅客运输基本情况

2018年春运期间（1月13日至2月21日），全国共执行各类航班551351班，日均13784班；其中国内客运航空公司441647班，日均11041班，航班正常率为74.12%。从数据统计看，2018年春运，旅客出行有以下特点。

一是节后客流高峰更为明显。2017年春节较晚，节前旅客出行分散到一个相对长的时间段，旅客量增幅整体呈现“前低后高”状态，即节前旅客量增幅较低，而节后返程客流更集中，形成持续高峰。从2月19日-26日（正月初四至十一），形成了长达八天的节后运输高峰，每日运输旅客量均超过170万人次。

二是旅客流向呈现潮汐特征。即“节前返乡、节后返工”，同时节中旅客流向呈现更为明显的旅游特征，春节期间旅游人数增幅较大。从正月初二开始，旅客运输量迅速回升，旅客出行较2016年有明显增长，春节假期最后一天（正月初六）旅客运输量达到183.4万人次，为春运运输最高峰，春节七天旅客运输量同比增长达16%。

三是重点机场吞吐量均同比有所提升，但差异较大。北京首都、上海浦东/虹桥、广州白云、昆明长水等机场受限于机场资源，旅客吞吐量增速不高，稳中有进。东部地区天津、南京、杭州及中西部的郑州、乌鲁木齐、咸阳等枢纽机场旅客吞吐量保持较高的增速。据统计，春运期间旅客吞吐量增幅排名前五的机场分别是：天津滨海机场（26.98%），郑州新郑机场（23.03%），南京禄口机场（22.56%），杭州萧山机场（13.12%），乌鲁木齐地窝堡机场（12.56%）。

四是市场整体平均价格比去年略有下滑，各市场表现相差较大。2017年市场整体运力投放充足，投放座位增速高于旅客运输量，这在一定程度上导致国内、国际市场平均票价同比均有所下降，分别同比下降1.35%、1.00%。由于春节前台湾方面拒批东航、厦航春节加班，一定程度上影响了部分市场的供需平衡，两岸航线平均票价同比增加了2.34%。

五是出境游保持较快增长。国际航线旅客运输量同比增长9.9%，出境游热门地点仍然是以泰国、日本等地为主，部分"一带一路"国家旅客量增幅明显，如泰国、越南、马来西亚、菲律宾、柬埔寨等，同比旅客量增幅均在15%以上。

六是民航出行呈现年轻化、自由行趋势。春运期间，团队出行比例持续降低，国内团队降到3.4%，港澳台团队出行跌破两成，达到18.6%。以80后和90后为主体的19-40岁群体占据一半以上春运市场，成为各航空公司主要旅客来源。

（二）民航春运保障特点

春运期间，面临资源保障能力极度紧张、冬季雨雪等特殊天气频发、琼州海峡大雾导致大量旅客滞留等诸多不利因素，中国民航始终坚持以人民为中心的理念，高度重视、精心准备、周密部署，顺利完成了各项春运保障任务。今年，春运保障具有以下特点。

一是航空安全态势平稳。"安全是春运工作的底线"，中国民航高度重视春运安全保障工作，中国民航局成立了春运领导小组，结合党中央国务院对春运的要求，认真分析研判春运保障形势，对春运保障工作作出全面部署。民航各地区管理局、航空公司、机场、航油等单位也相应成立了春运保障领导小组，具体组织开展春运保障工作。春运前，中国民航局以对"安全隐患零容忍"的态度，组织全行业深入开展隐患排查治理。为确保各项保障工作落实到位，春运期间，中国民航局组织了七个督查组，分赴北京、上海、广州、武汉、兰州、成都、哈尔滨、长春、乌鲁木齐等重点地区开展了春运督查，取得积极成效，确保了春运期间的航空安全。

二是航班正常率保持在较高水平。"顺畅是春运工作的关键"，中国民航局部署各航空公司立足自身、眼睛向内、深挖潜力，提高运行保障水平；科学预测市场需求，合理调配运力；加强信息共享和沟通协调，统筹运行管理，提升运行效率。中国民航局运行监控中心充分发挥运行协调决策机制作用，及时启动大面积航班延误响应机制，实时协调解决运行矛盾。春运期间，在航班量有较大增长的情况下，中国民航航班正常率达80.06%，比去年同期提高5.92个百分点，特别春节假期七天，航班平均正常率达到90.95%，同比提高了6.1个百分点。

三是旅客满意度不断提升。为更好满足广大人民群众对更高品质出行的需求，让旅客不仅"走得了"，还要"走得好，走得满意"。民航系统坚持"真情服务"理念，持续提高服务品质，率先在全国184个机场开通"军人依法优先"通道，在222个机场完成母婴候机室设置。简化乘机临时身份证明办理程序，解决台胞证、港澳回乡证等证件自动识别问题。积极推进电子通关、自助值机、人脸识别、机上WIFI、机上使用便携式电子设备等。

春运期间，民航系统还为广大旅客从购票、办理值机手续、候机、客舱服务、抵离机场提供全方位、一体化的优质服务。对残疾人、老年人、无成人陪伴儿童、团队旅客等进行重点保障，提供便利措施。加强了航班延误后的应急处置，做好延误后的退改签、食宿安排等服务工作。这些措施有效提升了广大旅客的幸福感、获得感。

根据中国民航局消费者事务中心开展的民航春运服务质量调查显示，春运期间，广大旅客对航空公司及机场总体满意度得分分别为 4.24 和 4.25 分，均比 2017 年下半年有所提升。

五、节假日及快递旺季邮政服务保障

2017 年“618”“双 11”等服务旺季期间，业务量较平时有大幅上涨。2017 年 6 月 16 日至 18 日，受电商京东集团“618 年中大促”活动影响，全行业共揽收快件 3.36 亿件，最高日处理量超过 1.36 亿件，比平日处理量高出 30%，活动期间（6 月 16-23 日），全行业揽收快件达到 8.85 亿件。11 月 11 日至 16 日，受电商淘宝“双 11 大促”活动影响，全行业共揽收邮（快）件 14.96 亿件，同比增长 33.6%。最高日处理量 3.31 亿件，同比增长 31.5%，是日常处理量的 3.3 倍。

各级邮政管理部门和邮政快递企业积极采取有效措施应对业务旺季。深化三级联动（国家局、省局、市局）和三维互动（政府、协会、企业）保障机制，强化“错峰发货、均衡推进”的核心工作机制。升级监管信息系统，有效联接电商及快递企业数据，实时监控收投流量流向，充分发挥精准数据预测和雷达预警等功能，及时发布消费提示。加强能力储备，在去年基础上增加服务能力 3 到 5 成，投入作业场地近 3000 万平方米、作业人员近 300 万，新增近 3 万辆干线运输车辆，多家企业开发铁路行邮运输资源补充干线运力，三家快递自有航空公司也针对旺季专门开发航线增加运力。加强科技应用，智能算法、自动化流水线、AGV 机器人等大范围应用，节省人工 70%，实现仓储、分拨智能化，极大提升行业运行效率；多个转运中心启用双层自动分拣线，使快件分拣效率提升 1 倍。通过以上措施，顺利实现“两不”“三保”工作目标，确保旺季运行整体有序，圆满完成保障任务。

第七篇
附录

Section Seven
Appendixes

附录 1　重大政策

2017 年新颁交通运输法律法规规章目录表

序号	规章名称	交通运输部令	公布日期	施行日期	原文二维码	解读二维码
1	航道通航条件影响评价审核管理办法	2017 年第 1 号	20170116	20170301		
2	交通运输部关于修改《小型航空器商业运输运营人运行合格审定规则》的决定	2017 年第 2 号	20170123	20170401		
3	公共航空旅客运输飞行中安全保卫工作规则	2017 年第 3 号	20170207	20170310		
4	交通运输部关于修改《中华人民共和国国际海运条例实施细则》的决定	2017 年第 4 号	20170307	20170324		
5	城市公共汽车和电车客运管理规定	2017 年第 5 号	20170307	20170501		
6	《外商投资民用航空业规定》的补充规定（六）	2017 年第 6 号	20170401	20170501		
7	民航企业安全保障财务考核办法	2017 年第 7 号	20170327	20170501		

续上表

序号	规章名称	交通运输部令	公布日期	施行日期	原文二维码	解读二维码
8	交通运输部关于修改《中华人民共和国海船船员适任考试和发证规则》的决定	2017 年第 8 号	20170328	20170415		
9	交通运输部关于修改《中华人民共和国船员培训管理规则》的决定	2017 年第 9 号	20170331	20170415		
10	交通运输部关于修改《正常类旋翼航空器适航规定》的决定	2017 年第 10 号	20170401	20170501		
11	交通运输部关于修改《运输类旋翼航空器适航规定》的决定	2017 年第 11 号	20170401	20170501		
12	交通运输部关于修改《民用机场专用设备管理规定》的决定	2017 年第 12 号	20170401	20170501		
13	交通运输部关于修改《民用航空人员体检合格证管理规则》的决定	2017 年第 13 号	20170424	20170424		
14	中华人民共和国船舶安全监督规则	2017 年第 14 号	20170523	20170701		
15	交通运输部关于修改《中华人民共和国船舶及其有关作业活动污染海洋环境防治管理规定》的决定	2017 年第 15 号	20170523	20170523		

续上表

序号	规章名称	交通运输部令	公布日期	施行日期	原文二维码	解读二维码
16	交通运输部关于修改《老旧运输船舶管理规定》的决定	2017 年第 16 号	20170523	20170523		
17	交通运输部关于修改《中华人民共和国高速客船安全管理规则》的决定	2017 年第 17 号	20170523	20170523		
18	交通运输部关于修改《海上滚装船舶安全监督管理规定》的决定	2017 年第 18 号	20170523	20170523		
19	交通运输部关于修改《中华人民共和国海事行政许可条件规定》的决定	2017 年第 19 号	20170523	20170523		
20	交通运输部关于修改《中华人民共和国内河海事行政处罚规定》的决定	2017 年第 20 号	20170523	20170523		
21	交通运输部关于修改《中华人民共和国海上海事行政处罚规定》的决定	2017 年第 21 号	20170523	20170523		
22	交通运输部关于废止 2 件交通运输规章的决定	2017 年第 22 号	20170523	20170523		
23	民用航空产品和零部件合格审定规定	2017 年第 23 号	20170524	20170701		
24	定期国际航空运输管理规定	2017 年第 24 号	20170526	20170701		

续上表

序号	规章名称	令号	公布日期	施行日期	原文二维码	解读二维码
25	公路水运工程安全生产监督管理办法	2017 年第 25 号	20170612	20170801		
26	民用航空适航委任代表和委任单位代表管理规定	2017 年第 26 号	20170801	20170301		
27	港口危险货物安全管理规定	2017 年第 27 号	20170904	20171015		
28	公路水运工程质量监督管理规定	2017 年第 28 号	20170904	20171201		
29	大型飞机公共航空运输承运人运行合格审定规则	2017 年第 29 号	20170904	20171010		
30	民用航空空中交通管理规则	2017 年第 30 号	20170929	20180501		
31	交通运输部关于修改《铁路运输企业准入许可办法》的决定	2017 年第 31 号	20170929	20170929		
32	长江干线水上交通安全管理特别规定	2017 年第 32 号	20171104	20180101		

续上表

序号	规章名称	令号	公布日期	施行日期	原文二维码	解读二维码
33	航空器型号和适航合格审定噪声规定	2017 年第 33 号	20171212	20180112		
34	国内投资民用航空业规定	2017 年第 34 号	20171218	20180119		
35	外国公共航空运输承运人运行合格审定规则	2017 年第 35 号	20171218	20180129		

国务院或国务院办公厅颁布的有关交通运输重大政策

(1) 国务院关于印发“十三五”现代综合交通运输体系发展规划的通知（国发〔2017〕11 号）

原文

解读

(2) 国务院办公厅关于创新农村基础设施投融资体制机制的指导意见（国办发〔2017〕17 号）

原文

解读

(3) 国务院办公厅关于加快发展冷链物流保障食品安全促进消费升级的意见（国办发〔2017〕29 号）

原文

解读

(4) 国务院办公厅关于进一步推进物流降本增效促进实体经济发展的意见（国办发〔2017〕73 号）

原文

解读

交通运输部制定的部分重要政策性文件

序号	文件名称	二维码
1	交通运输部关于推进公路水路行业安全生产领域改革发展的实施意见（交安监发〔2017〕39 号）	
2	交通运输部关于推进特定航线江海直达运输发展的意见（交水发〔2017〕53 号）	
3	交通运输部关于印发《公路水路行业安全生产风险管理暂行办法》《公路水路行业安全生产事故隐患治理暂行办法》的通知（交安监发〔2017〕60 号）	
4	交通运输部关于印发珠江水运发展规划纲要的通知（交规划发〔2017〕74 号）	
5	交通运输部关于印发《深入开展平安交通专项整治行动方案》的通知（交安监发〔2017〕76 号）	
6	交通运输部关于深化交通运输供给侧结构性改革 改善投资和市场环境 进一步推进“放管服”改革降低物流成本的通知（交规划发〔2017〕108 号）	
7	交通运输部关于推进长江经济带绿色航运发展的指导意见（交水发〔2017〕114 号）	
8	交通运输部关于加快发展冷链物流保障食品安全促进消费升级的实施意见（交运发〔2017〕127 号）	

续上表

序号	文件名称	二维码
9	公路水运工程生产安全事故应急预案（交应急发［2017］135 号）	
10	交通运输部关于发布港口工程施工安全风险评估指南（沿海码头、护岸及防波堤分册）的通知（交安监发［2017］140 号）	
11	交通运输部关于全面深入推进绿色交通发展的意见（交政研发［2017］186 号）	
12	交通运输部关于印发《道路客运接驳运输管理办法（试行）》的通知（交运发［2017］208 号）	
13	通运输部办公厅关于印发长江干线危险化学品船舶锚地布局方案（2016-2030 年）的通知（交办规划［2017］7 号）	
14	交通运输部办公厅关于印发推进智慧交通发展行动计划（2017-2020 年）的通知（交办规划［2017］11 号）	
15	交通运输部办公厅关于加强港口危险货物储罐安全管理的意见（交办水［2017］34 号）	
16	交通运输部办公厅关于印发《公路水路行业安全生产监督管理工作责任规范导则》的通知（交办安监［2017］59 号）	

续上表

序号	文件名称	二维码
17	交通运输部办公厅关于开展汽车维修电子健康档案系统建设工作的通知（交办运〔2017〕69 号）	
18	交通运输部办公厅关于印发深入推进水运供给侧结构性改革行动方案（2017-2020 年）的通知（交办水〔2017〕75 号）	
19	交通运输部办公厅关于印发《港口危险货物集中区域安全风险评估指南》的通知（交办水〔2017〕85 号）	
20	交通运输部办公厅关于创建“四好农村路”全国示范县的实施意见（交办公路〔2017〕90 号）	
21	交通运输部办公厅关于印发《港口岸电布局方案》的通知（交办水〔2017〕105 号）	
22	交通运输部办公厅关于印发长江干线京杭运河西江航运干线液化天然气加注码头布局方案（2017-2025 年）的通知（交办规划〔2017〕109 号）	
23	交通运输部办公厅关于印发公路水路行业安全生产工作考核评价办法的通知（交办安监〔2017〕114 号）	
24	交通运输部办公厅关于印发《水路运输市场信用信息管理办法（试行）》的通知（交办水〔2017〕128 号）	

续上表

序号	文件名称	二维码
25	交通运输部办公厅关于印发《收费公路政府和社会资本合作操作指南》的通知（交办财审〔2017〕173 号）	
26	交通运输部办公厅关于印发《公路水路行业安全生产信用管理办法（试行）》的通知（交办安监〔2017〕193 号）	
27	交通运输部关于全面清理规范交通运输领域行政处罚、行政检查和涉企收费的通知（交法函〔2017〕648 号）	
28	交通运输部海事局关于印发《海事信用信息管理办法》的通知（海政法〔2017〕202 号）	

交通运输部联合其他部委制定的相关政策性文件

序号	文件名称	二维码
1	交通运输部 中国农业发展银行关于合力推进交通扶贫脱贫攻坚工作的通知（交规划发〔2017〕2号）	
2	交通运输部 国家旅游局 国家铁路局 中国民用航空局 中国铁路总公司 国家开发银行 关于促进交通运输与旅游融合发展的若干意见（交规划发〔2017〕24号）	
3	交通运输部 国家发展改革委关于印发《港口收费计费办法》的通知（交水发〔2017〕104号）	
4	交通运输部 国家发展改革委 国家旅游局 国家铁路局 中国民用航空局 国家邮政局 中国铁路总公司关于加快推进旅客联程运输发展的指导意见（交运发〔2017〕215号）	
5	交通运输部 中央宣传部 中央网信办 国家发展改革委 工业和信息化部 公安部 住房城乡建设部 人民银行 质检总局 国家旅游局关于鼓励和规范互联网租赁自行车发展的指导意见（交运发〔2017〕109号）	
6	交通运输部 住房城乡建设部关于促进小微型客车租赁健康发展的指导意见（交运发〔2017〕110号）	
7	交通运输部等十四个部门关于印发促进道路货运行业健康稳定发展行动计划（2017-2020年）的通知（交运发〔2017〕141号）	
8	交通运输部 公安部关于治理车辆超限超载联合执法常态化制度化工作的实施意见（试行）（交公路发〔2017〕173号）	

续上表

序号	文件名称	二维码
9	交通运输部 中央军委装备发展部关于印发北斗卫星导航系统交通运输行业应用专项规划（公开版）的通知（交规划发［2017］187号）	
10	交通运输部 国家标准化管理委员会关于印发《交通运输标准化体系》的通知（交科技发［2017］48号）	
11	交通运输部等十三个部门关于加强船用低硫燃油供应保障和联合监管的指导意见（交海发［2017］163号）	
12	交通运输部办公厅 公安部办公厅关于开展大型客货车驾驶人职业教育的通知（交办运［2017］1号）	
13	财政部 交通运输部关于印发《地方政府收费公路专项债券管理办法（试行）》的通知（财预［2017］97号）	
14	交通运输部办公厅 天津市人民政府办公厅 河北省人民政府办公厅关于印发《加快推进津冀港口协同发展工作方案（2017—2020年）》的通知（交办水［2017］101号）	
15	交通运输部办公厅 广东省人民政府办公厅 广西壮族自治区人民政府办公厅 贵州省人民政府办公厅 云南省人民政府办公厅关于印发珠江水运科学发展行动计划（2016—2020年）的通知（交办水［2017］52号）	

交通运输部制定的部分有关重大改革事项的相关文件列表

序号	文件名称	二维码
1	交通运输部关于推进交通运输统计改革全面提高统计数据真实性的实施意见	
2	2017年全面深化交通运输改革工作要点和重点任务分工方案	
3	交通运输全面深化改革行动计划（2018－2020年）	
4	2017年交通运输供给侧结构性改革工作要点	
5	国家发展改革委办公厅 交通运部办公厅关于进一步做好收费公路政府和社会资本合作项目前期工作的通知	
6	贯彻落实国务院推进简政放权放管结合优化服务改革电视电话会议精神的意见	
7	推进交通运输供给侧结构性改革改善投资和市场环境进一步推进“放管服”改革降低物流成本的通知	
8	交通运输部 公安部 质检总局关于加快推进道路货运车辆检验检测改革工作的通知	
9	交通运输部关于全面推进“双随机、一公开”监管工作的实施意见	
10	推进交通运输综合行政执法改革的指导意见	
11	交通运输部关于深化改革加快推进道路客运转型升级的指导意见	
12	交通运输部关于推进公路水路行业安全生产领域改革发展的实施意见	

附录2　人事机构（截至2017年底）

交通运输部领导和内设机构负责人名单

交通运输部党组书记　杨传堂

交通运输部部长、党组副书记　李小鹏

交通运输部党组副书记、副部长，中国民用航空局党组书记、局长（正部长级）　冯正霖

交通运输部党组成员　李建波

交通运输部党组成员，国家邮政局党组书记、局长　马军胜

交通运输部党组成员、副部长　何建中

交通运输部党组成员，中央纪委国家监委驻交通运输部纪检监察组组长　宋福龙

交通运输部党组成员、副部长　戴东昌

交通运输部党组成员、副部长兼直属机关党委书记　刘小明

交通运输部党组成员、副部长，国家铁路局党组书记、局长　杨宇栋

交通运输部党组成员兼总规划师、综合规划司司长（正局级）　陈健

交通运输部总工程师、政策研究室主任（正局级）　周伟

交通运输部总工程师（正局级）　姜明宝

交通运输部安全总监（正局级）　成平

办公厅主任　徐成光

办公厅副主任　黄小平

办公厅副主任、党组机要秘书　刘鹏飞

办公厅副主任　王华春

交通运输部总工程师、政策研究室主任（正局级）　周伟

政策研究室副主任　吴春耕

政策研究室副主任　舒驰

法制司司长　魏东

法制司副司长　王海峰

法制司副司长　张雅萍

交通运输部党组成员兼总规划师、综合规划司司长（正局级）　陈健

综合规划司副司长　张大为

综合规划司副司长　苏杰

综合规划司副司长　彭思义
综合规划司副司长　范振宇
综合规划司副司长　刘昕
财务审计司司长　许春风
财务审计司副司长　卢尚艇
财务审计司副司长　胡荣明
人事教育司司长　李良生
人事教育司副司长　时骏
人事教育司副司长　王韬
公路局局长　吴德金
公路局副局长　王太
公路局副局长　孙永红
公路局副局长　周荣峰
水运局局长　李天碧
水运局副局长　杨华雄
水运局副局长　易继勇
水运局副局长　柳鹏
运输服务司司长　徐亚华
运输服务司副司长　徐文强
运输服务司副司长　蔡团结
运输服务司副司长　王绣春
安全与质量监督管理司司长　李志强
安全与质量监督管理司副司长　徐春
安全与质量监督管理司副司长　丁彦昕
科技司司长　庞松
科技司副司长　洪晓枫
科技司副司长　袁鹏
国际合作司（港澳台办公室）司长（主任）　任为民
国际合作司（港澳台办公室）副司长（副主任）　张晓杰
国际合作司（港澳台办公室）副司长（副主任）　单红军
公安局局长、党组书记　李国平
公安局副局长、党组成员　吴建平
公安局副局长、党组成员　田卫军
直属机关党委常务副书记（正局级）　柯林春
直属机关党委副书记、直属机关纪委书记（正局级）　刘鹏

离退休干部局局长、党委书记　张晓冰
离退休干部局副局长、党委委员　汪宝良
离退休干部局副局长、党委委员　霍凌
中国海上搜救中心副主任（正局级）智广路
中国海上搜救中心副主任（副局级）卓立

国家铁路局领导和机构负责人名单

交通运输部副部长、党组成员，国家铁路局局长、党组书记　杨宇栋
国家铁路局党组成员　钟华
国家铁路局副局长、党组成员　于春孝
国家铁路局副局长、党组成员　刘克强
国家铁路局副局长、党组成员　苏全利
国家铁路局党组成员　郑健
总工程师　严贺祥
综合司（外事司）司长　朱雪源
综合司（外事司）副司长　张庚（女）
综合司（外事司）副司长　王嘉彧（回族）
综合司（外事司）副司长　梁成谷
科技与法制司司长　严贺祥
科技与法制司副司长　曾会欣
科技与法制司副司长　王平（穿青人）
安全监察司司长　田军
运输监督管理司司长　白晓春
运输监督管理司副司长　查艾军（女）
运输监督管理司副司长　董建民
工程监督管理司司长　米隆
工程监督管理司副司长　崔珑
工程监督管理司副司长　石峰
设备监督管理司司长　郭福安
设备监督管理司副司长　陈永庆
人事司司长　李东
人事司副司长　张清
人事司副司长　吴奉

直属机关党委副书记　张忠

驻铁路合作组织委员会工作组组长　张群

沈阳铁路监督管理局局长、分党组书记　高文（蒙古族）

沈阳铁路监督管理局副局长、分党组成员　文禾

沈阳铁路监督管理局副局长、分党组成员　刘帆

上海铁路监督管理局局长、分党组书记　唐士晟

上海铁路监督管理局副局长、分党组成员　李双

上海铁路监督管理局分党组成员　陈国忠

广州铁路监督管理局局长、分党组书记　隋瑞政

广州铁路监督管理局副局长、分党组成员　朱霆军

成都铁路监督管理局局长、分党组书记　黄卿

成都铁路监督管理局副局长、分党组成员　罗加明

成都铁路监督管理局副局长、分党组成员　舒华武

武汉铁路监督管理局局长、分党组书记　马良民

武汉铁路监督管理局副局长、分党组成员　尚书亭

武汉铁路监督管理局副局长、分党组成员　李久平

西安铁路监督管理局局长、分党组书记　李桂明

西安铁路监督管理局副局长、分党组成员　石玉海

兰州铁路监督管理局副局长、分党组成员　邢斌

兰州铁路监督管理局副局长、分党组成员　陈辉

信息中心副主任　岳石军

信息中心副主任　张跃玲（女）

信息中心副主任　单武

安全技术中心主任、党委书记　耿家文

安全技术中心副主任　赵明波

安全技术中心副主任　刘伟

装备技术中心主任、党委书记　王启铭

装备技术中心副主任　韩玉皓

装备技术中心副主任　胡文君

工程质量监督中心主任、党委书记　盛智平

工程质量监督中心副主任　王祖春

工程质量监督中心副主任　顾秋来

市场监测评价中心主任、党委书记　李先进

市场监测评价中心副主任　俞缨

规划与标准研究院副院长（主持工作）　王忠刚

规划与标准研究院副院长　郑宏波
规划与标准研究院副院长　谢晓东
机关服务中心主任　周烈
机关服务中心副主任　赵秀险（女）
机关服务中心副主任　顾军清

中国民用航空局领导和机构负责人名单

交通运输部副部长、党组副书记，民航局局长、党组书记（正部长级）　冯正霖
民航局副局长、党组成员（副部长级）　李健
民航局副局长、党组成员，全国民航工会主席，民航局直属机关党委书记　董志毅
民航局副局长、党组成员　王志清
民航局总飞行师　辛天河
民航局总工程师　殷时军
民航局安全总监　唐伟斌
民航局综合司司长　刘鲁颂
民航局综合司副司长　顾晓红
民航局综合司副司长　朱云祥
民航局综合司副司长　高俊
民航局安全总监兼航空安全办公室主任　唐伟斌
民航局航空安全办公室副主任　刘清贵
民航局航空安全办公室副主任　李继承
民航局政策法规司司长　颜明池
民航局政策法规司副司长　郭仁刚
民航局发展计划司司长　王长益
民航局发展计划司副司长　董法鑫
民航局发展计划司副司长　包毅
民航局财务司司长、首都机场集团公司监事会主席　刘金波
民航局财务司副司长　周传华
民航局财务司副司长　熊艳华（女）
首都机场集团公司监事会副主席　赵婷芬（女）
民航局人事科教司司长　任英利
民航局人事科教司副司长　曹胜利
民航局人事科教司副司长　陈朝霞（女）

民航局国际司（港澳台办公室）司长 梁楠（女）
民航局国际司（港澳台办公室）副司长 陈卫
民航局国际司（港澳台办公室）副司长兼港澳台办公室主任 丁明
民航局运输司司长 刘锋
民航局运输司副司长 廉秀琴（女）
民航局运输司副司长 于彪
民航局国防动员办公室主任 徐青（女）
民航局民航安全监察专员、飞行标准司司长 胡振江
民航局飞行标准司副司长 杨洪海
民航局飞行标准司副司长 吕新明
民航局飞行标准司副司长 朱涛
民航局航空器适航审定司司长 徐超群
民航局航空器适航审定司副司长 杨桢梅（女）
民航局民航安全监察专员兼机场司司长 刁永海
民航局机场司副司长 张锐
民航局空管行业管理办公室主任 许浩
民航局空管行业管理办公室副主任 张瑞庆
民航局空管行业管理办公室副主任 陈向阳
民航局民航安全监察专员兼公安局局长 魏亚军
民航局公安局副局长 李岩
民航局公安局副局长 李彤
中国民航空中警察总队总队长 薛荣国
中国民航空中警察总队副总队长 李勇
民航局直属机关党委（思想政治工作办公室）常务副书记（主任） 张冲峰
民航局直属机关党委（思想政治工作办公室）副书记（副主任） 钱进全
民航局直属机关党委（思想政治工作办公室）副书记（副主任）、全国民航团委书记、民航局直属机关纪委书记 陈丽娟（女）
全国民航工会 黄丽辉（女）
中国民航工会全国委员会常务副主席 毕务芳（女）
中国民航工会全国委员会副主席 王铎
中国民航工会全国委员会经费审查委员会主任（副司局长级） 李跃华
民航局离退休干部局局长 李宗林
民航局离退休干部局副局长 王本前
驻国际民航组织理事会代表处代表 杨胜军

国家邮政局领导和机构负责人名单

交通运输部党组成员、国家邮政局局长、党组书记　马军胜

国家邮政局副局长、党组成员　王梅（女，回族）

国家邮政局副局长、党组成员　赵晓光

国家邮政局副局长、党组成员　刘君

国家邮政局副局长、党组成员　邢小江

办公室（外事司）主任　沈鸿雁（女）

办公室（外事司）副主任　管爱光（女）

办公室（外事司）副主任　高洪涛（女）

政策法规司司长　金京华

政策法规司副司长　赵雷

政策法规司副司长　刘莹（女）

政策法规司副司长　高黎明

普遍服务司（机要通信司）司长　马旭林

普遍服务司（机要通信司）副司长　李幼平

普遍服务司（机要通信司）副司长　涂刚

市场监管司司长（安全监督管理司）　冯力虎

市场监管司司长（安全监督管理司）　侯延波（蒙古族）

人事司司长　刘良一

人事司副司长　储蔚（女）

人事司副司长　袁聿东

机关党委常务副书记　张星朝

机关纪委书记　刘贵军

附录 3 统计公报

2017 年交通运输行业发展统计公报

2017 年是供给侧结构性改革的深化之年，也是推进交通运输改革发展的重要一年，面对复杂多变的国际环境和艰巨繁重的国内改革发展稳定任务，全国交通运输行业以党的十九大精神为指引，深入学习贯彻习近平新时代中国特色社会主义思想，坚持稳中求进工作总基调，坚持贯彻落实新发展理念，坚持以供给侧结构性改革为主线，按照高质量发展要求，团结拼搏、攻坚克难、深化改革、开拓创新，圆满完成了各项年度目标任务，开创了交通运输发展新局面。

一、基础设施

（一）铁路

年末全国铁路营业里程达到 12.7 万公里，比上年增长 2.4%，其中高铁营业里程 2.5 万公里。全国铁路路网密度 132.2 公里 / 万平方公里，增加 3.0 公里 / 万平方公里。

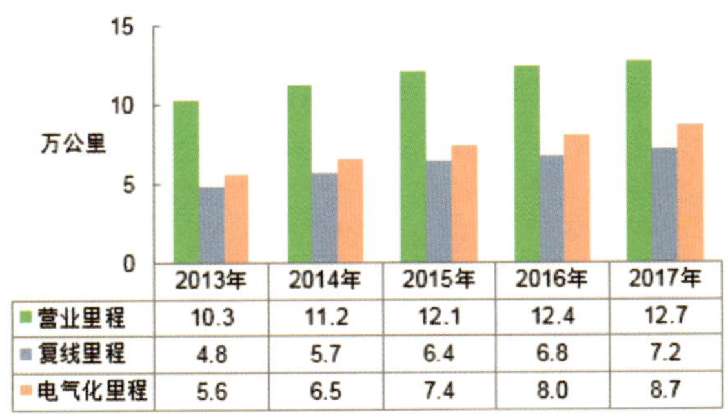

	2013年	2014年	2015年	2016年	2017年
营业里程	10.3	11.2	12.1	12.4	12.7
复线里程	4.8	5.7	6.4	6.8	7.2
电气化里程	5.6	6.5	7.4	8.0	8.7

图 1 2013-2017 年全国铁路营业里程

铁路营业里程中，复线里程 7.2 万公里，比上年增长 5.4%；电气化里程 8.7 万公里，增长 7.8%。

（二）公路

年末全国公路总里程 477.35 万公里，比上年增加 7.82 万公里。公路密度 49.72 公里 / 百平方公里，增加 0.81 公里 / 百平方公里。公路养护里程 467.46 万公里，占公路总里程 97.9%。

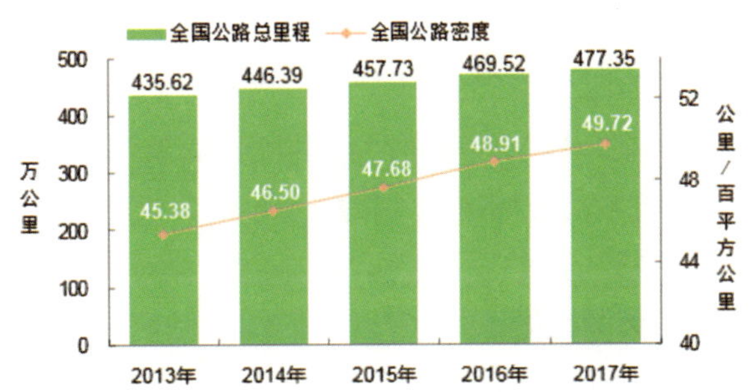

图 2 2013-2017 年全国公路总里程及公路密度

年末全国四级及以上等级公路里程 433.86 万公里，比上年增加 11.31 万公里，占公路总里程 90.9%，提高 0.9 个百分点。二级及以上等级公路里程 62.22 万公里，增加 2.28 万公里，占公路总里程 13.0%，提高 0.3 个百分点。高速公路里程 13.65 万公里，增加 0.65 万公里；高速公路车道里程 60.44 万公里，增加 2.90 万公里。国家高速公路 10.23 万公里，增加 0.39 万公里。

年末国道 35.84 万公里，省道 33.38 万公里。农村公路里程 400.93 万公里，其中县道 55.07 万公里，乡道 115.77 万公里，村道 230.08 万公里。

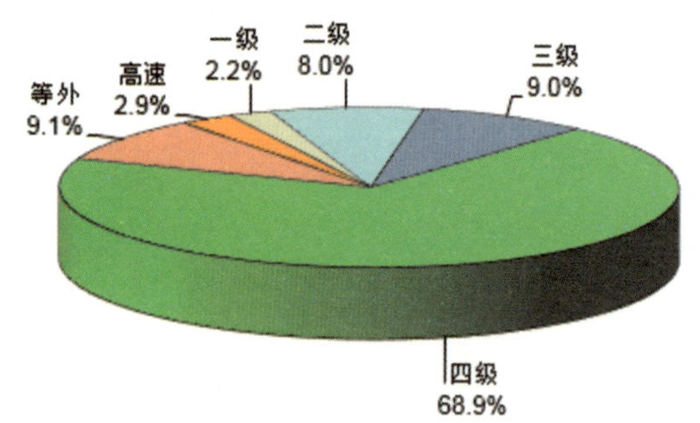

图3　2017年全国公路里程分技术等级构成

年末全国通公路的乡（镇）占全国乡（镇）总数99.99%，其中通硬化路面的乡（镇）占全国乡（镇）总数99.39%、比上年提高0.38个百分点；通公路的建制村占全国建制村总数99.98%，其中通硬化路面的建制村占全国建制村总数98.35%、提高1.66个百分点。

年末全国公路桥梁83.25万座、5225.62万米，比上年增加2.72万座、308.66万米，其中特大桥梁4646座、826.72万米，大桥91777座、2424.37万米。全国公路隧道16229处、1528.51万米，增加1048处、124.54万米，其中特长隧道902处、401.32万米，长隧道3841处、659.93万米。

（三）水路

1. 内河航道

年末全国内河航道通航里程12.70万公里，比上年减少80公里。等级航道6.62万公里，占总里程52.1%，下降0.2个百分点。其中三级及以上航道1.25万公里，占总里程9.8%，提高0.3个百分点。

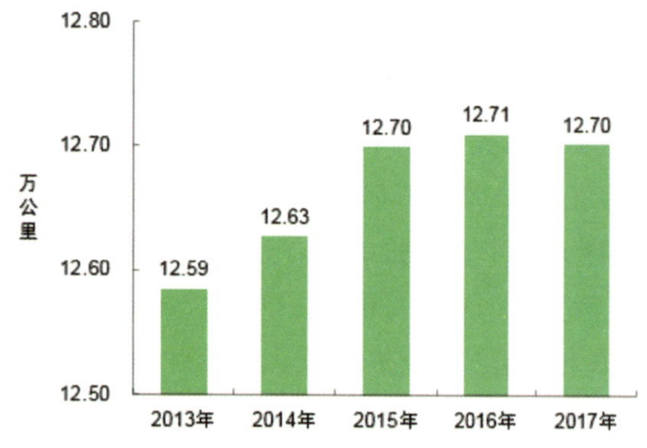

图4　2013–2017年全国内河航道通航里程

各等级内河航道通航里程分别为：一级航道1546公里，二级航道3999公里，三级航道6913公里，四级航道10781公里，五级航道7566公里，六级航道18007公里，七级航道17348公里。等外航道6.09万公里。

各水系内河航道通航里程分别为：长江水系64857公里，珠江水系16463公里，黄河水系3533公里，黑龙江水系8211公里，京杭运河1438公里，闽江水系1973公里，淮河水系17507公里。

2. 港口

年末全国港口拥有生产用码头泊位27578个，比上年减少2810个。其中，沿海港口生产用码头泊位5830个，减少57个；内河港口生产用码头泊位21748个，减少2753个。

年末全国港口拥有万吨级及以上泊位2366个，比上年增加49个。其中，沿海港口万吨级及以上泊位1948个，增加54个；内河港口万吨级及以上泊位418个，减少5个。

表1　2017年全国港口万吨级及以上泊位数量（计量单位：个）

泊位吨级	全国港口	比上年末增加	沿海港口	比上年末增加	内河港口	比上年末增加
合计	2366	49	1948	54	418	-5
1~3万吨级（不含3万）	834	20	651	14	183	6
3~5万吨级（不含5万）	399	15	285	6	114	9
5~10万吨级（不含10万）	762	5	653	25	109	-20
10万吨级及以上	371	9	359	9	12	0

表2　全国万吨级及以上泊位构成 按主要用途分（计量单位：个）

泊位用途	2017年	2016年	比上年增加
专业化泊位	1254	1223	31
#集装箱泊位	328	329	-1
煤炭泊位	246	246	0
金属矿石泊位	84	83	1
原油泊位	77	74	3
成品油泊位	140	132	8
液体化工泊位	205	200	5
散装粮食泊位	41	39	2
通用散货泊位	513	506	7
通用件杂货泊位	388	381	7

全国万吨级及以上泊位中，专业化泊位 1254 个，比上年增加 31 个；通用散货泊位 513 个，增加 7 个；通用件杂货泊位 388 个，增加 7 个。

（四）民航

年末共有颁证民用航空机场 229 个，比上年增加 11 个，其中定期航班通航机场 228 个，定期航班通航城市 224 个。

年旅客吞吐量达到 100 万人次以上的通航机场有 84 个，比上年增加 7 个，年旅客吞吐量达到 1000 万人次以上的有 32 个，增加 4 个。年货邮吞吐量达到 10000 吨以上的有 52 个，增加 2 个。

（五）公路水路交通流量

全国国道观测里程 21.24 万公里，机动车年平均日交通量为 13916 辆，比上年增长 8.9%，年平均日行驶量为 295361 万车公里，增长 6.2%。其中，国家高速公路年平均日交通量为 26328 辆，增长 10.5%，年平均日行驶量为 127600 万车公里，增长 7.9%；普通国道年平均日交通量为 10242 辆，增长 7.0%，年平均日行驶量为 167764 万车公里，增长 4.5%。

长江干线航道设有 27 个水上交通流量观测断面，年平均日船舶流量 702.9 艘，比上年增长 6.1%。其中，上游航道年平均日船舶流量 188.9 艘，下降 11.6%；中游航道年平均日船舶流量 295.1 艘，增长 1.5%；下游航道年平均日船舶流量 942.3 艘，增长 7.8%。

二、运输装备

（一）铁路

年末全国拥有铁路机车 2.1 万台，其中内燃机车占 40.4%，电力机车占 59.5%。拥有铁路客车 7.3 万辆，比上年增加 0.2 万辆，其中动车组 2935 标准组、23480 辆，增加 349 标准组、2792 辆。拥有铁路货车 79.9 万辆。

（二）公路

年末全国拥有公路营运汽车 1450.22 万辆，比上年增长 1.0%。

拥有载客汽车 81.61 万辆，比上年下降 2.9%，2099.18 万客位，下降 1.9%。其中大型客车 30.57 万辆，增长 0.01%，1339.88 万客位，增长 0.5%。

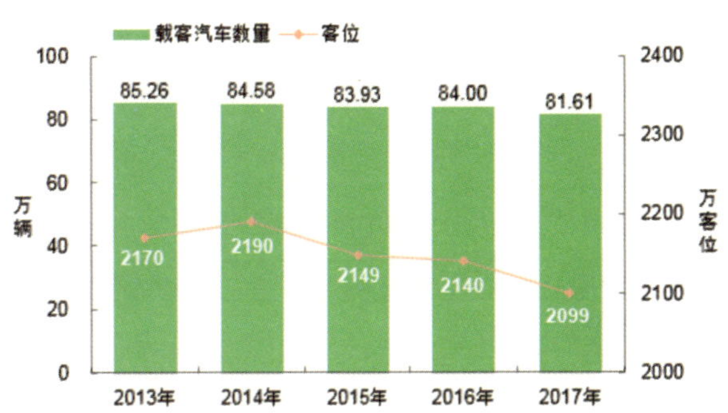

图 5 2013-2017 年全国载客汽车拥有量

拥有载货汽车 1368.62 万辆，比上年增长 1.2%，11774.81 万吨位，增长 8.8%。其中，普通货车 902.90 万辆，下降 4.6%，4868.40 万吨位，增长 0.5%；专用货车 46.25 万辆，下降 2.8%，499.10 万吨位，下降 5.4%；牵引车 207.29 万辆，增长 19.0%；挂车 212.18 万辆，增长 15.3%。

图 6 2013-2017 年全国载货汽车拥有量

（三）水路

年末全国拥有水上运输船舶 14.49 万艘，比上年下降 9.5%；净载重量 25651.63 万吨，下降 3.6%；载客量 96.75 万客位，下降 3.5%；集装箱箱位 216.30 万标准箱，增长 13.2%。

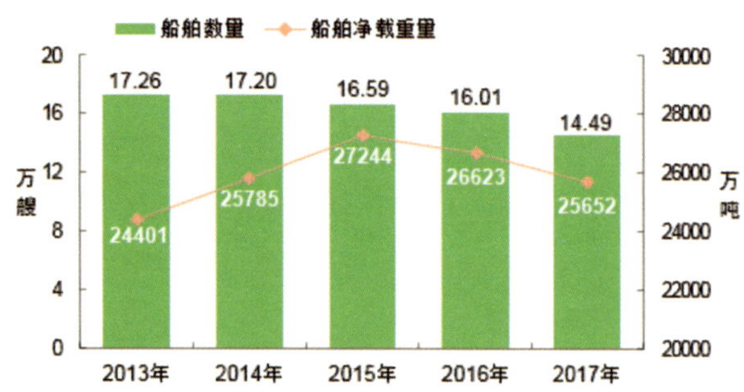

图 7　2013-2017 年全国水上运输船舶拥有量

表 3　2017 年全国水上运输船舶构成（按航行区域分）

指标	计量单位	实绩	比上年增长（%）
内河运输船舶：			
运输船舶数量	万艘	13.23	-10.1
净载重量	万吨	13149.73	-1.6
载客量	万客位	72.30	-6.6
集装箱箱位	万标准箱	32.48	9.3
沿海运输船舶：			
运输船舶数量	艘	10318	-1.9
净载重量	万吨	7044.41	4.5
载客量	万客位	22.36	9.9
集装箱箱位	万标准箱	50.17	19.7
远洋运输船舶：			
运输船舶数量	艘	2306	-4.3
净载重量	万吨	5457.50	-16.3
载客量	万客位	2.08	-13.7
集装箱箱位	万标准箱	133.66	11.9

（四）城市客运

年末全国拥有公共汽电车 65.12 万辆，比上年增长 7.0%，其中 BRT 车辆 8802 辆，增长 14.5%。按车辆燃料类型分，柴油车占 28.7%，天然气车占 27.9%，汽油车占 1.0%，混合动力车占 13.2%，纯电动车占 26.3%。

全国有 34 个城市开通了轨道交通，2017 年新开通 4 个。拥有轨道交通车站 3050 个，增加 582 个；运营车辆 28707 辆，增长 20.7%。

拥有巡游出租车 139.58 万辆，下降 0.6%。拥有城市客运轮渡船舶 264 艘，下降 6.4%。

三、运输服务

2017 年，完成营业性客运量 184.86 亿人，比上年下降 2.7%，旅客周转量 32812.55 亿人公里，增长 5.0%，营业性货运量 472.43 亿吨，增长 9.5%，货物周转量 192588.50 亿吨公里，增长 5.6%。

表 4　全国城市客运装备拥有量

年份	公共汽电车（万辆）	轨道交通运营车辆（辆）	巡游出租车（万辆）	城市客运轮渡船舶（艘）
2013 年	50.96	14366	134.00	422
2014 年	52.88	17300	137.01	329
2015 年	56.18	19941	139.25	310
2016 年	60.86	23791	140.40	282
2017 年	65.12	28707	139.58	264

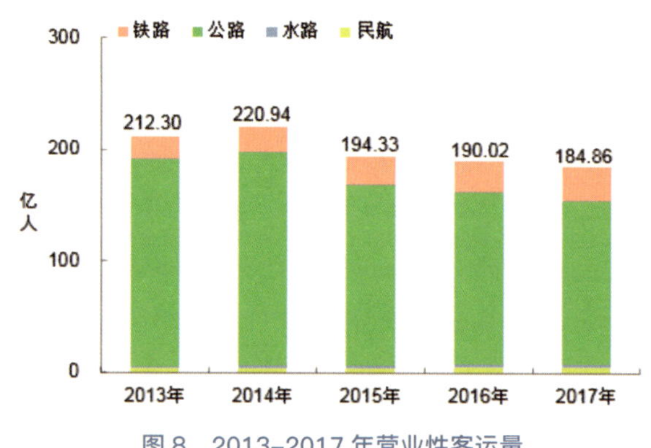

图 8　2013-2017 年营业性客运量

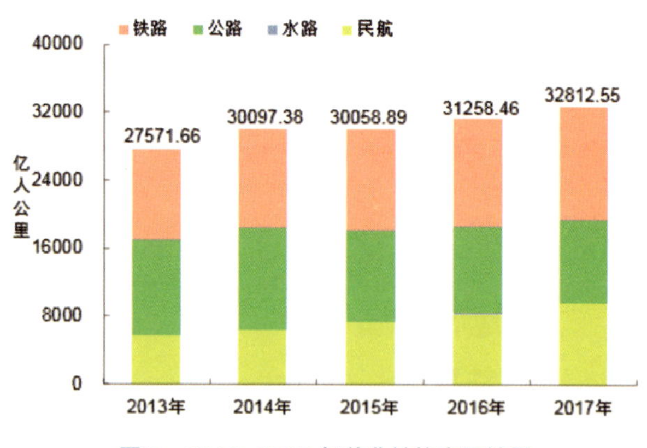

图 9　2013-2017 年营业性旅客周转量

（一）铁路

全年完成旅客发送量 30.84 亿人，比上年增长 9.6%，旅客周转量 13456.92 亿人公里，增长 7.0%。其中国家铁路旅客发送量 30.38 亿人，增长 9.6%，旅客周转量 13396.96 亿人公里，增长 6.9%。

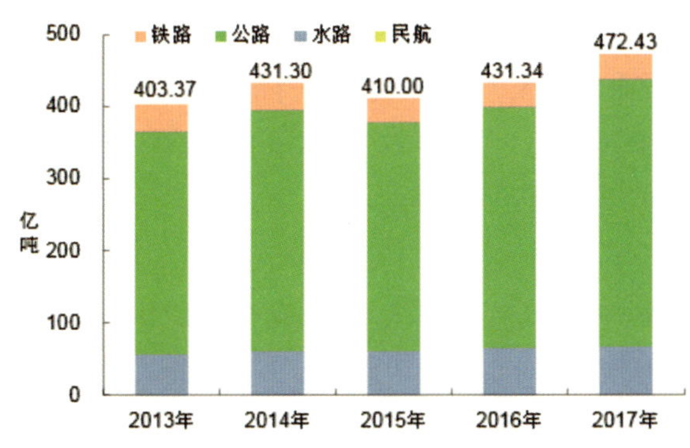

图 10 2013-2017 年营业性货运量

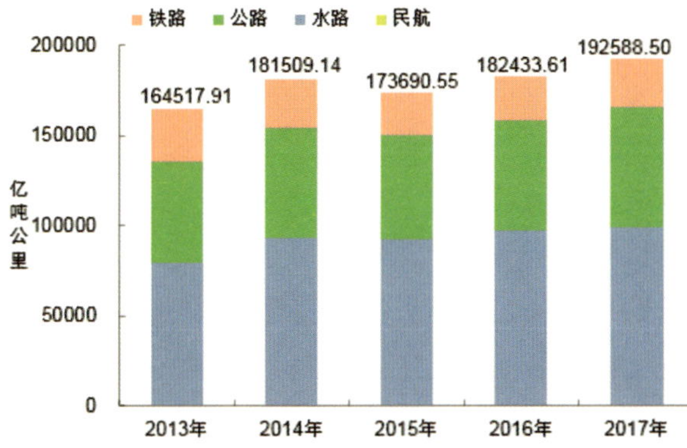

图 11 2013-2017 年营业性货物周转量

全国铁路完成货运总发送量 36.89 亿吨，比上年增长 10.7%，货运总周转量 26962.20 亿吨公里，增长 13.3%。其中国家铁路完成货运总发送量 29.19 亿吨，增长 10.1%，货运总周转量 24091.70 亿吨公里，增长 13.2%。

（二）公路

全年完成营业性客运量 145.68 亿人，比上年下降 5.6%，旅客周转量 9765.18 亿人公里，下降 4.5%。完成货运量 368.69 亿吨，增长 10.3%，货物周转量 66771.52 亿吨公里，增长 9.3%。

年末全国开通客运线路的乡镇比例为 99.12%，开通客运线路的建制村比例为 95.85%，建制村通车率比上年提高 0.48 个百分点。

（三）水路

全年完成客运量 2.83 亿人，比上年增长 3.9%，旅客周转量 77.66 亿人公里，增长 7.4%。完成货运量 66.78 亿吨，增长 4.6%，货物周转量 98611.25 亿吨公里，增长 1.3%。其中，内河运输完成货运量 37.05 亿吨、货物周转量 14948.68 亿吨公里；沿海运输完成货运量 22.13 亿吨、货物周转量 28578.71 亿吨公里；远洋运输完成货运量 7.60 亿吨、货物周转量 55083.86 亿吨公里。

全国港口完成旅客吞吐量 1.85 亿人，比上年增长 0.2%。其中，沿海港口完成 0.87 亿人，增长 5.7%；内河港口完成 0.98 亿人，下降 4.1%。全年我国邮轮旅客运输量 243 万人，增长 11.6%。

全国港口完成货物吞吐量 140.07 亿吨，比上年增长 6.1%。其中，沿海港口完成 90.57 亿吨，增长 7.1%；内河港口完成 49.50 亿吨，增长 4.3%。

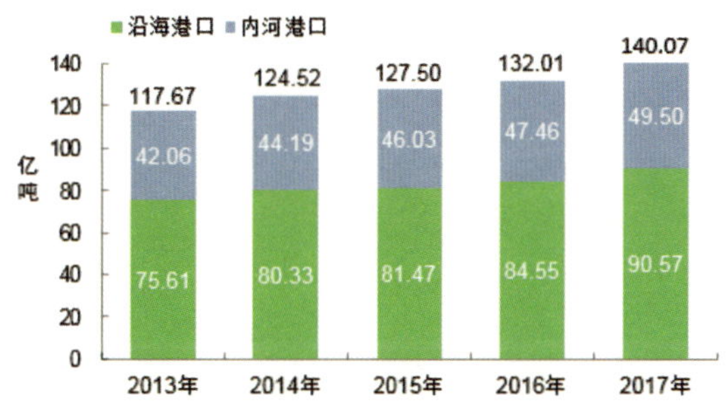

图 12 2013-2017 年全国港口货物吞吐量

全国港口完成外贸货物吞吐量 40.93 亿吨，比上年增长 6.3%。其中，沿海港口完成 36.55 亿吨，增长 5.8%；内河港口完成 4.38 亿吨，增长 10.0%。

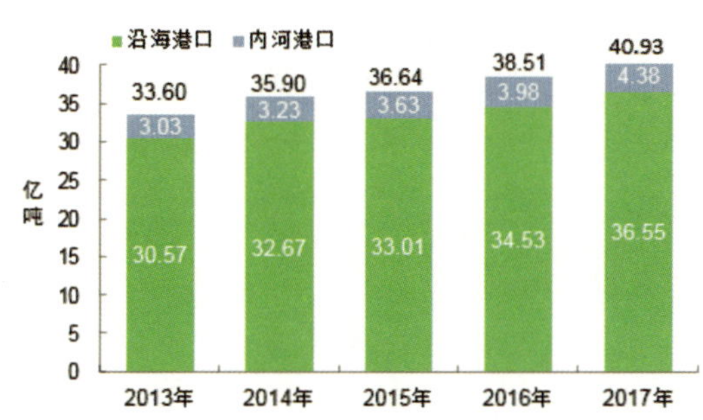

图 13 2013-2017 年全国港口外贸货物吞吐量

全国港口完成集装箱吞吐量 2.38 亿标准箱，比上年增长 8.3%。其中，沿海港口完成 2.11 亿标准箱，增长 7.7%；内河港口完成 2739 万标准箱，增长 13.4%。全国规模以上港口完成集装箱铁水联运量 348 万标准箱，占规模以上港口集装箱吞吐量的比重为 1.47%。

图 14　2013-2017 年全国港口集装箱吞吐量

全国规模以上港口完成货物吞吐量 126.72 亿吨，比上年增长 6.6%。其中，完成煤炭及制品吞吐量 23.34 亿吨，增长 8.5%；石油、天然气及制品吞吐量 10.02 亿吨，增长 7.7%；金属矿石吞吐量 20.28 亿吨，增长 6.0%。

（四）民航

全年完成旅客运输量 5.52 亿人次，比上年增长 13.0%，旅客周转量 9512.78 亿人公里，增长 13.5%。其中，国内航线完成旅客运输量 4.86 亿人次，增长 13.9%；港澳台航线完成旅客运输量 1027.0 万人次，增长 4.3%；国际航线完成旅客运输量 5544.2 万人次，增长 7.4%。

完成货邮运输量 705.8 万吨，比上年增长 5.7%，货邮周转量 243.54 亿吨公里，增长 9.5%。

民航运输机场完成旅客吞吐量 11.48 亿人次，比上年增长 12.9%。完成货邮吞吐量 1617.7 万吨，增长 7.1%。

（五）邮政

全年完成邮政行业业务总量 9763.71 亿元，比上年增长 32.0%。

邮政普遍服务完成函件业务 31.48 亿件，比上年下降 13.0%；包裹业务完成 2658.0 万件，下降 4.9%；报纸业务完成 177.06 亿份，下降 1.6%；杂志业务完成 7.92 亿份，下降 7.0%；汇兑业务完成 3743.7 万笔，下降 35.5%。

快递业务量完成 400.56 亿件，比上年增长 28.0%。快递业务收入完成 4957.11 亿元，增长 24.7%，快递业务收入占邮政行业业务收入的 74.9%，提高 1.0 个百分点。

（六）城市客运

年末全国拥有公共汽电车运营线路 56786 条，比上年增加 3997 条，运营线路总长度 106.9 万公里，增加 8.82 万公里。其中，公交专用车道 10914.5 公里，增加 1136.7 公里；BRT 线路长度 3424.5 公里。轨道交通运营线路 153 条，增加 29 条，运营线路总长度 4583.3 公里，增加 855.8 公里；其中，地铁线路 128 条、4076.0 公里，轻轨线路 6 条、203.0 公里。城市客运轮渡运营航线 92 条，减少 20 条，运营航线总长度 434.9 公里，减少 70.1 公里。

全年完成城市客运量 1273.40 亿人，比上年下降 0.9%。其中，公共汽电车完成 722.87 亿人，下降 3.0%，其中 BRT 客运量 21.96 亿人次，增长 24.4%，公共汽电车运营里程 355.20 亿公里，下降 0.9%；轨道交通完成 184.30 亿人，增长 14.1%，运营里程 5.13 亿列公里，增长 18.4%；巡游出租车完成 365.40 亿人，下降 3.2%；客运轮渡完成 0.83 亿人，下降 11.5%。

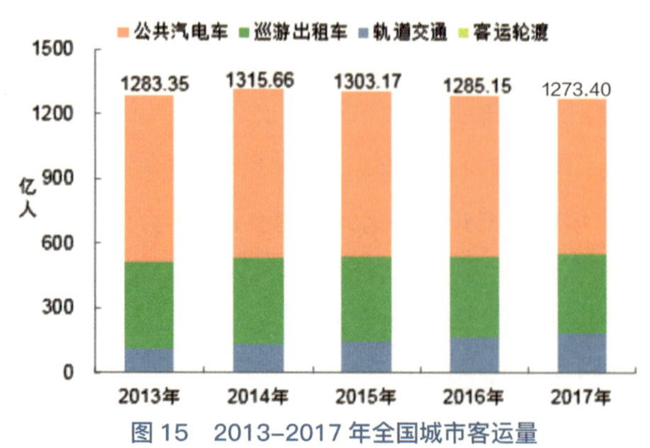

图 15　2013-2017 年全国城市客运量

四、固定资产投资

全年全国完成铁路公路水路固定资产投资31151.16亿元，比上年增长11.6%。

（一）铁路

全年完成铁路固定资产投资8010亿元，投产新线3038公里，其中高速铁路2182公里。

（二）公路

全年完成公路建设投资21253.33亿元，比上年增长18.2%。其中，高速公路建设完成投资9257.86亿元，增长12.4%；普通国省道建设完成投资7264.14亿元，增长19.5%；农村公路建设完成投资4731.33亿元，增长29.3%，新改建农村公路28.97万公里。

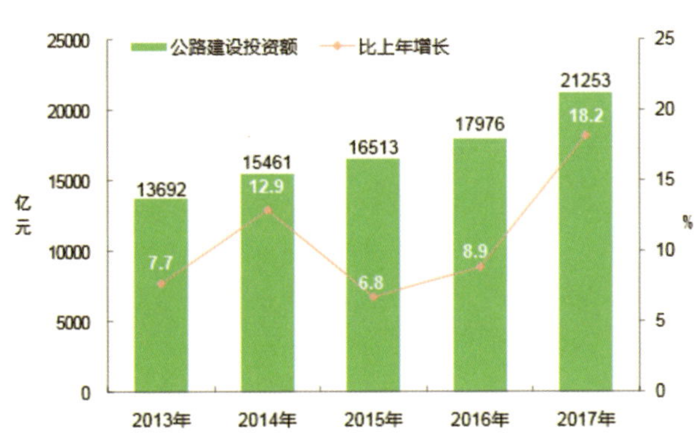

图16 2013-2017年公路建设投资额增长速度

（三）水路

全年完成水运建设投资1238.88亿元，比上年下降12.6%。其中，内河建设完成投资569.39亿元，增长3.1%，内河港口新建及改（扩）建码头泊位180个，新增通过能力6597万吨，其中万吨级及以上泊位新增通过能力820万吨，全年改善内河航道里程590.38公里；沿海建设完成投资669.49亿元，下降22.6%，沿海港口新建及改（扩）建码头泊位107个，新增通过能力19581万吨，其中万吨级及以上泊位新增通过能力18153万吨。

全年完成公路水路支持系统及其他建设投资648.96亿元，比上年增长31.2%。

五、生产安全

全年未发生特别重大、重大铁路交通事故，铁路交通事故死亡人数比上年下降3.9%。

全年共发生运输船舶水上交通事故196件，与上年持平，死亡失踪190人，下降6.4%，沉船80艘，下降2.4%。

公路水路交通运输建设领域全年共发生生产安全事故44起，比上年增长12.8%，死亡66人，下降1.5%。未发生重特大事故。

六、能源消耗与环境保护

（一）能源消耗

全年共监测公路水路运输企业123家。监测的城市公交企业每万人次单耗1.6吨标准煤，比上年增长0.9%，百车公里单耗45.8千克标准煤，下降5.5%；公路班线客运企业每千人公里单耗14.7千克标准煤，增长1.2%，百车公里单耗29.3千克标准煤，下降1.3%；公路专业货运企业每百吨公里单耗1.8千克标准煤，增长3.4%；远洋和沿海货运企业每千吨海里单耗4.4千克标准煤，下降11.1%；港口企业每万吨单耗2.4吨标准煤，下降4.7%。

（二）公路水路环境保护投入

全年公路水路交通运输行业环境保护投入206.28亿元，其中公路环境保护投入165.65亿元，水路环境保护投入40.63亿元。公路环境保护投入中，生态保护措施投入108.07亿元，污染防治设施投入31.07亿元。水路环境保护投入中，生态保护措施投入6.66亿元，污染防治设施投入23.59亿元。

七、科技与人才队伍建设

全年铁路行业共发布89项铁道行业标准，5项科技成果获2017年度国家科学技术进步奖，其中一等奖1项，二等奖4项。

全年公路水路交通运输科研基础条件建设完成投资13亿余元。年末交通运输行业共有52个行业重点实验室，48 个行业研发中心以及 19 个协同创新平台。3 项科技成果获 2017 年度国家科学技术进步奖二等奖。

全年获得团中央、交通运输部联合表彰的全国青年文明号 114 个。全年获得“全国交通技术能手”称号 207 人，全年共培养“交通青年科技英才”141 人。

注释：

1．香港、澳门特别行政区及台湾省统计数据未包括在本公报内。

2．按照《国家公路网规划（2013-2030 年）》，结合各省（区、市）路网调整情况，本公报中国道、省道、县道、乡道、村道里程的统计口径作了部分调整。

3．对 2016 年全国公路里程数据进行了修正。

4．由于各省（区、市）路网调整，2017 年国省干线公路交通量观测里程发生较大变化，国道观测里程为 212443 公里，其中，国家高速公路 48467 公里，普通国道 163976 公里。

5．本公报中营业性旅客运输量为铁路、公路、水路、民航完成数，不包括城市客运量；营业性货物运输量为铁路、公路、水路、民航完成数，不包括管道数据。

6．铁路客货发送量、客货周转量为精密数，其余铁路数据均为速报数。国家铁路含控股合资铁路。

7．民航运输数据为快报数据。

8．邮政数据为月度快报统计数据。

9．公路环保投入统计范围为高速公路及普通国省道公路，水路环保投入统计范围为规模以上港口、干线航道及直属海事系统。

资料来源：

本公报数据来自交通运输部、国家铁路局、中国民用航空局、国家邮政局和中国铁路总公司。

2017 年全国收费公路统计公报

根据《政府信息公开条例》的有关规定，经汇总各省（区、市）已公布的收费公路统计数据，现将2017年全国收费公路统计汇总结果公报如下：

一、收费公路总体情况

（一）里程构成

2017年末，全国收费公路里程16.37万公里，占公路总里程477.35万公里的3.4%。其中，高速公路13.26万公里，一级公路2.07万公里，二级公路0.95万公里，独立桥梁及隧道883公里，占比分别为81.0%、12.6%、5.8%和0.5%。

全国收费公路里程比上年末净减少7356公里。其中，高速公路净增加8130公里，一级公路、二级公路、独立桥梁及隧道分别净减少2846公里、12399公里、240公里。

（二）主线收费站

2017年末，全国收费公路共有主线收费站1338个，比上年末净减少237个。其中，高速公路759个，一级公路373个，二级公路143个，独立桥梁及隧道63个，占比分别为56.7%、27.9%、10.7%和4.7%。

（三）建设投资

2017年末，全国收费公路累计建设投资总额82343.9亿元，较上年末净增加6486.4亿元，增长8.6%。其中，累计资本金投入25614.2亿元，资本金比例31.1%；累计债务性资金投入56729.8亿元，债务性资金比例68.9%。

（四）债务余额

2017年末，全国收费公路债务余额52843.5亿元，比上年末增加4288.8亿元，增长8.8%。其中，年末银行贷款余额45674.2亿元，年末其他债务余额7169.3亿元，占比分别为86.4%和13.6%。

（五）收入支出

2017年度，全国收费公路通行费收入5130.2亿元，比上年增加581.7亿元，增长12.8%；支出总额9156.7亿元，比上年增加465.0亿元，增长5.3%；通行费收支缺口4026.5亿元，比上年减少116.8亿元，下降2.8%。

2017年度支出总额中，偿还债务本金4952.8亿元，偿还债务利息2495.7亿元，养护支出533.9亿元，公路及附属设施改扩建工程支出153.7亿元，运营管理支出627.6亿元，税费支出359.9亿元，其他支出32.9亿元，占比分别为54.1%、27.3%、5.8%、1.7%、6.9%、3.9%和0.4%。

二、政府还贷公路情况

2017年末，全国政府还贷公路里程9.10万公里，累计建设投资总额41487.4亿元，债务余额28279.8亿元，年通行费收入2004.4亿元，年支出总额3961.2亿元，分别占全国收费公路的55.6%、50.4%、53.5%、39.1%和43.3%。

（一）里程构成

政府还贷公路总里程9.10万公里。其中，高速公路6.97万公里，一级公路1.61万公里，二级公路0.50万公里，独立桥梁及隧道156公里，占比分别为76.7%、17.7%、5.5%和0.2%。政府还贷高速公路占收费高速公路里程的52.6%。

（二）建设投资

政府还贷公路累计建设投资总额41487.4亿元。其中，高速公路37993.4亿元，一级公路2832.0亿元，二级公路272.5亿元，独立桥梁及隧道389.5亿元，占比分别为91.6%、6.8%、0.7%和0.9%。

政府还贷公路累计建设投资总额中，累计资本金投入12091.2亿元，资本金比例29.1%；累计债务性资金投入29396.2亿元，债务性资金比例70.9%。

（三）债务余额

2017年末，政府还贷公路债务余额28279.8亿元。其中，高速公路26462.5亿元，一级公路1537.0亿元，二级公路63.6亿元，独立桥梁及隧道216.6亿元，占比分别为93.6%、5.4%、0.2%和0.8%。

（四）收入支出

2017年度政府还贷公路通行费收入2004.4亿元。其中，高速公路1876.3亿元，一级公路79.9亿元，二级公路15.1亿元，独立桥梁及隧道33.2亿元，占比分别为93.6%、4.0%、0.8%和1.7%。

2017年度政府还贷公路支出总额3961.2亿元。其中偿还债务本金1923.9亿元，偿还债务利息1394.6亿元，养护支出278.6亿元，公路及附属设施改扩建工程支出27.1亿元，运营管理支出274.3亿元，税费支出60.9亿元，其他支出1.8亿元，占比分别为48.6%、35.2%、7.0%、0.7%、6.9%、1.5%和0.1%。

2017年度政府还贷公路通行费收支缺口1956.8亿元。其中，高速公路缺口1791.8亿元，一级公路缺口161.9亿元，二级公路缺口13.1亿元，独立桥梁及隧道盈余10.0亿元。

三、经营性公路情况

2017年末，全国经营性公路里程7.28万公里，累计建设投资总额40856.5亿元，债务余额24563.7亿元，年通行费收入3125.8亿元，年支出总额5195.4亿元，分别占全国收费公路的44.4%、49.6%、46.5%、60.9%和56.7%。

（一）里程构成

经营性公路总里程为7.28万公里。其中，高速公路6.29万公里，一级公路0.46万公里，二级公路0.46万公里，独立桥梁及隧道727公里，分别占经营性公路里程的86.4%、6.3%、6.3%和1.0%。经营性高速公路占收费高速公路里程的47.4%。

（二）建设投资

经营性公路累计建设投资总额40856.5亿元。其中，高速公路38342.4亿元，一级公路871.5亿元，二级公路201.1亿元，独立桥梁及隧道1441.5亿元，占比分别为93.8%、2.1%、0.5%和3.5%。

经营性公路累计建设投资总额中，累计资本金投入13522.9亿元，资本金比例33.1%；累计债务性资金投入27333.6亿元，债务性资金比例66.9%。

（三）债务余额

经营性公路债务余额24563.7亿元。其中，高速公路23404.8亿元，一级公路409.1亿元，二级公路72.3亿元，独立桥梁及隧道677.5亿元，占比分别为95.3%、1.7%、0.3%和2.8%。

（四）收入支出

2017年度，经营性公路通行费收入3125.8亿元。其中，高速公路2876.4亿元，一级公路45.0亿元，二级公路27.0亿元，独立桥梁及隧道177.3亿元，占比分别为92.0%、1.4%、0.9%和5.7%。

2017年度经营性公路支出总额为5195.4亿元。其中偿还债务本金3028.9亿元，偿还债务利息1101.1亿元，养护支出255.3亿元，公路及附属设施改扩建工程支出126.7亿元，运营管理支出353.3亿元，税费支出299.0亿元，其他支出31.1亿元，占比分别为58.3%、21.2%、4.9%、2.4%、6.8%、5.8%和0.6%。

2017年度经营性公路通行费收支缺口2069.7亿元。其中，高速公路缺口1979.2亿元，一级公路缺口44.0亿元，二级公路缺口4.8亿元，独立桥梁及隧道缺口41.7亿元。

四、通行费减免情况

2017年度，全国收费公路共减免车辆通行费821.7亿元，比上年增加132.5亿元，增长19.2%。其中，“绿色通道”（鲜活农产品运输车辆）减免339.8亿元，重大节假日小型客车免费通行减免291.2亿元，其他政策性减免190.7亿元，占比分别为41.3%、35.4%和23.2%。

附表：2017年全国收费公路统计汇总表

注释：

1. 政府还贷公路：是指县级以上地方人民政府交通运输主管部门利用贷款或者向企业、个人有偿集资建设的公路，收费时使用财政票据。
2. 经营性公路：是指国内外经济组织投资建设或者依照公路法的规定受让政府还贷公路收费权的公路，收费时使用税务票据。
3. 累计建设投资总额：是指历年建设投资和当年新增建设投资之和，包括征地拆迁、土木工程、交通工程及沿线设施的投资，不含养护、大中修投资。
4. 财政性资本金投入、非财政性资本金投入：是累计建设投资总额中分别属政府财政和其他来源（如社会资本投资、企事业单位自筹）的资本金部分。
5. 举借银行贷款本金、举借其他债务本金：是指累计建设投资总额中通过举借银行贷款和举借其他债务（如发行债券、对外借款）筹集的债务性资金，即原始银行贷款本金和原始其他债务本金，不考虑偿还因素。
6. 养护支出：是指公路日常小修保养（含养护人员薪酬）、大中修工程、预防性养护、养护设施设备购置、养护检查检测、应急养护、机电系统改造维护、生产及照明用电等费用支出之和。
7. 公路及附属设施改扩建工程支出：是指公路及附属设施的改建支出，如收费站、收费广场，部分路段线位调整、提升技术等级、增加车道数和出入口，以及立交工程的改建工程。
8. 税费支出：是指税务部门征收的所有税金与政府财政等有关部门，按相关规定征收或提取的规费之和，包括增值税、所得税、城建税、房产税、教育附加费、水利基金、交警经费等。
9. 运营管理支出：指收费业务、日常管理、路政管理及治超工作支出之和，包括收费人员、管理人员、后勤人员和路政治超人员薪酬、收费业务费用、日常管理办公经费（含）、其他管理支出、路政治超办公及业务费用、执法装备使用及维修、路产巡查等支出。
10. 其他支出：指除还本付息支出、养护支出、公路及附属设施改扩建工程支出、税费支出和运营管理支出之外应由通行费收入列支的所有费用支出。
11. 通行费收支缺口：使用通行费收入减去支出总额，通行费收入大于支出总额为盈余，通行费收入小于支出总额为缺口。
12. 部分数据因四舍五入的原因，存在着与分项合计不等的情况；占比率根据四舍五入前数据计算。

附表

2017年全国收费公路统计汇总表

项目		编号	收费公路里程	主线收费站	建设投资情况				
					累计建设投资总额	财政性资本金投入	非财政性资本金投入	举借银行贷款本金	举借其他债务本金
			公里	个	万元	万元	万元	万元	万元
甲		乙	1	2	3	4	5	6	7
总计		1	163,736.6	1338	823,439,418	144,801,407	111,340,151	522,606,854	44,691,006
还贷性		2	90,979.7	710	414,874,050	103,955,465	16,956,628	277,112,081	16,849,877
经营性		3	72,756.9	628	408,565,368	40,845,942	94,383,524	245,494,773	27,841,129
高速	小计	4	132,637.5	759	763,357,962	131,320,420	100,985,128	490,910,313	40,142,102
	还贷性	5	69,744.2	386	379,934,013	92,581,536	14,392,678	257,228,522	15,731,276
	经营性	6	62,893.3	373	383,423,949	38,738,883	86,592,450	233,681,790	24,410,825
一级	小计	7	20,666.6	373	37,035,220	10,232,541	4,806,068	19,400,847	2,595,764
	还贷性	8	16,083.2	276	28,320,480	9,224,453	2,063,922	16,070,341	961,764
	经营性	9	4,583.5	97	8,714,740	1,008,088	2,742,146	3,330,506	1,634,000
二级	小计	10	9,549.7	143	4,735,990	1,672,234	873,893	1,733,233	456,630
	还贷性	11	4,996.2	38	2,724,504	1,494,399		1,209,425	20,679
	经营性	12	4,553.5	105	2,011,487	177,834	873,893	523,808	435,951
独立桥梁	小计	13	779.1	53	16,023,995	1,456,413	3,902,392	9,514,640	1,150,550
	还贷性	14	144.2	7	3,377,000	535,396	500,028	2，310,292	31,284
	经营性	15	634.9	46	12,646,994	921,017	3,402,364	7,204,348	1,119,266
独立隧道	小计	16	103.7	10	2,286,251	119,799	772,670	1,047,821	345,960
	还贷性	17	12.0	3	518,053	119,679		293,500	104,873
	经营性	18	91.7	7	1,768,198	120	772,670	754,321	241,086

续上表

项目		编号	债务余额情况			年通行费收入	年支出总额			
			年末债务余额小计	年末银行贷款余额	年末其他债务余额			还本付息支出小计	偿还债务本金支出	偿还债务利息支出
			万元	万元	万元	万元	万元	万元	万元	万元
甲		乙	8	9	10	11	12	13	14	15
总 计		1	528,434,837	456,742,269	71,692,568	51,301,957	91,566,884	74,485,048	49,527,869	24,957,180
还贷性		2	282,797,565	254,996,781	27,800,783	20,044,421	39,612,450	33,185,009	19,239,075	13,945,934
经营性		3	245,637,272	201,745,487	43,891,785	31,257,536	51,954,434	41,300,039	30,288,793	11,011,246
高速	小 计	4	498,673,804	434,098,254	64,575,550	47,527,516	85,237,456	69,762,210	46,037,291	23,724,920
	还贷性	5	264,625,361	240,695,009	23,930,352	18,763,465	36,681,139	30,938,244	17,760,420	13,177,825
	经营性	6	234,048,444	193,403,245	40,645,199	28,764,051	48,556,316	38,823,966	28,276,871	10,547,095
一级	小 计	7	19,461,658	13,790,629	5,671,029	1,248,367	3,307,440	2,460,164	1,671,641	788,523
	还贷性	8	15,370,469	11,682,496	3,687,972	798,518	2,417,899	1,851,475	1,188,237	663,238
	经营性	9	4,091,189	2,108,133	1,983,056	449,849	889,541	608,689	483,404	125,285
二级	小 计	10	1,358,571	926,334	432,237	420,991	599,400	382,952	318,619	64,333
	还贷性	11	635,964	630,964	5,000	150,651	281,208	213,778	171,795	41,982
	经营性	12	722,608	295,370	427,237	270,340	318,191	169,175	146,824	22,351
独立桥梁	小 计	13	7,935,235	7,164,377	770,858	1,996,614	2,206,535	1,697,988	1,368,425	329,563
	还贷性	14	1,972,561	1,875,172	97,389	320,143	185,242	146,709	92,623	54,086
	经营性	15	5,962,674	5,289,205	673,469	1,676,470	2,021,293	1,551,279	1,275,802	275,477
独立隧道	小 计	16	1,005,568	762,674	242,894	108,470	216,054	181,733	131,892	49,841
	还贷性	17	193,211	113,140	80,071	11,644	46,962	34,803	26,000	8,803
	经营性	18	812,357	649,534	162,823	96,826	169,092	146,930	105,892	41,038

续上表

项目		编号	通行费减免情况							
			养护支出	公路及附属设施改扩建工程支出	运营管理支出	税费支出	其他支出	年绿色通道减免金额	年节假日小型客车减免金额	年其他政策性减免金额
			万元	万元	万元	万元	万元	万元	万元	万元
甲		乙	16	17	18	19	20	21	22	23
总 计		1	5,339,474	1,537,491	6,276,296	3,599,373	329,202	3,397,664	2,911,963	1,907,330
还贷性		2	2,786,202	270,814	2,743,205	609,130	18,090	1,564,471	1,083,338	697,825
经营性		3	2,553,272	1,266,677	3,533,091	2,990,243	311,112	1,833,194	1,828,625	1,209,505
高速	小 计	4	4,707,064	1,409,564	5,768,329	3,273,505	316,783	3,266,950	2,757,578	1,773,628
	还贷性	5	2,402,979	244,571	2,504,347	578,566	12,432	1,515,070	1,035,452	649,637
	经营性	6	2,304,085	1,164,994	3,263,982	2,694,939	304,352	1,751,880	1,722,126	1,123,990
一级	小 计	7	399,615	104,932	278,452	61,532	2,745	30,476	47,500	51,695
	还贷性	8	319,311	25,461	195,931	25,110	611	20,759	26,406	28,728
	经营性	9	80,304	79,471	82,521	36,422	2,134	9,716	21,094	22,966
二级	小 计	10	96,721	1,702	77,192	40,191	641	12,825	7,799	15,926
	还贷性	11	45,131	51	22,249			10,324	3,504	5，485
	经营性	12	51，590	1,651	54,943	40,191	641	2,501	4,295	10,441
独立桥梁	小 计	13	120,045	18,531	145,310	219,873	4,788	86,620	95,778	63,952
	还贷性	14	13,236	732	18,533	5,069	963	18,274	17,585	13,909
	经营性	15	106,808	17,799	126,777	214,805	3,825	68,345	78,193	50,044
独立隧道	小 计	16	16,029	2,761	7,014	4,272	4,244	794	3,307	2,130
	还贷性	17	5,545		2,144	386	4,084	43	391	66
	经营性	18	10,484	2,761	4,870	3,887	160	751	2,916	2,064

注一：同一收费项目中含不同技术或行政等级，项目的技术和行政等级按里程长的计算；注二：收费站按所属项目技术等级计算；注三：省界主线共管收费站，各省分别按 0.5 个计算。

《2017 年全国收费公路统计公报》解读

2017 年，各地、各有关部门坚决贯彻落实党中央、国务院各项决策部署，协调推进“四个全面”战略布局，坚持稳中求进工作总基调，按照稳增长、促改革、调结构、惠民生、防风险的要求，加快推进公路基础设施建设，为全面建成小康社会和人民群众安全便捷出行提供优质高效的公路交通保障。

一、政策实施成效

改革开放初期，我国经济持续快速发展，群众出行需求日益旺盛，国内外贸易规模不断扩大，但公路基础设施发展严重滞后。为破解公路基础设施严重落后对经济社会发展的瓶颈制约，1984 年 12 月，国务院第 54 次常务会议作出“贷款修路，收费还贷”的重大决定，打破了公路建设单纯依靠财政投资的体制束缚，逐步形成了“国家投资、地方筹资、社会融资、利用外资”的多元化投融资机制，对我国公路交通的快速发展起到了至关重要的作用。

2017 年末，全国公路总里程达到 477.35 万公里，是 1984 年末的 5.2 倍。其中，高速公路达到 13.65 万公里，里程规模居世界第一。公路基础设施的快速发展，大幅提高了公路通行能力和运输效率，加快了物流业发展，促进了我国经济社会持续健康发展。2017 年，全国公路旅客周转量为 9765.18 亿人公里，是 1984 年的 7.3 倍；公路货物周转量为 66771.52 亿吨公里，是 1984 年的 126.6 倍。

二、收费公路发展状况

(一) 总体情况

1. 里程规模

2017 年末，全国收费公路里程 16.37 万公里，占公路总里程 477.35 万公里的 3.4%。其中，高速公路 13.26 万公里，一级公路 2.07 万公里，二级公路 0.95 万公里，独立桥梁及隧道 883 公里，占比分别为 81.0%、12.6%、5.8% 和 0.5%。

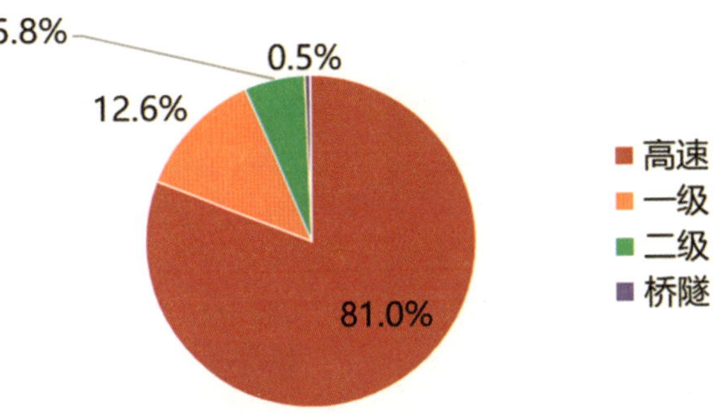

图 1 收费公路技术等级构成（2017）

与上年末相比，全国收费公路总里程由 171092 公里减少到 163737 公里，净减少 7356 公里，下降 4.3%。其中，高速公路里程由 124508 公里增加到 132638 公里，净增 8130 公里，增长 6.5%；一级公路由 23513 公里减少到 20667 公里，净减 2846 公里，下降 12.1%；二级公路里程由 21949 公里减少到 9550 公里，净减 12399 公里，下降 56.5%；独立桥梁及隧道里程由 1123 公里减少到 883 公里，净减 240 公里，下降 21.4%。随着高速

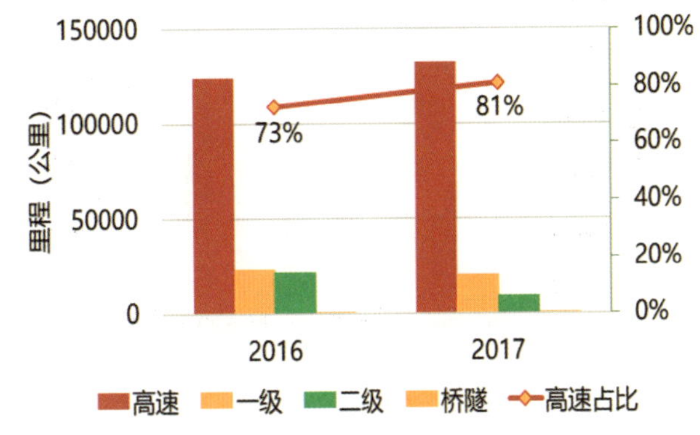

图 2 收费公路里程（2016–2017）

公路里程不断增长和逐步有序取消政府还贷二级公路收费，全国收费公路结构进一步优化。

2. 主线收费站

2017 年末，全国收费公路共设主线收费站 1338 个，其中，高速公路 759 个，一级公路 373 个，二级公路 143 个，独立桥梁及隧道 63 个，占比分别为 56.7%、27.9%、10.7% 和 4.7%。

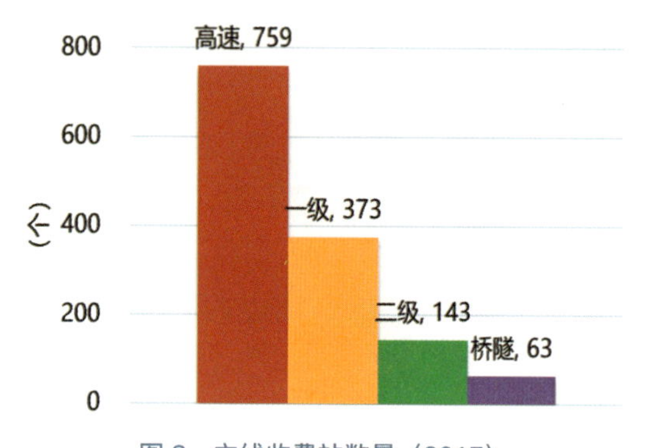

图 3　主线收费站数量（2017）

与上年末相比，全国收费公路主线收费站由 1575 个减少至 1338 个，净减 237 个，下降 15.0%。其中，高速公路主线收费站由 743 个增加至 759 个，净增 16 个，增长 2.2%；一级公路收费站由 414 个减少至 373 个，净减少 41 个，下降 9.9%；二级公路收费站由 320 个减少至 143 个，净减 177 个，下降 55.3%；独立桥梁及隧道收费站由 98 个减少至 63 个，净减 35 个，下降 35.7%。

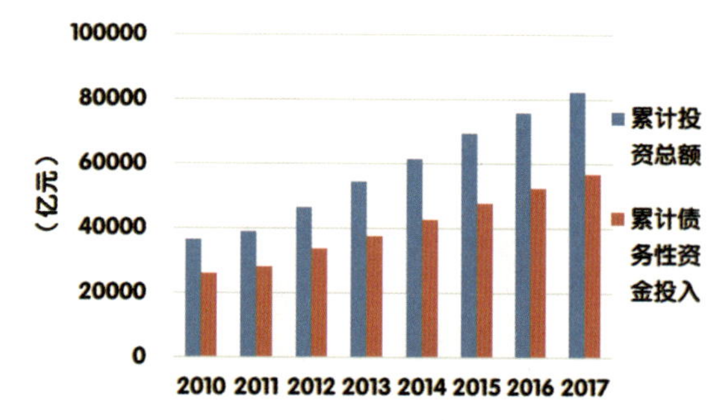

图 4　累计建设投资总额（2010–2017）

注：累计建设投资总额指历年和当年收费公路建设投资额的合计

3. 建设投资

2017 年末，全国收费公路累计建设投资总额 82343.9 亿元，比上年末净增 6486.4 亿元，增长 8.6%。

在累计建设投资总额中，累计资本金投入 25614.2 亿元，资本金比例 31.1%；累计债务性资金投入 56729.8 亿元，债务性资金比例 68.9%。与上年末相比，全国收费公路累计债务性资金投入由 52339.3 亿元增加到 56729.8 亿元，净增 4390.5 亿元，增长 8.4%。

4. 债务余额

2017 年末，全国收费公路债务余额 52843.5 亿元，比上年末净增 4288.8 亿元，增长 8.8%。其中，高速公路 49867.4 亿元，一级公路 1946.2 亿元，二级公路 135.9 亿元，独立桥梁及隧道 894.1 亿元，占比分别为 94.4%、3.7%、0.3% 和 1.7%。

5. 收入支出

（1）通行费收入

2017 年度，全国收费公路车辆通行费总收入 5130.2 亿元。其中，高速公路 4752.8 亿元，一级公路 124.8 亿元，二级公路 42.1 亿元，独立桥梁及隧道 210.5 亿元，占比分别为 92.6%、2.4%、0.8% 和 4.1%。

全国收费公路车辆通行费总收入比上年净增 581.7 亿元，增长 12.8%。其中，高速公路净增 571.4 亿元，一级公路净减 18.9 亿元，二级公路净减 17.2 亿元，独立桥梁及隧道净增 46.4 亿元。

（2）支出情况

2017 年度，全国收费公路支出总额 9156.7 亿元。其中，偿还债务本金 4952.8 亿元，偿还债务利息 2495.7 亿元，养护支出 533.9 亿元，公路及附属设施改扩建工程支出 153.7 亿元，运营管理支出 627.6 亿元，税费支出 359.9 亿元，其他支出 32.9 亿元，占比分别为 54.1%、27.3%、5.8%、1.7%、6.9%、3.9% 和 0.4%。

全国收费公路支出总额比上年净增 465.0 亿

元，增长 5.3%。其中，偿还债务本金支出净增 202.3 亿元，增长 4.3%；偿还利息支出净增 182.4 亿元，增长 7.9%；养护管理支出净增 57.7 亿元，增长 12.1%；公路及附属设施改扩建工程支出净减 75.0 亿元，下降 32.8%；运营管理支出净增 30.9 亿元，增长 5.2%；税费支出净增 51.0 亿元，增长 16.5%；其他支出净增 15.7 亿元，增长 90.6%。

（3）收支对比

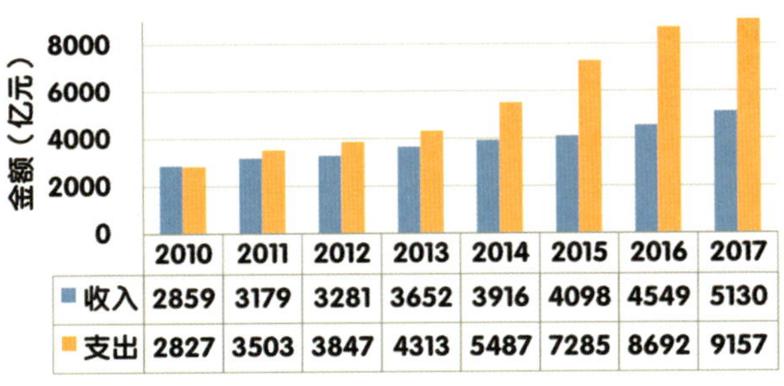

图 5　收入与支出（2010–2017）

2017 年度，全国收费公路收支平衡结果为 -4026.5 亿元，比上年减少 116.8 亿元，下降 2.8%。但收支缺口仍然巨大。2010 年至 2017 年度，收支平衡结果依次为：32.5 亿元、-323.3 亿元、-565.7 亿元、-660.5 亿元、-1571.1 亿元、-3187.3 亿元、-4143.3 亿元和 -4026.5 亿元。

图 6　收支平衡结果（2010–2017）

（二）政府还贷公路

1. 里程规模

2017 年末，全国政府还贷公路里程 9.10 万公里，占全国收费公路里程的 55.6%。其中，政府还贷高速公路 6.97 万公里，一级公路 1.61 万公里，二级公路 0.50 万公里，独立桥梁及隧道 156 公里，占比分别为 76.7%、17.7%、5.5% 和 0.2%。政府还贷高速公路占收费高速公路里程的 52.6%。

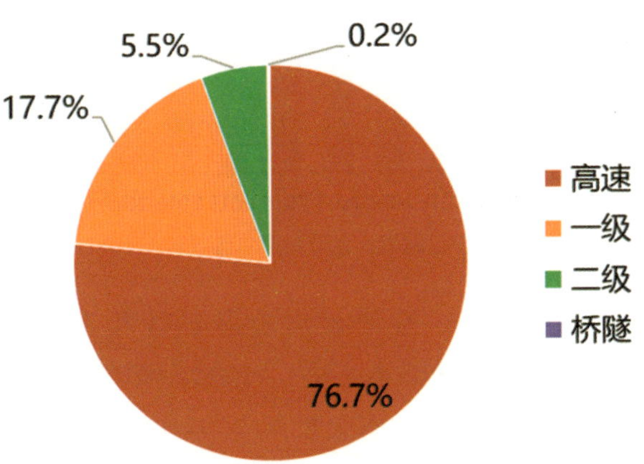

图 7　政府还贷公路技术等级构成（2017）

与上年末相比，政府还贷公路总里程由 100477 公里减少到 90980 公里，净减 9497 公里，下降 9.5%。其中，高速公路里程由 64746 公里增加到 69744 公里，净增 4999 公里，增长 7.7%；一级公路里程由 18251 公里减少到 16083 公里，净减 2167 公里，下降 11.9%；二级公路里程由 17196 公里减少到 4996 公里，净减 12199 公里，下降 70.9%；独立桥梁及隧道里程由 286 公里减少到 156 公里，净减 129 公里，下降 45.3%。

2. 建设投资

2017 年末，政府还贷公路累计建设投资 41487.4 亿元，占收费公路累计建设投资总额的 50.4%。其中，政府还贷高速公路累计建设投资 37993.4 亿元，一级公路 2832.0 亿元，二级公路 272.5 亿元，独立桥梁及隧道 389.5 亿元，占比分别为 91.6%、6.8%、0.7% 和 0.9%。

与上年末相比，政府还贷公路累计建设投资总额由 38172.8 亿元增加到 41487.4 亿元，净增 3314.6 亿元，增长 8.7%。其中，政府还贷高速公路累计建设投资总额由 34125.4 亿元增加到 37993.4 亿元，净增 3868.0 亿元，增长 11.3%。

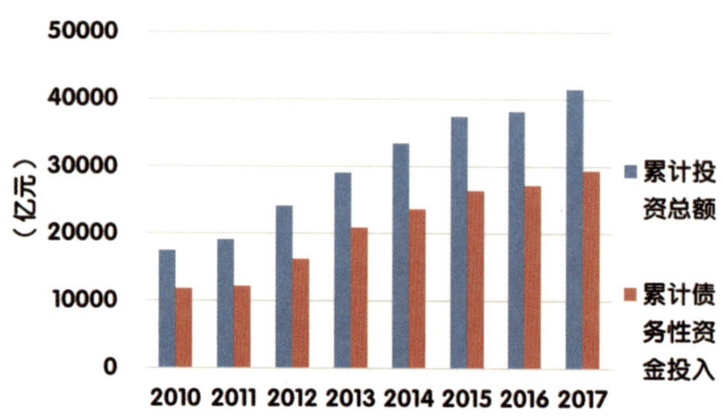

图 8　政府还贷公路累计建设投资总额（2010-2017）

2017 年末，政府还贷公路累计建设投资中，累计资本金投入 12091.2 亿元，资本金比例 29.1%；累计债务性资金投入 29396.2 亿元，债务性资金比例 70.9%。

3. 债务余额

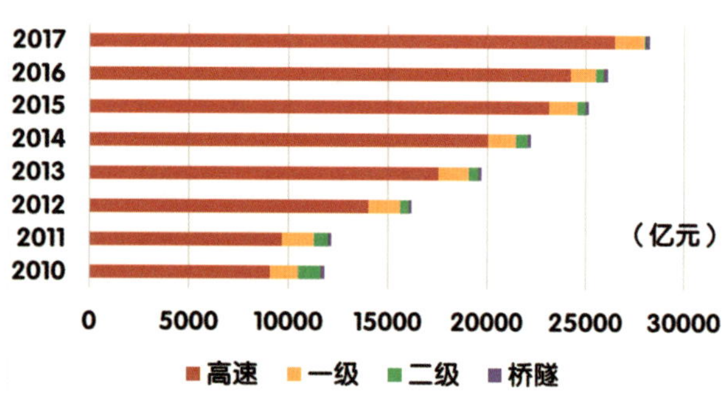

图 9　政府还贷公路债务余额（2010-2017）

2017 年末，政府还贷公路债务余额 28279.8 亿元，占全国收费公路债务余额的 53.5%。其中，政府还贷高速公路债务余额 26462.5 亿元，一级公路 1537.0 亿元，二级公路 63.6 亿元，独立桥梁及隧道 216.6 亿元，占比分别为 93.6%、5.4%、0.2% 和 0.8%。

与上年末相比，政府还贷公路债务余额由 26107.5 亿元增加到 28279.8 亿元，净增 2172.3 亿元，增长 8.3%。其中，政府还贷高速公路债务余额由 24248.7 亿元增加到 26462.5 亿元，净增 2213.9 元，增长 9.1%。

4. 收入支出

（1）通行费收入

2017 年度，政府还贷公路通行费收入 2004.4 亿元，占收费公路通行费收入总额的 39.1%。其中，政府还贷高速公路通行费收入 1876.3 亿元，一级公路 79.9 亿元，二级公路 15.1 亿元，独立桥梁及隧道 33.2 亿元，占比分别为 93.6%、4.0%、0.8% 和 1.7%。

与上年相比，全国政府还贷公路车辆通行费总收入由 1810.7 亿元增加到 2004.4 亿元，净增 193.7 亿元，增长 10.7%。其中，高速公路由 1642.4 亿元增加到 1876.3 亿元，净增 234.0 亿元，增长 14.2%；一级公路由 104.0 亿元减少到 79.9 亿元，净减 24.1 亿元，下降 23.2%；二级公路由 34.9 亿元减少到 15.1 亿元，净减 19.8 亿元，下降 56.8%；独立桥梁及隧道由 29.5 亿元增加到 33.2 亿元，净增 3.7 亿元，增加 12.5%。

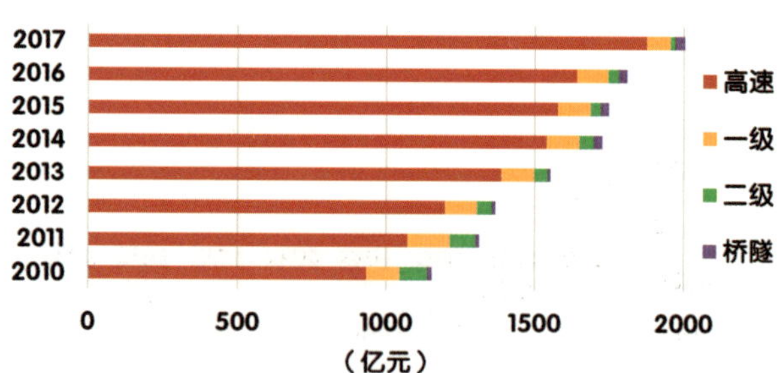

图 10　政府还贷公路通行费收入情况（2010-2017）

（2）支出情况

2017 年度，政府还贷公路支出总额为 3961.2 亿元，占收费公路支出总额的 43.3%。其中偿还债务本金 1923.9 亿元，偿还债务利息 1394.6 亿元，养护支出 278.6 亿元，公路及附属设施改扩建工程支出 27.1 亿元，运营管理支出 274.3 亿元，税费支出 60.9 亿元，其他支出 1.8 亿元，占比分别为 48.6%、35.2%、7.0%、0.7%、6.9%、1.5% 和 0.1%。

与上年相比，全国政府还贷公路支出总额由 3961.3 亿元减少为 3961.2 亿元，净减 0.1 亿元。其中，偿还债务本金支出净减 139.5 亿元，下降 6.8%；偿还债务利息支出净增 116.6 亿元，增长 9.1%；养护支出净增 19.0 亿元，增长 7.3%；公路及附属设施改扩建工程支出净减 10.7 亿元，下降 28.4%；运营管理支出净增 5.5 亿元，增长 2.0%；税费支出净增 10.2 亿元，增长 20.2%；其他支出净减 1.1 亿元，下降 38.3%。

（3）收支对比

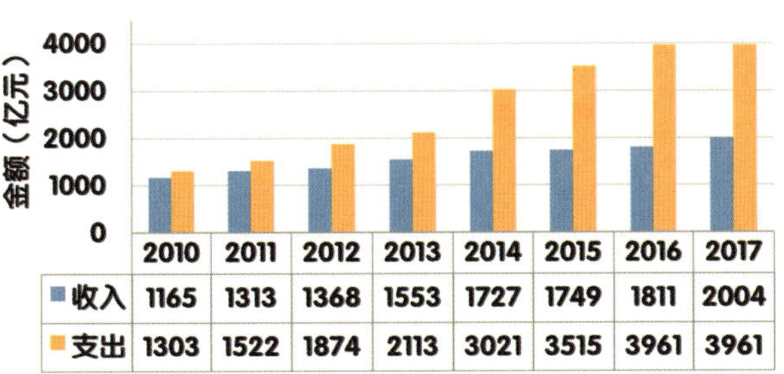

	2010	2011	2012	2013	2014	2015	2016	2017
收入	1165	1313	1368	1553	1727	1749	1811	2004
支出	1303	1522	1874	2113	3021	3515	3961	3961

图 11　政府还贷公路收入与支出（2010–2017）

2017 年度，政府还贷公路收支平衡结果为 -1956.8 亿元。其中，政府还贷高速公路收支缺口 1791.8 亿元，一级公路收支缺口 161.9 亿元，二级公路收支缺口 13.1 亿元，独立桥梁及隧道收支盈余 10.0 亿元。

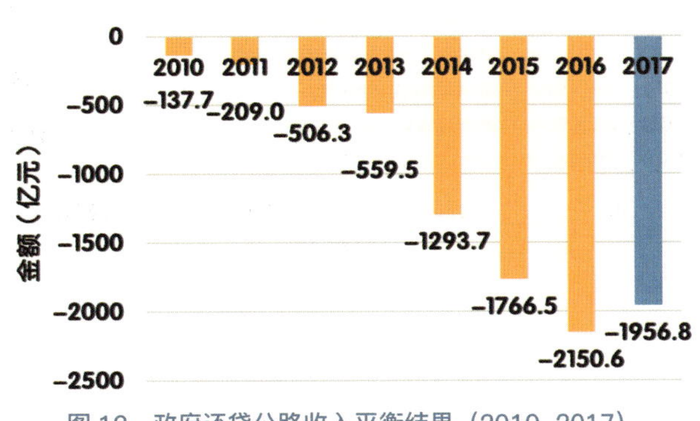

图 12　政府还贷公路收入平衡结果（2010–2017）

与 2010 年至 2016 年度（收支平衡结果依次为：-137.7 亿元、-209.0 亿元、-506.3 亿元、-559.5 亿元、-1293.7 亿元、-1766.5 亿元和 -2150.6 亿元）相比，收支缺口持续增大的趋势发生转变，比上年减少 193.8 亿元，下降 9.0%。

（三）经营性公路

1. 里程规模

2017 年末，全国经营性公路里程 7.28 万公里，占全国收费公路里程的 44.4%。其中，经营性高速公路 6.29 万公里，一级公路 0.46 万公里，二级公路 0.46 万公里，独立桥梁及隧道 727 公里，分别占经营性公路里程的 86.4%、6.3%、6.3% 和 1.0%。经营性高速公路占收费高速公路里程的 47.4%。

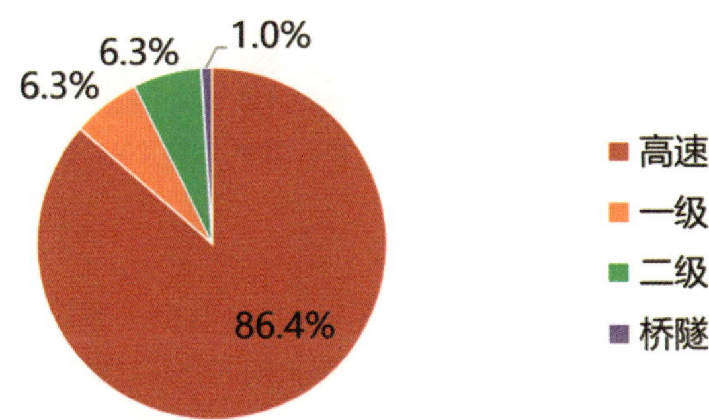

图 13　经营性公路技术等级构成（2017）

与上年末相比，经营性公路总里程由 70615 公里增加到 72757 公里，净增 2142 公里，增长 3.0%。其中，高速公路里程由 59762 公里增加到 62893 公里，净增 3131 公里，增长 5.2%；一级公路里程由 5262 公里减少到 4583 公里，净减 679 公里，下降 12.9%；二级公路里程由 4754 公里减少到 4553 公里，净减 200 公里，下降 4.2%；独立桥梁及隧道里程由 837 公里减少到 727 公里，净减 111 公里，下降 13.2%。

2. 建设投资

2017 年末，经营性公路累计建设投资 40856.5

亿元，占收费公路累计建设投资总额的 49.6%。其中，经营性高速公路累计建设投资 38342.4 亿元，一级公路 871.5 亿元，二级公路 201.1 亿元，独立桥梁及隧道 1441.5 亿元，占比分别为 93.8%、2.1%、0.5% 和 3.5%。

与上年末相比，经营性公路累计建设投资总额由 37684.7 亿元增加到 40856.5 亿元，净增 3171.8 亿元，增长 8.4%。其中，经营性高速公路累计建设投资总额由 35426.7 亿元增加到 38342.4 亿元，净增 2915.7 亿元，增长 8.2%。

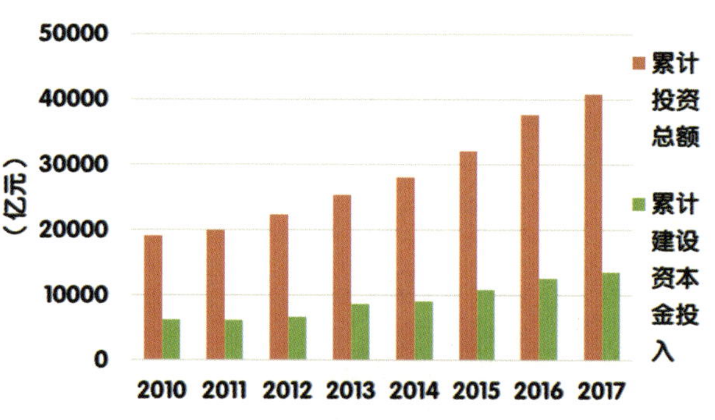

图 14　经营性公路累计建设投资总额（2010-2017）

经营性公路累计建设投资总额中，累计资本金投入 13522.9 亿元，资本金比例 33.1%，累计债务性资金投入 27333.6 亿元，债务性资金比例 66.9%。

3. 债务余额

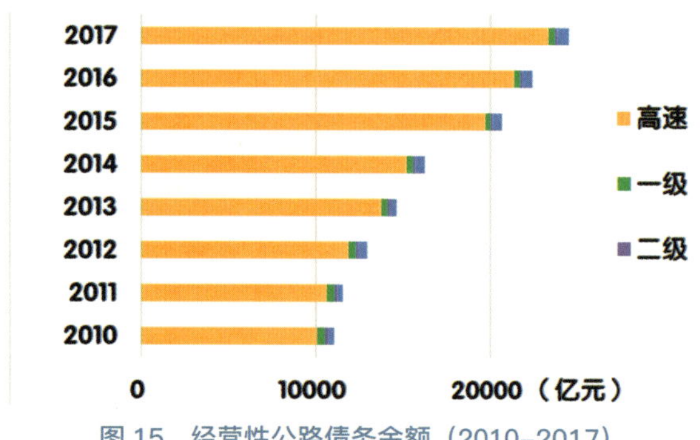

图 15　经营性公路债务余额（2010-2017）

2017 年末，经营性公路债务余额 24563.7 亿元，占收费公路债务余额的 46.5%。其中，经营性高速公路债务余额 23404.8 亿元，一级公路 409.1 亿元，二级公路 72.3 亿元，独立桥梁及隧道 677.5 亿元，占比分别为 95.3%、1.7%、0.3% 和 2.8%。

与上年末相比，经营性公路债务余额由 22447.2 亿元增加到 24563.7 亿元，净增 2116.5 亿元，增长 9.4%。其中，经营性高速公路债务余额由 21386.3 亿元增加到 23404.8 亿元，净增 2018.5 亿元，增长 9.4%。

4. 收入支出

（1）通行费收入

2017 年度，经营性公路通行费收入 3125.8 亿元，占收费公路通行费收入总额的 60.9%。其中，经营性高速公路通行费收入 2876.4 亿元，一级公路 45.0 亿元，二级公路 27.0 亿元，独立桥梁及隧道 177.3 亿元，分别占经营性公路通行费收入的 92.0%、1.4%、0.9% 和 5.7%。

与上年相比，经营性公路车辆通行费总收入由 2737.7 亿元增加到 3125.8 亿元，净增 388.0 亿元，增长 14.2%。其中，高速公路由 2539.0 亿元增加到 2876.4 亿元，净增 337.4 亿元，增长 13.3%；一级公路由 39.7 亿元增加到 45.0 亿元，净增 5.3 亿元，增加 13.3%；二级公路由 24.4 亿元增加到 27.0 亿元，净增 2.6 亿元，增加 10.7%；独立桥梁及隧道由 134.6 亿元增加到 177.3 亿元，净增 42.7 亿元，增长 31.7%。

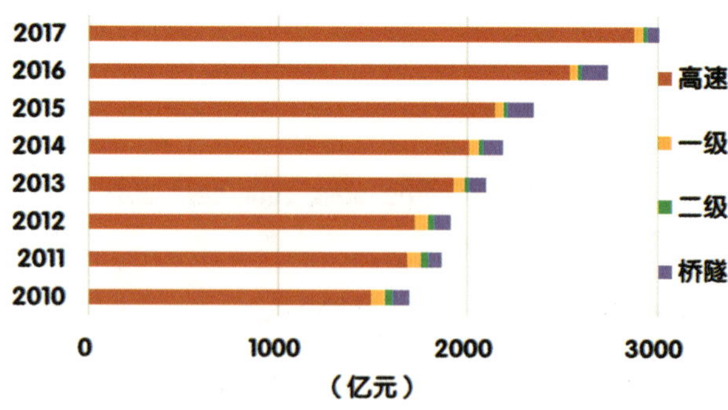

图 16　经营性公路通行费收入情况（2010-2017）

（2）支出情况

2017 年度，经营性公路支出总额为 5195.4

亿元，占收费公路支出总额的 56.7%。其中，偿还债务本金支出 3028.9 亿元，偿还债务利息支出 1101.1 亿元，养护支出 255.3 亿元，公路及附属设施改扩建工程支出 126.7 亿元，运营管理支出 353.3 亿元，税费支出 299.0 亿元，其他支出 31.1 亿元，分别占经营性公路支出总额的 58.3%、21.2%、4.9%、2.4%、6.8%、5.8% 和 0.6%。

与上年相比，经营性公路支出总额净增 465 亿元，增长 9.8%。其中，偿还债务本金支出净增 341.8 亿元，增长 12.7%；偿还债务利息支出净增 65.8 亿元，增长 6.4%；养护支出净增 38.7 亿元，增长 17.9%；公路及附属设施改扩建工程支出净减 64.2 亿元，下降 33.6%；运营管理支出净增 25.4 亿元，增长 7.7%；税费支出净增 40.8 亿元，增加 15.8%；其他支出净增 16.8 亿元，增长 117.0%。

（3）收支对比

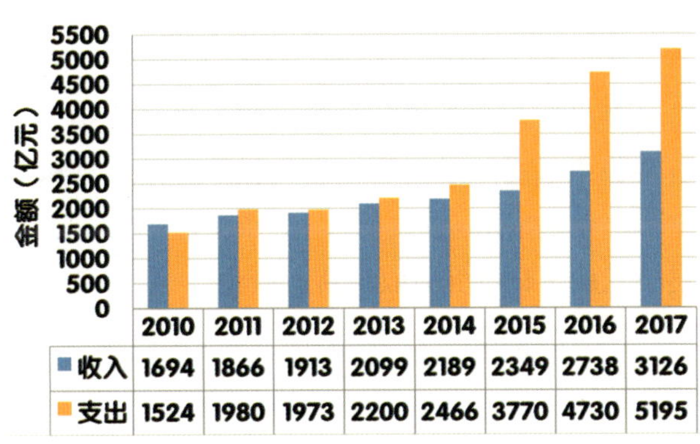

	2010	2011	2012	2013	2014	2015	2016	2017
收入	1694	1866	1913	2099	2189	2349	2738	3126
支出	1524	1980	1973	2200	2466	3770	4730	5195

图 17　经营性公路收入与支出（2010–2017）

2017 年度，全国经营性公路收支平衡结果为 -2069.7 亿元。其中，经营性高速公路收支缺口 1979.2 亿元，一级公路收支缺口 44.0 亿元，二级公路收支缺口 4.8 亿元，独立桥梁及隧道收支缺口 41.7 亿元。

与 2010 年至 2016 年度（收支平衡结果依次为：170.2 亿元、-114.4 亿元、-59.4 亿元、-101.1 亿元、-277.4 亿元、-1420.8 亿元和 -1992.7 亿元）相比，收支缺口进一步扩大。

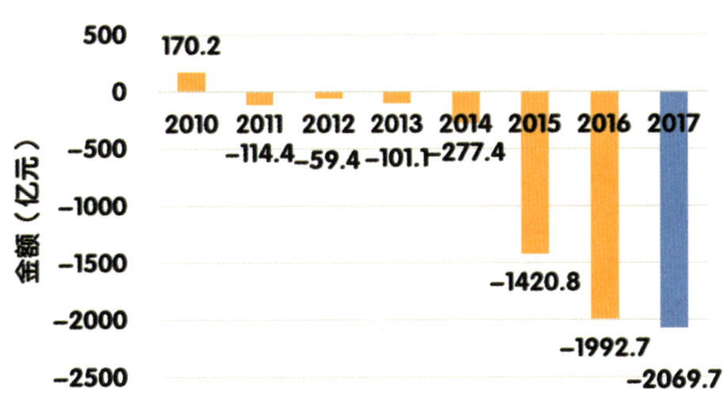

图 18　经营性公路收支平衡结果（2010–2017）

（四）通行费减免情况

2017 年度，全国收费公路共减免车辆通行费 821.7 亿元，占 2017 年度应收通行费总额的 13.8%。其中，“绿色通道”（鲜活农产品运输车辆）减免 339.8 亿元，重大节假日小型客车免费通行减免 291.2 亿元，其他政策性减免 190.7 亿元，占比分别为 41.3%、35.4% 和 23.2%。

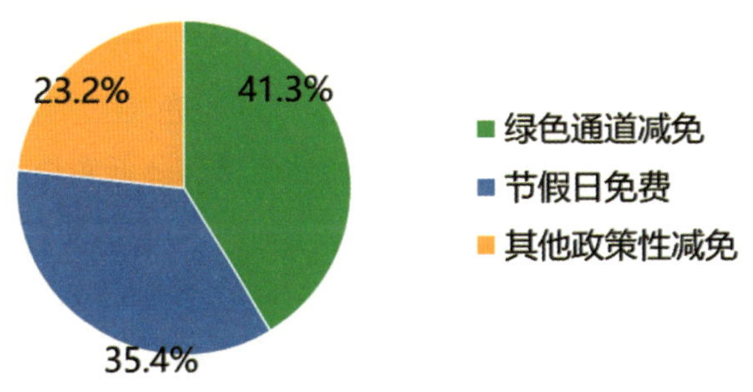

图 19　通行费减免构成（2017）

2017 年度，全国收费公路车辆通行费减免额比上年增加 132.5 亿元，增长 19.2%。其中，“绿色通道”（鲜活农产品运输车辆）减免增加 9.9 亿元，增长 3.0%；重大节假日小型客车免费通行减免增加 53.4 亿元，增长 22.5%；其他政策性减免增加 69.1 亿元，增长 56.8%。

三、重要变化解读

（一）里程结构进一步优化

2017 年末，全国收费公路里程比上年末净减少7356公里。其中，高速公路里程净增8130公里，增长6.5%，主要为新通车高速公路项目带来的里程增加。高速公路里程占比由2016年末的72.8%上升到81.0%。

普通公路（一、二级公路合计）里程净减少15245公里，下降33.5%。其中，一级公路净减少2846公里，主要为广东省取消年票制一级公路收费；二级公路净减少12399公里，主要为内蒙古、甘肃、青海、宁夏取消政府还贷二级公路收费。

截至2017年末，北京、天津、辽宁、上海、江西、重庆等六省市已全部取消普通公路收费，福建、湖南、宁夏等省区仅剩个别收费普通公路项目。全国普通公路收费里程大幅下降，收费公路结构不断优化，为公众经济高效出行提供了更多可选择路线，有效降低了人民群众出行成本，助力物流业降本增效，社会效益显著。

（二）惠民措施力度持续加大

2017年，交通运输行业深入贯彻落实党中央、国务院关于推进供给侧结构性改革和降低实体经济企业成本的决策部署，进一步加大惠民措施力度，促进物流业"降本增效"。全国收费公路共减免车辆通行费821.7亿元，比上年增加132.5亿元，增长19.2%，年通行费减免额占应收通行费总额的13.8%。

在继续严格执行鲜活农产品运输"绿色通道"政策、重大节假日小型客车免费通行等惠民政策的基础上，鼓励各地优化和实施货车通行费优惠政策，推进高速公路差异化收费。各项惠民措施的实施为降低鲜活农产品流通成本、降低物流业成本、实惠人民群众出行作出了重要贡献。

（三）债务规模继续扩大。

2017年，全国收费公路新增项目中75%以上为高速公路项目。由于新增高速公路造价远高于到期及取消收费的一、二级公路，导致收费公路累计建设投资总额和举借债务本金规模进一步扩大。全国收费公路累计建设投资总额比上年末净增6486.4亿元，增长8.6%，其中，举借银行贷款本金和其他债务本金净增4390.5亿元，增长了8.4%。

受高速公路里程增加和投资总额扩大的影响，收费公路债务余额持续上升，较上年末净增4288.8亿元。其中，高速公路净增4232.4亿元，一级公路净增272.4亿元，二级公路净减333.1亿元，独立桥梁及隧道净增117.1亿元。新增债务余额主要是新通车收费公路建设投资中举借的银行贷款和其他债务本金，以及存量收费公路为养护工程、改扩建工程、运营管理等支出举借的新债。

（四）收支缺口依然较大。

2017年度全国收费公路通行费收支缺口为4026.5亿元，比上年减少116.8亿元，下降2.8%，但全国收费公路通行费收支缺口仍处在高位。

2017年，全国铁路全面贯彻党的十九大精神，以习近平新时代中国特色社会主义思想为指引，坚持稳中求进的总基调，深化铁路供给侧结构性改革，落实高质量发展要求，客货运输、铁路安全、建设发展、科技创新取得新业绩。

延伸阅读——全国收费公路统计（2013年-2017年）

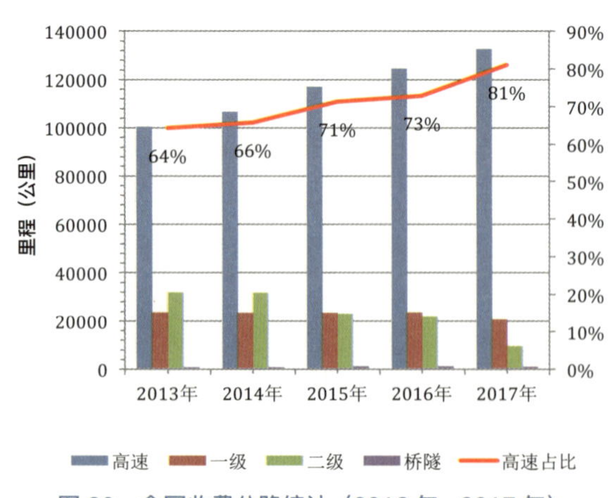

图20 全国收费公路统计（2013年-2017年）

2017年铁道统计公报

一、运输生产

旅客运输。全国铁路旅客发送量完成30.84亿人，比上年增加2.70亿人，增长9.6%，其中，国家铁路30.38亿人，比上年增长9.6%。全国铁路旅客周转量完成13456.92亿人公里，比上年增加877.63亿人公里，增长7.0%，其中，国家铁路13396.96亿人公里，比上年增长6.9%。

货物运输。全国铁路货运总发送量完成36.89亿吨，比上年增加3.57亿吨，增长10.7%，其中，国家铁路29.19亿吨，比上年增长10.1%。全国铁路货运总周转量完成26962.20亿吨公里，比上年增加3169.94亿吨公里，增长13.3%，其中，国家铁路24091.70亿吨公里，比上年增长13.2%。集装箱、商品汽车、散货快运发送量比上年分别增长47.9%、58%和9.3%。

表1 全国铁路旅客运输量

指标	单位	2017年	比上年±%
旅客发送量	万人	308379	9.6
国家铁路	万人	303837	9.6
旅客周转量	亿人公里	13456.92	7.0
国家铁路	亿人公里	13396.96	6.9

表2 全国铁路货物运输量

指标	单位	2017年	比上年±%
货运总发送量	万吨	368865	10.7
国家铁路	万吨	291874	10.1
货运总周转量	亿吨公里	26962.20	13.3
国家铁路	亿吨公里	24091.70	13.2

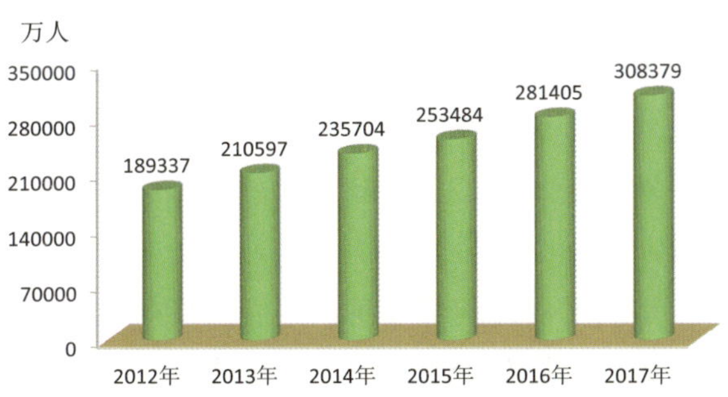

图1 全国铁路旅客发送量

图3 全国铁路货运总发送量

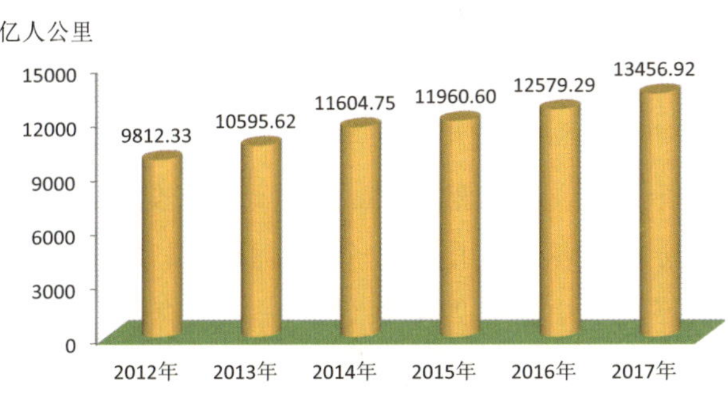

图2 全国铁路旅客周转量

图4 全国铁路货运总周转量

换算周转量。全国铁路总换算周转量完成40419.12亿吨公里，比上年增加4047.57亿吨公里，增长11.1%，其中，国家铁路37488.66亿吨公里，比上年增长10.9%。

图5 全国铁路总换算周转量

运输安全。全年未发生特别重大、重大铁路交通事故，铁路交通事故死亡人数比上年下降3.6%。

二、铁路建设

全国铁路固定资产投资完成8010亿元，投产新线3038公里，其中高速铁路2182公里。

路网规模。全国铁路营业里程达到12.7万公里，比上年增长2.4%，其中，高速铁路营业里程达到2.5万公里。全国铁路路网密度132.2公里/万平方公里，比上年增加3.0公里/万平方公里。其中，复线里程7.2万公里，比上年增长5.4%，复线率56.5%，比上年提高1.6个百分点；电气化里程8.7万公里，比上年增长7.8%，电化率68.2%，比上年提高3.4个百分点。西部地区铁路营业里程5.2万公里，比上年增加1663.5公里，增长3.3%。

移动装备。全国铁路机车拥有量为2.1万台，比上年减少372台，其中，内燃机车占40.4%，比上年下降1.4个百分点，电力机车占59.5%，比上年提高1.4个百分点。全国铁路客车拥有量为7.3万辆，比上年增加0.2万辆，其中，动车组2935标准组、23480辆，比上年增加349标准组、2792辆。

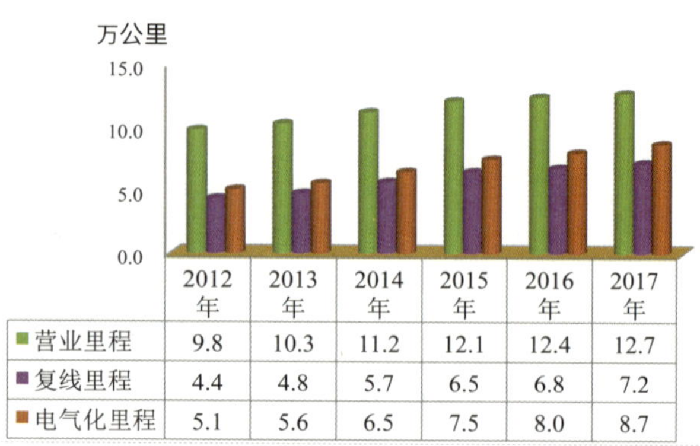

	2012年	2013年	2014年	2015年	2016年	2017年
营业里程	9.8	10.3	11.2	12.1	12.4	12.7
复线里程	4.4	4.8	5.7	6.5	6.8	7.2
电气化里程	5.1	5.6	6.5	7.5	8.0	8.7

图6 全国铁路营业里程

全国铁路货车拥有量为79.9万辆。

三、技术标准和科技创新

重要技术标准制定。发布铁道行业技术标准公告7批，发布《交流传动电力机车》《ZPW-2000轨道电路技术条件》等铁道行业技术标准89项、铁道行业标准修改单2项。制修订《重载铁路设计规范》《铁路线路设计规范》等铁路工程建设标准13项。发布《铁路基本建设工程设计概（预）算编制办法》等铁路工程造价标准18册。发布《动车组转向架》等铁道行业技术标准英文版25项。发布《铁路路基设计规范》等铁路主体设计规范标准英文版10项，《铁路工程建设标准英文版翻译词典》1部。

知识产权及获奖成果。完成铁路重大科技创新成果库入库铁路科技项目50项、铁路专利50项、铁路技术标准26项、铁路科技论文179项。北京交通大学“复杂环境下高速铁路无缝线路关键技术及应用”获得国家科技进步一等奖；石家庄铁道大学“高速运动刚柔相互作用系统非线性建模与振动分析”获得国家自然科学二等奖，北京交通大学“智慧协同网络及应用”等2个项目获得国家自然发明二等奖，中铁第四勘察设计院集团有限公司“高速铁路狮子洋水下隧道工程成套技术”等4个项目获得国家科技进步二等奖。中铁大桥勘测设计院有限公司高宗余获得全国创新争先奖奖章；西南交通大学翟婉明和何川获得全国创新争先奖奖状；中车株洲电力机车研究所有限公司丁荣军“功率半导体器件技术研发与产业化创新团队”与其他团队整合为“高速铁路技术攻关组”获得全国创新争先奖奖牌。中南大学“轨道车辆实车撞击试验系统”和中车株洲电力机车研究所有限公司“一种三电平双模式空间矢量过调制方法及其系统”两项发明专利荣获第十九届中国专利奖金奖；中国铁道科学研究院“不打孔式剪力传感器”等11项发明专利荣获第十九届中国专利奖优秀奖；长春轨道客车股份有限公司“车头（标准动车组）”专利荣获第十九届中国专利奖外观设计金奖；国家铁路局科技与法制司荣获第十九届中国专利奖优秀组织奖。

四、节能减排

综合能耗。国家铁路能源消耗折算标准煤1621.65万吨，比上年增加24.75万吨，增长1.5%。单位运输工作量综合能耗4.33吨标准煤 / 百万换算吨公里，比上年减少0.39吨标准煤 / 百万换算吨公里。单位运输工作量主营综合能耗3.96吨标准煤 / 百万换算吨公里，比上年减少0.20吨标准煤 / 百万换算吨公里，下降4.8%。

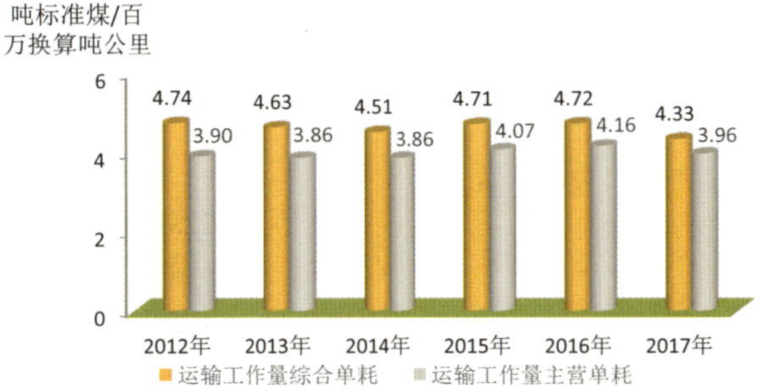

图7　国家铁路运输工作量综合单耗、主营单耗

主要污染物排放量。国家铁路化学需氧量排放量1901吨，比上年减排73吨，降低3.7%。二氧化硫排放量15817吨，比上年减排7511吨，降低32.2%。

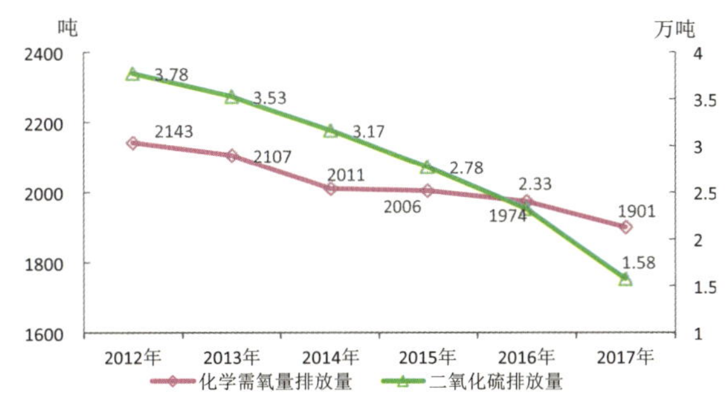

图8　国家铁路化学需氧量、二氧化硫排放量

沿线绿化。国家铁路绿化里程4.62万公里，比上年增加0.01万公里，增长0.2%。

注：

1. 除注明外，国家铁路含中国铁路总公司及其控股合资铁路。
2. 客货发送量、客货周转量为确报数，其余数据均为速报数。
3. 统计范围不含港澳台。
4. 除注明外，比上年为同口径。

2017 年民航行业发展统计公报

一、运输航空

2017 年，在全球经济稳步复苏，中国经济运行稳中向好的态势下，民航主要运输指标再次实现平稳较快增长。

1. 运输周转量

2017 年，全行业完成运输总周转量 1083.08 亿吨公里，比上年增长 12.6%。国内航线完成运输总周转量 694.60 亿吨公里，比上年增长 11.7%，其中港澳台航线完成 16.10 亿吨公里，比上年增长 4.3%；国际航线完成运输总周转量 388.48 亿吨公里，比上年增长 14.3%。（见图 1）

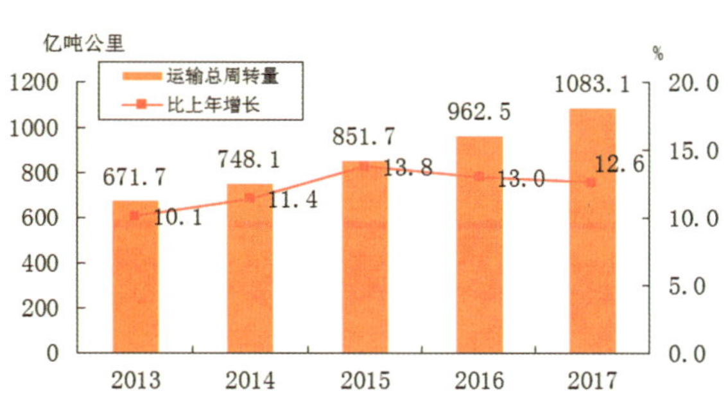

图 1　2013–2017 年民航运输总周转量

全行业完成旅客周转量 9513.04 亿人公里，比上年增长 13.5%。国内航线完成旅客周转量 7036.53 亿人公里，比上年增长 13.2%，其中港澳台航线完成 148.25 亿人公里，比上年增长 2.9%；国际航线完成旅客周转量 2476.51 亿人公里，比上年增长 14.6%。（见图 2）

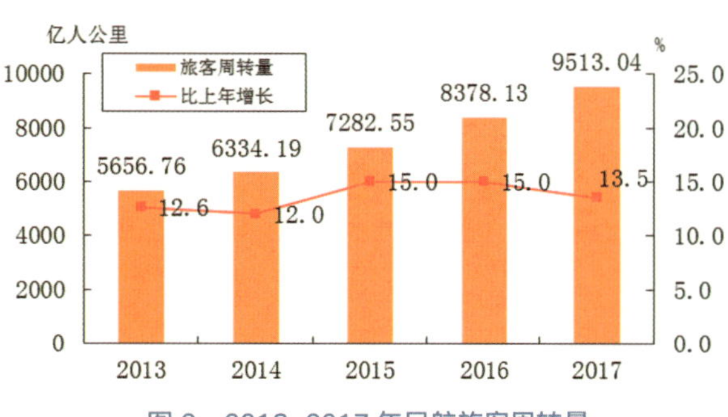

图 2　2013–2017 年民航旅客周转量

全行业完成货邮周转量 243.55 亿吨公里，比上年增长 9.8%。国内航线完成货邮周转量 72.97 亿吨公里，比上年增长 1.2%，其中港澳台航线完成 3.05 亿吨公里，比上年增长 11.0%；国际航线完成货邮周转量 170.59 亿吨公里，比上年增长 13.9%。（见图 3）

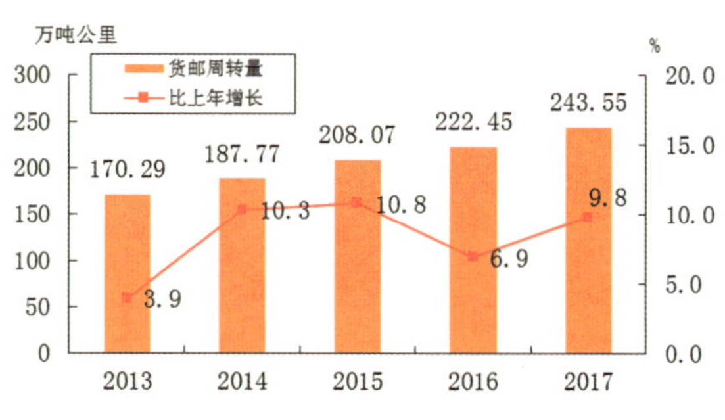

图 3　2013–2017 年民航货邮周转量

2. 旅客运输量

2017 年，全行业完成旅客运输量 55156 万人次，比上年增长 13.0%。国内航线完成旅客运输量 49611 万人次，比上年增长 13.7%，其中港澳台航线完成 1027 万人次，比上年增长 4.3%；国际航线完成旅客运输量 5545 万人次，比上年增长 7.4%。（见图 4）

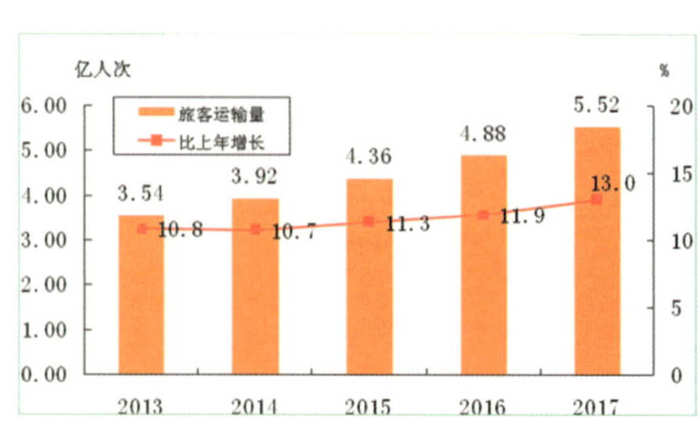

图 4　2013–2017 年民航旅客运输量

3. 货邮运输量

2017 年，全行业完成货邮运输量 705.9 万吨，比上年增长 5.6%。国内航线完成货邮运输量 483.8 万吨，比上年增长 1.9%，其中港澳台航线完成 24.2 万吨，比上年增长 10.0%；国际航线完成货邮运输量 222.1 万吨，比上年增长 15.0%。（见图 5）

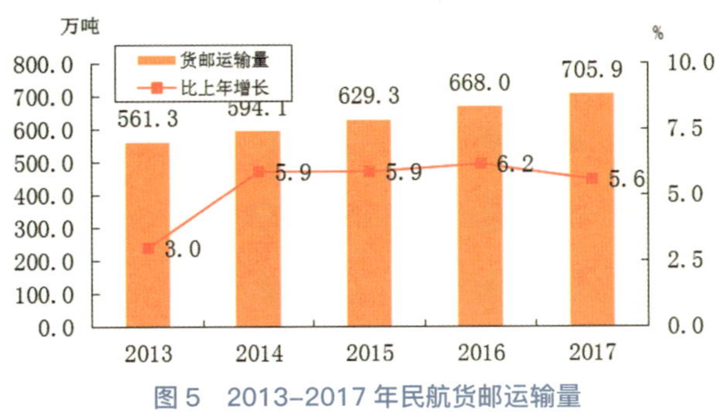

图 5　2013–2017 年民航货邮运输量

4. 机场业务量

2017 年，全国民航运输机场完成旅客吞吐量 11.48 亿人次，比上年增长 12.9%。（见图 6）

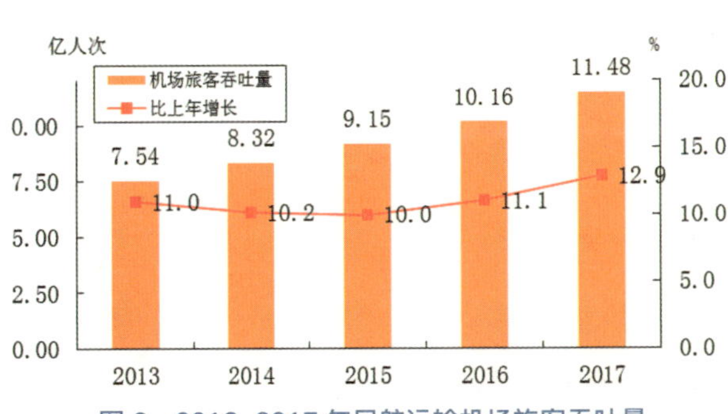

图 6　2013–2017 年民航运输机场旅客吞吐量

其中：2017 年东部地区完成旅客吞吐量 6.14 亿人次，东北地区完成旅客吞吐量 0.72 亿人次，中部地区完成旅客吞吐量 1.22 亿人次，西部地区完成旅客吞吐量 3.40 亿人次。（见图 7）

2017 年全国民航运输机场完成货邮吞吐量 1617.73 万吨，比上年增长 7.1%。（见图 8）

其中：2017 年东部地区完成货邮吞吐量 1215.89 万吨，东北地区完成货邮吞吐量 54.74 万吨，

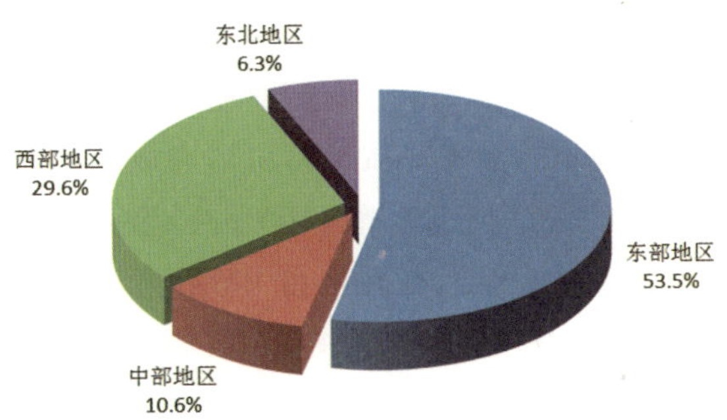

图 7　2017 年民航运输机场旅客吞吐量按地区分布

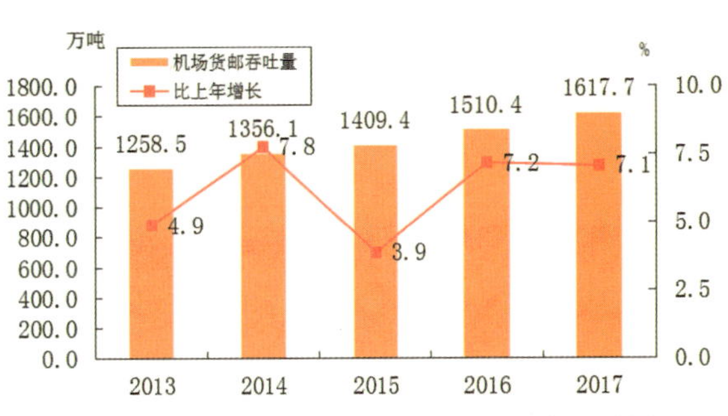

图 8　2013–2017 年民航运输机场货邮吞吐量

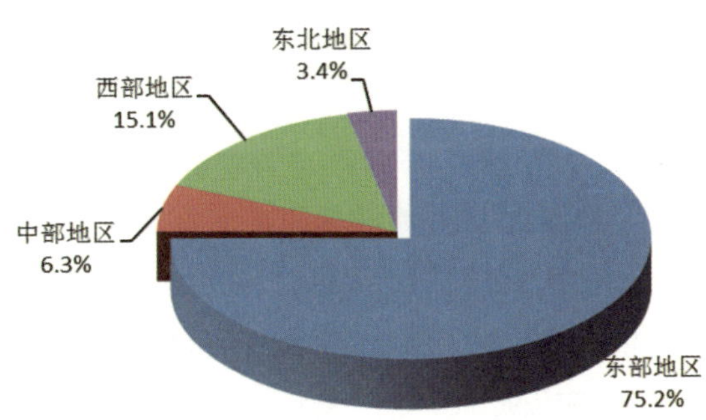

图 9　2017 年民航运输机场货邮吞吐量按地区分布

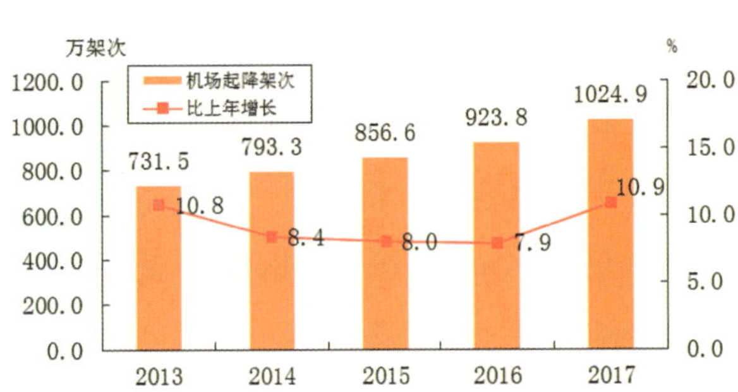

图 10　2013–2017 年民航运输机场起降架次

中部地区完成货邮吞吐量 102.61 万吨，西部地区完成货邮吞吐量 244.49 万吨。（见图 9）

2017 年，全国民航运输机场完成起降架次 1024.9 万架次，比上年增长 10.9%。（见图 10）

2017 年，年旅客吞吐量 100 万人次以上的运输机场 84 个，其中北京、上海和广州三大城市机场旅客吞吐量占全部境内机场旅客吞吐量的 24.3%。（见表 1）

表 1　2017 年旅客吞吐量 100 万人次以上的机场数量

年旅客吞吐量	机场数量	比上年增加	吞吐量占全国比例（%）
1000 万人次以上	32	4	81.0
100-1000 万人次	52	3	14.9

2017 年，年货邮吞吐量 1 万吨以上的运输机场 52 个，其中北京、上海和广州三大城市机场货邮吞吐量占全部境内机场货邮吞吐量的 49.9%。（见表 2）

表 2　2017 年货邮吞吐量万吨以上的机场数量

年货邮吞吐量	机场数量	比上年增加	吞吐量占全国比例（%）
10000 吨以上	52	2	98.5

2017 年，北京首都机场完成旅客吞吐量 0.96 亿人次，连续八年位居世界第二；上海浦东机场完成货邮吞吐量 382.4 万吨，连续十年位居世界第三。

5. 运输机队

截至 2017 年底，民航全行业运输飞机期末在册架数 3296 架，比上年底增加 346 架。

6. 机场数量

截至 2017 年底，我国共有颁证运输机场 229 个，比上年底增加 11 个。2017 年新增机场分别为云南澜沧机场、新疆莎车机场、内蒙古霍林郭勒机场、吉林松原机场、吉林白城机场、江西上饶机场、河北承德机场、湖南邵阳机场、贵州茅台机场、黑龙江五大连池机场、黑龙江建三江机场，陕西安康机场停航。（见表 3）

表 3　2017 年各地区颁证运输机场数量

地区		颁证运输机场数量	占全国比例（%）
全国		229	100.0
其中：	东北地区	27	11.8
	东部地区	54	23.6
	西部地区	114	49.8
	中部地区	34	14.8

7. 航线网络

截至 2017 年底，我国共有定期航班航线 4418 条，按重复距离计算的航线里程为 1082.9 万公里，按不重复距离计算的航线里程为 748.3 万公里。（见表 4）

表 4　2017 年我国定期航班航线条数及里程统计表

指标	数量（条）
航线条数	4418
国内航线	3615
其中：港澳台航线	96
国际航线	803
按重复距离计算的航线里程 / 万公里	1082.9
国内航线	706.6
其中：港澳台航线	15.3
国际航线	376.3
按不重复距离计算的航线里程 / 万公里	748.3
国内航线	423.7
其中：港澳台航线	14.8
国际航线	324.6

截至 2017 年底，定期航班国内通航城市 224 个（不含香港、澳门、台湾）。我国航空公司国际定期航班通航 60 个国家的 158 个城市，国内航空公司定期航班从 30 个内地城市通航香港，从 12 个内地城市通航澳门，大陆航空公司从 46 个大陆城市通航台湾地区。

8. 对外关系

截至 2017 年底，我国与其他国家或地区签订双边航空运输协定 122 个，比上年底增加 2 个（巴拿马、斯洛文尼亚），其中：亚洲有 44 个（含东盟），非洲有 24 个，欧洲有 37 个，美洲有 10 个，大洋洲有 7 个。

9. 运输航空（集团）公司生产

截至 2017 年底，我国共有运输航空公司 58 家，比上年底净减 1 家，按不同所有制类别划分：国有控股公司 43 家，民营和民营控股公司 15 家；全部运输航空公司中：全货运航空公司 8 家，中外合资航空公司 10 家，上市公司 7 家。

中航集团完成飞行小时 253.3 万小时，完成运输总周转量 286.4 亿吨公里，比上年增长 9.4%，完成旅客运输量 1.26 亿人次，比上年增长 9.2%，完成货邮运输量 201.1 万吨，比上年增长 4.9%。

东航集团完成飞行小时 211.1 万小时，完成运输总周转量 213.2 亿吨公里，比上年增长 8.2%，完成旅客运输量 1.11 亿人次，比上年增长 8.9%，完成货邮运输量 143.9 万吨，比上年增长 3.1%。

南航集团完成飞行小时 256.6 万小时，完成运输总周转量 272.9 亿吨公里，比上年增长 11.9%，完成旅客运输量 1.26 亿人次，比上年增长 10.2%，完成货邮运输量 167.2 万吨，比上年增长 3.7%。

海航集团完成飞行小时 167.4 万小时，完成运输总周转量 168.3 亿吨公里，比上年增长 18.9%，完成旅客运输量 0.98 亿人次，比上年增长 19.1%，完成货邮运输量 78.3 万吨，比上年下降 0.3%。

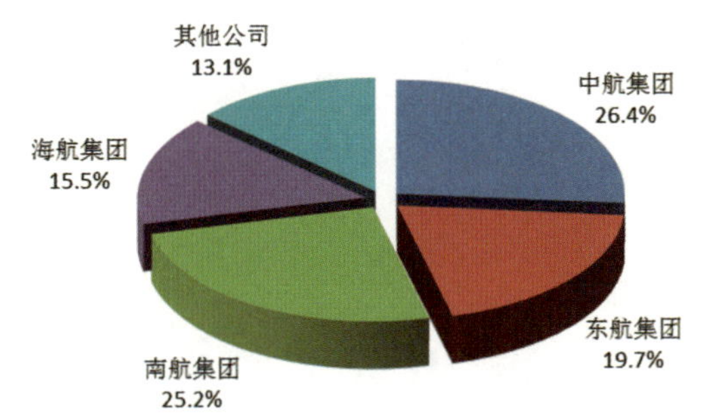

图 11　2017 年各航空（集团）公司运输总周转量比重

其他航空公司共完成飞行小时 171.4 万小时，完成运输总周转量 142.3 亿吨公里，比上年增长 20.9%，完成旅客运输量 0.90 亿人次，比上年增长 22.4%，完成货邮运输量 115.5 万吨，比上年增长 18.7%。（见图 11）

二、通用航空

1. 飞行小时

2017 年，全行业完成通用航空生产飞行 83.75 万小时，比上年增长 9.5%。其中：工业航空作业完成 8.93 万小时，比上年增长 7.8%；农林业航空作业完成 5.96 万小时，比上年增长 16.8%；其他通用航空飞行 68.86 万小时，比上年增长 9.2%。

2. 通用航空企业

截至 2017 年底，获得通用航空经营许可证的通用航空企业 365 家，其中，华北地区 92 家，中南地区 77 家，华东地区 80 家，东北地区 32 家，西南地区 40 家，西北地区 32 家，新疆地区 12 家。

3. 机队规模

2017 年底，通用航空在册航空器总数达到 2297 架，其中教学训练用飞机 680 架。

三、运输效率与经济效益

1. 运输效率

2017 年，全行业在册运输飞机平均日利用率为 9.49 小时，比上年增加 0.08 小时。其中，大中型飞机平均日利用率为 9.63 小时，比上年增加 0.06 小时，小型飞机平均日利用率为 7.04 小时，比上年增加 0.4 小时。

2017 年，正班客座率平均为 83.2%，比上年提高 0.6 个百分点。

2017 年，正班载运率平均为 73.5%，比上年提高 0.8 个百分点。（见表 5）

2. 经济效益

据初步统计，2017 年，全行业累计实现营业收入 7460.6 亿元，比上年增长 15.3 %，利润总额 652.3 亿元，比上年增长 71.7 亿元。其中，航空公司实现营业收入 5333.8 亿元，比上年增长 11.9%，利润总额 408.2 亿元，比上年增长 32.6 亿元；机场实现营业收入 958.0 亿元，比上年增长 14.6%，利润总额 154.0 亿元，比上年增长 30.9 亿元；保障企业实现营业收入 1168.8 亿元，比上年增长 35.1%，利润总额 90.1 亿元，比上年增长 8.1 亿元。

表 5　2017 年正班客座率和正班载运率

指标	指标值（%）	比上年增长（百分点）
正班客座率	83.2	0.6
国内航线	84.8	1.0
其中：港澳台航线	80.2	2.4
国际航线	78.9	-0.5
正班载运率	73.5	0.8
国内航线	75.9	0.4
其中：港澳台航线	67.5	1.9
国际航线	69.6	1.5

据初步统计，2017 年，全行业运输收入水平为 4.57 元 / 吨公里，比上年下降 0.08 元 / 吨公里。其中，客运收入水平 5.51 元 / 吨公里，比上年下降 0.18 元 / 吨公里；货邮运输收入水平 1.48 元 / 吨公里，比上年提高 0.15 元 / 吨公里。

据初步统计，2017 年，民航全行业应交税金 381.4 亿元，比 2016 年增长 5.6%。

四、航空安全与服务质量

1. 航空安全

2017 年，民航安全形势平稳，全行业未发生运输航空事故，运输航空百万小时重大事故率十年滚动值为 0.015（世界平均水平为 0.175）。发生通用航空事故 6 起，死亡 4 人。

自 2010 年 8 月 25 日至 2017 年底，运输航空连续安全飞行 88 个月，累计安全飞行 5682 万小时。

2017 年，全年共发生运输航空事故征候 587 起，同比上升 12.45%，其中运输航空严重事故征候 19 起，同比上升 5.56%。运输航空严重事故征候和责任原因事故征候万时率分别为 0.018 和 0.030，各项指标较好控制在年度安全目标范围内。

2017 年，全行业共有 41 家运输航空公司未发生责任原因事故征候。

2. 空防安全

2017 年，全国民航安检部门共检查旅客 5.66 亿人次，检查旅客托运行李 3.19 亿件次，检查航空货物（不含邮件、快件）4.43 亿件次，检查邮件、快件 1.99 亿件次，处置编造虚假恐怖威胁信息非法干扰事件 52 起。

3. 航班正常率

2017 年，全国客运航空公司共执行航班 403.9 万班次，其中正常航班 289.5 万班次，平均航班正常率为 71.67%。

2017 年，主要航空公司共执行航班 298.8 万班次，其中正常航班 212.9 万班次，平均航班正常率为 71.25%。（见表 6）

表 6　2017 年航班不正常原因分类统计

指标	占全部比例（%）	比上年增长（百分点）
全部航空公司航班不正常原因	100.00	0.00
其中：天气原因	51.28	-5.24
航空公司原因	8.62	-0.92
空管原因（含流量原因）	7.72	-0.51
其他	32.38	6.67
主要航空公司航班不正常原因	100.00	0.00
其中：天气原因	51.47	-4.99
航空公司原因	9.26	-0.37
空管原因（含流量原因）	8.12	-0.17
其他	31.15	5.53

2017 年，全国客运航班平均延误时间为 24 分钟，同比增加 8 分钟。

4. 旅客投诉情况

2017 年，民航局、民航局消费者事务中心和中国航空运输协会共受理航空消费者投诉 24781 件。2017 年全年受理投诉总量比上年增加 5615 件，同比增长 29.3%。

五、固定资产投资

2017 年，民航固定资产投资总额 1806.9 亿元，其中：民航基本建设和技术改造投资 869.4 亿元，比上年增长 11.1%。（见图 12）

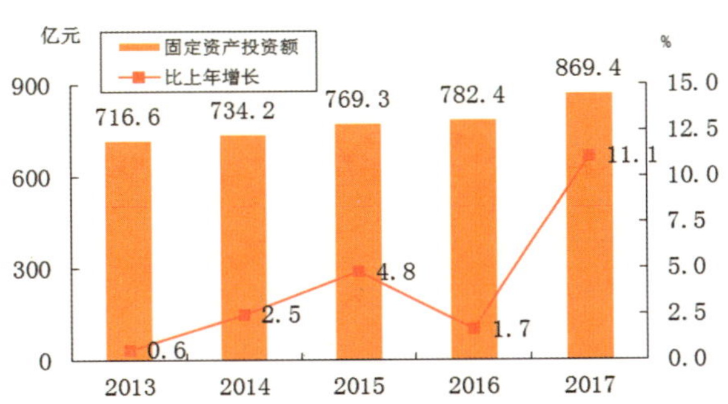

图 12　2013-2017 年民航基本建设和技术改造投资额

基本建设和技术改造投资按系统划分如下：机场系统完成固定资产投资总额 741.4 亿元，比上年增加 81.0 亿元。空管系统完成固定资产投资 23.3 亿元，与上年持平。民航信息系统建设投资 1.4 亿元，民航科研、教育系统投资 14.6 亿元，民航安全保卫系统投资 3.2 亿元，民航机务维修系统投资 2.0 亿元，运输服务系统投资 15.2 亿元，公共设施系统投资 10.0 亿元，其他系统投资 58.3 亿元。

六、节能减排

2017 年，中国民航吨公里油耗为 0.293 公斤，较 2005 年（行业节能减排目标基年）下降 13.82%；机场每客能耗较“十二五”末（2013-2015 年）均值下降约 22%。

2017 年，共有 35.5 万架次航班使用临时航路，缩短飞行距离 1343 万公里，节省燃油消耗 7.2 万吨，减少二氧化碳排放约 22.8 万吨。截至 2017 年，全国年旅客吞吐量 500 万人次以上机场中 90% 以上的单位已完成 APU（飞机辅助动力装置）替代设备安装并投入使用。

截至 2017 年，北京首都机场、成都双流机场等六家民航机场地面车辆“油改电”试点机场场内已投产运行的电动车辆 459 台，充电设施 213 个，年减少汽柴油消耗约 2000 吨。

七、教育与科技

2017 年，民航直属院校共招收学生 21636 人，其中：研究生 882 人，普通本专科生 18573 人，成人招生 2181 人。

2017 年，民航直属院校在校生数达到 70291 人，其中：研究生 2743 人，普通本专科生 62706 人，成人在校生 4842 人。

2017 年，民航直属院校共毕业学生 16846 人，其中：硕士研究生 822 人，普通本专科 13868 人，成人学生 2156 人。

2017 年，民航共验收科技成果 20 项，评选民航协会科学技术奖 28 项，认定 14 个民航重点实验室和民航工程技术研究中心。

八、飞行员数量

截至 2017 年底，中国民航驾驶员有效执照总数为 55765 本，比上年底增加 5261 本。（见表 7）

表 7 2017 年中国民航驾驶员执照数量统计表（单位：本）

执照种类		数量	比上年增加
飞机	私用驾驶员执照	2642	182
	商用驾驶员执照	27349	2105
	航线运输驾驶员执照	22195	2502
	多成员机组驾驶员执照	147	43
直升机	驾驶员执照	2741	341
其他航空器	驾驶员执照	805	97

九、工会工作

经民航工会工作调查，截至2017年底民航职工人数为66.6万人。

2017年，经中国民航工会申报，民航系统1个先进单位被授予“全国五一劳动奖状”，3名先进个人被授予“全国五一劳动奖章”，10个先进班组被授予“全国工人先锋号”荣誉称号。

2016-2017年，在全行业“安康杯”竞赛活动中，共有822个单位、54775个班组、1136732名职工参加。

注释：

1. 本公报未包括香港、澳门特别行政区及台湾省统计数据。公报中部分数据因四舍五入原因，存在着与分项合计不等的情况。2017年度行业综合统计系统正式上线后，由于航空公司生产数据处理流程和审核规则发生变化，2017年度相关数据和增速按照最新的口径进行计算。
2. 一二三三四：指的是“践行一个理念、推动两翼齐飞、坚守三条底线、完善三张网络、补齐四个短板”的总体工作思路。
3. 运输航空各项数据为正式年报数据，部分统计数据与此前公布的初步统计数据如有出入，以本次公布数据为准。
4. 运输周转量、旅客运输量、货邮运输量涉及的数据均为国内航空公司承运的数据。
5. 旅客吞吐量：指报告期内进港（机场）和出港的旅客人数。
6. 东部地区是指北京、上海、山东、江苏、天津、浙江、海南、河北、福建和广东10省市；东北地区是指黑龙江、辽宁和吉林3省；中部地区是指江西、湖北、湖南、河南、安徽和山西6省；西部地区是指宁夏、陕西、云南、内蒙古、广西、甘肃、贵州、西藏、新疆、重庆、青海和四川12省（区、市）。
7. 货邮吞吐量：指报告期内货物和邮件的进出港数量。
8. 起降架次：指报告期内在机场进出港飞机的全部起飞和降落次数，起飞、降落各算一架次。
9. 中航集团包括国航、国货航、深圳航空、山东航空、昆明航空、西藏航空、国航内蒙古公司和大连航空；东航集团包括东航、中货航、上海航空，东航江苏、中联航、东航武汉和东航云南；南航集团包括南航、厦门航空、贵州航空、汕头航空、重庆航空、河北航空、珠海航空和江西航空；海航集团包括海南航空、首都航空、天津航空、金鹏航空、大新华航空、祥鹏航空、西部航空、长安航空、福州航空、乌鲁木齐航空、北部湾航空、桂林航空和新华航空。
10. 通用航空企业地区分布按民航各地区管理局所辖区域划分。
11. 大中型飞机是指座级在100座以上的运输飞机，小型飞机是指座级在100座以下的运输飞机。
12. 经济效益涉及数据为财务快报数据，最终数据以财务年报数据为准。
13. 主要航空公司是指南航、国航、东航、海南、深圳、四川、厦门、山东、上海、天津等十家航空公司。
14. 投诉总数包含旅客与企业自行解决的首次电话投诉。
15. 存在一个飞行员取得多个执照的情况。

2017 年邮政行业发展统计公报

2017 年是实施“十三五”规划的重要一年，是供给侧结构性改革的深化之年。邮政行业认真学习贯彻习近平新时代中国特色社会主义思想和党的十九大精神，深入贯彻新发展理念，坚持稳中求进工作总基调，以提高发展质量和效益为中心，以深化供给侧结构性改革为主线，按照“打通上下游、拓展产业链、画大同心圆、构建生态圈”工作思路，更加注重创新驱动、优化结构，更加注重补齐短板、联动融合，更加注重服务民生、绿色安全，行业发展态势稳中有进、持续向好。邮政行业业务总量突破 9000 亿元，收入突破 6000 亿元，快递业务量突破 400 亿件，对国家商贸流通和社会生产生活形成了有力的支撑。

一、业务发展情况

全年邮政行业业务总量完成 9763.7 亿元，同比增长 32%。全年邮政行业业务收入（不包括邮政储蓄银行直接营业收入）完成 6622.6 亿元，同比增长 23.1%。

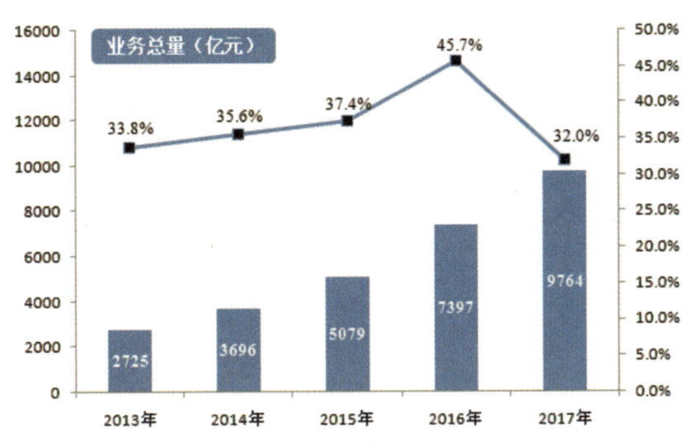

图 1　2013–2017 年邮政行业业务发展情况

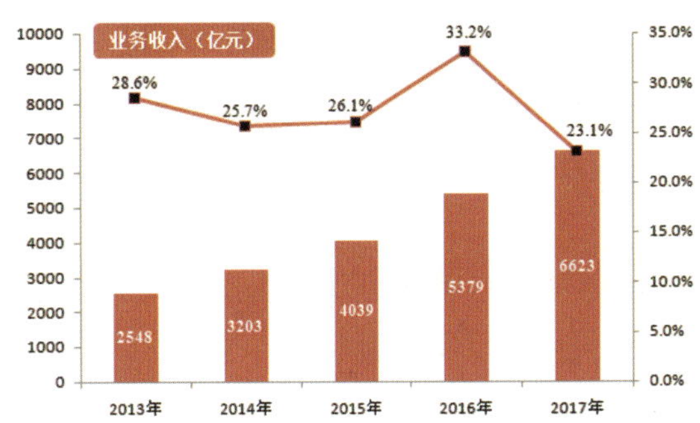

图 1　2013–2017 年邮政行业业务发展情况

（一）邮政寄递服务业务

2017 年邮政寄递服务业务量累计完成 235.8 亿件，同比增长 1.8%；邮政寄递服务业务收入累计完成 353.5 亿元，同比增长 15.2%。

函件业务下降放缓。全年函件业务量完成 31.5 亿件，同比下降 13%。

包裹业务降幅收窄。全年包裹业务量完成 2657.2 万件，同比下降 4.9%。

报刊业务呈现下降。全年订销报纸业务完成 176.6 亿份，同比下降 1.2%。全年订销杂志业务完成 7.9 亿份，同比下降 6.1%。

汇兑业务持续萎缩。全年汇兑业务完成 3743.4 万笔，同比下降 35.5%。

（二）快递业务

快递业务快速增长。全年快递服务企业业务量完成 400.6 亿件，同比增长 28%；快递业务收入完成 4957.1 亿元，同比增长 24.7%。

快递业务收入在行业中占比继续提升。快递业务收入占行业总收入的比重为 74.9 %，比上年提高 1 个百分点。

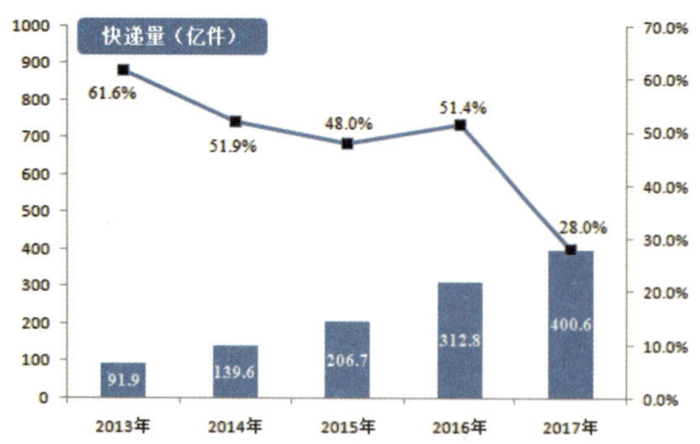

图 2　2013–2017 年快递业务发展情况

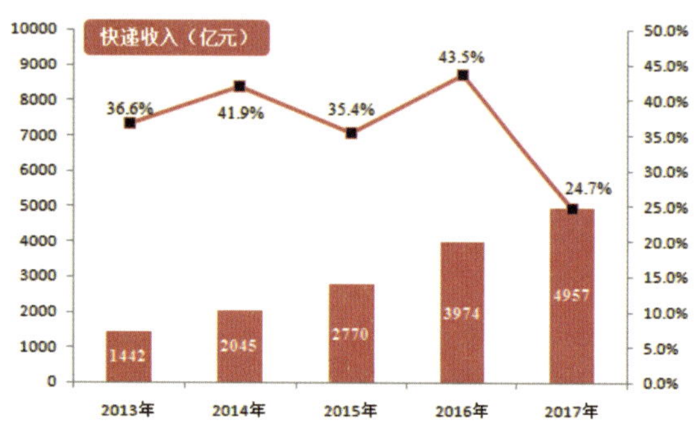

图 2　2013–2017 年快递业务发展情况

同城快递业务稳定增长。全年同城快递业务量完成 92.7 亿件，同比增长 25%；实现业务收入 732.3 亿元，同比增长 30%。

异地快递业务持续增长。全年异地快递业务量完成 299.6 亿件，同比增长 28.9%；实现业务收入 2512.8 亿元，同比增长 19.7%。

国际/港澳台快递业务增速加快。全年国际/港澳台快递业务量完成 8.3 亿件，同比增长 33.8%；实现业务收入 528.9 亿元，同比增长 23.3%。

同城业务收入占比提升。同城、异地、国际/港澳台快递业务量占全部比例分别为 23.1%、74.8% 和 2.1%，业务收入占全部比例分别为 14.8%、50.7% 和 10.7%。

东、中、西部地区各项快递业务均保持了持续稳定的增长势头，其中西部地区快递业务量收占比均出现提升。全年东部地区完成快递业务量 325 亿件，同比增长 28.3%；实现业务收入 4011.9 亿元，同比增长 24.4%。中部地区完成快递业务量 46.3 亿件，同比增长 24.8%；实现业务收入 534.2 亿元，同比增长 25.6%。西部地区完成快递业务量 29.3 亿件，同比增长 30.1%；实现业务收入 411 亿元，同比增长 26.5%。东、中、西部地区快递业务量比重分别为 81.1%、11.6% 和 7.3%，快递业务收入比重分别为 80.9%、10.8% 和 8.3%。

民营快递企业市场份额进一步提升。全年民营快递企业业务量完成 369.5 亿件，实现业务收入 4243.9 亿元。民营快递企业业务量市场份额为 92.2%，业务收入市场份额为 85.6%。

快递业务量收排名前五位的省份合计在全国占比较上年基本持平。快递业务量排名前五位的省份依次是广东、浙江、江苏、上海和北京，其快递业务量合计占全部快递业务量的比重达到 67.5%。快递业务收入排名前五位的省份依次是广东、上海、浙江、江苏和北京，其快递业务收入合计占全部快递业务收入的比重达到 68.5%。

快递业务量排名前十五位的城市依次是广州、上海、深圳、金华（义乌）、杭州、北京、东莞、苏州、成都、泉州、温州、武汉、宁波、南京和揭阳，其快递业务量合计占全部快递业务量的比重达到 59.7%。

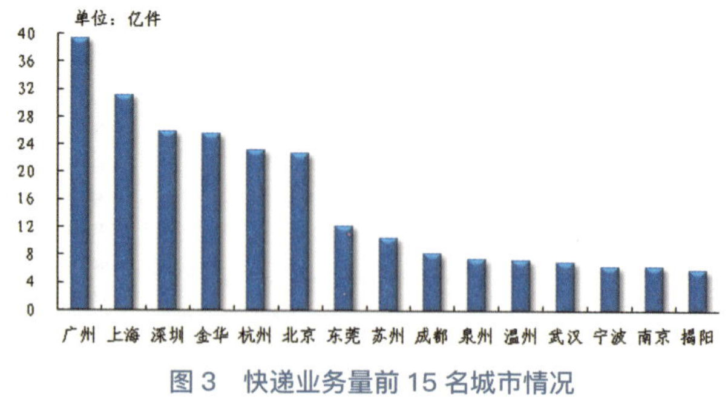

图 3　快递业务量前 15 名城市情况

快递业务收入排名前十五位的城市依次是上海、深圳、广州、北京、杭州、金华（义乌）、东莞、苏州、成都、武汉、天津、南京、宁波、泉州、郑州，其快递业务收入合计占全部快递业务收入的比重达到 62.8%。

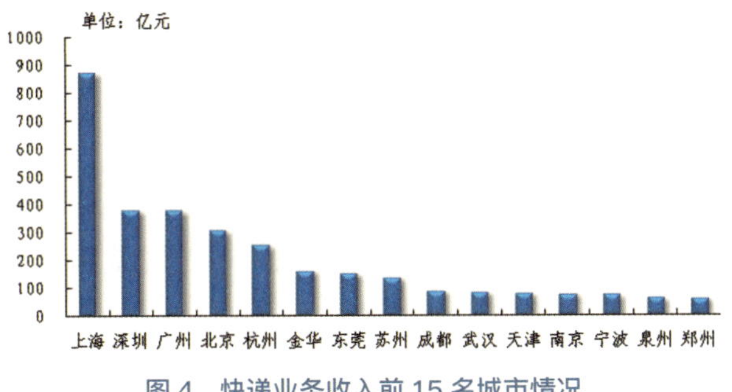

图 4 快递业务收入前 15 名城市情况

2017 年，快递与包裹服务品牌集中度指数 CR8 为 78.7。

二、通信能力和服务水平

（一）机构设备

全行业拥有各类营业网点 27.8 万处，其中设在农村的 10 万处。快递服务营业网点 21 万处，其中设在农村的 6 万处。全国拥有邮政信筒信箱 12.5 万个，比上年末减少 0.2 万个。全国拥有邮政报刊亭总数 2 万处，比上年末减少 0.4 万处。

全行业拥有国内快递专用货机 100 架，比上年末增加 14 架。全行业拥有各类汽车 29.5 万辆，比上年末增长 4.9%，其中快递服务汽车 22.2 万辆，比上年末增长 1.4%。

快递服务企业拥有计算机 47.9 万台，比上年末增长 4.5%；手持终端 97.4 万台，比上年末增长 3.5%。

（二）通信网路

全国邮政邮路总条数 2.7 万条，比上年末增加 1653 条。邮路总长度（单程）938.5 万公里，比上年末增加 280 万公里。全国邮政农村投递路线 9 万条，比上年末减少 358 条；农村投递路线长度（单程）380.5 万公里，比上年末增加 3.8 万公里。全国邮政城市投递路线 6.7 万条，比上年末增加 0.7 万条；城市投递路线长度（单程）162.8 万公里，比上年末增加 15.4 万公里。全国快递服务网路条数 20.5 万条；快递服务网路长度（单程）3648.7 万公里。

（三）服务能力

全行业平均每一营业网点服务面积为 34.5 平方公里；平均每一营业网点服务人口为 0.5 万人。邮政城区每日平均投递 2 次，农村每周平均投递 5 次。全国年人均函件量为 2.3 件，每百人订有报刊量为 9 份，年人均快递使用量为 28.8 件。年人均用邮支出 476.4 元，年人均快递支出 356.6 元。

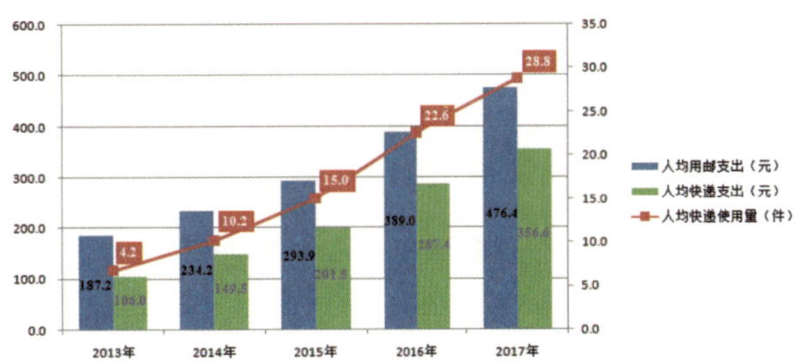

图 5 2013–2017 年人均用邮支出、快递支出和快递使用量情况

备注：

1. 本公报中邮政寄递服务业务、通信能力和服务水平有关数据来自年报，其他数据为月报统计数据。
2. 各项统计数据未包括香港和澳门特别行政区及台湾省。
3. 部分数据因四舍五入的原因，存在着与分项合计不等的情况。
4. 邮政行业业务总量按 2010 年不变价格计算。
5. 全国人口数据来自国家统计局《2017 年国民经济和社会发展统计公报》。

2017 年邮政行业发展统计解读

2017 年，我国邮政行业发展环境持续优化、供给侧结构性改革逐步深化、服务民生成效明显、依法行政能力稳步增强、寄递安全监管水平不断提升、国际和港澳台交流合作开创新局面，为国家“稳增长、促改革、调结构、惠民生、防风险”政策实施作出了积极贡献。

一、行业发展态势高位运行持续向好

2017 年，邮政全行业完成业务总量 9763.7 亿元，同比增长 32%；实现业务收入 6622.6 亿元，同比增长 23.1%。行业发展增速较以前年度有所回落，但仍是同期 GDP（国内生产总值）的四倍左右，量收增速差距有所收窄。行业发展态势高位运行持续向好，在经济社会发展中的作用不断增强，行业业务收入占国内生产总值的比重进一步提升，从 2016 年的 0.72% 上升到 0.8%。

二、邮政寄递服务业务量收实现正增长

2017 年，邮政企业实施“一体两翼”发展战略，做强做优做大寄递主业，改革创新成效明显，普遍服务业务降幅有所收窄，服务水平迈上新台阶，包裹类新兴业务快速增长，邮政寄递服务业务量收实现同步双增长。

三、快递业务发展迅速结构优化

2017 年，快递服务企业业务量完成 400.6 亿件，同比增长 28%；快递业务收入完成 4957.1 亿元，同比增长 24.7%。

业务量收之间的剪刀差月度变化逐步趋稳，全年由 2016 年同期的 7.9 个百分点缩小到 3.3 个百分点。

快递业务收入在行业中占比继续提升，快递业务收入占行业总收入的比重为 74.9%，比 2016 年提高 1 个百分点。

各项业务均保持持续快速增长，其中国际 / 港澳台快递业务增速加快，超过同城和异地业务，高于整体增长水平。

民营快递企业市场份额进一步提升，业务量收市场份额均达到 90% 左右，已从 2009 年的半壁江山成长为市场的绝对主导。

2017 年，快递与包裹服务品牌集中度指数 CR8 达到 78.7，年内呈现出逐月上升趋势，行业龙头企业市场份额持续扩大，地位进一步巩固。

四、快递区域业务结构总体稳定

东、中、西部各项业务均保持了持续稳定的增长势头，但发展格局基本稳定，其中西部地区占比相比 2016 年小幅提升。

龙头省份排名保持稳定，增长依旧可观。快递业务量排名前五位的省份依次是广东、浙江、江苏、上海和北京，其快递业务量合计占全部快递业务量的比重达到 67.5%，五省合计增量对全国全年增量的贡献率达到 68.3%。快递业务收入排名前五位的省份依次是广东、上海、浙江、江苏和北京，其快递业务收入合计占全部快递业务收入的比重达到 68.5%，五省合计增量对全国全年增量的贡献率达到 68.1%。其中，广东、浙江两省快递业务量规模分别达到 100 亿件和 80 亿件，而同比增速分别达到 32.1% 和 32.5%，高于全国总体水平 4 个百分点以上。两省合计增量对全国全年增量的贡献率超过了 50%。

龙头城市排名发生变化，部分城市快递业务发展迅猛。其中，金华（义乌）的年快递业务量在全国城市排名（含直辖市）由 2016 年的第 6 位

跃居2017年的第4位，年快递收入达到157.8亿元，揭阳进入全国前15位。

五、行业通信能力和服务水平不断提升

全行业营业网点数量稳定增长，其中农村网点数量增长突出，网点布局向乡镇和农村下沉。

行业内汽车、计算机、手持终端等装备设备持续增长，特别是全行业拥有国内快递专用货机100架，比2016年末增加14架。

通信网路不断完善，年内邮路总条数、邮路总长度（单程）、全国快递服务网路条数、快递服务网路长度（单程）均有所增长，其中航空邮路快速增长带动邮路总长度（单程）增长明显。

行业普惠程度更加突出，2017年行业年均服务人次突破1000亿，年内人均快递使用量及支出较2016年进一步增长，同时，快递平均单价较2016年同期下降0.2元，人民群众用邮满足感和获得感不断增强。

附录 4　权威媒体报道

一、2017 年度交通运输好新闻

（一）《书写新世纪海上丝绸之路新篇章——习近平总书记关心港口发展纪实》

港口发展始终是习近平总书记考察、关注的重点之一。在习近平总书记关于“一带一路”建设的指示精神指引下，各级党委和政府以及交通运输部门建设港口，经略航线，打造港口“朋友圈”，推动基础设施互联互通，港口这一“一带一路”上的重要支点必将联动世界，书写出海上丝绸之路新篇章。（新华社北京 7 月 5 日电）

（二）《发力供给侧 交通正先行》

作为国民经济的基础性、先导性、服务性行业，交通运输努力在供给侧结构性改革中当好先行者。近年来，我国交通运输领域从扩大有效供给、提升供给效率、优化供给品质等方面精准发力、攻坚克难，为经济社会发展提供了强有力的支撑。（《人民日报》2017 年 4 月 10 日 01 版）

（三）《八方通达奔小康》

回首“十二五”，我国交通运输实现了由“总体缓解”向“基本适应”的重大跃升，为稳增长、扩内需、惠民生等发挥了重要的基础支撑作用。展望“十三五”，我国交通运输依然大有可为。如何更好为经济社会发展提供有力支撑？如何让人民群众更加满意？答案就是：努力推动交通运输在供给侧结构性改革中当好先行者。（《人民日报》2017 年 4 月 10 日 09 版）

（四）《西部大山里的红飘带》

一年娶进 20 个新媳妇的青海省卡阳村、把玫瑰卖出大山的云南省盐津县、用隧道和桥梁在大山中建起“高速平原”的贵州省……记者跟随交通运输部“小康路 · 交通情”重大主题宣传采访团的脚步，实地走访了青海、贵州、云南三个西部省份的交通建设情况。（《人民日报海外版》2017 年 12 月 7 日 05 版）

（五）《【我们的 2017】重大工程：穿山跨海 屡创奇迹》

2017 年，我国重大工程屡创奇迹。以港珠澳大桥、上海洋山港全自动化码头、北京新机场、京新高速、秦岭隧道群等为代表的重大工

程，正在成为中国创造的新名片。（中央电视台《新闻联播》）

（六）《全国新建改建农村公路超 127 万公里》

党的十八大以来，交通运输部等部门和各级党委政府认真贯彻落实习近平重要指示精神，扎实推进“四好农村路”建设并取得明显成效。5 年来，全国新建改建农村公路 127.5 万公里，99.24% 的乡镇和 98.34% 的建制村通上了沥青路、水泥路，乡镇和建制村通客车率分别达到 99.1% 和 96.5% 以上，城乡运输一体化水平接近 80%，农村“出行难”问题得到有效解决，交通扶贫精准化水平不断提高，农村物流网络不断完善，广大农民群众得到了实实在在的获得感、幸福感。（中央电视台《新闻联播》）

（七）《交通部出台意见鼓励汽车分时租赁 盘点各国如何管理租车市场》

8 月 8 日，交通运输部、住房城乡建设部联合发布了《关于促进小微型客车租赁健康发展的指导意见》，对于租赁车辆的管理、落实身份查验制度等提出了具体要求。值得注意的是，意见中鼓励使用新能源汽车开展分时租赁，也就是俗称的汽车共享。这是一种以分钟或小时等为计价单位，通过构建网络服务平台，为用户提供自助式小微型客车租赁的服务。（中央人民广播电台，北京 8 月 10 日消息）

（八）《让世界感受中国超级工程》

6 月 5 日上午，2017 世界交通运输大会在北京国家会议中心开幕。港珠澳大桥、墨脱公路、共享单车、智能交通、北斗导航等 300 多项具有代表性的交通工程领域科技创新成果集中亮相。（《光明日报》2017 年 6 月 6 日 07 版）

（九）《支撑度：畅达的中国后劲十足》（“六度”观中国系列之一）

党的十八大以来，我国综合交通基础设施格局进一步完善，“五纵五横”综合运输大通道基本贯通，主动脉作用日益显现，已经成为支撑经济社会发展、保障国家战略实施的“顶梁柱”，中国也正在由交通基础设施大国向强国迈进。（《经济日报》2017 年 9 月 27 日 01 版）

（十）《扶贫攻坚 交通先行：桥通路畅为村民插上致富翅膀》

扶贫攻坚，交通先行。近年来，交通运输部全力推进贫困地区农村公路向城镇新区、产业园区、农村社区延伸，大力修建旅游路、资源路、产业路，使一条路连接一方园区、带动一方产业、致富一方群众。（人民网 2017 年 12 月 20 日）

（十一）《交通大国如何迈向交通强国？——全国交通运输工作会议聚焦交通强国建设》

12 月 25 日，为期两天的 2018 年全国交通运输工作会议开幕。今年的会期比往年增加了半天时间，安排与会

代表深入讨论《交通强国建设纲要（框架）》及《交通运输服务决胜全面建成小康社会开启全面建设社会主义现代化国家新征程行动计划（2018—2020年）》两份重要文件。（新华网 2017 年 12 月 26 日）

（十二）《“海丝”枢纽的“朋友圈”越来越大》

记者跟随交通运输部“海上丝绸之路—港口万里行”主题活动，实地采访厦门。地处国际航运中心，厦门港的“朋友圈”也越来越大。厦门港已经与马来西亚巴生港、美国迈阿密港等港口结成友好港，目前厦门“一带一路”沿线友好港已达 11 个，持续拓展了 21 世纪海上丝绸之路的广度。（《工人日报》2017 年 8 月 12 日）

（十三）《共享单车新规发布七大变化值得关注 专家：推动公共租赁自行车与共享单车融合发展》

目前，由交通运输部等十部委共同起草的《关于鼓励和规范互联网租赁自行车发展的指导意见》正式印发，这意味着共享单车行业规范的顶层设计制度架构和管理模式等予以正式确立。记者采访了中国政法大学知识产权研究中心特约研究员李俊慧。（《法制日报》2017 年 8 月 4 日 06 版）

二、铁路重大报道

（一）国家铁路局召开年度工作会议

2017 年 1 月 3 日，围绕国家铁路局年度工作会议，国家铁路局政府网站发布《杨宇栋：坚决贯彻落实中央决策部署促进铁路行业持续健康发展》《国家铁路局启动 2017 年春运监督检查工作》《国家铁路局党组落实全面从严治党要求明确 29 项议事清单强化 10 条硬约束》3 条消息。

中国政府网、新华网、央视网、《法制日报》、中国网等近百家媒体网站进行宣传报道。

中国政府网、新华网、央视网、《法制日报》、中国网等以《国家铁路局启动春运监督检查》为题进行报道。

中国政府网、央视网、《法制日报》等以《国家铁路局党组要求明确 29 项议事清单强化 10 条硬约束》为题进行报道。

央视网、中国政策网、世界轨道交通资讯网以《铁路局局长：增强红线意识全力维护铁路安全稳定》为题进行报道。

（二）国家铁路局向中国标准动车组颁发许可证

2017 年 1 月 3 日，国家铁路局向中车长春轨道客车股份有限公司、中车青岛四方机车车辆股份有限公司颁发了中国标准动车组型号合格证和制造许可证。

中央电视台《新闻 30 分》栏目以《国家铁路局向中国标准动车组颁发许可证》为题、中央电视台《新闻联播》栏目以《中国标准动车具备大规模生产许可》为题播出视频新闻。

中国政府网、人民网、中国经济网、光明网、中国新闻网、中国网、中国交通新闻网以《国家铁路局向中国标准动车组颁发许可证》为题进行报道。

《法制日报》、凤凰网以《两公司获颁中国标动许可证》为题进行报道。

（三）铁路科技创新工作会议在京召开

2017 年 7 月 3 日，国家铁路局在京召开铁路科技创新工作会议。

中国政府网、民主与法制网、中国公众新闻网等 40 余家媒体网站以《铁路科技创新工作会议在京召开》为题进行报道。

中国交通新闻网、新浪网、中华铁道网等 40

余家媒体网站以《杨宇栋在铁路科技创新工作会议上要求：加强政策引导深化科技创新》为题进行报道。

中国发展网、搜狐网等20余家媒体网站以《铁路科技创新工作会议召开颁发2015－2016年度铁路优质工程奖证书》为题进行报道。

（四）中央电视台介绍2018年春运形势和工作安排

2017年2月1日，国家铁路局总工程师兼科技与法制司司长、新闻发言人严贺祥参加国务院新闻办公室新闻发布会，介绍2018年春运形势和工作安排。中央电视台《权威发布》栏目播出。

（五）中国国际电视台介绍中国高速铁路发展情况

2017年8月18日，国家铁路局总工程师兼科技与法制司司长、新闻发言人严贺祥接受中国国际电视台采访，介绍中国高速铁路发展情况。中国国际电视台《中国方案——中国道路：京津高铁》节目播出。

三、民航权威媒体报道

（一）中国民航报“十大”新闻

1. 习近平总书记视察北京新机场建设

2017年2月23日下午，中共中央总书记、国家主席、中央军委主席习近平视察了北京新机场建设。他强调，新机场是首都的重大标志性工程，是国家发展一个新的动力源，必须全力打造精品工程、样板工程、平安工程、廉洁工程。

在视察了新机场安置房建设情况后，习近平来到新机场主航站楼建设工地。在工程指挥部，他观看视频短片，察看新机场模型，结合展板了解新机场功能定位和建设规划，听取机场综合交通体系和京津冀交通一体化情况汇报，并来到航站楼工地平台察看建设现场。

习近平对新机场建设表示肯定，鼓励大家再接再厉。他强调，新机场是首都的重大标志性工程，是国家发展一个新的动力源，必须全力打造精品工程、样板工程、平安工程、廉洁工程。每个项目、每个工程都要实行最严格的施工管理，确保高标准、高质量。要努力集成世界上最先进的管理技术和经验。

习近平同现场工程建设人员亲切握手，感谢他们的辛勤劳动。习近平指出，社会主义是干出来的。新机场建设的每一个参与者都在参与历史、见证历史，大家要树立责任意识、奉献意识，在建设中增长才干、展示风貌。

北京新机场位于北京市南部，规划远期年旅客吞吐量1亿人次，飞机起降量88万架次，于2014年开工建设，计划2019年建成并投入运营。

2. 新时代民航强国建设开启新征程

党的十九大谋划了我国社会主义现代化建设的新征程，明确提出要建设交通强国。民航业作为国家重要战略产业，是交通强国的重要组成部分和有力支撑。中国民航将站在中国特色社会主义进入新时代这个新起点上，准确把握民航强国建设的新形势、新使命，以新气象、新作为，开启新征程，开拓新境界。

2017年12月27日开幕的全国民航工作会议提出，在新时代民航建设新征程中，中国民航将正确把握新时代民航强国的发展方向，准确把握新时代民航强国的阶段性特征，按照“一二三三四”新时期民航总体工作思路，聚焦每个发展阶段的主要矛盾和突出问题，明确任务和措施。到2020年，围绕服务全面建成小康社会，民航强国建设要瞄准解决行业快速发展需求和基础保障能力不足的突出矛盾，大幅提升有效供给能力，实现从航空运输大国向航空运输强国的跨越。到2035年，围绕服务我国基本实现社会主义现代化，民航强国建设要瞄准解决人民群众多样化航空需求和民航发展不平衡不充分的主要矛盾，着力“均衡发展、协调发展”，实现从单一的航空运输强国向多领域民航强国的跨越。至21世纪中叶，围绕服务我国建成社会主义现代化强国，民航强国建设要瞄准全方位提升国际竞争力目标，实现从多领域民航强国向全方位民航强国的跨越。

3. 中国民航全面推进深化改革

2017年是民航改革工作的落实年。民航局已经形成了“1+10+N”的深化民航改革工作框架，目前各项改革形成整体推进之势。

2017年，民航各部门各单位坚持统筹兼顾，协同推进，瞄准安全监管、枢纽建设、运行监控、空域资源、服务品质、适航审定、应急处置、通航发展、行业治理、科教创新等焦点，集中发力，不断破解行业发展中的矛盾和问题，分解到今年的158项改革举措已完成142项，完成率达93.7%。一些重要领域和关键环节改革实现突破，审议颁布规章16部，发布行业标准45部，推动国家空域管理体制改革取得积极成果，京津冀民航协同发展列入国家京津冀协同发展领导小组重点工作任务，调整民用机场收费标准，清理规范涉企经营服务性收费，全面开放民航设计市场，改进民用运输飞机引进管理办法等。

4.《航班正常管理规定》施行

2017年1月1日，《航班正常管理规定》正式施行。这是我国第一部规范航班正常工作的经济管理类规章，对旅客集中关切的航班延误原因界定、延误后的信息告知方案、投诉的及时处理反馈以及服务保障流程等问题作出了具体规范。

民航局在总结近几年航班延误治理工作经验的基础上，以《中华人民共和国民用航空法》《消费者权益保护法》《民用机场管理条例》为主要依据，遵循坚持安全第一、维护消费者合法权益、坚持发挥市场的决定性作用和加强监管的原则起草了《规定》。

图1 《航班正常管理规定》正式施行

《规定》明确了航班延误等核心概念，对航班运行的主体作了全面规范，明确航班正常保障能力要求，细分航班延误处置工作，明确航班延误后的救济措施，对机上延误进行了规定，突出构建协调联动机制，加强航空消费者投诉管理，加大了对航班正常工作的监督检查力度，明确了法律责任。

5. 民用无人机管理推行实名登记

为加强对民用无人驾驶航空器的管理，民航局于2017年5月16日下发《民用无人驾驶航空器实名制登记管理规定》。自2017年6月1日起，民用无人机的拥有者必须进行实名登记。

图2 民用无人机的拥有者须实名登记

《规定》适用于最大起飞重量为250克（含）以上的民用无人机。《规定》要求，民用无人机制造商和民用无人机拥有者须在“中国民用航空局民用无人机实名登记系统”（https://uas.caac.gov.cn）上申请账户，民用无人机制造商在系统上填报其所有产品的信息，民用无人机拥有者在系统上实名登记其个人及其拥有产品的信息，并将系统给定的登记标志粘贴在无人机上。未按照本管理规定实施实名登记和粘贴登记标志的，将被视为违反法规的非法行为，无人机的使用将受影响，监管主管部门将按照相关规定进行处罚。

6. 中美航空产品实现全面对等互认

2017 年 10 月 17 日，中国民用航空局与美国联邦航空局先后签署的《适航实施程序》（简称 IPA）正式生效。此次 IPA 实现了中美航空产品的全面对等互认，为两国民用航空产品的交流和工业部门的合作创造了良好的双边环境。

该协议内容涵盖适航审定在设计批准、生产监督活动、出口适航批准、设计批准证后活动及技术支持等方面的合作。基于此，国内主要的航空产品均具备了进入美国市场的认可渠道，不仅有利于我国航空产品制造商开拓美国市场，长期来看也有利于我国航空产品制造形成成熟的产业链，优化产业资源。

7.《民航行业信用管理办法（试行）》印发

为贯彻落实《社会信用体系建设规划纲要（2014 年-2020 年）》和《国务院关于建立完善守信联合激励和失信联合惩戒制度 加快推进社会诚信建设的指导意见》的精神，2017 年 11 月，民航局印发《民航行业信用管理办法（试行）》。

《管理办法》共 5 章 31 条，对民航行业信用信息的采集、使用、移除等事项进行了规范，要求设立全国统一的民航行业信用信息记录，全面记录在我国境内从事民用航空活动或者在我国境外从事需要我国批准的民用航空活动的组织和个人的基本信息和违法失信信息。

《管理办法》明确，违法失信信息分为一般失信行为信息和严重失信行为信息。对因一般失信行为被记入信用记录的相对人视情况从严管理。对因严重失信行为被记入信用记录的相对人，加大检查频次，从重处罚，运用多种手段采取惩戒措施，从而收到“褒扬诚信、惩戒失信”的效果。

8. 我国自主研制 C919 大型客机首飞

2017 年 5 月 5 日下午，我国具有完全自主知识产权的大飞机 C919 首架机空中飞行 79 分钟完成所有任务试验点，圆满完成首飞任务。

图 3 C919 首飞

对于 C919 首飞及试飞活动，民航局根据国务院大型飞机重大专项领导小组要求，按“重要飞行任务”进行优先级保障。民航局签发特急明传电报《关于做好 C919 飞机首飞保障工作的通知》，要求各运行保障单位要坚持“确保安全、平稳有序、优质服务”的工作要求，加强沟通理解，密切协调配合，在保证安全的基础上，努力提高运行效率，确保 C919 首飞任务的圆满完成，确保浦东机场航班运行的安全顺畅。4 月 22 日，民航华东局还依据审查组意见向中国商飞签发了第一类特许飞行证。

9. 东航物流完成混合所有制改革

2017 年 6 月 19 日，中国东方航空集团公司旗下的东方航空物流有限公司完成混改，东航集团与联想控股股份有限公司、普洛斯投资（上海）有限公司、德邦物流股份有限公司、绿地金融投资控股集团有限公司4家投资者，以及东航物流核心员工持股层代表，正式签署增资协议、股东协议和公司章程。

随着混改签约，4家企业总计购买45%的东航物流股份，东航物流核心员工购买10%的股份，其余45%的股份则由东航集团下属东方航空产业投资有限公司拥有。此次签约标志着在全国范围内首批推进的电力、石油、天然气、铁路、民航、通信、军工七大领域央企混合所有制改革试点，在民航领域成功落地。

图4　东方航空物流有限公司完成混改

10. 海航使用生物航煤完成跨洋首飞

2017年11月21日，海南航空HU497航班从北京起飞，经过近12个小时的飞行，在美国芝加哥安全落地，实现了中国民航首次使用生物航煤跨洋载客飞行。这也标志着民航在新型能源应用方面取得了重要进展，在优化民航能源结构、推进民航绿色发展上实现了有力突破。

图5　海航使用生物航煤完成跨洋首飞

此次跨洋飞行所用国产1号生物航煤由中石化研发生产，由餐饮废油提炼而成，具有绿色低碳、节能减排的特性，在环境保护上优势明显，其碳排放量较同等化石燃料显著减少。近年来，中国民航与石化部门积极合作，加大生物航煤的适航审定力度，不断优化航空能源结构，推进我国民航业使用绿色低碳清洁燃料，为构建安全、效益、服务、环保“四位一体”的环境友好型、资源节约型现代化民航产业作出贡献。

（二）人民日报刊登的民航重要新闻

1. 两会“部长通道”传递好声音（部长说）

中国民航局局长冯正霖 继续提升航班正常率

针对如何解决航班晚点问题，中国民用航空局局长冯正霖表示，2016年民航局在整治航班晚点方面做了一些工作，航班正常率有所提升，“去年在航班增长量最大、航线密度增幅最大、航空运输条件最复杂的情况下，航班正常率达到76.4%，比2015年提升8.4个百分点”。

他介绍，在影响航班正常的各种因素中，2015年天气因素占29.5%，2016年占56%，航空公司和空管系统的影响因素降到了10%以下，天气因素已成为影响航班正常的主要因素。他表示，民航局在保障航班正常率方面还有潜力可挖，会继续努力。

关于北京新机场建设，冯正霖表示，“我们正在打造3个世界级城市机场群，即珠三角、长三角和京津冀地区，主要是构建以北京新老机场为主轴的大型国际航空枢纽，同时把天津、河北石家庄机场进行功能优化，实行差异化运营。”

他表示，民航局正在调整航线结构和航班分配，同时将打造一个立体交通的城市机场群，保证到首都机场和新机场都会有轨道交通、城市交通相连。

（《人民日报》2017年3月4日06版）

2. 中共中央国务院对 C919 大型客机首飞成功的贺电

国务院大型飞机重大专项领导小组、中国商用飞机有限责任公司并参加 C919 大型客机首次飞行任务的各参研参试单位和全体同志：

在 C919 大型客机首飞成功之际，中共中央、国务院向参加大型客机研制任务的全体参研参试单位和人员，表示热烈的祝贺和亲切的慰问！

C919 大型客机是我国首次按照国际适航标准研制的 150 座级干线客机，首飞成功标志着我国大型客机项目取得重大突破，是我国民用航空工业发展的重要里程碑。这是在以习近平同志为核心的党中央坚强领导下取得的重大成就，体现了中国特色社会主义道路自信、理论自信、制度自信、文化自信，对于深入贯彻新发展理念，实施创新驱动发展战略，建设创新型国家和制造强国，推进供给侧结构性改革，具有十分重要的意义。

让大飞机早日翱翔蓝天，是几代中国人的梦想。C919 大型客机首飞成功只是大型客机项目的关键一步，后续任务依然艰巨繁重。希望你们更加紧密团结在以习近平同志为核心的党中央周围，高举中国特色社会主义伟大旗帜，全面贯彻党的十八大和十八届三中、四中、五中、六中全会精神，深入学习贯彻习近平总书记系列重要讲话精神特别是关于大飞机事业发展的重要指示精神，大力弘扬“两弹一星”精神、载人航天精神、航空报国精神，不忘初心，牢记使命，撸起袖子加油干，努力把大型客机项目打造成为新时期改革开放的标志性工程、建设创新型国家和制造强国的标志性工程，为实现“两个一百年”奋斗目标、实现中华民族伟大复兴的中国梦再立新功，以优异成绩迎接党的十九大胜利召开！

中共中央

国务院

2017 年 5 月 5 日

（新华社北京 5 月 5 日电）

（《人民日报》2017 年 5 月 6 日 01 版）

3. 我国已与 40 多个“一带一路”沿线国家实现空中直航

民航局 16 日发布消息，目前，中国民航已与 43 个“一带一路”沿线国家实现空中直航，每周共有约 4200 个航班；国航、南航、东航等国内航空公司加大对“一带一路”沿线市场的运力投放，新开辟沿线国家航线 240 条。

民航局发展计划司司长王长益在新闻发布会上表示，截至 2016 年底，我国已与 120 个国家和地区签署了双边政府间航空运输协定。其中，“一带一路”沿线国家占一半以上。

他说，近年来，随着这些航线的开辟，“一带一路”国际客运量在国际旅客中的占比呈逐年提升的态势，已从 2015 年的 39.8％提升到 2017 年 1 至 4 月份的 47.1％。

（《人民日报》2017 年 5 月 17 日 03 版）

4. 中国民航着力建设三个世界级机场群

25 日，2017 中国民航发展论坛在北京举办。中国民航局局长冯正霖在论坛上表示，要着力打造京津冀、长三角、珠三角三个世界级机场群，为中国世界级城市群建设做好服务。

冯正霖介绍，目前中国城市群和机场群建设正处于有利的战略方位。“十一五”以来，城市群成为推进我国新型城镇化的主体形态，目前中国城市群总面积约占全国的 25%，集中了全国 62% 的人口，吸引了 70% 的固定资产投资、98% 的外资，创造了 80% 的经济总量。其中东部沿海地区的京津冀、长三角和珠三角城市群，以 2.8% 的国土面积，聚集了 18% 的人口，创造了 36% 的国内生产总值，是我国经济最具活力、开放程度最高、创新能力最强的地区，成为推动我国经济快速增长和参与国际化经济合作与竞争的重要平台。

与之相对应，京津冀、长三角、珠三角地区也形成了三大机场群，2016 年，三大机场群完成旅客吞吐量 4.73 亿人次，占全国的 46.5%，货邮吞吐量1469万吨，占全国74.7%。其中北京首都机场年旅客吞吐量连续7年位居全球第二，上海两机场旅客吞吐量突破一亿人次，浦东机场年货邮吞吐量连续9年位居全球第三，香港机场货邮吞吐量常年位居全球第一；广州、深圳、澳门机场，业务量也增长迅速。冯正霖表示，三个地区的机场群已经具备世界级城市群和机场群的基本形态。

（《人民日报》2017年5月26日10版）

5. 81个枢纽和重点机场 将开通军人依法优先通道

日前，中央军委后勤保障部与中国民用航空局联合印发通知，6月底前，81个全国枢纽和重点机场将开通"军人依法优先"通道。目前，已有20个全国枢纽和重点机场先行开通。

据介绍，持有效证件的军人及随行亲属，在民航机场乘坐国内航空公司的境内航班可享受"军人依法优先"服务。今年1月，试点工作已在成都双流机场率先展开。

"全国枢纽和重点机场，在国内值机区设置'军人依法优先'柜台，或利用'值机主任''晚到旅客'等值机柜台屏显、张贴'军人依法优先'标识。值机工作人员根据军人有效证件优先、依序办理手续，并在登机牌上张贴'军人依法优先'登机牌贴条。"军委后勤保障部运输投送局有关负责人介绍，机场在安检通道设置"军人依法优先"通道，或利用其他通道设置"军人依法优先"指引标识，并视情安排人员进行合理引导；优先对象凭张贴优先标识的登机牌接受安检后，经头等舱通道或其他优先通道登机。

（《人民日报》2017年6月8日11版）

6.ARJ21—700飞机获得我国喷气客机首张生产许可证

7月9日，中国民航局在北京向中国商用飞机有限责任公司颁发ARJ21-700飞机生产许可证。此举标志着中国商飞公司的生产质量保证体系满足了局方适航规章要求，ARJ21-700飞机项目正式进入批量生产阶段，同时为未来其他机型的批量生产奠定了基础。随着ARJ21-700飞机生产许可证的颁发，中国商飞公司将加强管理、扩大产能，计划年内向客户交付5架ARJ21-700飞机，不断满足客户和市场需求，加快推进国产喷气客机的市场化发展。

获得生产许可证体现了飞机主制造商的生产组织、质量管理和综合管理水平，意味着飞机生产从原材料及供应商管理，到各个制造环节，每个细节都有章可循、有据可查，确保所有零件、部件和系统都可追溯、安全受控，保证飞机制造商能够持续稳定地生产出质量可靠、安全可用的飞机。

据介绍，ARJ21-700飞机自2015年11月29日首架交付成都航空以来，已经累计载客超过1.5万人次，截至目前已经累计获得19家客户共计413架飞机的订单。

（《人民日报》2017年7月10日19版）

7. 国产电动双座飞机首飞成功

11月1日，飞行员在起飞前对RX1E-A型飞机进行检查。当日，由沈阳航空航天大学自主设计研发的增程电动双座RX1E-A型飞机在沈阳财湖机场成功实现首飞。这一机型较上一代将续航时间从45分钟左右增加到2小时的同时，还增加了整体式降落伞，是我国在电动通用航空领域取得的又一突破性进展。

（《人民日报》2017年11月2日09版）

图6 国产电动双座飞机首飞成功

8. 中国自主研发生物航空煤油　首次跨洋航班飞行圆满成功

“餐饮废油”经过处理，竟能成为航空煤油。北京时间11月22日2时11分，美国中部时间11月21日12时11分，加注中国石化1号生物航空煤油的海南航空HU497航班波音787型客机，平稳降落在美国芝加哥奥黑尔国际机场。这标志着中国自主研发生产的1号生物航煤首次跨洋商业载客飞行取得圆满成功。

本次用于跨洋商业载客飞行的生物航煤由中国石化下属镇海炼化公司生产，以餐饮废油为原料，并以15 ∶ 85比例与常规航煤调合而成。

这是继2013年技术验证试飞、2015年国内商业航班首次应用飞行之后的又一创举，表明我国生物航煤自主研发生产技术更加成熟。

（《人民日报》2017年11月23日04版）

9. 中共中央国务院对AG600首飞成功的贺电

工业和信息化部、中国民航局、中国航空工业集团公司并参加AG600首次飞行任务的各参研参试单位和全体同志：

在大型灭火／水上救援水陆两栖飞机AG600首飞成功之际，中共中央、国务院向参加AG600项目研制任务的全体参研参试单位和人员，表示热烈的祝贺和亲切的慰问！

大型灭火／水上救援水陆两栖飞机AG600是我国首次按照中国民航适航规章要求研制的大型特种用途飞机，是国家应急救援体系建设急需的重大航空装备。它的首飞成功，标志着我国航空工业特种用途飞机研制能力取得重大突破，是继C919大型客机首飞成功后我国民用航空工业发展的又一个重要里程碑。这是在以习近平同志为核心的党中央坚强领导下我国航空工业发展的最新成就，对于践行新发展理念，实施创新驱动发展战略，推进制造强国和科技强国建设，具有十分重要的意义。

新时代要有新气象新作为。AG600首飞成功只是项目研制中的关键一步，后续任务依然艰巨繁重。希望你们更加紧密地团结在以习近平同志为核心的党中央周围，高举中国特色社会主义伟大旗帜，全面贯彻党的十九大精神，以习近平新时代中国特色社会主义思想为指导，不忘初心，牢记使命，大力弘扬航空报国精神，勇攀科技高峰，加快我国大型水陆两用飞行器研制进程，促进国家应急救援航空装备体系建设发展，为决胜全面建成小康社会、夺取新时代中国特色社会主义伟大胜利、实现中华民族伟大复兴的中国梦再立新功！

中共中央

国务院

2017年12月24日

（新华社北京12月24日电）

（《人民日报》2017年12月25日01版）

（三）新华通讯社刊登的民航重要新闻

1. 中国民航局局长：去年航班正常率提高8个百分点以上，今年继续努力

“我知道大家都关心民航航班正常率的问题。去年我国航班正常率比上一年提高了8个百分点以上，特别是因空管原因造成的不正常率下降。当然，我知道大家还不够满意，今年我们会继续努力。”

图7　2017年12月24日，机组人员和工作人员在AG600成功首飞后合影留念

3日，中国民航局局长冯正霖在经过“部长通道”回答记者的提问时作了上述表示。

冯正霖表示，民航系统要守住“三条底线”：一是飞行安全底线，二是廉政建设底线，三是服务质量底线。其中，提高航班正常率是带动服务质量提高的牵引指标。目前，影响航班正常率的因素很多，包括天气、机场、航空公司、地面服务等。去年，在航班数量和密度迅速提高的情况下，航班正常率达到76%以上，来之不易。

（新华社北京3月3日电）

2. 北京新机场航站楼混凝土结构封顶

16日10时，随着最后一罐混凝土浇筑完毕，北京新机场航站楼混凝土结构封顶。此举标志着我国规模最大的空地一体化综合交通枢纽建设工程将全面转入钢结构安装阶段，成为新机场项目总体工期计划的又一个重要里程碑。

据北京新机场建设指挥部总指挥姚亚波介绍，北京新机场航站楼主体结构由全现浇钢筋混凝土框架结构及空间网架结构体系构成，建筑面积大、技术含量高、施工组织难。航站楼主体工程于去年3月15日正式开工，在开工一周年之际，实现了混凝土结构封顶。截至目前，主体结构共浇筑混凝土166万立方米、绑扎钢筋32万吨。

北京新机场定位为“大型国际枢纽机场”。场址位于北京市大兴区榆垡镇、礼贤镇和河北省廊坊市广阳区之间，直线距天安门约46公里、距首都机场约67公里、距廊坊市约26公里。远期规划年旅客吞吐量1亿人次以上，满足年货邮吞吐量400万吨的运输需求。

姚亚波说，新机场本期按照2025年旅客吞吐量7200万人次、货邮吞吐量200万吨、飞机起降量62万架次的目标设计，主要建设4条跑道、70万平方米航站楼，同步建设航空公司基地、货运、空管、供油、维修、航空配餐等各类保障设施。

“新机场于2014年开工建设，计划2019年建成并投入运营。目前，飞行区工程、场内交通市政工程深入推进，航空公司基地、空管工程、口岸设施建设等正按计划实施。”他说。

姚亚波表示，新机场建设开创了多个世界一流和国内首创。比如，为最大限度方便旅客出行，主航站楼采用放射指廊构型，从航站楼中心到最远端登机口步行距离不超过600米，步行时间不到8分钟；航站楼在国内首次实现综合交通无缝衔接，高铁、地铁、城铁等多条轨道地下穿越，轨道站台设置在航站楼下方。为有效降低底部轨道震动对上部结构的影响，设置了1232个橡胶隔震支座和弹性滑板支座，提高了航站楼结构的抗震性能，解决了超大超长混凝土结构裂缝控制的技术难题。

此外，北京新机场本期建设的4条跑道采用“三纵一横”全向构型，在国内尚属首次。“三纵一横”构型适合京津地区的空中运行特点，为空管运行提供了多种可行方案，最大限度地利用了北京地区紧张的空域资源。

（新华社北京3月16日电）

3. 6月1日起无人机将实施“实名制”管理

从6月1日起，我国将正式对质量在250克以上的民用无人机实施实名登记注册。

民航局空管办副主任张瑞庆16日在民航局新闻发布会上表示，民用无人机的登记注册制度是国际上普遍采取的一种管理方式，是无人机管理的基础。民航局已经初步完成了民用无人机登记注册系统的开发，将于5月18日上线运行。

同时，民航部门正在积极建立无人机实名登记数据共享和查询制度，实现与无人机运行云平台的实时交联。

近年来，国内无人机违法违规运行（俗称“黑飞”）威胁民航安全的事件频发，近来成都机场、重庆机场接连发生的疑似无人机扰航事件也受到舆论广泛关注。

为保证机场及周边飞行安全，加强对无人机的管理，民航局还将发布民用机场保护范围数据。

张瑞庆说，民航局按照国际民航组织标准，收集、整理了全国运输机场障碍物限制面保护范围（机场禁飞区域）数据，以更有效地利用电子围栏等技术保障安全。民航局将于 5 月 1 日发布首批 155 个机场保护范围数据，后续还将不断补充完善。

根据国家空管委的要求，民航局已经专题布置无人机专项整治任务，将发挥部门联动机制的优势，配合地方政府、公安等部门建立无人机违法违规飞行的联防联控机制，确保民航飞行安全。

（新华社北京 5 月 16 日电）

4. 军民融合加快我国机场新技术推广应用

掉一小根树枝都能响应的跑道异物监测、每分钟自动分拣上百件行李、一键式驱鸟……20 日至 21 日，记者在成都举行的“空军民航军民合用机场军民融合发展暨机场新技术应用推广会”上获悉，随着军民航融合发展不断推进，一批国产新技术取得重大突破，有望在我国军民航机场中加快应用推广。

推广会集中展示的一批机场新技术中，不乏打破国外技术垄断、拥有完全知识产权的国产重大装备创新。例如，快速高效处理旅客行李是国际大型机场维持正常运转的核心能力，因无法及时分拣行李而造成机场瘫痪的案例在国际上屡见不鲜，而以往全球仅有 3 家厂商拥有相关设备的完全自主知识产权。

中国民航局第二研究所所长罗晓介绍，该所成功研制的行李高速自动分拣机，分拣速度每小时近 6000 件，满足所有大型机场的需求，产品获得国内重大装备首台套证书，成为全球第四家、国内唯一具有完全自主知识产权的行李自动处理系统集成商。民航二所近期已成功中标北京新机场行李系统项目。

中国民用航空局副局长董志毅表示，世界新一轮科技革命和产业变革席卷全球，对军民航机场来说，当前最为紧迫的是要大胆推广应用新技术，有条件的机场特别是千万级以上大型机场要加大资金投入，制定国产新技术推广应用的“施工图”。

据了解，目前民航部门正在制定分类支持政策，对于使用国产新技术和新产品的机场，将给予资金政策方面的大力支持。下一步我国将持续推进军民航融合发展，构建机场技术创新和推广体系，不断提升机场运行效率和安全水平。

（新华社成都 9 月 21 日电）

5. 国产大飞机“三兄弟”蓝天聚首 “中国翼”开启航空强国新时代

“鹏之徙于南冥也，水击三千里，抟扶摇而上者九万里。”

2000 多年前庄子的畅想今天成为现实。12 月 24 日上午 9 时 39 分许，蓝白涂装的大型水陆两栖飞机——“鲲龙”AG600 从珠海金湾机场启动，滑行，一飞冲天。

十年磨砺，运 20、C919、AG600，中国大飞机“三兄弟”终于蓝天聚首。东方航空大国正向航空强国全力冲刺。

运输 · 民航 · 两栖：国产大飞机“家族谱系”羽翼渐丰

AG600 是当今世界在研的最大水陆两栖飞机，飞机选装 4 台国产涡浆六发动机，最大起飞重量 53.5 吨，实现超过 4000 公里的最大航程。

全机 5 万多个结构及系统零部件中，98% 由国内供应商提供，全机机载成品 95% 以上为国产产品，这是一架真正的“中国制造”。

“AG600 是为了满足森林灭火和水上救援需求首次研制的大型特种用途民用飞机，是国家应急救援体系建设急需的重大航空装备。”AG600 总设计师黄领才说，它的研制集中了中国航空工业之智，是集体协作、齐心并进的成果。

颠覆一般人对飞机印象，AG600 既能在地面起降，又能在水面起降，能乘风直上蓝天，也能破浪搏击大海。

上半身是飞机，下半身是船——外形特色明显的“鲲龙”，是名副其实的多面手。

它可以在复杂气象条件下作业，一次性救助50名海上遇险者；它可以通过在水面上20秒的滑行一次汲水12吨，单次投水救火面积4000余平方米，实现在水源与火场之间往返投水灭火。

中航工业通飞公司副总经理张枢玮说，AG600的成功首飞，提升了中国国产飞机产品供给能力和水平，有效促进应急救援航空装备体系建设，对助推“一带一路”倡议、国民经济发展、海洋强国建设均具有重大意义。

2007年，国务院原则批准大型飞机研制重大科技专项。此后两年里，三个不同用途的大飞机项目相继立项。

2013年1月，最早立项的大型运输机运-20首次试飞成功，中国成为世界上第四个能够研制大型运输机的国家。

2017年5月5日，大型客机C919从上海浦东机场的跑道上滑跑而起，成功首飞。

航空业界人士表示，中国大飞机工业的腾飞根植于国力的提升，得益于一个大国顺势而为的智慧和举全国之力自主发展的能力。历经多年自主攻关，中国的大飞机家族已经具备了相对完整的“家族谱系”，中国正式进入全球“大飞机俱乐部”。

“三兄弟”将迎“新伙伴” 新突破可期

作为中国大飞机家族中的重要成员之一，大型水陆两栖飞机本身也有望形成一个“小家族”。

中航通飞华南飞机工业公司董事长刘祥仁说，AG600还可根据任务需要，通过改装，广泛应用于海洋环境监测、海洋资源探测、海上运输等其他用途。

“走到今天，我们奉献了一款市场急需的产品，形成了健全的制造平台，更重要的是带动一整批供应商按照适航路径进行研发、生产，后期就可以在这个平台和体系之上进行新的型号生产。”他说。

不断推出新品、不断冲刺尖端——展望未来，人们不仅能看到越来越多、越来越丰富的“三兄弟”，还会看到它们更多的“新伙伴”。

在通用飞机领域，刘祥仁介绍，目前正在研发、生产的还有新型通用小飞机，包括私人飞机、公务机等，未来会有更多符合消费者需求、实现“想飞就飞”梦想的国产飞机翱翔蓝天。

支线飞机也有新作为。按照国际标准研制的具有自主知识产权的ARJ21正式交付运营，新舟60系列飞机运送乘客突破1000万人次，新一代涡桨支线飞机新舟700已收获185架订单，有望打破当前国际涡桨支线市场ATR（法国空中支线飞机公司）和庞巴迪“双雄并立”的格局，挑战涡桨支线飞机世界第一的地位。

在最受关注的大客机领域，中俄国际商用飞机有限责任公司（CRAIC）2017年9月29日宣布，中俄联合远程宽体客机正式命名为CR929。中俄远程宽体客机采用双通道客舱布局，CR929-600的航程为12000公里，280座级；通过采用先进气动设计、大量应用复合材料、装配新一代大涵道比涡扇发动机等提高飞机综合性能指标。

新航程：接续发力“加油干” 蓝天呼唤“中国心”

一代又一代的中国航空人奋发图强、自力更生、勇于创新，推动中国航空技术实现跨越式发展。由航空大国到航空强国的转变仍需攻坚克难。

“中国制造”还是“中国组装”，“心脏病”“神经病”“皮肤病”……这是中国航空人无法回避的问题。

航空发动机、航电系统、高端材料等诸多航空核心技术亟待全力突破。特别是中国大飞机需要更强劲的“中国心脏”，中国工程院院士刘大响认为，与航空强国相比，航空发动机是我们的“软肋”。

一直以来，中国航空发动机依赖进口，自主研制的型号较少。航空发动机需要在高温、高压、高转速、高载荷等严苛条件下工作，涉及气动热力学、燃烧学等众多基础学科以及工程领域，技术难度大、研制周期长。

与此同时，航空发动机对国民经济的辐射作用明显。根据测算，按产品单位重量创造的价值计算，船舶基准数为1、汽车为9、喷气飞机为800，而航空发动机则高达1400，是飞机制造业“皇冠上的明珠”。

2016年，中国航空发动机集团公司成立。这家新央企成为中国实施航空发动机和燃气轮机重大专项的责任主体，表明中国自主打造航空“心脏”的决心。

近日，中国航发研制的大型客机发动机“长江-1000A”高压压气机完成了第一阶段试验，向国产大飞机装配“中国心”走近了一步。

对于中国航空来说，军民融合战略带来了新机遇。中国航发公司董事长曹建国说，未来将全力打造强劲“航空中国心”。只要坚持国家利益至上，坚持军民深度融合发展，坚持实施创新驱动战略，就能最终实现我国由航空大国向航空强国的战略转变。

中国科技创新的成果，离不开“接续发力加油干、集中力量办大事”的制度优势。刘祥仁说，AG600从国家正式批复立项到成功首飞，八年的艰辛研制岁月中，国内共有20个省市、150多家企事业单位、十余所高校的数以万计的科研人员参与。

此刻，人们想起“运十”2号原型机面前伫立的那块铭刻着“永不放弃”的石碑，这是中国航空人永志不忘的夙愿。

面对航空强国梦的召唤，唯“长期奋斗，长期攻关，长期吃苦，长期奉献”是最好的回应。

“风之积也不厚，则其负大翼也无力。”载梦前行的中国大飞机，向着航空强国翱翔。

（新华社广州12月24日电）

四、邮政业权威媒体报道

中央媒体报道邮政业情况一览表

序号	媒体	标题	刊次及版面信息
1	中国交通报	“分拣机器人”善用大数据	1月3日
2	人民网	2016快递业回顾：全年包裹300亿件占世界近一半	1月4日
3	新华社	从300亿元到4000亿元的突破——快递业打造“中国经验”	1月5日
4	中央电视台	《新闻联播》2016我国快递突破300亿件	1月5日
5	央视网	国家邮政局：推动邮政业迈向发展新阶段	1月5日
6	央视网	2016年全国快递业务收入4005亿元 同比增长44.6%	1月5日
7	央视网	2016我国快递313.5亿件 年收入突破4000亿元	1月5日
8	中央电视台	《共同关注》我国快递日均服务超过2.5亿人次	1月5日
9	中央电视台	《新闻直播间》新修订《邮政普遍服务》标准3月1日实施	1月5日
10	中国网	日均服务超2.5亿人次 今年快递业将进行“刷信”专项治理	1月5日
11	中国新闻网	2016年中国快递业务量完成313.5亿件 收入破4000亿	1月5日

续上表

序号	媒体	标题	刊次及版面信息
12	人民日报	快递业连续6年保持高速增长	1月6日
13	光明网	我国快递年业务量稳居世界第一	1月6日
14	经济日报	去年快递日均服务超2.5亿人次	1月6日
15	中央电视台	《整点财经》国家邮政局：2016年我国快递业收入达4000亿元	1月6日
16	中央电视台	《中国新闻》国家邮政局：2016年全国快递超313亿个 人均23个	1月6日
17	中央电视台	《朝闻天下》国家邮政局 2016年快递量300亿收入4000亿	1月6日
18	中央电视台	《朝闻天下》新修订《邮政普遍服务》标准3月1日实施	1月6日
19	工人日报	我国快递服务网点乡镇覆盖率逾八成	1月6日
20	中国交通报	加快建成与小康社会相适应的现代邮政业 马军胜要求：打通上下游、拓展产业链、画大同心圆、构建生态圈	1月6日
21	中国交通报	李小鹏在2017年全国邮政管理工作会议上强调：稳中求进安全第一深化供给侧结构性改革加快转型升级推动邮政业发展迈上新台阶	1月6日
22	国际在线	中国快递行业首次突破4000亿 业务量居世界第一	1月6日
23	人民邮电报	全国邮政管理工作会在京召开	1月6日
24	中央电视台	去年快递量突破300亿，收入4005亿	1月7日
25	中央电视台	《朝闻天下》关注春节用工紧张上海：快递企业花心思应对春节用工	1月8日
26	中国新闻网	俄媒称中国成快递大国：一年313亿件占全球4成	1月9日
27	中国交通报	促进邮政系统管党治党走向“严更实” 马军胜强调，深刻领悟重要讲话精髓要义，切实落实全面从严治党各项要求	1月12日
28	人民邮电报	知新·前瞻2017快递这匹“黑马”怎么跑?	1月16日
29	经济日报	快递业还需继续做大做强做优	1月17日
30	中央电视台	《新闻直播间》包裹“春运”新闻特写快递员：把思念送到家	1月17日
31	中央电视台	《新闻直播间》新闻提示：快递开启“春节模式”送货速度变慢	1月18日
32	新华社	我国每万人就有1.5个快递网点	1月19日
33	中国交通报	“隐形面单”为信息安全再加锁	1月19日
34	人民日报	签收1亿包裹，2014年用了6天，2015年用了4天，2016年只用了3.5天 快递也有“科技范儿”（多棱镜）	1月20日
35	中央电视台	《第一时间》新闻热搜榜·数字：我国每万人有1.5个快递网点	1月20日
36	中央电视台	《中国新闻》中国首次明确快递禁寄物品范围企业违规最高可罚50万	1月20日
37	人民政协报	我国首次明确快递禁寄物品范围企业违规将最高罚款50万元	1月20日
38	人民邮电报	发展增速近7倍于GDP 我国快递业务量一个季度过百亿件	1月20日
39	中国新闻网	去年快递服务满意度调查：双11等高峰期满意度提升	1月20日
40	新华社	一个大学生快递小哥的日常	1月21日
41	新华网	腾飞：西北小镇忙快递	1月22日
42	中央人民广播电台	过年丨快递员老翟的春节	1月23日

续上表

序号	媒体	标题	刊次及版面信息
43	人民网	轻“装”上阵 打造“绿色快递”新局面	1月23日
44	人民日报	可以送到偏远山村，可以保质送达生鲜快递今年又长本事了	1月24日
45	中国交通报	国家邮政局关于2016年12月邮政业消费者申诉情况的通告	1月26日
46	农民日报	快递员：用坚守送出温暖	1月27日
47	新华社	“为了团聚在北京，我会一直拼下去！”——京东快递“小哥”的留守春节	1月29日
48	中央电视台	春节期间快递业务：业务量下降 上海收发件第一	2月4日
49	中央电视台	新闻特写：邮递员30年坚守 伶仃岛上传“问候”	2月8日
50	中国交通报	中央一号文件再提“快递下乡”	2月9日
51	国际在线	国家邮政局：将组织“不着地、不抛件”专项治理 消灭乱象	2月10日
52	新华社	国家邮政局公布2017年更贴近民生7件实事	2月10日
53	中国交通报	国家邮政局公布2017年更贴近民生实事	2月13日
54	中国交通报	去年全国邮政市场行政处罚达4665件 寄递企业占比超六成	2月14日
55	新华社	快递业“十三五”小目标：年收入8000亿元	2月15日
56	中央电视台	快递夫妇的“奢侈”年货	2月15日
57	中央电视台	《快递业发展“十三五”规划》今日发布	2月16日
58	经济日报	国家邮政局：到2020年形成覆盖全国、联通国际的快递服务网络	2月16日
59	中国交通报	国家邮政局党组研究部署2017年党建工作强化两个责任 抓好党的建设	2月16日
60	中国交通报	快递业服务网络将覆盖全国联通国际	2月17日
61	中新社	快递业发展十三五规划下发 重点城市间须48小时送达	2月17日
62	工人日报	国家邮政局发通知稳定快递企业末端网点运营	2月17日
63	中央电视台	国家邮政局：严防包裹积压滞留	2月17日
64	中央电视台	部分快递企业末端网点运营异常·国家邮政局要求快递企业妥善解决服务问题	2月18日
65	新华社	国家邮政局要求解决快件积压无人送问题	2月18日
66	光明日报	快递积压折射消费诉求	2月19日
67	中国交通报	部分快递企业末端网点发生运营异常，国家邮政局要求加大督导检查力度，落实企业主体责任	2月20日
68	经济日报	快递业现倒闭潮、用工荒？真相是……	2月20日
69	光明日报	全国两会期间进京快件须实名并100%过机安检	2月21日
70	人民日报	2020，你的快递有多快（政策解读）	2月21日
71	中央电视台	新《邮政普遍服务》标准下月起实施	2月21日
72	中央人民广播电台	《邮政普遍服务》新标准下月实施 信件包裹全程时限大幅缩短	2月21日
73	国际在线	中国新邮政普遍服务标准3月1日起实施 包裹时效标准提高五成	2月21日

续上表

序号	媒体	标题	刊次及版面信息
74	新华社	邮政包裹将在城市投递入户——邮政普遍服务新标准带来哪些利好？	2月21日
75	人民日报	《邮政普遍服务》新标准将于3月1日施行邮政包裹将投递到户	2月22日
76	中央电视台	新修订《邮政普遍服务》标准3月1日实施：缩短包裹时限 自取变按址投递	2月22日
77	中央电视台	国家邮政局 新修订《邮政普遍服务》标准3月1日实施：增加邮政营业场所服务功能	2月22日
78	光明日报	《邮政普遍服务》标准3月1日实施	2月22日
79	人民邮电报	新《邮政普遍服务》标准3月1日实施	2月22日
80	工人日报	包裹时效标准提高近50%	2月22日
81	经济日报	送货上门	2月24日
82	新华社	快递业是否将迎拐点？	2月24日
83	人民日报	快递小哥的“保障”谁来管？（民生视线）	2月24日
84	中国交通报	国家邮政局部署实施邮政普遍服务新标准	2月24日
85	中国交通报	邮政普遍服务新标准全面提速信件包裹寄递 省际包裹不超9天 小件投递到户	2月24日
86	中央电视台	快递行业竞争加剧 优胜劣汰加速洗牌	2月24日
87	中央电视台	专家观点：快递业留住人要让快递员有奔头	2月26日
88	中央电视台	新闻观察：民营快递缘何面临用工困境	2月26日
89	中央电视台	国家邮政局：部分快递末端网点运营不稳定	2月26日
90	中央电视台	快递行业竞争加剧 优胜劣汰加速洗牌	2月24日
91	人民日报海外版	“黑马”变千里马还需多点前瞻性	2月28日
92	人民日报	让快递小哥有保障有尊严（人民时评）	2月28日
93	人民日报	快递，行业难点如何突破？	2月28日
94	新华社	中国快递业迎来改革发展新纪元	3月2日
95	新华社	《邮政普遍服务》新标准于3月1日施行　邮政普通包裹将投递到户	3月2日
96	新华社	国家邮政局局长：让快递小哥有尊严地上路	3月2日
97	人民网	邮政局局长马军胜：快递小哥工作强度大 挣的确实不多	3月3日
98	新华社	“今天的痛点要变成发展的亮点”——国家邮政局局长马军胜回应快递业热点问题	3月2日
99	中国经济网	总理报告再提快递 代表委员热议“最后一公里”共享	3月6日
100	新华社	连续四年写入政府工作报告快递业发展如何由“大”转“强”	3月5日
101	人民邮电报	“两会”声音丨全国政协委员马军胜：综合施策疏解城市快递末端服务“痛点”	3月8日
102	中国交通报	“全国两会特别报道”马军胜委员：综合施策解决城市快递末端服务“痛点”	3月10日
103	人民政协报	全国政协委员孙步新：快递包裹能否“轻装上阵”？	3月11日

续上表

序号	媒体	标题	刊次及版面信息
104	光明日报	解决快递末端服务"痛点"	3月11日
105	人民政协报	马军胜委员："村村通邮"仍需资金支持	3月13日
106	中国交通报	"聚焦议案提案"马军胜委员建议：财政支持民族和边远地区建制村直接通邮	3月14日
107	新华社	国家邮政局局长马军胜：让快递三轮车合规上路	3月15日
108	中国交通报	马军胜"部长通道"谈快递服务质量 采取三项措施让用户放心消费	3月15日
109	国际在线	国家邮政局长：今年将集中整治快递延误、丢失等四问题	3月15日
110	国际在线	去年快递申诉增长三成 邮政官员为消费者维权支招	3月15日
111	中国经济网	国家邮政局局长马军胜：运用大数据加强快递业日常监管	3月15日
112	人民网	国家邮政局局长马军胜：今年开展专项活动整治快递投递问题	3月15日
113	中央人民广播电台	国家邮政局局长：让快递三轮车合规上路	3月15日
114	中央电视台	国家邮政局局长 马军胜：快递业发展迅猛 带来新问题	3月15日
115	中央电视台	国家邮政局局长马军胜：加强快递服务质量监管	3月15日
116	中国交通报	马军胜"部长通道"谈快递服务质量 采取三项措施让用户放心消费	3月16日
117	中国交通报	邮政管理部门去年受理申诉130万件	3月20日
118	中央电视台	2016年中国快递发展指数报告出炉：人均年使用快递近23件	3月28日
119	中央电视台	2016年中国快递发展指数报告出炉：今年快递业务量将突破400亿件	3月28日
120	中央人民广播电台	我国快递业务量去年首次突破300亿件大关 全球占比超4成	3月28日
121	新华社	我国快递量全球占比超四成	3月28日
122	新华社	图表：我国快递量全球占比超四成	3月28日
123	人民日报	对世界快递业务增长的贡献率达六成 中国成全球快递发展引擎	3月29日
124	经济日报	去年我国快递量全球占比超四成	3月29日
125	人民日报海外版	中国快递量全球占比超四成	3月29日
126	人民政协报	我国快递量全球占比超四成	3月29日
127	人民邮电报	《2016年中国快递发展指数报告》显示 我国快递量连续三年居世界首位 对世界快递增长贡献率达60%	3月29日
128	新华社	国家邮政局发布三大区域快递规划	3月30日
129	中央电视台	国家邮政局：明年实现快递实名收寄信息化全覆盖	3月30日
130	中国经济网	四月起全国邮政收寄信息试点实名制 明年底全覆盖	3月30日
131	人民日报	2018年底前基本实现实名收寄信息化全覆盖	3月30日
132	中央人民广播电台	国家邮政局：明年实现快递实名收寄信息化全覆盖	3月30日
133	新华社	国家邮政局：明年实现快递实名收寄信息化全覆盖	3月30日
134	中国交通报	邮件快件实名收寄信息系统试点4月启动	3月31日
135	光明日报	国家邮政局：明年实现快递实名收寄信息化全覆盖	3月31日

续上表

序号	媒体	标题	刊次及版面信息
136	经济日报	京津冀将成北方快递业发展核心区	3月31日
137	人民日报中央厨房	眼红江浙沪包邮？长三角快递还将有N多新特权！	4月1日
138	经济日报	“隐私面单”并非一劳永逸	4月6日
139	中国交通报	三大区域快递规划发布 培育快递业 改革发展增长极	4月6日
140	央视网	全国首个快递业绿色发展产学研协同创新示范基地在青岛揭牌	4月14日
141	中国交通报	快递业绿色发展协同创新基地揭牌	4月18日
142	中央电视台	国家邮政局发布第一季度快递发展指数 快递业务量75.9亿件 人均5.5件	4月20日
143	中央人民广播电台	一季度我国快递业务量同比增长31.5% 公众满意度提高	4月20日
144	新华社	一季度快递业务收入增速4倍于GDP	4月20日
145	人民邮电报	一季度快递业务收入增速4倍于GDP	4月21日
146	人民日报	一季度快递业务收入增速4倍于GDP	4月21日
147	光明日报	一季度快递业开局良好	4月21日
148	中国交通报	一季度中国快递发展指数发布 快递业务收入增速4倍于GDP	4月23日
149	中国网	第一季度快递服务满意度调查结果出炉 顺丰排名第一	4月24日
150	中国交通报	国家邮政局推进“互联网+政务服务”	5月4日
151	法制日报	首届绿色快递进高校活动启动	5月8日
152	工人日报	“绿色化”“减量化”成为快递业新风尚	5月9日
153	中国青年报	首届“绿色快递进高校”活动全国启动	5月9日
154	中国交通报	邮政业加快推进供给侧结构性改革	5月17日
155	法制日报	推动绿色快递须多轮驱动	5月17日
156	工人日报	“绿色快递”需要的不仅是标准	5月18日
157	工人日报	相关政策缺乏强制性 快递包裹绿色化遭遇推广难	5月18日
158	经济日报	快递价格并未水涨船高	5月23日
159	中央电视台	快递柜来了：快递柜收寄快递 方便又安全	5月25日
160	中央电视台	快递柜来了：多家快递柜公司布局市场	5月25日
161	中央电视台	快递柜来了：收费？还是不收费？快递柜赚钱难	5月25日
162	中新社	北京国际服务贸易交易会快递板块签超千亿元大单	5月29日
163	中国网	科技、环保、助农 申通快递携三大主题惊艳2017京交会	5月29日
164	中国网	2017年北京国际服务贸易交易会快递服务板块签约额再破千亿	5月30日
165	工人日报	2017年北京国际服务贸易交易会举行	5月31日
166	中国交通报	京交会快递板块签约额超千亿元	5月31日
167	人民日报	快递 黑马如何变成千里马	6月1日

续上表

序号	媒体	标题	刊次及版面信息
168	工人日报	一名劳务工投递员的爱心邮路	6月1日
169	经济日报	快递企业打造“绿色物流”	6月2日
170	中央人民广播电台	国家邮政局介入顺丰与菜鸟争端：要顾全大局	6月2日
171	人民日报	菜鸟和顺丰握手：同意从今天12时起全面恢复数据传输	6月3日
172	中央电视台	《新闻直播间》关注顺丰菜鸟之争：国家邮政局召集双方进行协调	6月4日
173	中央电视台	“快递实名制”实施一年多	6月11日
174	中国交通报	全国邮政系统开展以案释纪警示教育	6月16日
175	新华社	邮政业积极驰援茂县灾区	6月25日
176	央视网	四川茂县突发山体滑坡 邮政业积极应对驰援灾区	6月25日
177	中国交通报	邮政快递：紧急调配救援物资	6月26日
178	中国交通报	去年人均使用快递近23件 平均单价少花7毛钱	6月26日
179	工人日报	邮政业积极应对四川茂县灾情	6月26日
180	人民邮电报	四川通信业携手合作，抢通通信生命线	6月26日
181	经济日报	快递实名制遇冷	6月29日
182	国际在线	《香港回归祖国二十周年》纪念邮票7月1日发行	6月28日
183	中央人民广播电台	香港回归二十年纪念邮票7月1日发行	6月29日
184	新华社	《香港回归祖国二十周年》纪念邮票7月1日发行	6月29日
185	中央电视台	《香港回归祖国二十周年》纪念邮票7月1日发行	6月29日
186	工人日报	《香港回归祖国二十周年》纪念邮票将发行	6月30日
187	新华社	图片报道：《香港回归祖国二十周年》纪念邮票7月1日发行	6月30日
188	中央电视台	《香港回归祖国二十周年》纪念邮票今天发行	7月1日
189	人民日报	雨一直下，国家邮政局建议快递做保价	7月10日
190	经济日报	数据共享勿忘用户信息安全	7月10日
191	中央电视台	国家邮政局：2018年实现收寄实名制信息化	7月11日
192	中央电视台	国家邮政局：二季度日均快件量超1亿件	7月11日
193	新华网	国家邮政局：2018年底将实现实名收寄信息	7月11日
194	央视网	邮政局：2018年底将实现实名收寄信息化全覆盖	7月11日
195	国际在线	2018年底实现实名收寄信息化全覆盖	7月11日
196	新华社	“点一点”寄件 “扫一扫”查验——国家邮政局解读快递实名收寄	7月11日
197	中央人民广播电台	我国快递业务量收保持高位运行	7月11日
198	新华社	我国二季度日均快件量超1亿件	7月11日
199	中国经济网	二季度快递业务收入增速4倍于GDP 农村快递成为新增长点	7月11日

续上表

序号	媒体	标题	刊次及版面信息
200	央视网	邮政局：日均快件量超 1 亿件 有效申诉率六年最低	7 月 11 日
201	光明日报	农村成新增长点 “快递 + 电商 + 农业”模式精准扶贫	7 月 11 日
202	经济日报	快递业：让“绿色”贯穿每一个环节	7 月 11 日
203	人民邮电报	国家邮政局：2018 年底将实现实名收寄信息化全覆盖	7 月 11 日
204	法制日报	点一点即寄件 扫一扫可查验 2018 年底将实现实名收寄信息化全覆盖	7 月 11 日
205	光明日报	明年实现快递实名收寄信息化全覆盖	7 月 12 日
206	人民日报	快递从业者超 200 万人 明年底前实名收寄信息化全覆盖	7 月 12 日
207	法制日报	2018 年底将实现实名收寄信息化全覆盖	7 月 12 日
208	经济日报	快递实名收寄信息化加速	7 月 12 日
209	工人日报	2018 年底将实现实名收寄信息化全覆盖	7 月 12 日
210	人民日报	上半年快递业务量同比增长超三成　农村快递成新增长点	7 月 12 日
211	中国交通报	半年看新政 受益变革中京津冀包邮渐成风潮	7 月 12 日
212	中央电视台	明年快件收寄将实现实名信息化	7 月 13 日
213	中央人民广播电台	国家邮政局：2018 年实现收寄实名制信息化	7 月 16 日
214	经济日报	二季度有效申诉率创 6 年来新低 专家：快递业有望告别“草莽时代”	7 月 17 日
215	中国交通报	实名收寄信息化明年底全覆盖	7 月 18 日
216	新华社	我国拟修订快递暂行条例	7 月 24 日
217	人民日报	快递立法，破解成长的烦恼	7 月 26 日
218	人民日报	加速补齐快递业的治理短板	7 月 26 日
219	工人日报	“电商 + 快递”搭起“空中金桥” 从田间到舌尖实现“一站直达”	7 月 27 日
220	经济日报	快递新规化解“成长烦恼”	7 月 28 日
221	中央人民广播电台	《快递暂行条例》征求意见 整治快递行业乱象	7 月 29 日
222	中国交通报	主要快递企业城区网点标准化率达 69%	8 月 1 日
223	经济日报	国家邮政局：上半年快递业务量同比增长三成 申诉率创历史新低	8 月 1 日
224	人民日报	快递“最后一百米”咋这么难走（论政）	8 月 2 日
225	人民日报	1 天，1 亿件（大数据里看中国）	8 月 2 日
226	人民政协报	邮政助力农村电商推进农业供给侧结构性改革	8 月 2 日
227	人民政协报	快递搭建从田间到餐桌的“金桥” 舌尖上的“新鲜”一站直达	8 月 3 日
228	新华社	“世界第一”实至名归 外国人：我爱中国快递	8 月 4 日
229	北京日报	上半年快递量增长超 3 成	8 月 7 日
230	中国交通报	《特别报道》为了畅通 为了希望	8 月 10 日
231	人民邮电报	砥砺奋进的五年 I 快递业高速增长 市场规模世界第一	8 月 14 日

续上表

序号	媒体	标题	刊次及版面信息
232	工人日报	“快递小哥”的劳动保障要驶入“快车道”	8月18日
233	中国交通报	7月全国邮政业消费申诉123968件	8月22日
234	人民日报海外版	打造“快递航母”（砥砺奋进的5年·中国速度）	8月23日
235	中国交通报	国家邮政局推进安全生产领域改革 地市级邮政业将实现安全支撑机构全覆盖	8月25日
236	人民日报	快递暂行条例征求意见 延误丢失损毁的赔偿受关注	8月30日
237	经济日报	消费者吐槽三大“顽疾” 快递的“老毛病”必须改	8月30日
238	中央电视台	国家邮政局：去年全国快递业务量达312.8亿件	9月5日
239	法制日报	绿色+智能助推我国快递业“聚变”	9月5日
240	国际在线	中国日均快递处理量超“亿件” “最后一公里”成行业主攻方向	9月5日
241	新华网	国家邮政局：快递“最后一公里”成行业转型升级的主攻方向	9月6日
242	中央人民广播电台	可降解包装、智能收件箱能否帮快递业趟出新路子	9月6日
243	人民邮电报	快递“最后一公里”如何解决?	9月6日
244	工人日报	快递“最后一公里”峰会举办	9月7日
245	中国交通报	绿色+智能助 “最后一公里”由痛到通	9月13日
246	光明日报	落实快递实名制	9月13日
247	人民政协报	快递包装亟须从源头减量	9月14日
248	光明日报	什么样的快递服务我们才放心	9月18日
249	中国交通报	国家邮政局部署十九大期间寄递安保 以最严部署确保寄递安全平稳畅通	9月19日
250	经济日报	快递业这些“毛病”该改改了	9月20日
251	经济日报	电商巨头加快布局智慧物流	9月28日
252	经济日报	线上线下创世界一流	10月6日
253	中央电视台	第48届世界邮政日 我国快递业务量连续3年世界第一	10月9日
254	新华社	我国快递业务量连续3年稳居世界第一	10月9日
255	国际在线	中国快递业对全球快递业增长贡献率达40%	10月9日
256	光明日报	加快建设与小康社会相适应的现代邮政业	10月9日
257	中央电视台	第48届世界邮政日 我国快递业务量连续3年世界第一	10月9日
258	中央人民广播电台	世界邮政日国家邮政局局长马军胜发表署名文章	10月9日
259	中国网	国家邮政局局长：加快建设与小康社会相适应的现代邮政业	10月9日
260	国际在线	中国快递业对全球快递业增长贡献率达40%	10月9日
261	中国交通报	以人民为中心，加快建设与小康社会相适应的现代邮政业	10月10日
262	人民邮电报	坚持以人民为中心的发展思想加快建设与小康社会相适应的现代邮政业	10月10日

续上表

序号	媒体	标题	刊次及版面信息
263	人民日报	我国快递业务量连续三年世界第一	10月10日
264	人民政协报	全国政协委员、国家邮政局局长马军胜：中国邮政业为全球开辟了可复制的“中国模式”	10月10日
265	经济日报	加快建设与小康社会相适应的现代邮政业——写在第48届世界邮政日	10月10日
266	中新社	邮政因“剁手党”而兴：中国快递迈入单日亿件时代	10月10日
267	人民政协报	快递纠纷，如何解决更公正高效?	10月10日
268	经济日报	加快建设与小康社会相适应的现代邮政业	10月10日
269	中国交通报	中国快递业黄金周完成业务量7亿件 同比增15.5%	10月11日
270	经济日报	供给侧发力：新经济激发新动能	10月14日
271	新华社	我国邮政业市场规模占全球份额近五分之一	10月16日
272	经济日报	邮政业“黑马”领跑中国经济	10月16日
273	中新社	中国邮政市场规模接近全球份额1/5	10月16日
274	中央人民广播电台	十八大以来邮政业务量收分别增长3.6倍、2.7倍，成全球增速最快的邮政市场	10月16日
275	人民日报	我国快递业务量占全球四成份额	10月18日
276	中央电视台	快递业务年均增长53%	10月17日
277	中国网	中国邮政业市场规模占全球近1/5 从业人数超过200万	10月17日
278	新华社	《中国共产党第十九次全国代表大会》纪念邮票18日发行	10月17日
279	中央电视台	十九大纪念邮票揭幕 明起发行	10月17日
280	国际在线	《中国共产党第十九次全国代表大会》纪念邮票18日将正式发行	10月17日
281	中新社	《中国共产党第十九次全国代表大会》纪念邮票揭幕	10月17日
282	人民网	我国快递业连续三年世界第一 从业人数超过200万	10月18日
283	中国交通报	“黑马”奔腾 活力进现——党的十八大以来邮政业发展成就	10月18日
284	人民日报海外版	十九大纪念邮票发行	10月18日
285	中国交通报	党的十九大纪念邮票揭幕，马军胜主持、刘小明致辞抓住用好黄金时期 加快交通强国建设	10月18日
286	光明日报	《中国共产党第十九次全国代表大会》纪念邮票十八日发行	10月18日
287	经济日报	《中国共产党第十九次全国代表大会》邮票今日发行	10月18日
288	中央电视台	十九大纪念邮票今起发行	10月18日
289	中央电视台	十九大纪念邮票正式发行	10月19日
290	工人日报	十九大纪念邮票发行	10月19日
291	人民邮电报	每年双11第一周定为绿色快递宣传周	11月2日
292	中新社	国家邮政局预计今年“双11”快件业务量将超15亿件	11月2日
293	新华社	双11包裹将超15亿件再创新高 不想被吐槽快递正备战	11月2日

续上表

序号	媒体	标题	刊次及版面信息
294	中央电视台	新闻观察：各路“大军”厉兵秣马“双11”	11月2日
295	中国交通报	国家邮政局部署旺季服务保障工作 努力打造质量“双11”	11月3日
296	人民日报	快递绿色包装材料五成可降解	11月3日
297	新华社	绿色物流菜鸟践行 十部委加持绿色快递包装	11月3日
298	中央人民广播电台	“双十一”快递网点扩招10%-20% 快递员服务质量惹人忧	11月3日
299	人民日报	“双11”期间快件量将超15亿件 最高日处理量可能达到3.4亿件	11月3日
300	中央电视台	《新闻周刊》本周特写 “加密”的快递单	11月4日
301	中央电视台	十部门联合发文推进快递绿色包装	11月4日
302	人民政协报	“双十一”来临共享快递箱试水	11月7日
303	经济日报	别让快递包装污染你的生活	11月7日
304	经济日报	好消息！双十一来了，你的快递也不会等太久	11月8日
305	中国邮政报	十部门联合发文协同推进快递绿色包装工作	11月8日
306	中央电视台	机器人上岗骏马奔腾 双11快递花样百出	11月8日
307	经济日报	实名寄快递：管理还需动真格	11月8日
308	国际在线	“双十一”快递企业刮起环保风	11月9日
309	经济日报	我国首次发行《记者节》纪念邮票	11月9日
310	人民政协报	今年双11，绿色快递是主流	11月9日
311	人民日报	共享快递盒能“火”吗？（生活漫步）	11月10日
312	人民日报	“购物狂欢”度量治理格局	11月10日
313	中国交通报	交通部书记部长今夜慰问快递小哥	11月10日
314	国际在线	快递企业亮出“黑科技” 智慧物流助力“双十一”	11月10日
315	经济日报	别让快递包装污染你的生活	11月10日
316	人民网	高科技打造质量“双11” 邮政行业打响快递大战	11月10日
317	新华社	国家邮政局副局长刘君：中国快递企业将成智慧物流领先者	11月10日
318	新华社	15亿件包裹 看快递“黑科技”如何使出洪荒之力?	11月10日
319	中央人民广播电台	双十一倒计时最后一天 快递公司面临实名制、绿色环保大考	11月10日
320	中新社	“双11”前夕的中国快递业：加人加车 上马黑科技	11月10日
321	新华社	15亿件包裹 看快递“黑科技”如何使出洪荒之力?	11月10日
322	经济日报	人工智能应战“双11”	11月10日
323	中央电视台	聚焦双十一网购狂欢节 快递员难招 快递公司涨派费稳人心	11月11日
324	新华社	每天1亿件，占全球四成 有一种自豪叫中国快递	11月11日
325	人民日报	快递包装“虚胖”，“瘦身”需各方努力	11月11日

续上表

序号	媒体	标题	刊次及版面信息
326	工人日报	“双 11”背后的快递“黑科技”你知道吗？	11 月 11 日
327	经济日报	你的快递不会等太久	11 月 11 日
328	人民政协报	京沪高铁“复兴号”快递上线	11 月 11 日
329	中国网	国家邮政局数据：双十一主流电商快递订单 8.5 亿件 同比增长 29.4%	11 月 12 日
330	新华社	国家邮政局：“双 11”当天快件量达 3.31 亿件 同比增长 31.5%	11 月 12 日
331	经济日报	“双 11”：智慧物流提升网购体验	11 月 12 日
332	人民邮电报	今年“双 11”：四种主打色	11 月 13 日
333	人民日报	“双 11”全天处理快件量 3.31 亿件	11 月 13 日
334	工人日报	“智能物流”方兴未艾 “黑科技”助力产业发展——消费升级下的快递行业	11 月 13 日
335	经济日报	“双 11”快件处理量增长 31.5%	11 月 13 日
336	人民日报	给网购更多绿色因子	11 月 13 日
337	人民日报	火热“双 11”消费新动力 意料之外的增速已成常态	11 月 13 日
338	中央电视台	《新闻 1+1》九岁的“双 11”，该如何成长？	11 月 14 日
339	光明日报	中国经济澎湃活力的集中展示	11 月 14 日
340	光明日报	快递行业亟待走向精耕细作	11 月 15 日
341	经济日报	快递业将注重绿色化智能化	11 月 15 日
342	经济日报	“快递下乡”障碍有待破除	11 月 15 日
343	人民日报	快递信息不能“回收利用” 行业需除内鬼扎篱笆	11 月 16 日
344	经济日报	“双 11”快递垃圾量激增	11 月 16 日
345	中国青年报	快递包装垃圾“成灾” 买买买狂欢后遇绿色难题	11 月 17 日
346	中央电视台	快递进村何时盈利？湖北：物流进出逆差大 快递企业“吃不饱”	11 月 17 日
347	工人日报	“绿色”成快递行业迎战“双十一”亮点	11 月 18 日
348	经济日报	“技术扶贫”助力脐橙走出国门	11 月 20 日
349	中央电视台	互动话题 快递“绿色包装”还有多远？ 1	11 月 20 日
350	中央电视台	互动话题 快递“绿色包装”还有多远？ 2	11 月 20 日
351	中央电视台	“双 11”之困 海量快递垃圾如何解决？	11 月 22 日
352	中央人民广播电台	国家邮政局点赞双 11：物流行业大练兵很有成效	11 月 24 日
353	光明日报	为“共享快递盒”和循环包装袋点赞	11 月 25 日
354	人民政协报	绿色快递应成为亮丽的风景线	11 月 30 日
355	中央电视台	《焦点访谈》快递垃圾怎么办	12 月 1 日
356	人民日报	包裹多了，快递咋提速（多棱镜）	12 月 1 日
357	中央电视台	《共同关注》新型垃圾：随手丢掉的快递包装 · 国家邮政局 2016 年我国快递业务量超 310 亿件	12 月 4 日

续上表

序号	媒体	标题	刊次及版面信息
358	中央电视台	《共同关注》新型垃圾：随手丢掉的快递包装 · 国家邮政局 2016 年可循环包装使用量占 30%	12 月 4 日
359	中央电视台	《共同关注》新型垃圾：随手丢掉的快递包装 专家：90% 包装废物可有效利用	12 月 4 日
360	中央电视台	《共同关注》新型垃圾：随手丢掉的快递包装 打造绿色物流：共享快递盒	12 月 4 日
361	人民日报	绿色物流为环保自觉买单	12 月 5 日
362	人民日报	绿色快递还有多远？快递业纸板和塑料回收率不足 10%	12 月 8 日
363	中新社	国家邮政局：双 12 邮政、快递企业揽收包裹 2.43 亿件	12 月 13 日
364	工人日报	网购狂欢后，快递垃圾怎么办？	12 月 13 日
365	中国交通报	邮政快递企业服务保障“双 12”	12 月 14 日
366	中央电视台	十部门发指导意见 推进快递绿色包装	12 月 14 日
367	中央电视台	“买买买”背后 快递包装去哪了	12 月 14 日
368	中央电视台	快递包装去哪了 去年被扔掉的快递包装超 313 亿个	12 月 14 日
369	中央电视台	专家观点 快递包装去哪了 将快递包装纳入生产者责任延伸	12 月 14 日
370	中国交通报	国家邮政局：开创党建工作新局面 建设“邮政强国”	12 月 14 日
371	人民日报客户端	“剁手月”!11 月全国送出快递近 50 亿件，你贡献了多少	12 月 15 日
372	人民邮电报	我国前 11 个月快递主要数据已超去年全年	12 月 15 日
373	工人日报	11 月日均快递业务量达 1.57 亿件	12 月 15 日
374	北京商报	国家邮政局 11 月全国快递量同比增 1/4	12 月 15 日
375	中国网	11 月日均快递业务量达 1.57 亿件	12 月 17 日
376	人民政协报	快递绿色包装“初试水”	12 月 18 日
377	人民日报	让绿色成为快递包装的主色	12 月 18 日
378	人民日报	绿色快递加速度	12 月 18 日
379	中国交通报	国家机关工委调研邮政局落实中央八项规定精神情况	12 月 19 日
380	经济日报	全国快递科技创新试验基地落户安徽	12 月 31 日

附录 5　2017 年大事记

2017 年交通运输部大事记

1 月

元旦假期期间，杨传堂、李小鹏分别到交通运输综合应急指挥中心检查指导交通运输应急工作，了解假日期间交通运输工作情况，慰问坚守岗位的工作人员。

3 日，交通运输部办公厅、公安部办公厅联合印发《关于开展大型客货车驾驶人职业教育的通知》（交办运〔2017〕1 号）。

4 日，交通运输部召开全国道路运输安全生产形势分析视频会。刘小明出席会议。

4 日，交通运输部办公厅印发《交通运输科研项目管理暂行办法》（交办规划〔2017〕2 号）。

5 日，交通运输部、国家铁路局、中国铁路总公司联合印发《“十三五”港口集疏运系统建设方案》（交规划发〔2017〕7 号）。

6 日，京津冀交通一体化领导小组第 6 次会议在北京召开，杨传堂、李小鹏出席。会议审议通过了《京津冀交通一体化 2016 年工作总结和 2017 年工作要点》。

10 日，部召开 2017 年党风廉政建设工作会议暨党组中心组集体学习（扩大），杨传堂、李小鹏在会上作了重要讲话。

10 日，《水路旅客运输实名制管理规定》（中华人民共和国交通运输部令 2016 年第 77 号）施行，渤海湾、琼州海峡、三峡库区等重点水域开始实施水路旅客运输实名制管理工作，各省根据需要确定本省实施水路旅客运输实名制管理的范围。

10 日，印发《交通运输部办公厅关于 2016 年全国公路建设市场管理情况的通报》（交办公路函〔2017〕29 号），通报 2016 年全国公路建设市场管理和为期两年的公路建设市场秩序专项整治工作情况。

12 日，国务院办公厅印发《安全生产“十三五”规划》，针对道路运输行业提出了开展道路运输交通安全隐患专项治理、完善客货运输车辆安全配置标准等要求。

12 日，交通运输部党组召开 2016 年度民主生活会。

13 日，春运第一天。中共中央政治局委员国务院副总理马凯在河南检查春运工作时强调，要坚持安全第一、乘客为本，科学安排运力，加强运输衔接，提升服务水平，强化安全管控，努力为全国人民欢度新春佳节提供更加有力的交通运输服务保障。李小鹏陪同检查。春运首日，全国铁路、道路、水路、民航运行平稳有序，共发送旅客 6902.6 万人次。

13 日，交通运输部、公安部、国家安全生产监督管理总局、中华全国总工会、共青团中央在福建省福州市联合举行 2017 年春运“情满旅途”活动启动仪式。刘小明出席启动仪式。

15 日至 16 日，刘小明到广东省指导春运工作，要求广东省交通运输部门充分展现专业的服务能力，完善综合交通协调机制，全力保障好 2017 年春运工作。

16 日，国家海上搜救和重大海上溢油应急处置部际联席会议在北京召开，李小鹏、何建中出席。

16 日，李小鹏主持召开 2017 年第一次交通运输部安全委员会会议。

16 日，交通运输部发布《航道通航条件影响评价审核管理办法》（中华人民共和国交通运输部令 2017 年第 1 号）。

17 日，全国交通运输安全生产电视电话会议在北京召开，李小鹏、何建中、刘小明出席。

17 日，工业和信息化部办公厅、公安部办公厅、交通运输部办公厅、工商总局办公厅、质检总局办公厅联合发布《关于开展货车非法改装专项整治行动的通知》（工信厅联装函〔2017〕21 号），开展为期 10 个月货车非法改装专项检查和整治行动。

17 日，印发《交通运输部关于界定严重违法失信超限超载运输行为和相关责任主体有关事项的通知》（交办公路〔2017〕8 号），界定十种失信情形应列入严重违法超限超载运输失信当事人名单。

18 日，《2006 年海事劳工公约》关于“财务担保”的第一修正案生效。交通运输部发布公告，要求中国籍国际航行船舶自生效之日期起应持有修正案要求的财务担保书。

18 日，根据 2017 年 1 月 10 日起实施的《水路旅客运输实名制管理规定》第三条规定，辽宁等 15 个省（区、市）相继公布了开展水路旅客运输实名制管理工作的实施范围。

18 日，印发《交通运输部关于大连海事大学主要职责机构设置和人员编制的通知》（交人教发〔2017〕13 号）。

19 日，举行 2017 年度第一次例行新闻发布会，交通运输部新闻发言人、政策研究室主任徐成光介绍 2017 年交通运输更贴近民生实事、2016 年交通运输经济运行情况及物流大通道建设、2017 年春运交通运输服务保障、2016 年海上搜救工作等内容。

19 日，交通运输部印发《关于公布质量不合格道路运输车辆卫星定位系统车载终端的公告》（公告 2017 第 2 号）。

20 日，交通运输部召开 2017 年直属机关党建工作会议，杨传堂出席会议并讲话，刘小明作党建工作报告。

20 日至 21 日，李小鹏到青海省西宁市、海东市，就六盘山片区脱贫攻坚、春运以及青海交通运输发展开展调研和座谈，并看望慰问春运一线职工和交通运输部在六盘山片区挂职干部。

21 日，交通运输部在青海海东市组织召开六盘山片区脱贫攻坚部省协调推进会，协调动员片区四省区和 22 个国务院部门，合力加快片区 2017 年脱贫攻坚工作。李小鹏、戴东昌出席并讲话。

22 日，刘小明到中国交通通信信息中心，调研运输服务信息化工作。

22 日，交通运输部办公厅发布《推进智慧交通发展行动计划（2017 - 2020 年）》（交办规划〔2017〕11 号）。

22 日，交通运输部办公厅印发《全国普通国省干线公路服务设施“十三五”建设专项规划》（交办公路〔2017〕12 号）。

23 日，交通运输部发布《关于修改 < 小型航空器商业运输运营人运行合格审定规则 > 的决定》（中华人民共和国交通运输部令 2017 年第 2 号）。

23 日，交通运输部发布《关于公布 2016 年度水运工程工法的公告》（2017 年第 1 号），公布一级工法 14 项，二级工法 10 项。

24 日，交通运输部、国家旅游局、国家铁路局、中国民用航空局、中国铁路总公司、国家开发银行联合印发《关于促进交通运输与旅游融合发展的若干意见》（交规划发〔2017〕24号），提出构建“快进慢游”的旅游交通体系，随后组织召开了新闻发布会。

24日，交通运输部召开扶贫开发和农村公路工作领导小组第1次全体会议，杨传堂、李小鹏出席会议。会议明确以“全面完成中央下达的任务、让人民群众有更多的获得感、赢得地方党委政府的认可、在国务院扶贫工作考核中创先争优”为努力方向，全力抓好思想认识、组织领导、工作力量、工作力度、人才帮扶、学习借鉴、培育特色、加大督查、党风廉政建设、加强宣传等10项重点工作。

25日，李小鹏到部综合应急指挥中心检查春运工作，强调要进一步做好春运期间的运输组织、安全服务和应急保障工作，全力打造平安春运、便捷春运、温馨春运、诚信春运。

26日，杨传堂在北京检查春运保障工作，慰问奋战在春运一线的交通运输干部职工，要求进一步增强责任意识，筑牢安全防线，统筹调度运力，强化运输衔接，落实便民惠民举措，为全国人民欢度春节提供更加有力的交通运输保障。

28日，一艘载有28名中国游客的马来西亚籍游船在马来西亚环滩岛附近海域失联后沉没。事件发生后，党中央、国务院高度重视，习近平总书记、李克强总理作出重要指示批示。29日，杨传堂、李小鹏、何建中等召开紧急会议，研究应急处置措施，加强对外沟通协调。最终20人获救，4人死亡，4人失踪。

29日和2月5日，由中远海运集团启动的第一列和第二列装载中国货物集装箱的火车由希腊比雷埃夫斯港先后抵达匈牙利首都布达佩斯，标志着连通中国与中东欧地区货物联运的“中欧陆海快式联运”正式开通。

2月

2日至3月14日，三峡北线船闸计划性停航检修40天。交通运输部全力做好通航保障工作，检修期间待闸船舶数量均在可控范围，船舶通航安全有序。

3日，国务院印发《“十三五”现代综合交通运输体系发展规划》（国发〔2017〕11号），到2020年，基本建成安全、便捷、高效、绿色的现代综合交通运输体系，部分地区和领域率先基本实现交通运输现代化。

3日，杨传堂、李小鹏专门致信四川省交通运输厅厅长汪洋，为四川基本建成77座“溜索改桥”项目、为交通运输系统干部职工打赢贫脱贫攻坚战加油鼓劲。

4日，印发《交通运输部关于进一步做好政府核准公路投资项目前期工作的通知》（交规划函〔2017〕111号），进一步规范了政府核准类项目前期工作程序。

4日，印发《交通运输部办公厅关于进一步加强长江三峡枢纽河段水上交通安全管理的意见》（交办安监〔2017〕15号）。

6日，交通运输部党组召开交通运输部党的十九大代表候选人预备人选推荐提名和中央国家机关党代表会议代表推选工作动员部署会，杨传堂作动员讲话，李小鹏主持会议，刘小明传达中央文件精神。

7日，李小鹏、刘小明到北京市轨道交通指挥中心调研。

7日，交通运输部发布《公共航空旅客运输飞行中安全保卫工作规则》（中华人民共和国交通运输部令2017年第3号）。

9日，交通运输部联合国家发展改革委、中国人民银行等36个部门共同签署印发《关于对严重违法失信超限超载运输车辆相关责任主体实施联合惩戒的合作备忘录》（发改财金〔2017〕274 号）。

9 日，交通运输部办公厅印发《关于印发 < 道路运输车辆卫星定位系统车载终端和平台标准符合型技术审查工作规范 > 的通知》。

11 日，《2007 年内罗毕国际船舶残骸清除公约》正式对我国生效。

14 日，交通运输部办公厅印发《关于进一步改进提升 12328 电话运行服务质量有关工作的通知》（交办运函〔2017〕183 号）。

14 日，来自海事、海关、检验检疫、边检的 8 名执法人员同时登上国际邮轮“地中海抒情”轮，完成了全国首次船舶联合登临检查。

14 日，交通运输部印发《“四好农村路”督导考评办法》（交公路发〔2017〕11 号），从内容、实施、结果运用等方面建立健全督导考评体系，进一步建好、管好、护好、运营好农村公路。

15 日，交通运输部、公安部和国家安全监管总局联合发布《关于表扬 2016 年“道路运输平安年”活动成绩突出道路运输企业和管理机构的通报》（交运发〔2017〕21 号）。

15 日，交通运输部职业资格制度领导小组召开会议，总结 2016 年工作，部署 2017 年部职业资格重点工作。刘小明主持会议并强调，要深入贯彻习近平总书记关于人才工作的重要论述，全面深化职业资格制度改革，与行业管理紧密结合，加强基础建设、能力建设，提高职业资格“含金量”，为交通运输行业转型升级和健康、可持续发展提供坚强的人才保障。

16 日，免去赵冲久同志交通运输部党组成员职务。

20 日，交通运输部党组印发《中共交通运输部党组关于进一步加强机关离退休干部工作的意见》（交党发〔2017〕8 号）。

21 日，2017 年春运顺利结束，春运 40 天，全国旅客发送量约 29.8 亿人次，比去年同期增长 2.3%。

22 日，《学习时报》刊发了杨传堂、李小鹏题为《抓住黄金时期 深化供给侧结构性改革 加快建设现代综合交通运输体系》的署名文章。

23 日，中共中央总书记、国家主席、中央军委主席习近平到北京市考察城市规划建设和北京冬奥会筹办工作。他在考察北京新机场建设时强调，新机场是首都的重大标志性工程，是国家发展一个新的动力源，必须全力打造精品工程、样板工程、平安工程、廉洁工程。

23 日，民航局、国家发展改革委、交通运输部联合印发《中国民用航空发展第十三个五年规划》（民航发〔2016〕138 号）。

24 日，交通运输部、国家发展改革委、中国人民银行联合举行专题新闻发布会，刘小明，国家发改委党组成员、副主任连维良出席。发布会由交通运输部新闻发言人、政策研究室主任徐成光主持，交通运输部政策研究室副主任舒驰，国家发改委财政金融司副司长徐晓波、办公厅副主任黄勇，中国人民银行征信局副局长张子红介绍《关于对严重违法失信超限超载运输车辆相关责任主体实施联合惩戒的合作备忘录》的有关情况并答记者问。

24 日，中央编办印发关于设立曹妃甸海事局等 8 个海事局和撤销东渡海事局等 16 个海事局的批复。

27 日，国务院新闻办召开新闻发布会，李小鹏、刘小明介绍了交通运输推进供给侧结构性改革以及《“十三五”现代综合交通运输体系发展规划》等方面情况，并回答记者提问。

27 日，由交通运输部组织实施的“十二五”国家科技支撑计划“高海拔高寒地区高速公路建设技术”项目7个课题顺利通过专家验收评审。

27日，在“三八”国际妇女节即将到来之际，全国妇联决定授予关改玉等10位杰出女性全国三八红旗手标兵荣誉称号。青春奉献中国北斗卫星研发事业，北斗产业化推广和交通信息化领头人中国交通通信信息中心导航中心副主任王淑芳获此殊荣。

28日，李小鹏在京会见新加坡教育部长兼交通部第二部长黄志明一行，就深化中新两国交通运输合作交换意见。

28日，刘小明带队到河北省调研全国两会道路运输安保工作，要求全力以赴做好全国两会期间的交通运输服务保障工作。

28日，举行2017年度第二次例行新闻发布会，交通运输部新闻发言人、政策研究室主任徐成光，交通运输部综合规划司副司长张大为，国家旅游局规划财务司司长彭德成介绍交通运输部和国家旅游局联合发布《关于促进交通运输与旅游融合发展的若干意见》有关内容。

28日，交通运输部在浙江组织召开全国公路水运品质工程现场推进会，全面启动公路水运建设工程质量提升行动，部署安排品质工程创建工作。

28日，交通运输部召开部综治和维稳领导小组（反恐怖防范领导小组）全体成员会议。杨传堂、李小鹏、何建中出席会议，领导小组成员单位负责同志及办公室成员参加会议。

3月

1日，李小鹏主持召开交通运输部标准化管理委员会第三次会议，完成委员会及其办公室成员调整。李小鹏任主任，李建波、何建中、戴东昌，国家铁路局郑健、中国民用航空局李健、国家邮政局邢小江任副主任。

1日，交通运输部办公厅印发《关于做好无车承运试点运行监测工作的通知》（交办运函〔2017〕256号）。

2日，国家质检总局、交通运输部等11部门联合出台《关于推动物流服务质量提升工作的指导意见》，提出强化物流企业服务质量意识等9项重点任务。

3日，交通运输部召开军民融合工作领导小组会议杨传堂、李小鹏出席会议，强调要深入贯彻习近平总书记军民融合深度发展系列重要讲话精神，落实党中央、国务院、中央军委关于经济建设和国防建设融合发展的战略部署，抓住交通运输发展黄金机遇期，扎实推进交通运输军民融合由“初步融合”向“深度融合”发展迈进。

3日，交通运输部召开反腐倡廉警示教育视频会议，杨传堂通报部机关、部属单位发生的8起违纪违法案件。

6日，印发《交通运输部办公厅关于2016年“四好农村路”督导调研情况的通报》（交办公路〔2017〕30号），总结2016年“四好农村路”工作开展情况，安排部署2017年重点工作。

7日，交通运输部发布《关于修改〈中华人民共和国国际海运条例实施细则〉的决定》（中华人民共和国交通运输部令2017年第4号）、《城市公共汽车和电车客运管理规定》（中华人民共和国交通运输部令2017年第5号）。

7日，交通运输部办公厅印发《关于贯彻落实交通运输行业标准<营运客车安全技术条件>（JT/T 1094-2016）的通知》。

7日，港珠澳大桥海底隧道最后一节巨型沉管——E30管节成功安装。至此，33节世界最大体量沉管全部安装完毕。港珠澳大桥已建隧道总长达5652米，距最终合龙仅差12米。“一桥飞架三地，汪洋变通途”的梦想更近一步。

7日，《城市公共汽车和电车客运管理规定》（交通运输部令2017年第5号）正式颁布。

8日，印发《交通运输部办公厅关于推进跨省大件运输并联许可工作的通知》（交办公路函〔2017〕311号），在2016年7个省（市）试点工作的基础上，指导24个非试点省份开展跨省大件运输并联许可联网工作，2017年底前实现全国联网目标。

10日，国际海事组织航行安全、通信及搜救分委会第四次会议（IMO NCSR 4）在英国伦敦召开，审议通过了中国代表团提交的船载无线电导航系统性能标准的建议，北斗卫星导航系统成功纳入IMO船舶定位、导航及授时PNT导则。

10日，交通运输部召开直属机关群团工作会议，刘小明出席会议并讲话。

13日，印发《交通运输部关于进一步做好政府投资交通项目前期工作的通知》（交规划发〔2017〕33号），进一步规范了政府投资类项目前期工作程序。

14日，印发《交通运输部办公厅关于加强危险货物道路运输安全监管系统建设工作的通知》（交办运函〔2017〕333号），部署加快推进危险货物道路运输安全监管系统建设，运用信息化手段强化"联网监管、精准监管、专业监管、协同监管"，进一步提高行业安全监管和服务能力。

16日，交通运输部召开传达全国两会精神干部大会暨党组中心组第四次集体学习（扩大），并就贯彻落实两会精神作出部署，杨传堂、李小鹏出席会议并讲话。

16日，随着最后一罐混凝土浇筑完毕，北京新机场航站楼混凝土结构顺利封顶。这标志着我国规模最大的空地一体化综合交通枢纽建设工程将全面转入钢结构安装阶段。

17日，根据交通运输部党组统一部署，《领导干部报告个人有关事项规定》和《领导干部个人有关事项报告查核结果处理办法》两项法规集中宣贯部署会在京召开，加强政策宣贯、严格纪律要求。

20日，印发《交通运输部关于进一步做好普通国省道项目前期工作的通知》（交规划发〔2017〕35号），进一步规范了普通国省道项目的前期工作和申报程序。

20日，交通运输部印发《2017年交通运输供给侧结构性改革工作要点》（交规划函〔2017〕225号），明确了年度重点任务。

21日，交通运输部与国家开发银行签署《"十三五"开发性金融合作协议》，李小鹏、何建中，国家开发银行董事长胡怀邦、行长郑之杰出席签字仪式。

22日至24日，以"深化运输服务供给侧结构性改革"为主题的2017年全国运输服务厅局长研讨班在重庆市举办。

23日至24日，杨传堂到宁夏回族自治区银川市、吴忠市、中卫市，就综合交通运输发展、交通扶贫脱贫、重点项目建设以及降本增效等工作开展调研。

23日至24日，2016年度中国海上搜救奖励及国际海事组织海上特别勇敢奖评审会在广西北海召开。

23日，印发《交通运输部办公厅关于开展收费公路联网收费系统运行安全检查工作的通知》（交办公路函〔2017〕395号），在全国组织开展收费公路联网收费系统安全自查及抽查。

23日，举行2017年度第三次例行新闻发布会，交通运输部新闻发言人、政策研究室副主任吴春耕通报今年两会期间代表委员有关交通运输建议提案办理情况以及前两个月交通运输经济运行情况等相关内容。

25日，经过上海打捞局590天连续奋战，沉没于韩国西南海域的"世越号"被成功整体起浮，该船沉没近三年后重见天日。

27 日，李小鹏陪同习近平主席会见尼泊尔总理普拉达。

27 日，交通运输部发布《民航企业安全保障财务考核办法》（中华人民共和国交通运输部令 2017 年第 7 号）。

27 日，交通运输部和国家行政学院共同主办的城市轨道交通运营应急管理培训班在京开班。

28 日至 29 日，李小鹏到陕西省西安市、延安市就综合交通运输发展、交通运输供给侧结构性改革等开展调研。

28 日，交通运输部发布《关于修改〈中华人民共和国海船船员适任考试和发证规则〉的决定》（中华人民共和国交通运输部令 2017 年第 8 号）。

28 日，第十五届（2016）中国政府网站绩效评估结果发布会在北京召开。交通运输部网站在评估中位列国务院组成部门网站第二名，网站建设水平继续保持前列。

30 日，杨传堂到内蒙古自治区呼和浩特市，就自治区 70 周年大庆交通项目推进情况、综合交通运输体系建设等开展调研。

30 日，因公牺牲的长江航运公安局南京分局沿江派出所陈玉斌被追授全国公安系统二级英雄模范称号，李小鹏、何建中就学习陈玉斌先进事迹作出指示。

30 日，国家邮政局发布京津冀地区、长江三角洲地区、珠江三角洲地区快递服务发展“十三五”规划。

31 日，交通运输部发布《关于修改〈中华人民共和国船员培训管理规则〉的决定》（中华人民共和国交通运输部令 2017 年第 9 号）。

4 月

1 日，交通运输部发布《外商投资民用航空业规定》的补充规定（六）（中华人民共和国交通运输部令 2017 年第 6 号）、《关于修改〈正常类旋翼航空器适航规定〉的决定》（中华人民共和国交通运输部令 2017 年第 10 号）、《关于修改〈运输类旋翼航空器适航规定〉的决定》（中华人民共和国交通运输部令 2017 年第 11 号）、《交通运输部关于修改〈民用机场专用设备管理规定〉的决定》（中华人民共和国交通运输部令 2017 年第 12 号）。

1 日，交通运输部、公安部、国家安监总局联合印发了《2017 年“道路运输平安年”活动方案》（交运发〔2017〕31 号），进一步夯实监管责任和企业主体责任，提升安全防范和治理能力。

1 日，交通运输部印发《推进交通运输生态文明建设实施方案》（交规划发〔2017〕45 号）。

1 日起，全面停征船舶登记费、船舶及船用产品设施检验费（中国籍非入级船舶法定检验费）。

1 日，陈健同志任部总规划师（正局级）。

5 日，交通运输部和国家标准化管理委员会联合印发《交通运输标准化体系》（交科技发〔2017〕48 号）。

5 日，交通运输部、公安部、住房和城乡建设部、国家安全生产监督管理总局等四部委联合启动 2017 年度城市轨道交通安全督查行动。

5 日，《交通运输部办公厅关于做好 < 城市公共汽车和电车客运管理规定 > 贯彻实施的通知》（交办运函〔2017〕450 号）正式印发。

7 日，交通运输部、公安部、国家安监总局共同召开 2017 年道路运输安全生产形势分析工作会暨 2017 年“道路运输平安年”活动动员部署电视电话会议。刘小明出席会议。

7 日，全国治超办 2017 年第一次会议在京召开。会议戴东昌主持，交通运输部、工业和信息化部、公安部、国家工商总局、国家质检总局等单位参加了会议。

9日18时许，随着交通运输部烟台打捞局“德渼”轮缓缓驶入深圳赤湾码头，由其承担的为期5天的3000米级ROV（水下机器人）海试任务圆满结束。此次海试，ROV最大下潜深度达2951米，标志着我国救捞系统已具备3000米级深水救捞能力。

10日，在国家主席习近平和缅甸总统吴廷觉见证下，李小鹏与缅甸驻华大使帝林翁在北京人民大会堂共同签署《中华人民共和国交通运输部与缅甸联邦共和国交通通信部海员教育培训与发展合作谅解备忘录》。

10日，世界最大曲线管幕隧道——港珠澳大桥珠海连接线拱北隧道全隧贯通，标志着拱北隧道工程建设全面转入主体结构和附属工程施工。

11日，交通运输部党组召开巡视工作动员部署会，组织3个巡视组对6家单位开展巡视“回头看”。

12日，交通运输部办公厅、广东省人民政府办公厅、广西壮族自治区人民政府办公厅、贵州省人民政府办公厅、云南省人民政府办公厅发布《珠江水运科学发展行动计划（2016-2020年）》（交办水〔2017〕52号）。

13日至14日，李小鹏到湖北省宜昌市、荆州市、武汉市，就长江经济带重点建设项目推进情况以及三峡通航等工作开展调研。

13日，印发《交通运输部办公厅关于开展2017年全国高速公路服务区服务质量等级评定工作的通知》（交办公路函〔2017〕499号），部署开展全国高速公路服务区服务质量等级评定工作。

14日，国家发展改革委、工业和信息化部、财政部、交通运输部等16单位联合印发了《公共资源交易信息共享备忘录》。

14日，印发《交通运输部关于推进特定航线江海直达运输发展的意见》（交水发〔2017〕53号），推进江海直达运输安全、高效和绿色发展，更好服务长江经济带发展。

14日，交通运输部办公厅、国家发展改革委办公厅联合印发《关于公布第二批多式联运示范工程项目名单的通知》（交办运〔2017〕159号），组织开展第二批多式联运示范工程申报工作。

14日，交通运输部办公厅印发《贯彻落实习近平总书记在中央政治局常委会会议重要讲话精神扎实推进交通扶贫脱攻坚的工作措施》（交办规划函〔2017〕501号），进一步建立目标任务推进、部领导带队全覆盖督查、统计监测分析、通报约谈、考核评价、“回头看”核查等机制，推进交通扶贫脱贫取得实效。

15日，荆江河段航道整治工程通过竣工验收。交通运输部在湖北荆州举办专题新闻发布会，交通运输部新闻发言人、政策研究室副主任吴春耕，交通运输部水运局副局长姜明宝，长江航务管理局局长唐冠军介绍了工程竣工验收和长江黄金水道建设等情况。

16日，杨传堂代表交通运输部党组在中央推进“两学一做”学习教育常态化制度化工作座谈会上作交流发言。

17日，中央组织部考察组到部开展十九届中央“两委”人选推荐考察工作。

17日，交通运输部公布《2016年交通运输行业发展统计公报》，晒出2016年度行业发展成绩单。

18日，交通运输部与中国农业银行签署《“十三五”期间全面合作框架协议》，李小鹏、何建中，中国农业银行董事长周慕冰、行长赵欢出席签字仪式。

19日至21日，中共中央总书记、国家主席、中央军委主席习近平来到广西北海、南宁等地，深入港口、企业、重点项目、创新示范基地和文化单位，考察调研经济社会发展情况，实地了解基层干部群众对党的十九大的建议和期待。习近平在北部湾港北海铁山港作业区考察时强调，在沿海地区要想富也要先建港，打造向海经济，写好海上丝绸之路新篇章，港口建设和港口经济很重要，一定要把北部湾港口建设好、管理好、运营好，以一流的设施、一流的技术、一流的管理、一流的服务，为广西发展、为“一带一路”建设、为扩大开放合作多作贡献。

19 日，由交通运输部推荐的北京邮电疗养院等 5 家单位荣获全国巾帼文明岗称号，交通运输部科学研究院工会委员会荣获全国巾帼建功先进集体，北京首都国际机场股份有限公司王艳玲、交通运输部南海第一救助飞行队江伊偲荣获全国巾帼建功标兵，江伊偲同志在全国巾帼建功表彰大会上作典型发言。

20 日，举行 2017 年度第四次例行新闻发布会，交通运输部新闻发言人、政策研究室副主任吴春耕，交通运输部综合规划司副司长彭思义通报第一季度交通运输经济运行情况等相关内容。

20 日，交通运输部启动 2017 年部党组所有成员分别带队赴 13 个集中连片特困地区开展交通扶贫督查的调研。

21 日，交通运输部党组印发《关于推进“两学一做”学习教育常态化制度化实施方案的通知》（交党发〔2017〕16 号）。4 月 24 日，交通运输部党组召开推进“两学一做”学习教育常态化制度化动员部署视频会，杨传堂作动员讲话，李小鹏主持会议并讲话。

21 日至 22 日，李小鹏到四川省阿坝藏族羌族自治州，就交通扶贫、定点扶贫等工作开展调研和座谈。

24 日，杨传堂、李小鹏、马军胜、戴东昌、杨宇栋率领部机关和国家铁路局、中国民航局、国家邮政局有关司局负责同志到河北雄安新区开展调研，并与河北省委书记赵克志、代省长许勤就贯彻落实好党中央、国务院关于设立雄安新区的重大决策部署，共同推动雄安新区交通规划建设各项工作交换了意见。会上，李小鹏与许勤签署了《交通运输部 河北省人民政府关于加快河北省交通运输发展合作协议》。

24 日，交通运输部发布《关于修改〈民用航空人员体检合格证管理规则〉的决定》（中华人民共和国交通运输部令 2017 年第 13 号）。

24 日，交通运输部印发《促进科技成果转化暂行办法的通知》（交科技发〔2017〕55 号）。

25 日，交通运输部召开劳模、优秀青年建言献策座谈会，杨传堂出席座谈会并讲话。

25 日，交通运输部召开视频报告会，揭晓“2016 年感动交通年度人物”评选结果。中交工程建设团队等 4 个团体（个人）为“感动交通特别致敬人物”，中国交通通信信息中心王淑芳等 10 名个人为“2016 年感动交通十大年度人物”，北海第一救助飞行队救助机长马宏儒等 36 名个人（团体）为“2016 年感动交通年度人物”。

25 日，交通运输部联合公安部、工业和信息化部印发《关于做好车辆运输车第二阶段治理工作的通知》（交办运函〔2017〕546 号）。

25 日，中国海上搜救中心与柬埔寨国家海事安全委员会在北京签署海上紧急救助热线建设协议。

25 日至 26 日，交通运输部召开全国深化出租汽车行业改革推进会。会议指出，要进一步落实属地管理责任，抓紧出台改革落地文件，对于传统业态，要重点破解转型升级难题，规范经营权管理，完善价格形成和利益分配机制，提升服务质量；对新业态，要创新监管方式，提升信息化监管水平，完善联合监管机制，充分利用信用手段，规范网约车创新发展。同时，强化政策的跟踪评估和优化完善。

26日，交通运输部在京召开安全生产约谈会，刘小明出席约谈会并要求，各地要深刻吸取事故教训，深入查找问题，加强事故隐患整改，完善监管手段，强化责任意识，有效防范重特大事故发生，切实提高道路运输安全保障能力和水平，切实抓实抓好道路运输安全工作。

26日至27日，杨传堂到山西省大同市、太原市、晋中市，就燕山—太行山集中连片特困地区交通扶贫等工作开展调研和座谈。

26日，交通运输部就云南“3·2”、广西“4·10”、贵州“4·17”等重大交通事故对云南、广西、四川、贵州省（区）交通运输厅开展安全生产约谈。

26日，交通运输部办公厅印发《公路水路行业安全生产监督管理工作责任规范导则》（交办安监〔2017〕59号）。

27日，交通运输部印发《公路水路行业安全生产风险管理暂行办法》《公路水路行业安全生产隐患治理暂行办法》（交安监发〔2017〕60号）。

27日，交通运输部发布《交通运输政务信息资源共享管理办法（试行）》（交科技发〔2017〕58号）。

28日，李小鹏到天津市就京津冀交通一体化等工作开展调研和座谈。

28日，印发《交通运输部关于在全国交通运输行业开展向王淑芳同志学习的决定》（交政研发〔2017〕62号），组织行业干部职工学习王淑芳同志先进事迹。

28日，中国海上搜救中心荣获“全国五一劳动奖状”。

30日，全国高速公路ETC用户突破5000万。

5月

1日，交通运输部组织开展为期一个月的路政宣传月，以“保护公路，服务出行”为主题，在全社会形成了解公路、关心公路、爱护公路的良好氛围。

2日，科技部、交通运输部联合印发《“十三五”交通领域科技创新专项规划》（国科发高〔2017〕121号）。

2日5时53分，港珠澳大桥海底隧道的最终接头——重约6000吨的钢结构混凝土预制件开始正式吊装。当日，最终接头在海底对接完成，标志着全长5600多米的港珠澳大桥海底隧道将全线完工。

4日，科技部组织专家对“十二五”国家科技支撑计划“高海拔高寒地区高速公路建设技术”项目进行了验收。

5日，我国首款国际主流水准的干线客机C919成功首飞，标志着中华民族半个世纪的航空梦想终于开启了新篇章。交通运输部向中国商用飞机有限责任公司发去贺信。

8日至10日，杨传堂到四川、云南就交通扶贫、长江经济带综合立体交通走廊建设、综合交通运输等工作开展调研和座谈。

8日至9日，李小鹏到江西省南昌市以及赣州瑞金市、安远县，就罗霄山片区交通扶贫和部对口支援安远县等工作开展调研和座谈。

9日，交通运输部就内蒙古“4·29”重大交通事故对内蒙古、黑龙江省交通运输厅开展安全生产约谈。

12日，在国家主席习近平和乌兹别克斯坦总统沙夫卡特·米尔济约耶夫见证下，李小鹏与乌兹别克斯坦对外经济联系投资贸易部部长加尼耶夫在北京人民大会堂共同签署《中华人民共和国政府和乌兹别克斯坦共和国政府国际道路运输协定》。

12 日，李小鹏会见来华参加“一带一路”国际合作高峰论坛的马来西亚交通部长廖中莱，就深化中马交通运输合作交换意见。

12 日，交通运输部办公厅印发《党员领导干部民主生活会整改落实工作暂行办法》和《开展典型案件警示教育暂行办法》（交办机党〔2017〕71 号）。

12 日，印发《交通运输部办公厅关于开展汽车维修电子健康档案系统建设工作的通知》（交办运〔2017〕69 号），在全国范围内启动汽车维修电子健康档案系统建设工作。

13 日，在国家主席习近平和土耳其总统雷杰普·塔伊普·埃尔多安见证下，李小鹏与土耳其交通、海事和通信部部长阿尔斯兰在北京人民大会堂共同签署《中华人民共和国政府和土耳其共和国政府国际道路客货运输协定》。

14 日上午，李小鹏出席“一带一路”国际合作高峰论坛开幕式。中午，在国家会议中心会见泰国交通部长阿空。

14 日下午，“一带一路”国际合作高峰论坛高级别会议“加快设施联通”平行主题会议在北京国家会议中心召开。李小鹏致开幕辞并作闭幕总结，会议由交通运输部和国家发展改革委共同主办，戴东昌、国家发展改革委副主任胡祖才主持会议。

14 日，“一带一路”国际合作高峰论坛期间，李小鹏与国际海事组织（IMO）秘书长林基泽共同签署《中国交通运输部与国际海事组织（IMO）关于通过“21 世纪海上丝绸之路”倡议推动 IMO 文件有效实施的合作意向书》。

15 日，李小鹏会见来华参加“一带一路”国际合作高峰论坛的巴基斯坦铁道部长拉菲克，并见证签署了《中华人民共和国交通运输部和巴基斯坦伊斯兰共和国交通部公路技术合作谅解备忘录》和《中华人民共和国国家铁路局与巴基斯坦伊斯兰共和国铁道部关于实施巴基斯坦 1 号铁路干线升级改造和哈维连陆港项目建设的框架协议》。

15 日，李小鹏会见来华参加“一带一路”国际合作高峰论坛的尼泊尔基础设施和交通部长拉梅什·莱卡克，就深化中尼交通运输合作交换意见。

16 日，在国家主席习近平和白俄罗斯总统卢卡申科见证下，李小鹏与白俄罗斯交通运输部部长西瓦克在北京钓鱼台国宾馆共同签署《中华人民共和国政府和白俄罗斯共和国政府关于发展国际货物运输和落实建设丝绸之路经济带倡议合作协定》。

16 日，交通运输部印发《珠江水运发展规划纲要》（交规划发〔2017〕74 号）。

17 日，交通运输部印发《深入开展平安交通专项整治行动方案》（交安监发〔2017〕76 号）。

18 日，深入开展平安交通专项整治行动电视电话会议在北京召开，李小鹏、何建中、刘小明出席。李小鹏强调，要深入开展平安交通专项整治行动，有效防范和坚决遏制重特大事故发生，确保交通运输安全生产形势总体稳定，以优异成绩迎接党的十九大胜利召开。

18 日，印发《交通运输部关于推进大连海事大学建设世界一流海事大学的实施意见》（交人教发〔2017〕77 号）。

18 日，交通运输部办公厅、广东省人民政府办公厅、广西壮族自治区人民政府办公厅、贵州省人民政府办公厅、云南省人民政府办公厅印发《珠江水运科学发展行动计划（2016-2020 年）》（交办水〔2017〕52 号）。

21 日至 23 日，杨传堂到贵州省贵阳市、遵义市、黔南州，就交通运输供给侧结构性改革相关工作开展调研和座谈。

22 日至 23 日，李小鹏到河南省开封市兰考县和郑州市，就河南交通运输供给侧结构性改革、“四好农村路”以及自贸区建设等工作开展调研和座谈。

22日，印发《交通运输部办公厅关于深入推进水运供给侧结构性改革行动方案（2017-2020年）的通知》（交办水〔2017〕75号），大力推进水运供给侧结构性改革，加快水运提质增效升级。

23日，交通运输部发布《中华人民共和国船舶安全监督规则》（中华人民共和国交通运输部令2017年第14号）《关于修改〈中华人民共和国船舶及其有关作业活动污染海洋环境防治管理规定〉的决定》（中华人民共和国交通运输部令2017年第15号）《关于修改〈老旧运输船舶管理规定〉的决定》（中华人民共和国交通运输部令2017年第16号）《关于修改〈中华人民共和国高速客船安全管理规则〉的决定》（中华人民共和国交通运输部令2017年第17号）《关于修改〈海上滚装船舶安全监督管理规定〉的决定》（中华人民共和国交通运输部令2017年第18号）《关于修改〈中华人民共和国海事行政许可条件规定〉的决定》（中华人民共和国交通运输部令2017年第19号）《关于修改〈中华人民共和国内河海事行政处罚规定〉的决定》（中华人民共和国交通运输部令2017年第20号）《关于修改〈中华人民共和国海上海事行政处罚规定〉的决定》（中华人民共和国交通运输部令2017年第21号）和《交通运输部关于废止2件交通运输规章的决定》（中华人民共和国交通运输部令2017年第22号）。

23日，举行2017年度第五次例行新闻发布会，交通运输部新闻发言人、政策研究室副主任吴春耕，交通运输部运输服务司副司长蔡团结，交通运输部科学研究院城市交通研究中心主任研究员杨新征通报今年前4个月交通运输经济运行情况、全国ETC发展和《关于鼓励和规范互联网租赁自行车发展的指导意见（征求意见稿）》等相关内容。

23日，国家发展改革委、交通运输部、中国铁路总公司联合印发《“十三五”铁路集装箱多式联运发展规划》（发改基础〔2017〕738号）。

24日，交通运输部印发《民用航空产品和零部件合格审定规定》（中华人民共和国交通运输部令2017年第23号）。

25日，交通运输部印发《关于使用车辆运输车申报信息进行执法检查的通知》（交办运函〔2017〕774号）。

25日至26日，以“构筑互联网时代的城市群和机场群：全球航空业发展的新联通”为主题的2017年中国民航发展论坛在京举办。李小鹏作论坛致辞，冯正霖作主旨演讲。

26日，交通运输部发布《定期国际航空运输管理规定》（中华人民共和国交通运输部令2017年第24号）。

27日，交通运输部、国家铁路局、中国民用航空局、国家邮政局、中国铁路总公司联合印发《交通运输行业加快推动多式联运发展的重点工作安排》（交办运〔2017〕56号）。

31日，由我国企业承建的肯尼亚蒙巴萨—内罗毕标轨铁路（蒙内铁路）首趟列车从蒙巴萨西站开出，标志着蒙内铁路正式建成通车。

31日至6月2日，国际运输论坛2017年峰会在德国莱比锡举行。本届峰会主题为“交通运输全球治理”，来自80个国家的41位部级代表以及交通运输领域国际组织负责人和世界知名企业高管出席了峰会。李小鹏应邀出席了峰会，并在开幕式全会和部长级开放会议上发言。在部长会议上，与会各国部级代表一致通过了关于交通运输全球治理的部长宣言。

截至31日，内蒙古、甘肃、青海、宁夏四

省（区）取消了全部政府还贷二级公路收费，共撤销收费站点243个取消收费里程16431公里。

6月

2日，李小鹏与德国联邦交通和数字基础设施部部长亚历山大·多布林特在柏林举行会谈。

3日，刘小明出席东北三省道路运输安全生产座谈会。

5日，以“创新引领·绿色融合”为主题的2017世界交通运输大会在京开幕，集合“会、展、赛”等多元素的大会吸引了来自40多个国家和地区的近4000名嘉宾参加。

6日，印发《交通运输部办公厅关于县以下机关建立公务员职务与职级并行制度的实施意见》（交办人教〔2017〕83号）。

7日，印发《交通运输部办公厅关于公布智慧港口示范工程名单及有关事项的通知》（交办水函〔2017〕815号）。

8日，正在哈萨克斯坦访问的国家主席习近平在哈萨克斯坦总统纳扎尔巴耶夫陪同下，参观阿斯塔纳专项世博会中国国家馆，并共同出席中哈亚欧跨境运输视频连线仪式。习近平在中哈亚欧跨境运输视频线仪式上致辞时指出，中哈跨境运输合作的不断深化，将为地区发展繁荣贡献更大力量。

8日至9日，李小鹏到广东省深圳市、珠海市、广州市、肇庆市，就港珠澳大桥及深中通道建设、综合交通运输改革发展等情况开展调研和座谈。

8日，由交通运输部推荐的交通运输部东海航海保障中心宁波航标处“宁波守塔人”荣获2016年度“海洋人物”称号。

12日，京津冀交通一体化领导小组第7次会议暨雄安新区综合交通运输体系建设领导小组第1次会议召开，杨传堂、李小鹏出席会议。

12日，《经济日报》刊发了杨传堂、李小鹏题为《抓住发展黄金时期 打造绿色交通体系》的署名文章。

12日，交通运输部发布《公路水运工程安全生产监督管理办法》（中华人民共和国交通运输部令2017年第25号）。

13日，长江三峡升船机145米水位实船试航顺利完成。

15日至17日，杨传堂到广东省广州市、佛山市，就珠江水运改革发展调研和座谈。

15日，交通运输部在北京召开中国船舶油污损害赔偿基金管理委员会2017年度会议。会议审议通过了3起船舶油污事故的理赔报告，涉及赔偿金额近1600万元，其中“山宏12”轮油污事故理赔是我国船舶油污损害赔偿基金首次理赔“有主”船舶油污损害案件，标志着我国船舶油污损害赔偿基金工作取得新突破。

15日，交通运输部、公安部、国家安全监管总局中华全国总工会、共青团中央5部门联合印发《关于表扬2017年春运“情满旅途”活动成绩突出集体和个人的通报》（交运发〔2017〕92号），对248个先进集体和335名先进个人进行通报表扬。

19日至20日，李小鹏在重庆市就长江经济带和“一带一路”倡议推进情况、综合交通运输改革等开展调研和座谈。

22日，印发《交通运输部关于创建“四好农村路”全国示范县的实施意见》（交公路发〔2017〕119号），部署首批“四好农村路”全国示范县创建工作。

22日，交通运输部发出通知，确定北京市怀柔区、天津市武清区、河北省平泉县等52个县（市、区）为城乡交通运输一体化示范县第一批创建县（市、区）。

23日，交通运输部党组开展“七一”专题党性分析，杨传堂、李小鹏、冯正霖、李建波、马军胜、何建中、宋福龙、戴东昌、刘小明、杨宇栋分别进行党性分析。

23日，交通运输部安委会印发《关于印发公路水运建设工程领域开展电气火灾综合治理工作实施方案的通知》（交安委〔2017〕3号），在公路水运建设工程领域部署开展为期3年的电气火灾综合治理工作。

24日，召开2017年"世界海员日"专题新闻发布会，交通运输部海事局副局长杨新宅、舟山市政府蔡洪副市长就《2016年中国船员发展报告》（白皮书）和2017年"世界海员日"活动等有关情况进行介绍。

24日5时45分，四川省阿坝州茂县叠溪镇新磨村发生山体高位垮塌，造成重大人员伤亡，灾害发生后，党中央、国务院高度重视，习近平总书记、李克强总理作出重要指示批示，国务院即派工作组赶赴现场指导抢险救援工作。交通运输部启动Ⅱ级应急响应，指导交通运输抢险救灾工作。

26日，交通运输部召开迎七一"两学一做"优秀共产党员、优秀党务工作者、先进基层党组织表彰大会，杨传堂出席会议并讲话，李小鹏主持会议，李建波、马军胜、何建中、宋福龙、刘小明、杨宇栋出席会议。

27日，完成党的十八届任期内，部党组对部属单位党组织的巡视全覆盖。

27日，举行2017年度第六次例行新闻发布会，交通运输部新闻发言人、政策研究室副主任吴春耕通报今年前5个月交通运输经济运行情况、内地与香港互联互通情况等内容。

28日，交通运输部发布了《2016年全国收费公路统计公报》公报就公路里程规模、主线收费站、建设投资、债务余额和收入支出等方面情况向全社会公布。

29至30日，交通运输部和国家铁路局、中国民用航空局、国家邮政局刘小明、董志毅、邢小江、柯林春、吴奉、张冲峰、张星朝、李良生、许如清、李东、杨文银、杨国峰、冯建中、贾建卿、白　晶、周海涛16名同志作为中央国家机关党代表会议代表出席中央国家机关党代表会议。

30日，中央国家机关党代表会议选举产生出席党的十九大代表186名。杨传堂、李小鹏、冯正霖、杨宇栋、王淑芳5名同志当选为党的十九大代表。

30日，《人民论坛》刊发了杨传堂、李小鹏题为《努力构建开放型综合交通运输体系在"一带一路"建设中当好先行》的署名文章。

7月

1日，国家主席习近平在香港特别行政区行政长官林郑月娥陪同下，考察港珠澳大桥香港段建设工地和香港国际机场第三跑道建设情况。

3日，印发《交通运输部关于进一步规范限量瓶装氮气等气体道路运输管理有关事项的通知》（交运发〔2017〕96号）。

5日，新华社播发长篇通讯《书写新世纪海上丝绸之路新篇章——习近平总书记关心港口发展纪实》交通运输部办公厅当晚发出通知，要求全国交通运输系统深入学习宣传习近平总书记关心港口发展纪实报道，营造推动港口发展的良好舆论氛围，不断提升行业硬实力、软实力。

5日，杨传堂主持干部大会，通报交通运输部党组党性分析情况。

5日，交通运输部办公厅、财政部办公厅和国家税务总局办公厅联合印发《关于完善收费公路通行费增值税发票开具工作实施方案》（交办公路〔2017〕98号）。

5日至6日，"上海合作组织成员国国际道路运输便利化协定实施前景及对区域互联互通的影响”圆桌会议在北京召开。刘小明率中方代表团出席会议并作主旨发言。

7日，港珠澳大桥海底隧道正式贯通，标志着世界上最长的跨海大桥——港珠澳大桥实现了主体工程全线贯通。

7日，全国部际物流安全管理领导小组第一次会议在交通运输部召开。中央综治办、公安部等十个成员单位参加会议，全面推进物流安全管理工作。

7日，交通运输部办公厅、天津市人民政府办公厅、河北省人民政府办公厅联合印发《加快推进津冀港口协同发展工作方案（2017-2020年》（交办水〔2017〕101号）。

7日，印发《交通运输部办公厅关于加强普通国省干线公路服务设施建设管理的通知》（交办公路函〔2017〕978号）。

10日，举办2017年中国航海日新闻发布会，交通运输部新闻发言人、政策研究室副主任吴春耕，交通运输部水运局副局长易继勇，宁波市人民政府副秘书长金伟平介绍2017年中国航海日活动的有关情况，以及我国水运行业改革发展成就。

11日至12日，杨传堂到辽宁省大连市，就辽宁沿海港口及多式联运发展等工作开展调研和座谈。

11日，2017年中国航海日论坛在浙江宁波举行。

11日，根据国务院扶贫开发领导小组统一部署，交通运输部与共青团中央、民盟中央联合赴甘肃省开展脱贫攻坚督查。

12日，杨传堂到大连海事大学，为400余名师生作专题讲座，介绍党的十八大以来我国现代综合交通运输体系建设成就、机遇和挑战以及“十三五”期重点任务，并分享了个人成长经历和人生阅历。

12日，财政部、交通运输部印发《地方政府收费公路专项债券管理办法（试行）》（财预〔2017〕97号）。

13日，杨传堂主持召开专题会议，研究学习贯彻落实习近平总书记等中央领导同志关于做好防汛防台风、防灾减灾有关工作重要批示精神，随后印发《交通运输部关于认真学习贯彻落实习近平总书记等中央领导同志重要批示精神扎实做好当前交通运输行业防汛防台风防灾减灾工作的紧急通知》（交公路明电〔2017〕15号）。

13日，京新高速公路暨国家高速公路网建设成就主题宣传采访团一行抵达内蒙古自治区巴彦淖尔市，开始为期5天的体验式采访。

15日，随着京新高速公路内蒙古临河至白疙瘩段、甘肃白疙瘩至明水段和新疆明水至哈密段三个路段联动通车，标志着从北京到新疆更便捷的公路大通道全线贯通，北京进疆公路里程比经西安或兰州绕道连霍高速公路缩短近1300公里。

16日，印发《交通运输部办公厅关于做好严重违法失信超限超载运输行为和相关责任主体信息报送工作的通知》（交办公路函〔2017〕1010号）。

16日至28日，中国—东盟国家海上搜救协调员培训班在上海举办，共8个东盟国家的23名搜救协调员来华参训。

17日，交通运输部召开扶贫开发和农村公路工作领导小组第2次全体会议，李小鹏出席会议。

17日，姜明宝同志任部总工程师。

18日，交通运输部、国家旅游局等6部委联合发布《关于促进交通运输与旅游融合发展的若干意见》（交规划发〔2017〕24号）。

18日，人力资源社会保障部办公厅、交通运输部办公厅联合印发《关于举行2017年度公路水运工程试验检测专业技术人员职业资格考试的通知》（人社厅发〔2017〕82号）。

18日起，在中国交通通信信息中心（北京船舶通信导航有限公司）与国内三大基础电信运营商的全网互联互通工作完成后，海事卫星电话“1749”号段在全国范围内投入使用。

19日，交通运输部会同国家发展改革委修订发布《港口收费计费办法》（交水发〔2017〕104号），自2017年9月15日起实施。

20日，交通运输部召开军民融合工作领导小组会议，杨传堂、李小鹏出席会议。

21日，中俄总理定期会晤委员会运输合作分委会第二十一次会议在中国四川成都举行。会议由李小鹏和俄罗斯联邦运输部部长索科洛夫共同主持，铁路、汽车运输和公路、民航、口岸、过境运输、海运河运等分委会6个工作组分别进行了工作汇报。双方就积极落实中俄两国领导人达成的重要共识，深入推进中俄交通运输领域互联互通全方位合作进行了深入探讨。会后，双方签署了分委会第二十一次会议纪要。

24日，交通运输部召开推动长江经济带交通运输发展部省联席第三次会议，杨传堂、李小鹏出席会议。

24日，交通运输部办公厅印发《港口岸电布局方案》（交办水〔2017〕105号）。

25日，李小鹏在京会见了澳大利亚交通部长达伦·切斯特，双方就中澳交通合作等事宜交换了意见。

28日，举行2017年度第七次例行新闻发布会，交通运输部新闻发言人、政策研究室副主任吴春耕，交通运输部综合规划司副司长范振宇通报2017年交通运输更贴近民生实事进展，上半年交通运输经济运行情况、供给侧结构性改革成效、交通扶贫工作开展情况等内容。

28日，印发《交通运输部关于深化交通运输供给侧结构性改革 改善投资和市场环境 进一步推进“放管服”改革 降低物流成本的通知》（交规划发〔2017〕108号）。

28日，2017年国家海上搜救和重大海上溢油应急处置部际联席会议联络员工作组会议在北京召开。

31日，李小鹏在京会见了新加坡教育部长兼交通部第二部长黄志明，就深化两国交通运输合作交换意见。

31日，印发《交通运输部办公厅关于开展高速公路分时段差异化收费试点工作的通知》（交办公路〔2017〕108号），在山西、浙江、河南、湖南四省启动高速公路差异化收费试点。

31日，印发《交通运输部办公厅关于建立结对联系帮扶机制深入推进专项扶贫工作的通知》（交办规划函〔2017〕1078号），建立结对联系帮扶机制。

8月

1日，经国务院同意，交通运输部、中央宣传部、中央网信办、国家发展改革委、工业和信息化部、公安部、住房城乡建设部、人民银行、质检总局、国家旅游局10部门联合出台《关于鼓励和规范互联网租赁自行车发展的指导意见》（交运发〔2017〕109号）。

1日，交通运输部发布《民用航空适航委任代表和委任单位代表管理规定》（中华人民共和国交通运输部令2017年第26号）。

1日，交通运输部办公厅印发《长江干线京杭运河西江航运干线液化天然气加注码头布局方案（2017-2025年）》（交办规划〔2017〕109号）。

2日，交通运输部办公厅印发《交通运输部部内信息化建设项目管理办法》（交办规划〔2017〕113号）。

2日，交通运输部印发《公路水运工程试验

检测机构等级标准》及《公路水运工程试验检测机构等级评定及换证复核工作程序》（交安监发〔2017〕113号）。

4日，交通运输部、住房城乡建设部联合发布《关于促进小微型客车租赁健康发展的指导意见》（交运发〔2017〕110号）。

4日，交通运输部发布《交通运输部公路水运工程质量安全监管专家库专家名单》（交办安监函〔2017〕1125号）。

4日，交通运输部办公厅印发《公路水路行业安全生产工作考核评价办法》（交办安监〔2017〕114号）。

4日，《交通运输部关于公布"十三五"期全面推进公交都市建设第一批创建城市名单的通知》（交运函〔2017〕597号）正式印发，河北省张家口市等50个城市获得创建批准。

7日，印发《交通运输部关于推进长江经济带绿色航运发展的指导意见》（交水发〔2017〕114号）。

7日，国务院办公厅印发《关于进一步推进物流降本增效促进实体经济发展的意见》（国办发〔2017〕73号）。

8日21时19分，四川省阿坝藏族羌族自治州九寨沟县发生7.0级地震，交通运输部连夜启动Ⅱ级应急响应，指导四川交通运输部门、武警交通部队全力开展抢险救灾工作。

10日23时许，京昆高速公路陕西安康境内秦岭一号隧道发生大客车碰撞隧道口事故，造成36人死亡，13人受伤。交通运输部向全行业发出警示通报，要求深刻吸取事故教训，切实采取有效防范措施，加强道路客运安全管理。

11日14时许，经过4个小时的绞拉，交通运输部广州打捞局顺利完成重达1.6万吨的打捞工程船"华盛龙"轮拉移过驳下水，刷新了国内大件滑道拉移新纪录。

14日，印发《交通运输部关于公布首批"四好农村路"全国示范县的通知》（交公路发〔2017〕119号），命名首批53个"四好农村路"全国示范县。

16日，交通运输部发布《2016年度公路建设市场全国综合信用评价结果》（交通运输部公告2017年第31号），公布公路建设行业248家设计企业、865家施工企业、512家监理企业及5898名公路监理工程师2016年度信用评价结果。

16日，《交通运输部 公安部 中华全国总工会关于组织开展2017年"公交出行宣传周"活动有关事项的通知》（交运函〔2017〕631号）正式印发，将2017年"公交出行宣传周"活动的组织主题、活动目的、活动内容和活动要求等进行了详细的安排和部署。

17日，印发《交通运输部关于学习借鉴浙江经验推进区域港口一体化改革的通知》（交水函〔2017〕633号）。

21日，交通运输部就河北"5·23""7·21"相关重大交通事故对内蒙古自治区交通运输厅、黑龙江省交通运输厅开展安全生产约谈。

22日，印发《交通运输部关于加快发展冷链物流保障食品安全促进消费升级的实施意见》（交运发〔2017〕127号）。

22日，交通运输部办公厅印发《关于加强车辆运输车第二阶段执法检查的通知》（交办运函〔2017〕1213号）。

23日至24日，全国"四好农村路"养护现场会在山东省临沂市召开，李小鹏出席会议并讲话。

24日至25日，李小鹏在山东省临沂市、济南市、德州市，就重点交通工程项目建设以及安全生产、应急指挥等工作开展调研。

25日，连云港海事局召开新闻发布会，宣布我国自主研发的首套国产化船舶交通管理系统（VTS 系统）在连云港海事局正式上线运行。

28 日，举行 2017 年度第八次例行新闻发布会，交通运输部新闻发言人、政策研究室副主任吴春耕通报“四好农村路”建设、《全国红色旅游公路规划（2017-2020 年）》，以及近期发布的关于水运发展政策等内容。

28 日，交通运输部办公厅印发《交通运输行业重点节能低碳技术推广目录（2016 年度）》（交办规划函〔2017〕1242 号）。

30 日，我国第一本航标助航指南——《台湾海峡航标助航指南（2016）》正式出版。

30 日至 31 日，刘小明率团赴俄罗斯乌兰乌德出席中蒙俄关于推进实施《沿亚洲公路网国际道路运输政府间协定》国际会议。

31 日，举行专题新闻发布会，交通运输部新闻发言人、政策研究室副主任吴春耕，法制司副司长王海峰，运输服务司副司长王绣春介绍清理规范交通运输领域罚款、检查和涉企收费有关情况，以及加快发展冷链物流保障食品安全促进消费升级有关工作等内容。

9 月

1 日，交通运输部党组召开“两学一做”学习教育常态化制度化工作交流推进会，刘小明主持会议，李小鹏出席并作讲话。

4 日，交通运输部发布《港口危险货物安全管理规定》（中华人民共和国交通运输部令 2017 年第 27 号）《公路水运工程质量监督管理规定》（中华人民共和国交通运输部令 2017 年第 28 号）《大型飞机公共航空运输承运人运行合格审定规则》（中华人民共和国交通运输部令 2017 年第 29 号）。

4 日，中央编办、交通运输部联合印发《关于地方交通运输行业承担行政职能事业单位改革试点有关问题的意见》（中央编办发〔2017〕193 号）。

4 日，交通运输部办公厅、公安部办公厅联合印发《关于规范公路治超执法专项整治行动工作方案的通知》（交办公路〔2017〕130 号），在全国范围内开展为期 4 个月的专项整治行动。

4 日，《交通运输部关于改革出租汽车驾驶员从业资格考试有关工作的通知》（交运发〔2017〕134 号）正式印发。

5 日，交通运输部发布《关于在互联网上公开水运工程行业标准的公告》（2017 年第 33 号），将现行水运工程行业标准文本（PDF 格式）全部在互联网公开，提供免费下载服务。

6 日，李小鹏在京会见香港特别行政区政府运输及房屋局局长陈帆，双方就深化内地与香港在交通运输领域的务实合作交换了意见。

6 日，政协第十二届全国委员会优秀提案和先进承办单位表彰会在京召开，交通运输部荣获“先进承办单位”称号。

6 日，交通运输部印发《交通运输综合应急预案》等 7 项突发事件应急预案（交应急发〔2017〕135 号）。

6 日，交通运输部印发《水路运输市场信用信息管理办法（试行）》（交办水〔2017〕128 号）。

6 日，印发《交通运输部办公厅关于开展 2017 年公路水运工程建设领域“质量月”活动的通知》（交办安监函〔2017〕1294 号）。

8 日，交通运输部和国家发展改革委员会联合印发《“信用交通省”创建工作方案》（交办政研〔2017〕131 号）。

12 日，印发《交通运输部办公厅关于开展公路执法服务大走访活动的通知》（交办公路〔2017〕133 号），开展为期一年的公路执法服务大走访活动。

14 日，《交通运输部办公厅关于印发 < 智慧交通让出行更便捷行动方案（2017-2020 年）>

的通知》（交办科技〔2017〕134号）正式印发。

15日，印发《交通运输部关于发布港口工程施工安全风险评估指南（沿海码头、护岸及防波堤分册）的通知》（交安监发〔2017〕140号），在沿海码头、护岸及防波堤工程开展施工安全风险评估工作。

18日，由交通运输部、公安部、中华全国总工会三部门联合举办的2017年“公交出行宣传周”活动在甘肃省兰州市启动。

19日，经国务院同意，交通运输部会同国家发展改革委等14个部门和单位联合印发《促进道路货运行业健康稳定发展行动计划（2017-2020年）》（交运发〔2017〕137号），共同召开电视电话会议，安排部署促进道路货运行业健康稳定发展工作任务，李小鹏出席会议并讲话。

19日，交通运输部组织召开“深入学习贯彻落实习近平总书记关于交通运输工作的重要指示精神，以优异成绩迎接党的十九大胜利召开”座谈会。

19日，交通运输部和水利部联合批复引江济淮工程安徽段初步设计。

20日，大连海事大学获批进入国家“双一流”建设高校名单。

21日，举行2017年度第九次例行新闻发布会，交通运输部新闻发言人、政策研究室副主任吴春耕通报“十一”黄金周交通运输保障、“公交宣传周”、交通扶贫主要指标完成情况等内容。

21日，交通运输部发布《公路工程建设项目评标工作细则》（交公路发〔2017〕142号）。

22日，国务院公布《关于取消一批行政许可事项的决定》（国发〔2017〕46号），取消了一批行政许可事项，其中涉及交通运输部为“船舶污染物接受单位从事船舶垃圾、残油含油污水、含有毒有害物质污水接受作业审批”“从事海船船员服务业务审批”“船舶所有人经营人或者管理人防治船舶及其有关作业活动污染海洋环境应急预案审批”三项。

22日，陈健同志任交通运输部党组成员。

22日，交通运输部办公厅印发《12328交通运输服务监督电话系统运行服务质量考评暂行办法》（交办运〔2017〕135号）。

25日，交通运输部、国家能源局、国家电网公司和浙江省人民政府在浙江湖州市联合召开了靠港船舶使用岸电现场推进会暨京杭运河岸电全覆盖启动仪。何建中出席并讲话，交通运输部、国家能源局、国家电网公司现场签署了三方共同推动靠港船舶使用岸电战略合作框架协议。

28日，交通运输部结束对北京市冬奥会重大交通保障公路建设项目质量安全综合督查，完成全年对北京、河北、青海、黑龙江、新疆维吾尔自治区、新疆生产建设兵团6个省（区、市）的公路工程质量安全综合督查任务以及对江西、湖北、内蒙古、云南4个省（区）的桥梁和隧道专项督查任务。

28日，交通运输部和国家发展改革委在河南郑州联合召开交通运输信用体系建设推进暨“信用交通省”创建工作动员部署会。

29日，交通运输部发布《民用航空空中交通管理规则》（中华人民共和国交通运输部令2017年第30号）《交通运输部关于修改〈铁路运输企业准入许可办法〉的决定》（中华人民共和国交通运输部令2017年第31号）。

30日，跨省大件运输并联许可系统正式联网运行，实现“一地办证、全线通行”，提前完成年底前实现全国联网的目标任务。

30日，交通运输部会同武警交通指挥部和福建省人民政府，在福建省福州市举办以台风应急灾害处置为主题的2017年度公路交通军地联合应急演练。

10月

9日，国务院扶贫办主办，交通运输部承办，交通运输部交通科学研究院协办的“2017年扶贫日论坛交通扶贫平行论坛”在京召开。

10日，杨传堂出席交通运输部党校2017年秋季学习开学典礼，并以“深入学习贯彻习近平总书记重要论述，切实提高执行民主集中制水平”为主题，为部机关各司局主要负责同志及部属在京单位党政主要负责同志、主体班全体学员和交通运输部党校教职员工作专题授课。

10日，交通运输部参加中央国家机关工委组织的中央单位定点扶贫工作成果展。

11日，科技部万钢部长和李小鹏部长传签了《科学技术部交通运输部关于推动“科交协同”的合作协议》。

16日，2017年第20期《求是》刊发中共交通运输部党组《奋力从交通大国向交通强国迈进》署名文章。

16日，交通运输部召开干部大会，传达学习党的十八届七中全会公报精神，杨传堂主持会议并讲话，李小鹏传达党的十八届七中全会公报。

18日，习近平总书记在中国共产党第十九次代表大会上充分肯定了交通运输工作，提出高铁、公路、桥梁、港口、机场等基础设施建设快速推进，南海岛礁建设积极推进。总书记指出要加强水利、铁路、公路、水运、航空、管道、电网、信息、物流等基础设施网络建设。总书记强调要加强应用基础研究，拓展实施国家重大科技项目，突出关键共性技术、前沿引领技术、现代工程技术、颠覆性技术创新，为建设科技强国、质量强国、航天强国、网络强国、交通强国、数字中国、智慧社会提供有力支撑。

20日，交通运输部发布《关于公布第1批营运客车安全达标车型的通知》（公告2017第42号）。

22日，交通救捞题材电视剧《碧海雄心》在北京召开首播发布会，10月26日在山东卫视播出，腾讯视频同步网络上线。

24日，杨传堂在中央人民广播电台党的十九大特别报道《做客中央台》中，与听众朋友畅谈交通强国建设交通运输服务国家战略、供给侧结构性改革、扶贫攻坚等话题。

26日，交通运输部召开干部大会，传达学习党的十九大和十九届一中全会精神。

26日，举行2017年度第十次例行新闻发布会，交通运输部新闻发言人、政策研究室副主任吴春耕，交通运输部综合规划司副巡视员毛健通报交通运输系统贯彻落实党的十九大精神，前三季度12328交通运输服务监督电话系统运行情况以及交通运输行业经济运行情况等内容。

26日，交通运输部在行业内发布全国港口深水岸线普查成果。

26日至11月11日，在交通运输部党校连续举办3期党的十九大精神轮训班，部直属机关处级以上干部、基层党支部书记和部属单位领导班子成员共1160余人参加培训。

30日，交通运输部公布2017年交通运输行业研发中心和重点实验室认定结果，在“综合交通运输大数据处理及应用技术”10个方向共认定了30家行业研发中心、2家行业重点实验室。

30日至11月1日，中国、吉尔吉斯斯坦、乌兹别克斯坦联合举行中吉乌国际道路货运试运行活动。

31日，中国—东盟国家首次海上联合搜救实船演练在广东湛江外海海域成功举行。柬埔寨、老挝、菲律宾、泰国、缅甸、文莱等东盟6国57人参加演练。演习期间与柬埔寨（民航局）、老挝（民航局）签署海上与航空紧急救助热线建设协议，举办了中国—柬埔寨海上紧急救助热线开通仪式和中国—东盟国家海上搜救信息平台开通仪式。

31日，交通运输部党组印发《中共交通运输部党组巡视工作实施办法》（交党发〔2017〕42号），交通运输部办公厅印发《在部属单位建立巡察制度的意见》《被巡视党组织配合部党组巡视工作规定》（交办人教〔2017〕150号），加强巡视工作制度建设。

11月

2日，李小鹏添乘调研京沪高铁“复兴号”中国标准动车组达速运营情况。

3日，印发《交通运输部关于推进交通运输统计改革全面提高统计数据真实性的实地意见》（交规划发〔2017〕170号），深入推进交通运输统计改革。印发《交通运输部办公厅关于交通运输企业统计实行一套表联网直报工作安排的通知》（交办规划〔2017〕156号），启动企业一套表联网直报工作。

4日，交通运输部发布《长江干线水上交通安全管理特别规定》（中华人民共和国交通运输部令2017年第32号）。

4日，交通运输部结束对河南省水运建设工程质量安全综合督查，完成全年对湖北、辽宁、安徽、河北、河南5个省的水运工程质量安全和督查任务。

7日，交通运输部办公厅、国家发展改革委办公厅联合印发《关于公布第二批多式联运示范工程项目名单的通知》（交办运〔2017〕159号），公布第二批30个多式联运示范工程项目名单。

8日，“贵州乌蒙山区毕都高速公路安全保障科技示范工程”举办全国技术交流会，并通过了交通运输部组织的验收。

8日，长江中游蕲春水道航道整治工程开工建设，作为“645”先期工程，标志着长江“645”建设拉开序幕。

9日，李小鹏到国家邮政局调研“双11”旺季服务保障工作，与国家邮政局和部分省（市）邮政管理部门负责同志座谈，并向奋战在旺季服务保障工作一线的同志表示慰问。

9日，交通运输部、国家发改委等十三个部门联合印发《关于加强船用低硫燃油供应保障和联合监管的指导意见》（交海发〔2017〕163号）。

9日，交通运输部、公安部联合印发《关于治理车辆超限超载联合执法常态化制度化工作的实施意见（试行）》（交公路发〔2017〕173号）。

9日，《交通运输部关于做好公交都市建设示范工程验收工作的通知》（交运函〔2017〕851号）正式印发，决定组织开展公交都市建设示范工程验收工作。

10日至11日，由交通运输部和国家铁路局、中国民航局、国家邮政局、中国铁路总公司共同主办的全国多式联运现场推进会在河南郑州召开。刘小明出席会议。

12日，交通运输部修订印发《收费公路政府和社会资本合作操作指南》（交办财审〔2017〕173号）。

13日，李克强总理在第20次中国—东盟领导人会议上发表重要讲话指出“海上合作取得突破，近日成功举行中国—东盟国家首次大规模海上联合搜救实船演练”，对中国—东盟国家海上联合搜救实船演练给予高度评价。

13日至14日，李小鹏到大连海事大学，为900余名师生和部在连单位部分同志宣讲党的十九大精神。

14日，印发《交通运输部办公厅关于防范和化解交通运输行业债务风险的指导意见》（交办财审〔2017〕163号）。

15日，交通运输部印发《交通运输行业重点实验室管理办法》（交科技发〔2017〕174号）。

15日，交通运输部办公厅印发《关于进一步做好无车承运人试点工作的通知》（交办运函〔2017〕1688号）。

15日，依托国家高分重大专项，建成高分辨率对地观测系统交通行业数据中心，正式面向行业提供高分系列卫星数据服务。

16日，交通运输部结束北京市公路建设市场督查，完成全年对山东、福建、河南、吉林、宁夏、北京等6省（区市）的公路建设市场“双随机”督查任务。

17日，在国家主席习近平与建交后首次访华的巴拿马总统巴雷拉见证下，李小鹏和巴拿马海事局局长巴拉卡特分别作为各自政府授权代表，在北京人民大会堂共同签署了《中华人民共和国政府和巴拿马共和国政府海运协定》。

17日，由交通运输部推荐的中国民用航空服务安全监督管理局等28家全国交通运输行业单位荣获第五届全国文明单位，往届的交通运输行业6家全国文明单位通过复查继续保留荣誉称号。

17日，交通运输部推进交通强国建设领导小组及其办公室成立，李小鹏任组长。

17日，第十六届（2017）中国政府网站绩效评估结果发布会在北京召开，交通运输部网站在评估中位列国务院组成部门网站第二名，网站建设水平继续保持前列。

17日，交通运输部和中央军委后勤保障部联合印发了《关于进一步做好水路军人依法优先出行工作的通知》（交水发〔2017〕175号），保障水路军人依法优先出行。

19日，交通运输部召开干部大会，传达学习《中共中央政治局关于加强和维护党中央集中统一领导的若干规定》《中共中央政治局贯彻落实中央八项规定的实施细则》精神，李小鹏主持会议并讲话。

20日，国家发展改革委、交通运输部、国家铁路局、中国铁路总公司联合印发《铁路“十三五”发展规划》（发改基础〔2017〕1996号）。

21日，印发《交通运输部办公厅关于东北地区公路水路秋粮运输服务保障实施方案的通知》（交办公路函〔2017〕1732号）。

23日，交通运输部推进交通强国建设领导小组召开第一次会议，研究交通强国建设纲要研究体系、规划体系及分工方案，李小鹏主持会议并讲话。

23日，举行2017年度第十一次例行新闻发布会，交通运输部新闻发言人、政策研究室副主任吴春耕通报交通运输供给侧结构性改革推进情况、多式联运发展和渤海湾“碧海行动”有关情况等内容。

23日，印发《交通运输部办公厅关于拟取消与中国汽车保修设备行业协会等4家协会主管关系的通知》（交办人教函〔2017〕1764号）。

26至28日，全国政协副主席卢展工到海南开展推进海洋救助保障体系建设专题调研，交通运输部安全总监成平参加调研。

27日，印发《交通运输部关于全面深入推进绿色交通发展的意见》（交政研发〔2017〕186号）。

27日，交通运输部、中央军委装备发展部联合印发《北斗卫星导航系统交通行业应用专项规划（公开版）》（交规划发〔2017〕187号）。

27日，交通运输部完成对广西、江苏、江西、四川、福建、天津6个省（区、市）的12家公路水运工程试验检测机构“双随机”抽查工作。

27至30日，第22届中日韩俄四国海上搜救操作级别会议在日本召开，中国海上搜救中心组团参加。

28 日，交通运输部发布《关于公布 2017 年度水运工程工法的公告》（2017 年第 45 号），公布一级工法 16 项，二级工法 8 项。

28 日至 29 日，李小鹏到浙江省杭州市、宁波市、嘉兴市，就贯彻落实党的十九大精神、推进交通强国建设等工作开展调研和座谈。

30 日，交通运输部发布《交通运输部网络安全管理办法（试行）》（交科技发〔2017〕192 号）。

12 月

1 日，交通运输部办公厅印发《支持深度贫困地区交通扶贫脱贫攻坚实施方案》（交办规划〔2017〕178 号）。

1 日，国际海事组织第 30 届大会在英国伦敦举行新一届理事会选举，我国以最高票再次当选该组织 A 类理事国。

1 日至 2 日，全国公交都市创建暨综合运输服务示范城市建设工作推进会在浙江省杭州市召开。刘小明出席会议。

4 日，国家便利运输委员会第二次全体会议在交通运输部召开，李小鹏主持会议并强调，要进一步加强部门协同、部省联动，共同谋划新思路、新举措，携手开启国际运输便利化发展新局面，为推进“一带一路”建设、形成全面对外开放新格局提供强有力的基础支撑和服务保障。

4 日，印发《交通运输部关于长江通信管理局主要职责机构设置和人员编制规定的通知》（交人教〔2017〕193 号）。

6 日，印发《交通运输部办公厅关于加强公路水运工程质量安全监督管理工作的指导意见》（交办安监〔2017〕162 号）。

7 日，国际海事组织（IMO）理事会第 119 届会议在英国伦敦总部召开，交通运输部国际合作司副司长张晓杰当选为会议主席，这是我国代表首次当选 IMO 理事会主席。

7 日，交通运输部印发《公路水运基本建设项目内部审计管理办法》（交财审发〔2017〕196 号）。

7 日，交通运输部办公厅印发《公路水路行业安全生产信用管理办法（试行）》（交办安监〔2017〕193 号）。

8 日，《时事报告》刊发了杨传堂题为《抓住黄金机遇期 加快推进现代综合交通运输体系建设》的署名文章。

8 日，首艘江海直达散货船“江海直达 1 号”轮在浙江增洲船厂下水。

10 日，全球规模最大、自动化程度最高的上海洋山深水港四期码头开港试运行。中共中央政治局委员、上海市委书记李强宣布洋山深水港四期全自动化集装箱码头开港。

11 日，交通运输部召开干部大会，传达学习贯彻习近平总书记关于进一步纠正“四风”、加强作风建设的重要批示精神，研究部署进一步加强交通运输系统党的作风建设，杨传堂、李小鹏出席会议并讲话。

11 日，交通运输部发布《公路工程标准施工招标文件及公路工程标准施工招标资格预审文件 2018 年版》（交通运输部公告 2017 年第 51 号）。

12 日，交通运输部党组印发《加强新形势下党的督促检查工作实施办法》（交党发〔2017〕49 号）。

12 日，印发《交通运输部关于加强交通运输领域民用无人驾驶航空器运行安全管理工作的通知》（交运发〔2017〕200 号）。

12 日，交通运输部发布《航空器型号和适航合格审定噪声规定》（中华人民共和国交通运输部令 2017 年第 33 号）。

12 日，交通运输部印发《交通运输行业质量提升行动实施方案》(交科技发〔2017〕199号)。

14日，交通运输部印发《关于发布全国高速公路服务区服务质量等级评定结果的公告》（2017年第61号），评选出全国百佳示范服务区100对、优秀服务区400对、达标服务区1585对、达标停车区309对。

15日，交通运输部印发《机动车驾驶培训网络远程理论教育技术规范》(2017年第64号)。

18日，交通运输部发布《国内投资民用航空业规定》（中华人民共和国交通运输部令2017年第34号）《外国公共航空运输承运人运行合格审定规则》（中华人民共和国交通运输部令2017年第35号）。

18日，交通运输部办公厅、公安部办公厅、商务部办公厅联合印发《关于组织开展城市绿色货运配送示范工程的通知》（交办运〔2017〕191号）。

19日，交通运输部、公安部、国家质检总局联合印发《关于加快推进道路货运车辆检验检测改革工作的通知》(交运发〔2017〕207号)。

20日，交通运输部发布《关于印发＜道路客运接驳运输管理办法（试行）＞的通知》（交运发〔2017〕208号）。

22日，全国治超办2017年第二次会议在京召开，会议由戴东昌主持。会议总结了新一轮集中治超工作开展情况，研究部署了2018年治超工作重点。

22日，国家税务总局办公厅和交通运输部办公厅联合正式印发《关于＜城市公共交通管理部门与城市公交企业名录＞调整程序的通知》（税总办发〔2017〕166号）。

25日，中共中央总书记、国家主席、中央军委主席习近平近日对“四好农村路”建设作出重要指示，他强调，近年来，“四好农村路”建设取得了实实在在的成效，为农村特别是贫困地区带去了人气、财气，也为党在基层凝聚了民心。习近平指出，交通运输部等有关部门和各地区要认真贯彻落实党的十九大精神，从实施乡村振兴战略、打赢脱贫攻坚战的高度，进一步深化对建设农村公路重要意义的认识，聚焦突出问题，完善政策机制，既要把农村公路建好，更要管好、护好、运营好，为广大农民致富奔小康、为加快推进农业农村现代化提供更好保障。中共中央政治局常委，国务院总理李克强作出批示，要求认真总结地方经验，进一步完善政策和工作机制，注重发挥地方、基层和农民的积极性，有效提升农村公路建设、管护和运营水平，为实施乡村振兴战略、推动农民脱贫致富和加快农业农村现代化提供有力支撑。12月25日，交通运输部召开全国交通运输工作会议，传达学习习近平重要指示和李克强批示精神，研究部署贯彻落实相关工作。

25日，交通运输部、国家税务总局联合发布《关于收费公路通行费增值税电子普通发票开具等有关事项的公告》（2017年第66号）。

25至26日，2018年全国交通运输工作会议在交通运输部党校召开，全面贯彻党的十九大和中央经济工作会议精神，传达学习习近平总书记等中央领导同志重要指示批示精神，总结党的十八大以来交通运输发展成就，分析当前交通运输发展的形势，部署明年重点工作，明确未来3年攻坚任务，系统谋划交通强国建设。杨传堂、李小鹏出席会议并强调，要全面贯彻落实党的十九大和中央经济工作会议精神，以习近平新时代中国特色社会主义思想为指导，坚持稳中求进工作总基调，坚持新发展理念，紧扣我国社会主要矛盾变化，按照“五位一体”总体布局、“四个全面”战略布局和高质量发展的要求，坚持以交通运输供给侧结构性改革为主线，统筹推进稳增长、促改革、调结构、惠民生、防风险各项工作，大力推进交通运输改革开放和创新融合发展，推动交通运输行业质量变革、效率变革、动力变革，打好防范化解重大风险、精准脱贫、污染防治的攻坚战，锐意进取、埋头苦干，不断满足人民日益增长的美好生活需要，努力开启新时代交通强国建设新征程，为决胜全面建成小康社会、建设社会主义现代化强国、实现中华民族伟大复兴中国梦当好先行。

26日，举行2017年度第十二次例行新闻发布会，交通运输部新闻发言人、政策研究室副主任吴春耕，交通运输部综合规划司副司长张大为，江苏省交通运输厅副厅长金凌，四川省交通运输厅副厅长张琪介绍交通强国建设、供给侧结构性改革、支持深度贫困地区交通扶贫脱贫攻坚实施方案、更贴近民生实事等内容。

26日，交通运输部印发《城市轨道交通运营突发事件部际应急联动工作机制》（交运函〔2017〕1015号）。

27日，李小鹏和国防科工局局长唐登杰签署《交通运输部 国家国防科技工业局关于促进军民融合协同创新的框架合作协议》。

27日，交通运输部、公安部、国家质检总局联合召开电视电话会议，通报《关于加快推进道路货运车辆检验检测改革工作的通知》，部署道路货运车辆检验检测改革工作。

27日，印发《交通运输部关于深化直属海事系统管理体制改革的意见》（交人教发〔2017〕213号）。

27日，印发《交通运输部办公厅关于深化航海保障管理体制改革的意见》（交办人教〔2017〕197号）

28日，交通运输部印发《公路水运品质工程评价标准（试行）》（交办安监〔2017〕199号）。

28日，全国水运专用计量器具计量技术委员会成立。

29日，大连海事大学2013级辅导员、马克思主义学院教师曲建武被中共中央宣传部授予“时代楷模”荣誉称号。

29日，交通运输部党组召开反腐倡廉警示教育专题大会，杨传堂通报12起典型违纪案件，宋福龙提出具体要求。

29日，交通运输部办公厅印发《交通扶贫领域腐败和作风问题专项治理实施方案》（交办规划〔2017〕206号）。

29日，全国港口标准化技术委员会疏浚装备分技术委员会成立。

31日，交通运输部、国家发展改革委、国家旅游局、国家铁路局、中国民用航空局、国家邮政局、中国铁路总公司联合印发《关于加快推进旅客联程运输发展的指导意见》（交运发〔2017〕215号）。

2017年国家铁路局大事记

1月

3日，国家铁路局向中车长春轨道客车股份有限公司、中车青岛四方机车车辆股份有限公司颁发中国标准动车组型号合格证和制造许可证。

7日，国家铁路局印发《铁路行政执法人员管理办法》（国铁安监〔2017〕5号）。

9日，国家科学技术奖励大会在北京人民大会堂隆重举行。党和国家领导人习近平、李克强、刘云山、张高丽出席大会并为获奖代表颁奖。铁路行业有4项科技成果荣获2016年度国家科学技术奖，其中由国家铁路局推荐、中铁工程设计咨询集团有限公司等单位完成的“高速铁路标准梁桥技术与应用”荣获国家科技进步二等奖。

12日至20日，国家铁路局党组书记、局长杨宇栋，党组成员钟华，党组成员、副局长于春孝、刘克强、苏全利，党组成员郑健带领春运督导检查组，分赴沈阳、上海、广州、成都、武汉、西安、兰州7个地区铁路监督管理局辖区，开展春运监督检查工作。

13日，中共中央政治局委员、国务院副总理马凯赴郑州检查铁路春运工作，国家铁路局党组书记、局长杨宇栋陪同参加。

15日，国家铁路局完成铁路乘车证清理工作，对持有的乘车证全部清理取消。

16日，国家铁路局在北京召开全面从严治党加强党风廉政建设工作会议。党组书记、局长杨宇栋传达十八届中央纪委七次全会精神，并代表党组向会议作工作报告。中央纪委驻交通运输部纪检组、最高人民检察院铁路运输检察厅有关负责同志出席会议。

16日，印发《国家铁路局关于加强作风建设从严监督管理做好添乘执法监察工作的意见》（国铁安监〔2017〕7号）。

16日，国家铁路局印发《铁路优质工程（勘察设计）奖评选办法》（国铁工程监〔2017〕8号）、《铁路工程建设工法管理办法》（国铁工程监〔2017〕9号）。

19日，印发《国家铁路局关于开展铁路旅客运输服务质量问卷调查的通知》（国铁运输监函〔2017〕11号）。

23日，国家铁路局党组书记、局长杨宇栋主持召开安全生产委员会2017年第一次全体会议，传达全国安全生产电视电话会议精神，通报2016年全国铁路安全情况和2017年春运开局情况，研究部署铁路安全监管重点工作。

24日，交通运输部、国家旅游局、国家铁路局、中国民用航空局、中国铁路总公司、国家开发银行联合印发《关于促进交通运输与旅游融合发展的若干意见》（交规划发〔2017〕24号）。

2月

15日，印发《国家铁路局关于在铁路工程建设领域集中开展清查拖欠农民工工资工作的通知》（国铁工程监函〔2017〕16号）。

15日，国家铁路局、国家安全生产监督管理总局、中国铁路总公司联合印发《关于开展京广高铁安全专项督导检查的通知》（国铁安监函〔2017〕17号）。

17日，国家铁路局党组书记、局长杨宇栋带队赴贵州省榕江县调研定点扶贫工作，与贵州省扶贫开发办公室、榕江县政府等单位就定点扶贫工作举行座谈，并出席精准扶贫乐乡中心村资金捐赠仪式。

20日，国家铁路局印发《贯彻落实〈中共中央国务院关于推进安全生产领域改革发展的意见〉实施办法的通知》（国铁安监〔2017〕13号）。

23日，国家铁路局党组书记、局长杨宇栋在沈阳参加全国部分地区铁路建设工作会议。

27日，国家铁路局发布《铁路标准化“十三五”发展规划》（国铁科法〔2017〕15号）。这是我国铁路领域第一个标准化发展规划。

3月

3日，国家铁路局政府网站发布《关于“2·05”卑水线永兴庄火车站旁选矿厂水漫铁路线路严重危及铁路运输安全情况公告》。

6日，国家铁路局党组正式启动对局属单位

的政治巡视工作。

10日，印发《国家铁路局关于开展2017年汛期防洪监督检查的通知》（国铁安监函〔2017〕27号），对开展铁路汛期安全监督检查工作进行专题部署。

13日，国家铁路局印发《铁路建设工程监管行政处罚信息公开办法》(国铁工程监〔2017〕18号)。

16日至17日，国家铁路局在北京召开2017年铁路设备监管工作会议，党组成员、副局长苏全利出席会议并讲话。

17日，印发《国家铁路局关于进一步规范铁路建设工程行政监管相关事项的指导意见》（国铁工程监〔2017〕19号）。

17日，印发《国家铁路局关于加强铁路安全生产源头质量控制和安全准入工作的指导意见》（国铁安监〔2017〕20号）。

22日，国家铁路局在北京召开2017年铁路工程监管工作会议，党组成员、副局长苏全利出席会议并讲话。

23日，国家铁路局政府网站发布《2016年铁路安全情况公告》。

24日，国家铁路局政府网站发布《2016年铁道统计公报》。

3月26日至4月2日，国家铁路局副局长刘克强率团赴波兰参加铁路合作组织通过国际铁路直通联运公约文本国际会议第二次会议。

27日，印发《国家铁路局关于贯彻落实〈制造业人才发展规划指南〉的实施意见》（国铁设备监〔2017〕21号）。

29日，国家铁路局在北京召开2017年安全监察工作座谈会，党组成员、副局长于春孝出席会议并讲话。

4月

10日，国家铁路局党组书记、局长杨宇栋与沈阳、广州、成都、西安铁路监督管理局领导班子进行集体谈话，反馈政治巡视发现的问题，提出整改要求。

10日至13日，国家铁路局副局长于春孝率团赴波兰华沙参加铁路合作组织亚欧铁路国际运输便利化会议，并与铁路合作组织委员会主席绍兹达举行会晤。

12日至13日，国家铁路局党组成员郑健率队赴河北雄安新区调研铁路规划建设情况，并与河北省有关部门和相关企业座谈交流。

17日至19日，交通运输部副部长、国家铁路局局长杨宇栋陪同国务院副总理张高丽在哈萨克斯坦阿斯塔纳参加中哈合作委员会第八次会议。

18日，印发《国家铁路局行政处罚信息公开办法》（国铁安监〔2017〕24号）。

20日，印发《国家铁路局关于贯彻落实〈中华人民共和国国民经济和社会发展第十三个五年规划纲要〉的实施方案》(国铁科法〔2017〕26号)。

20日，国家铁路局印发《铁路建设工程评标专家库及评标专家管理办法》（国铁工程监〔2017〕27号）。

20日，国家铁路局印发《2017年推进铁路供给侧结构性改革工作要点》（国铁科法函〔2017〕46号）。

22日，印发《中共国家铁路局党组关于将党建工作要求纳入事业单位章程的通知》（国铁党发〔2017〕18号）。

27日，交通运输部副部长、国家铁路局局长杨宇栋与哈萨克斯坦共和国投资与发展部副部长斯克里亚尔在北京共同主持召开中哈铁路合作分委会第十一次会议。双方就提升中哈铁路互联互通水平、加强铁路口岸建设发展、推动中欧集装箱班列运输发展、深化两国政府间铁路合作交流等议题进行深入磋商并达成广泛共识。

5月

2日，成贵铁路七扇岩隧道发生重大安全事故，造成重大人员伤亡。接到事故报告后，国家铁路局党组成员、副局长苏全利立即带领工作组赶赴现场，指导事故救援和事故调查工作。

3日，国家铁路局、住房和城乡建设部、中国铁路总公司组成联合督查组，赴北京市丰台区玉泉营、新发地等地检查京沪高铁北京段沿线环境综合整治情况，打响京沪高铁沿线环境综合整治"第一战役"。

5日，国家铁路局党组书记、局长杨宇栋与上海、武汉铁路监督管理局领导班子进行集体谈话，反馈政治巡视发现的问题，提出整改要求。

5日，印发《国家铁路局2017年铁路工程建设标准编制计划》（国铁科法〔2017〕185号）。

9日，国家铁路局副局长于春孝在北京会见越南国会科技与环境委员会副主任黎泓静一行。双方就铁路发展合作等问题进行广泛交流。

11日，交通运输部副部长、国家铁路局局长杨宇栋在北京会见吉尔吉斯斯坦国家铁路公司总经理诺戈伊巴耶夫一行。双方就深化中吉两国铁路合作进行深入交流。

11日，国家铁路局党组成员、副局长苏全利带队赴新建京张铁路施工现场开展督导检查，现场检查西黄庄隧道进口和官厅水库特大桥，并就铁路建设工程"三不问题质量行为"专项整治行动和建设市场秩序整治"三违"专项行动及铁路工程质量安全工作开展情况进行督查。

12日，国家铁路局召开推进"两学一做"学习教育常态化制度化动员部署会议。党组书记、局长杨宇栋主持会议并作动员讲话。

14日至15日，交通运输部副部长、国家铁路局局长杨宇栋在北京参加"一带一路"国际合作高峰论坛开幕式、高级别会议全体会议以及"加快设施联通"平行主题会议，并于论坛期间会见铁路合作组织委员会主席绍兹达，与其就加强中方与铁路合作组织合作等问题广泛交换意见。

15日，交通运输部副部长、国家铁路局局长杨宇栋陪同交通运输部部长李小鹏会见巴基斯坦铁道部长拉菲克，并与巴基斯坦铁路委员会主席阿格哈签署《中华人民共和国国家铁路局与巴基斯坦伊斯兰共和国铁道部关于实施巴基斯坦1号铁路干线升级改造和哈维连港项目建设的框架协议》。

17日至19日，2017年上半年铁路机车车辆驾驶人员资格理论考试在全国41个考点435个考场举行，共有10837人报名参加考试，实际考试人数10698人。

19日至27日，国家铁路局和中国铁路总公司组成督导检查组，对京津城际及延长线、津秦高速铁路、成渝高速铁路、广深港高速铁路、盘营铁路客运专线、沪宁城际高速铁路、宁杭铁路客运专线、合福高速铁路等时速300公里及以上高速铁路进行安全环境督导检查。

23日，印发《国家铁路局2017年"安全生产月"和"安全生产万里行"活动实施方案》（国铁安监函〔2017〕73号）。

27日，国家铁路局公布2015–2016年度铁路优质工程（勘察设计）奖和铁路工程建设部级工法获奖名单。48项工程获铁路优质工程奖，167个项目获铁路优秀工程勘察设计奖，164项工法被评为铁路工程建设部级工法。

5月30日至6月2日，国家铁路局局长杨宇栋出访肯尼亚，参加肯尼亚蒙内铁路开通仪式。

6月

5日至8日，国家铁路局副局长刘克强率团赴俄罗斯索契参加铁路合作组织第四十五届部长会议。

6日，国家铁路局党组书记、局长杨宇栋与安全技术中心、装备技术中心领导班子进行集体谈话，反馈政治巡视发现的问题，提出整改要求。

9日，国家铁路局印发《铁路专用设备产品质量安全监管约谈暂行办法》（国铁设备监〔2017〕38号）。

15日，国家铁路局党组书记、局长杨宇栋，党组成员钟华会见中央国家机关"两学一做"学习教育第一督导组组长、中央国家机关纪工委副书记刘利华一行，并汇报国家铁路局"两学一做"学习教育常态化制度化工作的开展情况。

16日，由国家铁路局主办、北京铁路局承办的2017年铁路安全生产宣传咨询日活动在北京西站举行。国家铁路局党组成员、副局长于春孝出席活动。

21日，国家铁路局印发《铁路重大科技创新成果管理办法》（国铁科法〔2017〕43号）。

28日，国家铁路局召开安全生产委员会联络员会议，学习贯彻中共中央国务院关于推进安全生产领域改革发展的意见，传达学习中央领导关于汛期安全的批示精神，分析2017年上半年铁路安全生产形势，沟通交流铁路安全生产工作情况。党组成员、副局长于春孝出席会议并讲话。

28日，国家铁路局举办学习贯彻《中共中央国务院关于推进安全生产领域改革发展的意见》主题宣讲会，党组成员、副局长于春孝出席会议并讲话。

28日，印发《国家铁路局专家委员会工作规则》（国铁科法〔2017〕45号）。

29日，国家铁路局召开迎七一"两学一做"优秀共产党员、优秀党务工作者和先进基层党组织表彰大会，对40名"优秀共产党员"、12名"优秀党务工作者"和7个"先进基层党组织"进行表彰。

7月

3日至4日，国家铁路局在北京召开铁路科技创新工作会议，围绕贯彻落实以习近平同志为核心的党中央关于科技创新的重大决策部署，转变政府职能，服务企业、服务市场、服务广大铁路科技工作者，总结交流铁路行业科技创新成果经验，推动铁路科技创新再上新台阶。全国63家铁路运营、装备制造、工程建设、勘察设计企业和铁路相关科研机构、高等院校、学会协会代表，以及铁路领域的院士、权威专家学者参加会议。

10日至15日，国家铁路局党组成员郑健率团访问巴基斯坦，与巴基斯坦铁道部部长拉菲克、国务秘书阿格哈、铁路总公司总裁安瓦尔举行会晤。双方就加强中巴铁路合作交流深入交换意见，就巴基斯坦1号铁路干线项目开工建设形成广泛共识。

13日至14日，国家铁路局、住房城乡建设部和中国铁路总公司组织对京哈铁路（北京至秦皇岛段）、津秦高速铁路和河北省秦皇岛市开展铁路沿线环境整治调研，并在天津召开京沪高铁沿线环境综合整治现场会。

19日，交通运输部副部长、国家铁路局局长杨宇栋与俄罗斯联邦运输部副部长卢什尼科夫在北京共同主持召开中俄总理定期会晤委员会运输合作分委会铁路工作组第二十一次全体会议。双方就进一步发展中俄间客货运输、加强铁路口岸及后方通道建设、推进构建北京—莫斯科亚欧高速运输走廊、促进铁路领域教育科研合作等议题深入交换意见，并签署会议纪要。

21日，国家铁路局政府网站公布《国家铁路局2016年度部门决算》。

21日，印发《国家铁路局专家委员会组成名单》（国铁科法〔2017〕50号）。

25日，国家铁路局印发《铁路安全生产"十三五"规划》（国铁安监〔2017〕51号）。

8月

2日，成都铁路局渝怀线黔江站X318次货物列车发生爆炸。事故发生后，国家铁路局党组成员、副局长刘克强立即带队赶赴现场督查事故调查工作，并配合地方政府和有关单位做好善后工作。

8日至9日，国家铁路局副局长苏全利赴马来西亚出席马来西亚东海岸铁路项目开工仪式。

9日，国家铁路局党组成员郑健在北京会见巴基斯坦驻华中巴经济走廊特使扎法尔一行。双方就加快推进巴基斯坦1号铁路干线升级改造项目实施交换意见。

9日，国家铁路局在北京召开铁路建设质量安全风险防范座谈会，组织铁路建设、勘察、设计、施工等单位的专家就复杂地质条件下铁路建设质量安全风险防范工作进行专题研讨。

21日，国家铁路局党组书记、局长杨宇栋与信息中心、工程质量监督中心、市场监测评价中心、规划与标准研究院、机关服务中心领导班子进行集体谈话，反馈政治巡视发现的问题，提出整改要求。

23日至27日，国家铁路局党组成员、副局长刘克强、苏全利带队深入上海、广州、兰州铁路监督管理局辖区，检查辖区铁路企业安全生产大检查开展情况。

31日，国家铁路局党组书记、局长杨宇栋在厦门重点车站检查金砖国家领导人厦门会晤铁路运输安保工作，慰问在岗铁路职工、公安干警和执勤武警。

9月

1日至14日，国家铁路局印发《关于原铁道部规范性文件第一批清理结果的通知》《关于原铁道部规范性文件第二批清理结果的通知》《关于原铁道部规范性文件第三批清理结果的通知》《关于原铁道部规范性文件第四批清理结果的通知》《关于原铁道部规范性文件第五批清理结果的通知》(国铁科法〔2017〕54号、56号、58号、61号、63号)。

4日，国家发展改革委、工业和信息化部、住房城乡建设部、交通运输部、水利部、商务部、国家新闻出版广电总局、国家铁路局、中国民航局联合印发《关于印发〈标准设备采购招标文件〉等五个标准招标文件的通知》（发改法规〔2017〕1606号）。

6日，国家铁路局印发《铁路专用设备产品质量安全投诉举报处理办法》（国铁设备监〔2017〕57号）。

7日，交通运输部副部长、国家铁路局局长杨宇栋在北京会见香港特别行政区政府运输及房屋局局长陈帆一行。双方就深化内地与香港铁路领域务实合作进行交流，并就加快广深港高速铁路香港段开通前有关准备工作深入交换意见。

14日，在建的玉磨铁路曼么1号隧道出口发生塌方事故，造成9人被困。国家铁路局迅速了解事故情况，指导成都铁路监督管理局、工程质量监督中心在现场配合做好事故抢险救援及调查等有关工作，并向各地区铁路监督管理局通报事故情况。

17日至24日，国家铁路局副局长于春孝带队赴美国参加中美国际产能合作最佳实践研讨交流会。

19日，交通运输部副部长、国家铁路局局长杨宇栋在北京会见国际铁路运输政府间组织秘书长达韦纳一行。双方就进一步加强合作交换意见。

9月21日至10月5日，国家铁路局组织开展京沪高铁时速350公里“复兴号”动车组添乘检查工作。

21日，国家铁路局印发《铁路建设工程材料构件设备产品进场质量验收监督管理办法》（国铁工程监〔2017〕65号）。

22日，山东省淄博市临淄区地方热电厂蒸汽管道发生爆裂，爆裂残体崩落至胶济客运专线上行263公里810米处，砸坏接触网设备，中断胶济客运专线和胶济铁路行车，构成铁路交通事故。国家铁路局派员赶赴现场，指导上海铁路监督管理局组织开展事故调查。

29 日，交通运输部 2017 年第 31 号部令发布《交通运输部关于修改〈铁路运输企业准入许可办法〉的决定》。

29 日，印发《国家铁路局关于加强铁路货物运输安全有关工作的通知》（国铁运输监〔2017〕67 号）。

30 日，国家铁路局党组书记、局长杨宇栋主持召开党组扩大会议，传达学习并坚决拥护党中央关于孙政才严重违纪案审查处理决定。

10 月

11 日，在建的郑万高铁湖北段东津 2 号特大桥 81 号墩发生模板坍塌事故，现场施工人员 2 人死亡、4 人受伤。事故发生后，国家铁路局迅速了解事故情况，指导武汉铁路监督管理局配合做好事故救援及调查相关工作。

12 日至 17 日，国家铁路局党组成员郑健带队赴温州、台州、宁波、舟山、杭州等地，实地调研铁路投融资体制改革、城际和市域铁路规划建设、铁路法律和政策环境、浙江省铁路规划等有关情况。

16 日，国家铁路局党组研究决定：任命严贺祥为国家铁路局总工程师（国铁党任〔2017〕31 号）。

18 日至 20 日，2017 年下半年铁路机车车辆驾驶人员资格理论考试在全国 30 个考点 282 个考场举行，共有 6797 人报名参加考试，实际考试人数 6657 人。

23 日，国家铁路局副局长于春孝在北京会见来访的奥地利联邦铁路公司总裁马特及奥地利驻华大使石迪福一行。双方就深化中奥铁路政府间合作交流、加强对话合作机制建设、共同推进“丝绸之路经济带”建设等问题交换意见。

25 日，国家铁路局党组书记、局长杨宇栋主持召开党组扩大会议暨党组理论学习中心组学习扩大会议，学习传达中国共产党第十九次全国代表大会、第十九届中央委员会第一次全体会议、第十九届中央纪律检查委员会第一次全体会议精神，安排部署贯彻落实措施。

26 日，国家铁路局局长杨宇栋在香港出席国际铁路安全理事会第 27 次会议，与香港特别行政区政府有关部门研商广深港高铁香港段开通准备工作，并就铁路机车车辆驾驶人员资格管理、人员培训交流等事项进行交流。

28 日，国家铁路局组织局机关、局属事业单位全体干部职工赴北京西山无名英雄纪念广场开展“不忘初心、牢记使命”主题教育活动。

30 日至 31 日，国家铁路局组织全局工作人员集中学习中国共产党第十九次全国代表大会精神。党组书记、局长杨宇栋以“党的十九大报告、十八届中央纪委工作报告、《中国共产党章程（修正案）》”为专题为全局工作人员上党课，并部署党风廉政建设和反腐败重点工作。

30 日，国家铁路局党组书记、局长杨宇栋主持召开党组扩大会议，学习党的第十九次全国代表大会报告关于党的建设重要论述和第十八届中央纪律检查委员会工作报告，贯彻第十九届中央纪律检查委员会第一次全体会议精神，专题研究部署全面从严管党治党重点工作。

31 日，国家铁路局副局长于春孝与美国联邦铁路署副署长劳比在北京共同主持召开中美铁路工作组会议。双方就巩固中美铁路合作交流机制、铁路标准、安全监管、运输监管、产能合作等问题广泛交换意见。

11 月

6 日至 10 日，国家铁路局党组成员郑健率团赴尼泊尔，深入磋商铁路领域政府间合作，共同推进中尼跨境铁路前期工作。

6日，印发《中共国家铁路局党组关于建立“服务群众 服务基层”主题实践专项制度的通知》（国铁党发〔2017〕47号）。

6日，印发《中共国家铁路局党组贯彻〈中共中央关于认真学习宣传贯彻党的十九大精神的决定〉的实施意见》（国铁党发〔2017〕48号）。

7日，国家铁路局在北京召开铁路运输监管工作座谈会，党组成员、副局长于春孝出席会议并讲话。

7日，国家铁路局与国家安全生产监督管理总局联合印发《复杂地质条件下铁路建设安全风险防范若干措施》（国铁工程监〔2017〕82号）。

14日，印发《国家铁路局党员领导干部配偶、子女及其配偶从业行为规定》（国铁党发〔2017〕51号）。

15日，印发《国家铁路局事业单位党的委员会工作规则》（国铁党发〔2017〕52号）《地区铁路监督管理局分党组工作规则》（国铁党发〔2017〕55号）。

16日至18日，国家铁路局副局长苏全利赴新加坡参加中国-新加坡高铁技术研讨会，并作题为《中国高铁助推经济社会可持续发展》的演讲。

19日，国家铁路局举行2017年度新录用公务员宪法宣誓仪式。

20日，国家发展改革委、交通运输部、国家铁路局、中国铁路总公司联合印发《铁路“十三五”发展规划》（发改基础〔2017〕1996号）。

22日，印发《国家铁路局关于原铁道部规范性文件第六批清理结果的通知》（国铁科法〔2017〕81号）。

11月27日至12月2日，国家铁路局副局长刘克强赴波兰华沙参加铁路合作组织通过国际铁路直通联运公约文本国际会议第三次会议。

12月

5日至9日，国家铁路局副局长刘克强率团赴法国巴黎参加国际铁路联盟第91次全体会议。

10日，国家铁路局党组书记、局长杨宇栋主持召开党组理论学习中心组学习会议，学习传达习近平总书记关于进一步纠正“四风”、加强作风建设的重要批示精神。

11日至15日，国家铁路局举办处级以上领导干部学习贯彻党的十九大精神集中培训班。党组书记、局长杨宇栋作开班动员并讲授专题党课。

19日，国家铁路局在成都召开中欧班列座谈会，并组织与会人员现场调研成都铁路集装箱中心站和成都铁路口岸。部分班列运营平台企业、铁路运输企业、地方政府相关部门和研究机构参加会议及调研活动。

26日，国家铁路局在北京组织召开全国71家铁路运输许可企业座谈会，党组成员、副局长于春孝出席会议并讲话。

27日，国家铁路局在北京召开2018年度工作会议。交通运输部党组书记杨传堂出席会议并讲话，国家铁路局党组书记、局长杨宇栋作题为《贯彻习近平新时代中国特色社会主义思想 谱写交通强国铁路篇 推动铁路高质量发展》和《学习贯彻习近平新时代中国特色社会主义思想 坚定不移推进国家铁路局党的建设工作》两个报告。

29日，印发《中共国家铁路局党组关于调整加强党建、党风廉政建设和反腐败、党组巡视工作领导小组的通知》（国铁党发〔2017〕63号）。

31日，交通运输部、国家发展改革委、国家旅游局、国家铁路局、中国民用航空局、国家邮政局、中国铁路总公司联合印发《关于加快推进旅客联程运输发展的指导意见》（交运发〔2017〕215号）。

2017 年中国民航大事记

1 月

3 日，民航局举行首次宪法宣誓仪式，2016 年民航局新任命的局机关司局级干部及直属单位主要领导依法进行了宪法宣誓，局长冯正霖监誓。

3 日，民航局发布《绿色航站楼标准》，该标准自 2017 年 2 月 1 日起施行。

3 日，民航局授予北京首都航空有限公司“飞行安全一星奖”。

5 日，国家发展改革委核准北京新机场南航基地项目。

5 日，中国共产党中国民用航空局直属机关第五次代表大会召开，民航局党组书记、局长冯正霖在会上发表讲话，交通运输部党组成员、副部长、直属机关党委书记刘小明出席会议并讲话。

6 日，民航行业人力资源管理专家库在京成立。该专家库是民航行业人力资源领域高级咨询顾问组织，旨在凝聚行业智慧，开展民航行业人力资源政策研究、搭建民航系统各单位人力资源管理业务交流与合作平台、建立行业人力资源专业培训师资库等，为民航人力资源管理和人才开发工作提供专业支持和智库保障。

6 日，民航局授予深圳航空有限责任公司“飞行安全四星奖”。

9 日，中国东方航空集团公司在上海举办东航发展 60 年座谈会，民航局局长冯正霖出席会议并讲话。

9 日，民航局印发《人体捐献器官航空运输管理办法的通知》。

13 日， 国务院副总理马凯到郑州新郑国际机场视察民航春运保障工作。

17 日，中国民航局代表团与卢森堡民航局代表团在北京举行会谈，双方就扩大两国间航权安排达成一致，并签署谅解备忘录。

23 日，修订的《小型航空器商业运输运营人运行合格审定规则》（交通运输部令 2017 年第 2 号）发布，自 2017 年 4 月 1 日起施行。

2 月

7 日，中国民航飞行品质监控基站专家库成立。同年 9 月 28 日，该监控基站系统平台上线运行。

8 日，民航局批准成立京津冀民航协同发展研究中心。

9 日，2017 年民航系统全面从严治党工作会议在北京召开。会议传达学习了党的十八届中央纪委七次全会精神，通报了民航局党组 2016 年度民主生活会情况，总结 2016 年民航系统全面从严治党工作并部署 2017 年重点任务。民航局党组书记、局长冯正霖和中央纪委驻交通运输部纪检组组长、交通运输部党组成员宋福龙出席会议并讲话。

13 日，国家发展改革委、民航局联合印发《全国民用运输机场布局规划》。

13 日，国产大型灭火、水上救援水陆两栖飞机 AG600 全部 4 台发动机首次试车成功。AG600 是国务院立项批复的大型民机项目，是为满足我国森林灭火和水上救援的迫切需要，首次按照中国民航适航规章要求研制的大型特种用途飞机，是国家应急救援体系建设急需的重大航空装备。

15 日，厦门航空公司与联合国在纽约联合国总部签署可持续发展目标合作协议。厦航成为第一个与联合国建立合作关系的中国航空公司，也是第一个与联合国开展可持续发展目标合作的航空公司。

22 日至 24 日，中国民航局副局长李健率团访问汤加，与汤加基础设施部就民航运行安全监管领域深入合作交换意见，并签署《中国民用航空局与汤加基础设施部（民航局）关于民用航空安全持续合作谅解备忘录》。

23日，中共中央总书记、国家主席、中央军委主席习近平考察北京新机场建设。他强调，新机场是首都重大标志性工程，是国家发展一个新的动力源，必须全力打造精品工程、样板工程、平安工程、廉洁工程。中央政治局常委、国务院副总理张高丽陪同考察。

24日至26日，中国民航局副局长李健率团访问法属波利尼西亚，与法属波利尼西亚政府主席爱德华·弗里奇签署深化民航合作意向书，推进落实2014年双方民航当局谅解备忘录有关合作事项。

28日，国家发展改革委核准北京新机场东航基地项目。

28日至3月1日，中国民航局副局长李健率团访问新西兰民航局，双方签署《中国民用航空局与新西兰民用航空局关于深化民用航空安全合作意向书》和《中国民用航空局与新西兰民用航空局关于中国常州泛太平洋宇航技术有限公司生产新西兰太平洋宇航有限公司750XL飞机的工作安排》。

3月

3日，为加快通用航空产业发展，民航局取消通用航空器引进审批（备案）程序，对企业或个人引进一般通用航空器和喷气公务机不再实施审批和备案。

7日，民航局印发《关于在华东地区开展通用航空管理服务平台和无人机研发试飞基地建设试点的通知》，10日、14日又分别印发《关于在西北地区开展通用航空低空空域监视与服务试点的通知》和《关于在新疆地区开展"通用航空＋旅游"试点的通知》，全面开展通用航空试点工作。

10日，住房和城乡建设部与民航局联合印发《关于进一步开放民航工程设计市场的通知》，以贯彻落实《国务院办公厅关于促进通用航空业发展的指导意见》，推进简政放权、放管结合、优化服务改革，进一步开放民航工程设计市场，增加有效供给，提升工程设计水平。

13日，中国民航飞行学院空中乘务学院申报的交通管理（客舱管理方向）本科专业获得教育部批准。这是国内高校中第一个培养民航客舱管理复合型人才的本科专业。

20日，中国民航局局长冯正霖与以色列驻华大使何泽伟在北京签署《中华人民共和国政府和以色列国政府关于修改＜中华人民共和国政府和以色列国政府民用航空运输协定＞的议定书》。中国国务院总理李克强和以色列总理内塔尼亚胡出席签字仪式。

28日，中国南方航空与美国航空在广州签署合作协议。美航将向南航投资2亿美元，用于认购南航拟增发的H股股份。

29日，中共民航局党校井冈山党性教育基地暨民航青年理想信念教育基地揭牌成立。

29日至31日，中国与法国民航代表团在北京举行新一轮航空会谈并签署有关扩大航权安排的谅解备忘录。

31日，2017年中国机场服务大会在广州举行，会议发布行业标准《中国民用机场服务质量评价指标体系》，该标准于2017年6月1日施行。

4月

1日，修订的《民用机场专用设备管理规定》（交通运输部令2017年第12号）发布，自2017年5月1日起施行。

6日至7日，民航局召开局属国有企业改革座谈会，深入学习中央精神，研讨谋划局属国有企业改革工作。同月25日，民航局印发《关于深化局属国有企业改革的指导意见》。

11日，民航局印发《民航安全绩效管理推进方案》，进一步规范民航生产经营单位的安全绩效管理工作，确保行业持续安全。

11日，2017亚洲公务航空会议及展览会在上海虹桥国际机场公务机基地开幕。尊翔公务航空有限公司旗下的24座挑战者850公务机参展，这是国内唯一专门针对团队包机的机型，填补了我国公务航空市场的空白。

11日，中国民用航空维修协会与民航局脱钩。

14日，民航局印发《通用机场分类管理办法》，对通用机场实施分类分级管理。

19日，国家发展改革委核准北京新机场场外供油项目。

20日至21日，中国民航局副局长王志清率团访问芬兰，与芬兰交通通信部服务贸易局局长兰塔拉举行双边航空会谈，双方就增加通航点、扩大运力额度、取消对空运企业数量的限制等航权安排达成一致，并签署谅解备忘录。

24日，中国民航局副局长王志清率代表团访问立陶宛，与立陶宛运输交通部副部长马丁库斯就启动商签双边航空运输协定、建立两国间航班联系举行会谈，并签署会谈纪要。

24日，修订的《民用航空人员体检合格证管理规则》（交通运输部令2017年第13号）发布，自2017年4月24日起施行。

26日，中国民航局副局长李健与欧洲航空安全局局长帕特里克·奇签署《中国民用航空局与欧洲航空安全局关于民用航空合作的共同声明》。中国民航局局长冯正霖和欧盟委员会运输移动总司总司长亨里克·哈罗雷出席签字仪式。

26日，由全国总工会、中央电视台联合录制的“中国梦·劳动美”——2017年庆祝“五一”国际劳动节心连心特别节目，在北京新机场主航站楼建设工地录制完成。

27日，由中国民用航空局与欧洲航空安全局联合主办的第一届中欧民用航空安全年会在上海召开。中国民用航空局局长冯正霖出席会议并作主旨发言。

27日，中华全国总工会召开表彰大会，授予珠海航空有限公司等4个单位“全国五一劳动奖状”，授予中国国际航空股份有限公司天津分公司飞行大队飞行教员冯洪安等5人“全国五一劳动奖章”，授予中国国际航空股份有限公司浙江分公司地面服务部彩虹班组等10个集体“全国工人先锋号”称号。

28日，2017年全国民航五一表彰电视电话会议在北京召开。会议表彰了32个获得全国民航五一劳动奖状、60名全国民航五一劳动奖章，52个全国民航工人先锋号称号的集体和个人，命名了9个全国民航劳模（高技能人才）创新工作室。

同日，随着吉祥航空的3架空客A321客机依次顺利降落在上海虹桥国际机场，中国民航完成首次基于ADS-B IN技术的目视间隔进近演示飞行。

5月

5日，我国具有完全自主知识产权的大飞机C919首架机完成首飞任务。民航局局长冯正霖在首飞活动上表示，中国民航支持国产大飞机全面展开适航审定工作。

8日 民航局授予四川航空股份有限公司“飞行安全三星奖”。

11日，北京新机场西塔台开工建设，标志着北京新机场空管工程开工。

14日，在“一带一路”国际合作高峰论坛期间，“一带一路”国际合作高峰论坛在北京举行。中国民航局局长冯正霖与国际民航组织秘书长柳芳签署《中国民用航空局与国际民航组织合作意向书》。

16日，民航局印发《民用无人驾驶航空器实名制登记管理规定》。规定要求，自 2017 年 6 月 1 日起，民用无人机拥有者必须进行实名登记。

18 日，民航局与中央军委后勤保障部联合印发通知，决定于 2017 年 7 月 1 日起，在全国 81 个民航机场开通“军人依法优先”通道，并鼓励其他机场根据自身情况酌情开通，为军人在值机、安检、登机等环节提供周到高效服务。

19 日，全国公安系统英雄模范立功集体表彰大会在北京召开。民航公安系统 4 个先进集体和 5 个先进个人受到表彰。

22 日至 27 日，国际民航组织对中国民航国家安全方案（SSP）开展专项评估。此次评估主要围绕 SSP 的立法、组织机构、持续适航和事故调查 4 个领域开展安全监督审计，是对中国民航 SSP 总体设计、实施情况和推进工作的一次全面体检。

23 日，民航局公安局印发《关于使用护照乘坐国内航班有关问题的通知》，通知指出，中华人民共和国护照可以作为有效乘机身份证件，办理国内航班购票、值机、安检手续；旅客乘坐国内航班，办理购票、值机、安检手续时，应当使用同一个有效乘机身份证件。

24 日，中国民航局副局长王志清在北京分别会见美国贸易发展署代署长安诺 · 艾庞、美国运输部负责航空和国际事务的代助理部长苏珊 · 麦克德莫特及美国联邦航空局助理局长詹妮弗 · 所罗门。王志清与艾庞共同签署合作项目的赠款协议，并见证签署机场建设与运行管理合作项目谅解备忘录。

24 日，中国航空运输协会与俄罗斯航空公司协会在北京签署合作协议，双方以中俄两国政府签署的《航空运输协定》为基准，旨在加深合作伙伴关系和加强互动交往，推动双方航空运输更大发展。中国民航局副局长王志清、俄罗斯联邦航空运输署署长亚历山大 · 涅拉济科出席签字仪式。

24 日，修订的《民用航空产品和零部件合格审定规定》（交通运输部令 2017 年第 23 号）发布，自 2017 年 7 月 1 日起施行。

25 日至 26 日，以“互联网时代的城市群和机场群：全球航空业发展的新联通”为主题的 2017 中国民航发展论坛在北京举行。交通运输部部长李小鹏出席会议并致辞。民航局局长冯正霖发表题为《把握“一带一路”发展重大机遇 打造世界级城市群和机场群的新联通》的主旨演讲。

26 日，云南澜沧景迈机场通航。该机场飞行区等级 4C，新建跑道长 2600 米，总投资 15.14 亿元。

26 日，修订的《定期国际航空运输管理规定》（交通运输部令 2017 年第 24 号）发布，自 2017 年 7 月 1 日起施行。

28 日，江西上饶三清山机场通航。该机场飞行区等级 4C，新建跑道长 2400 米，总投资 6.62 亿元。

31 日，承德普宁机场通航。该机场飞行区等级 4C，新建跑道长 2800 米，总投资 16.2 亿元。

6 月

2 日，内蒙古霍林郭勒机场通航。该机场飞行区等级 4C，新建跑道长 2700 米，总投资 4.7 亿元。

5 日，民航局授予新疆通用航空公司“通用飞行安全一星奖”。

16 日，中国民用机场协会第四届会员代表大会第一次会议暨第四届理事会第一次会议、第一届监事会第一次会议在北京召开。民航局副局长董志毅出席会议并讲话。会上，王瑞萍当选为中国民用机场协会第四届理事会理事长，刘雪松当选为中国民用机场协会第一届监事会监事长。

23 日，2017 中国民航环境与可持续发展论坛暨中国民航环境与可持续发展研究中心（智库）启动仪式在中国民航大学举行。民航局副局长王志清出席论坛并讲话。

28 日，中国南方航空股份有限公司在河南南阳机场启用我国首个人脸识别智能化登机系统。

28日，湖南邵阳武冈机场通航。该机场飞行区等级4C，新建跑道长2600米，总投资9.68亿元。

30日，浙江安吉天子湖通用机场通航。该机场是我国第一个获批准的A1类通用机场。

7月

5日，民航局批复合资成立美捷商务航空有限公司项目。合资公司总投资6878万元人民币，注册资本5000万元人民币，其中：上海骏华置业有限公司出资2550万元人民币，占注册资本的51%；美捷香港商用飞机有限公司出资2450万元人民币，占注册资本的49%。

9日，民航局为中国商用飞机有限责任公司ARJ21-700飞机颁发生产许可证，标志着该机型正式进入批量生产阶段。这是我国喷气客机首张生产许可证。

12日，民航局印发《关于加快东北地区民航全面发展的实施意见》，助力东北地区等老工业基地全面振兴。

13日，民航局印发《中国民航航空器追踪监控体系建设实施路线图》，明确到2025年底前，建成具有自主知识产权的中国民航航空器追踪监控体系。我国也由此成为全球第一个出台民用航空器追踪监控路线图的国家。

17日，民航局印发《民航局关于推进国产民航空管产业走出去的指导意见》，为国产空管产业“走出去”提供指导。

20日，国家发展改革委批复新建贵州威宁民用机场工程可行性研究报告。该工程按照2025年旅客吞吐量35万人次、货邮吞吐量1050吨设计，飞行区等级4C，总投资18.16亿元。

21日，民航局副局长王志清出席中俄总理定期会晤委员会运输合作分委会第21次会议。会议期间，王志清与俄联邦运输部副部长奥库洛夫就增加两国间航线航班、飞越班次和两国空运企业经营灵活性达成一致，同意加强两国在航空器适航审定方面的合作，并签署有关谅解备忘录。

27日，国家发展改革委批复新建湖南湘西民用机场工程可行性研究报告。该工程按照年旅客吞吐量30万人次、货邮吞吐量450吨设计，飞行区等级4C，总投资16.69亿元。

8月

1日，修订的《民用航空适航委任代表和委任单位代表管理规定》（交通运输部令2017年第26号）发布，自2018年3月1日起施行。

1日，新疆莎车叶尔羌机场通航。该机场飞行区等级4C，新建跑道长3000米，总投资5.58亿元。

3日，民航局授予上海吉祥航空股份有限公司“飞行安全一星奖”。

4日，长沙机场举行全流程“无纸乘机”服务——“航信通”试运行启动仪式，成为全国首个实现安检验讫电子标识的机场。

7日，民航局副局长王志清赴蒙古国出席第54届亚太地区民航局长会议。会议期间，王志清会见蒙古国道路和运输发展部部长冈巴特，并与蒙古国民用航空局局长宾巴苏伦进行会谈。会谈后，双方签署关于加强民航合作的谅解备忘录。

8日，国家发展改革委批复新建广西玉林民用机场工程可行性研究报告。该工程按照年旅客吞吐量74万人次、货邮吞吐量5000吨设计，飞行区等级4C，总投资14.88亿元。

8日，21时19分，四川省阿坝藏族羌族自治州九寨沟县发生7.0级地震。地震发生后，民航局立即启动Ⅲ级救灾应急响应，并于当日23时30分召开紧急视频会议，部署民航救灾应急工作。10日，再次召开视频会议，对九寨沟抗震救灾工作进行再部署。截至8月12日17时，民航共保障抗震救灾飞行127架次，从九寨机场安全运出旅客2456人次。

9日至11日，中国民航局副局长王志清率团访问亚美尼亚共和国首都埃里温，与亚美尼亚民航局副局长博格斯延举行双边航空会谈。双方就加强培训交流、扩大两国间航权安排及更新两国政府间航空运输协定文本达成共识，并签署谅解备忘录。

13日至14日，中国民航局副局长王志清率团访问马其顿，与马其顿民航局局长扬德里奥斯基就启动商签双边航空运输协定、建立两国间航班联系及开展技术合作等举行会谈，并签署会谈纪要。

16日，民航局印发《关于进一步加强和改进飞行校验工作的意见》。

18日，中国东方航空股份有限公司、上海航空股份有限公司统一运行补充运行合格审定颁证会在上海召开。民航局为东航和上航颁发统一运行《运行规范》。这标志着东航、上航在上海地区率先实现统一运行，也是我国民航开展航空公司统一运行管控模式试点的首个项目。

24日，2017年中国国际通用航空大会在陕西西安开幕，会议主题为“推动通用航空发展，加快航空产业聚集”。

28日，民航局授予南航通用航空有限公司“通用飞行安全一星奖”。

31日，国内首个获得正式许可的民用无人机试飞运行基地在上海揭牌启用并投入试运行，基地编号为HD-SH-001，可使用空域面积达200平方公里。

9月

1日，民航局启用外国及港澳台航空公司预先飞行计划网上申报系统。该系统可实现外国及港澳台航空公司的定期航班、加班、包机、定期飞越和航路航线的网上提交申请功能。航空公司登录系统录入相关信息即可实现飞行计划的申请，并可实时跟踪查询申请进度。

2日，中国民航通过国际民航组织航空安保审计。审计结果显示，中国民航安保立法、监管体系比较完善，完全符合国际民航组织《芝加哥公约》附件17各项要求。

4日，修订的《大型飞机公共航空运输承运人运行合格审定规则》（交通运输部令2017年第29号）发布，自2017年10月10日起施行。

4日，首届中国民航发展政策高级研修班开班仪式在北京举行，民航局副局长董志毅出席并讲话。

6日，民航运行数据共享第一次联席会议在北京召开，民航局运行监控中心、空管局、航科院，国航、东航、南航、海航、深圳航空、四川航空、厦门航空、山东航空、春秋航空、顺丰航空，首都机场、虹桥机场、浦东机场、白云机场、深圳机场、成都机场、昆明机场、西安机场、重庆机场、杭州机场等23家单位签署《中国民航运行数据共享协议》，参加单位将共同建立统一的数据共享平台用于交换运行数据。这标志着中国民航业在推进运行数据共享合作，开展数据中心建设工作上迈出了坚实的第一步。

7日，民航局和四川省人民政府在成都签署《关于加快推进四川民航业发展的战略合作协议》《关于共建民航科技创新示范区合作协议》和《关于共建中国民用航空飞行学院合作协议》。民航局局长冯正霖与四川省省长尹力在协议上签字。

7日，民航局印发新版行业标准《民用航空招收飞行学生体检鉴定规范》，自9月10日起实施。新规范将民用航空招收飞行学生体检鉴定中裸眼远视力标准放宽至C字表0.1（约等于E字表4.0），有条件放开角膜屈光手术，取消身高和腿长的具体要求。

8日，中国民航在北京首都国际机场完成基于平视显示器（HUD）的跑道视程（RVR）150米低能见度起飞首次验证试飞。这一技术可改善低能见度起飞，提高航班运行效率和正常性。

11日，云南省人民政府、民航局联合印发《昆明国际航空枢纽战略规划》。建设昆明国际航空枢纽，是《中华人民共和国国民经济和社会发展第十三个五年规划纲要》《全国民用运输机场布局规划》《中国民用航空发展第十三个五年规划》确定的重点任务，对于加快推进面向南亚东南亚辐射中心建设具有战略意义。

11日至13日，中国民航局局长冯正霖率团访问巴西，与巴西民航代表团举行双边航空会谈，双方就扩大航权安排、加强支线航空合作达成共识，并签署谅解备忘录。

14日，惠及我国八省一市48个机场的沪兰空中大通道全线贯通，成为我国长江经济带与“一带一路”紧密相连的重要空中走廊和横贯我国东西航路的主动脉。

14日至15日，中国民航局局长冯正霖率团访问乌拉圭，与乌拉圭民航代表团举行双边航空会谈，就商签两国政府间航空运输协定及相关航权安排进行磋商，并与乌拉圭交通和公共工程部长罗西及乌拉圭国防部长梅嫩德斯签署谅解备忘录。

14日至17日，第四届中国天津国际直升机博览会在天津举办。

15日，民航局和天津市签订战略合作协议。

16日至18日，中国民航局局长冯正霖率团访问巴拿马，与巴拿马民航代表团举行双边航空会谈，双方草签航空运输协定文本，并签署有关航权安排的谅解备忘录。

19日，国家发展改革委批复新建安徽芜湖宣城民用机场工程可行性研究报告。该工程按照年旅客吞吐量120万人次、货邮吞吐量5000吨设计，飞行区等级4C，总投资13.99亿元。

19日，民航局授予中国民用航空飞行学院“飞行训练安全三星奖”。

21日，民航局局长冯正霖赴中国航天科技集团公司调研，与航天科技集团董事长雷凡培座谈，双方签署战略合作协议。

26日，南航宣布挂牌成立四川分公司。

27日，中国航空运输协会第四届会员大会第一次会议、第四届理事会第一次会议在北京召开。会议选举李军为中国航空运输协会第四届理事会理事长。

28日至30日，民航局组织中国东方航空股份有限公司紧急派出2架包机，协助381名因飓风灾害滞留多米尼克的中方人员回国。

30日，民航局授予厦门航空有限公司“飞行安全四星奖”。

30日，民航局授予山东航空股份有限公司“飞行安全三星奖”。

9月，北京新机场航站楼及停车楼项目取得绿色建筑设计标识三星级和节能建筑设计标识3A级双认证。这是我国第一个节能建筑3A级项目。

10月

12日，民航局为波音737MAX8型飞机颁发型号认可证（编号VTC0167A）。

14日，一架我国自主设计制造的ARJ21-700飞机降落在山东东营机场，完成了我国自主研制的北斗卫星导航系统首次在国产支线客机上的测试飞行。

17日，中国民航局与美国联邦航空局《适航实施程序》正式生效，《适航实施程序》于2017年9月28日和2017年10月17日由美、中双方分别签署。

18日至24日，中国共产党第十九次全国代表大会在北京召开。民航局局长冯正霖当选为十九届中央委员会候补委员。

20日，在加拿大蒙特利尔召开的国际民航组织导航系统专家组第4次全会上，北斗星基增强系统（BDSBAS）服务商标识号和系统标准时间标识号获得大会一致通过，这标志着北斗国际民航标准化工作取得了又一重大突破。

24日，民航局局长冯正霖当选十九届中央候补委员。

26日，民航局批复精功高杰（浙江）公务机有限公司股东精功通用航空股份有限公司将所持有的24%股份，转让给公司股东高杰公务机亚洲有限公司。上述股权变更后，注册资本不变，仍为5000万元人民币，精功通用航空股份有限公司投资额2550万元，占公司注册资本的51%；高杰公务机亚洲有限公司投资额2450万元，占公司注册资本的49%。

26日，民航局党组书记、局长冯正霖主持召开党组会，传达学习党的十九大和十九届一中全会精神。当天，民航局召开民航系统学习贯彻党的十九大精神电视电话会议。

27日，中国民航适航审定中心成立运行。

29日，吉林松原查干湖机场通航。该机场飞行区等级4C，新建跑道长2500米，总投资7.84亿元。

29日，黑龙江建三江湿地机场通航。该机场飞行区等级4C，新建跑道长2500米，总投资6.13亿元。

30日，由陕西炼石有色资源股份有限公司、顺丰控股（集团）股份有限公司、北京汽车集团有限公司、中科院工程热物理研究所共同研发的全球首款吨位级货运无人机AT200首飞成功，标志着我国货运无人机研发制造领域又一尖端成果的诞生。

31日，国家发展改革委批复新建湖北荆州民用机场工程可行性研究报告。该工程按照年旅客吞吐量70万人次、货邮吞吐量2450吨设计，飞行区等级4C，总投资11.96亿元。

31日，国家发展改革委批复新建湖南郴州民用机场工程可行性研究报告。该工程按照2025年旅客吞吐量55万人次、货邮吞吐量3000吨设计，飞行区等级4C，总投资19.56亿元。

31日，贵州遵义茅台机场通航。该机场飞行区等级4C，新建跑道长2600米，总投资24.37亿元。

11月

2日，在以"一带一路"为主题的第四届中国葡萄牙庆典上，葡萄牙前驻华大使佩得罗·卡塔里为北京首都航空有限公司颁发"企业优异奖"，表彰首都航空开通中葡两国直飞航线，为促进两国经济文化往来作出的积极贡献。葡萄牙总统马塞洛·德索萨出席并见证。

4日，第十二届全国人民代表大会常务委员会第三十次会议对《中华人民共和国民用航空法》进行第四次修正。

5日，我国在西昌卫星发射中心用长征三号乙运载火箭，以"一箭双星"首次成功发射北斗三号组网卫星，开启了北斗为全球民航提供全天时全天候卫星导航服务的新时代。

5日至6日，中国民航局副局长董志毅率团访问印度尼西亚，与印尼民航局就加强两国民航关系、拓展双边适航合作举行会谈，并就进一步加强交流与合作签署会议纪要。

6日，民航局印发《民航行业信用管理办法（试行）》。

7日，民航局在北京举行纪念周恩来总理对民航工作重要批示60周年座谈会。

7日至8日，中国民航局副局长董志毅率团访问柬埔寨，与柬埔寨民航代表团举行双边航空会谈。双方就各自民航发展情况和民航基础设施投资政策进行交流，就扩大双边航权安排达成共识，并签署谅解备忘录。

17日，中国民航局局长冯正霖与巴拿马副总统兼外交部长德圣马洛在北京签署《中华人民共和国政府和巴拿马共和国政府民用航空运输协定》。中国国家主席习近平和巴拿马总统巴雷拉出席签字仪式。

17 日，浙江省机场集团揭牌成立。

18 日，“两航”起义 68 周年纪念活动暨《历史荣光——“两航”起义纪念文集》出版发行新闻发布会在北京举行。

21 日，以“弘扬工匠精神，提升技能水平”为主题的首届中国民航机务维修岗位职业技能大赛决赛在中国民航大学举行。中国东方航空集团公司张超、周上飞、王玮获个人综合一等奖，中国东方航空集团公司 2 队获团体优胜一等奖。民航局局长冯正霖、副局长李健出席大赛，并为获奖单位颁奖。

21 日，海南航空股份有限公司 HU497 航班使用自主研发的国产 1 号生物航煤成功完成首次跨洋载客飞行， 标志着民航在新型能源应用方面取得重要进展。

22 日，黑龙江五大连池德都机场通航。该机场飞行区等级 4C，新建跑道长 2500 米，总投资 6.85 亿元。

22 日至 23 日，中国民航局副局长王志清率团与西班牙发展部民航局局长劳尔卡巴列罗在马德里举行会谈，并签署有关扩大航权安排的谅解备忘录。

23 日，以“共铸当代民航精神 合谱青春志愿华章”为主题的首届民航青年志愿服务项目大赛决赛在广州举行。

27 日，国家发展改革委、民航局联合印发《推进京津冀民航协同发展实施意见》。

27 日至 28 日，中国民航局副局长王志清率团与葡萄牙民航局局长路易斯 · 米格尔 · 里贝罗在里斯本举行航空会谈，并签署有关扩大航权安排的谅解备忘录。

29 日至 12 月 4 日，民航局协调中外航空公司派出 82 架次飞机，协助 15237 名因巴厘岛火山喷发滞留的中方游客回国。

12 月

1 日，民航局、天津市政府、教育部联合印发《关于共建中国民航大学的意见》。

5 日，民航局授予上海航空有限公司“飞行安全三星奖”。

6 日至 8 日，中国民航局副局长李健率团访问欧洲航空安全局和欧盟委员会，分别会见欧洲航空安全局局长帕克里 · 克奇和欧盟移动总司司长亨里克 · 霍洛莱，并与亨里克 · 霍洛莱签署会议纪要。

8 日，民航局批准撤销河南航空有限公司。

10 日至 14 日，中国民航局副局长李健率团访问美国联邦航空局和美国波音公司，并与美国联邦航空局签署《合作纪要》。

11 日至 12 日，民航局与江西省人民政府签署战略合作协议。民航局局长冯正霖与江西省省长刘奇在合作协议上签字。

12 日，民航局全面推进实施 ADS-B 空管运行工作会在乌鲁木齐召开，标志着我国 ADS-B 运行进入全面运行实施阶段。

12 日，民航华北地区管理局发布微信图文《民航服务那些事儿（公众版）》。旅客通过查阅《民航服务那些事儿（公众版）》，能够找到乘机出行各种问题的解决办法。

16 日，中国海事仲裁委员会航空争议仲裁中心、航空争议调解中心在北京成立，为我国民航业内企业解决争议提供专业的途径。

17 日，民航局、国家发展改革委联合印发《关于印发民用航空国内运输市场价格行为规则的通知》和《关于进一步推进民航国内航空运输价格改革有关问题的通知》。

18 日，修订的《国内投资民用航空业规定》（交通运输部令 2017 年第 34 号）发布，自 2018 年 1 月 19 日起施行。

18日，修订的《外国公共航空运输承运人运行合格审定规则》（交通运输部令2017年第35号）发布，自2018年1月29日起施行。

21日，由民航局空管办和中国气象局相关单位合作研制的《面向航空安全和效率的气象大数据共享与服务云平台》项目通过验收。该平台实现了民航气象信息在国家层面的全面共享。

22日，民航局授予湖北蔚蓝国际航空学校有限公司“飞行训练安全一星奖”。

24日，大型灭火／水上救援水陆两栖飞机AG600首飞成功。该飞机是我国首次按照中国民航适航规章要求研制的大型特种用途飞机，是国家应急救援体系建设急需的重大航空装备。它的首飞成功，标志着我国航空工业特种用途飞机研制能力取得重大突破，是继C919大型客机首飞成功后我国民用航空工业发展的又一个重要里程碑。

25日，民航局公布首批民航重点实验室和民航工程技术研究中心认定名单，14个民航重点实验室和工程技术研究中心通过认定。

25日，民航局印发《民航局属建设类企业股份制改革工作方案》，补齐行业基础设施建设保障短板，做强做优做大局属建设类企业。

26日，民航局和河南省人民政府签署《关于共建郑州航空工业管理学院的协议》。

26日，民航局批复海南航空学校有限责任公司股东法国ESMA航空学院将所持有的10%股份，有偿转让给中法（香港）投资有限公司。股权变更后，注册资本不变，仍为4000万元人民币，海航航空集团有限公司所持股份占合资公司总股本的50%；北京东永投资有限公司所持股份占合资公司总股本的20%；香港茂隆国际有限公司所持股份占合资公司总股本的20%；中法（香港）投资有限公司所持股份占合资公司总股本的10%。

26日，民航局印发《关于在全行业推广行业监管模式调整改革的通知》。

27日，山西省民航机场集团公司（管理局）改制完成，山西航空产业集团有限公司成立。

27日至28日，2018年全国民航工作会议在北京召开。会议传达学习了国务院副总理马凯对交通运输工作的重要批示精神，总结回顾了民航2017年以及党的十八大以来的主要工作成绩，全面分析了当前民航发展的新形势，科学谋划了新时代民航强国建设的战略安排，明确提出了2018年民航工作的总体要求和主要任务。交通运输部部长李小鹏出席会议并讲话，民航局局长冯正霖作题为《推动民航高质量发展　开启新时代民航强国建设新征程》的工作报告。

28日至29日，2018年全国民航航空安全工作会议在北京召开。民航局局长冯正霖出席会议并作专题讲话，副局长李健作题为《加强三基建设　推进依法治理　为新时代民航强国建设提供高质量的安全保障》的安全工作报告。

31日，北京新机场航站楼工程实现功能性封顶封围。

2017年国家邮政局大事记

1月

5日，2017年全国邮政管理工作会议在北京召开。会议提出，继续深化行业供给侧结构性改革，按照“打通上下游、拓展产业链、画大同心圆、构建生态圈”思路，深化业务联动，汇集社会资源，提升科技水平，提高服务质量，强化安全保障，加快转型提效，加快建成与小康社会相适应的现代邮政业，为实现“两个一百年”奋斗目标作出积极贡献。交通运输部部长李小鹏出席会议并做重要讲话。国家邮政局党组书记、局长马军胜做工作报告。局领导王梅、赵晓光、刘君、邢小江出席会议。中央有关部门的相关负责同志应邀出席会议。

12 日，第八届中日邮政政策对话在陕西西安举行。国家邮政局副局长赵晓光在对话前会见了由日本总务省邮政政策规划司司长安藤英作率领的日方代表团一行，就深化两国邮政之间交流，共同推动万国邮联改革，加强国际事务合作和促进全球邮政发展等话题交换了意见。

20 日，2017 年寄递渠道安全管理领导小组第一次会议在京召开。领导小组组长、国家邮政局局长马军胜，领导小组副组长、中央综治办三室主任彭波出席会议并讲话。

2 月

9 日，国家邮政局副局长赵晓光在京会见了亚美尼亚大使谢尔盖 · 马纳萨良一行。双方就联合发行邮品纪念中亚建交 25 周年及加强邮政领域交流合作等事宜交换了意见。

13 日，国家邮政局发布《快递业发展“十三五”规划》，提出到 2020 年基本建成普惠城乡、技术先进、服务优质、安全高效、绿色节能的快递服务体系，形成覆盖全国、联通国际的服务网络。

13 日，全国“扫黄打非”工作小组印发《关于表彰 2016 年全国“扫黄打非”先进集体和先进个人的决定》，邮政行业有 5 个单位和 6 名同志受到了表彰，为邮政行业赢得了荣誉。

20 日，国家邮政局联合中国邮政集团公司召开贯彻实施修订后《邮政普遍服务》标准（以下简称“新标准”）动员部署全国电视电话会议。国家邮政局局长马军胜在讲话中强调，全国邮政管理部门和邮政企业要立即行动起来，紧抓新标准颁布契机，深入贯彻落实新标准，切实提升邮政普遍服务质量水平。中国邮政集团公司总经理李国华出席会议并讲话。

3 月

10 日，国家邮政局副局长赵晓光在贝尔格莱德，与塞尔维亚副总理兼贸易旅游和电信部长拉希姆 · 利亚伊奇举行会晤并共同签署了《中国国家邮政局与塞尔维亚贸易旅游和电信部关于加强邮政和快递领域合作的谅解备忘录》。

16 日，国家邮政局召开扶贫工作领导小组 2017 年第一次全体会议，学习贯彻习近平总书记系列重要讲话和扶贫开发战略思想，按照中央扶贫开发工作总体部署和要求，总结交流 2016 年国家局定点扶贫工作，安排部署今年定点扶贫重点任务。

16 日，国家邮政局马军胜局长在京会见了由塞普纽斯基总裁（Przemyslaw Sypniewski）率领的波兰邮政代表团。双方就在“一带一路”建设的框架下促进两国邮政业的合作，加强在中欧铁路运邮项目和万国邮联事务等方面的协调与沟通交换了意见。

19 日至 23 日，应新西兰贸易创新就业部邀请，国家邮政局副局长王梅率团赴新西兰进行工作访问，分别与新西兰贸易创新就业部和新西兰邮政企业就加强双方在万国邮联和亚太邮联事务上的沟通协调，以及促进两国邮政业的合作进行了会谈交流。

28 日，国家邮政局、中央综治办、公安部、国家安全部联合召开国家、省、市三级加快实名收寄信息系统推广应用工作电视电话会议。

4 月

7 日，国家邮政局党组书记、局长马军胜主持召开党组会议，传达学习中共中央、国务院关于设立河北雄安新区的通知精神。马军胜强调，邮政管理部门坚决拥护以习近平同志为核心的党中央作出的重大决策部署，将积极作为、开拓创新，全力支持雄安新区规划建设，大力打造我国邮政业改革发展新的增长极。

10 日，国家邮政局召开全国邮政管理系统巡视工作动员部署电视电话会议，会议决定，要以习近平总书记系列重要讲话精神为指导，深入贯彻党的十八届六中全会和中央纪委七次全会精神，逐步对各省（区、市）邮政管理局、国家局直属单位领导班子及其成员开展巡视，推动全面从严治党在全系统向纵深发展。

13 日至 14 日，国家邮政局副局长王梅赴青岛为全国首个快递业绿色发展产学研协同创新示范基地成立揭牌，出席快递业绿色包装工作系列座谈会。

20 日至 27 日，应国家邮政局邀请，柬埔寨邮电部国务秘书埃克 · 温迪率领柬埔寨邮电部代表团一行 12 人，对我国进行友好访问。

22 日，全国集邮界年度盛事——第 37 届全国最佳邮票评选颁奖大会在广东省深圳市举行，由美术界泰斗黄永玉先生设计的《丙申年》获得最佳邮票奖。

5 月

1 日至 4 日，应万国邮联邀请和澳大利亚邮政邀请，国家邮政局刘君副局长率代表团赴澳大利亚悉尼出席了世界海关组织—万国邮联（亚太地区）邮关合作联合研讨会。来自万国邮联、世界海关组织、亚太邮联以及 30 多个国家的邮政与海关的 100 多名代表出席了会议。

6 日，由国家邮政局联合共青团中央共同发起的“绿色快递进高校”活动在全国六所高校同时启动。共青团中央书记处书记傅振邦，国家邮政局党组成员、副局长王梅，北京邮电大学校长乔建永在位于北京邮电大学的主会场共同启动“绿色快递进高校”活动。

14 日，“驿路 · 丝路 · 复兴路——行走新丝路喜迎十九大”2017 全国集邮巡回展览在“一带一路”国际合作高峰论坛举办地北京、“海上丝绸之路”起点福建、“丝绸之路”经济带重要节点新疆三地同步启动。全国政协副主席、中华全国集邮联合会名誉会长王家瑞和全国人大原副委员长、中华全国集邮联合会名誉会长何鲁丽分别在泉州和北京宣布巡展启动。

19 日，交通运输部党组书记杨传堂到中国邮政集团公司就邮政改革发展工作进行调研，强调要深入学习领会习近平总书记系列重要讲话精神和治国理政新理念新思想新战略，牢固树立新发展理念，坚定不移深入推进国有企业改革，在“降成本、补短板、强服务”等方面深化供给侧结构性改革，不断加强党的建设，进一步推动邮政业持续健康发展。

19 日，国家邮政局党组书记、局长马军胜会见了中国残疾人福利基金会副理事长许小宁一行，就邮政业更好支持我国残疾人事业健康发展，助力贫困残疾人口实现精准脱贫等问题进行了深入沟通。

25 日，全国邮政管理系统人事工作会议在内蒙古呼和浩特市召开，会议认真学习贯彻习近平总书记系列重要讲话精神，总结国家邮政局重组特别是党的十八大以来的人事工作，分析面临的新形势，部署人事工作下一阶段任务。国家邮政局党组书记、局长马军胜出席会议并讲话。

27 日，《中国集邮史》（1878–2018）编纂启动仪式在北京举行。全国政协副主席、中华全国集邮联合会名誉会长王家瑞在启动仪式上对编纂工作提出希望和要求，并与编委会成员亲切交流。

29 日，快递业和关联产业多家知名企业在 2017 年北京国际服务贸易交易会现场举行 2017 中国快递行业签约仪式，14 场签约涉及快递服务电子商务、制造业、农业以及跨境快递等项目，总签约额再次突破千亿元。签约仪式现场还举行了第二届全国“互联网 +”快递大学生创新创业大赛和“中国快递绿色包装产业联盟”的启动仪式。

6 月

1 日，阿里巴巴旗下菜鸟网络与顺丰集团旗下丰巢科技相继关闭数据接口，引发社会广泛关注。6 月 2 日晚，国家邮政局召集菜鸟网络和顺丰速运高层来京，就双方关闭互通数据接口问题进行协调。双方同意从 6 月 3 日 12 时起，全面恢复业务合作和数据传输。7 月 3 日，菜鸟网络与丰巢科技就数据共享合作达成一致意见，双方因数据互通造成的问题得以圆满解决。

7 日，国家邮政局马军胜局长会见了来京参加全球首席执行官委员会第五届圆桌峰会的美国联合包裹公司（UPS）董事长兼首席执行官大卫·艾博尼先生。双方就 UPS 公司在华业务发展、跨境电商与中美快递市场的发展现状和未来趋势等议题交换了意见。

20 日，国家邮政局局长马军胜会见了来京参加第九轮中美工商领袖和前高官对话的美国联邦快递公司总裁兼首席执行官简力行先生一行。双方就联邦快递公司在华运营情况、中美快递市场现状及发展趋势等交换了意见。

23 日，国家邮政局副局长赵晓光在京会见了国际集邮联合会主席郑炳贤，就进一步加强与国际集邮联合会和亚洲集邮联合会的交流合作、考虑筹办 2019 年世界邮展等问题交换了意见。

26 日，支持雄安新区邮政业建设与发展领导小组成立暨第 1 次会议在北京召开，就邮政业进一步贯彻落实中央设立雄安新区的战略决策进行研究部署。

30 日，国家邮政局召开“两学一做”优秀共产党员优秀党务工作者先进基层党组织表彰大会，表彰局机关和直属单位在“两学一做”学习教育中涌现的优秀共产党员、优秀党务工作者和先进基层党组织。

7 月

3 日，第 12 届亚洲太平洋邮政联盟（以下简称亚太邮联）代表大会在伊朗首都德黑兰开幕，国家邮政局局长马军胜率中国代表团出席大会，中国代表团由外交部、国家邮政局、中国邮政集团公司、香港邮政署和澳门邮电局等代表组成。

5 日，国家邮政局局长马军胜率团在德黑兰与伊朗信息通信技术部副部长兼伊朗国家邮政公司董事会主席、总裁迈赫里 · 侯赛因为首的伊朗代表团举行会谈，共同签署加强邮政领域合作的谅解备忘录。

5 日至 6 日，国家邮政局在云南昆明召开长江经济带邮政业发展联席会议制度第 1 次会议，审议通过了《加快长江经济带邮政业发展 2017-2018 年重点工作任务》。

6 日，在伊朗德黑兰举行的第 12 届亚太邮联代表大会上，我国政府推荐候选人、现任亚太邮联秘书长林洪亮竞选连任成功，成为首位作为唯一候选人成功连任的秘书长，新一届任期为 2018 年 -2021 年。

16 日至 22 日，国家邮政局副局长邢小江率团访问保加利亚和匈牙利，与保加利亚交通信息技术通信部共同签署了《关于响应“一带一路”倡议加强邮政和快递领域合作会议纪要》，与匈牙利共同签署谅解备忘录。

18 日，公安部、中央综治办、国家安全部、交通运输部、海关总署、国家安全监管总局、国家铁路局、中国民航局、国家邮政局等 9 部门联合召开电视电话会议，部署从现在起至年底在全国范围内集中开展易制爆危险化学品和寄递物流专项整治行动。

28日，合肥“中国快递示范城市”挂牌仪式举行。合肥市是国家邮政局去年授予的8个“中国快递示范城市”中首个挂牌的城市。

29日至30日，国家邮政局在安徽合肥召开全国邮政管理局长座谈会，总结上半年主要工作，分析研判行业面临的新形势新挑战，部署下半年重点任务。

8月

7日至8日，由国家邮政局、中国快递协会主办，国家邮政局邮政业安全中心、中国邮政快递报社协办的首届“诚信快递 你我同行”演讲比赛全国总决赛在北京圆满举行。

17日，国家邮政局党组书记、局长马军胜前往北戴河，看望慰问在此休养的最美快递员，并主持召开座谈会，就《快递暂行条例（草案）》征求意见。国务院法制办有关负责同志参加座谈会并就有关问题作了介绍。

24日，国家邮政局局长马军胜在北京会见了香港邮政署新任署长梁松泰一行，双方就内地与香港邮政改革发展情况以及双方深化合作等共同关心的话题深入交换了意见。

9月

5日，2017中国快递“最后一公里”峰会在北京举行。本次峰会聚焦“连接 · 聚变”主题，深度探讨如何推动快递“最后一公里”绿色发展和智能发展。

12日至17日，国家邮政局局长马军胜应邀率团访问美国，与美国国务院、邮政监管委员会进行工作会谈，就加强中美两国邮政业合作交流、强化邮政普遍服务保障监督、推动邮政服务创新和国际邮政事务协调等深入交换了意见。

15日，以“回顾历史 面向未来”为主题的第四届海峡两岸珍邮特展在天津开幕，此次特展由海峡两岸邮政交流协会、台湾邮政协会共同主办，展期5天。

26日至27日，2017年中国技能大赛——全国邮政行业职业技能竞赛决赛在山东青岛举办。该大赛为邮政体制改革以来国家邮政局首次主办的国家级竞赛，也是全行业规格最高、参与范围最广的技能比赛，共有26个省（区、市）的70名参赛选手参加决赛。

10月

15日，国家邮政局党组书记、局长马军胜主持召开党组扩大会议，传达学习党的十八届七中全会公报。国家邮政局党组对全会公报表示坚决拥护。

17日，国家邮政局和中国邮政集团公司在北京民族文化宫举行《中国共产党第十九次全国代表大会》纪念邮票的揭幕仪式，全国政协副主席王家瑞出席仪式并为邮票揭幕。

26日，国家邮政局召开全国邮政管理系统电视电话会议，传达学习党的十九大精神，并对全系统学习宣传贯彻党的十九大精神进行全面部署。

28日，第八届中国邮文化节在江苏高邮开幕，来自全国各地的专家和集邮爱好者们相聚邮城，共谋邮文化发展。

11月

7日，2018年度全国党报党刊发行工作视频会议举行，就做好新一年度中央重点党报党刊发行进行动员部署。中央宣传部副部长、国务院新闻办公室主任蒋建国主持会议。

9日，交通运输部部长李小鹏到国家邮政局调研“双11”旺季服务保障工作，与国家邮政局和部分省（市）邮政管理部门负责同志座谈，并向奋战在旺季服务保障工作一线的同志表示慰问。

11日，根据国家邮政局监测数据显示，主要电商企业全天共产生快递物流订单8.5亿件，同比增长29.4%；全天各邮政、快递企业共处理3.31亿件，同比增长31.5%，再创历史新高。

24日，由国家邮政局、浙江省人民政府、中国快递协会共同主办的第二届中国（杭州）国际快递业大会在快递之乡浙江桐庐召开，来自国内外的600余名政产学研代表共同展望新时代下中国快递的美好愿景和探讨发展思路。会上，国家邮政局和浙江省人民政府签署战略合作协议。

12月

8日，第二届全国“互联网+”快递大学生创新创业大赛全国第二轮总决赛在湖北武汉举办。安全可追踪共享绿色快递袋及其应用等9个参赛作品获得金奖，石家庄邮电职业技术学院等10所高校获得优秀组织奖。

22日，国家邮政局、中国邮政集团公司在北京联合召开纪念邮政机要通信事业60周年暨先进集体、先进个人表彰电视电话会议。

后　记

在交通运输部和国家铁路局、中国民用航空局、国家邮政局领导的高度重视和编纂工作委员会的正确领导下，《中国交通运输年鉴（2018）》（以下简称《年鉴》）编纂工作启动以来，历经了拟订大纲、分工组稿、收集资料、稿件编辑、审校排版、征求意见等流程，2018 年 9 月中旬形成初稿（样书），在征求各方面意见后对初稿（样书）进行了多次修改，经过三审三校、反复推敲，终成此书。

本书的编纂工作由交通运输部办公厅统筹组织、谋篇布局，各参编单位高度重视、积极响应，对编纂组稿工作给予了业务指导和大力支持，指定专人负责资料收集和稿件撰写，司局领导亲自审核本单位稿件。部档案馆、中国公路学会和《中国公路》杂志社作为编辑工作的责任单位，先后三次对编纂大纲进行了研究调整，对收到的资料采取即收即编的方式，对资料进行认真梳理、查漏补缺，确保了工作进度和编辑质量。

在编纂过程中，**交通运输部**办公厅侯浩、吕丞、周敏霞、房清雨、汤继伦、刘宝刚、鲍鑫荣、蒋丽萍、罗丙辉，政策研究室吴春耕、王振宇、李颖、孙文剑、马国栋，法制司马琳、杜瑞孔、徐海洋，综合规划司夏永强、毛睿、张金发、邬志华、张巍巍、杨建刚、杨晓亮、余高潮，财务审计司陈冰波、程莹，人事教育司郭颂，公路局陈文亮、李培源、张竹彬、牟凯、王松波、宾帆、张建军、张慧彧、顾志峰、王燕弓、刘淞男、杨亮、李健、张海，水运局王大志、张琳、郭青松、王建军、王颖、赵帅、张同戌、王常男、段超、高海云、燕飞、李花叶、李德春、秦川、邹永超、李雪莲、刘国辉、谢燕、闫军、周亮、陈盈、蔡涛、胡琳琳、陈磊，运输服务司朱超、唐俊忠、李强、曹磊、闫剑宇、马明、李旭辉、席锦池、李良华、何明，安全与质量监督管理司关振军、彭付平、杜永东、罗海峰、陈萍，科技司林小平、董丽丽、张成、唐妍，国际合作司（港澳台办公室）陈鹏、陈星森、胡楠、杨晓卿、舒兰，公安局祁聪，直属机关党委石冬，中国海上搜救中心刘保康、李允，海事局梁远林、童翠龙；**国家铁路局**综合司张宇志、董青、高弘，科技与法制司江水长、韩采华、庄继武、余鹏、付国华，安全监察司刘朝辉，运输监督管理司李振强，工程监督管理司许亚伟，设备监督管理司周磊，人事司李永巍，直属机关党委王立坤，信息中心屈斯薇，市场监测评价中心杨晓明；**中国民用航空局**综合司刘洁、刘丁、冯建朝，航空安全办公室包随义、李烨，政策法规司刘晶晶，发展计划司李明、袁加林，财务司付冠群，人事科教司李根、林增跃、徐威，国际司（港澳台办公室）杨蔚，运输司党晓、张璇、彭扬，飞行标准司张凌志、黄欣，航空器适航审定司汪凯，机场司张宏、姚春玲，空管行业管理办公室侯佳，公安局曹菁，中国驻 ICAO（国际民用航空组织）理事会代表处丁春宇，空管局任延国，运行监控中心马金国、郭超、栗洋，民航局国际合作服务中心张洁、韩婕；**国家邮政局**办公室吴晓明、陈凯、谢俊、唐清辉、王茜，政策法规司张运涛，普遍服务司郭菲菲，市场监管司牛武攀，人事司万明，机关党委葛秀旺；**交通运输部救助打捞局**孙龙、顾嘉君；**交通运输部长江航务管理局**何斌、张伟、曹慕蠡；**交通运输部珠江航务管理局**刘梅珠，**中国船级社**王孟霞等同志在收集资料、撰写稿件、提供图片、审核校对等方面做了大量富有成效的工作。

值此《年鉴》出版之际，向对本书编纂工作提供大力支持和帮助的相关单位和所有人员，一并表示最诚挚的谢意！

由于本书涉及到的单位及资料较多，加之编者水平有限，书中难免存在疏漏错误之处，恳请各界人士批评指正。

本书编辑工作组

2018 年 10 月 31 日